工会法及相关法律法规政策汇编

本书编写组◎编

GONGHUIFA JI
XIANGGUAN FALV FAGUI
ZHENGCE HUIBIAN

中国工人出版社

图书在版编目（CIP）数据

工会法及相关法律法规政策汇编 / 本书编写组编.
北京：中国工人出版社，2025. 4. -- ISBN 978-7-5008-8722-5

Ⅰ. D922.56

中国国家版本馆CIP数据核字第2025T3P157号

工会法及相关法律法规政策汇编

出 版 人	董　宽
责任编辑	赵晨羽　张姗姗
责任校对	张　彦
责任印制	栾征宇
出版发行	中国工人出版社
地　　址	北京市东城区鼓楼外大街45号　邮编：100120
网　　址	http://www.wp-china.com
电　　话	（010）62005043（总编室）　（010）62005039（印制管理中心） （010）62382916（工会与劳动关系分社）
发行热线	（010）82029051　62383056
经　　销	各地书店
印　　刷	北京印刷集团有限责任公司
开　　本	787毫米×1092毫米　1/16
印　　张	24.25
字　　数	630千字
版　　次	2025年6月第1版　2025年6月第1次印刷
定　　价	68.00元

目 录

一、综合

二、工会组织

三、经费和资产

四、劳动权益

五、企事业民主管理

六、劳动争议处理

七、工会劳动法律监督

八、工会法律援助

九、重点群体保护

测试题

一、综合

中华人民共和国工会法

1. 1992 年 4 月 3 日第七届全国人民代表大会第五次会议通过

2. 根据 2001 年 10 月 27 日第九届全国人民代表大会常务委员会第二十四次会议《关于修改〈中华人民共和国工会法〉的决定》第一次修正

3. 根据 2009 年 8 月 27 日第十一届全国人民代表大会常务委员会第十次会议《关于修改部分法律的决定》第二次修正

4. 根据 2021 年 12 月 24 日第十三届全国人民代表大会常务委员会第三十二次会议《关于修改〈中华人民共和国工会法〉的决定》第三次修正

目　录

第一章　总　则

第一条　为保障工会在国家政治、经济和社会生活中的地位，确定工会的权利与义务，发挥工会在社会主义现代化建设事业中的作用，根据宪法，制定本法。

第二条　工会是中国共产党领导的职工自愿结合的工人阶级群众组织，是中国共产党联系职工群众的桥梁和纽带。

中华全国总工会及其各工会组织代表职工的利益，依法维护职工的合法权益。

第三条　在中国境内的企业、事业单位、机关、社会组织（以下统称用人单位）中以工资收入为主要生活来源的劳动者，不分民族、种族、性别、职业、宗教信仰、教育程度，都有依法参加和组织工会的权利。任何组织和个人不得阻挠和限制。

工会适应企业组织形式、职工队伍结构、劳动关系、就业形态等方面的发展变化，依法维护劳动者参加和组织工会的权利。

第四条　工会必须遵守和维护宪法，以宪法为根本的活动准则，以经济建设为中心，坚持社会主义道路，坚持人民民主专政，坚持中国共产党的领导，坚持马克思列宁主义、毛泽东思想、邓小平理论、“三个代表”重要思想、科学发展观、习近平新时代中国特色社会主义思想，坚持改革开放，保持和增强政治性、先进性、群众性，依照工会章程独立自主地开展工作。

工会会员全国代表大会制定或者修改《中国工会章程》，章程不得与宪法和法律相抵触。

国家保护工会的合法权益不受侵犯。

第五条　工会组织和教育职工依照宪法和法律的规定行使民主权利，发挥国家主人翁的作用，通过各种途径和形式，参与管理国家事务、管理经济和文化事业、管理社会事务；协助人民政府开展工作，维护工人阶级领导的、以工农联盟为基础的人民民主专政的社会主义国家政权。

第六条　维护职工合法权益、竭诚服务职工群众是工会的基本职责。工会在维护全国人民总体利益的同时，代表和维护职工的合法权益。

工会通过平等协商和集体合同制度等，推动健全劳动关系协调机制，维护职工劳动权益，构建和谐劳动关系。

工会依照法律规定通过职工代表大会或者其他形式，组织职工参与本单位的民主选举、民主协商、民主决策、民主管理和民主监督。

工会建立联系广泛、服务职工的工会工作体系，密切联系职工，听取和反映职工的意见和要求，关心职工的生活，帮助职工解决困难，全心全意为职工服务。

第七条　工会动员和组织职工积极参加经济建设，努力完成生产任务和工作任务。教育职工不断提高思想道德、技术业务和科学文化素质，建设有理想、有道德、有文化、有纪律的职工队伍。

第八条　工会推动产业工人队伍建设改革，提高产业工人队伍整体素质，发挥产业工人骨干作用，维护产业工人合法权益，保障产业工人主人翁地位，造就一支有理想守信念、懂技术会创新、敢担当讲奉献的宏大产业工人队伍。

第九条 中华全国总工会根据独立、平等、互相尊重、互不干涉内部事务的原则，加强同各国工会组织的友好合作关系。

第二章 工会组织

第十条 工会各级组织按照民主集中制原则建立。

各级工会委员会由会员大会或者会员代表大会民主选举产生。企业主要负责人的近亲属不得作为本企业基层工会委员会成员的人选。

各级工会委员会向同级会员大会或者会员代表大会负责并报告工作，接受其监督。

工会会员大会或者会员代表大会有权撤换或者罢免其所选举的代表或者工会委员会组成人员。

上级工会组织领导下级工会组织。

第十一条 用人单位有会员二十五人以上的，应当建立基层工会委员会；不足二十五人的，可以单独建立基层工会委员会，也可以由两个以上单位的会员联合建立基层工会委员会，也可以选举组织员一人，组织会员开展活动。女职工人数较多的，可以建立工会女职工委员会，在同级工会领导下开展工作；女职工人数较少的，可以在工会委员会中设女职工委员。

企业职工较多的乡镇、城市街道，可以建立基层工会的联合会。

县级以上地方建立地方各级总工会。

同一行业或者性质相近的几个行业，可以根据需要建立全国的或者地方的产业工会。

全国建立统一的中华全国总工会。

第十二条 基层工会、地方各级总工会、全国或者地方产业工会组织的建立，必须报上一级工会批准。

上级工会可以派员帮助和指导企业职工组建工会，任何单位和个人不得阻挠。

第十三条 任何组织和个人不得随意撤销、合并工会组织。

基层工会所在的用人单位终止或者被撤销，该工会组织相应撤销，并报告上一级工会。

依前款规定被撤销的工会，其会员的会籍可以继续保留，具体管理办法由中华全国总工会制定。

第十四条 职工二百人以上的企业、事业单位、社会组织的工会，可以设专职工会主席。工会专职工作人员的人数由工会与企业、事业单位、社会组织协商确定。

第十五条 中华全国总工会、地方总工会、产业工会具有社会团体法人资格。

基层工会组织具备民法典规定的法人条件的，依法取得社会团体法人资格。

第十六条 基层工会委员会每届任期三年或者五年。各级地方总工会委员会和产业工会委员会每届任期五年。

第十七条 基层工会委员会定期召开会员大会或者会员代表大会，讨论决定工会工作的重大问题。经基层工会委员会或者三分之一以上的工会会员提议，可以临时召开会员大会或者会员代表大会。

第十八条 工会主席、副主席任期未满时，不得随意调动其工作。因工作需要调动时，应当征得本级工会委员会和上一级工会的同意。

罢免工会主席、副主席必须召开会员大会或者会员代表大会讨论，非经会员大会全体会员或者会员代表大会全体代表过半数通过，不得罢免。

第十九条 基层工会专职主席、副主席或者委员自任职之日起，其劳动合同期限自动延长，延长期限相当于其任职期间；非专职主席、副主席或者委员自任职之日起，其尚未履行的劳动合同期限短于任期的，劳动合同期限自动延长至任期期满。但是，任职期间个人严重过失或者达到法定退休年龄的除外。

第三章 工会的权利和义务

第二十条 企业、事业单位、社会组织违反职工代表大会制度和其他民主管理制度，工会有权要求纠正，保障职工依法行使民主管理的权利。

法律、法规规定应当提交职工大会或者职工代表大会审议、通过、决定的事项，企业、事业单位、社会组织应当依法办理。

第二十一条 工会帮助、指导职工与企业、实行企业化管理的事业单位、社会组织签订劳动合同。

工会代表职工与企业、实行企业化管理的事业单位、社会组织进行平等协商，依法签订集体合同。集体合同草案应当提交职工代表大会或者全体职工讨论通过。

工会签订集体合同，上级工会应当给予支持和帮助。

企业、事业单位、社会组织违反集体合同，侵犯职工劳动权益的，工会可以依法要求企业、事业单位、社会组织予以改正并承担责任；因履行集体合同发生争议，经协商解决不成的，工会可以向劳动争议仲裁机构提请仲裁，仲裁机构不予受理或者对仲裁裁决不服的，可以向人民法院提起诉讼。

第二十二条 企业、事业单位、社会组织处分职工，工会认为不适当的，有权提出意见。

用人单位单方面解除职工劳动合同时，应当事先将理由通知工会，工会认为用人单位违反法律、法规和有关合同，要求重新研究处理时，用人单位应当研究工会的意见，并将处理结果书面通知工会。

职工认为用人单位侵犯其劳动权益而申请劳动争议仲裁或者向人民法院提起诉讼的，工会应当给予支持和帮助。

第二十三条 企业、事业单位、社会组织违反劳动法律法规规定，有下列侵犯职工劳动权益情形，工会应当代表职工与企业、事业单位、社会组织交涉，要求企业、事业单位、社会组织采取措施予以改正；企业、事业单位、社会组织应当予以研究处理，并向工会作出答复；企业、事业单位、社会组织拒不改正的，工会可以提请当地人民政府依法作出处理：

（一）克扣、拖欠职工工资的；

（二）不提供劳动安全卫生条件的；

（三）随意延长劳动时间的；

（四）侵犯女职工和未成年工特殊权益的；

（五）其他严重侵犯职工劳动权益的。

第二十四条 工会依照国家规定对新建、扩建企业和技术改造工程中的劳动条件和安全卫生设施与主体工程同时设计、同时施工、同时投产使用进行监督。对工会提出的意见，企业或者主管部门应当认真处理，并将处理结果书面通知工会。

第二十五条 工会发现企业违章指挥、强令工人冒险作业，或者生产过程中发现明显重大事故隐患和职业危害，有权提出解决的建议，企业应当及时研究答复；发现危及职工生命安全的情况时，工会有权向企业建议组织职工撤离危险现场，企业必须及时作出处理决定。

第二十六条 工会有权对企业、事业单位、社会组织侵犯职工合法权益的问题进行调查，有关单位应当予以协助。

第二十七条 职工因工伤亡事故和其他严重危害职工健康问题的调查处理，必须有工会参加。工会应当向有关部门提出处理意见，并有权要求追究直接负责的主管人员和有关责任人员的责任。对工会提出的意见，应当及时研究，给予答复。

第二十八条 企业、事业单位、社会组织发生停工、怠工事件，工会应当代表职工同企业、事业单位、社会组织或者有关方面协商，反映职工的意见和要求并提出解决意见。对于职工的合理要求，企业、事业单位、社会组织应当予以解决。工会协助企业、事业单位、社会组织做好工作，尽快恢复生产、工作秩序。

第二十九条 工会参加企业的劳动争议调解工作。

地方劳动争议仲裁组织应当有同级工会代表参加。

第三十条 县级以上各级总工会依法为所属工会和职工提供法律援助等法律服务。

第三十一条 工会协助用人单位办好职工集体福利事业，做好工资、劳动安全卫生和社会保险工作。

第三十二条 工会会同用人单位加强对职工的思想政治引领，教育职工以国家主人翁态度对待劳动，爱护国家和单位的财产；组织职工开展群众性的合理化建议、技术革新、劳动和技能竞赛活动，进行业余文化技术学习和职工培训，参加职业教育和文化体育活动，推进职业安全健康教育和劳动保护工作。

第三十三条 根据政府委托，工会与有关部门共同做好劳动模范和先进生产（工作）者的评选、表彰、培养和管理工作。

第三十四条 国家机关在组织起草或者修改直接涉及职工切身利益的法律、法规、规章时，应当听取工会意见。

县级以上各级人民政府制定国民经济和社会发展计划，对涉及职工利益的重大问题，应当听取同级工会的意见。

县级以上各级人民政府及其有关部门研究制定劳动就业、工资、劳动安全卫生、社会保险等涉及职工切身利益的政策、措施时，应当吸收同级工会参加研究，听取工会意见。

第三十五条 县级以上地方各级人民政府可以召开会议或者采取适当方式，向同级工会通报政府的重要的工作部署和与工会工作有关的行政措施，研究解决工会反映的职工群众的意见和要求。

各级人民政府劳动行政部门应当会同同级工会和企业方面代表，建立劳动关系三方协商机制，共同研究解决劳动关系方面的重大问题。

第四章　基层工会组织

第三十六条　国有企业职工代表大会是企业实行民主管理的基本形式，是职工行使民主管理权力的机构，依照法律规定行使职权。

国有企业的工会委员会是职工代表大会的工作机构，负责职工代表大会的日常工作，检查、督促职工代表大会决议的执行。

第三十七条　集体企业的工会委员会，应当支持和组织职工参加民主管理和民主监督，维护职工选举和罢免管理人员、决定经营管理的重大问题的权力。

第三十八条　本法第三十六条、第三十七条规定以外的其他企业、事业单位的工会委员会，依照法律规定组织职工采取与企业、事业单位相适应的形式，参与企业、事业单位民主管理。

第三十九条　企业、事业单位、社会组织研究经营管理和发展的重大问题应当听取工会的意见；召开会议讨论有关工资、福利、劳动安全卫生、工作时间、休息休假、女职工保护和社会保险等涉及职工切身利益的问题，必须有工会代表参加。

企业、事业单位、社会组织应当支持工会依法开展工作，工会应当支持企业、事业单位、社会组织依法行使经营管理权。

第四十条　公司的董事会、监事会中职工代表的产生，依照公司法有关规定执行。

第四十一条　基层工会委员会召开会议或者组织职工活动，应当在生产或者工作时间以外进行，需要占用生产或者工作时间的，应当事先征得企业、事业单位、社会组织的同意。

基层工会的非专职委员占用生产或者工作时间参加会议或者从事工会工作，每月不超过三个工作日，其工资照发，其他待遇不受影响。

第四十二条　用人单位工会委员会的专职工作人员的工资、奖励、补贴，由所在单位支付。社会保险和其他福利待遇等，享受本单位职工同等待遇。

第五章　工会的经费和财产

第四十三条　工会经费的来源：

（一）工会会员缴纳的会费；

（二）建立工会组织的用人单位按每月全部职工工资总额的百分之二向工会拨缴的经费；

（三）工会所属的企业、事业单位上缴的收入；

（四）人民政府的补助；

（五）其他收入。

前款第二项规定的企业、事业单位、社会组织拨缴的经费在税前列支。

工会经费主要用于为职工服务和工会活动。经费使用的具体办法由中华全国总工会制定。

第四十四条　企业、事业单位、社会组织无正当理由拖延或者拒不拨缴工会经费，基层工会或者上级工会可以向当地人民法院申请支付令；拒不执行支付令的，工会可以依法申请人民法院强制执行。

第四十五条　工会应当根据经费独立原则，建立预算、决算和经费审查监督制度。

各级工会建立经费审查委员会。

各级工会经费收支情况应当由同级工会经费审查委员会审查，并且定期向会员大会或者会员代表大会报告，接受监督。工会会员大会或者会员代表大会有权对经费使用情况提出意见。

工会经费的使用应当依法接受国家的监督。

第四十六条　各级人民政府和用人单位应当为工会办公和开展活动，提供必要的设施和活动场所等物质条件。

第四十七条　工会的财产、经费和国家拨给工会使用的不动产，任何组织和个人不得侵占、挪用和任意调拨。

第四十八条　工会所属的为职工服务的企业、事业单位，其隶属关系不得随意改变。

第四十九条　县级以上各级工会的离休、退休人员的待遇，与国家机关工作人员同等对待。

第六章　法律责任

第五十条　工会对违反本法规定侵犯其合法权益的，有权提请人民政府或者有关部门予以处理，或者向人民法院提起诉讼。

第五十一条　违反本法第三条、第十二条规定，阻挠职工依法参加和组织工会或者阻挠上级工会帮助、指导职工筹建工会的，由劳动行政部门责令其改正；拒不改正的，由劳动行政部门提请县级以上人民政府处理；以暴力、威胁等手段阻挠造成严重后果，构成犯罪的，依法追究刑事责任。

第五十二条　违反本法规定，对依法履行职责的工会工作人员无正当理由调动工作岗位，进行打击报复的，由劳动行政部门责令改正、恢复原工作；造成损失的，给予赔偿。

对依法履行职责的工会工作人员进行侮辱、诽谤或者进行人身伤害，构成犯罪的，依法追究刑事责任；尚未构成犯罪的，由公安机关依照治安管理处罚法的规定处罚。

第五十三条 违反本法规定，有下列情形之一的，由劳动行政部门责令恢复其工作，并补发被解除劳动合同期间应得的报酬，或者责令给予本人年收入二倍的赔偿：

（一）职工因参加工会活动而被解除劳动合同的；

（二）工会工作人员因履行本法规定的职责而被解除劳动合同的。

第五十四条 违反本法规定，有下列情形之一的，由县级以上人民政府责令改正，依法处理：

（一）妨碍工会组织职工通过职工代表大会和其他形式依法行使民主权利的；

（二）非法撤销、合并工会组织的；

（三）妨碍工会参加职工因工伤亡事故以及其他侵犯职工合法权益问题的调查处理的；

（四）无正当理由拒绝进行平等协商的。

第五十五条 违反本法第四十七条规定，侵占工会经费和财产拒不返还的，工会可以向人民法院提起诉讼，要求返还，并赔偿损失。

第五十六条 工会工作人员违反本法规定，损害职工或者工会权益的，由同级工会或者上级工会责令改正，或者予以处分；情节严重的，依照《中国工会章程》予以罢免；造成损失的，应当承担赔偿责任；构成犯罪的，依法追究刑事责任。

第七章 附 则

第五十七条 中华全国总工会会同有关国家机关制定机关工会实施本法的具体办法。

第五十八条 本法自公布之日起施行。1950 年 6 月 29 日中央人民政府颁布的《中华人民共和国工会法》同时废止。

最高人民法院关于在民事审判工作中适用《中华人民共和国工会法》若干问题的解释

1. 2003 年 1 月 9 日最高人民法院审判委员会第 1263 次会议通过

2. 根据 2020 年 12 月 23 日最高人民法院审判委员会第 1823 次会议通过的《最高人民法院关于修改〈最高人民法院关于在民事审判工作中适用《中华人民共和国工会法》若干问题的解释〉等二十七件民事类司法解释的决定》修正

为正确审理涉及工会经费和财产、工会工作人员权利的民事案件，维护工会和职工的合法权益，根据《中华人民共和国民法典》《中华人民共和国工会法》和《中华人民共和国民事诉讼法》等法律的规定，现就有关法律的适用问题解释如下：

第一条 人民法院审理涉及工会组织的有关案件时，应当认定依照工会法建立的工会组织的社团法人资格。具有法人资格的工会组织依法独立享有民事权利，承担民事义务。建立工会的企业、事业单位、机关与所建工会以及工会投资兴办的企业，根据法律和司法解释的规定，应当分别承担各自的民事责任。

第二条 根据工会法第十八条规定，人民法院审理劳动争议案件，涉及确定基层工会专职主席、副主席或者委员延长的劳动合同期限的，应当自上述人员工会职务任职期限届满之日起计算，延长的期限等于其工会职务任职的期间。

工会法第十八条规定的“个人严重过失”，是指具有《中华人民共和国劳动法》第二十五条第（二）项、第（三）项或者第（四）项规定的情形。

第三条 基层工会或者上级工会依照工会法第四十三条规定向人民法院申请支付令的，由被申请人所在地的基层人民法院管辖。

第四条 人民法院根据工会法第四十三条的规定受理工会提出的拨缴工会经费的支付令申请后，应当先行征询被申请人的意见。被申请人仅对应拨缴经费数额有异议的，人民法院应当就无异议部分的工会经费数额发出支付令。

人民法院在审理涉及工会经费的案件中，需要按照工会法第四十二条第一款第（二）项规定的“全部职工”“工资总额”确定拨缴数额的，“全部职工”“工资总额”的计算，应当按照国家有关部门规定的标准执行。

第五条 根据工会法第四十三条和民事诉讼法的有关规定，上级工会向人民法院申请支付令或者提起诉讼，要求企业、事业单位拨缴工会经费的，人民法院应当受理。基层工会要求参加诉讼的，人民法院可以准许其作为共同申请人或者共同原告参加诉讼。

第六条 根据工会法第五十二条规定，人民法院审理涉及职工和工会工作人员因参加工会活动或者履行工会法规定的职责而被解除劳动合同的劳动争议案件，可以根据当事人的请求裁判用人单位恢复其工作，并补发被解除劳动合同期间应得的报酬；或者根据当事人的请求裁判用人单位给予本人年收入二倍的赔偿，并根据劳动合同法第四十六条、第四十七条规定给予解除劳动合同时的经济补偿。

第七条 对于企业、事业单位无正当理由拖延或者拒不拨缴工会经费的，工会组织向人民法院请求保护其权利的诉讼时效期间，适用民法典第一百八十八条的规定。

第八条 工会组织就工会经费的拨缴向人民法院申请支付令的，应当按照《诉讼费用交纳办法》第十四条的规定交纳申请费；督促程序终结后，工会组织另行起诉的，按照《诉讼费用交纳办法》第十三条规定的财产案件受理费标准交纳诉讼费用。

中国工会章程

1. 中国工会第十八次全国代表大会部分修改
2. 2023年10月12日通过

总　则

中国工会是中国共产党领导的职工自愿结合的工人阶级群众组织，是党联系职工群众的桥梁和纽带，是国家政权的重要社会支柱，是会员和职工利益的代表。

中国工会以宪法为根本活动准则，按照《中华人民共和国工会法》和本章程独立自主地开展工作，依法行使权利和履行义务。

工人阶级是我国的领导阶级，是先进生产力和生产关系的代表，是中国共产党最坚实最可靠的阶级基础，是改革开放和社会主义现代化建设的主力军，是维护社会安定的强大而集中的社会力量。中国工会高举中国特色社会主义伟大旗帜，坚持马克思列宁主义、毛泽东思想、邓小平理论、“三个代表”重要思想、科学发展观，全面贯彻习近平新时代中国特色社会主义思想，贯彻执行党的以经济建设为中心，坚持四项基本原则，坚持改革开放的基本路线，保持和增强政治性、先进性、群众性，坚定不移地走中国特色社会主义工会发展道路，推动党的全心全意依靠工人阶级的根本指导方针的贯彻落实，全面履行工会的社会职能，在维护全国人民总体利益的同时，更好地表达和维护职工的具体利益，团结和动员全国职工自力更生、艰苦创业，坚持和发展中国特色社会主义，为全面建成社会主义现代化强国、实现第二个百年奋斗目标，以中国式现代化全面推进中华民族伟大复兴而奋斗。

中国工会坚持自觉接受中国共产党的领导，承担团结引导职工群众听党话、跟党走的政治责任，巩固和扩大党执政的阶级基础和群众基础。

中国工会的基本职责是维护职工合法权益、竭诚服务职工群众。

中国工会按照中国特色社会主义事业“五位一体”总体布局和“四个全面”战略布局，贯彻创新、协调、绿色、开放、共享的新发展理念，把握为实现中华民族伟大复兴的中国梦而奋斗的工人运动时代主题，弘扬劳模精神、劳动精神、工匠精神，动员和组织职工积极参加建设和改革，努力促进经济、政治、文化、社会和生态文明建设；发展全过程人民民主，代表和组织职工参与管理国家事务、管理经济和文化事业、管理社会事务，参与企业、事业单位、机关、社会组织的民主管理；教育职工践行社会主义核心价值观，不断提高思想道德素质、科学文化素质和技术技能素质，建设有理想、有道德、有文化、有纪律的职工队伍，不断发展工人阶级先进性。

中国工会以忠诚党的事业、竭诚服务职工为己任，坚持组织起来、切实维权的工作方针，坚持以职工为本、主动依法科学维权的维权观，促进完善社会主义劳动法律，维护职工的经济、政治、文化和社会权利，参与协调劳动关系和社会利益关系，推动构建和谐劳动关系，促进经济高质量发展和社会的长期稳定，维护工人阶级和工会组织的团结统一，为构建社会主义和谐社会作贡献。

中国工会维护工人阶级领导的、以工农联盟为基础的人民民主专政的社会主义国家政权，协助人民政府开展工作，依法发挥民主参与和社会监督作用。

中国工会推动产业工人队伍建设改革，强化产业工人思想政治引领，提高产业工人队伍整体素质，发挥产业工人骨干作用，维护产业工人合法权益，保障产业工人主人翁地位，造就一支有理想守信念、懂技术会创新、敢担当讲奉献的宏大产业工人队伍。

中国工会在企业、事业单位、社会组织中，按照促进企事业和社会组织发展、维护职工权益的原则，支持行政依法行使管理权力，组织职工参与本单位民主选举、民主协商、民主决策、民主管理和民主监督，与行政方面建立协商制度，保障职工的合法权益，调动职工的积极性，促进企业、事业单位、社会组织的发展。

中国工会实行产业和地方相结合的组织领导原则，坚持民主集中制。

中国工会坚持以改革创新精神加强自身建设，健全联系广泛、服务职工的工作体系，增强团结教育、维护权益、服务职工的功能，坚持群众化、民主化，保持同会员群众的密切联系，依靠会员群众开展工会工作。各级工会领导机关坚持把工作重点放到基层，着力扩大覆盖面、增强代表性，着力强化服务意识、提高维权能力，着力加强队伍建设、提升保障水平，坚持服务职工群众的工作生命线，全心全意为基层、为职工服务，构建智慧工会，增强基层工会的吸引力凝聚力战斗力，把工会组织建设得更加充满活力、更加坚强有力，成为深受职工群众信赖的学习型、服务型、创新型“职工之家”。

工会兴办的企业、事业单位，坚持公益性、服务性，坚持为改革开放和发展社会生产力服务，为职工群众服务，为推进工运事业服务。

中国工会努力巩固和发展工农联盟，坚持最广泛的爱国统一战线，加强包括香港特别行政区同胞、澳门特别行政区同胞、台湾同胞和海外侨胞在内的全国各族人民的大团结，促进祖国的统一、繁荣和富强。

中国工会在国际事务中坚持独立自主、互相尊重、求同存异、加强合作、增进友谊的方针，在独立、平等、互相尊重、互不干涉内部事务的原则基础上，广泛建立和发展同国际和各国工会组织的友好关系，积极参与“一带一路”建设，增进我国工人阶级同各国工人阶级的友谊，同全世界工人和工会一起，在推动构建人类命运共同体中发挥作用，为世界的和平、发展、合作、工人权益和社会进步而共同努力。

中国工会深入学习贯彻习近平总书记关于党的建设的重要思想，落实新时代党的建设总要求，贯彻全面从严治党战略方针，以党的政治建设为统领，加强党的建设，深刻领悟“两个确立”的决定性意义，增强“四个意识”、坚定“四个自信”、做到“两个维护”，在思想上政治上行动上同以习近平同志为核心的党中央保持高度一致。

第一章　会　员

第一条　凡在中国境内的企业、事业单位、机关、社会组织中，以工资收入为主要生活来源或者与用人单位建立劳动关系的劳动者，不分民族、种族、性别、职业、宗教信仰、教育程度，承认工会章程，都可以加入工会为会员。

工会适应企业组织形式、职工队伍结构、劳动关系、就业形态等方面的发展变化，依法维护劳动者参加和组织工会的权利。

第二条　职工加入工会，由本人自愿申请，经基层工会委员会批准并发给会员证。

第三条　会员享有以下权利：

（一）选举权、被选举权和表决权。

（二）对工会工作进行监督，提出意见和建议，要求撤换或者罢免不称职的工会工作人员。

（三）对国家和社会生活问题及本单位工作提出批评与建议，要求工会组织向有关方面如实反映。

（四）在合法权益受到侵犯时，要求工会给予保护。

（五）工会提供的文化、教育、体育、旅游、疗休养、互助保障、生活救助、法律服务、就业服务等优惠待遇；工会给予的各种奖励。

（六）在工会会议和工会媒体上，参加关于工会工作和职工关心问题的讨论。

第四条　会员履行下列义务：

（一）认真学习贯彻习近平新时代中国特色社会主义思想，学习政治、经济、文化、法律、科技和工会基本知识等。

（二）积极参加民主管理，努力完成生产和工作任务，立足本职岗位建功立业。

（三）遵守宪法和法律，践行社会主义核心价值观，弘扬中华民族传统美德，恪守社会公德、职业道德、家庭美德、个人品德，遵守劳动纪律。

（四）正确处理国家、集体、个人三者利益关系，向危害国家、社会利益的行为作斗争。

（五）维护中国工人阶级和工会组织的团结统一，发扬阶级友爱，搞好互助互济。

（六）遵守工会章程，执行工会决议，参加工会活动，按月交纳会费。

第五条 会员组织关系随劳动（工作）关系变动，凭会员证明接转。

第六条 会员有退会自由。会员退会由本人向工会小组提出，由基层工会委员会宣布其退会并收回会员证。

会员没有正当理由连续六个月不交纳会费、不参加工会组织生活，经教育拒不改正，应当视为自动退会。

第七条 对不执行工会决议、违反工会章程的会员，给予批评教育。对严重违法犯罪并受到刑事处罚的会员，开除会籍。开除会员会籍，须经工会小组讨论，提出意见，由基层工会委员会决定，报上一级工会备案。

第八条 会员离休、退休和失业，可保留会籍。保留会籍期间免交会费。

工会组织要关心离休、退休和失业会员的生活，积极向有关方面反映他们的愿望和要求。

第二章 组织制度

第九条 中国工会实行民主集中制，主要内容是：

（一）个人服从组织，少数服从多数，下级组织服从上级组织。

（二）工会的各级领导机关，除它们派出的代表机关外，都由民主选举产生。

（三）工会的最高领导机关，是工会的全国代表大会和它所产生的中华全国总工会执行委员会。工会的地方各级领导机关，是工会的地方各级代表大会和它所产生的总工会委员会。

（四）工会各级委员会，向同级会员大会或者会员代表大会负责并报告工作，接受会员监督。会员大会和会员代表大会有权撤换或者罢免其所选举的代表和工会委员会组成人员。

（五）工会各级委员会，实行集体领导和分工负责相结合的制度。凡属重大问题由委员会民主讨论，作出决定，委员会成员根据集体的决定和分工，履行自己的职责。

（六）工会各级领导机关，加强对下级组织的领导和服务，经常向下级组织通报情况，听取下级组织和会员的意见，研究和解决他们提出的问题。下级组织应及时向上级组织请示报告工作。

第十条 工会各级代表大会的代表和委员会的产生，要充分体现选举人的意志。候选人名单，要反复酝酿，充分讨论。选举采用无记名投票方式，可以直接采用候选人数多于应选人数的差额选举办法进行正式选举，也可以先采用差额选举办法进行预选，产生候选人名单，然后进行正式选举。任何组织和个人，不得以任何方式强迫选举人选举或不选举某个人。

第十一条 中国工会实行产业和地方相结合的组织领导原则。同一企业、事业单位、机关、社会组织中的会员，组织在一个基层工会组织中；同一行业或者性质相近的几个行业，根据需要建立全国的或者地方的产业工会组织。除少数行政管理体制实行垂直管理的产业，其产业工会实行产业工会和地方工会双重领导，以产业工会领导为主外，其他产业工会均实行以地方工会领导为主，同时接受上级产业工会领导的体制。各产业工会的领导体制，由中华全国总工会确定。

省、自治区、直辖市，设区的市和自治州，县（旗）、自治县、不设区的市建立地方总工会。地方总工会是当地地方工会组织和产业工会地方组织的领导机关。全国建立统一的中华全国总工会。中华全国总工会是各级地方总工会和各产业工会全国组织的领导机关。

中华全国总工会执行委员会委员和产业工会全国委员会委员实行替补制，各级地方总工会委员会委员和地方产业工会委员会委员，也可以实行替补制。

第十二条 县和县以上各级地方总工会委员会，根据工作需要可以派出代表机关。

县和县以上各级工会委员会，在两次代表大会之间，认为有必要时，可以召集代表会议，讨论和决定需要及时解决的重大问题。代表会议代表的名额和产生办法，由召集代表会议的总工会决定。

全国产业工会、各级地方产业工会、乡镇工会、城市街道工会和区域性、行业性工会联合会的委员会，可以按照联合制、代表制原则，由下一级工会组织民主选举的主要负责人和适当比例的有关方面代表组成。

上级工会可以派员帮助和指导用人单位的职工组建工会。

第十三条 各级工会代表大会选举产生同级经费审查委员会。中华全国总工会经费审查委员会设常务委员会，省、自治区、直辖市总工会经费审查委员会和独立管理经费的全国产业工会经费审查委员会，应当设常务委员会。经费审查委员会负责审查同级工会组织及其直属企业、事业单位的经费收支和资产管理情况，监督财经法纪的贯彻执行和工会经费的使用，并接受上级工会经费审查委员会的指导和监督。工会经费审查委员会向同级会员大会或会员代表大会负责并报告工作；在大会闭会期间，向同级工会委员会负责并报告工作。

上级经费审查委员会应当对下一级工会及其直属企业、事业单位的经费收支和资产管理情况进行审查。

中华全国总工会经费审查委员会委员实行替补制，各级地方总工会经费审查委员会委员和独立管理经费的产业工会经费审查委员会委员，也可以实行替补制。

第十四条 各级工会建立女职工委员会，表达和维护女职工的合法权益。女职工委员会由同级工会委员会提名，在充分协商的基础上组成或者选举产生，女职工委员会与工会委员会同时建立，在同级工会委员会领导下开展工作。企业工会女职工委员会是县或者县以上妇联的团体会员，通过县以上地方工会接受妇联的业务指导。

第十五条 县和县以上各级工会组织应当建立法律服务机构，为保护职工和工会组织的合法权益提供服务。

各级工会组织应当组织和代表职工开展劳动法律监督。

第十六条 成立或者撤销工会组织，必须经会员大会或者会员代表大会通过，并报上一级工会批准。基层工会组织所在的企业终止，或者所在的事业单位、机关、社会组织被撤销，该工会组织相应撤销，并报上级工会备案。其他组织和个人不得随意撤销工会组织，也不得把工会组织的机构撤销、合并或者归属其他工作部门。

第三章　全国组织

第十七条 中国工会全国代表大会，每五年举行一次，由中华全国总工会执行委员会召集。在特殊情况下，由中华全国总工会执行委员会主席团提议，经执行委员会全体会议通过，可以提前或者延期举行。代表名额和代表选举办法由中华全国总工会决定。

第十八条 中国工会全国代表大会的职权是：

（一）审议和批准中华全国总工会执行委员会的工作报告。

（二）审议和批准中华全国总工会执行委员会的经费收支情况报告和经费审查委员会的工作报告。

（三）修改中国工会章程。

（四）选举中华全国总工会执行委员会和经费审查委员会。

第十九条 中华全国总工会执行委员会，在全国代表大会闭会期间，负责贯彻执行全国代表大会的决议，领导全国工会工作。

执行委员会全体会议选举主席一人、副主席若干人、主席团委员若干人，组成主席团。

执行委员会全体会议由主席团召集，每年至少举行一次。

第二十条 中华全国总工会执行委员会全体会议闭会期间，由主席团行使执行委员会的职权。主席团全体会议，由主席召集。

主席团闭会期间，由主席、副主席组成的主席会议行使主席团职权。主席会议由中华全国总工会主席召集并主持。

主席团下设书记处，由主席团在主席团成员中推选第一书记一人，书记若干人组成。书记处在主席团领导下，主持中华全国总工会的日常工作。

第二十一条 产业工会全国组织的设置，由中华全国总工会根据需要确定。

产业工会全国委员会的建立，经中华全国总工会批准，可以按照联合制、代表制原则组成，也可以由产业工会全国代表大会选举产生。全国委员会每届任期五年。任期届满，应当如期召开会议，进行换届选举。在特殊情况下，经中华全国总工会批准，可以提前或者延期举行。

产业工会全国代表大会和按照联合制、代表制原则组成的产业工会全国委员会全体会议的职权是：审议和批准产业工会全国委员会的工作报告；选举产业工会全国委员会或者产业工会全国委员会常务委员会。独立管理经费的产业工会，选举经费审查委员会，并向产业工会全国代表大会或者委员会全体会议报告工作。产业工会全国委员会常务委员会由主席一人、副主席若干人、常务委员若干人组成。

第四章　地方组织

第二十二条　省、自治区、直辖市，设区的市和自治州，县（旗）、自治县、不设区的市的工会代表大会，由同级总工会委员会召集，每五年举行一次。在特殊情况下，由同级总工会委员会提议，经上一级工会批准，可以提前或者延期举行。工会的地方各级代表大会的职权是：

（一）审议和批准同级总工会委员会的工作报告。

（二）审议和批准同级总工会委员会的经费收支情况报告和经费审查委员会的工作报告。

（三）选举同级总工会委员会和经费审查委员会。

各级地方总工会委员会，在代表大会闭会期间，执行上级工会的决定和同级工会代表大会的决议，领导本地区的工会工作，定期向上级总工会委员会报告工作。

根据工作需要，省、自治区总工会可在地区设派出代表机关。直辖市和设区的市总工会在区一级建立总工会。

县和城市的区可在乡镇和街道建立乡镇工会和街道工会组织，具备条件的，建立总工会。

第二十三条　各级地方总工会委员会选举主席一人、副主席若干人、常务委员若干人，组成常务委员会。工会委员会、常务委员会和主席、副主席以及经费审查委员会的选举结果，报上一级总工会批准。

各级地方总工会委员会全体会议，每年至少举行一次，由常务委员会召集。各级地方总工会常务委员会，在委员会全体会议闭会期间，行使委员会的职权。

第二十四条　各级地方产业工会组织的设置，由同级地方总工会根据本地区的实际情况确定。

第五章　基层组织

第二十五条　企业、事业单位、机关、社会组织等基层单位，应当依法建立工会组织。社区和行政村可以建立工会组织。从实际出发，建立区域性、行业性工会联合会，推进新经济组织、新社会组织工会组织建设。

有会员二十五人以上的，应当成立基层工会委员会；不足二十五人的，可以单独建立基层工会委员会，也可以由两个以上单位的会员联合建立基层工会委员会，也可以选举组织员或者工会主席一人，主持基层工会工作。基层工会委员会有女会员十人以上的建立女职工委员会，不足十人的设女职工委员。

职工二百人以上企业、事业单位、社会组织的工会设专职工会主席。工会专职工作人员的人数由工会与企业、事业单位、社会组织协商确定。

基层工会组织具备民法典规定的法人条件的，依法取得社会团体法人资格，工会主席为法定代表人。

第二十六条　基层工会会员大会或者会员代表大会，每年至少召开一次。经基层工会委员会或者三分之一以上的工会会员提议，可以临时召开会员大会或者会员代表大会。工会会员在一百人以下的基层工会应当召开会员大会。

工会会员大会或者会员代表大会的职权是：

（一）审议和批准基层工会委员会的工作报告。

（二）审议和批准基层工会委员会的经费收支情况报告和经费审查委员会的工作报告。

（三）选举基层工会委员会和经费审查委员会。

（四）撤换或者罢免其所选举的代表或者工会委员会组成人员。

（五）讨论决定工会工作的重大问题。

基层工会委员会和经费审查委员会每届任期三年或者五年，具体任期由会员大会或者会员代表大会决定。任期届满，应当如期召开会议，进行换届选举。在特殊情况下，经上一级工会批准，可以提前或者延期举行。

会员代表大会的代表实行常任制，任期与本单位工会委员会相同。

第二十七条　基层工会委员会的委员，应当在会员或者会员代表充分酝酿协商的基础上选举产生；主席、副主席，可以由会员大会或者会员代表大会直接选举产生，也可以由基层工会委员会选举产生。大型企业、事业单位的工会委员会，根据工作需要，经上级工会委员会批准，可以设立常务委员会。基层工会委员会、常务委员会和主席、副主席以及经费审查委员会的选举结果，报上一级工会批准。

第二十八条　基层工会委员会的基本任务是：

（一）执行会员大会或者会员代表大会的决议和上级工会的决定，主持基层工会的日常工作。

（二）代表和组织职工依照法律规定，通过职工代表大会、厂务公开和其他形式，参与本单位民主选举、民主协商、民主决策、民主管理和民主监督，保障职工知情权、参与权、表达权和监督权，在公司制企业落实职工董事、职工监事制度。企业、事业单位工会委员会是职工代表大会工作机构，负责职工代表大会的日常工作，检查、督促职工代表大会决议的执行。

（三）参与协调劳动关系和调解劳动争议，与企业、事业单位、社会组织行政方面建立协商制度，协商解决涉及职工切身利益问题。帮助和指导职工与企业、事业单位、社会组织行政方面签订和履行劳动合同，代表职工与企业、事业单位、社会组织行政方面签订集体合同或者其他专项协议，并监督执行。

（四）组织职工开展劳动和技能竞赛、合理化建议、技能培训、技术革新和技术协作等活动，培育工匠、高技能人才，总结推广先进经验。做好劳动模范和先进生产（工作）者的评选、表彰、培养和管理服务工作。

（五）加强对职工的政治引领和思想教育，开展法治宣传教育，重视人文关怀和心理疏导，鼓励支持职工学习文化科学技术和管理知识，开展健康的文化体育活动。推进企业文化职工文化建设，办好工会文化、教育、体育事业。

（六）监督有关法律、法规的贯彻执行。协助和督促行政方面做好工资、安全生产、职业病防治和社会保险等方面的工作，推动落实职工福利待遇。办好职工集体福利事业，改善职工生活，对困难职工开展帮扶。依法参与生产安全事故和职业病危害事故的调查处理。

（七）维护女职工的特殊权益，同歧视、虐待、摧残、迫害女职工的现象作斗争。

（八）搞好工会组织建设，健全民主制度和民主生活。建立和发展工会积极分子队伍。做好会员的发展、接收、教育和会籍管理工作。加强职工之家建设。

（九）收好、管好、用好工会经费，管理好工会资产和工会的企业、事业。

第二十九条　教育、科研、文化、卫生、体育等事业单位和机关工会，从脑力劳动者比较集中的特点出发开展工作，积极了解和关心职工的思想、工作和生活，推动党的知识分子政策的贯彻落实。组织职工搞好本单位的民主选举、民主协商、民主决策、民主管理和民主监督，为发挥职工的聪明才智创造良好的条件。

第三十条　基层工会委员会根据工作需要，可以在分厂、车间（科室）建立分厂、车间（科室）工会委员会。分厂、车间（科室）工会委员会由分厂、车间（科室）会员大会或者会员代表大会选举产生，任期和基层工会委员会相同。

基层工会委员会和分厂、车间（科室）工会委员会，可以根据需要设若干专门委员会或者专门小组。

按照生产（行政）班组建立工会小组，民主选举工会小组长，积极开展工会小组活动。

第六章　工会干部

第三十一条　各级工会组织按照革命化、年轻化、知识化、专业化的要求，落实新时代好干部标准，努力建设一支坚持党的基本路线，熟悉本职业务，热爱工会工作，受到职工信赖的干部队伍。

第三十二条　工会干部要努力做到：

（一）认真学习马克思列宁主义、毛泽东思想、邓小平理论、“三个代表”重要思想、科学发展观、习近平新时代中国特色社会主义思想，学习党的基本知识和党的历史，学习政治、经济、历史、文化、法律、科技和工会业务等知识，提高政治能力、思维能力、实践能力，增强推动高质量发展本领、服务群众本领、防范化解风险本领。

（二）执行党的基本路线和各项方针政策，遵守国家法律、法规，在改革开放和社会主义现代化建设中勇于开拓创新。

（三）信念坚定，忠于职守，勤奋工作，敢于担当，廉洁奉公，顾全大局，维护团结。

（四）坚持实事求是，认真调查研究，如实反映职工的意见、愿望和要求。

（五）坚持原则，不谋私利，热心为职工说话办事，依法维护职工的合法权益。

（六）作风民主，联系群众，增强群众意识和群众感情，自觉接受职工群众的批评和监督。

第三十三条　各级工会组织根据有关规定管理工会干部，重视发现培养和选拔优秀年轻干部、女干部、少数民族干部，成为培养干部的重要基地。

基层工会主席、副主席任期未满不得随意调动其工作。因工作需要调动时，应事先征得本级工会委员会和上一级工会同意。

县和县以上工会可以为基层工会选派、聘用社会化工会工作者等工作人员。

第三十四条 各级工会组织建立与健全干部培训制度。办好工会干部院校和各种培训班。

第三十五条 各级工会组织关心工会干部的思想、学习和生活，督促落实相应的待遇，支持他们的工作，坚决同打击报复工会干部的行为作斗争。

县和县以上工会设立工会干部权益保障金，保障工会干部依法履行职责。

第七章 工会经费和资产

第三十六条 工会经费的来源：

（一）会员交纳的会费。

（二）企业、事业单位、机关、社会组织按全部职工工资总额的百分之二向工会拨缴的经费或者建会筹备金。

（三）工会所属的企业、事业单位上缴的收入。

（四）人民政府和企业、事业单位、机关、社会组织的补助。

（五）其他收入。

第三十七条 工会经费主要用于为职工服务和开展工会活动。各级工会组织应坚持正确使用方向，加强预算管理，优化支出结构，开展监督检查。

第三十八条 县和县以上各级工会应当与税务、财政等有关部门合作，依照规定做好工会经费收缴和应当由财政负担的工会经费拨缴工作。

未成立工会的企业、事业单位、机关、社会组织，按工资总额的百分之二向上级工会拨缴工会建会筹备金。

具备社会团体法人资格的工会应当依法设立独立经费账户。

第三十九条 工会资产是社会团体资产，中华全国总工会对各级工会的资产拥有终极所有权。各级工会依法依规加强对工会资产的监督、管理，保护工会资产不受损害，促进工会资产保值增值。根据经费独立原则，建立预算、决算、资产监管和经费审查监督制度。实行“统一领导、分级管理”的财务体制、“统一所有、分级监管、单位使用”的资产监管体制和“统一领导、分级管理、分级负责、下审一级”的经费审查监督体制。工会经费、资产的管理和使用办法以及工会经费审查监督制度，由中华全国总工会制定。

第四十条 各级工会委员会按照规定编制和审批预算、决算，定期向会员大会或者会员代表大会和上一级工会委员会报告经费收支和资产管理情况，接受上级和同级工会经费审查委员会审查监督。

第四十一条 工会经费、资产和国家及企业、事业单位等拨给工会的不动产和拨付资金形成的资产受法律保护，任何单位和个人不得侵占、挪用和任意调拨；不经批准，不得改变工会所属企业、事业单位的隶属关系和产权关系。

工会组织合并，其经费资产归合并后的工会所有；工会组织撤销或者解散，其经费资产由上级工会处置。

第八章 会 徽

第四十二条 中国工会会徽，选用汉字“中”、“工”两字，经艺术造型呈圆形重叠组成，并在两字外加一圆线，象征中国工会和中国工人阶级的团结统一。会徽的制作标准，由中华全国总工会规定。

第四十三条 中国工会会徽，可在工会办公地点、活动场所、会议会场悬挂，可作为纪念品、办公用品上的工会标志，也可以作为徽章佩戴。

第九章 附 则

第四十四条 本章程解释权属于中华全国总工会。

二、工会组织

工会基层组织选举工作条例

1. 2016年10月9日
2. 总工发〔2016〕27号

第一章 总 则

第一条 为规范工会基层组织选举工作，加强基层工会建设，发挥基层工会作用，根据《中华人民共和国工会法》《中国工会章程》等有关规定，制定本条例。

第二条 本条例适用于企业、事业单位、机关和其他社会组织单独或联合建立的基层工会委员会。

第三条 基层工会委员会由会员大会或会员代表大会选举产生。工会委员会的主席、副主席，可以由会员大会或会员代表大会直接选举产生，也可以由工会委员会选举产生。

第四条 工会会员享有选举权、被选举权和表决权。保留会籍的人员除外。

第五条 选举工作应坚持党的领导，坚持民主集中制，遵循依法规范、公开公正的原则，尊重和保障会员的民主权利，体现选举人的意志。

第六条 选举工作在同级党组织和上一级工会领导下进行。未建立党组织的在上一级工会领导下进行。

第七条 基层工会委员会换届选举的筹备工作由上届工会委员会负责。

建立的基层工会组织选举筹备工作由工会筹备组负责。筹备组成员由同级党组织代表和职工代表组成，根据工作需要，上级工会可以派人参加。

第二章 委员和常务委员名额

第八条 基层工会委员会委员名额，按会员人数确定：

不足25人，设委员3至5人，也可以设主席或组织员1人；

25人至200人，设委员3至7人；

201人至1000人，设委员7至15人；

1001人至5000人，设委员15至21人；

5001人至10000人，设委员21至29人；

10001人至50000人，设委员29至37人；

50001人以上，设委员37至45人。

第九条 大型企事业单位基层工会委员会，经上一级工会批准，可以设常务委员会，常务委员会由9至11人组成。

第三章 候选人的提出

第十条 基层工会委员会的委员、常务委员会委员和主席、副主席的选举均应设候选人。候选人应信念坚定、为民服务、勤政务实、敢于担当、清正廉洁，热爱工会工作，受到职工信赖。

基层工会委员会委员候选人中应有适当比例的劳模（先进工作者）、一线职工和女职工代表。

第十一条 单位行政主要负责人、法定代表人、合伙人以及他们的近亲属不得作为本单位工会委员会委员、常务委员会委员和主席、副主席候选人。

第十二条 基层工会委员会的委员候选人，应经会员充分酝酿讨论，一般以工会分会或工会小组为单位推荐。由上届工会委员会或工会筹备组根据多数工会分会或工会小组的意见，提出候选人建议名单，报经同级党组织和上一级工会审查同意后，提交会员大会或会员代表大会表决通过。

第十三条 基层工会委员会的常务委员会委员、主席、副主席候选人，可以由上届工会委员会或工会筹备组根据多数工会分会或工会小组的意见提出建议名单，报经同级党组织和上一级工会审查同意后提出；也可以由同级党组织与上一级工会协商提出建议名单，经工会分会或工会小组酝酿讨论后，由上届工会委员会或工会筹备组根据多数工会分会或工会小组的意见，报经同级党组织和上一级工会审查同意后提出。

根据工作需要，经上一级工会与基层工会和同级党组织协商同意，上一级工会可以向基层工会推荐本单位以外人员作为工会主席、副主席候选人。

第十四条 基层工会委员会的主席、副主席，在任职一年内应按规定参加岗位任职资格培训。凡无正当理由未按规定参加岗位任职资格培训的，一般不再提名为下届主席、副主席候选人。

第四章 选举的实施

第十五条 基层工会组织实施选举前应向同级党组织和上一级工会报告，制定选举工作方案和选举办法。

基层工会委员会委员候选人建议名单应进行公示，公示期不少于 5 个工作日。

第十六条 会员不足 100 人的基层工会组织，应召开会员大会进行选举；会员 100 人以上的基层工会组织，应召开会员大会或会员代表大会进行选举。

召开会员代表大会进行选举的，按照有关规定由会员民主选举产生会员代表。

第十七条 参加选举的人数为应到会人数的三分之二以上时，方可进行选举。

基层工会委员会委员和常务委员会委员应差额选举产生，可以直接采用候选人数多于应选人数的差额选举办法进行正式选举，也可以先采用差额选举办法进行预选产生候选人名单，然后进行正式选举。委员会委员和常务委员会委员的差额率分别不低于 5% 和 10%。常务委员会委员应当从新当选的工会委员会委员中产生。

第十八条 基层工会主席、副主席可以等额选举产生，也可以差额选举产生。主席、副主席应从新当选的工会委员会委员中产生，设立常务委员会的应从新当选的常务委员会委员中产生。

第十九条 基层工会主席、副主席由会员大会或会员代表大会直接选举产生的，一般在经营管理正常、劳动关系和谐、职工队伍稳定的中小企事业单位进行。

第二十条 召开会员大会进行选举时，由上届工会委员会或工会筹备组主持；不设委员会的基层工会组织进行选举时，由上届工会主席或组织员主持。

召开会员代表大会进行选举时，可以由大会主席团主持，也可以由上届工会委员会或工会筹备组主持。大会主席团成员由上届工会委员会或工会筹备组根据各代表团（组）的意见，提出建议名单，提交代表大会预备会议表决通过。

召开基层工会委员会第一次全体会议选举常务委员会委员、主席、副主席时，由上届工会委员会或工会筹备组或大会主席团推荐一名新当选的工会委员会委员主持。

第二十一条 选举前，上届工会委员会或工会筹备组或大会主席团应将候选人的名单、简历及有关情况向选举人介绍。

第二十二条 选举设监票人，负责对选举全过程进行监督。

召开会员大会或会员代表大会选举时，监票人由全体会员或会员代表、各代表团（组）从不是候选人的会员或会员代表中推选，经会员大会或会员代表大会表决通过。

召开工会委员会第一次全体会议选举时，监票人从不是常务委员会委员、主席、副主席候选人的委员中推选，经全体委员会议表决通过。

第二十三条 选举采用无记名投票方式。不能出席会议的选举人，不得委托他人代为投票。

选票上候选人的名单按姓氏笔画为序排列。

第二十四条 选举人可以投赞成票或不赞成票，也可以投弃权票。投不赞成票者可以另选他人。

第二十五条 会员或会员代表在选举期间，如不能离开生产、工作岗位，在监票人的监督下，可以在选举单位设立的流动票箱投票。

第二十六条 投票结束后，在监票人的监督下，当场清点选票，进行计票。

选举收回的选票，等于或少于发出选票的，选举有效；多于发出选票的，选举无效，应重新选举。

每张选票所选人数等于或少于规定应选人数的为有效票，多于规定应选人数的为无效票。

第二十七条 被选举人获得应到会人数的过半数赞成票时，始得当选。

获得过半数赞成票的被选举人人数超过应选名额时，得赞成票多的当选。如遇赞成票数相等不能确定当选人时，应就票数相等的被选举人再次投票，得赞成票多的当选。

当选人数少于应选名额时，对不足的名额可以另行选举。如果接近应选名额且符合第八条规定，也可以由大会征得多数会员或会员代表的同意减少名额，不再进行选举。

第二十八条 大会主持人应当场宣布选举结果及选举是否有效。

第二十九条 基层工会委员会、常务委员会和主席、副主席的选举结果，报上一级工会批准。上一级工会自接到报告 15 日内应予批复。违反规定程序选举的，上一级工会不得批准，应重新选举。

基层工会委员会的任期自选举之日起计算。

第五章　任期、调动、罢免和补选

第三十条　基层工会委员会每届任期三年或五年，具体任期由会员大会或会员代表大会决定。经选举产生的工会委员会委员、常务委员会委员和主席、副主席可连选连任。基层工会委员会任期届满，应按期换届选举。遇有特殊情况，经上一级工会批准，可以提前或延期换届，延期时间一般不超过半年。

上一级工会负责督促指导基层工会组织按期换届。

第三十一条　基层工会主席、副主席任期未满时，不得随意调动其工作。因工作需要调动时，应征得本级工会委员会和上一级工会的同意。

第三十二条　经会员大会或会员代表大会民主测评和上级工会与同级党组织考察，需撤换或罢免工会委员会委员、常务委员会委员和主席、副主席时，须依法召开会员大会或会员代表大会讨论，非经会员大会全体会员或会员代表大会全体代表无记名投票过半数通过，不得撤换或罢免。

第三十三条　基层工会主席因工作调动或其他原因空缺时，应及时按照相应民主程序进行补选。

补选主席，如候选人是委员的，可以由工会委员会选举产生，也可以由会员大会或会员代表大会选举产生；如候选人不是委员的，可以经会员大会或会员代表大会补选为委员后，由工会委员会选举产生，也可以由会员大会或会员代表大会选举产生。

补选主席的任期为本届工会委员会尚未履行的期限。补选主席前征得同级党组织和上一级工会的同意，可暂由一名副主席或委员主持工作，期限一般不超过半年。

第六章　经费审查委员会

第三十四条　凡建立一级工会财务管理的基层工会组织，应在选举基层工会委员会的同时，选举产生经费审查委员会。

第三十五条　基层工会经费审查委员会委员名额一般3至11人。经费审查委员会设主任1人，可根据工作需要设副主任1人。

基层工会的主席、分管财务和资产的副主席、财务和资产管理部门的人员，不得担任同级工会经费审查委员会委员。

第三十六条　基层工会经费审查委员会由会员大会或会员代表大会选举产生。主任、副主任可以由经费审查委员会全体会议选举产生，也可以由会员大会或会员代表大会选举产生。

第三十七条　基层工会经费审查委员会的选举结果，与基层工会委员会选举结果同时报上一级工会批准。

基层工会经费审查委员会的任期与基层工会委员会相同。

第七章　女职工委员会

第三十八条　基层工会组织有女会员10人以上的建立女职工委员会，不足10人的设女职工委员。女职工委员会与基层工会委员会同时建立。

第三十九条　基层工会女职工委员会委员由同级工会委员会提名，在充分协商的基础上产生，也可召开女职工大会或女职工代表大会选举产生。

第四十条　基层工会女职工委员会主任由同级工会女主席或女副主席担任，也可经民主协商，按照相应条件配备女职工委员会主任。女职工委员会主任应提名为同级工会委员会或常务委员会委员候选人。基层工会女职工委员会主任、副主任名单，与工会委员会选举结果同时报上一级工会批准。

第八章　附　则

第四十一条　乡镇（街道）、开发区（工业园区）、村（社区）建立的工会委员会，县级以下建立的区域（行业）工会联合会如进行选举的，参照本条例执行。

第四十二条　本条例由中华全国总工会负责解释。

第四十三条　本条例自发布之日起施行，以往有关规定与本条例不一致的，以本条例为准。1992年5月18日全国总工会办公厅印发的《工会基层组织选举工作暂行条例》同时废止。

基层工会会员代表大会条例

1. 2019 年 1 月 15 日
2. 总工发〔2019〕6 号

第一章 总 则

第一条 为完善基层工会会员代表大会制度，推进基层工会民主化、规范化、法治化建设，增强基层工会政治性、先进性、群众性，激发基层工会活力，发挥基层工会作用，根据《中华人民共和国工会法》《中国工会章程》等有关规定，制定本条例。

第二条 本条例适用于企业、事业单位、机关、社会团体和其他社会组织单独或联合建立的基层工会组织。

乡镇（街道）、开发区（工业园区）、村（社区）建立的工会委员会，县级以下建立的区域（行业）工会联合会，如召开会员代表大会的，依照本条例执行。

第三条 会员不足 100 人的基层工会组织，应召开会员大会；会员 100 人以上的基层工会组织，应召开会员大会或会员代表大会。

第四条 会员代表大会是基层工会的最高领导机构，讨论决定基层工会重大事项，选举基层工会领导机构，并对其进行监督。

第五条 会员代表大会实行届期制，每届任期三年或五年，具体任期由会员代表大会决定。会员代表大会任期届满，应按期换届。遇有特殊情况，经上一级工会批准，可以提前或延期换届，延期时间一般不超过半年。

会员代表大会每年至少召开一次，经基层工会委员会、三分之一以上的会员或三分之一以上的会员代表提议，可以临时召开会员代表大会。

第六条 会员代表大会应坚持党的领导，坚持民主集中制，坚持依法规范，坚持公开公正，切实保障会员的知情权、参与权、选举权、监督权。

第七条 基层工会召开会员代表大会应向同级党组织和上一级工会报告。换届选举、补选、罢免基层工会委员会组成人员的，应向同级党组织和上一级工会书面报告。

上一级工会对下一级工会召开会员代表大会进行指导和监督。

第二章 会员代表大会的组成和职权

第八条 会员代表的组成应以一线职工为主，体现广泛性和代表性。中层正职以上管理人员和领导人员一般不得超过会员代表总数的 20%。女职工、青年职工、劳动模范（先进工作者）等会员代表应占一定比例。

第九条 会员代表名额，按会员人数确定：

会员 100 至 200 人的，设代表 30 至 40 人；

会员 201 至 1000 人的，设代表 40 至 60 人；

会员 1001 至 5000 人的，设代表 60 至 90 人；

会员 5001 至 10000 人的，设代表 90 至 130 人；

会员 10001 至 50000 人的，设代表 130 至 180 人；

会员 50001 人以上的，设代表 180 至 240 人。

第十条 会员代表的选举和会议筹备工作由基层工会委员会负责，新成立基层工会的由工会筹备组负责。

第十一条 会员代表大会根据需要，可以设立专门工作委员会（小组），负责办理会员代表大会交办的具体事项。

第十二条 会员代表大会的职权是：

（一）审议和批准基层工会委员会的工作报告；

（二）审议和批准基层工会委员会经费收支预算决算情况报告、经费审查委员会工作报告；

（三）开展会员评家，评议基层工会开展工作、建设职工之家情况，评议基层工会主席、副主席履行职责情况；

（四）选举和补选基层工会委员会和经费审查委员会组成人员；

（五）选举和补选出席上一级工会代表大会的代表；

（六）罢免其所选举的代表、基层工会委员会组成人员；

（七）讨论决定基层工会其他重大事项。

第三章 会员代表

第十三条 会员代表应由会员民主选举产生，不得指定会员代表。劳务派遣工会员民主权利的行使，如用人单位工会与用工单位工会有约定的，依照约定执行；如没有约定或约定不明确的，在劳务派遣工会员会籍所在工会行使。

第十四条 会员代表应具备以下条件：

（一）工会会员，遵守工会章程，按期缴纳会费；

（二）拥护党的领导，有较强的政治觉悟；

（三）在生产、工作中起骨干作用，有议事能力；

（四）热爱工会工作，密切联系职工群众，热心为职工群众说话办事；

（五）在职工群众中有一定的威信，受到职工群众信赖。

第十五条 会员代表的选举，一般以下一级工会或工会小组为选举单位进行，两个以上会员人数较少的下一级工会或工会小组可作为一个选举单位。

会员代表由选举单位会员大会选举产生。规模较大、管理层级较多的单位，会员代表可由下一级会员代表大会选举产生。

第十六条 选举单位按照基层工会确定的代表候选人名额和条件，组织会员讨论提出会员代表候选人，召开有三分之二以上会员或会员代表参加的大会，采取无记名投票方式差额选举产生会员代表，差额率不低于15%。

第十七条 会员代表候选人，获得选举单位全体会员过半数赞成票时，方能当选；由下一级会员代表大会选举时，其代表候选人获得应到会代表人数过半数赞成票时，方能当选。

第十八条 会员代表选出后，应由基层工会委员会或工会筹备组，对会员代表人数及人员结构进行审核，并对会员代表进行资格审查。

符合条件的会员代表人数少于原定代表人数的，可以把剩余的名额再分配，进行补选，也可以在符合规定人数情况下减少代表名额。

第十九条 会员代表实行常任制，任期与会员代表大会届期一致，会员代表可以连选连任。

第二十条 会员代表的职责是：

（一）带头执行党的路线、方针、政策，自觉遵守国家法律法规和本单位的规章制度，努力完成生产、工作任务；

（二）在广泛听取会员意见和建议的基础上，向会员代表大会提出提案；

（三）参加会员代表大会，听取基层工会委员会和经费审查委员会的工作报告，讨论和审议代表大会的各项议题，提出审议意见和建议；

（四）对基层工会委员会及代表大会各专门委员会（小组）的工作进行评议，提出批评、建议；对基层工会主席、副主席进行民主评议和民主测评，提出奖惩和任免建议；

（五）保持与选举单位会员群众的密切联系，热心为会员说话办事，积极为做好工会各项工作献计献策；

（六）积极宣传贯彻会员代表大会的决议精神，对工会委员会落实会员代表大会决议情况进行监督检查，团结和带动会员群众完成会员代表大会提出的各项任务。

第二十一条 选举单位可单独或联合组成代表团（组），推选团（组）长。团（组）长根据会员代表大会议程，组织会员代表参加大会各项活动；在会员代表大会闭会期间，按照基层工会的安排，组织会员代表开展日常工作。

第二十二条 基层工会讨论决定重要事项，可事先召开代表团（组）长会议征求意见，也可根据需要，邀请代表团（组）长列席会议。

第二十三条 基层工会应建立会员代表调研、督查等工作制度，充分发挥会员代表作用。

第二十四条 会员代表在法定工作时间内依法参加会员代表大会及工会组织的各项活动，单位应当正常支付劳动报酬，不得降低其工资和其他福利待遇。

第二十五条 有下列情形之一的，会员代表身份自然终止：

（一）在任期内工作岗位跨选举单位变动的；

（二）与用人单位解除、终止劳动（工作）关系的；

（三）停薪留职、长期病事假、内退、外派超过一年，不能履行会员代表职责的。

第二十六条 会员代表对选举单位会员负责，接受选举单位会员的监督。

第二十七条 会员代表有下列情形之一的，可以罢免：

（一）不履行会员代表职责的；

（二）严重违反劳动纪律或单位规章制度，对单位利益造成严重损害的；

（三）被依法追究刑事责任的；

（四）其他需要罢免的情形。

第二十八条 选举单位工会或三分之一以上会员或会员代表有权提出罢免会员代表。

会员或会员代表联名提出罢免的，选举单位工会应及时召开会员代表大会进行表决。

第二十九条 罢免会员代表，应经过选举单位全体会员过半数通过；由会员代表大会选举产生的代表，应经过会员代表大会应到会代表的过半数通过。

第三十条 会员代表出现缺额，原选举单位应及时补选。缺额超过会员代表总数四分之一时，应在三个月内进行补选。补选会员代表应依照选举会员代表的程序，进行差额选举，差额率应按照第十六条规定执行。补选的会员代表应报基层工会委员会进行资格审查。

第四章 会员代表大会的召开

第三十一条 每届会员代表大会第一次会议召开前，应将会员代表大会的组织机构、会员代表的构成、会员代表大会主要议程等重要事项，向同级党组织和上一级工会书面报告。上一级工会接到报告后应于15日内批复。

第三十二条 每届会员代表大会第一次会议召开前，基层工会委员会或工会筹备组应对会员代表进行专门培训，培训内容应包括工会基本知识、会员代表大会的性质和职能、会员代表的权利和义务、大会选举办法等。

第三十三条 会员代表全部选举产生后，应在一个月内召开本届会员代表大会第一次会议。

第三十四条 会员代表大会召开前，会员代表应充分听取会员意见建议，积极提出与会员切身利益和工会工作密切相关的提案，经基层工会委员会或工会筹备组审查后，决定是否列入大会议程。

第三十五条 召开会员代表大会，应提前5个工作日将会议日期、议程和提交会议讨论的事项通知会员代表。

第三十六条 每届会员代表大会第一次会议召开前，可举行预备会议，听取会议筹备情况的报告，审议通过关于会员代表资格审查情况的报告，讨论通过选举办法，通过大会议程和其他有关事项。

第三十七条 召开会员代表大会时，未当选会员代表的经费审查委员会委员、女职工委员会委员应列席会议，也可以邀请有关方面的负责人或代表列席会议。

可以邀请获得荣誉称号的人员、曾经作出突出贡献的人员作为特邀代表参加会议。

列席人员和特邀代表仅限本次会议，可以参加分组讨论，不承担具体工作，不享有选举权、表决权。

第三十八条 基层工会委员会、经费审查委员会及女职工委员会的选举工作，依照《工会基层组织选举工作条例》规定执行。

第三十九条 会员代表大会应每年对基层工会开展工作、建设职工之家和工会主席、副主席履行职责等情况进行民主评议，在民主评议的基础上，以无记名投票方式进行测评，测评分为满意、基本满意、不满意三个等次。测评结果应及时公开，并书面报告同级党组织和上一级工会。

基层工会主席、副主席测评办法应由会员代表大会表决通过，并报上一级工会备案。

第四十条 基层工会主席、副主席，具有下列情形之一的，可以罢免：

（一）连续两年测评等次为不满意的；

（二）任职期间个人有严重过失的；

（三）被依法追究刑事责任的；

（四）其他需要罢免的情形。

基层工会委员会委员具有上述（二）（三）（四）项情形的，可以罢免。

第四十一条 本届工会委员会、三分之一以上的会员或会员代表可以提议罢免主席、副主席和委员。

罢免主席、副主席和委员的，应经同级党组织和上一级工会进行考察，未建立党组织的，由上一级工会考察。经考察，如确认其不能再担任现任职务时，应依法召开会员代表大会进行无记名投票表决，应参会人员过半数通过的，罢免有效，并报上一级工会批准。

第四十二条 规模较大、人数众多、工作地点分散、工作时间不一致，会员代表难以集中的基层工会，可以通过电视电话会议、网络视频会议等方式召开会员代表大会。不涉及无记名投票的事项，可以通过网络进行表决，如进行无记名投票的，可在分会场设立票箱，在规定时间内统一投票、统一计票。

第四十三条 会员代表大会与职工代表大会应分别召开，不得互相代替。如在同一时间段召开的，应分别设置会标、分别设定会议议程、分别行使职权、分别作出决议、分别建立档案。

第四十四条 会员代表大会通过的决议、重要事项和选举结果等应当形成书面文件，并及时向会员公开。

第五章 附 则

第四十五条 除会员代表的特别规定外，召开会员大会依照本条例相关规定执行。

第四十六条 本条例由中华全国总工会负责解释。

第四十七条 本条例自发布之日起施行，以往有关规定与本条例不一致的，以本条例为准。1992 年 4 月 14 日中华全国总工会办公厅印发的《关于基层工会会员代表大会代表实行常任制的若干暂行规定》同时废止。

企业工会工作条例

1. 2006 年 12 月 11 日
2. 总工发〔2006〕41 号

第一章 总 则

第一条 为加强和改进企业工会工作，发挥企业工会团结组织职工、维护职工权益、促进企业发展的重要作用，根据《工会法》、《劳动法》和《中国工会章程》，制定本条例。

第二条 企业工会是中华全国总工会的基层组织，是工会的重要组织基础和工作基础，是企业工会会员和职工合法权益的代表者和维护者。

第三条 企业工会以邓小平理论和“三个代表”重要思想为指导，贯彻科学发展观，坚持全心全意依靠工人阶级根本指导方针，走中国特色社会主义工会发展道路，落实“组织起来、切实维权”的工作方针，团结和动员职工为实现全面建设小康社会宏伟目标作贡献。

第四条 企业工会贯彻促进企业发展、维护职工权益的工作原则，协调企业劳动关系，推动建设和谐企业。

第五条 企业工会在本企业党组织和上级工会的领导下，依照法律和工会章程独立自主地开展工作，密切联系职工群众，关心职工群众生产生活，热忱为职工群众服务，努力建设成为组织健全、维权到位、工作活跃、作用明显、职工信赖的职工之家。

第二章 企业工会组织

第六条 企业工会依法组织职工加入工会，维护职工参加工会的权利。

第七条 会员二十五人以上的企业建立工会委员会；不足二十五人的可以单独建立工会委员会，也可以由两个以上企业的会员按地域或行业联合建立基层工会委员会。同时按有关规定建立工会经费审查委员会、工会女职工委员会。

企业工会具备法人条件的，依法取得社会团体法人资格，工会主席是法定代表人。

企业工会受法律保护，任何组织和个人不得随意撤销或将工会工作机构合并、归属到其他部门。

企业改制须同时建立健全工会组织。

第八条 会员大会或会员代表大会是企业工会的权力机关，每年召开一至两次会议。经企业工会委员会或三分之一以上会员提议可临时召开会议。

会员代表大会的代表由会员民主选举产生，会员代表实行常任制，任期与企业本届工会委员会相同，可连选连任。

会员在一百人以下的企业工会应召开会员大会。

第九条 会员大会或会员代表大会的职权：

（一）审议和批准工会委员会的工作报告。

（二）审议和批准工会委员会的经费收支情况报告和经费审查委员会的工作报告。

（三）选举工会委员会和经费审查委员会。

（四）听取工会主席、副主席的述职报告，并进行民主评议。

（五）撤换或者罢免其所选举的代表或者工会委员会组成人员。

（六）讨论决定工会工作其他重大问题。

第十条 会员大会或会员代表大会与职工代表大会或职工大会须分别行使职权，不得相互替代。

第十一条 企业工会委员会由会员大会或会员代表大会差额选举产生，选举结果报上一级工会批准，每届任期三年或者五年。

大型企业工会经上级工会批准，可设立常务委员会，负责工会委员会的日常工作，其下属单位可建立工会委员会。

第十二条 企业工会委员会是会员大会或会员代

表大会的常设机构，对会员大会或会员代表大会负责，接受会员监督。在会员大会或会员代表大会闭会期间，负责日常工作。

第十三条 企业工会委员会根据工作需要，设立相关工作机构或专门工作委员会、工作小组。

工会专职工作人员一般按不低于企业职工人数的千分之三配备，具体人数由上级工会、企业工会与企业行政协商确定。

根据工作需要和经费许可，工会可从社会聘用工会工作人员，建立专兼职相结合的干部队伍。

第十四条 企业工会委员会实行民主集中制，重要问题须经集体讨论作出决定。

第十五条 企业工会委员（常委）会一般每季度召开一次会议，讨论或决定以下问题：

（一）贯彻执行会员大会或会员代表大会决议和党组织、上级工会有关决定、工作部署的措施。

（二）提交会员大会或会员代表大会的工作报告和向党组织、上级工会的重要请示、报告。

（三）工会工作计划和总结。

（四）向企业提出涉及企业发展和职工权益重大问题的建议。

（五）工会经费预算执行情况及重大财务支出。

（六）由工会委员会讨论和决定的其他问题。

第十六条 企业生产车间、班组建立工会分会、工会小组，会员民主选举工会主席、工会小组长，组织开展工会活动。

第十七条 建立工会积极分子队伍，发挥工会积极分子作用。

第三章　基本任务和活动方式

第十八条 企业工会的基本任务：

（一）执行会员大会或会员代表大会的决议和上级工会的决定。

（二）组织职工依法通过职工代表大会或职工大会和其他形式，参加企业民主管理和民主监督，检查督促职工代表大会或职工大会决议的执行。

（三）帮助和指导职工与企业签订劳动合同。就劳动报酬、工作时间、劳动定额、休息休假、劳动安全卫生、保险福利等与企业平等协商、签订集体合同，并监督集体合同的履行。调解劳动争议。

（四）组织职工开展劳动竞赛、合理化建议、技术革新、技术攻关、技术协作、发明创造、岗位练兵、技术比赛等群众性经济技术创新活动。

（五）组织培养、评选、表彰劳动模范，负责做好劳动模范的日常管理工作。

（六）对职工进行思想政治教育，组织职工学习文化、科学和业务知识，提高职工素质。办好职工文化、教育、体育事业，开展健康的文化体育活动。

（七）协助和督促企业做好劳动报酬、劳动安全卫生和保险福利等方面的工作，监督有关法律法规的贯彻执行。参与劳动安全卫生事故的调查处理。协助企业办好职工集体福利事业，做好困难职工帮扶救助工作，为职工办实事、做好事、解难事。

（八）维护女职工的特殊利益。

（九）加强组织建设，健全民主生活，做好会员会籍管理工作。

（十）收好、管好、用好工会经费，管理好工会资产和工会企（事）业。

第十九条 坚持群众化、民主化，实行会务公开。凡涉及会员群众利益的重要事项，须经会员大会或会员代表大会讨论决定；工作计划、重大活动、经费收支等情况接受会员监督。

第二十条 按照会员和职工群众的意愿，依靠会员和职工群众，开展形式多样的工会活动。

第二十一条 工会召开会议或者组织职工活动，需要占用生产时间的，应当事先征得企业的同意。

工会非专职委员占用生产或工作时间参加会议或者从事工会工作，在法律规定的时间内工资照发，其他待遇不受影响。

第二十二条 开展建设职工之家活动，建立会员评议建家工作制度，增强工会凝聚力，提高工会工作水平。

推动企业关爱职工，引导职工热爱企业，创建劳动关系和谐企业。

第四章　工会主席

第二十三条 职工二百人以上的企业工会依法配备专职工会主席。由同级党组织负责人担任工会主席的，应配备专职工会副主席。

第二十四条 国有、集体及其控股企业工会主席候选人，应由同级党组织和上级工会在充分听取会员意见的基础上协商提名。工会主席按企业党政同级副职级条件配备，是共产党员的应进入同级党组织领导班子。专职工会副主席按不低于企业中层正职配备。

私营企业、外商投资企业、港澳台商投资企业工会主席候选人，由会员民主推荐，报上一级工会同意提名；也可以由上级工会推荐产生。工会主席享受企业行政副职待遇。

企业行政负责人、合伙人及其近亲属不得作为本企业工会委员会成员的人选。

第二十五条 工会主席、副主席可以由会员大会或会员代表大会直接选举产生，也可以由企业工会委员会选举产生。工会主席出现空缺，须按民主程序及时进行补选。

第二十六条 工会主席应当具备下列条件：

（一）政治立场坚定，热爱工会工作。

（二）具有与履行职责相应的文化程度、法律法规和生产经营管理知识。

（三）作风民主，密切联系群众，热心为会员和职工服务。

（四）有较强的协调劳动关系和组织活动能力。

第二十七条 企业工会主席的职权：

（一）负责召集工会委员会会议，主持工会日常工作。

（二）参加企业涉及职工切身利益和有关生产经营重大问题的会议，反映职工的意愿和要求，提出工会的意见。

（三）以职工方首席代表的身份，代表和组织职工与企业进行平等协商、签订集体合同。

（四）代表和组织职工参与企业民主管理。

（五）代表和组织职工依法监督企业执行劳动安全卫生等法律法规，要求纠正侵犯职工和工会合法权益的行为。

（六）担任劳动争议调解委员会主任，主持企业劳动争议调解委员会的工作。

（七）向上级工会报告重要信息。

（八）负责管理工会资产和经费。

第二十八条 按照法律规定，企业工会主席、副主席任期未满时，不得随意调动其工作。因工作需要调动时，应征得本级工会委员会和上一级工会的同意。

罢免工会主席、副主席必须召开会员大会或会员代表大会讨论，非经会员大会全体会员或者会员代表大会全体代表无记名投票过半数通过，不得罢免。

工会专职主席、副主席或者委员自任职之日起，其劳动合同期限自动延长，延长期限相当于其任职期间；非专职主席、副主席或者委员自任职之日起，其尚未履行的劳动合同期限短于任期的，劳动合同期限自动延长至任期期满。任职期间个人严重过失或者达到法定退休年龄的除外。

第二十九条 新任企业工会主席、副主席，应在一年内参加上级工会举办的上岗资格或业务培训。

第五章 工作机制和制度

第三十条 帮助和指导职工签订劳动合同。代表职工与企业协商确定劳动合同文本的主要内容和条件，为职工签订劳动合同提供法律、技术等方面的咨询和服务。监督企业与所有职工签订劳动合同。

工会对企业违反法律法规和有关合同规定解除职工劳动合同的，应提出意见并要求企业将处理结果书面通知工会。工会应对企业经济性裁员事先提出同意或否决的意见。

监督企业和引导职工严格履行劳动合同，依法督促企业纠正违反劳动合同的行为。

第三十一条 依法与企业进行平等协商，签订集体合同和劳动报酬、劳动安全卫生、女职工特殊权益保护等专项集体合同。

工会应将劳动报酬、工作时间、劳动定额、保险福利、劳动安全卫生等问题作为协商重点内容。

工会依照民主程序选派职工协商代表，可依法委托本企业以外的专业人士作为职工协商代表，但不得超过本方协商代表总数的三分之一。

小型企业集中的地方，可由上一级工会直接代表职工与相应的企业组织或企业进行平等协商，签订区域性、行业性集体合同或专项集体合同。

劳务派遣工集中的企业，工会可与企业、劳务公司共同协商签订集体合同。

第三十二条 工会发出集体协商书面要约二十日内，企业不予回应的，工会可要求上级工会协调；企业无正当理由拒绝集体协商的，工会可提请县级以上人民政府责令改正，依法处理；企业违反集体合同规定的，工会可依法要求企业承担责任。

第三十三条 企业工会是职工代表大会或职工大会的工作机构，负责职工代表大会或职工大会的日常工作。

职工代表大会的代表经职工民主选举产生。职工代表大会中的一线职工代表一般不少于职工代表总数的百分之五十。女职工、少数民族职工代表应占相应比例。

第三十四条 国有企业、国有控股企业职工代表大会或职工大会的职权：

（一）听取审议企业生产经营、安全生产、重组改制等重大决策以及实行厂务公开、履行集体合同情况报告，提出意见和建议。

（二）审议通过集体合同草案、企业改制职工安置方案。审查同意或否决涉及职工切身利益的重要事项和企业规章制度。

（三）审议决定职工生活福利方面的重大事项。

（四）民主评议监督企业中层以上管理人员，提出奖惩任免建议。

（五）依法行使选举权。

（六）法律法规规定的其他权利。

集体（股份合作制）企业职工代表大会或职工大会的职权：

（一）制定、修改企业章程。

（二）选举、罢免企业经营管理人员。

（三）审议决定经营管理以及企业合并、分立、变更、破产等重大事项。

（四）监督企业贯彻执行国家有关劳动安全卫生等法律法规、实行厂务公开、执行职代会决议等情况。

（五）审议决定有关职工福利的重大事项。

私营企业、外商投资企业和港澳台商投资企业职工代表大会或职工大会的职权：

（一）听取企业发展规划和年度计划、生产经营等方面的报告，提出意见和建议。

（二）审议通过涉及职工切身利益重大问题的方案和企业重要规章制度、集体合同草案等。

（三）监督企业贯彻执行国家有关劳动安全卫生等法律法规、实行厂务公开、履行集体合同和执行职代会决议、缴纳职工社会保险、处分和辞退职工的情况。

（四）法律法规、政策和企业规章制度规定及企业授权和集体协商议定的其他权利。

第三十五条 职工代表大会或职工大会应有全体职工代表或全体职工三分之二以上参加方可召开。职工代表大会或职工大会进行选举和作出重要决议、决定，须采用无记名投票方式进行表决，经全体职工代表或全体职工过半数通过。

小型企业工会可联合建立区域或行业职工代表大会，解决本区域或行业涉及职工利益的共性问题。

公司制企业不得以股东（代表）大会取代职工（代表）大会。

第三十六条 督促企业建立和规范厂务公开制度。

第三十七条 凡设立董事会、监事会的公司制企业，工会应依法督促企业建立职工董事、职工监事制度。

职工董事、职工监事人选由企业工会提名，通过职工代表大会或职工大会民主选举产生，对职工代表大会或职工大会负责。企业工会主席、副主席一般应分别作为职工董事、职工监事的候选人。

第三十八条 建立劳动法律监督委员会，职工人数较少的企业应设立工会劳动法律监督员，对企业执行有关劳动报酬、劳动安全卫生、工作时间、休息休假、女职工和未成年工保护、保险福利等劳动法律法规情况进行群众监督。

第三十九条 建立劳动保护监督检查委员会，生产班组中设立工会小组劳动保护检查员。建立完善工会监督检查、重大事故隐患和职业危害建档跟踪、群众举报等制度，建立工会劳动保护工作责任制。依法参加职工因工伤亡事故和其他严重危害职工健康问题的调查处理。协助与督促企业落实法律赋予工会与职工安全生产方面的知情权、参与权、监督权和紧急避险权。开展群众性安全生产活动。

依照国家法律法规对企业新建、扩建和技术改造工程中的劳动条件和安全卫生设施与主体工程同时设计、同时施工、同时使用进行监督。

发现企业违章指挥、强令工人冒险作业，或者生产过程中发现明显重大事故隐患和职业危害，工会应提出解决的建议；发现危及职工生命安全的情况，工会有权组织职工撤离危险现场。

第四十条 依法建立企业劳动争议调解委员会，劳动争议调解委员会由职工代表、企业代表和工会代表组成，办事机构设在企业工会。职工代表和工会代表的人数不得少于调解委员会成员总数的三分之二。

建立劳动争议预警机制，发挥劳动争议调解组织的预防功能，设立建立企业劳动争议信息员制度，做好劳动争议预测、预报、预防工作。

企业发生停工、怠工事件，工会应当积极同企业或者有关方面协商，反映职工的意见和要求并提出解决意见，协助企业做好工作，尽快恢复生产、工作秩序。

第四十一条 开展困难职工生活扶助、医疗救助、子女就学和职工互助互济等工作。有条件的企业工会建立困难职工帮扶资金。

第六章 女职工工作

第四十二条 企业工会有女会员十名以上的，应建立工会女职工委员会，不足十名的应设女职工委员。

女职工委员会在企业工会委员会领导和上一级工会女职工委员会指导下开展工作。

女职工委员会主任由企业工会女主席或副主席担任。企业工会没有女主席或副主席的，由符合相应条件的工会女职工委员担任，享受同级工会副主席待遇。

女职工委员会委员任期与同级工会委员会委员相同。

第四十三条 女职工委员会依法维护女职工的合法权益，重点是女职工经期、孕期、产期、哺乳期保护，禁忌劳动、卫生保健、生育保险等特殊利益。

第四十四条 女职工委员会定期研究涉及女职工特殊权益问题，向企业工会委员会和上级女职工委员会报告工作，重要问题应提交企业职工代表大会或职工大会审议。

第四十五条 企业工会应为女职工委员会开展工作与活动提供必要的经费。

第七章 工会经费和资产

第四十六条 督促企业依法按每月全部职工工资总额的百分之二向工会拨缴经费、提供工会办公和开展活动的必要设施和场所等物质条件。

第四十七条 工会依法设立独立银行账户，自主管理和使用工会经费、会费。工会经费、会费主要用于为职工服务和工会活动。

第四十八条 督促企业按国家有关规定支付工会会同企业开展的职工教育培训、劳动保护、劳动竞赛、技术创新、职工疗休养、困难职工补助、企业文化建设等工作所需费用。

第四十九条 工会经费审查委员会代表会员群众对工会经费收支和财产管理进行审查监督。

建立经费预算、决算和经费审查监督制度，经费收支情况接受同级工会经费审查委员会审查，接受上级工会审计，并定期向会员大会或会员代表大会报告。

第五十条 企业工会经费、财产和企业拨给工会使用的不动产受法律保护，任何单位和个人不得侵占、挪用和任意调拨。

企业工会组织合并，其经费财产归合并后的工会所有；工会组织撤销或解散，其经费财产由上级工会处置。

第八章 工会与企业党组织、行政和上级工会

第五十一条 企业工会接受同级党组织和上级工会双重领导，以同级党组织领导为主。未建立党组织的企业，其工会由上一级工会领导。

第五十二条 企业工会与企业行政具有平等的法律地位，相互尊重、相互支持、平等合作，共谋企业发展。

企业工会与企业可以通过联席会、民主议事会、民主协商会、劳资恳谈会等形式，建立协商沟通制度。

第五十三条 企业工会支持企业依法行使经营管理权，动员和组织职工完成生产经营任务。

督促企业按照有关规定，按职工工资总额的百分之一点五至百分之二点五、百分之一分别提取职工教育培训费用和劳动竞赛奖励经费，并严格管理和使用。

第五十四条 企业行政应依法支持工会履行职责，为工会开展工作创造必要条件。

第五十五条 上级工会负有对企业工会指导和服务的职责，为企业工会开展工作提供法律、政策、信息、培训和会员优惠等方面的服务，帮助企业工会协调解决工作中的困难和问题。

企业工会在履行职责遇到困难时，可请上级工会代行企业工会维权职责。

第五十六条 县以上地方工会设立保护工会干部专项经费，为维护企业工会干部合法权益提供保障。经费来源从本级工会经费中列支，也可以通过其它渠道多方筹集。

建立上级工会保护企业工会干部责任制。对因履行职责受到打击报复或不公正待遇以及有特殊困难的企业工会干部，上级工会应提供保护和帮助。

上级工会与企业工会、企业行政协商，可对企业工会兼职干部给予适当补贴。

第五十七条 上级工会应建立对企业工会干部的考核、激励机制，对依法履行职责作出突出贡献的工会干部给予表彰奖励。

工会主席、副主席不履行职责，上级工会应责令其改正；情节严重的可以提出罢免的建议，按照有关规定予以罢免。

第九章 附 则

第五十八条 本条例适用于中华人民共和国境内所有企业和实行企业化管理的事业单位工会。

第五十九条 本条例由中华全国总工会解释。

第六十条 本条例自公布之日起施行。

企业工会主席合法权益保护暂行办法

1. 2007 年 8 月 20 日
2. 总工发〔2007〕32 号

第一章 总 则

第一条 为坚持主动依法科学维权，保护企业工会主席合法权益，保障其依法履行职责，发挥企业工会促进企业发展、维护职工权益的作用，依据《工会法》、《劳动法》、《劳动合同法》等法律法规，制定本办法。

第二条 中华人民共和国境内各类企业工会专职、兼职主席、副主席（以下简称工会主席）的合法权益保护，适用本办法。

企业化管理的事业单位、民办非企业单位工会主席，区域性行业性工会联合会、联合基层工会主席的合法权益保护，参照本办法执行。

第三条 各级工会要依据国家法律法规和政策，严格按照中国工会章程的规定和组织程序，运用法律、经济等手段，保护企业工会主席的合法权益。

第二章 保护内容与措施

第四条 企业工会主席因依法履行职责，被企业降职降级、停职停薪降薪、扣发工资以及其他福利待遇的，或因被诬陷受到错误处理、调动工作岗位的，或遭受打击报复不能恢复原工作、享受原职级待遇的，或未安排合适工作岗位的，上级工会要会同该企业党组织督促企业撤销处理决定，恢复该工会主席原岗位工作，并补足其所受经济损失。

在企业拒不纠正的情况下，上级工会要向企业的上级党组织报告，通过组织渠道促使问题的解决；或会同企业、行业主管部门、或提请劳动行政部门责令该企业改正。

第五条 企业工会主席因依法履行职责，被企业无正当理由解除或终止劳动合同的，上级工会要督促企业依法继续履行其劳动合同，恢复原岗位工作，补发被解除劳动合同期间应得的报酬，或给予本人年收入二倍的赔偿，并给予解除或终止劳动合同时的经济补偿金。

在企业拒不改正的情况下，上级工会要提请劳动行政部门责令该企业改正，直至支持权益受到侵害的工会主席向人民法院提起诉讼。对于发生劳动争议，工会主席本人申请仲裁或者提起诉讼的，应当为其提供法律援助，支付全部仲裁、诉讼费用。

第六条 企业工会主席因依法履行职责，被故意伤害导致人身伤残、死亡的，上级工会要支持该工会主席或者其亲属、代理人依法追究伤害人的刑事责任和民事责任。

对于被故意伤害导致人身伤残的工会主席，上级工会要视其伤残程度给予一次性补助；对于被故意伤害导致死亡的工会主席，要协助其直系亲属做好善后处理事宜，并给予一次性慰问金。

第七条 企业工会主席因依法履行职责，遭受企业解除或终止劳动合同，本人不愿意继续在该企业工作、导致失业的，上级工会要为其提供就业帮助；需要就业培训的，要为其免费提供职业技能培训。在该工会主席失业期间，上级工会要按照本人原岗位工资收入给予补助，享受期限最多不超过六个月。

第八条 企业非专职工会主席因参加工会会议、学习培训、从事工会工作，被企业扣发或减少工资和其它经济收入的，上级工会要督促企业依法予以足额补发。

第三章 保护机制与责任

第九条 各级工会领导机关要建立保护企业工会主席责任制，逐级承担保护企业工会主席合法权益的职责。企业工会的上一级工会要切实负起责任，保护所属企业工会主席的合法权益。

第十条 县（区）级以上工会领导机关要设立工会干部权益保障金，省级工会50万元、地（市）级工会30万元、县（区）级工会10万元，年末结余滚存下一年度使用。当年使用不足时可以动用滚存结余，仍不足时可追加。本级工会经费有困难时，可向上级工会提出补助申请。

要切实加强工会干部权益保障金的管理，专款专用。各级工会经费审查委员会要加强审查和监督工作。

第十一条 县（区）级以上工会领导机关要建立由组织部门牵头、相关部门参加的工作协调机构，受理下级工会或企业工会主席的维权申请、核实、报批和资料存档等相关事宜。

当工会主席合法权益受到侵害后，工会主席本人或者其所在企业工会组织向上一级工会提出书面保护申请及相关证明材料；上一级工会要及时做好调查核实工作，采取相应保护措施。需要支付保障金的，要按照隶属关系向县（区）级地方工会提出申请。县（区）级以上地方工会应依据实际情况，及时向合法权益受到侵害的工会主席支付权益保障金。

第四章 附 则

第十二条 全国铁路、金融、民航工会适用本办法。

第十三条 本办法由中华全国总工会解释。

第十四条 本办法自公布之日起施行。

企业工会主席产生办法（试行）

1. 2008年7月25日
2. 总工发〔2008〕51号

第一章 总 则

第一条 为健全完善企业工会主席产生机制，充分发挥工会主席作用，切实履行工作职责，增强工会组织凝聚力，根据《工会法》、《中国工会章程》和《企业工会工作条例》，制定本办法。

第二条 中华人民共和国境内企业和实行企业化管理的事业单位、民办非企业单位的工会主席产生适用本办法。

第三条 企业工会主席产生，应坚持党管干部、依法规范、民主集中、组织有序的原则。

第四条 上一级工会应对企业工会主席产生进行直接指导。

第二章 任职条件

第五条 企业工会主席应具备下列条件：

（一）政治立场坚定，热爱工会工作；

（二）具有与履行职责相应的文化程度、法律法规和生产经营管理知识；

（三）作风民主，密切联系群众，热心为会员和职工服务；

（四）有较强的组织协调能力。

第六条 企业行政负责人（含行政副职）、合伙人及其近亲属，人力资源部门负责人，外籍职工不得作为本企业工会主席候选人。

第三章 候选人产生

第七条 企业工会换届或新建立工会组织，应当成立由上一级工会、企业党组织和会员代表组成的领导小组，负责工会主席候选人提名和选举工作。

第八条 企业工会主席候选人应以工会分会或工会小组为单位酝酿推荐，或由全体会员以无记名投票方式推荐，上届工会委员会、上一级工会或工会筹备组根据多数会员的意见，提出候选人名单。

企业工会主席候选人应多于应选人。

第九条 企业党组织和上级工会应对企业工会主席候选人进行考察，对不符合任职条件的予以调整。

第十条 企业工会主席候选人应进行公示，公示期为七天。公示按姓氏笔画排序。

第十一条 企业工会主席候选人应报经企业党组织和上一级工会审批。

第十二条 上级工会可以向非公有制企业工会、联合基层工会推荐本企业以外人员作为工会主席候选人。

第四章 民主选举

第十三条 企业工会主席产生均应依法履行民主选举程序，经会员民主选举方能任职。

第十四条 选举企业工会主席应召开会员大会或会员代表大会，采取无记名投票方式进行。

因故未出席会议的选举人，不得委托他人代为投票。

第十五条 企业工会主席可以由会员大会或会员代表大会直接选举产生，也可以由企业工会委员会选举产生；可以与企业工会委员会委员同时进行选举，也可以单独选举。

第十六条 会员大会或会员代表大会选举企业工会主席，参加选举人数为应到会人数三分之二以上时，方可进行选举。

企业工会主席候选人获得赞成票超过应到会有选举权人数半数的始得当选。

第十七条 任何组织和任何个人不得妨碍民主选举工作，不得阻挠有选举权和被选举权的会员到场，不得以私下串联、胁迫他人等非组织行为强迫选举人选举或者不选举某个人，不得以任何方式追查选举人的投票意向。

第十八条 企业工会主席出现空缺，应在三个月内进行补选。

补选前应征得同级党组织和上一级工会的同意，暂由一名副主席或委员主持工作，一般期限不得超过三个月。

第五章 管理与待遇

第十九条 企业工会主席选举产生后应及时办理工会法人资格登记或工会法人代表变更登记。

企业工会主席一般应按企业副职级管理人员条件选配并享受相应待遇。

公司制企业工会主席应依法进入董事会。

第二十条 企业工会主席由同级党组织与上级工会双重领导，以同级党组织领导为主。尚未建立党组织的企业，其工会主席接受上一级工会领导。

第二十一条 职工二百人以上的企业依法配备专职工会主席。由同级党组织负责人担任工会主席的，应配备专职工会副主席。

企业应依法保障兼职工会主席的工作时间及相应待遇。

第二十二条 企业工会主席任期未满，企业不得随意调动其工作，不得随意解除其劳动合同。因工作需要调动时，应当征得本级工会委员会和上一级工会同意，依法履行民主程序。

工会专职主席自任职之日起，其劳动合同期限自动延长，延长期限相当于其任职期间；非专职主席自任职之日起，其尚未履行的劳动合同期限短于任期的，劳动合同期限自动延长至任期期满。任职期间个人严重过失或者达到法定退休年龄的除外。

罢免、撤换企业工会主席须经会员大会全体会员或者会员代表大会全体代表无记名投票过半数通过。

第二十三条 由上级工会推荐并经民主选举产生的企业工会主席，其工资待遇、社会保险费用等，可以由企业支付，也可以由上级工会或上级工会与其他方面合理承担。

第六章 附 则

第二十四条 联合基层工会、基层工会联合会主席的产生，参照本办法执行。

第二十五条 本办法由中华全国总工会负责解释。

第二十六条 本办法自发布之日起施行。

工会会员会籍管理办法

1. 2016 年 12 月 12 日
2. 总工发〔2016〕35 号

第一章 总 则

第一条 为规范工会会员会籍管理工作，增强会员意识，保障会员权利，根据《中华人民共和国工会法》和《中国工会章程》等有关规定，制定本办法。

第二条 工会会员会籍是指工会会员资格，是职工履行入会手续后工会组织确认其为工会会员的依据。

第三条 工会会员会籍管理，随劳动（工作）关系流动而变动，会员劳动（工作）关系在哪里，会籍就在哪里，实行一次入会、动态接转。

第二章　会籍取得与管理

第四条　凡在中国境内的企业、事业单位、机关和其他社会组织中，以工资收入为主要生活来源或者与用人单位建立劳动关系的体力劳动者和脑力劳动者，不分民族、种族、性别、职业、宗教信仰、教育程度，承认《中国工会章程》，都可以加入工会为会员。

第五条　职工加入工会，由其本人通过口头或书面形式及通过互联网等渠道提出申请，填写《中华全国总工会入会申请书》和《工会会员登记表》，经基层工会审核批准，即为中华全国总工会会员，发给《中华全国总工会会员证》（以下简称“会员证”），享有会员权利，履行会员义务。工会会员卡（以下简称“会员卡”）也可以作为会员身份凭证。

第六条　尚未建立工会的用人单位职工，按照属地和行业就近原则，可以向上级工会提出入会申请，在上级工会的帮助指导下加入工会。用人单位建立工会后，应及时办理会员会籍接转手续。

第七条　非全日制等形式灵活就业的职工，可以申请加入所在单位工会，也可以申请加入所在地的乡镇（街道）、开发区（工业园区）、村（社区）工会和区域（行业）工会联合会等。会员会籍由上述工会管理。

第八条　农民工输出地工会开展入会宣传，启发农民工入会意识；输入地工会按照属地管理原则，广泛吸收农民工加入工会。农民工会员变更用人单位时，应及时办理会员会籍接转手续，不需重复入会。

第九条　劳务派遣工可以在劳务派遣单位加入工会，也可以在用工单位加入工会。劳务派遣单位没有建立工会的，劳务派遣工在用工单位加入工会。

在劳务派遣工会员接受派遣期间，劳务派遣单位工会可以与用工单位工会签订委托管理协议，明确双方对会员组织活动、权益维护等方面的责任与义务。

加入劳务派遣单位工会（含委托用工单位管理）的会员，其会籍由劳务派遣单位工会管理。加入用工单位工会的会员会籍由用工单位工会管理。

第十条　基层工会可以通过举行入会仪式、集体发放会员证或会员卡等形式，增强会员意识。

第十一条　基层工会应建立会员档案，实行会员实名制，动态管理会员信息，保障会员信息安全。

第十二条　会员劳动（工作）关系发生变化后，由调出单位工会填写会员证“工会组织关系接转”栏目中有关内容。会员的《工会会员登记表》随个人档案一并移交。会员以会员证或会员卡等证明其工会会员身份，新的用人单位工会应予以接转登记。

第十三条　已经与用人单位解除劳动（工作）关系并实现再就业的会员，其会员会籍应转入新的用人单位工会。如新的用人单位尚未建立工会，其会员会籍原则上应暂时保留在会员居住地工会组织，待所在单位建立工会后，再办理会员会籍接转手续。

第十四条　临时借调到外单位工作的会员，其会籍一般不作变动。如借调时间六个月以上，借调单位已建立工会的，可以将会员关系转到借调单位工会管理。借调期满后，会员关系转回所在单位。会员离开工作岗位进行脱产学习的，如与单位仍有劳动（工作）关系，其会员会籍不作变动。

第十五条　联合基层工会的会员会籍接转工作，由联合基层工会负责。区域（行业）工会联合会的会员会籍接转工作，由会员所在基层工会负责。

第十六条　各级工会分级负责本单位本地区的会员统计工作。农民工会员由输入地工会统计。劳务派遣工会员由劳务派遣单位工会统计，加入用工单位工会的由用工单位工会统计。保留会籍的人员不列入会员统计范围。

第三章　会籍保留与取消

第十七条　会员退休（含提前退休）后，在原单位工会办理保留会籍手续。退休后再返聘参加工作的会员，保留会籍不作变动。

第十八条　内部退养的会员，其会籍暂不作变动，待其按国家有关规定正式办理退休手续后，办理保留会籍手续。

第十九条　会员失业的，由原用人单位办理保留会籍手续。原用人单位关闭或破产的，可将其会籍转至其居住地的乡镇（街道）或村（社区）工会。重新就业后，由其本人及时与新用人单位接转会员会籍。

第二十条　已经加入工会的职工，在其服兵役期间保留会籍。服兵役期满，复员或转业到用人单位并建立劳动关系的，应及时办理会员会籍接转手续。

第二十一条　会员在保留会籍期间免交会费，不再享有选举权、被选举权和表决权。

第二十二条　会员有退会自由。对于要求退会的会员，工会组织应做好思想工作。对经过做思想工作仍要求退会的，由会员所在的基层工会讨论后，宣布其退会并收回其会员证或会员卡。会员没有正当理由连续六个月不交纳会费、不参加工会组织生活，经教育拒不改正，应视为自动退会。

第二十三条 对严重违法犯罪并受到刑事处分的会员，开除会籍。开除会员会籍，须经会员所在工会小组讨论提出意见，由工会基层委员会决定，并报上一级工会备案，同时收回其会员证或会员卡。

第四章 附 则

第二十四条 本办法由中华全国总工会负责解释。

第二十五条 本办法自印发之日起施行。2000 年 9 月 11 日印发的《中华全国总工会关于加强工会会员会籍管理有关问题的暂行规定》（总工发〔2000〕18 号）同时废止。

基层工会法人登记管理办法

1. 2020 年 12 月 8 日
2. 总工办发〔2020〕20 号

第一章 总 则

第一条 为规范基层工会法人登记管理工作，依法确立基层工会民事主体地位，根据《中华人民共和国民法典》、《中华人民共和国工会法》及《中国工会章程》等有关规定，制定本办法。

第二条 我国境内的企业、事业单位、机关和其他社会组织等基层单位单独或联合建立的工会组织，区域性、行业性工会联合会，开发区（工业园区）工会，乡镇（街道）工会，村（社区）工会等工会组织（以下简称基层工会）申请取得、变更、注销法人资格，适用本办法。

第三条 基层工会按照本办法规定经审查登记，领取赋有统一社会信用代码的《工会法人资格证书》，取得法人资格，依法独立享有民事权利，承担民事义务。

第四条 各级工会应当依照规定的权限、范围、条件和程序，遵循依法依规、公开公正、便捷高效、科学管理的原则，做好基层工会法人登记管理工作。

第五条 省、自治区、直辖市总工会，设区的市和自治州总工会，县（旗）、自治县、不设区的市总工会（以下简称县以上各级地方总工会）应当为工会法人登记管理工作提供必要保障，所需费用从本级工会经费列支。具备条件的，可以专人负责工会法人登记管理工作。

开展工会法人登记管理工作，不得向基层工会收取费用。

第二章 登记管理机关

第六条 中华全国总工会和县以上各级地方总工会为基层工会法人登记管理机关。

登记管理机关相关部门之间应加强沟通，信息共享，协调配合做好工会法人登记管理工作。

第七条 基层工会法人登记按照属地原则，根据工会组织关系、经费收缴关系，实行分级管理：

（一）基层工会组织关系隶属于地方工会的，或与地方工会建立经费收缴关系的，由基层工会组织关系隶属地或经费关系隶属地相应的省级、市级或县级地方总工会负责登记管理；

（二）基层工会组织关系隶属于铁路、金融、民航等产业工会的，由其所在地省级总工会登记管理或授权市级总工会登记管理；

（三）中央和国家机关工会联合会所属各基层工会、在京的中央企业（集团）工会由中华全国总工会授权北京市总工会登记管理；京外中央企业（集团）工会由其所在地省级总工会登记管理或授权市级总工会登记管理。

登记管理机关之间因登记管理权限划分发生争议，由争议双方协商解决；协商解决不了的，由双方共同的上级工会研究确定。

第八条 登记管理机关应当制备工会法人登记专用章，专门用于基层工会法人登记工作，其规格和式样由中华全国总工会制定。

第九条 登记管理机关应当建立法人登记档案管理制度。

中华全国总工会建立统一的全国工会法人登记管理系统，登记管理机关实行网络化登记管理。

第三章 申请登记

第十条 基层工会申请法人资格登记，应当具备以下条件：

（一）依照《中华人民共和国工会法》和《中国工会章程》的规定成立；

（二）有自己的名称、组织机构和住所；

（三）工会经费来源有保障。

基层工会取得法人资格，不以所在单位是否具备法人资格为前提条件。

第十一条 凡具备本办法规定条件的基层工会，应当于成立之日起六十日内，向登记管理机关申请工会法人资格登记。

第十二条 基层工会申请工会法人资格登记，应当向登记管理机关提交下列材料：

（一）工会法人资格登记申请表；

（二）上级工会的正式批复文件；

（三）其他需要提交的证明、文件。

第十三条 登记管理机关自受理登记申请之日起十五日内完成对有关申请文件的审查。审查合格的，颁发《工会法人资格证书》，赋予统一社会信用代码；申请文件不齐备的，应及时通知基层工会补充相关文件，申请时间从文件齐备时起算；审查不合格，决定不予登记的，应当书面说明不予登记的理由。

第十四条 《工会法人资格证书》应标注工会法人统一社会信用代码和证书编码。

工会法人统一社会信用代码按照统一社会信用代码编码规则编定。其中第一位为登记管理部门代码，以数字“8”标识；第二位为组织机构类别代码，以数字“1”或“9”标识，为基层工会赋码时选用“1”，为其他类别工会赋码时选用“9”。

第十五条 基层工会登记工会法人名称，应当为上一级工会批准的工会组织的全称。一般由所在单位成立时登记的名称（区域性、行业性工会联合会应冠以区域、行业名称），缀以“工会委员会”、“联合工会委员会”、“工会联合会”等组成。

基层工会的名称具有唯一性，其他基层工会申请取得法人资格时不得重复使用。

第十六条 基层工会具备法人条件的，依法取得法人资格，工会主席为法定代表人。

第十七条 因合并、分立而新设立的基层工会，应当重新申请工会法人资格登记。

第四章 变更登记

第十八条 取得工会法人资格的基层工会变更名称、住所、法定代表人等事项的，应当自变更之日起三十日内，向登记管理机关申请变更登记，并提交工会法人变更登记申请表和相关文件。

登记管理机关自受理变更登记申请之日起十五日内，换发《工会法人资格证书》，收回原证书。

第十九条 基层工会法人跨原登记管理机关辖区变更组织关系、经费收缴关系或住所的，由原登记管理机关办理登记管理权限变更手续，并按本办法确立的原则，将该基层工会法人登记管理关系转移到变更后的登记管理机关。

第二十条 取得工会法人资格的基层工会，合并、分立后存续，但原登记事项发生变化的，应当申请变更登记。

第二十一条 未经变更登记，任何组织和个人不得擅自改变工会法人资格登记事项。

第五章 注销登记

第二十二条 取得工会法人资格的基层工会经会员大会或会员代表大会通过并报上一级工会批准撤销的，或因所在单位终止、撤销等原因相应撤销的，应当自撤销之日起三十日内，向登记管理机关申请注销登记，并提交工会法人注销登记申请表、上级工会同意撤销的文件或向上级工会备案撤销的文件，以及该基层工会经费、资产清理及债权债务完结的证明等材料。

登记管理机关自受理注销登记申请之日起十五日内完成审查登记，收回《工会法人资格证书》。

第二十三条 取得工会法人资格的基层工会，因合并、分立而解散的，应当申请注销登记。

第六章 信息公告和证书管理

第二十四条 基层工会取得、变更、注销工会法人资格的，登记管理机关应当依法及时在报刊或网络上发布有关信息。

第二十五条 《工会法人资格证书》是基层工会法人资格的唯一合法凭证。未取得《工会法人资格证书》的基层工会，不得以工会法人名义开展活动。

《工会法人资格证书》及相关登记申请表样式由中华全国总工会统一制发。

第二十六条 《工会法人资格证书》的有效期为三年至五年，具体时间与工会的届期相同。

第二十七条 基层工会依法取得《工会法人资格证书》的，应当在证书有效期满前三十日内，向登记管理机关提交《工会法人资格证书》换领申请表和工会法人存续证明材料，经登记管理机关审查合格后换发新证，有效期重新计算。

第二十八条 《工会法人资格证书》不得涂改、抵押、转让和出借。《工会法人资格证书》遗失的，基层工会应当于一个月内在报刊或网络上发布公告，并向登记管理机关提交《工会法人资格证书》补领申请表、遗失公告和说明，申请补发新证。

第七章 监督管理

第二十九条 登记管理机关应当加强对基层工会法人资格登记工作的监督管理，基层工会应当接受并配合登记管理机关的监督管理。

上级工会应当加强对下级工会开展基层工会法人登记管理工作的指导和监督检查。

第三十条 不具备条件的基层工会组织或机构在申请登记时弄虚作假、骗取登记的，由登记管理机关予以撤销登记，收回《工会法人资格证书》和统一社会信用代码。

第三十一条 登记管理机关审查不严，或者滥用职权，造成严重后果的，依法依纪追究有关责任。

第八章 附 则

第三十二条 地方总工会等机构编制由机构编制部门负责管理的工会组织，由机构编制部门制发统一社会信用代码证书。

第三十三条 各级产业工会委员会申领《工会法人资格证书》，参照本办法执行。

第三十四条 县以上各级地方总工会派出的工会工作委员会、工会办事处等工会派出代表机关，工会会员不足二十五人仅选举组织员或者工会主席一人主持工作的基层工会，可以参照本办法规定申请取得统一社会信用代码证书。

第三十五条 各省、自治区、直辖市总工会可以根据本办法的规定，制定基层工会法人登记管理的具体实施细则，并报中华全国总工会备案。

第三十六条 本办法由中华全国总工会负责解释。

第三十七条 本办法自 2021 年 1 月 1 日起施行。2008 年 6 月 13 日中华全国总工会印发的《基层工会法人资格登记办法》同时废止。

附件：

1. 工会法人资格登记申请表
2. 工会法人变更登记申请表
3. 工会法人注销登记申请表
4.《工会法人资格证书》补（换）领申请表
5. 工会统一社会信用代码申请表
6. 工会法人资格证书样式
7. 工会统一社会信用代码证书样式

附件 1

工会法人资格登记申请表

工会名称_______________

填报时间　　年　　月　　日

中华全国总工会监制

填表与登记说明：

一、本表一式三份，由申请单位逐项填写，加盖公章后报登记管理机关审查登记。

二、申请单位非新建的（成立时间一年以上），应自查经费资产，并如实填报自查结果；申请单位新建的（成立时间不满一年），免予经费资产自查，由工会负责人承诺经费来源有保障，并由工会主席签名。

三、表中工会组织简况栏中的审批单位是指批准设立本工会组织的上一级工会；收入情况栏中的其他收入是指除会费、经费收入以外的各种收入。

四、登记管理机关收到本表后，应按中华全国总工会《基层工会法人登记管理办法》的规定进行审查、核准、登记。

五、经审查合格后，由县、市（地）或省级地方总工会向该工会组织颁发《工会法人资格证书》。

六、本表由登记管理机关存档一份、申请单位留存一份、上级工会备案一份。

<table>
<tr><td colspan="2">工会名称</td><td colspan="3"></td><td>电 话</td><td></td></tr>
<tr><td colspan="2">住 所</td><td colspan="3"></td><td>邮 编</td><td></td></tr>
<tr><td colspan="2" rowspan="4">工会组织
简 况</td><td colspan="5">根据《中国工会章程》，于　　年　月　日经工会会员（代表）大会选举产生（预备会议确认产生）第　届工会委员会，任期　年。</td></tr>
<tr><td>审批单位</td><td colspan="2"></td><td>审批文号</td><td></td></tr>
<tr><td>职工人数</td><td colspan="2"></td><td>会员人数</td><td></td></tr>
<tr><td>专职干部
人 数</td><td colspan="2"></td><td>本届工会主席
姓名</td><td></td></tr>
<tr><td rowspan="5">非
新
建
工
会</td><td rowspan="2">收入
情况</td><td>合计</td><td>上年累计
结余
（万元）</td><td>年会员缴纳
会费收入
（万元）</td><td>年 2% 拨缴工会
经费本级留成
收入（万元）</td><td>其他收入
（万元）</td></tr>
<tr><td></td><td></td><td></td><td></td><td></td></tr>
<tr><td rowspan="2">资金
情况</td><td colspan="2">合计</td><td>固定资产
（万元）</td><td>流动资金
（万元）</td><td>其他</td></tr>
<tr><td colspan="2"></td><td></td><td></td><td></td></tr>
<tr><td colspan="6">申请单位承诺以上填报信息真实有效，并愿意承担相应法律责任。

工会主席签名：</td></tr>
<tr><td>新建
工会</td><td colspan="6">申请单位承诺工会经费来源有保障。

工会主席签名：</td></tr>
</table>

续 表

<table>
<tr><td rowspan="2">场所
情况</td><td colspan="2">合计</td><td colspan="2">办公场所
（m^2）</td><td colspan="2">活动场所
（m^2）</td><td>其他</td></tr>
<tr><td colspan="2"></td><td colspan="2"></td><td colspan="2"></td><td></td></tr>
<tr><td rowspan="7">工
会
主
席</td><td>姓名</td><td colspan="2"></td><td>性别</td><td></td><td>民族</td><td></td></tr>
<tr><td>出生
年月</td><td colspan="2"></td><td>文化
程度</td><td></td><td>政治
面貌</td><td></td></tr>
<tr><td>现任工会
职务</td><td></td><td>专职兼职</td><td></td><td>本届任职
起始时间</td><td colspan="2"></td></tr>
<tr><td rowspan="2">加入工会
组织时间</td><td rowspan="2"></td><td rowspan="2">现任其他
职务</td><td rowspan="2"></td><td>电话</td><td colspan="2"></td></tr>
<tr><td>手机</td><td colspan="2"></td></tr>
<tr><td>身份证号</td><td colspan="6"></td></tr>
<tr><td rowspan="2">申请单位
经办人</td><td rowspan="2"></td><td rowspan="2">身份证号</td><td rowspan="2" colspan="2"></td><td>电话</td><td colspan="2"></td></tr>
<tr><td>手机</td><td colspan="2"></td></tr>
<tr><td>申请工会
意见</td><td colspan="7">工会主席签名：　（申请工会印章）
年　月　日</td></tr>
<tr><td>地方工会
审查意见</td><td colspan="7">（印　章）
年　月　日</td></tr>
<tr><td>登记管理机关
审核意见</td><td colspan="7">（印　章）
年　月　日</td></tr>
<tr><td>发证日期</td><td colspan="2"></td><td colspan="2">统一社会信用代码</td><td colspan="3"></td></tr>
</table>

附件 2

工会法人变更登记申请表

<table>
<tr><td>项目</td><td colspan="4">原登记确认事项</td><td>申请变更登记事项</td></tr>
<tr><td>工会名称</td><td colspan="4"></td><td></td></tr>
<tr><td>住所</td><td colspan="4"></td><td></td></tr>
<tr><td>法定代表人</td><td colspan="4"></td><td></td></tr>
<tr><td>登记管理机关</td><td colspan="4"></td><td></td></tr>
<tr><td>统一社会信用代码</td><td colspan="5"></td></tr>
<tr><td>上级工会批准
变更文号</td><td colspan="5"></td></tr>
<tr><td>申请变更原因</td><td colspan="5"></td></tr>
<tr><td rowspan="2">申请单位经办人</td><td>姓名</td><td></td><td>身份证号码</td><td colspan="2"></td></tr>
<tr><td>电话</td><td></td><td>手 机</td><td colspan="2"></td></tr>
<tr><td rowspan="2">变更后法定代表人</td><td>姓名</td><td></td><td>身份证号码</td><td colspan="2"></td></tr>
<tr><td>电话</td><td></td><td>手 机</td><td colspan="2"></td></tr>
<tr><td>申请工会意见</td><td colspan="5">工会法定代表人签名：（申请工会印章）
年 月 日</td></tr>
<tr><td>上级工会
审查意见</td><td colspan="5">（印 章）
年 月 日</td></tr>
<tr><td>登记管理机关
审核意见</td><td colspan="5">（印 章）
年 月 日</td></tr>
</table>

注：1. 仅变更住所或登记管理机关的无需填写上级工会批准变更文号。
2. 法定代表人没有变更的无需填写变更后法定代表人信息。

附件 3

工会法人注销登记申请表

<table>
<tr><td>工会名称</td><td colspan="2"></td><td>电 话</td><td></td></tr>
<tr><td>统一社会信用代码</td><td colspan="2"></td><td>证书编码</td><td></td></tr>
<tr><td>住 所</td><td colspan="2"></td><td>法定代表人</td><td></td></tr>
<tr><td rowspan="2">申请单位经办人</td><td>姓名</td><td></td><td>身份证号码</td><td></td></tr>
<tr><td>电话</td><td></td><td>手机</td><td></td></tr>
<tr><td>注销原因</td><td colspan="4"></td></tr>
<tr><td>上级工会同意撤销
工会文件名称
（含文号）</td><td colspan="4"></td></tr>
<tr><td>申请工会意见</td><td colspan="4">工会法定代表人签名：　　（申请工会印章）
年　月　日</td></tr>
<tr><td>上级工会
审查意见</td><td colspan="4">（印 章）
年　月　日</td></tr>
<tr><td>登记管理机关
审核意见</td><td colspan="4">（印 章）
年　月　日</td></tr>
</table>

附件 4

《工会法人资格证书》补（换）领申请表

<table>
<tr><td>工会名称</td><td colspan="2"></td><td colspan="2">电 话</td><td></td></tr>
<tr><td>统一社会信用代码</td><td colspan="2"></td><td colspan="2">原证书编码</td><td></td></tr>
<tr><td>住 所</td><td colspan="2"></td><td colspan="2">法定代表人</td><td></td></tr>
<tr><td rowspan="2">申请单位经办人</td><td>姓名</td><td></td><td>身份证号码</td><td colspan="2"></td></tr>
<tr><td>电话</td><td></td><td>手机</td><td colspan="2"></td></tr>
<tr><td>补（换）领原因</td><td colspan="5"></td></tr>
<tr><td>申请工会意见</td><td colspan="5">工会法定代表人签名： （申请工会印章）
年 月 日</td></tr>
<tr><td>上级工会
审查意见</td><td colspan="5">（印 章）
年 月 日</td></tr>
<tr><td>登记管理机关
审核意见</td><td colspan="5">（印 章）
年 月 日</td></tr>
</table>

附件 5

工会统一社会信用代码申请表

<table>
<tr><td>工会名称</td><td colspan="3"></td><td>电 话</td><td colspan="2"></td></tr>
<tr><td>住 所</td><td colspan="3"></td><td>邮 编</td><td colspan="2"></td></tr>
<tr><td rowspan="2">基本情况</td><td colspan="6">根据《中国工会章程》，　年　月　日由　总工会派出设立或依法选举产生。</td></tr>
<tr><td>审批单位</td><td colspan="2"></td><td>审批文号</td><td colspan="2"></td></tr>
<tr><td rowspan="6">工
会
负
责
人</td><td>姓 名</td><td></td><td>性别</td><td></td><td>民 族</td><td></td></tr>
<tr><td>出生年月</td><td></td><td>文化
程度</td><td></td><td>政治面貌</td><td></td></tr>
<tr><td>现任工会
职 务</td><td></td><td>专职
兼职</td><td></td><td>本届任职
起始时间</td><td></td></tr>
<tr><td rowspan="2">加入工会
组织时间</td><td rowspan="2"></td><td rowspan="2">现任其
他职务</td><td rowspan="2"></td><td>电话</td><td></td></tr>
<tr><td>手机</td><td></td></tr>
<tr><td>身份证号码</td><td colspan="5"></td></tr>
<tr><td rowspan="2">申请单位
经办人</td><td rowspan="2"></td><td rowspan="2">身份证
号 码</td><td rowspan="2" colspan="2"></td><td>电话</td><td></td></tr>
<tr><td>手机</td><td></td></tr>
<tr><td>申请工会
意见</td><td colspan="6">工会负责人签名：　（申请工会印章）
年　月　日</td></tr>
<tr><td>上级工会
审查意见</td><td colspan="6">（印 章）
年　月　日</td></tr>
<tr><td>登记管理机关审
核意见</td><td colspan="6">（印 章）
年　月　日</td></tr>
<tr><td>发证日期</td><td></td><td colspan="3">统一社会信用代码</td><td colspan="2"></td></tr>
</table>

附件 6

工会法人资格证书样式

工会法人资格证书

统一社会信用代码：

根据《中华人民共和国民法典》和《中华人民共和国工会法》之规定，经审核确认该工会具备法人条件，依法取得工会法人资格。

工会名称：
住　　所：
法定代表人：
有 效 期：

发证机关：

年　月　日

中华全国总工会监制

附件 7

工会统一社会信用代码证书样式

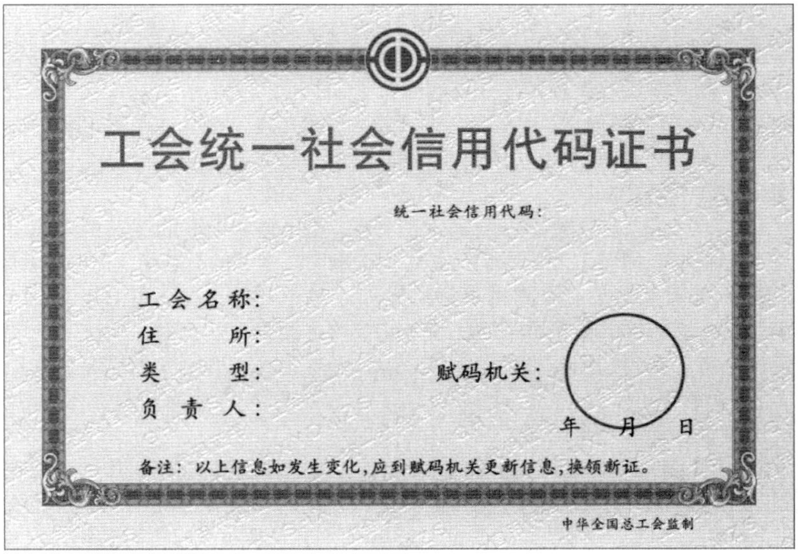

工会统一社会信用代码证书

统一社会信用代码：

工会名称：
住　　所：
类　　型：
负 责 人：

赋码机关：

年　月　日

备注：以上信息如发生变化，应到赋码机关更新信息，换领新证。

中华全国总工会监制

职工互助保障组织监督管理办法

1. 2020 年 2 月 26 日
2. 总工办发〔2020〕6 号

为加强职工互助保障组织的监督管理，规范职工互助保障组织的运营行为，根据国家法律法规和《中国工会章程》《中华全国总工会关于加强职工互助保障活动规范和管理的意见》，制定本办法。

第一章 总 则

第一条 职工互助保障组织是指依托各级工会组织，以互助互济方式为职工提供保障服务的非营利性法人组织。

职工互助保障活动是指各级工会职工互助保障组织为维护职工医疗、健康等保障权益而开展的职工互助互济活动。

第二条 职工互助保障组织应当坚持服务职工的公益属性，坚持互助的组织特色，坚持发挥对社会保障的补充作用。遵循依法独立承担责任，成本、风险可控的原则，切实维护职工和会员权益。

第三条 职工互助保障组织开展职工互助保障活动，必须遵守法律、法规及本办法规定，接受本级和上级监管部门（机构）监督。职工互助保障组织不得以职工互助保障活动为由从事营利性活动。

第二章 监督管理体制

第四条 全国总工会制定全国职工互助保障组织管理制度，负责中国职工保险互助会有关审批事宜；全总资产监督管理部和全总组织部、财务部、机关党委、经费审查委员会办公室等部门按照职责分工，共同做好中国职工保险互助会管理工作。

第五条 全总资产监督管理部对全国职工互助保障组织进行资产监督管理和业务指导，行使以下职责：

（一）监督全国职工互助保障组织管理制度实施，沟通协调相关政策。

（二）对中国职工保险互助会开展的互助保障活动项目实施备案管理。

（三）指导各级工会资产监督管理部门做好互助保障组织资产的日常监督管理工作。

（四）指导全国职工互助保障组织自律工作。

第六条 省级、市级工会负责对本区域内职工互助保障组织的管理，研究拟定本级职工互助保障组织管理制度，对本级或下级职工互助保障组织的成立、变更、撤销进行审批或报备，对本级职工互助保障活动正常开展所需的工作人员、工作经费等予以适当保障；指导和支持中国职工保险互助会所在地办事处工作。

第七条 省级、市级工会资产监督管理机构和职工互助保障组织业务指导部门，负责对本区域内职工互助保障组织资产监督管理和业务管理，监督本级职工互助保障组织管理制度实施，沟通协调相关政策。

第八条 建立健全全国职工互助保障行业自律组织，由中国职工保险互助会承担其职能，行使以下职责：

（一）促进职工互助保障组织间的沟通交流，积极开展教育培训，提升职工互助保障活动从业人员队伍专业能力。

（二）统筹推进职工互助保障活动宣传和品牌建设。

（三）为地方职工互助保障组织提供咨询、服务。

地方职工互助保障组织应作为团体会员，加入中国职工保险互助会。

第三章 设立及撤销

第九条 省级、市级工会可以根据本地区经济发展水平和职工保障实际设立职工互助保障组织、开展职工互助保障活动。

第十条 设立职工互助保障组织应当经本级工会批准，在相关部门登记注册并依法取得法人资格。

第十一条 设立职工互助保障组织应当具备以下条件：

（一）合法财产和经费来源。

（二）符合法律法规及本办法规定的活动章程或规则。

（三）健全的组织机构和管理制度。

（四）固定工作场所和必要的业务设施。

（五）具备任职所需专业知识和业务工作经验的管

理人员。

第十二条 职工互助保障组织设立时，主办工会应当明确本级职工互助保障组织的业务管理部门（机构），指导职工互助保障组织依法依规开展工作。

第十三条 职工互助保障组织的停办、撤销需经主办工会同意并依据相关法律法规及规定办理，确保资金、资产安全完整，切实维护入会职工权益。

第四章 运营规则

第十四条 职工互助保障活动内容是指具有共同保障需求的职工，依据章程及有关规定自愿成为职工互助保障组织会员，并缴纳会费形成互助基金，由该基金对会员发生约定的事故给付互助金，并开展普惠性会员服务。职工互助保障活动主要面向在职职工。

第十五条 职工互助保障活动项目保障期限一般控制在三年（含）以内，保障项目设计必须进行科学测算，并经本级和上级工会职工互助保障活动监管部门（机构）备案。

第十六条 职工互助保障组织应当在活动章程或规则中明确会员的权利和义务，维护会员权益、加强对会员的管理和服务。

第十七条 职工互助保障组织应当根据组织性质和业务特点，依照国家相关制度进行会计核算，建立符合职工互助保障活动特色的财务制度，不同保障活动项目单独核算。

第十八条 职工互助保障组织应当运用信息化手段建立符合职工互助保障活动的业务运营流程，建立完整的统计分析制度。

第十九条 职工互助保障组织应当建立健全偿付能力管理、稽核审计、合规管理等内部控制制度。

第二十条 职工互助保障组织应当建立适合职工互助保障组织运营特点的信息披露制度，并定期在适当范围内向全体会员进行信息披露。

第二十一条 职工互助保障组织应当自觉接受工会经审、财务和相关行政部门审计监督和检查，被审计和检查的单位要主动配合，据实提供各种凭单、账册、报表和资料。

第五章 财务管理

第二十二条 职工互助保障组织资金属于全体会员所有，任何组织、个人不得侵占和挪用。

第二十三条 职工互助保障资金应当由具有法人资格的职工互助保障组织集中统一管理。资金管理应遵循合法合规性、安全性、流动性原则，根据资金性质实行资产负债管理和全面风险管理，做好资产保值增值。

第二十四条 职工互助保障组织资金来源：

（一）会员自愿缴纳的职工互助保障活动会费。

（二）社会各界的捐赠。

（三）政府、行政和工会的资助或补助。

（四）在核准业务范围内开展活动和服务的收入。

（五）利息及其他合法收入。

第二十五条 职工互助保障组织的资金主要用于服务会员。支出范围包括：

（一）给付会员的互助金。

（二）开展与会员保障服务和促进事业发展的相关支出，包括救助慰问、健康管理、文体活动、宣传培训、法律服务等。

（三）日常管理、工作人员工资福利和行政办公支出。

第二十六条 职工互助保障组织应当对资金实行全面预算管理，严格控制和规范管理费用支出；职工互助保障组织负责预算编制和执行；主管工会对职工互助保障组织编制的预算进行审核、备案。

第二十七条 职工互助保障组织应当建立健全资金管理制度，完善资金收付转流程管理。规范资金审批权限。

第二十八条 职工互助保障组织资金只能用于银行存款、购买国债等低风险固定收益类产品，不得用于兴建、改建办公场所，不得购买股票、基金、债券、期货、理财等金融产品，不得违规投资运营。

第二十九条 职工互助保障组织应当依法规范资金账户管理，建立健全资金账户管理制度，资金账户的开设、变更、撤销必须依法依规履行相关程序，严格执行收支两条线管理，确保资金安全。

第三十条 职工互助保障组织应当明确资金运用职责，规范资金运用决策程序，大额资金使用必须集体决策并保留记录。

第三十一条 加强财务管理基础，健全岗位责任制，分离不相容岗位，明确各业务环节、岗位的衔接方式及操作标准，定期检查和评估制度执行情况，做到权责分明、相对独立和相互制衡。

第三十二条 职工互助保障组织应当建立健全内部稽核和外部审计制度。每年至少一次对职工互助保障活动资金管理情况进行内部稽核。职工互助保障组织应当聘请专业外部审计机构对职工互助保障资金管理情况进行年度审计。内部稽核和外部审计结果应当向相关机构和本级监管部门报告。

第六章 监督管理

第三十三条 工会资产监督管理机构和职工互助保障组织业务管理部门（机构）对职工互助保障组织的监督管理主要采取现场监督管理与非现场监督管理相结合的方式。应根据检查情况，定期对职工互助保障组织运营状况进行评估。

第三十四条 建立健全监督审计制度，将职工互助保障活动资金管理情况、偿付能力状况等列入重点监督检查范围。

第三十五条 职工互助保障组织应按规定及时报送偿付能力报告、业务统计报告、年度审计报告及其他有关报告、报表文件和资料。各级工会资产监督管理机构和职工互助保障组织业务管理部门（机构）应向上一级工会汇总上报本地区互助保障组织上述报告。

第三十六条 职工互助保障组织违反本办法，造成不良影响的，工会资产监督管理机构和职工互助保障组织业务管理部门（机构）可以采取以下措施：

（一）责令改正。

（二）监管谈话。

（三）将其违规行为记入履职记录。

职工互助保障组织违反国家法律、法规的，依据国家相关法律、法规进行处罚。

第七章 附 则

第三十七条 本办法适用于省级、市级工会主办的职工互助保障组织。中华全国铁路总工会、中国民航工会全国委员会、中国金融工会全国委员会、新疆生产建设兵团总工会、中央和国家机关工会联合会开展的职工互助保障活动参照本办法执行。

第三十八条 本办法由全总资产监督管理部负责解释。

第三十九条 本办法自印发之日起执行。

全国模范职工之家、全国模范职工小家、全国优秀工会工作者评选表彰管理办法

1. 2020 年 8 月 10 日
2. 总工办发〔2020〕15 号

第一章 总 则

第一条 为规范全国模范职工之家、全国模范职工小家、全国优秀工会工作者评选表彰工作，发挥先进典型的示范引领作用，根据《中华人民共和国工会法》《中国工会章程》及中华全国总工会关于加强职工之家建设的有关规定，结合工会工作实际，制定本办法。

第二条 全国模范职工之家、全国模范职工小家、全国优秀工会工作者，是中华全国总工会设立的分别授予先进基层工会，基层工会下属先进工会或工会小组，基层工会优秀专兼职干部、专职社会化工会工作者和各级工会领导机关处级以下优秀工会干部的荣誉称号。

对积极参加基层工会活动的会员，可命名为全国优秀工会积极分子；对关心支持工会工作的厅局级以下党政领导干部、基层工会所在单位党政负责人，可命名为全国优秀工会之友。

第三条 评选表彰工作的指导思想是：深入贯彻落实习近平新时代中国特色社会主义思想，贯彻落实习近平总书记关于工人阶级和工会工作的重要论述特别是加强基层工会建设“三个着力”重要指示精神，增强基层工会政治性、先进性、群众性，激发基层工会活力，发挥基层工会作用，切实把工会建设成为职工群众信赖的“职工之家”，把工会干部培养成为职工群众信赖的“娘家人”。

第四条 评选表彰工作的原则是：

（一）坚持面向基层一线。评选对象突出工会基层组织、基层干部和一线职工，畅通基层工会和广大会员的参与渠道，着力夯实工会基层基础；

（二）坚持公开公平公正。保障评选表彰工作规范

有序，保护调动会员积极性，确保表彰对象得到广大会员普遍认可，突出评选表彰的权威性；

（三）坚持会员主体地位。实行上级工会考察和职工群众评议相结合，充分尊重广大会员的知情权、参与权、表达权、监督权，真正让会员当主角；

（四）坚持高标准严要求。严格评选条件，做到优中选优，确保表彰对象的先进性，充分体现和发挥先进典型的引领性、示范性；

（五）坚持动态监督管理。实行动态评估、跟踪监管，形成完备的闭环管理机制，做到能进能出，破除“一评终身制”，确保评选表彰的质量。

第二章 评选表彰范围和基本条件

第五条 全国模范职工之家从我国境内企业、事业单位、机关、社会团体和其他社会组织单独或联合建立的基层工会，乡镇（街道）、开发区（工业园区）、村（社区）工会，县级以下区域（行业）工会联合会中评选。

全国模范职工小家从基层工会下属的子公司（分公司）、分厂、车间（科室）、班组工会或工会小组中评选。

全国优秀工会工作者从基层工会专兼职干部、专职社会化工会工作者、各级工会领导机关处级以下干部中评选。

全国优秀工会积极分子从不脱离生产、工作岗位，热心从事工会工作的基层工会骨干会员和兼职工会干部中命名，一线职工数量不低于百分之六十，女性占适当比例。

全国优秀工会之友从给予工会工作关心支持的厅局级以下党政领导干部及企业、事业单位、社会团体（除工会外）和其他社会组织党政负责人中命名。

先进集体和个人，一般不重复评选表彰或命名。

第六条 全国模范职工之家一般从省级模范职工之家中产生，其基本条件是：

（一）认真贯彻习近平新时代中国特色社会主义思想，执行党的路线方针政策，遵守国家法律法规，践行社会主义核心价值观，加强职工思想政治引领，团结带领职工建功新时代；

（二）工会组织机构单独设立，工会委员会、经费审查委员会及女职工委员会等领导机构健全，工会劳动保护委员会、劳动法律监督委员会等工作机构完善，具备条件的工会依法取得社会团体法人资格，近三年职工（含农民工、劳务派遣工）入会率均在百分之九十以上；

（三）依法独立设立工会经费账户，及时足额拨缴工会经费，自主管理，规范使用；

（四）工会会员代表大会、民主选举、会务公开、会员评议职工之家等制度落实到位；

（五）有效落实以职工代表大会为基本形式的民主管理制度，依法实行厂务公开，开展集体协商签订集体合同，健全劳动争议调解组织，有效化解劳动纠纷，劳动关系和谐稳定；

（六）热忱服务职工群众，工会工作获得职工高度认可，近三年工会会员代表大会评议职工之家满意率均在百分之九十以上。

第七条 全国模范职工小家一般从省级模范职工小家中产生，其基本条件是：

（一）认真贯彻习近平新时代中国特色社会主义思想，执行党的路线方针政策，遵守国家法律法规，践行社会主义核心价值观，工会工作充满活力；

（二）子公司（分公司）、分厂、车间（科室）、班组工会或工会小组建设好，依法选举工会主席或小组长，具备条件的工会依法取得社会团体法人资格，近三年职工（含农民工、劳务派遣工）入会率均在百分之九十以上；

（三）子公司（分公司）、分厂、车间（科室）、班组民主管理好，依法实行厂务公开、会务公开，开展集体协商；

（四）子公司（分公司）、分厂、车间（科室）、班组完成生产、工作任务好，组织职工开展技术创新、劳动技能竞赛，团结带领职工建功立业；

（五）职工小家阵地建设好，活动场所和服务设施齐全，服务活动丰富，近三年工会会员代表大会评议职工之家满意率均在百分之九十以上。

第八条 全国优秀工会工作者一般从省级优秀工会工作者中产生，其基本条件是：

（一）认真学习贯彻习近平新时代中国特色社会主义思想，坚定走中国特色社会主义工会发展道路，以实际行动践行社会主义核心价值观；

（二）坚持原则，模范执行工会会员代表大会、民主选举、会务公开、会员评议职工之家等制度，积极推动落实以职工代表大会为基本形式的民主管理制度，推进厂务公开和集体协商，所在单位劳动关系和谐稳定；

（三）尽职尽责，热忱服务职工群众，切实维护职工合法权益，团结带领职工创新创效、建功立业，推动培育高素质职工队伍，受到职工广泛信赖；

（四）遵纪守法，廉洁自律，作风民主，密切联系职工群众，自觉接受批评监督，基层工会主席、副主席近三年的工会会员代表大会测评等次均为满意。

第九条 在优中选优的基础上，对工作成绩优异、贡献突出的全国模范职工之家、全国优秀工会工作者，分别授予全国模范职工之家红旗单位、全国优秀工会工作者标兵荣誉称号。

第十条 全国优秀工会积极分子的基本条件是：

（一）认真学习贯彻习近平新时代中国特色社会主义思想，坚定走中国特色社会主义工会发展道路，积极为党的工运事业做贡献；

（二）热爱集体，团结协作，爱岗敬业，甘于奉献，圆满完成生产、工作任务，发挥模范带头作用；

（三）积极参加工会活动，热忱服务职工群众，积极参与落实工会会员代表大会、民主选举、会务公开、会员评议职工之家等制度，推动落实以职工代表大会为基本形式的民主管理制度；

（四）遵纪守法，廉洁自律，密切联系职工群众，自觉接受批评监督。

第十一条 全国优秀工会之友的基本条件是：

（一）认真学习贯彻习近平新时代中国特色社会主义思想，拥护中国特色社会主义工会发展道路，尊重劳动，尊重职工主体地位，模范贯彻落实党的全心全意依靠工人阶级的根本方针；

（二）坚持以人民为中心的发展思想，重视提高职工队伍素质，积极解决职工群众困难，受到职工群众信赖；

（三）遵守《工会法》和劳动法律法规，重视支持所辖区域（行业）或本单位工会工作，把更多的资源手段赋予工会组织，积极落实协调劳动关系制度机制，支持工会依法自主管理、规范使用工会经费，为工会工作创造良好条件；

（四）廉洁自律，作风民主，密切联系职工群众，自觉接受批评监督。

第十二条 单位有下列情形之一的，该单位工会不得申报推荐为全国模范职工之家、全国模范职工小家：

（一）存在未全员签订劳动合同、拖欠职工工资、不按规定缴纳职工社会保险费等违反劳动法律法规行为的；

（二）近一年内发生过一般安全生产责任事故、三年内发生过重大安全生产责任事故，职业病危害严重，能源消耗超标、环境污染严重，存在重大安全隐患拒不整改的；

（三）劳动争议案件多发，近三年内因违反法律法规引发职工群体性事件的；

（四）近三年内未依法及时足额拨缴工会经费的；

（五）民主管理、集体协商、劳动争议调解等制度机制不落实的；

（六）有违法违纪行为受到处罚并在影响期之内，或正在被执法执纪部门调查处理的。

第十三条 基层工会有下列情形之一的，工会干部不得申报推荐为全国优秀工会工作者：

（一）工会组织和工作机构被随意撤销、合并或归属到党政部门的；

（二）工会不依法按期换届选举，具备条件而不依法进行工会法人资格登记的；

（三）不依法独立设立工会经费账户，或工会经费使用管理出现严重问题的；

（四）不推动落实职工代表大会、厂务公开制度，不进行集体协商签订集体合同的。

第三章 评选表彰周期和基本程序

第十四条 全国模范职工之家、全国模范职工小家、全国优秀工会工作者评选表彰每五年开展两次。一般在工会全国代表大会届中开展一次，在工会全国代表大会换届之年开展一次。在换届之年评选表彰中，可同时命名全国优秀工会积极分子、全国优秀工会之友。

评选表彰工作在中华全国总工会书记处领导下进行，中华全国总工会基层工作部负责具体实施。各省（区、市）总工会、各全国产业工会、中央和国家机关工会联合会负责推荐。新疆生产建设兵团总工会通过新疆维吾尔自治区总工会推荐。

第十五条 在评选表彰年度，中华全国总工会发布评选表彰通知，就评选表彰的项目、对象、条件、程序、名额分配、组织实施等作出具体要求，部署评选表彰工作。

第十六条 基层工会按推荐评选条件申报全国模

范职工之家、全国模范职工小家、全国优秀工会工作者，推荐全国优秀工会积极分子、全国优秀工会之友。申报推荐集体和个人的，应通过基层工会会员大会或会员代表大会征求会员群众意见。本单位有党组织和纪检组织的，应征求党组织和纪检组织意见。推荐名单和事迹应在本单位进行不少于五个工作日的公示。

被推荐人选是党员领导干部或公职人员的，基层工会应按照干部管理权限，征求纪检监察机关和组织人事部门意见。

地市级以下地方工会、各产业工会在充分听取各方面意见的基础上，对申报推荐集体和个人进行审查通过后，逐级上报。

第十七条 各省（区、市）总工会、各全国产业工会、中央和国家机关工会联合会按照推荐评选条件进行审核把关。推荐集体和个人名单应经领导班子集体研究确定，并在省（区、市）工会报刊或网络媒体上进行不少于五个工作日的公示。公示后符合条件的，向中华全国总工会推荐。

第十八条 各省（区、市）总工会推荐的集体和个人中，来自非公有制单位的一般不少于推荐总数的二分之一。

第十九条 中华全国总工会基层工作部对各省（区、市）总工会、各全国产业工会、中央和国家机关工会联合会推荐材料进行审核。

对伪造材料或未按照推荐评选条件和规定程序推荐的集体和个人，经查实后撤销其评选资格，取消相应名额，不得递补或重报。

对符合条件的集体和个人，作为向中华全国总工会书记处提出拟表彰和命名的建议名单。

第二十条 拟表彰和命名的建议名单，经中华全国总工会书记处审议通过后，在《工人日报》或中工网上进行不少于五个工作日的公示，接受公众监督。

根据公示结果，最终确定表彰和命名名单。

第二十一条 对受表彰和命名的先进集体、先进个人，由中华全国总工会印发表彰决定，颁发证书、奖牌。

第四章 监督管理服务

第二十二条 各级工会对受表彰和命名的先进集体、先进个人实行动态监督管理服务。做好以下日常工作：

（一）完善评选管理机制，建立监督管理制度，制定和协调落实有关激励政策，指导督促提高工会工作水平；

（二）加强基础工作，建立健全管理档案，跟踪先进集体和个人所在单位的工会建设、劳动关系等情况，重大情况及时报告；

（三）宣传先进集体和个人的先进事迹，总结推广他们的典型经验，充分发挥其示范导向作用；

（四）根据推荐评选条件和实际工作要求，上级工会应加强对获得荣誉的集体和个人的复查，复查不合格的，按程序撤销荣誉称号、取消命名；

（五）关心全国优秀工会工作者、全国模范职工之家和职工小家工会主席、全国优秀工会积极分子、全国优秀工会之友的思想、工作和生活，帮助他们解决生产生活等困难，依法维护他们的合法权益；

（六）接受群众举报，调查核实有关情况，提出处理意见。

第二十三条 有下列情形之一的，可撤销全国模范职工之家、全国模范职工小家荣誉称号，收回证书和奖牌：

（一）弄虚作假，骗取荣誉的；

（二）工会组织和工作机构被随意撤销、合并或归属到党政部门的；

（三）工会不依法按期换届选举，不依法进行工会法人资格变更登记的；

（四）工会经费不依法足额拨缴或使用管理出现严重问题的；

（五）不推动落实职工代表大会、厂务公开制度，不进行集体协商签订集体合同的；

（六）所在单位发生重大安全生产责任事故或严重职业危害，工会未依法履行职责的；

（七）所在单位发生群体性事件，造成恶劣影响的；

（八）所在单位拖欠职工工资，不按规定缴纳职工养老、医疗、工伤、失业、生育等社会保险费，工会未依法履行职责的；

（九）工会会员代表大会评议职工之家不满意率连续两年超过百分之五十的；

（十）其他需要撤销的情形。

第二十四条 有下列情形之一的，可撤销全国优秀工会工作者荣誉称号，取消全国优秀工会积极分子、全国优秀工会之友命名，收回证书和奖牌：

（一）弄虚作假，骗取荣誉的；

（二）工作严重过失，经批评教育仍不改正的；

（三）存在道德败坏、腐化堕落等不良行为，造成恶劣社会影响的；

（四）受到党内严重警告以上处分，或受到记大过以上政务处分的；

（五）被依法追究刑事责任的；

（六）其他需要撤销、取消的情形。

第二十五条 基层工会主席、副主席除适用第二十四条规定情形外，另有下列情形之一的，可撤销全国优秀工会工作者荣誉称号，收回证书和奖牌：

（一）不履行职责或履行职责不到位，工会会员代表大会测评等次连续两年为不满意，或被依法罢免的；

（二）工会不依法按期换届选举，不依法进行工会法人资格变更登记的；

（三）工会经费不依法足额拨缴或使用管理出现严重问题的；

（四）不推动落实职工代表大会、厂务公开制度，不进行集体协商签订集体合同的；

（五）工会会员代表大会评议职工之家不满意率连续两年超过百分之五十的。

第二十六条 撤销全国模范职工之家、全国模范职工小家、全国优秀工会工作者荣誉称号，取消全国优秀工会积极分子、全国优秀工会之友命名，一般由原推荐单位逐级申请，经所在省（区、市）总工会、全国产业工会、中央和国家机关工会联合会同意后，向中华全国总工会基层工作部提出书面报告。

对核查属实的，向中华全国总工会书记处提出书面请示，经审核批准后，撤销荣誉称号、取消命名，收回证书和奖牌。

对查实具有本办法第二十三条、第二十四条、第二十五条规定情形的集体和个人，中华全国总工会书记处也可直接决定撤销荣誉称号、取消命名，收回证书和奖牌，并书面通报推荐单位。

第二十七条 受表彰的基层工会所在单位破产、终止或撤销的，上一级工会应及时收回证书和奖牌，并逐级上报。

第二十八条 县级以上地方工会、各产业工会可对受表彰的先进集体进行工作经费补助，不对受表彰和命名的先进个人进行物质奖励或设置待遇。

基层工会可对其下属工会中受表彰的先进集体进行一定的工作经费补助。经会员代表大会审议通过后，基层工会也可对受表彰和命名的先进个人进行一定的物质奖励。

工作经费补助、物质奖励应符合工会经费支出有关规定。

第五章 附 则

第二十九条 各省（区、市）总工会、各全国产业工会可参照本办法制定本地区、本产业评选表彰实施办法，但不得与本办法相抵触。

第三十条 本办法由中华全国总工会负责解释。

第三十一条 本办法自发布之日起施行。

劳动部关于企业工会主席签订劳动合同问题的通知

1. 1996 年 4 月 12 日
2. 劳部发〔1996〕122 号

各省、自治区、直辖市劳动（劳动人事）厅（局），国务院有关部委、直属机构，解放军总后勤生产管理部，新疆生产建设兵团：

1995 年全国已有 85%以上的企业职工签订了劳动合同，企业新型的劳动用人制度已基本确立。为了保证这项工作的顺利进行，现就一些地方和单位在企业工会主席签订劳动合同方式上反映的问题，经商全国总工会同意，提出如下意见。

《劳动法》规定：“劳动合同是劳动者与用人单位确立劳动关系、明确双方权利和义务的协议。建立劳动关系应当订立劳动合同。”订立劳动合同的目的是更好地保证劳动者的合法权益，使劳动关系纳入法制管理的轨道。企业工会主席作为劳动者，也应当与用人单位签订劳动合同。但考虑到劳动制度转轨时期的实际情况，在订立劳动合同的方式上，对尚未签订劳动合同的工会主席，可以和党委书记、厂长、经理一样，与企业的上级主管部门签订劳动合同。已经与企业签订了劳动合同的工会主席，双方应继续履行劳动合同，不经本单位工会委员会和上级工会同意，企业不得解除劳动合同。

劳动和社会保障部办公厅关于工会主席任职期间用人单位能否因违纪解除劳动合同问题的复函

1. 2005 年 1 月 14 日
2. 劳社厅函〔2005〕24 号

北京市劳动和社会保障局：

你局《关于工会主席任职期间用人单位能否因违纪解除劳动合同的请示》（京劳社仲文〔2004〕83 号）收悉，经研究，现答复如下：

用人单位按照《劳动法》第二十五条的规定解除劳动合同不受其他附加条件限制，因此，如工会主席、副主席或者委员在任职期间存在《劳动法》第二十五条规定情形之一的，用人单位可以解除劳动合同。同时，根据《工会法》第二十一条规定，用人单位单方面解除职工劳动合同时，应当事先将理由通知工会，若工会认为用人单位违反法律、法规和有关合同，要求重新研究处理时，用人单位应当研究工会的意见，并将处理结果书面通知工会。

最高人民法院行政审判庭关于工会选举程序和公司法人工商登记等法律适用问题的答复

1. 2011 年 7 月 5 日
2.〔2010〕行他字第 190 号

山东省高级人民法院：

你院鲁高法函〔2010〕16 号《关于工会选举程序公司法人工商登记等法律适用问题的请示》收悉。经征求全国人大常委会法工委和国务院法制办意见，现答复如下：

一、依据《工会法》第十条“企业、事业单位、机关有会员二十五人以上的，应当建立基层工会委员会”“县级以上地方建立地方各级总工会”等规定精神，《工会法》第十一条、第十七条规定的“上一级工会”既包括基层工会所在地的地方总工会，也包括上一级企业工会。

二、《工会法》第九条规定“工会会员大会或者会员代表大会有权撤换或者罢免其所选举的代表或者工会委员会组成人员”，《工会法》未要求撤换工会委员时原工会主席一定到场，只要撤换程序符合法律、法规和工会章程有关规定，应视为合法。

三、公司依据《公司法》规定的程序召开股东会议，依法作出股东会决议，公司据此向工商行政管理部门申请变更登记，不宜认定为《公司法》第一百九十九条规定的“提交虚假材料或者采取其他欺诈手段隐瞒重要事实取得公司登记的”情形。

鉴于目前相关法律规定不够明确，各方对本案争议问题存在较大意见分歧，请你院结合案件实际妥善处理，并注意听取各方面的意见，积极协调化解纠纷，力求案结事了。

三、经费和资产

工会财务会计管理规范

1. 2013 年 5 月 21 日
2. 总工办发〔2013〕20 号

为切实加强各级工会财务会计管理，规范财务会计行为，提高资金使用效益，保证资金安全，根据国家有关法律法规和工会财务会计制度，制定本规范。

第一章　指导思想和总体目标

第一条　指导思想。以邓小平理论、“三个代表”重要思想和科学发展观为指导，全面推进工会财务会计管理规范化，切实提高工会财务会计管理水平，收好、管好、用好工会经费，为工会工作的开展提供可靠的物质保障。

第二条　总体目标。各级工会应在初步达到规范化要求的基础上，不断完善工会财务会计管理规范化工作，使之制度化、常态化、长期化，形成工会财务会计规范管理的长效机制。

第二章　工会财务会计管理规范

第三条　按照《会计法》、《会计基础工作规范》以及全国总工会的有关规定设置财务会计机构、配备业务素质相适应的会计人员。

第四条　设置会计人员工作岗位并明确工作职责。

第五条　会计人员的任免符合法定手续。会计人员调动或离职按照国家有关规定办理交接手续。

第六条　会计工作人员持有会计从业资格证书，每年接受继续教育培训。

第七条　各级工会应当根据财务会计业务的需要，建立健全内部财务会计管理制度。主要包括：收支预算、决算制度，货币资金管理制度，票据管理制度，财务收支管理制度，专项资金管理制度，债权债务管理制度，账务处理程序制度，内部会计控制制度，经费定额管理制度，财产清查制度，财务会计分析制度，岗位责任制度，会计档案管理制度等。

第八条　严格遵守《预算法》等法律法规以及《工会预算管理办法》。

第九条　各级工会要按照《工会预算管理办法》编制工会经费预算、决算和组织预算执行；县级和县级以上工会要按照政府财政部门的要求编制政府补助资金部门预算、决算。预算编制做到程序规范、方法科学、编制及时、内容完整、项目细化、数据准确。

第十条　各级工会按照规定及时、足额拨缴工会经费。依法取得的各项收入全部列入预算。

第十一条　厉行节约，有效控制“三公经费”等行政支出。

第十二条　严肃财经纪律，没有“小金库”或账外设账行为。

第十三条　根据批复的预算安排各项收支，确保预算严格有效的执行。调整或追加预算，严格履行规定的程序。决算真实、完整、准确、及时。

第十四条　年度预算、决算按照规定程序审核、报批。实行预算绩效管理，建立“预算编制有目标、预算执行有监控、预算完成有评价、评价结果有反馈、反馈结果有应用”的全过程预算绩效管理和责任追究制度。

第十五条　按照《会计法》、《会计基础工作规范》、《工会会计制度》等规定建账。

第十六条　原始凭证的格式、内容、填制方法、审核程序等符合国家有关规定和工会会计制度的要求。

第十七条　记账凭证内容、填制方法、所附原始凭证、更正错误方法等符合国家有关规定和工会会计制度的要求，经有关人员签章，字迹清楚，装订整齐。

第十八条　会计账簿设置齐全，有总账、明细账（如各类收入明细账、各类支出明细账、拨缴经费收入台账、固定资产明细账、往来款项明细账等）、日记账（现金日记账、银行存款日记账），设有必要的辅助账簿（如财政划拨、税务代收工会经费辅助账等）和备查账簿（如低值易耗品、呆坏账处理备查账等）。各类账簿的启用、登记、结账、错误更正方法符合国家有关规定和工会会计制度，记账及时，文字规范。

第十九条　定期对会计账簿记录的有关数字与库存实物、货币资金、有价证券、往来单位或个人等进行相互核对，保证账证相符（会计账簿记录与原始凭证、记账凭证相符）、账账相符（不同会计账簿之间的账簿记录相符）、账实相符（会计账簿记录与财产等实有数额相符）。

第二十条 按照《工会会计制度》的规定，根据经过审核的记账凭证登记会计账簿，编制会计报表。

第二十一条 财务报告数字真实、计算准确、内容完整、说明清楚、报送及时，并经分管财务的工会主席、财务负责人审阅并签章。

第二十二条 实行会计电算化的单位，根据财政部《会计电算化工作规范》的要求，制定本单位会计电算化实施工作的具体方案，做好会计电算化工作。

第二十三条 用于账务处理的计算机应保证财务会计工作专用，不能联入单位局域网及互联网；需要联网的，应通过物理隔离等技术，保证账务数据的安全。

第二十四条 账务处理等电子数据定期备份。

第二十五条 下级工会财务软件、报表软件应能满足上级工会数据上报、报表上报的要求。

第二十六条 按照《工会法》和中国人民银行关于规范人民币银行结算账户管理的有关规定，开立银行账户，实行工会经费独立核算。

第二十七条 现金管理符合《现金管理暂行条例》；银行存款管理符合《人民币银行结算账户管理办法》；支付结算符合《支付结算办法》。

第二十八条 没有下列违反人民币银行结算账户管理规定的行为：擅自多头开设银行结算账户；将单位款项以个人名义在金融机构存储；出租、出借银行账户。

第二十九条 按照不相容职务相分离的原则，明确相关岗位的职责权限，确保不相容岗位相互分离、制约和监督。

第三十条 出纳人员不得兼任稽核、会计档案保管和收入、支出、费用、债权债务账目的登记工作。

第三十一条 单位不得由一人办理货币资金业务的全过程。

第三十二条 建立严格的经费开支程序和授权批准制度，明确授权批准的范围、权限、程序、责任和相关控制措施，做到申请、经办、证明、验收、审核、签批等经费开支手续完备，原始凭证合法有效，相关附件齐全。

第三十三条 重大资金支出实行集体决策和审批，并建立责任追究制度。

第三十四条 财务专用章由专人保管，个人名章由本人或其授权人保管。严禁一人保管支付款项所需的全部印章。

第三十五条 发票、收据等各种票据由不直接经办货币资金收付的人员保管，申领、启用、核销、销毁履行规定手续。

第三十六条 发票、收据做到手续清、账目清、责任清；使用专柜、专账、专表；防火、防盗、防霉烂损毁、防虫蛀鼠咬、防丢失；不准相互转借、转让，不准擅自处理空白联和其它质量残次的无效联。

第三十七条 银行票据明确购买、保管、领用、背书转让、注销等环节的职责权限和程序，设置登记簿进行记录。

第三十八条 严格按照财政部、全国总工会的规定管理和使用“工会经费收入专用收据”。

第三十九条 会计凭证、会计账簿、会计报表和其他会计资料按照国家有关规定，定期整理归档，妥善保管，调阅和销毁符合规定手续。

第三章 附 则

第四十条 各级工会要加强对工会财务会计管理规范化建设的组织领导，建立健全长效机制。按照“统一领导，分级管理”的财务体制，全国总工会财务部负责对省级工会财务会计管理规范化的指导和检查。省级工会财务部门负责对本地区、本产业工会财务会计管理规范化的指导和检查。省、市级工会财务部门要加强对县级工会、乡镇（街道）工会和基层工会财务会计管理规范化的指导和检查，将工会财务会计规范化建设纳入工会财务竞赛考核指标。

第四十一条 各级工会要根据本规范，结合本单位的实际情况，制定具体实施办法。

第四十二条 本规范自发布之日起执行，2009 年 11 月以中华全国总工会办公厅名义印发的《工会财务会计管理规范》（总工办发〔2009〕32 号）同时废止。

工会行政事业性资产管理办法

1. 2017 年 1 月 23 日
2. 总工办发〔2017〕5 号

为加强工会行政事业性资产监督管理，合理配置和有效利用工会行政事业性资产，根据《中华人民共和国工会法》和《中国工会章程》制定本办法。

第一章 总 则

第一条 本办法适用于各级工会行政机关、执行事业单位会计制度的工会事业单位及社会团体（以下简称“工会行政事业单位”）。

第二条 本办法所称工会行政事业性资产是指各级工会行政事业单位占有、使用，依法确认为工会所有，能以货币计量的各种经济资源的总称。

工会行政事业性资产包括流动资产、长期投资、固定资产、无形资产和其他资产。

第三条 工会行政事业性资产是属于工会所有的社团资产，其不动产和动产受法律保护。中华全国总工会（以下简称“全总”）对各级工会行政事业性资产拥有终极所有权。

第四条 工会行政事业性资产按照“统一所有、分级管理、单位使用”的原则，建立权利、义务和责任相统一的监督管理体制。

第五条 各级工会行政事业单位在行政事业性资产管理过程中取得的收入应当纳入单位预算，统一核算、统一管理。

第二章 管理机构及职责

第六条 全总资产监督管理部是全国工会资产监督管理机构，负责对全国工会行政事业性资产进行监督管理。

各省级工会应加强工会资产监督管理机构建设，设立工会资产监督管理部门，负责对所辖工会行政事业性资产进行监督管理。

第七条 工会资产监督管理机构的主要职责是：

（一）贯彻执行国家和全总有关行政事业性资产管理的法律、法规和政策；

（二）制定各级工会行政事业性资产管理的规章制度，并对执行情况进行监督检查；

（三）按规定对工会行政事业性资产配置、使用、处置事项进行审核、审批，负责组织资产评估、资产清查、产权界定、产权纠纷调处、资产统计等工作。研究制定本级工会行政事业性资产配置标准。

（四）负责对本级行政事业单位和下级工会资产监督管理工作进行监督检查。

第八条 工会行政事业性资产实物管理部门对本单位占有、使用的固定资产、库存材料物资等实物资产实施具体管理。

第三章 审批权限及程序

第九条 工会行政事业性资产管理事项的审批权限：

（一）全总负责对各级工会占有和使用的土地以及连同地面附着的房屋建筑物一并与工会系统以外单位进行使用权或产权转让、置换的全部事项进行审批；

（二）全总负责对省级工会涉及1000万元及以上金额的资产配置、资产使用、资产处置事项进行审批（涉及资产以评估金额为准）；

（三）省级工会负责对省本级和省级以下工会不需全总审批的资产管理事项进行审批。

（四）省级工会根据全总有关规定，制定所辖工会行政事业性资产管理事项的审批权限并报全总备案。

第十条 工会行政事业性资产管理事项的报批程序：

（一）主管工会对工会行政事业单位上报的资产管理事项进行审核后提出请示，报送上级工会；

（二）上一级工会须对下一级工会报送的请示事项进行调查核实，在此基础上按审批权限进行审批或上报；

（三）全国总工会对省级工会上报的请示进行审核、审批。请示中须有省级工会给出的明确审核意见。全总认为有必要的事项，可作进一步核查。

（四）已批复的请示事项不得擅自改变。在实施过程中有重大改变或者出现对原方案有重大影响的情形（包括原方案确定的地点变更，土地面积、建设规模、资金投入增加或减少10%及以上等）须按原审批程序重新报批。

第四章 资产配置

第十一条 资产配置是指各级工会行政事业单位为保证履行职能需要，按照国家有关法律、法规确定的标准和程序，通过购置、建设、调拨、调剂、租赁等方式配备实物资产的行为。

第十二条 各级工会行政事业单位购置资产，应按照《中华人民共和国政府采购法》及其实施细则的规定执行。通过购置、建设等方式配置办公和业务用房的，应严格执行中共中央办公厅、国务院办公厅《关于进一步严格控制党政机关办公楼等楼堂馆所建设问题的通知》的有关规定。

第十三条 经批准召开重大会议、举办大型活动等需要购置资产的，由会议或者活动主办单位按照本办法规定程序报批。会议或活动结束后，购置的资产纳入单位固定资产进行统一管理。

第十四条 工会行政事业单位申请购置土地和房屋建筑物、建设（包括新建、重建、改扩建）房屋建筑物需要提供以下材料（全部材料加盖主管工会公章）：

（一）购置、建设项目的申请报告；

（二）建设项目的可行性分析报告；

（三）拟同意购置、建设项目的会议决议或会议纪要复印件；

（四）购置项目的资产评估报告；

（五）新建项目立项批复复印件、国有建设用地批准书复印件和资金来源说明等文件；

（六）重建、改扩建项目原土地、房屋所有权属证明复印件、立项批复复印件、资金来源说明等文件；

（七）其他相关文件。

第五章 资产使用

第十五条 工会行政事业性资产使用是指工会行政事业性资产自用、对外投资和出租、出借等行为。

第十六条 工会行政事业单位资产使用，应当符合国家法律法规和全总有关规定，并经过单位领导班子集体研究，进行充分的可行性论证，依据审批权限履行审批手续。

第十七条 资产自用是工会行政事业单位对占有使用的固定资产、库存材料等的管理活动。

工会行政事业单位应按照“实物管理和价值管理并重”的原则，建立健全自用资产的验收、领用、使用、保管和维护等内部管理制度与流程，加强工会行政事业性资产的使用管理。对实物资产进行定期清查，完善资产管理账表及有关资料，做到账账、账卡、账实相符。

第十八条 对外投资是指工会行政单位为了更好地服务职工群众，利用其资产创办企业或投入到经营实体的经济活动。事业单位对外投资应执行工会财会制度有关规定。

各单位申请利用工会资产对外投资，应提供如下材料（全部材料加盖主管工会公章）：

（一）对外投资事项的申请报告；

（二）拟对外投资资产的价值凭证及权属证明，如购货发票或收据、工程决算副本、国有土地使用权证、房屋所有权证、股权证等凭据的复印件；

（三）对外投资可行性分析报告；

（四）拟同意对外投资的会议决议或会议纪要复印件；

（五）被投资单位法人证书复印件、企业营业执照复印件、企业法人个人身份证复印件等；

（六）拟创办企业单位的章程和工商行政管理部门下发的企业名称预先核准通知书复印件；

（七）工会行政事业单位与被投资方签订的合作意向书、协议草案或合同草案；

（八）经中介机构审计的被投资方上年财务报表；

（九）其他材料。

第十九条 出租、出借是指工会行政事业单位对其占有、使用的资产向工会系统以外提供使用权的行为。各单位出租工会行政事业性资产，原则上应采取公开招租的形式确定出租的价格，必要时可采取评审或者资产评估的办法确定出租的价格。各单位出租、出借工会行政事业性资产，期限不得超过 5 年。

各单位申请出租、出借工会行政事业性资产，应提供如下材料（全部材料加盖主管工会公章）：

（一）出租、出借事项的申请报告；

（二）拟同意出租、出借事项的会议决议或会议纪要复印件；

（三）出租、出借事项合同草案复印件；

（四）合作方法人证书复印件、企业营业执照复印件、企业法人个人身份证复印件等；

（五）其他材料。

第六章 资产处置

第二十条 资产处置是指各级工会对其占有、使用的工会行政事业性资产进行产权转让或者注销产权的行为。

第二十一条 工会行政事业性资产处置的范围包括：

（一）闲置资产；

（二）确需报废、淘汰的资产；

（三）因规划及单位分立、撤销、合并、改制、隶属关系改变等原因引起的产权或者使用权转移的资产；

（四）盘亏、呆账及非正常损失的资产；

（五）已超过使用年限无法使用的资产；

（六）依照国家有关规定需要进行资产处置的其他情形。

第二十二条 工会行政事业性资产处置方式包括无偿调拨、出售、出让、转让、置换、对外捐赠、报废报损以及货币性资产损失核销等。

第二十三条 出售、出让、转让是指变更工会行政事业单位资产所有权或占有、使用权并取得相应收益的行为。工会行政事业单位资产出售、出让、转让，应当通过产权交易机构、协议方式等国家有关法律法规规定的方式进行。

工会行政事业单位资产出售、出让、转让，以按规定权限由全总、省总备案或核准的资产评估报告所确认的评估价值作为市场竞价的参考依据。意向交易价格低于评估结果 90% 的，应当按规定权限报全总或省总重新确认后交易。

工会行政事业单位申请出售、出让、转让工会资产，应向审批部门提交以下材料（全部材料加盖主管工会公章）：

（一）出售、出让、转让申请报告；

（二）同级主管工会有关处置事项的会议纪要复印件；

（三）资产价值凭证及产权证明，如购货发票或收据、工程决算副本、国有土地使用权证、房屋所有权证、股权证等凭据的复印件；

（四）出售、出让、转让方案，包括资产的基本情况，处置的原因、方式等；

（五）出售、出让、转让合同草案，属于股权转让的，还应提交股权转让可行性报告；

（六）有资质评估机构出具的评估报告；

（七）其他相关材料。

第二十四条 置换是指工会行政事业单位与工会系统以外其他单位以非货币性资产为主或少量货币性资产（即补价）进行的交换。

第二十五条 被列入地方政府城市改造规划涉及工会行政事业单位房屋、土地的置换事项需要具备以下条件：

（一）地方政府补偿安置意见；

（二）置换给工会的房屋、土地必须权属合法、无争议，权属证明齐全；

（三）置换后的房屋、土地价值不得低于原价值，地理位置要合理。置换工会房屋土地事项要先建设后拆除（因特殊情况无法做到的，必须取得相关法律凭证，给予承诺保证）；

（四）建设资金要有保证，包括原有土地、房屋有偿转让所得、政府补助以及工会自筹资金等必须达到总建设资金的 90% 以上。

第二十六条 工会行政事业单位申请工会资产置换，应向审批部门提交以下材料（全部材料加盖主管工会公章）：

（一）置换申请报告；

（二）主管工会有关处置事项的会议纪要复印件；被列入地方政府城市改造的房屋、土地处置事项应附当地政府批准文件和有关会议纪要复印件；

（三）资产价值凭证及产权证明，如购货发票或收据、工程决算副本、国有土地使用权证、房屋所有权证、股权证等凭据的复印件；

（四）对方单位拟用于置换资产的基本情况说明，有资质评估机构出具的评估报告；

（五）双方草签的置换协议（必须注明经全国总工会或省级工会批准后方能生效），对方单位的法人证书或营业执照的复印件；

（六）宗地图、标明资产所处位置的地图；

（七）工会行政事业单位近期的财务报告；

（八）其他相关材料。

第二十七条 各级工会行政事业单位资产对外捐赠，应提交以下材料（全部材料加盖主管工会公章）：

（一）对外捐赠申请文件；

（二）捐赠报告，包括：捐赠事由、途径、方式、责任人、资产构成及其数额、交接程序等；

（三）捐赠单位出具的捐赠事项对本单位财务状况和业务活动影响的分析报告，使用货币资金对外捐赠的，应提供货币资金的来源说明等；

（四）主管工会、工会行政事业单位决定捐赠事项的有关文件，包括主管工会关于捐赠事项会议纪要复印件等；

（五）能够证明捐赠资产价值的有效凭证，如购货发票或收据、工程决算副本、记账凭证、固定资产卡片及产权证明等凭据的复印件；

（六）其他相关材料。

第二十八条 实际发生的对外捐赠，应当依据受赠方出具的同级财政部门或主管部门统一印（监）制的捐赠收据或者捐赠资产交接清单确认；对无法索取同级财政部门或主管部门统一印（监）制的捐赠收据的，应当依据受赠方所在地城镇街道、乡镇等基层政府组织出具的证明确认。

第二十九条 报废是指按有关规定或经有关部门、专家鉴定，对已不能继续使用的资产，进行产权注销的资产处置行为。

报损是指由于发生呆账损失、非正常损失、投资损失等原因，按有关规定对资产损失进行产权注销的资产处置行为。工会行政事业单位申请资产报废、报损，应提交以下材料（全部材料加盖主管工会公章）：

（一）报废、报损申请文件；

（二）能够证明盘亏、毁损以及非正常损失、投资损失资产价值的有效凭证复印件。如购货发票或收据、工程决算副本、记账凭证、固定资产卡片、盘点表及产权证明等凭据的复印件、上级工会审计部门的审计意见书；

（三）报废、报损价值清单复印件；

（四）非正常损失责任事故的鉴定文件复印件及对责任者的处理文件复印件；

（五）因房屋拆除等原因需办理资产核销手续的，提交相关职能部门的房屋拆除批复文件、建设项目拆建立项文件、双方签定的房屋拆迁补偿协议等材料的复印件；

（六）其他相关材料。

第三十条 货币性资产损失核销是指单位按现行财务与会计制度，对确认形成损失的货币性资产（现金、银行存款、应收账款、应收票据等）进行核销的行为。

工会行政事业单位申请货币性资产损失核销，应提交以下材料（全部材料加盖主管工会公章）：

（一）货币性资产损失核销申请文件；

（二）债务人已被依法宣告破产、撤销、关闭，用债务人清算财产清偿后仍不能弥补损失的，提供宣告破产的民事裁定书以及财产清算报告、注销工商登记或吊销营业执照的证明、政府有关部门决定关闭的文件等材料的复印件；

（三）债务人死亡或者依法被宣告失踪、死亡的，提供其财产或遗产不足清偿的法律文件复印件；

（四）涉及诉讼的，提供判决裁定申报单位败诉的人民法院生效判决书或裁定书复印件，或虽胜诉但因无法执行被裁定终止执行的法律文件复印件。

第七章 资产评估

第三十一条 资产评估是指由专门的机构或专业的评估人员，按照规定的法律法规、工作准则和方法，以货币作为计算权益的统一尺度，对在评估基准日的工会行政事业性资产进行评定估算的工作。

工会行政事业单位有下列情形之一的，应当对相关资产进行评估：

（一）单位取得的没有原始价格凭证的资产；

（二）拍卖、有偿转让、置换工会资产；

（三）事业单位整体或者部分改制为企业；

（四）以非货币性资产对外投资；

（五）单位合并、分立、清算；

（六）整体或者部分资产租赁给非工会单位；

（七）确定涉讼资产价值；

（八）依照国家法律及行政法规等有关规定需要进行资产评估的其他事项。

第三十二条 工会行政事业性资产评估工作应当委托具有资产评估资质的评估机构进行。

工会行政事业性资产评估项目实行核准制和备案制。

第八章 资产清查

第三十三条 资产清查是指各级工会根据专项工作要求或者特定经济行为需要，按照规定的政策、工作程序和方法，对所属行政事业单位进行账务清理、财产清查，依法认定各项资产损溢和资金挂账，真实反映工会行政事业性资产占有使用状况的工作。

工会行政事业单位有下列情形之一的，应当进行资产清查：

（一）纳入全总专项工作要求或者各级工会开展清产核资范围的；

（二）事业单位进行重大改革或者整体、部分改制为企业的；

（三）遭受重大自然灾害等不可抗力造成资产严重损失的；

（四）会计信息严重失真或者工会资产出现重大流失的；

（五）会计政策发生重大更改，涉及资产核算方法发生重要变化的；

（六）本级工会资产监督管理部门认为应当进行资产清查的其他情形。

第三十四条 工会行政事业单位进行资产清查，应按规定程序报本级工会资产监督管理部门批准后组织实施。

第三十五条 工会行政事业单位资产清查工作的内容主要包括基本情况清理、账务清理、财产清查、损溢认定、资产核实和完善制度等。

第九章 产权登记与产权纠纷处理

第三十六条 工会行政事业性资产产权登记（以下简称"产权登记"）是对工会行政事业单位占有、使用的房屋建筑物所有权和土地使用权进行登记，依法确认工会资产所有权和使用权的行为。

第三十七条 工会行政事业单位应向政府部门申请办理房屋建筑物所有权和土地使用权登记，取得权属证书后向上级工会资产管理部门进行申报，由全总核发《工会资产产权登记证》（以下简称《工会产权证》）。

《工会产权证》是工会行政事业单位占有、使用工会资产的法规性凭证，由全总统一印制。

第三十八条 工会行政事业单位应当按照以下规定进行工会资产产权登记：

（一）新设立的单位，办理占有产权登记；

（二）发生分立、合并、部分改制，以及隶属关系、单位名称、住所和单位负责人等产权登记内容发生变化的单位，办理变更产权登记；

（三）因依法撤销或者整体改制等原因被清算、注销的单位，办理注销产权登记。

第三十九条 产权纠纷是指由于财产所有权、经营权、使用权等归属不清而发生的争议。

工会行政事业单位之间的产权纠纷，由当事人协商解决。协商不能解决的，由同级工会或者上级工会调解、裁定。

工会行政事业单位与非工会单位或者个人之间发生产权纠纷的，工会行政事业单位应当提出拟处理意见，经报上级工会审核批准后，与对方当事人协商解决。协商不能解决的，依照司法程序处理。

第十章 资产统计报告

第四十条 工会行政事业性资产实行统计报告制度。各级工会应加强对所属工会行政事业单位资产统计报告的审核，按照全总的要求逐级上报，做到真实、准确、及时、完整，并对工会资产占有、使用、变动、处置等情况做出文字分析说明。

第四十一条 工会行政事业单位应当加强资产管理信息化建设，建立完善资产登记档案，对工会行政事业性资产实行动态管理。

第十一章 监督检查

第四十二条 各级工会应加强工会行政事业性资产的管理与监督，建立检查制度，对资产管理情况进行监督检查。资产管理情况的监督检查应坚持单位内部监督与财政监督、审计监督、社会监督相结合，事前监督、事中监督、事后监督相结合，日常监督与专项检查相结合。

第四十三条 各级工会在行政事业性资产管理过程中不得有下列行为：

（一）未按规定程序申报，擅自越权对工会行政事业性资产管理事项进行处理；

（二）对不符合规定的申报材料予以审批；

（三）串通作弊、暗箱操作，资产使用、处置过程中造成工会资产流失；

（四）截留资产使用、处置过程中产生的收入；

（五）其他造成工会资产损失的行为。

第四十四条 工会行政事业单位和个人违反本办法规定的，依据国家法律法规和全总有关规定追究相应责任。

第十二章 附 则

第四十五条 本办法由全总资产监督管理部负责解释。

第四十六条 本办法自发布之日起施行。《工会行政性资产管理暂行办法（试行）》和《各级工会行政单位占有使用房屋建筑物和土地使用权处置暂行规定（试行）》（总工办发〔2011〕55号）同时废止。此前颁布的其他有关工会行政事业性资产管理规定，凡与本办法不一致的，以本办法为准。

基层工会经费收支管理办法

1. 2017 年 12 月 15 日
2. 总工办发〔2017〕32 号

第一章 总 则

第一条 为加强基层工会收支管理，规范基层工会经费使用，根据《中华人民共和国工会法》和《中国工会章程》《工会会计制度》《工会预算管理办法》的有关规定，结合中华全国总工会（以下简称“全国总工会”）贯彻落实中央有关规定的相关要求，制定本办法。

第二条 本办法适用于企业、事业单位、机关和其他经济社会组织单独或联合建立的基层工会委员会。

第三条 基层工会经费收支管理应遵循以下原则：

（一）遵纪守法原则。基层工会应依据《中华人民共和国工会法》的有关规定，依法组织各项收入，严格遵守国家法律法规，严格执行全国总工会有关制度规定，严肃财经纪律，严格工会经费使用，加强工会经费收支管理。

（二）经费独立原则。基层工会应依据全国总工会关于工会法人登记管理的有关规定取得工会法人资格，依法享有民事权利、承担民事义务，并根据财政部、中国人民银行的有关规定，设立工会经费银行账户，实行工会经费独立核算。

（三）预算管理原则。基层工会应按照《工会预算管理办法》的要求，将单位各项收支全部纳入预算管理。基层工会经费年度收支预算（含调整预算）需经同级工会委员会和工会经费审查委员会审查同意，并报上级主管工会批准。

（四）服务职工原则。基层工会应坚持工会经费正确的使用方向，优化工会经费支出结构，严格控制一般性支出，将更多的工会经费用于为职工服务和开展工会活动，维护职工的合法权益，增强工会组织服务职工的能力。

（五）勤俭节约原则。基层工会应按照党中央、国务院关于厉行勤俭节约反对奢侈浪费的有关规定，严格控制工会经费开支范围和开支标准，经费使用要精打细算，少花钱多办事，节约开支，提高工会经费使用效益。

（六）民主管理原则。基层工会应依靠会员管好用好工会经费。年度工会经费收支情况应定期向会员大会或会员代表大会报告，建立经费收支信息公开制度，主动接受会员监督。同时，接受上级工会监督，依法接受国家审计监督。

第二章 工会经费收入

第四条 基层工会经费收入范围包括：

（一）会费收入。会费收入是指工会会员依照全国总工会规定按本人工资收入的 5‰向所在基层工会缴纳的会费。

（二）拨缴经费收入。拨缴经费收入是指建立工会组织的单位按全部职工工资总额 2% 依法向工会拨缴的经费中的留成部分。

（三）上级工会补助收入。上级工会补助收入是指基层工会收到的上级工会拨付的各类补助款项。

（四）行政补助收入。行政补助收入是指基层工会所在单位依法对工会组织给予的各项经费补助。

（五）事业收入。事业收入是指基层工会独立核算的所属事业单位上缴的收入和非独立核算的附属事业单位的各项事业收入。

（六）投资收益。投资收益是指基层工会依据相关规定对外投资取得的收益。

（七）其他收入。其他收入是指基层工会取得的资产盘盈、固定资产处置净收入、接受捐赠收入和利息收入等。

第五条 基层工会应加强对各项经费收入的管理。要按照会员工资收入和规定的比例，按时收取全部会员应交的会费。要严格按照国家统计局公布的职工工资总额口径和所在省级工会规定的分成比例，及时足额拨缴工会经费；实行财政划拨或委托税务代收部分工会经费的基层工会，应加强与本单位党政部门的沟通，依法足额落实基层工会按照省级工会确定的留成比例应当留成的经费。要统筹安排行政补助收入，按照预算确定的用途开支，不得将与工会无关的经费以行政补助名义纳入账户管理。

第三章 工会经费支出

第六条 基层工会经费主要用于为职工服务和开展工会活动。

第七条 基层工会经费支出范围包括：职工活动支出、维权支出、业务支出、资本性支出、事业支出和其他支出。

第八条 职工活动支出是指基层工会组织开展职工教育、文体、宣传等活动所发生的支出和工会组织的职工集体福利支出。包括：

（一）职工教育支出。用于基层工会举办政治、法律、科技、业务等专题培训和职工技能培训所需的教材资料、教学用品、场地租金等方面的支出，用于支付职工教育活动聘请授课人员的酬金，用于基层工会组织的职工素质提升补助和职工教育培训优秀学员的奖励。对优秀学员的奖励应以精神鼓励为主、物质激励为辅。授课人员酬金标准参照国家有关规定执行。

（二）文体活动支出。用于基层工会开展或参加上级工会组织的职工业余文体活动所需器材、服装、用品等购置、租赁与维修方面的支出以及活动场地、交通工具的租金支出等，用于文体活动优胜者的奖励支出，用于文体活动中必要的伙食补助费。

文体活动奖励应以精神鼓励为主、物质激励为辅。奖励范围不得超过参与人数的三分之二；不设置奖项的，可为参加人员发放少量纪念品。

文体活动中开支的伙食补助费，不得超过当地差旅费中的伙食补助标准。

基层工会可以用会员会费组织会员观看电影、文艺演出和体育比赛等，开展春游秋游，为会员购买当地公园年票。会费不足部分可以用工会经费弥补，弥补部分不超过基层工会当年会费收入的三倍。

基层工会组织会员春游秋游应当日往返，不得到有关部门明令禁止的风景名胜区开展春游秋游活动。

（三）宣传活动支出。用于基层工会开展重点工作、重大主题和重大节日宣传活动所需的材料消耗、场地租金、购买服务等方面的支出，用于培育和践行社会主义核心价值观，弘扬劳模精神和工匠精神等经常性宣传活动方面的支出，用于基层工会开展或参加上级工会举办的知识竞赛、宣讲、演讲比赛、展览等宣传活动支出。

（四）职工集体福利支出。用于基层工会逢年过节和会员生日、婚丧嫁娶、退休离岗的慰问支出等。

基层工会逢年过节可以向全体会员发放节日慰问品。逢年过节的年节是指国家规定的法定节日（即：新年、春节、清明节、劳动节、端午节、中秋节和国庆节）和经自治区以上人民政府批准设立的少数民族节日。节日慰问品原则上为符合中国传统节日习惯的用品和职工群众必需的生活用品等，基层工会可结合实际采取便捷灵活的发放方式。

工会会员生日慰问可以发放生日蛋糕等实物慰问品，也可以发放指定蛋糕店的蛋糕券。

工会会员结婚生育时，可以给予一定金额的慰问品。工会会员生病住院、工会会员或其直系亲属去世时，可以给予一定金额的慰问金。

工会会员退休离岗，可以发放一定金额的纪念品。

（五）其他活动支出。用于工会组织开展的劳动模范和先进职工疗休养补贴等其他活动支出。

第九条 维权支出是指基层工会用于维护职工权益的支出。包括：劳动关系协调费、劳动保护费、法律援助费、困难职工帮扶费、送温暖费和其他维权支出。

（一）劳动关系协调费。用于推进创建劳动关系和谐企业活动、加强劳动争议调解和队伍建设、开展劳动合同咨询活动、集体合同示范文本印制与推广等方面的支出。

（二）劳动保护费。用于基层工会开展群众性安全生产和职业病防治活动、加强群监员队伍建设、开展职工心理健康维护等促进安全健康生产、保护职工生命安全为宗旨开展职工劳动保护发生的支出等。

（三）法律援助费。用于基层工会向职工群众开展法治宣传、提供法律咨询、法律服务等发生的支出。

（四）困难职工帮扶费。用于基层工会对困难职工提供资金和物质帮助等发生的支出。

工会会员本人及家庭因大病、意外事故、子女就学等原因致困时，基层工会可给予一定金额的慰问。

（五）送温暖费。用于基层工会开展春送岗位、夏送清凉、金秋助学和冬送温暖等活动发生的支出。

（六）其他维权支出。用于基层工会补助职工和会员参加互助互济保障活动等其他方面的维权支出。

第十条 业务支出是指基层工会培训工会干部、加强自身建设以及开展业务工作发生的各项支出。包括：

（一）培训费。用于基层工会开展工会干部和积极分子培训发生的支出。开支范围和标准以有关部门制定的培训费管理办法为准。

（二）会议费。用于基层工会会员大会或会员代表大会、委员会、常委会、经费审查委员会以及其他专业工作会议的各项支出。开支范围和标准以有关部门制定的会议费管理办法为准。

（三）专项业务费。用于基层工会开展基层工会组织建设、建家活动、劳模和工匠人才创新工作室、职工创新工作室等创建活动发生的支出，用于基层工会开办的图书馆、阅览室和职工书屋等职工文体活动阵地所发生的支出，用于基层工会开展专题调研所发生的支出，用于基层工会开展女职工工作性支出，用于基层工会开展外事活动方面的支出，用于基层工会组织开展合理化建议、技术革新、发明创造、岗位练兵、技术比武、技术培训等劳动和技能竞赛活动支出及其奖励支出。

（四）其他业务支出。用于基层工会发放兼职工会干部和专职社会化工会工作者补贴，用于经上级批准评选表彰的优秀工会干部和积极分子的奖励支出，用于基层工会必要的办公费、差旅费，用于基层工会支付代理记账、中介机构审计等购买服务方面的支出。

基层工会兼职工会干部和专职社会化工会工作者发放补贴的管理办法由省级工会制定。

第十一条 资本性支出是指基层工会从事工会建设工程、设备工具购置、大型修缮和信息网络构建而发生的支出。

第十二条 事业支出是指基层工会对独立核算的附属事业单位的补助和非独立核算的附属事业单位的各项支出。

第十三条 其他支出是指基层工会除上述支出以外的其他各项支出。包括：资产盘亏、固定资产处置净损失、捐赠、赞助等。

第十四条 根据《中华人民共和国工会法》的有关规定，基层工会专职工作人员的工资、奖励、补贴由所在单位承担，基层工会办公和开展活动必要的设施和活动场所等物质条件由所在单位提供。所在单位保障不足且基层工会经费预算足以保证的前提下，可以用工会经费适当弥补。

第四章 财务管理

第十五条 基层工会主席对基层工会会计工作和会计资料的真实性、完整性负责。

第十六条 基层工会应根据国家和全国总工会的有关政策规定以及上级工会的要求，制定年度工会工作计划，依法、真实、完整、合理地编制工会经费年度预算，依法履行必要程序后报上级工会批准。严禁无预算、超预算使用工会经费。年度预算原则上一年调整一次，调整预算的编制审批程序与预算编制审批程序一致。

第十七条 基层工会应根据批准的年度预算，积极组织各项收入，合理安排各项支出，并严格按照《工会会计制度》的要求，科学设立和登记会计账簿，准确办理经费收支核算，定期向工会委员会和经费审查委员会报告预算执行情况。基层工会经费年度财务决算需报上级工会审批。

第十八条 基层工会应加强财务管理制度建设，健全完善财务报销、资产管理、资金使用等内部管理制度。基层工会应依法组织工会经费收入，严格控制工会经费支出，各项收支实行工会委员会集体领导下的主席负责制，重大收支须集体研究决定。

第十九条 基层工会应根据自身实际科学设置会计机构、合理配备会计人员，真实、完整、准确、及时反映工会经费收支情况和财务管理状况。具备条件的基层工会，应当设置会计机构或在有关机构中设置专职会计人员；不具备条件的，由设立工会财务结算中心的乡镇（街道）、开发区（工业园区）工会实行集中核算，分户管理，或者委托本单位财务部门或经批准设立从事会计代理记账业务的中介机构或聘请兼职会计人员代理记账。

第五章 监督检查

第二十条 全国总工会负责对全国工会系统工会经费的收入、支出和使用管理情况进行监督检查。按照“统一领导、分级管理”的管理体制，省以下各级工会应加强对本级和下一级工会经费收支与使用管理情况的监督检查，下一级工会应定期向本级工会委员会和上一级工会报告财务监督检查情况。

第二十一条 基层工会应加强对本单位工会经费使用情况的内部会计监督和工会预算执行情况的审查审计监督，依法接受并主动配合国家审计监督。内部会计监督主要对原始凭证的真实性合法性、会计账簿与财务报告的准确性及时性、财产物资的安全性完整性进行监督，以维护财经纪律的严肃性。审查审计监督主要对单位财务收支情况和预算执行情况进行审查监督。

第二十二条 基层工会应严格执行以下规定：

（一）不准使用工会经费请客送礼。

（二）不准违反工会经费使用规定，滥发奖金、津贴、补贴。

（三）不准使用工会经费从事高消费性娱乐和健身活动。

（四）不准单位行政利用工会账户，违规设立“小金库”。

（五）不准将工会账户并入单位行政账户，使工会经费开支失去控制。

（六）不准截留、挪用工会经费。

（七）不准用工会经费参与非法集资活动，或为非法集资活动提供经济担保。

（八）不准用工会经费报销与工会活动无关的费用。

第二十三条 各级工会对监督检查中发现违反基层工会经费收支管理办法的问题，要及时纠正。违规问题情节较轻的，要限期整改；涉及违纪的，由纪检监察部门依照有关规定，追究直接责任人和相关领导责任；构成犯罪的，依法移交司法机关处理。

第六章 附 则

第二十四条 各省级工会应根据本办法的规定，结合本地区、本产业和本系统工作实际，制定具体实施细则，细化支出范围，明确开支标准，确定审批权限，规范活动开展。各省级工会制定的实施细则须报全国总工会备案。基层工会制定的相关办法须报上级工会备案。

第二十五条 本办法自印发之日起执行。《中华全国总工会办公厅关于加强基层工会经费收支管理的通知》（总工办发〔2014〕23号）和《全总财务部关于〈关于加强基层工会经费收支管理的通知〉的补充通知》（工财发〔2014〕69号）同时废止。

第二十六条 基层工会预算编制审批管理办法由全国总工会另行制定。

第二十七条 本办法由全国总工会负责解释。

工会财务监督暂行办法

1. 2019年7月1日
2. 总工办发〔2019〕20号

第一章 总 则

第一条 为加强工会财务监督，维护财经纪律，强化内部控制，规范财务行为，提高资金效益，根据《中华人民共和国会计法》《中华人民共和国工会法》和《中国工会章程》《工会会计制度》等法律法规制度规定，结合工会财务工作实际，制定本办法。

第二条 本办法所称财务监督，是指各级工会财务部门根据国家有关法律法规和工会财务制度，运用一定的监督方法对本级机关和所属单位及下一级工会财务活动进行的监督检查。

第三条 根据“统一领导、分级管理”的工会财务管理体制，工会财务监督实行“统一领导、分级负责、下管一级”的工作体制。全国总工会财务管理部门统一领导全国工会系统的财务监督工作，省级以下工会财务部门负责组织和实施本级财务监督工作。

第四条 各级工会应当坚持事前、事中和事后监督相结合的原则，建立健全覆盖各类资金和财务运行全过程的工会财务监督工作机制。

第二章 监督职责和内容

第五条 全国总工会财务部负责管理和指导全国工会系统的财务监督工作，主要职责：

（一）研究制定工会财务监督制度，并对省级工会制定的财务制度进行备案管理；

（二）制定全国总工会年度财务监督工作计划；

（三）对全国总工会本级所属单位、在京中央企业工会进行财务监督；

（四）对省级工会进行财务监督；

（五）承担全国总工会本级内部控制制度建设的相关工作；

（六）开展工会财务监督理论研究；

（七）其他财务监督相关工作。

第六条 省级工会财务管理部门负责管理和指导管辖范围内各级工会的财务监督工作，主要职责：

（一）根据全国总工会有关制度，研究制定本级工会财务监督实施细则，并对下一级工会制定的财务制度进行备案管理；

（二）制定省级工会年度财务监督工作计划；

（三）对本级所属单位和下一级工会进行财务监督，并向全国总工会报告年度财务监督工作情况；

（四）承担省级工会交办的其他财务监督相关工作。

第七条 省级（不含）以下工会财务管理部门根据省级工会财务监督实施细则，组织实施本级和下一级工会财务监督。

第八条 基层工会应按照全国总工会和上级工会的要求，加强财务管理制度建设，健全完善并严格执行财务管理制度，积极支持配合上级工会财务监督。

第九条 工会财务部门可以采取购买服务的方式，聘请具有资质的中介机构和人员，实施财务监督，所需经费纳入本级预算。

第十条 财务监督的主要内容：

（一）国家财经法律法规和全总有关财务制度规定执行情况；

（二）工会经费计拨、收缴与票据使用管理情况；

（三）工会预算编制、审批与执行情况；

（四）财政拨款、上级补助资金使用管理情况；

（五）经费开支的真实性、合法性；

（六）会计基础工作情况；

（七）内部控制制度建设情况；

（八）工会会计报告编制情况；

（九）巡视、政府审计、经费审查审计、财务监督发现问题的整改情况；

（十）其他事项。

第十一条 财务部门实施财务监督，可以采取以下方法：

（一）调取、查阅、复制被监督单位的预算资料、会计凭证和账簿、财务会计报告、审计报告、开立账户、电子信息管理系统及其他相关资料；

（二）核查被监督单位的库存现金、银行存款、有价证券、实物资产、会计核算等情况；

（三）经监督工作负责人批准，向被监督单位的所属单位和个人调查、取证相关情况。

第三章 监督方式和程序

第十二条 财务监督分为日常监督和专项监督。

第十三条 日常监督采取事前、事中和事后监督相结合的方式。事前监督，重点关注单位内部控制制度建设、项目立项与预算编制审批等情况。事中监督，重点关注各项经济活动的合法合规性以及制度执行情况。事后监督，重点对资金使用绩效、会计报告质量进行监督评价。

第十四条 各级工会财务部门可以通过财务管理信息化平台，建立财务日常动态监控工作机制，及时发现问题，及时整改纠正。

第十五条 专项监督是针对特定事项、特定资金或因特殊需要对相关单位进行的财务监督。

第十六条 实施专项监督一般应事先向被监督单位送达检查通知书，明确检查的重点内容、工作时限和具体要求。

第十七条 实施专项监督前，应组成监督工作组。工作组成员一般不少于三人。工作组成员与被监督单位负责人和项目、财务管理部门负责人有亲属关系的，应当回避。监督工作人员的回避，由监督实施部门负责人决定。

第十八条 实施专项监督时，监督工作人员应取得相关证据，编制财务监督工作底稿，完整记录监督事项，做到事实清楚、定性准确、责任明晰。

第十九条 专项监督结束前，监督工作组应形成专项监督报告，经监督实施部门同意后，征求被监督单位的意见建议。被监督单位应在收到专项监督报告之日起 10 日内，提出书面反馈意见。监督工作组应充分听取被监督单位的意见建议，形成正式报告，经监督实施部门主要领导批准后，送达被监督单位。

第二十条 被监督单位要根据专项监督报告指出的问题和提出的意见建议，制定切实可行的整改措施，在收到财务监督报告之日起 60 日内整改落实问题建议，并将整改落实情况及时反馈专项监督实施部门。专项监督实施部门可对整改落实情况进行核实。

第二十一条 专项监督实施部门应认真收集整理专项监督的各类材料、文件、数据，并按照档案管理的有关规定做好立卷归档。

第二十二条 财务监督应与财政监督、审计监督、经审监督有效衔接，充分利用有关部门专项监督、审计监督结果，避免给被监督单位增加不必要负担。

第四章　责任和处理

第二十三条　被监督单位应当配合监督工作，为监督工作提供必要的办公条件和工作保障。有以下情形的，情节较轻的，责令限期改正，或建议有关部门进行组织处理；涉嫌违纪违法的，移交纪检监察机关处理；涉嫌犯罪的，移送司法机关查处：

（一）拒绝、阻挠、拖延财务监督的；

（二）提供虚假材料的；

（三）转移、隐匿、损毁相关资料与证据的；

（四）对监督工作人员进行打击报复。

第二十四条　财务监督发现的违规违纪违法行为，根据情节轻重分别给予处理：

（一）责令立即停止违规行为并予以纠正；

（二）责令停止执行与国家和上级工会相抵触的相关规定；

（三）停止拨付与违规行为直接有关的款项，已经拨付的，责令其暂停使用并追回余款；

（四）责令追回被截留、挪用的款项；

（五）追回违规开支款项；

（六）对涉嫌违纪违法犯罪的问题线索，应移交纪检监察或司法机关查处。

第二十五条　财务监督工作人员实施监督过程中滥用职权、徇私舞弊、玩忽职守、泄露秘密的，由所在单位依规依纪给予处理；涉嫌违纪违法或犯罪的，移交纪检监察或司法机关查处。

第五章　附　则

第二十六条　省级工会应当根据本办法，结合实际工作，制定本级财务监督实施细则，并报全国总工会财务部备案。

第二十七条　本办法由全国总工会财务部负责解释。

第二十八条　本办法自印发之日起执行。

工会决算报告制度

1. 2019 年 7 月 1 日
2. 总工办发〔2019〕15 号

第一章　总　则

第一条　为了进一步加强全国工会财务管理，规范工会决算行为，全面、真实、准确、完整地反映各级工会及所属单位财务收支情况与财务管理状况，根据《工会法》《预算法》《会计法》等法律法规和《工会会计制度》《工会预算管理办法》的有关规定，制定本制度。

第二条　本制度所称工会决算报告是指，各级工会组织和工会所属事业单位在年度终了按照有关规定编报的年度财务收支决算和工会所属企业、协会、学会、基金会年度终了按照有关规定编制的年度会计报告。

第三条　本制度适用于各级工会组织及工会所属的事业单位、企业、协会、学会、基金会等单位。

第二章　决算报告的内容

第四条　工会决算报告主要包括：决算报表和报表填报情况说明。

第五条　决算报表主要反映单位决算结果、财务状况和机构人员等信息。全国总工会财务部每年可根据财务管理需要调整决算报告编制内容。

第六条　报表填报情况说明包括：决算报表的说明以及对重要指标的分析。报表说明包括：单位基本情况、数据审核情况、年度主要收支指标增减变动情况以及因重大事项或特殊事项影响决算数据的说明。重要指标分析是对决算报表中的部分重要指标进行分析比较，揭示预算执行、会计核算和财务管理等方面的情况和问题。

第三章 决算报告工作职责、责任

第七条 全国总工会财务部是工会决算报告工作的主管部门。负责制定工会系统决算报告的规章制度、报表体系，组织和指导全国工会决算信息化建设。

全国总工会财务部负责编制全国总工会机关决算报告，并分别按工会组织、事业单位、企业及非营利组织四种类型汇总全国总工会本级和各省级工会的决算报告。

全国总工会财务部负责审批全国总工会机关和本级所属执行《政府会计制度》的事业单位的决算，负责本级其他单位决算和各省级工会汇总决算的备案管理。全国总工会本级决算须向全国经费审查委员会汇报。

第八条 省级工会财务管理部门负责编制本级机关决算报告，并分别按工会组织、事业单位、企业及非营利组织四种类型汇总省本级和所属各级工会的决算报告。

省级工会财务管理部门负责审批本级机关和本级所属执行《政府会计制度》的事业单位的决算，负责本级其他单位决算的备案管理。

省本级工会决算须经同级工会委员会（或常委会、主席办公会）讨论通过，并经同级经费审查委员会审查通过。省级工会汇总决算需上报全国总工会财务部。

第九条 地市级工会财务管理部门负责编制本级机关决算报告，并分别按工会组织、事业单位、企业及非营利组织四种类型汇总本级和所属各级工会的决算报告。

地市级工会财务管理部门负责审批本级机关和本级所属执行《政府会计制度》的事业单位的决算，负责本级其他单位决算的备案管理。

地市级本级工会决算须经同级工会委员会（或常委会、主席办公会）讨论通过，并经同级经费审查委员会审查通过。地市级工会汇总决算需上报上一级工会财务管理部门。

第十条 县级工会财务管理部门负责编制本级机关决算报告，并分别按工会组织、事业单位、企业及非营利组织四种类型汇总本级和所属各级工会的决算报告。

县级工会财务管理部门负责审批本级机关和本级所属执行《政府会计制度》的事业单位的决算，负责本级其他单位决算的备案管理。

县本级工会决算须经同级工会委员会（或常委会、主席办公会）讨论通过，并经同级经费审查委员会审查通过。全县汇总决算需上报上一级工会财务管理部门。

第十一条 县级以上工会对下级工会决算报告采取审批还是备案方式由县级以上工会财务管理部门根据自身需要确定。

第十二条 县级以上工会财务管理部门根据分级管理的原则，分别组织和指导本地区各级工会决算报告的编制、汇总、批复以及数据汇总分析、考核评价、软件培训工作。

第十三条 各基层工会应按照上级工会要求组织实施本单位的决算报告工作，真实、准确、完整、及时编制并报送本单位的决算报告。有所属单位的基层工会需按不同类型决算报告汇总后上报上一级工会财务管理部门。

第十四条 各单位负责人对本单位的决算报告真实性和完整性负责。财务人员应当认真、如实编制决算报告，不得故意漏报、瞒报有关决算报告信息，更不得编造虚假决算报告信息。

第十五条 各级工会应当认真组织开展决算报告工作，加强工作考核。

第四章 决算报告工作要求

第十六条 年度终了，各级工会应当按照全国总工会财务部的统一部署和要求，根据“统一领导，分级管理”原则自下而上逐级编制、报送、汇总工会决算报告。

第十七条 各级工会应当在全面清理收入、支出、资产、负债以及年终结账的基础上编制工会决算报告，做到数据真实准确、内容完整。

第十八条 县级以上工会财务管理部门应当认真做好决算审核备案工作，确保报送数据资料真实、完整、准确。凡发现决算报告编制不符合规定的，应当要求有关单位立即纠正，并限期重新报送。

第十九条 县级以上工会财务管理部门汇总的决算报告，应当在上级工会财务部门规定的时间内报送。各省级工会财务管理部门汇总的决算报告，应在次年的 3 月底前上报全国总工会财务部。省级以下工会报送、汇总决算报告的时间由各省级工会财务管理部门确定。

第二十条 县级以上工会汇总决算报告时，应抵消上下级之间、平级单位之间对应的重复项目。

第二十一条 决算批复内容包括所批复单位的工会经费收入、支出、结余及其他决算数据。批复文件中可列出所批复单位在财务管理工作以及决算审核中发现的主要问题，并提出改进意见。

第五章 决算报告的分析利用

第二十二条 各级工会组织应当加强对决算报告的分析，强化分析结果的反馈和运用，规范和改进财务管理。

第二十三条 分析报告的主要内容包括：预算与决算差异分析；收入、支出、结余年度间变动原因分析；资金使用效益分析；资产、负债规模与结构分析；机构、人员对比分析等。

第二十四条 各级工会组织应当综合运用多种方法进行分析，主要包括：分类比较法、趋势分析法、比率分析法、因素分析法等。

第二十五条 各级工会组织要加强工会决算报告工作研究并逐步建立决算报告评价指标体系。

第六章 决算报告的质量检查与资料管理

第二十六条 各级工会组织财务管理部门应采用适当方式对上报的决算报告的真实性、完整性和规范性等方面进行监督检查，可与财务监督工作相结合。

第二十七条 各级工会组织应该按照《会计档案管理办法》对决算报告资料进行归类整理、建档保存。

第七章 附 则

第二十八条 县级以上工会可依据本制度，结合工作实际，制定相应实施细则。

第二十九条 本制度自印发之日起施行。

工会企业资产管理办法

1. 2019 年 12 月 10 日
2. 总工办发〔2019〕22 号

为加强工会企业资产监督管理，做优做强工会企业，实现工会企业资产保值增值和高质量发展，根据《中华人民共和国工会法》《中国工会章程》和有关法律法规，制定本办法。

第一章 总 则

第一条 工会企业是指工会组织出资的工会独资企业、工会独资公司以及工会控股公司。工会企业资产是指工会组织对企业各种形式的投资和投资所形成的权益，以及依法认定为工会所有的其他权益。

第二条 工会企业坚持公益性服务性，坚持为改革开放和发展社会生产力服务，为职工群众服务，为推进工运事业服务。

第三条 工会企业资产是属于工会所有的社团资产，其不动产和动产受法律保护。中华全国总工会（以下简称“全总”）对各级工会企业资产拥有终极所有权。

第二章 管理机构及职责

第四条 依据工会“统一所有、分级监管、单位使用”的资产管理体制，全总资产监督管理部负责对全国工会企业资产进行监督管理，县级以上工会组织（含县级）应落实分级管理工会资产责任，明确工会资产监督管理机构，对所辖工会企业资产进行监督管理。各级工会依法履行本级工会企业出资人职责，对本级工会企业资产进行统一监督管理。

第五条 工会资产监督管理机构监督管理工会企业资产的主要职责是：

（一）贯彻执行党和国家以及全总有关企业资产管理的法律、法规和政策，研究制定工会企业资产监督管理的规章制度，并对执行情况进行监督检查；

（二）指导和推进工会企业改革、重组和发展，引导工会企业聚焦主责主业，实现高质量发展；

（三）指导工会企业完善法人治理结构，建立符合工会工作实际的现代企业制度；

（四）组织开展工会企业的资产清查、资产统计、产权界定、资产处置等工作；

（五）根据同级工会授权，履行本级工会企业出资人代表职责，对本级工会企业重大事项履行审批备案程序，组织开展本级企业年度经营业绩考核，监督其落实工会资产保值增值责任。

（六）对工会资产监督管理工作人员和工会企业经营管理人员进行培训。

第六条 上级工会资产监督管理机构指导和监督下级工会资产监督管理工作。县级以上工会资产监督管理机构应当定期向上一级工会资产监督管理机构和同级工会经费审查委员会报告所属企业资产监督管理工作、资产保值增值状况和其他重大事项。

第七条 工会企业享有国家有关法律、法规和制度规定的企业经营自主权，实行所有权与经营权分离。工会企业应着力提高经济效益，对其经营管理的工会资产承担保值增值责任。工会企业应自觉接受工会经审组织审计监督。

第三章 审批权限及程序

第八条 全总负责审批事项：

（一）省级工会所属本级企业占有和使用的土地以及连同地面附着的房屋建筑物一并与工会系统以外单位进行产权转让的事项；

（二）省级工会本级行政事业性资产变更为企业资产事项中涉及土地和房屋建筑物的事项。

以上审批事项，由全总资产监督管理部审核后，报全总党组、书记处审批。

第九条 省级工会报送全总审批事项，省级工会资产监督管理机构应严格审核把关，具备审批条件后再履行报批程序，并应向全总资产监督管理部提交以下材料（全部材料加盖公章）：

（一）申请变更资产属性或产权转让的报告；

（二）省级工会党组会议纪要原件或复印件；

（三）资产价值凭证及产权证明，如购货发票或收据、工程决算副本、国有土地使用权证、房屋所有权证、股权证等凭据的复印件；

（四）可行性方案，包括资产的基本情况，变更资产属性的原因、方式等；

（五）有资质评估机构出具的评估报告；

（六）宗地图、标明资产所处位置的地图；

（七）工会企事业单位近两年的财务报告；

（八）其他相关材料。

第十条 省级工会根据本办法，按权限负责对省本级和省级以下工会不需全总审批的工会企业资产管理事项进行审批。

第四章 重大事项管理

第十一条 坚持“谁主管、谁负责”原则，主管工会及所属企业要切实履行管好用好工会资产的主体责任，严格执行“三重一大”决策制度，重大事项必须党组（党委）集体决策并按程序报批。

第十二条 主管工会指导所属企业坚持党的领导和公司治理有机统一，充分发挥工会企业党组织的领导作用，建立健全现代企业制度，依法落实企业法人财产权和经营自主权，形成各司其职、各负其责、协调运转、有效制衡的企业法人治理结构。

第十三条 主管工会指导所属企业健全完善资产监管制度。依照国家有关规定，建立健全企业内部监督管理、风险控制、投资、资产出租出借等制度。工会企业不得整体出租、承包和委托经营，部分出租、承包和委托经营的期限原则上不得超过5年。

第十四条 主管工会决定其所属企业中的工会独资企业的分立、合并、破产、解散、增减资本等重大事项。

主管工会审核批准其所属工会企业重组、股份制改造方案和所属工会独资公司章程。

工会企业投资设立符合主业定位并对出资企业具有重要影响的子企业等重大事项，需报主管工会批准。

第十五条 主管工会可对产权关系清晰、管理较为规范的所属工会独资企业进行工会资产授权经营。被授权的工会独资企业对其全资、控股企业中工会投资形成的工会资产依法进行经营、管理和监督，并承担工会资产保值增值责任。

第十六条 主管工会可按照行业相近、业务相关、优势互补的原则，对所属同类同质工会企业进行整合重组，实行统一经营管理。

第十七条 主管工会对公益性服务性职能发挥不

明显、主责主业不突出的工会企业，或资不抵债、停业停产、不具备正常生产经营条件和其他需要改制退出的企业，依法依规实行有序退出。

第十八条　主管工会负责监督管理本级工会企业基本建设项目，规范本级工会企业基本建设项目管理，完善管理制度，履行建设程序，提高投资效益。

第五章　考核与收益

第十九条　健全完善工会企业负责人经营业绩考核制度。突出不同类型工会企业考核重点，合理设置经营业绩考核指标及权重，主管工会资产监督管理机构与本级企业负责人签订经营业绩目标责任书，根据经营业绩目标责任书实施分类考核和目标管理，引导工会企业实现高质量发展。

经营业绩考核一般以年度为考核期，也可根据需要由主管工会确定考核期。

第二十条　工会企业考核目标应始终把社会效益放在首位，努力实现社会效益和经济效益的有机统一。除生产经营指标外，应涵盖党建工作、意识形态工作责任制落实情况、服务工会主责主业等。其中，社会效益指标主要体现在政府主管部门行业评价、品牌示范作用发挥、主营业务收入占比、服务活动覆盖面、基层工会和职工满意度评价等方面；经济效益指标主要体现在资产保值增值率、人均劳动生产率、成本费用率、净资产报酬率、市场占有率等方面。

第二十一条　健全权责利相统一的有效激励约束机制。主管工会应依照有关规定，将经营业绩考核结果与工会企业负责人薪酬分配挂钩，并作为工会企业负责人职务任免的重要依据。

第二十二条　加强和规范工会企业资产收益收缴管理工作。主管工会资产监督管理部门和财务部门应制定相关规定，核定其本级工会企业资产收益上缴额，并负责组织收缴、监缴资产收益。

第二十三条　转让工会企业产权取得净收益，应按照工会财务管理要求，纳入主管工会管理范围，由主管工会确定缴款至主管工会或主管企业的银行账户。

第六章　资产使用与处置

第二十四条　工会企业应主动承接工会开展的公益类服务项目和活动，充分发挥工会企业资产服务职工、服务工会工作的优势和作用。各级工会积极争取政府行政部门对工会企业提供的公益服务项目给予支持，采取以事定费、购买服务、专项补助或以奖代补等方式，支持工会企业承办职工文化体育、教育培训、疗休养、互助保障、法律援助等公益性活动。鼓励工会企业积极争取社会资金以赞助、捐赠、冠名等形式参与公益活动。

第二十五条　主管工会决定其本级所属行政事业性资产变更为企业资产事项。其中，涉及土地和房屋建筑物的事项，应报上一级工会审批，并将实施结果报全总资产监督管理部备案。主管工会决定其所属企业占有和使用的土地以及连同地面附着的房屋建筑物一并与工会系统以外单位进行产权置换事项，并报上一级工会备案。

第二十六条　主管工会决定其所属企业的工会股权转让事项。其中，转让全部工会股权，工会独资企业转让部分工会股权，工会控股企业转让部分工会股权致使工会不再拥有控股地位的，应报全总资产监督管理部备案。

第二十七条　工会企业资产的产权转让，特别是向工会系统外转让，应遵循等价有偿和公开公平公正的原则，做好可行性研究。在主管工会指导监督下，由工会企业委托具有相应资产评估资质的评估机构，在清产核资和审计的基础上进行资产评估。

第二十八条　工会企业产权转让应在依法设立的产权交易机构中，采取招标、拍卖、挂牌等方式公开进行，不得私下交易。交易价格原则上不得低于资产评估结果。

第七章　监督检查

第二十九条　各级工会应加强工会企业资产的管理与监督，建立监督检查制度。坚持事前监督、事中监督、事后监督相结合，对本级所属企业和下级工会企业资产管理情况进行日常监督与专项检查。工会企业应接受主管工会资产监督管理机构监督管理，定期向主管工会资产监督管理机构报告财务状况、生产经营状况和工会资产保值增值状况，不得损害工会企业资产所有者权益。

第三十条　工会资产监督管理部门不认真履行监督管理职责，未按规定向上级工会报批工会企业资产管理重大事项，造成工会资产损失或者其他严重后果的，应依法依规追究有关责任人员的纪律、法律责任。

第三十一条 工会企业未按规定向主管工会资产监督管理机构报告财务状况、生产经营状况和资产保值增值状况等重大事项的，予以批评并责令改正。工会企业单位和个人决策失误、违规经营、滥用职权、玩忽职守，造成工会资产重大损失的，依据国家法律法规和全总有关规定追究相应责任。

第八章 附 则

第三十二条 工会所属生产经营类事业单位资产、工会所属事业单位和企业单位投资形成的企业资产、企业工会所办企事业单位资产管理，参照本办法执行。

第三十三条 本办法由全总资产监督管理部负责解释。

第三十四条 本办法自印发之日起执行。原《中华全国总工会关于工会企事业单位资产监督管理的暂行规定》（总工发〔2007〕34号）即行废止。

工会预算管理办法

1. 2019年12月31日
2. 总工办发〔2019〕26号

第一章 总 则

第一条 为了规范各级工会收支行为，强化预算约束，加强对预算的管理和监督，建立全面规范透明、标准科学、约束有力的预算制度，保障工运事业的健康发展和工会职能的有效发挥，根据《中华人民共和国工会法》《中华人民共和国预算法》等法律法规，制定本办法。

第二条 工会预算是各级工会组织及所属事业单位按照一定程序核定的年度收支计划。

第三条 预算、决算的编制、审查、批准、监督，以及预算的执行和调整，依照本办法规定执行。

第四条 工会系统实行一级工会一级预算，预算管理实行下管一级的原则。

工会预算一般分为五级，即：全国总工会、省级工会、市级工会、县级工会和基层工会。省级工会可根据乡镇（街道）工会、开发区（工业园区）工会发展的实际，确定省级以下工会的预算管理级次，并报全国总工会备案。

经全国总工会批准，中华全国铁路总工会、中国民航工会全国委员会、中国金融工会全国委员会依法独立管理经费，根据各自管理体制，确定所属下级工会的预算管理级次，并报全国总工会备案。

第五条 全国工会预算由全国总工会总预算和省级工会总预算组成。

全国总工会总预算由全国总工会本级预算和与全国总工会建立经费拨缴关系的企业工会汇总预算组成。

省级工会总预算由省（自治区、直辖市）总工会、中央和国家机关工会联合会、中华全国铁路总工会、中国民航工会全国委员会、中国金融工会全国委员会本级预算和汇总的下一级工会总预算组成。下一级工会只有本级预算的，下一级工会总预算即指下一级工会的本级预算。

本级预算是指各级工会本级次范围内所有收支预算，包括本级所属单位的单位预算和本级工会的转移支付预算。

单位预算是指本级工会机关、所属事业单位的预算。

转移支付预算是指本级工会对下级工会的补助预算。

第六条 拨缴的工会经费实行分成制。

第七条 工会预算应当遵循统筹兼顾、勤俭节约、量力而行、讲求绩效和收支平衡的原则。

第八条 各级工会的预算收入和预算支出实行收付实现制，特定事项按照相关规定实行权责发生制。

第九条 预算年度自公历1月1日起，至12月31日止。

第十条 预算收入和预算支出以人民币元为计算单位。

第二章 预算管理职权

第十一条 各级工会、各预算单位财务管理部门是预算归口管理的职能部门。

第十二条 全国总工会财务管理部门的职权：

（一）具体负责汇总编制全国工会预算；

（二）具体负责编制全国总工会本级预（决）算草案，报全总领导同志签批后，经中华全国总工会经费审查委员会审查，提交全总党组会议审议；

（三）具体负责编制全国总工会本级预算调整方案，经中华全国总工会经费审查委员会履行审查程序后，提交全总党组会议审议；

（四）批复全国总工会本级预算单位预（决）算，对省级工会的预（决）算和预算调整方案实行备案管理；

（五）提出全国总工会本级预算预备费动用方案，提交全总党组会议审议；

（六）具体负责汇总编制全国工会决算；

（七）定期向中华全国总工会经费审查委员会或其常委会报告全国总工会本级预算执行情况。

第十三条 省级工会的职权：

（一）汇总编制省级工会总预算，报全国总工会备案；

（二）编制省级工会本级预（决）算草案，经必要程序审查、审议通过后报全国总工会备案；

（三）编制省级工会本级预算调整方案，经必要程序审查、审议通过后报全国总工会备案；

（四）批复省级工会本级预算单位的预（决）算，对下一级工会的本级预（决）算和预算调整方案实行审批或备案管理；

（五）决定本级预备费的动用；

（六）汇总本级及以下各级工会决算，报全国总工会。

第十四条 市级工会的职权：

（一）汇总编制市级工会总预算，报省级工会备案；

（二）编制市级工会本级预（决）算草案，经必要程序审查、审议通过后报省级工会审批或备案；

（三）编制市级工会本级预算调整方案，经必要程序审查、审议通过后报省级工会审批或备案；

（四）审批市级工会本级预算单位的预（决）算，对县级工会的本级预（决）算和预算调整方案实行审批或备案管理；

（五）决定本级预备费的动用；

（六）汇总本级及以下各级工会决算，报省级工会。

第十五条 县级工会的职权：

（一）汇总编制县级工会总预算，报市级工会备案；

（二）编制县级工会本级预（决）算草案，经必要程序审查、审议通过后报市级工会审批或备案；

（三）编制县级工会本级预算调整方案，经必要程序审查、审议通过后报市级工会审批或备案；

（四）审批县级工会本级预算单位的预（决）算，对下一级工会的本级预（决）算和预算调整方案实行审批或备案管理；

（五）决定本级预备费的动用；

（六）汇总本级及以下各级工会决算，报市级工会。

第十六条 乡镇（街道）工会、开发区（工业园区）工会预算管理职权由省级工会确定。

第十七条 基层工会的职责：

（一）负责编制本级工会预（决）算草案和预算调整方案，经本级经费审查委员会审查后，由本级工会委员会审批，报上级工会备案；

（二）组织本级预算的执行；

（三）定期向本级工会经费审查委员会报告本级工会预算执行情况；

（四）批复本级所属预算单位的预（决）算；

（五）编制本级工会决算，报上级工会。

第三章 预算收支范围

第十八条 预算由预算收入和预算支出组成。工会及所属预算单位的全部收入和支出都应当纳入预算。

第十九条 县级以上工会预算收入包括：拨缴经费收入、上级补助收入、政府补助收入、附属单位上缴收入、投资收益、其他收入。

基层工会预算收入包括：会费收入、拨缴经费收入、上级补助收入、行政补助收入、附属单位上缴收入、投资收益、其他收入。

第二十条 工会所属事业单位预算收入包括：财政拨款收入、事业收入、上级补助收入、附属单位上缴收入、经营收入、债务收入、非同级财政拨款收入、投资收益、其他收入。

第二十一条 县级以上工会预算支出包括：职工活动组织支出、职工服务支出、维权支出、业务支出、行政支出、资本性支出、补助下级支出、对附属单位的支出、其他支出。

基层工会预算支出包括：职工活动支出、职工服务支出、维权支出、业务支出、资本性支出、对附属单位的支出、其他支出。

第二十二条 工会所属事业单位的预算支出包括：行政支出、事业支出、经营支出、上缴上级支出、对附属单位补助支出、投资支出、债务还本支出、其他支出。

第四章 预算编制与审批

第二十三条 根据国家财政预算管理要求和工会预算管理实际，全国总工会及时印发下一年度预算草案编制的通知。省、市、县级工会应根据全国总工会预算编制的有关要求，结合实际情况进行部署，编制本级预算，汇总下一级工会总预算，按规定时限报上一级工会。

第二十四条 各级工会、各预算单位应当围绕党和国家工作大局，紧扣工会中心工作，参照国务院财政部门制定的政府收支分类科目、预算支出标准和预算绩效管理的规定，根据跨年度预算平衡的原则，参考上一年预算执行情况、存量资产情况和有关支出绩效评价结果，编制预算草案。

前款所称政府收支分类科目，收入分为类、款、项、目；支出按其功能分类分为类、款、项，按其经济性质分类为类、款。

第二十五条 各级工会、各预算单位应当按照本办法规定的收支范围，依法、真实、完整、合理地编制年度收支预算。

第二十六条 根据《中华人民共和国工会法》等法律法规的规定，各级工会办公场所和工会活动设施等物质条件应由各级人民政府和单位行政提供。各级工会应积极争取同级政府或行政支持，将政府或行政补助纳入预算管理。在政府或行政补助不足的情况下，可以动用经费弥补不足，上级工会也可根据情况给予适当补助。

第二十七条 县级以上工会可根据所属事业单位分类情况，结合同级财政保障程度，对所属事业单位实行定额补助或定项补助。

第二十八条 各级工会支出预算的编制，应当贯彻勤俭节约的原则，优化经费支出结构，保障日常运行经费，从严控制“三公”经费和一般行政性支出，重点支持维护职工权益、为职工服务和工会活动等工会中心工作。

第二十九条 支出预算的编制按基本支出、项目支出进行分类。基本支出是预算单位为保障其正常运转、完成日常工作任务而编制的年度基本支出计划，按其性质分为人员经费和日常公用经费。基本支出之外为完成特定任务和事业发展目标所发生的支出为项目支出。

第三十条 县级以上工会的基本支出预算，应参照同级政府有关部门的有关规定、制度、费用标准以及核定的人员编制编列，当年未执行完毕的基本支出预算可在下年继续使用。

基层工会在单位行政不能足额保障的情况下，可根据需要从严编制基本支出预算。

第三十一条 各级工会上一年度未全部执行或未执行、下年需按原用途继续使用的项目资金，作为项目结转资金，纳入下一年度预算管理，用于结转项目的支出。

第三十二条 各级工会当年预算收入不足以安排当年预算支出的，可以动用以前年度结余资金弥补不足。各级工会一般不得对外举债，县级以上工会由于特殊原因确需向金融机构申请借款的，必须经过党组会议集体研究决定。

结转结余资金使用管理办法由全国总工会另行制定。

第三十三条 上级工会对下级工会的转移支付分为一般性转移支付和专项转移支付。

一般性转移支付是上级工会给下级工会未指定用途的补助，应当根据全国总工会的有关规定，结合下级工会的财力状况和工作需要编制。

专项转移支付是上级工会给下级工会用于专项工作的补助，应当根据工作需要，分项目编制。

县级以上工会应当将对下级工会的转移支付预计数提前下达下级工会。各级工会应当将上级工会提前下达的转移支付预计数编入本级预算。

第三十四条 县级以上工会应根据实际情况建立本级预算项目库。

第三十五条 县级以上工会应根据基本建设类项目立项批复确定的资金渠道编制年度支出预算。

第三十六条 各级工会、各预算单位编制预算时，应根据政府采购和工会资金采购的相关规定，编制年度采购预算。

第三十七条 县级以上工会可以按照本级预算支出额的百分之一至百分之三设置预备费，用于当年预算执行中因处理突发事件、政策性增支及其他难以预见的开支。

第三十八条 县级以上工会可以设置预算稳定调

节基金，用于弥补以后年度预算资金的不足。

第三十九条　省级（含）以下总工会预算必须由党组集体审议决定，同级经费审查委员会履行相应审查职责，其他审查、审议的必要程序由各级工会确定。

第四十条　上一级工会认为下一级工会预算与法律法规、上级工会预算编制要求不符的，有权提出修订意见，下级工会应予调整。

第四十一条　各级工会本级预算经批准后，应当在二十日内批复所属预算单位。

第五章　预算执行与调整

第四十二条　各级工会预算由本级工会组织执行，具体工作由财务管理部门负责。

各级工会所属预算单位是本单位预算执行的主体，对本单位预算执行结果负责。

第四十三条　各级工会应按照年度预算积极组织收入。按照规定的比例及时、足额拨缴工会经费，不得截留、挪用。

第四十四条　预算批准前，上一年结转的项目支出和必要的基本支出可以提前使用。送温暖支出、突发事件支出和本级工会已确定年度重点工作支出等需提前使用的，必须经集体研究决定。预算批准后，按照批准的预算执行。

第四十五条　各级工会应根据年度支出预算和用款计划拨款。未经批准，不得办理超预算、超计划的拨款。

第四十六条　县级以上工会必须根据国家法律法规和全国总工会的相关规定，及时、足额拨付预算资金，加强对预算支出的管理和监督。各预算单位的支出必须按照预算执行，不得擅自扩大支出范围，提高开支标准，不得擅自改变预算资金用途，不得虚假列支。

第四十七条　当年预算执行中，县级以上工会因处理突发事件、政策性增支及其他难以预见的开支，需要增加预算支出的，可以由本级工会财务管理部门提出预备费的动用方案，报本级工会集体研究决定。

第四十八条　各级工会预算一经批准，原则上不作调整。

下列事项应当进行预算调整：

（一）需要增加或减少预算总支出的；

（二）动用预备费仍不足以安排支出的；

（三）需要调减预算安排的重点支出数额的；

（四）动用预算稳定调节基金的。

预算调整的程序按照预算编制的审批程序执行。

在预算执行中，各级工会因上级工会和同级财政增加不需要本级工会提供配套资金的补助而引起的预算收支变化，不属于预算调整。

第四十九条　各级工会、各预算单位的预算支出应当按照预算科目执行，严格控制不同预算科目、预算级次或项目间的预算资金调剂。确需调剂使用的，按照有关规定办理。

第五十条　县级以上工会在预算执行中有超收收入的，只能用于补充预算稳定调节基金。县级以上工会在预算年度中出现短收，应通过减少支出、调入预算稳定调节基金来解决。以上变化情况应在决算说明中进行反映。

第五十一条　县级以上工会和具备条件的基层工会应全面实施预算绩效管理。

第六章　决　算

第五十二条　各级工会应在每一预算年度终了后，按照全国总工会的有关规定编制本级工会收支决算草案和汇总下一级工会收支决算。

第五十三条　编制决算草案，必须符合法律法规和相关制度规定，做到收支真实、数据准确、内容完整、报送及时。

第五十四条　全国总工会和省、市、县级工会决算编制的职权按照本办法有关规定执行。

基层工会决算草案经本级经费审查委员会审查后，由本级工会委员会审批，并报上级工会备案。

第五十五条　各级工会所属预算单位的决算草案，应在规定的期限内报本级财务管理部门审核汇总。本级财务管理部门审核决算草案发现有不符合法律法规和工会规定的，有权责令其纠正。

第五十六条　各级工会应当将经批准的本级决算及下一级工会的决算汇总，在规定时间内报上一级工会备案。

第五十七条　上一级工会认为下一级工会决算与法律法规、上级工会决算编制要求不符的，有权提出修订意见，下级工会应予调整。

第五十八条　各级工会本级决算批准后，应当在十五个工作日内批复所属预算单位。

第七章　监督及法律责任

第五十九条　各级工会财务管理部门按照相关规定，对本级所属单位及下一级工会预（决）算进行财务监督。

第六十条　各级工会的预（决）算接受同级工会经费审查委员会的审查审计监督。预算执行情况同时接受上一级工会经费审查委员会的审计监督。

第六十一条　各级工会预算执行情况、决算依法接受政府审计部门的审计监督。

第六十二条　各级工会、各预算单位有下列行为之一的，责令改正，对负有直接责任的主管人员和其他直接责任人员追究行政责任。

（一）未按本办法规定编报本级预（决）算草案、预算调整方案和批复预（决）算的；

（二）虚列收入和支出的；

（三）截留、挪用、拖欠拨缴经费收入的；

（四）未经批准改变预算支出用途的。

第六十三条　各级工会、各预算单位及其工作人员存在下列行为之一的，责令改正，追回骗取、使用的资金，有违法所得的没收违法所得，对单位给予警告或者通报批评；对负有直接责任的主管人员和其他直接责任人员依法给予处分：

（一）虚报、冒领预算资金的；

（二）违反规定扩大开支范围、提高开支标准的。

第六十四条　县级以上工会预（决）算应在工会内部公开，经单位批准可向社会公开。

基层工会预（决）算应向全体工会会员公开。

涉密事项的预（决）算不得公开。

第八章　附　则

第六十五条　本办法由全国总工会财务部负责解释。

第六十六条　省级工会应根据本办法，结合本地区本产业的实际，制定具体实施细则，并报全国总工会财务部备案。

第六十七条　本办法自 2020 年 6 月 1 日施行。2009 年 8 月 14 日颁发的《工会预算管理办法》同时废止。

工会会计制度

1. 2021 年 4 月 14 日
2. 财会〔2021〕78 号

目　录

第一章　总　则

第一条　为了规范工会会计行为，保证会计信息质量，根据《中华人民共和国会计法》（以下简称会计法）、《中华人民共和国工会法》（以下简称工会法）等法律法规，制定本制度。

第二条　本制度适用于各级工会，包括基层工会及县级以上（含县级，下同）工会。工会所属事业单位、工会所属企业及挂靠工会管理的社会团体，不适用本制度。

第三条　工会会计是核算、反映、监督工会预算执行和经济活动的专业会计。工会依法建立独立的会计核算管理体系，与工会预算管理体制相适应。

第四条　工会应当对其自身发生的经济业务或者事项进行会计处理和报告。

第五条　工会会计处理应当以工会的持续运行为前提。

第六条　工会会计处理应当划分会计期间，分期结算账目和编制会计报表。

会计期间至少分为年度和月度。会计年度、月度等会计期间的起讫日期采用公历日期。

第七条 工会会计处理应当以货币计量，以人民币作为记账本位币。

第八条 工会会计处理一般采用收付实现制，部分经济业务或者事项应当按照本制度的规定采用权责发生制。

第九条 工会会计要素包括：资产、负债、净资产、收入和支出。其平衡公式为：资产 = 负债 + 净资产。

第十条 工会会计处理应当采用借贷记账法记账。

第十一条 工会会计记录的文字应当使用中文。在民族自治地方，会计记录可以同时使用当地通用的一种民族文字。

第十二条 县级以上工会应当设置会计机构，配备专职会计人员。基层工会应当根据会计业务的需要设置会计机构或者在有关机构中设置会计人员并指定会计主管人员；不具备设置条件的，应当委托经批准设立从事代理记账业务的中介机构代理记账。

第十三条 各级工会的法定代表人应当对本级工会的会计工作以及会计资料的真实性、完整性负责。

第十四条 各级工会应当建立健全内部控制制度，并确保内部控制有效施行。县级以上工会应当组织指导和检查下级工会会计工作，负责制定有关实施细则；组织工会会计人员培训，不断提高政策、业务水平。

第十五条 工会应当重视并不断推进会计信息化的应用。工会开展会计信息化工作，应当符合财政部制定的相关会计信息化工作规范和标准，确保利用现代信息技术手段进行会计处理及生成的会计信息符合会计法和本制度的规定。

第二章 一般原则

第十六条 工会提供的会计信息应当符合工会管理工作的要求，满足会计信息使用者的需要，满足本级工会加强财务管理的需要。

第十七条 工会应当以实际发生的经济业务或者事项为依据进行会计处理，如实反映工会财务状况和收支情况等信息，保证会计信息真实可靠、内容完整。

第十八条 工会提供的会计信息应当清晰明了，便于理解和使用。

第十九条 工会会计处理应当采用规定的会计政策，前后各期一致，不得随意变更，以确保会计信息口径一致，相互可比。

第二十条 工会会计处理应当遵循重要性原则。对于重要的经济业务或者事项，应当单独反映。

第二十一条 工会应当对已经发生的经济业务或者事项及时进行会计处理和报告，不得提前或者延后。

第二十二条 工会应当对指定用途的资金按规定的用途专款专用，并单独反映。

第二十三条 工会在发生会计政策变更、会计估计变更和会计差错更正时，除本制度另有规定外，一般采用未来适用法进行会计处理。

会计政策，是指工会在会计核算时所遵循的特定原则、基础以及所采用的具体会计处理方法。会计估计，是指工会对结果不确定的经济业务或者事项以最近可利用的信息为基础所作的判断，如固定资产、无形资产的预计使用年限等。会计差错，是指工会在会计核算时，在确认、计量、记录、报告等方面出现的错误，通常包括计算或记录错误、应用会计政策错误、疏忽或曲解事实产生的错误、财务舞弊等。未来适用法，是指将变更后的会计政策应用于变更当期及以后各期发生的经济业务或者事项，或者在会计估计变更当期和未来期间确认会计估计变更的影响的方法。

第三章 资 产

第二十四条 资产是工会过去的经济业务或者事项形成的，由工会控制的，预期能够产生服务潜力或者带来经济利益流入的经济资源。

服务潜力是指工会利用资产提供公共产品和服务以履行工会职能的潜在能力。

经济利益流入表现为现金及现金等价物的流入，或者现金及现金等价物流出的减少。

工会的资产包括流动资产、在建工程、固定资产、无形资产、投资和长期待摊费用等。

第二十五条 工会对符合本制度第二十四条规定的资产定义的经济资源，在同时满足以下条件时，应当确认为资产：

（一）与该经济资源相关的服务潜力很可能实现或者经济利益很可能流入工会；

（二）该经济资源的成本或者价值能够可靠地计量。

符合资产定义并确认的资产项目，应当列入资产负债表。

第二十六条 工会的资产按照国家有关规定依法确认为国有资产的，应当作为国有资产登记入账；依法确认为工会资产的，应当作为工会资产登记入账。

第二十七条 工会的资产在取得时应当按照实际成本计量。除国家另有规定外，工会不得自行调整其账面价值。

对于工会接受捐赠的现金资产，应当按照实际收到的金额入账。对于工会接受捐赠、无偿调入的非现金资产，其成本按照有关凭据注明的金额加上相关税费、运输费等确定；没有相关凭据、但按照规定经过资产评估的，其成本按照评估价值加上相关税费、运输费等确定；没有相关凭据、也未经过评估的，其成本比照同类或类似资产的价格加上相关税费、运输费等确定。如无法采用上述方法确定资产成本的，按照名义金额（人民币 1 元）入账，相关税费、运输费等计入当期支出。

工会盘盈的资产，其成本比照本条第二款确定。

第一节 流动资产

第二十八条 流动资产是指预计在一年内（含一年）变现或者耗用的资产。主要包括货币资金、应收款项和库存物品等。

第二十九条 货币资金包括库存现金、银行存款等。

货币资金应当按照实际发生额入账。工会应当设置库存现金和银行存款日记账，按照业务发生顺序逐日逐笔登记。库存现金应当做到日清月结，其账面余额应当与库存数相符；银行存款的账面余额应当与银行对账单定期核对，如有不符，应当编制银行存款余额调节表调节相符。

工会发生外币业务的，应当按照业务发生当日的即期汇率，将外币金额折算为人民币金额记账，并登记外币金额和汇率。期末，各种外币账户的期末余额，应当按照期末的即期汇率折算为人民币，作为外币账户期末人民币余额。调整后的各种外币账户人民币余额与原账面余额的差额，作为汇兑损溢计入当期支出。

第三十条 应收款项包括应收上级经费、应收下级经费和其他应收款等。

应收上级经费是本级工会应收未收的上级工会应拨付（或转拨）的工会拨缴经费和补助。

应收下级经费是县级以上工会应收未收的下级工会应上缴的工会拨缴经费。

其他应收款是工会除应收上下级经费以外的其他应收及暂付款项。

应收款项应当按照实际发生额入账。年末，工会应当分析各项应收款项的可收回性，对于确实不能收回的应收款项应报经批准认定后及时予以核销。

第三十一条 库存物品指工会取得的将在日常活动中耗用的材料、物品及达不到固定资产标准的工具、器具等。

库存物品在取得时应当按照其实际成本入账。工会购入、有偿调入的库存物品以实际支付的价款记账。工会接受捐赠、无偿调入的库存物品按照本制度第二十七条规定所确定的成本入账。

库存物品在发出（领用或出售等）时，工会应当根据实际情况在先进先出法、加权平均法、个别计价法中选择一种方法确定发出库存物品的实际成本。库存物品发出方法一经选定，不得随意变更。

工会应当定期对库存物品进行清查盘点，每年至少全面盘点一次。对于盘盈、盘亏或报废、毁损的库存物品，应当及时查明原因，报经批准认定后及时进行会计处理。

工会盘盈的库存物品应当按照确定的成本入账，报经批准后相应增加资产基金；盘亏的库存物品，应当冲减其账面余额，报经批准后相应减少资产基金。对于报废、毁损的库存物品，工会应当冲减其账面余额，报经批准后相应减少资产基金，清理中取得的变价收入扣除清理费用后的净收入（或损失）计入当期收入（或支出），按规定应当上缴财政的计入其他应付款。

第二节 固定资产

第三十二条 固定资产是指工会使用年限超过 1 年（不含 1 年），单位价值在规定标准以上，并在使用过程中基本保持原有物质形态的资产，一般包括：房屋及构筑物；专用设备；通用设备；文物和陈列品；图书、档案；家具、用具、装具及动植物。

通用设备单位价值在 1000 元以上，专用设备单位价值在 1500 元以上的，应当确认为固定资产。单位价值虽未达到规定标准，但是使用时间超过 1 年（不含 1 年）的大批同类物资，应当按照固定资产进行核算和管理。

第三十三条 固定资产在取得时应当按照其实际

成本入账。

工会购入、有偿调入的固定资产，其成本包括实际支付的买价、运输费、保险费、安装费、装卸费及相关税费等。

工会自行建造的固定资产，其成本包括该项资产至交付使用前所发生的全部必要支出。

工会接受捐赠、无偿调入的固定资产，按照本制度第二十七条规定所确定的成本入账。

工会在原有固定资产基础上进行改建、扩建、大型修缮后的固定资产，其成本按照原固定资产账面价值加上改建、扩建、大型修缮发生的支出，再扣除固定资产被替换部分的账面价值后的金额确定。

已交付使用但尚未办理竣工决算手续的固定资产，工会应当按照估计价值入账，待办理竣工决算后再按照实际成本调整原来的暂估价值。

第三十四条 在建工程是工会已经发生必要支出，但尚未交付使用的建设项目工程。工会作为建设单位的基本建设项目应当按照本制度规定统一进行会计核算。

工会对在建工程应当按照实际发生的支出确定其工程成本，并单独核算。在建工程的工程成本应当根据以下具体情况分别确定：

（一）对于自营工程，按照直接材料、直接人工、直接机械施工费等确定其成本；

（二）对于出包工程，按照应支付的工程价款等确定其成本；

（三）对于设备安装工程，按照所安装设备的价值、工程安装费用、工程试运转等所发生的支出等确定其成本。

建设项目完工交付使用时，工会应当将在建工程成本转入固定资产等进行核算。

第三十五条 工会应当对固定资产计提折旧，但文物和陈列品，动植物，图书、档案，单独计价入账的土地和以名义金额计量的固定资产除外。

工会应当根据相关规定以及固定资产的性质和使用情况，合理确定固定资产的使用年限。固定资产的使用年限一经确定，不得随意变更。

工会一般应当采用年限平均法或者工作量法计提固定资产折旧，计提折旧时不考虑预计净残值。在确定固定资产折旧方法时，应当考虑与固定资产相关的服务潜力或经济利益的预期实现方式。固定资产的折旧方法一经确定，不得随意变更。

工会应当按月对固定资产计提折旧。当月增加的固定资产，当月计提折旧；当月减少的固定资产，当月不再计提折旧。固定资产提足折旧后，无论是否继续使用，均不再计提折旧；提前报废的固定资产，也不再补提折旧。

固定资产因改建、扩建或大型修缮等原因而延长其使用年限的，工会应当按照重新确定的固定资产成本以及重新确定的折旧年限计算折旧额。

工会应当对暂估入账的固定资产计提折旧，实际成本确定后不需调整原已计提的折旧额。

第三十六条 工会处置（出售）固定资产时，应当冲减其账面价值并相应减少资产基金，处置中取得的变价收入扣除处置费用后的净收入（或损失）计入当期收入（或支出），按规定应当上缴财政的计入其他应付款。

第三十七条 工会应当定期对固定资产进行清查盘点，每年至少全面盘点一次。对于盘盈、盘亏或报废、毁损的固定资产，工会应当及时查明原因，报经批准认定后及时进行会计处理。

工会盘盈的固定资产，应当按照确定的成本入账，报经批准后相应增加资产基金；盘亏的固定资产，应当冲减其账面余额，报经批准后相应减少资产基金。对于报废、毁损的固定资产，工会应当冲减其账面余额，报经批准后相应减少资产基金，清理中取得的变价收入扣除清理费用后的净收入（或损失）计入当期收入（或支出），按规定应当上缴财政的计入其他应付款。

第三节 无形资产

第三十八条 无形资产是指工会控制的没有实物形态的可辨认非货币性资产，包括专利权、商标权、著作权、土地使用权、非专利技术等。工会购入的不构成相关硬件不可缺少组成部分的应用软件，应当确认为无形资产。

第三十九条 无形资产在取得时应当按照其实际成本入账。

工会外购的无形资产，其成本包括购买价款、相关税费以及可归属于该项资产达到预定用途前所发生的其他支出。工会委托软件公司开发的软件，视同外购无形资产确定其成本。

工会接受捐赠、无偿调入的无形资产，按照本制度第二十七条规定所确定的成本入账。

对于非大批量购入、单价小于 1000 元的无形资产，工会可以于购买的当期将其成本直接计入支出。

第四十条 工会应当按月对无形资产进行摊销，使用年限不确定的、以名义金额计量的无形资产除外。

工会应当按照以下原则确定无形资产的摊销年限：法律规定了有效年限的，按照法律规定的有效年限作为摊销年限；法律没有规定有效年限的，按照相关合同中的受益年限作为摊销年限；上述两种方法无法确定有效年限的，应当根据无形资产为工会带来服务潜力或者经济利益的实际情况，预计其使用年限。

工会应当采用年限平均法或工作量法对无形资产进行摊销，应摊销金额为其成本，不考虑预计净残值。

工会应当按月进行摊销。当月增加的无形资产，当月进行摊销；当月减少的无形资产，当月不再进行摊销。无形资产提足摊销后，无论是否继续使用，均不再进行摊销；核销的无形资产，也不再补提摊销。

因发生后续支出而增加无形资产成本的，对于使用年限有限的无形资产，工会应当按照重新确定的无形资产成本以及重新确定的摊销年限计算摊销额。

第四十一条 工会处置（出售）无形资产时，应当冲减其账面价值并相应减少资产基金，处置中取得的变价收入扣除处置费用后的净收入（或损失）计入当期收入（或支出），按规定应当上缴财政的计入其他应付款。

第四十二条 工会应当定期对无形资产进行清查盘点，每年至少全面盘点一次。工会在资产清查盘点过程中发现的无形资产盘盈、盘亏等，参照本制度固定资产相关规定进行处理。

第四节 其他资产

第四十三条 投资是指工会按照国家有关法律、行政法规和工会的相关规定，以货币资金、实物资产等方式向其他单位的投资。投资按其流动性分为短期投资和长期投资；按其性质分为股权投资和债权投资。

投资在取得时应当按照其实际成本入账。工会以货币资金方式对外投资的，以实际支付的款项（包括购买价款以及税金、手续费等相关税费）作为投资成本记账。工会以实物资产和无形资产方式对外投资的，以评估确认或合同、协议确定的价值记账。

对于投资期内取得的利息、利润、红利等各项投资收益，工会应当计入当期投资收益。

工会处置（出售）投资时，实际取得价款与投资账面余额的差额，应当计入当期投资收益。

对于因被投资单位破产、被撤销、注销、吊销营业执照或者被政府责令关闭等情况造成难以收回的未处置不良投资，工会应当在报经批准后及时核销。

第四十四条 长期待摊费用是工会已经支出，但应由本期和以后各期负担的分摊期限在 1 年以上（不含 1 年）的各项支出，如对以经营租赁方式租入的固定资产发生的改良支出等。

长期待摊费用应当在对应资产的受益年限内平均摊销。如果某项长期待摊费用已经不能使工会受益，应当将其摊余金额一次性转销。

第四章 负 债

第四十五条 负债是指工会过去的经济业务或者事项形成的，预期会导致经济资源流出的现时义务。

现时义务是指工会在现行条件下已承担的义务。未来发生的经济业务或者事项形成的义务不属于现时义务，不应当确认为负债。

工会的负债包括应付职工薪酬、应付款项等。

第四十六条 工会对于符合本制度第四十五条规定的现时义务，在同时满足以下条件时，应当确认为负债：

（一）履行该义务很可能导致含有服务潜力或者经济利益的经济资源流出工会；

（二）该义务的金额能够可靠计量。

符合负债定义并确认的负债项目，应当列入资产负债表。

第四十七条 应付职工薪酬是工会按照国家有关规定应付给本单位职工及为职工支付的各种薪酬，包括基本工资、国家统一规定的津贴补贴、规范津贴补贴（绩效工资）、改革性补贴、社会保险费（如职工基本养老保险费、职业年金、基本医疗保险费等）和住房公积金等。

第四十八条 应付款项包括应付上级经费、应付下级经费和其他应付款。

应付上级经费指本级工会按规定应上缴上级工会的工会拨缴经费。

应付下级经费指本级工会应付下级工会的各项补助以及应转拨下级工会的工会拨缴经费。

其他应付款指除应付上下级经费之外的其他应付及暂存款项，包括工会按规定收取的下级工会筹建单位交来的建会筹备金等。

第四十九条 工会的各项负债应当按照实际发生额入账。

第五章 净资产

第五十条 净资产是指工会的资产减去负债后的余额，包括资产基金、专用基金、工会资金结转、工会资金结余、财政拨款结转、财政拨款结余和预算稳定调节基金。

第五十一条 资产基金指工会库存物品、固定资产、在建工程、无形资产、投资和长期待摊费用等非货币性资产在净资产中占用的金额。

资产基金应当在取得库存物品、固定资产、在建工程、无形资产、投资及发生长期待摊费用时确认。资产基金应当按照实际发生额入账。

第五十二条 专用基金指县级以上工会按规定依法提取和使用的有专门用途的基金。

工会提取专用基金时，应当按照实际提取金额计入当期支出；使用专用基金时，应当按照实际支出金额冲减专用基金余额；专用基金未使用的余额，可以滚存下一年度使用。

第五十三条 工会资金结转是指工会预算安排项目的支出年终尚未执行完毕或者因故未执行，且下年需要按原用途继续使用的工会资金。

工会资金结余是指工会年度预算执行终了，预算收入实际完成数扣除预算支出和工会结转资金后剩余的工会资金。

第五十四条 财政拨款结转是指县级以上工会预算安排项目的支出年终尚未执行完毕或者因故未执行，且下年需要按原用途继续使用的财政拨款资金。

财政拨款结余是指县级以上工会年度预算执行终了，预算收入实际完成数扣除预算支出和财政拨款结转资金后剩余的财政拨款资金。

第五十五条 预算稳定调节基金是县级以上工会为平衡年度预算按规定设置的储备性资金。

第六章 收　入

第五十六条 收入是指工会根据工会法以及有关政策规定开展业务活动所取得的非偿还性资金。收入按照来源分为会费收入、拨缴经费收入、上级补助收入、政府补助收入、行政补助收入、附属单位上缴收入、投资收益和其他收入。

会费收入指工会会员依照规定向基层工会缴纳的会费。

拨缴经费收入指基层单位行政拨缴、下级工会按规定上缴及上级工会按规定转拨的工会拨缴经费中归属于本级工会的经费。

上级补助收入指本级工会收到的上级工会补助的款项，包括一般性转移支付补助和专项转移支付补助。

政府补助收入指各级人民政府按照工会法和国家有关规定给予县级以上工会的补助款项。

行政补助收入指基层工会取得的所在单位行政方面按照工会法和国家有关规定给予工会的补助款项。

附属单位上缴收入指工会所属的企事业单位按规定上缴的收入。

投资收益指工会对外投资发生的损溢。

其他收入指工会除会费收入、拨缴经费收入、上级补助收入、政府补助收入、行政补助收入、附属单位上缴收入和投资收益之外的各项收入。

第五十七条 工会各项收入应当按照实际发生额入账。

第七章 支　出

第五十八条 支出是指工会为开展各项工作和活动所发生的各项资金耗费和损失。支出按照功能分为职工活动支出、职工活动组织支出、职工服务支出、维权支出、业务支出、行政支出、资本性支出、补助下级支出、对附属单位的支出和其他支出。

职工活动支出指基层工会开展职工教育活动、文体活动、宣传活动、劳模疗休养活动、会员活动等发生的支出。

职工活动组织支出指县级以上工会组织开展职工教育活动、文体活动、宣传活动和劳模疗休养活动等发生的支出。

职工服务支出指工会开展职工劳动和技能竞赛活动、职工创新活动、建家活动、职工书屋、职工互助保障、心理咨询等工作发生的支出。

维权支出指工会用于维护职工权益的支出，包括劳动关系协调、劳动保护、法律援助、困难职工帮扶、送温暖和其他维权支出。

业务支出指工会培训工会干部、加强自身建设及开展业务工作发生的各项支出。

行政支出指县级以上工会为行政管理、后勤保障等发生的各项日常支出。

资本性支出指工会从事建设工程、设备工具购置、大型修缮和信息网络购建等而发生的实际支出。

补助下级支出指县级以上工会为解决下级工会经费不足或根据有关规定给予下级工会的各类补助款项。

对附属单位的支出指工会按规定对所属企事业单位的补助。

其他支出指工会除职工活动支出、职工活动组织支出、职工服务支出、维权支出、业务支出、行政支出、资本性支出、补助下级支出和对附属单位的支出以外的各项支出。

第五十九条 工会各项支出应当按照实际发生额入账。

第八章 财务报表

第六十条 工会财务报表是反映各级工会财务状况、业务活动和预算执行结果的书面文件。工会财务报表是各级工会领导、上级工会及其他财务报表使用者了解情况、掌握政策、指导工作的重要资料。

第六十一条 工会财务报表包括会计报表和附注。会计报表分为主表和附表，主表包括资产负债表和收入支出表，附表包括财政拨款收入支出表、国有资产情况表和成本费用表。

资产负债表，是反映工会某一会计期末全部资产、负债和净资产情况的报表。

收入支出表，是反映工会某一会计期间全部收入、支出及结转结余情况的报表。

财政拨款收入支出表，是反映县级以上工会某一会计期间从同级政府财政部门取得的财政拨款收入、支出及结转结余情况的报表。

国有资产情况表，是反映县级以上工会某一会计期间持有的国有资产情况的报表。

成本费用表，是反映县级以上工会某一会计期间成本费用情况的报表。

附注是对在资产负债表、收入支出表等报表中列示项目所作的进一步说明，以及未能在这些报表中列示项目的说明。

第六十二条 工会财务报表分为年度财务报表和中期财务报表。以短于一个完整的会计年度的期间（如半年度、季度和月度）编制的财务报表称为中期财务报表。年度财务报表是以整个会计年度为基础编制的财务报表。

第六十三条 工会要负责对所属单位财务报表和下级工会报送的年度财务报表进行审核、核批和汇总工作，定期向本级工会领导和上级工会报告本级工会预算执行情况。

第六十四条 工会财务报表要根据登记完整、核对无误的账簿记录和其他有关资料编制，做到数字准确、内容完整、报送及时。工会财务报表应当由各级工会的法定代表人和主管会计工作的负责人、会计机构负责人（会计主管人员）签名并盖章。

第九章 附 则

第六十五条 工会填制会计凭证、登记会计账簿、管理会计档案等，应当按照《会计基础工作规范》《会计档案管理办法》等规定执行。

第六十六条 本制度从 2022 年 1 月 1 日起实施。2009 年 5 月 31 日财政部印发的《工会会计制度》（财会〔2009〕7 号）同时废止。

附录 1

工会会计科目和财务报表

目 录

第一部分 总说明

一、本制度统一规定工会会计科目的名称和编号，以便于编制会计凭证，登记会计账簿，查阅账目，实行会计信息化管理。本制度已规定的一级科目，不得减并、自行增设；本制度已规定的明细科目，不得减并，不得擅自更改科目名称，不需要的科目可以不用。各省级工会可以根据需要自行增设未规定的明细科目，或将相应权限授权给所属下级工会。

二、对于本制度中规定的各支出类会计科目，除“安排预算稳定调节基金”科目外，工会应当分别按照“基本支出”和“项目支出”进行明细核算，在“项目支出”下按照具体项目进行明细核算；同时，按照《政府收支分类科目》中“部门预算支出经济分类科目”的款级科目进行明细核算。

从同级政府财政部门取得财政拨款的县级以上工会，除“安排预算稳定调节基金”科目外，还应当在其他各支出类科目下根据资金来源按照“财政拨款”“工会资金”进行明细核算；同时，在“财政拨款”明细科目下按照《政府收支分类科目》中“支出功能分类科目”的项级科目进行明细核算。

三、县级以上工会的部分资产依法确认为国有资产的，应当根据实际情况在资产类科目、“资产基金”科目下设置“国有资产”“工会资产”明细科目，分别核算工会持有的国有资产和工会资产。对于同时使用财政拨款和工会资金购建的资产，县级以上工会应当设置备查簿登记资金来源及其金额和比例。

四、工会在填制会计凭证、登记会计账簿时，应当填列会计科目的名称，或者同时填列会计科目的名称和编号，不得只填列科目编号、不填列科目名称。

五、工会应当根据本制度有关财务报表的编制基础、编制依据、编制原则和方法的要求，提供真实、完整的财务报表。工会不得违反规定，随意改变财务报表的编制基础、编制依据、编制原则和方法，不得随意改变本制度规定的财务报表有关数据的会计口径。

第二部分　会计科目名称和编号

基层工会主要会计科目名称和编号

序号	科目编号	名 称
一、资产类		
1	101	库存现金
2	102	银行存款
3	131	应收上级经费
4	135	其他应收款
5	141	库存物品
6	162	固定资产

续 表

序号	科目编号	名 称
7	163	累计折旧
8	182	待处理财产损溢
二、负债类		
9	211	应付上级经费
10	215	其他应付款
三、净资产类		
11	301	资产基金
12	321	工会资金结转
13	322	工会资金结余
四、收入类		
14	401	会费收入
15	402	拨缴经费收入
16	403	上级补助收入
17	405	行政补助收入
18	408	其他收入
五、支出类		
19	501	职工活动支出
20	503	职工服务支出
21	504	维权支出
22	505	业务支出
23	507	资本性支出
24	510	其他支出

注：对于本表未列出的会计科目，基层工会可以根据实际需要按照县级以上工会的会计科目进行账务处理。

县级以上工会会计科目名称和编号

序号	科目编号	名称
一、资产类		
1	101	库存现金

续 表

序号	科目编号	名称
2	102	银行存款
3	111	零余额账户用款额度
4	121	财政应返还额度
5	131	应收上级经费
6	132	应收下级经费
7	135	其他应收款
8	141	库存物品
9	151	投资
10	161	在建工程
11	162	固定资产
12	163	累计折旧
13	171	无形资产
14	172	累计摊销
15	181	长期待摊费用
16	182	待处理财产损溢
二、负债类		
17	201	应付职工薪酬
18	211	应付上级经费
19	212	应付下级经费
20	215	其他应付款
21	221	代管经费
三、净资产类		
22	301	资产基金
	30101	库存物品
	30102	投资
	30103	在建工程
	30104	固定资产
	30105	无形资产
	30106	长期待摊费用
23	311	专用基金

续 表

序号	科目编号	名称
24	321	工会资金结转
25	322	工会资金结余
26	331	财政拨款结转
27	332	财政拨款结余
28	341	预算稳定调节基金
四、收入类		
29	402	拨缴经费收入
30	403	上级补助收入
31	404	政府补助收入
32	406	附属单位上缴收入
33	407	投资收益
34	408	其他收入
35	411	动用预算稳定调节基金
五、支出类		
36	502	职工活动组织支出
37	503	职工服务支出
38	504	维权支出
39	505	业务支出
40	506	行政支出
41	507	资本性支出
42	508	补助下级支出
43	509	对附属单位的支出
44	510	其他支出
45	521	安排预算稳定调节基金

第三部分　会计科目使用说明

一、资产类科目

第 101 号科目　库存现金

一、本科目核算工会的库存现金。

二、各级工会应当严格按照国家有关现金管理的规定收支现金，并按照本制度规定核算现金的各项收支业务。

工会有受托代管资金业务的，应当在本科目下设置“代管经费”明细科目，核算工会受托代管的现金。

三、库存现金的主要账务处理如下：

（一）从银行等金融机构提取现金，按照实际提取的金额，借记本科目，贷记“银行存款”科目；将现金存入银行等金融机构，按照实际存入的金额，借记“银行存款”科目，贷记本科目。

（二）因支付内部职工出差等原因所需的现金，按照实际借出的金额，借记“其他应收款”科目，贷记本科目；收到出差人员交回的差旅费剩余款并结算时，按照实际收回的现金，借记本科目，按照应报销的金额，借记“行政支出”等有关科目，按照实际借出的现金，贷记“其他应收款”科目。

（三）因其他业务收到现金，按照实际收到的金额，借记本科目，贷记有关科目；支出现金，按照实际支出的金额，借记有关科目，贷记本科目。

（四）收到受托代管的现金时，按照实际收到的金额，借记本科目（代管经费），贷记“代管经费”科目；支付受托代管的现金时，按照实际支付的金额，借记“代管经费”科目，贷记本科目（代管经费）。

四、本科目应设置“现金日记账”，由出纳人员根据收付款凭证，按照业务发生顺序，逐笔登记，每日终了，应计算当日的现金收入合计数、支出合计数和结余数，并将结余数与实际库存数进行核对，做到账款相符。

每日账款核对中发现有待查明原因的现金短缺或溢余的，应当通过“待处理财产损溢”科目核算。属于现金短缺的，应当按照实际短缺的金额，借记“待处理财产损溢”科目，贷记本科目；属于现金溢余的，应当按照实际溢余的金额，借记本科目，贷记“待处理财产损溢”科目。待查明原因后及时进行账务处理，具体内容参见“待处理财产损溢”科目。

五、有外币现金的工会，按照折算后的人民币金额记账，并设立辅助账登记外币现金的币种、外币金额、即期汇率、折算后的人民币金额及来源简要说明等。有关外币现金业务的账务处理参见“银行存款”科目的相关规定。

六、本科目期末借方余额，反映工会实际持有的库存现金。

第 102 号科目　银行存款

一、本科目核算工会存入银行或其他金融机构的各种款项。包括活期存款、定期存款等。

二、工会应当严格按照国家有关支付结算办法的规定办理银行存款收支业务的结算，并按照本制度规定核算银行存款的各项收支业务。

工会可以根据实际情况在本科目下设置经费集中户等明细科目。设置经费集中户的工会，应当先在经费集中户中归集工会拨缴经费，再按规定将属于本级工会的经费转入本级工会基本户，属于上级或下级工会的经费上缴上级工会或转拨下级工会。

工会有受托代管资金业务的，应当在本科目下设置“代管经费”明细科目，核算工会受托代管的银行存款。

三、银行存款的主要账务处理如下：

（一）将现金存入银行等金融机构，按照实际存入的金额，借记本科目，贷记“库存现金”科目。从银行等金融机构提取现金，按照实际提取的金额，借记“库存现金”科目，贷记本科目。

（二）通过银行转账方式取得工会拨缴经费和其他相关收入，按照实际收到的金额，借记本科目，按照应确认收入的金额，贷记“拨缴经费收入”“上级补助收入”“政府补助收入”“行政补助收入”等科目，按照应付上下级工会的金额，贷记“应付上级经费”“应付下级经费”科目。

（三）通过银行转账方式支付各项支出，按照实际支出的金额，借记“职工活动支出”“维权支出”“业务支出”等科目，贷记本科目。

（四）收到银行存款利息，按照实际收到的金额，借记本科目，贷记“其他收入”科目。

（五）收到受托代管的银行存款时，按照实际收到的金额，借记本科目（代管经费），贷记“代管经费”科目；支付受托代管的银行存款时，按照实际支付的金额，借记“代管经费”科目，贷记本科目（代管经费）。

四、工会发生外币业务的，主要账务处理如下：

（一）以外币购买物资、设备等，按照购入当日的即期汇率将支付的外币折算为人民币金额，借记“职工活动支出”“维权支出”等科目，贷记本科目的外币账户；同时，借记“库存物品”等科目，贷记“资产基金”科目。

（二）以外币收取相关款项等，按照收入确认当日的即期汇率将收取的外币折算为人民币金额，借记本科目的外币账户，贷记有关收入科目。

（三）期末，根据各外币银行存款账户按照期末汇率调整后的人民币余额与原账面人民币余额的差额，作为汇兑损溢，借记或贷记本科目，贷记或借记“其他支出”科目。

五、各级工会应当按照开户银行、存款种类分别设置“银行存款日记账”，由出纳人员根据收付款凭证，按照业务的发生顺序逐笔登记，每日终了应结出余额。“银行存款日记账”应当定期与银行对账，至少每月核对一次，如有差额，应当编制“银行存款余额调节表”，调节相符。

六、本科目期末借方余额，反映工会实际存在银行或其他金融机构的款项。

第 111 号科目　零余额账户用款额度

一、本科目核算实行国库集中支付的县级以上工会根据财政部门批复的用款计划收到和支用的零余额账户用款额度。

二、零余额账户用款额度的主要账务处理如下：

（一）收到代理银行转来的“授权支付到账通知书”时，根据通知书所列金额，借记本科目，贷记“政府补助收入”科目。

（二）实际发生支出时，按照实际支出的金额，借记“维权支出”“行政支出”“资本性支出”等科目，贷记本科目。

（三）年末，根据代理银行提供的对账单作注销额度的相关账务处理，借记“财政应返还额度——财政授权支付”科目，贷记本科目。如果工会本年度财政授权支付预算指标数大于零余额账户用款额度下达数，根据未下达的用款额度，借记“财政应返还额度——财政授权支付”科目，贷记“政府补助收入”科目。

下年初，根据代理银行提供的额度恢复到账通知书作相关恢复额度的账务处理，借记本科目，贷记“财政应返还额度——财政授权支付”科目。工会收到财政部门批复的上年未下达零余额账户用款额度，借记本科目，贷记“财政应返还额度——财政授权支付”科目。

三、本科目期末借方余额，反映县级以上工会尚未支用的零余额账户用款额度。年度终了注销零余额账户用款额度后，本科目应无余额。

第 121 号科目　财政应返还额度

一、本科目核算实行国库集中支付的县级以上工会年终应收财政返还的资金额度。

二、本科目应当设置“12101 财政直接支付”“12102 财政授权支付”两个明细科目，进行明细核算。

三、财政应返还额度的主要账务处理如下：

（一）财政直接支付。

年末，根据本年度财政直接支付预算指标数大于当年财政直接支付实际支出数的差额，借记本科目（财政直接支付），贷记“政府补助收入”科目。

工会使用以前年度财政直接支付额度支付款项时，借记“维权支出”“行政支出”“资本性支出”等科目的相关明细科目，贷记本科目（财政直接支付）。

（二）财政授权支付。

年末，根据代理银行提供的对账单注销额度，具体账务处理参见“零余额账户用款额度”科目。下年初，根据代理银行提供的额度恢复到账通知书恢复额度，具体账务处理参见“零余额账户用款额度”科目。

四、本科目期末借方余额，反映县级以上工会应收财政返还的资金额度。

第 131 号科目　应收上级经费

一、本科目核算工会应收未收的上级工会应拨付（或转拨）的工会拨缴经费和补助。

二、工会可以根据需要在本科目下设置以下明细科目：

13101　应收上级补助：核算上级工会应拨付给本级工会的各项补助收入。

13102　应收上级转拨经费：核算上级工会采用税务代收、财政划拨形式收缴的工会经费中应划转给本级工会的部分。

三、应收上级经费的主要账务处理如下：

（一）年末，根据上级工会补助通知中的相关金额，借记本科目（应收上级补助），贷记“上级补助收入”科目。

收到上级工会拨来的补助时，按照实际收到的金额，借记“银行存款”科目，贷记本科目（应收上级补助）。

（二）年末，根据上级工会经费转拨通知中的相关金额，借记本科目（应收上级转拨经费），按规定属于本级工会的部分，贷记“拨缴经费收入”科目，按规定应转拨下级工会的部分，贷记“应付下级经费——

应付下级转拨经费”科目。

收到上级工会转拨的工会经费时，按照实际收到的金额，借记“银行存款”科目，贷记本科目（应收上级转拨经费）。

四、本科目期末借方余额，反映工会应收未收的上级拨缴经费和补助。

第 132 号科目 应收下级经费

一、本科目核算县级以上工会应收未收的下级工会应上缴的工会拨缴经费。

二、应收下级经费的主要账务处理如下：

（一）年末，根据下级工会经费收缴报告表中的相关金额，借记本科目，按规定属于本级工会的部分，贷记“拨缴经费收入”科目，按规定应上缴上级工会的部分，贷记“应付上级经费”科目。

（二）收到下级工会的上缴经费时，借记“银行存款”科目，贷记本科目。

三、本科目期末借方余额，反映县级以上工会应收未收的下级工会应上缴的工会拨缴经费。

第 135 号科目 其他应收款

一、本科目核算工会除应收上下级经费以外的其他应收及暂付款项。

二、本科目应当按照其他应收款的类别以及债务单位（或个人）设置明细账，进行明细核算。

三、其他应收款的主要账务处理如下：

（一）发生其他应收及暂付款项，借记本科目，贷记“库存现金”“银行存款”等科目。

结算收回或核销转列支出时，按照收回的金额，借记“库存现金”“银行存款”等科目，按照列入支出的金额，借记有关支出科目，按照结算总额，贷记本科目。

（二）逾期三年以上、因债务人原因尚未收回的其他应收款，报经批准认定确实无法收回的应予以核销。

转入待处理资产时，按照待核销的其他应收款金额，借记“待处理财产损溢”科目，贷记本科目。

报经批准予以核销时，借记“其他支出”科目，贷记“待处理财产损溢”科目。

核销的呆账，应在备查簿中保留登记。

已核销呆账重新收回的，按照实际收到的款项，借记“银行存款”等科目，贷记“其他收入”科目。

四、各级工会应对其他应收及暂付款项严格控制，健全手续，及时清理，不得长期挂账。

五、本科目期末借方余额，反映工会尚未收回的其他应收及暂付款项。

第 141 号科目 库存物品

一、本科目核算工会取得的将在日常活动中耗用的材料、物品及达不到固定资产标准的工具、器具等。

工会随买随用的物品，可以在购入时直接计入支出，不通过本科目核算。

二、本科目应当按照库存物品的类别、品名设置明细账，并根据出入库单逐笔核算。

三、库存物品的主要账务处理如下：

（一）取得库存物品时。

1. 购入物品验收入库，按照确定的成本，借记本科目，贷记“资产基金——库存物品”科目；同时，按照实际支付的金额，借记“职工活动支出”“维权支出”“行政支出”等科目，贷记“银行存款”“零余额账户用款额度”“政府补助收入”等科目。

2. 接受捐赠、无偿调入的库存物品，按照确定的成本，借记本科目，贷记“资产基金——库存物品”科目；同时，按照实际支付的相关税费、运输费等金额，借记“其他支出”科目，贷记“银行存款”“零余额账户用款额度”“政府补助收入”等科目。

（二）发出库存物品时。

1. 开展业务活动等领用、发出库存物品时，按照领用、发出库存物品的实际成本，借记“资产基金——库存物品”科目，贷记本科目。

2. 经批准对外出售库存物品时，按照出售库存物品的实际成本，借记“资产基金——库存物品”科目，贷记本科目。按照出售过程中取得的价款，借记“银行存款”等科目，贷记“其他收入”科目，按规定应上缴同级财政的，贷记“其他应付款”科目。出售过程中工会发生的税费等支出，借记“其他支出”科目，贷记“银行存款”等科目。

3. 经批准对外捐赠、无偿调出库存物品时，按照对外捐赠、无偿调出库存物品的实际成本，借记“资产基金——库存物品”科目，贷记本科目。对外捐赠、无偿调出库存物品发生的由工会承担的运输费等支出，借记“职工活动支出”“维权支出”“行政支出”等科目，贷记“银行存款”“零余额账户用款额度”等科目。

4. 经批准以库存物品对外进行股权投资时，按照投出库存物品的实际成本，借记“资产基金——库存物品”科目，贷记本科目；同时，按照确定的投资成本，借记“投资”科目，贷记“资产基金——投资”科目。按照发生的相关税费，借记“其他支出”科目，贷记“银行存款”等科目。

四、库存物品每年至少盘点一次，盘盈、盘亏或报废、毁损应查明原因，按规定程序批准后及时处理。

（一）盘盈的库存物品，按照确定的成本，借记本科目，贷记“待处理财产损溢”科目。

（二）盘亏或者报废、毁损的库存物品，按照账面余额，借记“待处理财产损溢”科目，贷记本科目。

五、本科目期末借方余额，反映工会尚未使用的库存物品的实际成本。

第 151 号科目　投 资

一、本科目核算工会按照国家有关法律、行政法规和工会的相关规定，以货币资金、实物资产等方式向其他单位的投资。

二、本科目应当按照投资类别、投资单位等设置明细账，进行明细核算。

三、投资的主要账务处理如下：

（一）债券投资。

1. 购入国债等债券，按照确定的成本，借记本科目，贷记“资产基金——投资”科目；同时，按照投资成本金额，借记“工会资金结余——累计结余”科目，贷记“银行存款”等科目。

2. 债券投资持有期间收到利息时，按照实际收到的金额，借记“银行存款”等科目，贷记“投资收益”科目。

3. 对外转让或到期收回债券投资本息，按照收回投资的账面余额，借记“资产基金——投资”科目，贷记本科目；同时，按照实际收到的金额，借记“银行存款”科目，按照收回投资的账面余额，贷记“工会资金结余——累计结余”科目，按照其差额，贷记或借记“投资收益”科目。

（二）股权投资。

1. 以货币资金对外进行股权投资，按照确定的成本，借记本科目，贷记“资产基金——投资”科目；同时，按照投资成本金额，借记“工会资金结余——累计结余”科目，贷记“银行存款”等科目。

以库存物品、固定资产、无形资产对外进行股权投资，按照确定的成本，借记本科目，贷记“资产基金——投资”科目；按照发生的相关税费，借记“其他支出”科目，贷记“银行存款”等科目；同时，按照投出资产的账面价值，借记“资产基金”科目，按照已经计提的折旧、摊销金额，借记“累计折旧”“累计摊销”科目，按照投出资产的账面余额，贷记“库存物品”“固定资产”“无形资产”科目。

2. 投资持有期间实际收到股利等投资收益时，按照实际收到的金额，借记“银行存款”等科目，贷记“投资收益”科目。

3. 转让股权投资时，按照转让股权投资的账面余额，借记“资产基金——投资”科目，贷记本科目。按照实际取得的价款，借记“银行存款”等科目，按照投资的账面余额，贷记“工会资金结余——累计结余”科目，按照其差额，贷记或借记“投资收益”科目。

4. 因被投资单位破产清算等原因，有确凿证据表明股权投资发生损失，按规定报经批准后予以核销。按照待核销的股权投资账面余额，借记“待处理财产损溢”科目，贷记本科目。

报经批准予以核销时，按照已核销的股权投资账面余额，借记“资产基金——投资”科目，贷记“待处理财产损溢”科目。

已经核销的投资呆账，保留备查账簿。

已经核销的投资呆账，重新收回的，借记“银行存款”等科目，贷记“其他收入”科目。收回实物的，需重新进行评估，按照评估价值入账。

四、本科目期末借方余额，反映工会持有投资的金额。

第 161 号科目　在建工程

一、本科目核算工会在建的建设项目工程的实际成本。工会在建的信息系统项目工程，也通过本科目核算。

二、本科目应当设置“建筑安装工程投资”“设备投资”“待摊投资”“其他投资”“待核销基建支出”“基建转出投资”“预付工程款”等明细科目，并按照具体项目进行明细核算。

（一）“建筑安装工程投资”明细科目，核算工会发生的构成建设项目实际支出的建筑工程和安装工程的实际成本，不包括被安装设备本身的价值以及按照合同规定支付给施工单位的预付备料款和预付工程款。本明细科目应当设置“建筑工程”和“安装工程”两个明细科目进行明细核算。

（二）“设备投资”明细科目，核算工会发生的构成建设项目实际支出的各种设备的实际成本。

（三）“待摊投资”明细科目，核算工会发生的构成建设项目实际支出的、按照规定应当分摊计入有关工程成本和设备成本的各项间接费用和税费支出。本明细科目应当按照具体费用项目进行明细核算。

（四）“其他投资”明细科目，核算工会发生的构成建设项目实际支出的房屋购置支出，基本畜禽、林木等购置、饲养、培育支出，办公生活用家具、器具购置支出，软件研发和不能计入设备投资的软件购置等支出。工会为进行可行性研究而购置的固定资产，以及取得土地使用权支付的土地出让金，也通过本明细科目核算。本明细科目应当设置“房屋购置”“基本畜禽支出”“林木支出”“办公生活用家具、器具购置”“可行性研究固定资产购置”“无形资产”等明细科目。

（五）“待核销基建支出”明细科目，核算建设项目发生的江河清障、航道清淤、飞播造林、补助群众造林、水土保持、城市绿化、取消项目的可行性研究费以及项目整体报废等不能形成资产部分的基建投资支出。本明细科目应当按照待核销基建支出的类别进行明细核算。

（六）“基建转出投资”明细科目，核算为建设项目配套而建成的、产权不归属本工会的专用设施的实际成本。本明细科目应当按照转出投资的类别进行明细核算。

（七）“预付工程款”明细科目，核算工会预付给施工企业或代建单位的工程款。本明细科目应当按照收取预付款的单位进行明细核算。

三、在建工程的主要账务处理如下：

（一）建筑安装工程投资。

1. 将固定资产转入改建、扩建等时，按照固定资产的账面价值，借记本科目（建筑安装工程投资），贷记“资产基金——在建工程”科目；同时，按照固定资产的账面价值，借记“资产基金——固定资产”科目，按照已计提的折旧金额，借记“累计折旧”科目，按照固定资产的账面余额，贷记“固定资产”科目。

固定资产改建、扩建过程中涉及替换（或拆除）原资产的某些组成部分的，按照被替换（或拆除）部分的账面价值，借记“待处理财产损溢”科目，贷记本科目（建筑安装工程投资）。

2. 对于发包建筑安装工程，预付工程款时，根据实际支付的金额，借记本科目（预付工程款），贷记“资产基金——在建工程”科目；同时，借记“资本性支出”科目，贷记“银行存款”“零余额账户用款额度”“政府补助收入”等科目。根据建筑安装工程价款结算账单与施工企业结算工程价款时，按照应承付的工程价款，借记本科目（建筑安装工程投资），贷记本科目（预付工程款）。涉及补付价款的，按照补付的金额，借记本科目（建筑安装工程投资），贷记“资产基金——在建工程”科目；同时，借记“资本性支出”科目，贷记“银行存款”“零余额账户用款额度”“政府补助收入”等科目。

3. 对于自行施工的小型建筑安装工程，按照发生的各项支出金额，借记本科目（建筑安装工程投资），贷记“资产基金——在建工程”科目；同时，借记“资本性支出”科目，贷记“银行存款”“零余额账户用款额度”“政府补助收入”“应付职工薪酬”等科目。

4. 工程竣工，办妥竣工验收交接手续并交付使用时，按照建筑安装工程成本（含应分摊的待摊投资），借记“资产基金——在建工程”科目，贷记本科目（建筑安装工程投资）；同时，借记“固定资产”等科目，贷记“资产基金——固定资产”等科目。

（二）设备投资。

1. 购入设备时，按照购入成本，借记本科目（设备投资），贷记“资产基金——在建工程”科目；同时，借记“资本性支出”科目，贷记“银行存款”“零余额账户用款额度”“政府补助收入”等科目。采用预付款方式购入设备的，有关预付款的账务处理参照本科目有关“建筑安装工程投资”明细科目的规定。

2. 设备安装完毕，办妥竣工验收交接手续并交付使用时，按照设备投资成本（含设备安装工程成本和分摊的待摊投资），借记“资产基金——在建工程”科目，贷记本科目（设备投资、建筑安装工程投资——安装工程）；同时，借记“固定资产”科目，贷记“资产基金——固定资产”科目。

将不需要安装的设备和达不到固定资产标准的工具、器具交付使用时，按照相关设备、工具、器具的实际成本，借记“资产基金——在建工程”科目，贷记本科目（设备投资）；同时，借记“固定资产”“库存物品”科目，贷记“资产基金——固定资产”“资产基金——库存物品”科目。

（三）待摊投资。

建设工程发生的构成建设项目实际支出的，按照规定应当分摊计入有关工程成本和设备成本的各项间接费用和税费支出，先在本明细科目中归集；建设工程办妥竣工验收手续并交付使用时，按照合理的分配方法，摊入相关工程成本、在安装设备成本等。

1. 工会发生的构成待摊投资的各类费用，按照实际发生金额，借记本科目（待摊投资），贷记“资产基金——在建工程”科目；同时，借记“资本性支出”“资产基金”科目，贷记“银行存款”“零余额账户用款额度”“政府补助收入”“累计折旧”“累计摊销”等科目。

2. 对于建设过程中试生产、设备调试等产生的收入，按照依据有关规定应当冲减建设工程成本的部分，借记“资产基金——在建工程”科目，贷记本科目（待摊投资）；同时，按照取得的收入金额，借记“银行存款”等科目，按照依据有关规定应当冲减建设工程成本的部分，贷记“资本性支出”科目，按照其差额，贷记“其他应付款”或“其他收入”科目。

3. 由于自然灾害、管理不善等原因造成的单项工程或单位工程报废或毁损，扣除残料价值和过失人或保险公司等赔款后的净损失，报经批准后计入继续施工的工程成本的，按照工程成本扣除残料价值和过失人或保险公司等赔款后的净损失，借记本科目（待摊投资），按照报废或毁损的工程成本，贷记本科目（建筑安装工程投资），按照其差额，借记“资产基金——在建工程”科目；同时，按照残料变价收入、过失人或保险公司赔款等，借记“银行存款”“其他应收款”等科目，贷记“资本性支出”科目。

4. 工程交付使用时，按照合理的分配方法分配待摊投资，借记本科目（建筑安装工程投资、设备投资），贷记本科目（待摊投资）。待摊投资中有按规定应当分摊计入待核销基建支出和转出投资价值的，应当借记本科目（待核销基建支出、基建转出投资），贷记本科目（待摊投资）。

待摊投资的分配方法，可按照下列公式计算：

（1）按照实际分配率分配。适用于建设工期较短、整个项目的所有单项工程一次竣工的建设项目。

实际分配率＝待摊投资明细科目余额 ÷（建筑工程明细科目余额＋安装工程明细科目余额＋设备投资明细科目余额）×100%

（2）按照概算分配率分配。适用于建设工期长、单项工程分期分批建成投入使用的建设项目。

概算分配率＝（概算中各待摊投资项目的合计数－其中可直接分配部分）÷（概算中建筑工程、安装工程和设备投资合计）×100%

（3）某项固定资产应分配的待摊投资＝该项固定资产的建筑工程成本或该项固定资产（设备）的采购成本和安装成本合计 × 分配率

（四）其他投资。

1. 工会为建设工程发生的房屋购置支出，基本畜禽、林木等的购置、饲养、培育支出，办公生活用家具、器具购置支出，软件研发和不能计入设备投资的软件购置等支出，按照实际发生金额，借记本科目（其他投资），贷记“资产基金——在建工程”科目；同时，借记“资本性支出”科目，贷记“银行存款”“零余额账户用款额度”“政府补助收入”等科目。

2. 工程完成将形成的房屋、基本畜禽、林木等各种财产以及无形资产交付使用时，按照其实际成本，借记“资产基金——在建工程”科目，贷记本科目（其他投资）；同时，借记“固定资产”“无形资产”等科目，贷记“资产基金——固定资产”“资产基金——无形资产”等科目。

（五）待核销基建支出。

1. 建设项目发生的江河清障、航道清淤、飞播造林、补助群众造林、水土保持、城市绿化等不能形成资产的各类待核销基建支出，按照实际发生金额，借记本科目（待核销基建支出），贷记“资产基金——在建工程”科目；同时，借记“资本性支出”科目，贷记“银行存款”“零余额账户用款额度”“政府补助收入”等科目。

2. 取消的建设项目发生的可行性研究费，按照实际发生金额，借记本科目（待核销基建支出），贷记本科目（待摊投资）。

3. 由于自然灾害等原因发生的建设项目整体报废所形成的净损失，报经批准后转入待核销基建支出，按照项目整体报废所形成的净损失，借记本科目（待核销基建支出），按照报废的工程成本，贷记本科目（建筑安装工程投资等），按照其差额，借记“资产基金——在建工程”科目；同时，按照报废工程回收的残料变价收入、保险公司赔款等，借记“银行存款”“其他应收款”等科目，贷记“资本性支出”科目。

4. 建设项目竣工验收并交付使用时，对发生的待核销基建支出进行冲销，借记“资产基金——在建工程”科目，贷记本科目（待核销基建支出）。

（六）基建转出投资。

为建设项目配套而建成的、产权不归属本工会的专用设施，在项目竣工验收并交付使用时，按照转出的专用设施的成本，借记本科目（基建转出投资），贷记本科目（建筑安装工程投资）；同时，借记“资产基金——在建工程”科目，贷记本科目（基建转出投资）。

（七）代建制项目的会计处理。

1. 拨付代建单位工程款时，按照拨付的款项金额，借记本科目（预付工程款），贷记“资产基金——在建工程”科目；同时，借记“资本性支出”科目，贷记“银行存款”“零余额账户用款额度”“政府补助收入”等科目。

2. 按照工程进度结算工程款或年终代建单位对账确认在建工程成本时，按照确定的金额，借记本科目下的“建筑安装工程投资”等明细科目，贷记本科目（预付工程款）。

3. 确认代建管理费时，按照确定的金额，借记本科目（待摊投资），贷记本科目（预付工程款）。

4. 项目完工交付使用资产时，按照代建单位转来在建工程成本中尚未确认入账的金额，借记本科目“建筑安装工程投资”等明细科目，贷记本科目（预付工程款）。按照在建工程成本，借记“资产基金——在建工程”科目，贷记本科目（建筑安装工程投资）；同时，借记“固定资产”等科目，贷记“资产基金——固定资产”等科目。

工程结算、确认代建费或竣工决算时涉及补付资金的，应当在确认在建工程和资产基金的同时，按照补付的金额，借记“资本性支出”科目，贷记“银行存款”“零余额账户用款额度”“政府补助收入”等科目。

四、本科目的期末借方余额，反映工会尚未完工的各项在建工程发生的实际成本。

第 162 号科目　固定资产

一、本科目核算工会各项固定资产的原值。

二、工会应当设置固定资产明细账，按照类别和项目进行明细核算。

三、固定资产核算时，应当考虑以下情况：

（一）购入需要安装的固定资产，应当先通过“在建工程”科目核算，安装完毕交付使用时再转入本科目核算。

（二）单位行政方面提供工会使用的、工会以经营租赁方式取得的固定资产，不通过本科目核算，应当设置备查簿进行登记。

四、固定资产的主要账务处理如下：

（一）固定资产在取得时，应当分以下情况进行处理：

1. 购入、有偿调入固定资产，按照确定的成本，借记本科目[不需安装]或“在建工程”科目[需安装]，贷记“资产基金——固定资产”[不需安装]或“资产基金——在建工程”[需安装]科目；同时，按照实际支付的金额，借记“资本性支出”科目，贷记“银行存款”“零余额账户用款额度”“政府补助收入”等科目。

购入固定资产扣留质量保证金的，在取得固定资产时，按照确定的固定资产成本，借记本科目[不需安装]或“在建工程”科目[需安装]，贷记“资产基金——固定资产”[不需安装]或“资产基金——在建工程”[需安装]科目。同时取得固定资产全款发票的，按照构成资产成本的全部支出金额，借记“资本性支出”科目，按照实际支付的金额，贷记“银行存款”“零余额账户用款额度”“政府补助收入”等科目，按照扣留的质量保证金金额，贷记“其他应付款”科目；取得的发票金额不包括质量保证金的，按照不包括质量保证金的支出金额，借记“资本性支出”科目，贷记“银行存款”“零余额账户用款额度”“政府补助收入”等科目。

实际支付质量保证金时，借记“其他应付款”科目或“资本性支出”科目，贷记“银行存款”“零余额账户用款额度”“政府补助收入”等科目。

2. 自行建造固定资产，工程完工交付使用时，按照自行建造过程中发生的实际支出，借记本科目，贷记“资产基金——固定资产”科目；同时，借记“资产基金——在建工程”科目，贷记“在建工程”科目。

已交付使用但尚未办理竣工决算手续的固定资产，按照估计价值入账，待办理竣工决算后再按照实际成本调整原来的暂估价值。按照实际成本与暂估价值的差额，借记或贷记本科目，贷记或借记“资产基金——固定资产”科目。

3. 接受捐赠、无偿调入的固定资产，按照确定的成本，借记本科目[不需安装]或“在建工程”科目

[需安装]，贷记“资产基金——固定资产”[不需安装]或“资产基金——在建工程”[需安装]科目；按照发生的相关税费、运输费等，借记“其他支出”科目，贷记“银行存款”“零余额账户用款额度”等科目。

4. 在原有固定资产基础上进行改建、扩建、大型修缮的固定资产，将固定资产转入改建、扩建、大型修缮时，按照固定资产的账面价值，借记“资产基金——固定资产”科目，按照固定资产已计提折旧金额，借记“累计折旧”科目，按照固定资产的账面余额，贷记本科目；同时，按照固定资产的账面价值，借记“在建工程”科目，贷记“资产基金——在建工程”科目。工程完工交付使用时，按照确定的固定资产成本，借记本科目，贷记“资产基金——固定资产”科目；同时，借记“资产基金——在建工程”科目，贷记“在建工程”科目。

（二）按月计提固定资产折旧时，按照应计提的金额，借记“资产基金——固定资产”科目，贷记“累计折旧”科目。

（三）与固定资产有关的后续支出，应当分以下情况进行处理：

1. 为增加固定资产使用效能或延长其使用寿命而发生的改建、扩建或大型修缮等后续支出，应当计入固定资产成本，通过“在建工程”科目核算，完工交付使用时转入本科目。有关账务处理参见“在建工程”科目。

2. 为维护固定资产正常使用而发生的日常修理等后续支出，应当计入当期支出但不计入固定资产成本，借记“行政支出”等科目，贷记“银行存款”“零余额账户用款额度”等科目。

（四）按规定报经批准处置固定资产，应当分以下情况进行处理：

1. 以固定资产对外进行股权投资，按照投出固定资产的账面价值，借记“资产基金——固定资产”科目，按照已计提折旧，借记“累计折旧”科目，按照固定资产的账面余额，贷记本科目。同时，按照确定的投资成本，借记“投资”科目，贷记“资产基金——投资”科目。

2. 出售固定资产，按照出售固定资产的账面价值，借记“资产基金——固定资产”科目，按照已计提折旧，借记“累计折旧”科目，按照固定资产的账面余额，贷记本科目。按照出售过程中取得的价款，借记“银行存款”等科目，贷记“其他收入”科目，按规定应上缴同级财政的，贷记“其他应付款”科目。出售过程中工会发生的税费等支出，借记“其他支出”科目，贷记“银行存款”等科目。

3. 对外捐赠、无偿调出固定资产，按照固定资产的账面价值，借记“资产基金——固定资产”科目，按照已计提折旧，借记“累计折旧”科目，按照固定资产的账面余额，贷记本科目。发生的由工会承担的运输费、装卸费等，按照实际支付的金额，借记“其他支出”科目，贷记“银行存款”等科目。

五、固定资产应当每年至少盘点一次，对盘盈、盘亏、毁损或报废的，应当查明原因，写出书面报告，按规定报经批准认定后及时进行账务处理，同时将有关情况在会计报表附注中予以披露。

（一）盘盈的固定资产，按照确定的入账成本，借记本科目，贷记“待处理财产损溢”科目。

（二）盘亏或者毁损、报废的固定资产，按照账面价值，借记“待处理财产损溢”科目，按照已计提折旧，借记“累计折旧”科目，按照固定资产的账面余额，贷记本科目。

六、本科目期末借方余额，反映工会固定资产的原值。

第 163 号科目　累计折旧

一、本科目核算工会计提的固定资产累计折旧。

二、本科目应当按照所对应固定资产的类别、项目进行明细核算。

三、固定资产累计折旧的主要账务处理如下：

（一）按月计提固定资产折旧时，按照应计提折旧金额，借记“资产基金——固定资产”科目，贷记本科目。

（二）经批准处置固定资产时，按照所处置固定资产的账面价值，借记“资产基金——固定资产”[对外捐赠、无偿调出等]或“待处理财产损溢”[盘亏、毁损、报废等]科目，按照固定资产已计提折旧，借记本科目，按照固定资产的账面余额，贷记“固定资产”科目。

四、本科目期末贷方余额，反映工会计提的固定资产折旧累计数。

第 171 号科目　无形资产

一、本科目核算工会各项无形资产的原值。

二、工会应当设置无形资产明细账，按照类别、项目等进行明细核算。

三、无形资产的主要账务处理如下：

（一）无形资产在取得时，应当分以下情况进行处理：

1. 外购的无形资产，按照确定的成本，借记本科目，贷记“资产基金——无形资产”科目；同时，按照实际支付的金额，借记“资本性支出”科目，贷记“银行存款”“零余额账户用款额度”“政府补助收入”等科目。

2. 委托软件公司开发软件视同外购无形资产进行处理。支付软件开发费时，按照实际支付的金额，借记“资本性支出”科目，贷记“银行存款”“零余额账户用款额度”“政府补助收入”等科目。软件开发完成交付使用时，按照确定的成本，借记本科目，贷记“资产基金——无形资产”科目。

3. 接受捐赠、无偿调入的无形资产，按照确定的成本，借记本科目，贷记“资产基金——无形资产”科目；按照发生的相关税费等，借记“其他支出”科目，贷记“银行存款”“零余额账户用款额度”等科目。

（二）按月摊销无形资产时，按照应摊销的金额，借记“资产基金——无形资产”科目，贷记“累计摊销”科目。

（三）按规定报经批准处置无形资产时，应当分以下情况进行处理：

1. 以无形资产对外进行股权投资，按照投出无形资产的账面价值，借记“资产基金——无形资产”科目，按照已计提摊销，借记“累计摊销”科目，按照无形资产的账面余额，贷记本科目；同时，按照确定的投资成本，借记“投资”科目，贷记“资产基金——投资”科目。

2. 出售无形资产，按照出售无形资产的账面价值，借记“资产基金——无形资产”科目，按照已计提摊销，借记“累计摊销”科目，按照无形资产的账面余额，贷记本科目。按照取得的价款金额，借记“银行存款”等科目，贷记“其他收入”科目，按规定应上缴同级财政的，贷记“其他应付款”科目。出售过程中发生的税费等支出，借记“其他支出”科目，贷记“银行存款”等科目。

3. 对外捐赠、无偿调出无形资产，按照无形资产的账面价值，借记“资产基金——无形资产”科目，按照已计提摊销，借记“累计摊销”科目，按照无形资产的账面余额，贷记本科目。

4. 无形资产预期不能为工会带来服务潜力或经济利益，应当按规定报经批准后将该无形资产的账面价值予以核销。转入待处理资产时，按照待核销无形资产的账面价值，借记“待处理财产损溢”科目，按照已计提摊销，借记“累计摊销”科目，按照无形资产的账面余额，贷记本科目。报经批准予以核销时，按照核销无形资产的账面价值，借记“资产基金——无形资产”科目，贷记“待处理财产损溢”科目。

四、无形资产应当每年至少盘点一次，对盘盈、盘亏的无形资产，参照“固定资产”科目相关规定进行账务处理。

五、本科目期末借方余额，反映工会无形资产的原值。

第 172 号科目　累计摊销

一、本科目核算工会对使用年限有限的无形资产计提的累计摊销。

二、本科目应当按照所对应无形资产的类别、项目进行明细核算。

三、无形资产累计摊销的主要账务处理如下：

（一）按月对无形资产进行摊销时，按照应摊销的金额，借记“资产基金——无形资产”科目，贷记本科目。

（二）经批准处置无形资产时，按照所处置无形资产的账面价值，借记“资产基金——无形资产”[对外捐赠、无偿调出等]或“待处理财产损溢”[盘亏、待核销等]科目，按照已计提摊销，借记本科目，按照无形资产的账面余额，贷记“无形资产”科目。

四、本科目期末贷方余额，反映工会计提的无形资产摊销累计数。

第 181 号科目　长期待摊费用

一、本科目核算工会已经支出，但应由本期和以后各期负担的分摊期限在 1 年以上（不含 1 年）的各项支出。如对以经营租赁方式租入的固定资产的改良支出等。

二、本科目应当按照对应资产的类别进行明细核算。

三、长期待摊费用的主要账务处理如下：

（一）发生长期待摊费用时，按照支出金额，借记本科目，贷记“资产基金——长期待摊费用”科目；

同时，按照实际支付的金额，借记“资本性支出”科目，贷记“银行存款”“零余额账户用款额度”“政府补助收入”等科目。

（二）在受益期间摊销长期待摊费用时，按照摊销金额，借记“资产基金——长期待摊费用”科目，贷记本科目。

（三）如果某项长期待摊费用已经不能使工会受益，应当将其摊余金额一次性转销。按照剩余待摊销金额，借记“资产基金——长期待摊费用”科目，贷记本科目。

四、本科目期末借方余额，反映工会尚未摊销完毕的长期待摊费用。

第 182 号科目　待处理财产损溢

一、本科目核算工会待处理财产的价值及财产处理损溢。

工会财产的处理包括资产的盘盈、盘亏、报废、毁损以及非实物资产损失核销等。

二、本科目应当按照待处理的资产项目进行明细核算；对于在资产处理过程中取得收入或发生相关费用的项目，还应当设置“待处理财产价值”“处理净收入”明细科目，进行明细核算。

三、工会财产的处理，一般应当先记入本科目，按照规定报经批准后及时进行账务处理。年末结账前一般应处理完毕。

四、待处理财产损溢的主要账务处理如下：

（一）账款核对时发现短缺或溢余的库存现金。

1. 每日账款核对中发现现金短缺或溢余，属于现金短缺的，按照实际短缺的金额，借记本科目，贷记“库存现金”科目；属于现金溢余的，按照实际溢余的金额，借记“库存现金”科目，贷记本科目。

2. 如为现金短缺，属于应由责任人等赔偿的，借记“其他应收款”科目，贷记本科目；属于无法查明原因的，报经批准核销时，借记“其他支出”科目，贷记本科目。

3. 如为现金溢余，属于应支付给有关人员或单位的，借记本科目，贷记“其他应付款”科目；属于无法查明原因的，报经批准后，借记本科目，贷记“其他收入”科目。

（二）按规定报经批准予以核销的其他应收款、股权投资、无形资产。

1. 转入待处理资产时，按照资产的账面价值，借记本科目［核销无形资产的，还应按照计提的摊销金额，借记“累计摊销”科目］，按照资产的账面余额，贷记“其他应收款”“投资”“无形资产”科目。

2. 报经批准予以核销时，借记“其他支出”科目［其他应收款核销］或“资产基金——投资”“资产基金——无形资产”科目［投资、无形资产核销］，贷记本科目。

（三）资产清查过程中发现的盘盈、盘亏或报废、毁损的库存物品、固定资产、无形资产等各种资产。

1. 盘盈的各类资产。

（1）转入待处理资产时，按照确定的成本，借记“库存物品”“固定资产”“无形资产”等科目，贷记本科目（待处理财产价值）。

（2）按照规定报经批准后处理时，借记本科目（待处理财产价值），贷记“资产基金”科目。

2. 盘亏或者毁损、报废的各类资产。

（1）转入待处理资产时，借记本科目（待处理财产价值）［盘亏、毁损、报废固定资产、无形资产的，还应借记“累计折旧”“累计摊销”科目］，贷记“库存物品”“在建工程”“固定资产”“无形资产”等科目。

报经批准处理时，借记“资产基金”科目，贷记本科目（待处理财产价值）。

（2）处理毁损、报废实物资产过程中取得的残值或残值变价收入、保险理赔和过失人赔偿等，借记“库存现金”“银行存款”“其他应收款”等科目，贷记本科目（处理净收入）；处理毁损、报废实物资产过程中发生的相关费用，借记本科目（处理净收入），贷记“库存现金”“银行存款”等科目。

处理收支结清，如果处理收入大于相关费用的，按照处理收入减去相关费用后的净收入，借记本科目（处理净收入），贷记“其他收入”科目，需按规定上缴同级政府财政的，贷记“其他应付款”科目；如果处理收入小于相关费用的，按照相关费用减去处理收入后的净支出，借记“其他支出”科目，贷记本科目（处理净收入）。

五、本科目期末如为借方余额，反映工会尚未处理完毕的各种资产的净损失；期末如为贷方余额，反映尚未处理完毕的各种资产净溢余。年末，经批准处理后，本科目一般应无余额。

二、负债类科目

第 201 号科目　应付职工薪酬

一、本科目核算县级以上工会按照有关规定应付给本单位职工及为职工支付的各种薪酬，包括基本工资、国家统一规定的津贴补贴、规范津贴补贴（绩效工资）、改革性补贴、社会保险费（如职工基本养老保险费、职业年金、基本医疗保险费等）和住房公积金等。

二、本科目应当根据国家有关规定按照“基本工资”（含离休费及退休人员统筹外养老保险待遇）、“国家统一规定的津贴补贴”“规范津贴补贴（绩效工资）”“改革性补贴”“社会保险费”“住房公积金”“其他个人收入”等进行明细核算。其中，“社会保险费”“住房公积金”明细科目核算内容包括工会从职工工资中代扣代缴的社会保险费、住房公积金，以及工会为职工计算缴纳的社会保险费、住房公积金。

三、应付职工薪酬的主要账务处理如下：

（一）计算确认当期应付职工薪酬（含工会为职工计算缴纳的社会保险费、住房公积金）时，借记“行政支出”科目，贷记本科目。

（二）向职工支付工资、津贴补贴等薪酬时，按照实际支付的金额，借记本科目，贷记“银行存款”等科目。

（三）按照税法规定代扣职工个人所得税时，借记本科目，贷记“其他应付款”科目。

从应付职工薪酬中代扣为职工垫付的水电费、房租等费用时，按照实际扣除的金额，借记本科目（基本工资），贷记“其他应收款”等科目。

从应付职工薪酬中代扣社会保险费和住房公积金，按照代扣的金额，借记本科目（基本工资），贷记本科目（社会保险费、住房公积金）。

（四）按照国家有关规定缴纳职工社会保险费和住房公积金时，按照实际支付的金额，借记本科目（社会保险费、住房公积金），贷记“银行存款”等科目。

（五）从应付职工薪酬中支付的其他款项，借记本科目，贷记“银行存款”等科目。

四、本科目期末贷方余额，反映县级以上工会应付未付的职工薪酬。

第 211 号科目　应付上级经费

一、本科目核算工会按规定应上缴的工会拨缴经费。

二、应付上级经费的主要账务处理如下：

（一）本级工会确认工会拨缴经费时，按照下级工会经费收缴报告表中的相关金额或实际收到的总金额，借记“应收下级经费”“银行存款”等科目，按规定属于本级工会的部分，贷记“拨缴经费收入”科目，按规定应上缴上级工会的部分，贷记本科目，按规定应转拨下级工会的部分，贷记“应付下级经费——应付下级转拨经费”科目。

（二）实际上缴工会经费时，借记本科目，贷记“银行存款”科目。

三、本科目期末贷方余额，反映工会应缴上级但尚未上缴的工会拨缴经费。

第 212 号科目　应付下级经费

一、本科目核算县级以上工会应付下级工会的各项补助和应转拨下级工会的工会拨缴经费。

二、工会可以根据需要在本科目下设置以下明细科目：

21201　应付下级补助：核算县级以上工会应拨付给下级工会的一般性转移支付补助和专项转移支付补助。

21202　应付下级转拨经费：核算县级以上工会采用税务代收、财政划拨的形式收缴的应划转给下级工会作为下级工会拨缴经费收入的工会拨缴经费。

三、应付下级经费的主要账务处理如下：

（一）本级工会年末清算对下级工会的补助时，根据补助通知中的相关金额，借记“补助下级支出”科目，贷记本科目（应付下级补助）。

次年，实际拨付补助时，借记本科目（应付下级补助），贷记“银行存款”科目。

（二）采用税务代收、财政划拨方式收缴工会经费的：

1. 本级工会通过税务部门代收、财政部门划拨的工会经费，按照实际收到的总金额，借记“银行存款”科目，按规定属于本级工会的部分，贷记“拨缴经费收入”科目，按规定应上缴上级工会的部分，贷记“应付上级经费”科目，按规定应转拨下级工会的部分，贷记本科目（应付下级转拨经费）。

实际转拨下级工会经费时，借记本科目，贷记“银行存款”科目。

2. 本级工会确认上级工会通过税务部门代收、财政部门划拨的工会经费，按照上级工会经费转拨通知中的金额或实际收到的总金额，借记“应收上级经费——应收上级转拨经费”“银行存款”科目，按规定属于本级工会的部分，贷记“拨缴经费收入”科目，按规定应转拨下级工会的部分，贷记本科目（应付下级转拨经费）。

实际转拨下级工会经费时，借记本科目，贷记“银行存款”科目。

四、本科目期末贷方余额，反映县级以上工会应拨付下级但尚未拨付的补助和工会拨缴经费。

第 215 号科目 其他应付款

一、本科目核算工会除应付上下级经费之外的其他应付及暂存款项，包括工会按规定收取的下级工会的建会筹备金、应支付的税金等。

二、本科目应按对方单位或个人设置明细账，进行明细核算。

三、其他应付款的主要账务处理如下：

（一）本级工会收到筹建单位交来的建会筹备金，按照实际收到的总金额，借记“银行存款”科目，贷记本科目。

在筹建单位建立工会后，本级工会按照规定对建会筹备金进行处理。按照对应的金额，借记本科目，按规定属于本级工会的部分，贷记“拨缴经费收入”科目，按规定应上缴上级工会的部分，贷记“应付上级经费”科目，按规定需返还筹建单位工会的部分，贷记“应付下级经费”科目。

（二）发生房产税等纳税义务，以及按照税法规定应代扣代缴个人所得税的，按照应交税费金额，借记“行政支出”“应付职工薪酬”等科目，贷记本科目。工会实际缴纳上述各种税费时，借记本科目，贷记“银行存款”等科目。

（三）发生其他应付及暂存款项，借记“库存现金”“银行存款”等科目，贷记本科目。支付款项时，借记本科目，贷记“库存现金”“银行存款”等科目。

四、本科目期末贷方余额，反映工会尚未支付的其他应付及暂存款项。

第 221 号科目 代管经费

一、本科目核算其他组织委托工会代管的有指定用途的、不属于工会收入的资金，如代管的社团活动费、职工互助保险等。

二、本科目应当按照拨入代管经费的项目或单位设置明细账。

三、代管经费的主要账务处理如下：

（一）收到代管的资金时，按照实际收到的金额，借记“库存现金”“银行存款”科目，贷记本科目。

（二）实际支出时，按照实际支出的金额，借记本科目，贷记“库存现金”“银行存款”科目。

四、本科目期末贷方余额，反映工会受托代管的资金。

三、净资产类科目

第 301 号科目 资产基金

一、本科目核算工会库存物品、投资、在建工程、固定资产、无形资产、长期待摊费用等非货币性资产在净资产中占用的金额。

二、本科目应当设置“库存物品”“投资”“在建工程”“固定资产”“无形资产”“长期待摊费用”等明细科目，进行明细核算。

三、资产基金的主要账务处理如下：

（一）确认资产基金时，按照确定的成本或金额，借记“库存物品”“投资”“在建工程”“固定资产”“无形资产”“长期待摊费用”科目，贷记本科目；同时，按照实际发生的支出，借记“职工活动支出”“行政支出”“资本性支出”“工会资金结余”等科目，贷记“银行存款”“零余额账户用款额度”等科目。

（二）领用和发出库存物品时，按照领用和发出库存物品的成本，借记本科目（库存物品），贷记“库存物品”科目。

（三）在建工程完工交付使用时，按照确定的固定资产成本，借记“固定资产”科目，贷记本科目（固定资产）；同时，借记本科目（在建工程），贷记“在建工程”科目。

（四）计提固定资产折旧、无形资产摊销及分摊长期待摊费用时，按照计提的折旧、摊销及分摊的长期待摊费用的金额，借记本科目（固定资产、无形资产、长期待摊费用），贷记“累计折旧”“累计摊销”“长期待摊费用”科目。

（五）以库存物品、固定资产、无形资产对外进行股权投资时，按照确定的投资成本，借记“投资”科目，贷记本科目（投资）；同时，按照投出资产的账面价值，借记本科目（库存物品、固定资产、无形资产），按照已计提的折旧、摊销金额，借记“累计折旧”“累计摊销”科目，按照投出资产的账面余额，贷记“库存物品”“固定资产”“无形资产”科目。

收回投资时，按照收回投资的账面余额，借记本科目（投资），贷记“投资”科目；同时，按照实际取得的价款，借记“银行存款”等科目，按照收回投资的账面余额，贷记“工会资金结余”科目，按照其差额，贷记或借记“投资收益”科目。

（六）对外捐赠、无偿调出库存物品、固定资产、无形资产时，按照资产的账面价值，借记本科目（库存物品、固定资产、无形资产），按照已计提的折旧、摊销金额，借记“累计折旧”“累计摊销”科目，按照资产的账面余额，贷记“库存物品”“固定资产”“无形资产”科目。

（七）通过“待处理财产损溢”科目核算的资产处置，有关本科目的账务处理参见“待处理财产损溢”科目。

四、本科目期末贷方余额，反映工会非货币性资产在净资产中占用的金额。

第 311 号科目　专用基金

一、本科目核算县级以上工会根据国家和全国总工会有关规定，依法提取和使用的有专门用途的基金，包括权益保障金、住房改革支出等。

二、专用基金的主要账务处理如下：

（一）提取专用基金时，借记“维权支出”“其他支出”等科目，贷记本科目。

（二）实际使用专用基金时，借记本科目，贷记“库存现金”“银行存款”等科目。

三、本科目期末贷方余额，反映县级以上工会专用基金的数额。

第 321 号科目　工会资金结转

一、本科目核算工会资金结转资金的调整、结转和滚存情况。

二、本科目应当设置以下明细科目：

32101　年初余额调整：核算工会因发生会计差错更正、以前年度支出收回等原因，需要调整工会资金结转的金额。

32102　单位内部调剂：核算工会经批准对工会结余资金改变用途，调整用于工会其他未完成项目等的金额。

32103　本年收支结转：核算工会本期专项工会资金收支相抵后的余额。

32104　累计结转：核算工会滚存的工会资金专项资金结转金额。

三、工会资金结转的主要账务处理如下：

（一）因发生会计差错更正、以前年度支出收回的，按照调整或收回的属于工会资金结转的金额，借记或贷记“银行存款”等科目，贷记或借记本科目（年初余额调整）。

（二）经批准对工会资金结余资金改变用途，调整用于工会其他未完成项目的，按照批准的金额，借记“工会资金结余——单位内部调剂”科目，贷记本科目（单位内部调剂）。

（三）期末，将各类财政拨款以外的工会经费专项资金的收入、支出本期发生额转入本科目，借记“拨缴经费收入”“上级补助收入”“政府补助收入——非同级财政拨款收入”“行政补助收入”“附属单位上缴收入”“投资收益”“其他收入”科目下各专项资金收入明细科目，贷记本科目（本年收支结转）；借记本科目（本年收支结转），贷记“职工活动支出”“职工活动组织支出”“职工服务支出”“维权支出”“业务支出”“行政支出”“资本性支出”“补助下级支出”“对附属单位的支出”“其他支出”的“工会资金”明细科目下各专项资金支出明细科目。

（四）年末，冲销有关明细科目余额。将本科目（本年收支结转、年初余额调整、单位内部调剂）余额转入本科目（累计结转）。结转后，本科目除“累计结转”明细科目外，其他明细科目应无余额。

（五）年末，对工会结转资金各项目执行情况进行分析，按照有关规定将符合结余资金性质的剩余资金转入“工会资金结余”科目。借记本科目（累计结转），贷记“工会资金结余——结转转入”科目。

四、本科目期末贷方余额，反映工会滚存的工会资金结转资金数额。

第 322 号科目　工会资金结余

一、本科目核算工会资金结余资金的调整、结余和滚存情况。

二、本科目应当设置以下明细科目：

32201　年初余额调整：核算工会因发生会计差错更正、以前年度支出收回等原因，需要调整工会资金结余的金额。

32202　单位内部调剂：核算工会经批准对工会结

余资金改变用途，调整用于工会其他未完成项目等的金额。

32203　本年收支结转：核算工会本期各非专项工会资金收支相抵后的余额。

32204　结转转入：核算工会按规定转入工会资金结余的工会结转资金。

32205　累计结余：核算工会滚存的工会结余资金。

三、工会资金结余的主要账务处理如下：

（一）因发生会计差错更正、以前年度支出收回的，按照调整或收回的属于工会资金结余的金额，借记或贷记“银行存款”等科目，贷记或借记本科目（年初余额调整）。

（二）经批准对工会结余资金改变用途，调整用于工会其他未完成项目的，按照批准的金额，借记本科目（单位内部调剂），贷记“工会资金结转——单位内部调剂”科目。

（三）以货币资金对外投资时，按照投资成本金额，借记本科目（累计结余），贷记“银行存款”等科目；同时，按照确定的投资成本，借记“投资”科目，贷记“资产基金——投资”科目。

转让或收回投资时，按照实际取得的价款，借记“银行存款”等科目，按照转让或收回投资的账面余额，贷记本科目（累计结余），按照其差额，贷记或借记“投资收益”科目；同时，按照转让或收回投资的账面余额，借记“资产基金——投资”科目，贷记“投资”科目。

（四）期末，将除财政拨款以外的各工会经费非专项资金的收入、支出本期发生额转入本科目，借记“会费收入”“拨缴经费收入”“上级补助收入”“政府补助收入——非同级财政拨款收入”“行政补助收入”“附属单位上缴收入”“投资收益”“其他收入”科目下各非专项资金收入明细科目和“动用预算稳定调节基金”科目，贷记本科目（本年收支结转）；借记本科目（本年收支结转），贷记“职工活动支出”“职工活动组织支出”“职工服务支出”“维权支出”“业务支出”“行政支出”“资本性支出”“补助下级支出”“对附属单位的支出”“其他支出”的“工会资金”明细科目下各非专项资金支出明细科目和“安排预算稳定调节基金”科目。

（五）年末，对工会结转资金各明细项目执行情况进行分析，按照有关规定将符合结余资金性质的项目余额转入本科目，借记“工会资金结转——累计结转”科目，贷记本科目（结转转入）。

（六）年末，冲销有关明细科目余额。将本科目（本年收支结转、年初余额调整、单位内部调剂、结转转入）余额转入本科目（累计结余）。结转后，本科目除“累计结余”明细科目外，其他明细科目应无余额。

四、本科目期末贷方余额，反映工会滚存的工会资金结余资金数额。

第 331 号科目　财政拨款结转

一、本科目核算从同级政府财政部门取得财政拨款的县级以上工会财政拨款结转资金的调整、结转和滚存情况。

二、本科目应当设置以下明细科目：

33101　年初余额调整：核算工会因发生会计差错更正、以前年度支出收回等原因，需要调整财政拨款结转的金额。

33102　单位内部调剂：核算工会经财政部门批准对财政拨款结余资金改变用途，调整用于工会其他未完成项目等的金额。

33103　本年收支结转：核算工会本期财政拨款收支相抵后的余额。

33104　累计结转：核算工会滚存的财政拨款结转资金。

本科目还应按照“基本支出结转”和“项目支出结转”进行明细核算，在“基本支出结转”明细科目下按照“人员经费”和“公用经费”进行明细核算，在“项目支出结转”明细科目下按照具体项目进行明细核算；同时，按照《政府收支分类科目》中“支出功能分类科目”的项级科目进行明细核算。

三、财政拨款结转的主要账务处理如下：

（一）因发生会计差错更正、以前年度支出收回的，按照调整或收回的金额，借记或贷记“零余额账户用款额度”“财政应返还额度”等科目，贷记或借记本科目（年初余额调整）。

（二）经财政部门批准对财政拨款结余资金改变用途，调整用于工会其他未完成项目的，按照批准的金额，借记“财政拨款结余——单位内部调剂”科目，贷记本科目（单位内部调剂）。

（三）期末，将财政拨款收入、支出的本期发生额转入本科目，借记“政府补助收入——财政拨款收入”科目，贷记本科目（本年收支结转）；借记本科目（本年收支结转），贷记“职工活动组织支出”“职工服务支出”“维权支出”“业务支出”“行政支出”“资本性支出”“补助下级支出”“对附属单位的支出”和“其他支出”科目的“财政拨款”明细科目。

（四）年末，冲销有关明细科目余额。将本科目（本年收支结转、年初余额调整、单位内部调剂）余额转入本科目（累计结转）。结转后，本科目除“累计结转”明细科目外，其他明细科目应无余额。

（五）年末，对各项目执行情况进行分析，按照有关规定将符合结余资金性质的金额转入“财政拨款结余”科目。借记本科目（累计结转），贷记“财政拨款结余——结转转入”科目。

四、本科目期末贷方余额，反映县级以上工会滚存的财政拨款结转资金数额。

第 332 号科目　财政拨款结余

一、本科目核算从同级政府财政部门取得财政拨款的县级以上工会财政拨款项目支出结余资金的调整、结转和滚存情况。

二、本科目应当设置以下明细科目：

33201　年初余额调整：核算工会因发生会计差错更正、以前年度支出收回等原因，需要调整财政拨款结余的金额。

33202　归集上缴：核算工会按规定上缴财政拨款结余资金时，实际核销的额度数额或上缴的资金数额。

33203　单位内部调剂：核算工会经财政部门批准对财政拨款结余资金改变用途，调整用于工会其他未完成项目等的金额。

33204　结转转入：核算工会按规定转入财政拨款结余的财政拨款结转资金。

33205　累计结余：核算工会滚存的财政拨款结余资金。

本科目还应当按照具体项目、《政府收支分类科目》中“支出功能分类科目”的项级科目进行明细核算。

三、结余资金的主要账务处理如下：

（一）因发生会计差错更正、以前年度支出收回的，按照调整或收回的金额，借记或贷记“零余额账户用款额度”“财政应返还额度”等科目，贷记或借记本科目（年初余额调整）。

（二）按规定上缴财政拨款结余资金或注销财政拨款结余资金额度的，按照实际上缴资金数额或注销资金额度，借记本科目（归集上缴），贷记“零余额账户用款额度”“财政应返还额度”等科目。

（三）经财政部门批准对财政拨款结余资金改变用途，调整用于工会其他未完成项目的，按照批准的金额，借记本科目（单位内部调剂），贷记“财政拨款结转——单位内部调剂”科目。

（四）年末，对财政拨款结转各项目执行情况进行分析，按照有关规定将符合结余资金性质的金额转入本科目。借记“财政拨款结转——累计结转”科目，贷记本科目（结转转入）。

（五）年末，冲销有关明细科目余额。将本科目（年初余额调整、归集上缴、单位内部调剂、结转转入）余额转入本科目（累计结余）。结转后，本科目除“累计结余”明细科目外，其他明细科目应无余额。

四、本科目期末贷方余额，反映县级以上工会滚存的财政拨款结余资金数额。

第 341 号科目　预算稳定调节基金

一、本科目核算县级以上工会按照工会预算管理规定设置的预算稳定调节基金的滚存情况。

二、预算稳定调节基金的主要账务处理如下：

（一）按规定使用超收的拨缴经费收入设置和补充预算稳定调节基金时，按照计提的金额，借记“安排预算稳定调节基金”科目，贷记本科目。

（二）按规定动用预算稳定调节基金用于弥补本年预算收入的不足时，按照动用的金额，借记本科目，贷记“动用预算稳定调节基金”科目。

三、本科目期末贷方余额，反映县级以上工会预算稳定调节基金的滚存金额。

四、收入类科目

第 401 号科目　会费收入

一、本科目核算基层工会会员依照规定向工会组织缴纳的会费。

二、会费收入的主要账务处理如下：

（一）取得会费时，按照实际收到的金额，借记“库存现金”“银行存款”科目，贷记本科目。

（二）期末结转时，将本科目本年发生额转入工会资金结余，借记本科目，贷记“工会资金结余——本年收支结转”科目。

三、本科目期末结转后无余额。

第 402 号科目 拨缴经费收入

一、本科目核算基层单位行政拨缴、下级工会按规定上缴及上级工会按规定转拨的工会拨缴经费中归属于本级工会的经费。

二、工会可以根据需要在本科目下设置明细科目，进行明细核算。拨缴经费收入中如有专项资金收入，还应当按照具体项目进行明细核算。

三、拨缴经费收入的主要账务处理如下：

（一）采用自主拨缴方式收缴工会经费的：

收到工会经费，按照实际收到的总金额，借记“银行存款”科目，按规定属于本级工会的部分，贷记本科目，按规定应上缴上级工会的部分，贷记“应付上级经费”科目。

年末，存在应收未收的拨缴经费收入的，按照下级工会经费收缴报告表中的金额，借记“应收下级经费”科目，按规定属于本级工会的部分，贷记本科目，按规定应上缴上级工会的部分，贷记“应付上级经费”科目。

（二）采用税务代收、财政划拨方式收取工会经费的：

1. 本级工会通过税务部门代收、财政部门划拨的工会经费，按实际收到的总金额，借记“银行存款”科目，按规定属于本级工会的部分，贷记本科目，按规定应上缴上级工会的部分，贷记“应付上级经费”科目，按规定应转拨下级工会的部分，贷记“应付下级经费——应付下级转拨经费”科目。

2. 本级工会收到上级工会转拨的通过税务部门代收、财政部门划拨的工会经费，按照实际收到的总金额，借记“银行存款”科目，按规定属于本级工会的部分，贷记本科目，按规定属于下级工会的部分，贷记“应付下级经费——应付下级转拨经费”科目。

年末，存在应收未收的拨缴经费收入的，按照上级工会经费转拨通知中的金额，借记“应收上级经费——应收上级转拨经费”科目，按规定属于本级工会的部分，贷记本科目，按规定属于下级工会的部分，贷记“应付下级经费——应付下级转拨经费”科目。

（三）期末结转时，将本科目本期发生额中的专项资金收入转入工会资金结转，借记本科目各专项资金收入明细科目，贷记“工会资金结转——本年收支结转”科目；将本科目本期发生额中的非专项资金收入转入工会资金结余，借记本科目各非专项资金收入明细科目，贷记“工会资金结余——本年收支结转”科目。

四、本科目期末结转后无余额。

第 403 号科目 上级补助收入

一、本科目核算本级工会收到的上级工会补助的款项。

二、本科目应当设置以下明细科目：

40301 一般性转移支付补助：核算上级工会按照有关规定拨付给下级工会的未指定专门用途的补助。

40302 专项转移支付补助：核算上级工会拨付的指定专门用途的项目补助，包括帮扶困难职工的补助、用于开展向困难职工和家庭送温暖活动的补助、救灾补助等。

三、上级补助收入的主要账务处理如下：

（一）收到上级补助收入时，按照银行收款单的金额，借记“银行存款”科目，贷记本科目。

（二）年末清算时，存在上级应付未付补助款项的，借记“应收上级经费——应收上级补助”科目，贷记本科目。

（三）期末结转时，将本科目本期发生额中的专项资金收入转入工会资金结转，借记本科目（专项转移支付补助），贷记“工会资金结转——本年收支结转”科目；将本科目本期发生额中的非专项资金收入转入工会资金结余，借记本科目（一般性转移支付补助），贷记“工会资金结余——本年收支结转”科目。

四、本科目期末结转后无余额。

第 404 号科目 政府补助收入

一、本科目核算县级以上工会收到的各级人民政府按照工会法和国家的有关规定给予工会的补助款项，包括工会收到财政拨付的离退休人员离退休费和生活补贴、帮扶资金、送温暖经费、疗养事业补助、劳模补助、基建、维修及大型活动补助等。

二、本科目应当设置以下明细科目：

40401 财政拨款收入：核算县级以上工会从同级政府财政部门取得的财政拨款。

本明细科目下应当设置“基本支出”和“项目支出”两个明细科目，在“基本支出”明细科目下按照“人员经费”和“公用经费”进行明细核算，在“项目支出”明细科目下按照具体项目进行明细核算；同时，按照《政府收支分类科目》中“支出功能分类科目”的项级科目进行明细核算。

40402 非同级财政拨款收入：核算县级以上工会从非同级政府财政部门取得的政府补助收入。

本明细科目应当按照非同级财政拨款收入的类别、来源等进行明细核算。如有专项资金收入，还应按照具体项目进行明细核算。

三、政府补助收入的主要账务处理如下：

（一）财政拨款收入。

1. 财政直接支付方式下，根据收到的“财政直接支付入账通知书”及相关原始凭证，按照通知中直接支付的入账金额，借记有关支出科目，贷记本科目（财政拨款收入）。形成非货币性资产的，应当同时按照确定的资产成本，借记相关资产科目，贷记“资产基金”科目。

年末，根据本年度财政直接支付预算指标数与当年财政直接支付实际支出数的差额，借记“财政应返还额度”科目，贷记本科目（财政拨款收入）。

2. 财政授权支付方式下，根据收到的“授权支付到账通知书”，按照通知书中的授权支付额度，借记“零余额账户用款额度”科目，贷记本科目（财政拨款收入）。

年末，工会本年度财政授权支付预算指标数大于零余额账户用款额度下达数的，按照两者差额，借记“财政应返还额度”科目，贷记本科目（财政拨款收入）。

3. 其他方式下，按照本期预算收到财政拨款收入时，按照实际收到的金额，借记“银行存款”科目，贷记本科目（财政拨款收入）。

4. 因差错更正、购货退回等发生国库直接支付款项退回的，属于本年度支付的款项，按照退回金额，借记本科目（财政拨款收入），贷记“维权支出”“资本性支出”等科目。

（二）非同级财政拨款收入。

取得非同级财政拨款收入时，按照实际收到的金额，借记“银行存款”科目，贷记本科目（非同级财政拨款收入）。

（三）期末结转时，将本科目本期发生额中的财政拨款收入转入财政拨款结转，借记本科目（财政拨款收入），贷记“财政拨款结转——本年收支结转”科目；将本科目本期发生额中的非同级财政拨款专项资金收入转入工会资金结转，借记本科目（非同级财政拨款收入），贷记“工会资金结转——本年收支结转”科目；将本科目本期发生额中的非同级财政拨款非专项资金收入转入工会资金结余，借记本科目（非同级财政拨款收入），贷记“工会资金结余——本年收支结转”科目。

四、本科目期末结转后无余额。

第 405 号科目　行政补助收入

一、本科目核算基层工会取得的所在单位行政方面按照工会法和国家的有关规定给予工会的补助款项，包括工会收到行政拨付的劳动竞赛经费、工会开展活动的费用补助等，不包括行政方面按规定向工会拨缴的工会经费。

二、行政补助收入中如有专项资金收入，应当按照具体项目进行明细核算。

三、行政补助收入的主要账务处理如下：

（一）收到行政补助时，按照实际收到的金额，借记“银行存款”等科目，贷记本科目。

（二）期末结转时，将本科目本期发生额中的专项资金收入转入工会资金结转，借记本科目各专项资金收入明细科目，贷记“工会资金结转——本年收支结转”科目；将本科目本期发生额中的非专项资金收入转入工会资金结余，借记本科目各非专项资金收入明细科目，贷记“工会资金结余——本年收支结转”科目。

四、本科目期末结转后无余额。

第 406 号科目　附属单位上缴收入

一、本科目核算工会所属的企事业单位按规定上缴的收入。

二、本科目应当按照缴款项目或缴款单位名称设明细账。

所属单位上缴收入中如有专项资金收入，还应当按照具体项目进行明细核算。

三、附属单位上缴收入的主要账务处理如下：

（一）收到相关收入时，按照实际收到的金额，借记“银行存款”等科目，贷记本科目。

（二）期末结转时，将本科目本期发生额中的专项资金收入转入工会资金结转，借记本科目各专项资金收入明细科目，贷记“工会资金结转——本年收支结转”科目；将本科目本期发生额中的非专项资金收入转入工会资金结余，借记本科目各非专项资金收入明细科目，贷记“工会资金结余——本年收支结转”科目。

四、本科目期末结转后无余额。

第 407 号科目　投资收益

一、本科目核算工会对外投资发生的损溢。

二、投资收益中如有专项资金收入，应当按照具体项目进行明细核算。

三、投资收益的主要账务处理如下：

（一）投资持有期间，收到利息、股利等投资收益时，按照实际收到的金额，借记“银行存款”科目，贷记本科目。

（二）对外转让或到期收回债券投资本息，按照实际收到的金额，借记“银行存款”科目，按照收回投资的账面余额，贷记“工会资金结余”科目，按照其差额，贷记或借记本科目；同时，按照收回投资的账面余额，借记“资产基金——投资”科目，贷记“投资”科目。

（三）期末结转时，将本科目本期发生额中的专项资金收入转入工会资金结转，借记本科目各专项资金收入明细科目，贷记“工会资金结转——本年收支结转”科目；将本科目本期发生额中的非专项资金收入转入工会资金结余，借记本科目各非专项资金收入明细科目，贷记“工会资金结余——本年收支结转”科目。

四、本科目期末结转后无余额。

第 408 号科目　其他收入

一、本科目核算除上述收入以外的各项收入，如资产盘盈、固定资产处置净收入、接受捐赠收入、银行存款利息收入等。

二、其他收入中如有专项资金收入，应当按照具体项目进行明细核算。

三、其他收入的主要账务处理如下：

（一）取得银行存款利息收入，借记“银行存款”等科目，贷记本科目。

（二）接受捐赠的款项，借记“银行存款”等科目，贷记本科目。

（三）每日现金账款核对中如发现现金溢余，属于无法查明原因的，报经批准后处理时，借记“待处理财产损溢”科目，贷记本科目。

（四）已核销其他应收款在以后期间收回的，按照实际收回的金额，借记“银行存款”等科目，贷记本科目。

（五）盘亏或者毁损、报废的各类资产，报经批准处理后收支结清时，如果处理收入大于相关费用的，按照处理收入减去相关费用后的净收入，借记“待处理财产损溢”科目，贷记本科目，需按规定上缴同级政府财政的，贷记“其他应付款”科目。

（六）有偿调出、出售的固定资产和无形资产，按照有偿调出、出售过程中取得的价款，借记“银行存款”等科目，贷记本科目，按规定应上缴同级财政的，贷记“其他应付款”科目；同时，按照有偿调出、出售资产的账面价值，借记“资产基金”科目，按照已计提折旧或摊销，借记“累计折旧”“累计摊销”科目，按照资产的账面余额，贷记“固定资产”“无形资产”科目。

（七）期末结转时，将本科目本期发生额中的专项资金收入转入工会资金结转，借记本科目各专项资金收入明细科目，贷记“工会资金结转——本年收支结转”科目；将本科目本期发生额中的非专项资金收入转入工会资金结余，借记本科目各非专项资金收入明细科目，贷记“工会资金结余——本年收支结转”科目。

四、本科目期末结转后无余额。

第 411 号科目　动用预算稳定调节基金

一、本科目核算县级以上工会按照工会预算管理规定动用的预算稳定调节基金。

二、动用预算稳定调节基金的主要账务处理如下：

（一）按规定动用预算稳定调节基金时，按照动用的金额，借记“预算稳定调节基金”科目，贷记本科目。

（二）期末结转时，将本科目本期发生额转入工会资金结余科目，借记本科目，贷记“工会资金结余——本年收支结转”科目。

三、本科目期末结转后无余额。

五、支出类科目

第 501 号科目　职工活动支出

一、本科目核算基层工会开展职工教育活动、文体活动、宣传活动、劳模疗休养活动、会员活动等发生的支出。

二、本科目应当设置以下明细科目：

50101　职工教育支出：核算基层工会用于开展政治、法律、科技、业务等专题培训和职工技能培训所需的教材资料、教学用品、场地租金等方面的支出，用于支付职工教育活动聘请授课人员的酬金，用于基层工会开展的职工素质提升补助和职工教育培训优秀学员的奖励。

50102　文体活动支出：核算基层工会用于开展或参加上级工会组织的职工业余文体活动所需器材、服装、用品等购置、租赁与维修方面的支出以及活动场地、交通工具的租金支出等，用于文体活动优胜者的奖励支出，用于文体活动中必要的伙食补助费。

50103　宣传活动支出：核算基层工会用于开展重点工作、重大主题和重大节日宣传活动所需的材料消耗、场地租金、购买服务等方面的支出，用于培育和践行社会主义核心价值观，弘扬劳模精神、劳动精神、工匠精神等经常性宣传活动方面的支出，用于基层工会开展或参加上级工会举办的知识竞赛、宣讲、演讲比赛、展览等宣传活动的支出。

50104　劳模职工疗休养支出：核算基层工会用于组织和开展的劳动模范和先进职工疗休养活动的公杂费等补助。

50105　会员活动支出：核算基层工会用于组织会员观看电影、文艺演出、开展春游秋游，为会员购买当地公园年票等的支出；用于基层工会在重大节日（传统节日）和会员生日、婚丧嫁娶、退休离岗的慰问支出。

50106　其他活动支出：核算基层工会用于开展其他活动的各项职工活动支出。

三、职工活动支出的主要账务处理如下：

（一）发生职工活动支出时，按照实际支付的金额，借记本科目，贷记“库存现金”“银行存款”等科目。支出的款项中有形成库存物品等资产的，应当同时按照确定的成本借记“库存物品”等科目，贷记“资产基金”科目。

（二）期末结转时，将本科目本期发生额中的工会资金专项资金支出转入工会资金结转，借记“工会资金结转——本年收支结转”科目，贷记本科目；将本科目本期发生额中的工会资金非专项资金支出转入工会资金结余，借记“工会资金结余——本年收支结转”科目，贷记本科目。

四、本科目期末结转后无余额。

第502号科目　职工活动组织支出

一、本科目核算县级以上工会组织开展职工教育活动、文体活动、宣传活动、劳模疗休养活动等发生的支出。

二、本科目应当按照工会预算管理等规定，参照“职工活动支出”科目设置明细科目。

三、职工活动组织支出的主要账务处理如下：

（一）发生职工活动组织支出时，按照实际支付的金额，借记本科目，贷记“库存现金”“银行存款”“零余额账户用款额度”等科目。支出的款项中有形成库存物品等资产的，应当同时按照确定的成本借记“库存物品”等科目，贷记“资产基金”科目。

（二）期末结转时，将本科目本期发生额中的财政拨款支出转入财政拨款结转，借记“财政拨款结转——本年收支结转”科目，贷记本科目；将本科目本期发生额中的工会资金专项资金支出转入工会资金结转，借记“工会资金结转——本年收支结转”科目，贷记本科目；将本科目本期发生额中的工会资金非专项资金支出转入工会资金结余，借记“工会资金结余——本年收支结转”科目，贷记本科目。

四、本科目期末结转后无余额。

第503号科目　职工服务支出

一、本科目核算工会开展职工劳动和技能竞赛活动、职工创新活动、建家活动、职工书屋、职工互助保障、心理咨询等工作发生的支出。

二、本科目应当设置以下明细科目：

50301　劳动和技能竞赛活动支出：核算工会组织开展合理化建议、技术革新、发明创造、岗位练兵、技术比武、技术培训等劳动和技能竞赛活动支出及其奖励支出。

50302　建家活动支出：核算工会组织建设、建家活动方面的支出。

50303　职工创新活动支出：核算工会开展的劳模和工匠人才创新工作、职工创新工作活动发生的支出。

50304　职工书屋活动支出：核算工会为建设职工书屋而发生的图书购置以及维护的支出。

50305　其他服务支出：核算工会组织和开展会员和职工普惠制服务、心理咨询、互助保障等其他方面的职工服务支出。

三、职工服务支出主要账务处理如下：

（一）发生职工服务支出时，按照实际支付的金额，借记本科目，贷记“库存现金”“银行存款”“零余额账户用款额度”等科目。支出的款项中有形成库存物品等资产的，应当同时按照确定的成本借记“库存物品”等科目，贷记“资产基金”科目。

（二）期末结转时，将本科目本期发生额中的财政拨款支出转入财政拨款结转，借记“财政拨款结转——本年收支结转”科目，贷记本科目；将本科目本期发生额中的工会资金专项资金支出转入工会资金结转，借记“工会资金结转——本年收支结转”科目，贷记本科目；将本科目本期发生额中的工会资金非专项资金支出转入工会资金结余，借记“工会资金结余——本年收支结转”科目，贷记本科目。

四、本科目期末结转后无余额。

第 504 号科目　维权支出

一、本科目核算工会用于维护职工权益的支出，包括劳动关系协调、劳动保护、法律援助、困难职工帮扶、送温暖和其他维权支出。

二、本科目应当设置以下明细科目：

50401　劳动关系协调支出：核算工会用于推进创建劳动关系和谐企业活动、加强劳动争议调解和队伍建设、开展劳动合同咨询活动、集体合同示范文本印制与推广等方面的支出。

50402　劳动保护支出：核算工会用于开展群众性安全生产和职业病防治活动、加强群众安全监督检查员队伍建设、开展职工心理健康维护等以促进安全健康生产、保护职工生命安全为宗旨开展的职工劳动保护发生的支出。

50403　法律援助支出：核算工会用于向职工群众提供法律咨询、法律服务等发生的支出。

50404　困难职工帮扶支出：核算工会用于对困难职工提供资金和物质帮助等发生的支出。

50405　送温暖支出：核算工会用于开展春送岗位、夏送清凉、金秋助学和送温暖等活动发生的支出。

50406　其他维权支出：核算工会用于补助职工等其他方面的维权支出。

三、维权支出的主要账务处理如下：

（一）发生维权支出时，按照实际支付的金额，借记本科目，贷记“库存现金”“银行存款”“零余额账户用款额度”等科目。支出的款项中有形成库存物品等资产的，应当同时按照确定的成本借记“库存物品”等科目，贷记“资产基金”科目。

（二）县级以上工会提取工会干部权益保障金时，按照提取的金额，借记本科目，贷记“专用基金”科目。

（三）期末结转时，将本科目本期发生额中的财政拨款支出转入财政拨款结转，借记“财政拨款结转——本年收支结转”科目，贷记本科目；将本科目本期发生额中的工会资金专项资金支出转入工会资金结转，借记“工会资金结转——本年收支结转”科目，贷记本科目；将本科目本期发生额中的工会资金非专项资金支出转入工会资金结余，借记“工会资金结余——本年收支结转”科目，贷记本科目。

四、本科目期末结转后无余额。

第 505 号科目　业务支出

一、本科目核算工会培训工会干部、加强自身建设及开展业务工作发生的各项支出。

二、本科目应当设置以下明细科目：

50501　培训支出：核算工会用于开展工会干部和积极分子培训发生的支出。

50502　会议支出：核算工会用于工会会员大会或会员代表大会、委员会、常委会、经费审查委员会以及其他专业工作会议的各项支出。

50503　专项业务支出：核算工会用于开展组织建设、专题调研、专项工作、劳模津贴、劳模专项补助、扶贫活动及外事活动的支出。

50504　其他业务支出：核算工会发生的不属于以上业务开支的其他业务支出，如工会用于发放兼职工会干部和专职社会化工会工作者补贴的支出等。

三、业务支出主要账务处理如下：

（一）发生业务支出时，按照实际支付的金额，借记本科目，贷记“库存现金”“银行存款”“零余额账户用款额度”等科目。支出的款项中有形成库存物品等资产的，应当同时按照确定的成本借记“库存物品”等科目，贷记“资产基金”科目。

（二）期末结转时，将本科目本期发生额中的财政拨款支出转入财政拨款结转，借记“财政拨款结转——本年收支结转”科目，贷记本科目；将本科目本期发生额中的工会资金专项资金支出转入工会资金结转，借记“工会资金结转——本年收支结转”科目，贷记本科目；将本科目本期发生额中的工会资金非专项资金支出转入工会资金结余，借记“工会资金结余——本年收支结转”科目，贷记本科目。

四、本科目期末结转后无余额。

第 506 号科目 行政支出

一、本科目核算县级以上工会为行政管理、后勤保障等发生的各项日常支出。

二、本科目应当设置以下明细科目：

50601 工资福利支出：核算工会开支的专职工作人员和长期聘用人员的各类劳动报酬，以及为上述人员缴纳的各项社会保险费等。包括：基本工资、津贴补贴、奖金、社会保障缴费、伙食补助费、住房公积金等。

50602 商品和服务支出：核算工会购买商品和服务的支出（不包括用于购置固定资产、无形资产的支出）。包括：办公费、印刷费、咨询费、手续费、水费、电费、邮电费、物业管理费、公务用车运行维护费（燃料费、维修费、过桥过路费、保险费、安全奖励费用等）、其他交通费用、差旅费（住宿费、城市间交通费、市内交通费、伙食补助费、杂费）、维修（护）费、租赁费、公务接待费、专用材料费、劳务费、委托业务费、工会经费、福利费等。

50603 对个人和家庭的补助支出：核算工会用于对个人和家庭的补助支出。包括：离休费、退休费、退职费、抚恤金、生活补助、医疗费补助等。

50604 其他行政支出：核算不能划分到上述明细科目的其他行政支出。

三、行政支出的主要账务处理如下：

（一）计算确认当期人员经费时，按照计算确定的金额，借记本科目，贷记“应付职工薪酬”科目。

（二）支出公用经费时，按照实际支付的金额，借记本科目，贷记“库存现金”“银行存款”“零余额账户用款额度”等科目。支出的款项中有购入库存物品的，应当同时按照确定的成本借记“库存物品”科目，贷记“资产基金”科目。

（三）期末结转时，将本科目本期发生额中的财政拨款支出转入财政拨款结转，借记“财政拨款结转——本年收支结转”科目，贷记本科目；将本科目本期发生额中的工会资金专项资金支出转入工会资金结转，借记“工会资金结转——本年收支结转”科目，贷记本科目；将本科目本期发生额中的工会资金非专项资金支出转入工会资金结余，借记“工会资金结余——本年收支结转”科目，贷记本科目。

四、本科目期末结转后无余额。

第 507 号科目 资本性支出

一、本科目核算工会从事建设工程、设备工具购置、大型修缮和信息网络购建而发生的实际支出。

二、本科目应当设置以下明细科目：

50701 房屋建筑物购建：核算工会用于购买、自行建造办公用房、仓库、食堂等建筑物（含附属设施，如电梯、通讯线路、电缆、水气管道等）的支出。

50702 办公设备购置：核算工会购置纳入固定资产核算范围的办公家具和办公设备的支出。

50703 专用设备购置：核算工会购置具有专门用途、纳入固定资产核算范围的各类专用设备的支出。

50704 交通工具购置：核算工会用于购置各类交通工具的支出（含车辆购置税）。

50705 大型修缮：核算工会各类设备、建筑物等的大型修缮支出。

50706 信息网络购建：核算工会用于信息网络方面的支出。如计算机硬件、软件购置、开发、应用支出等。购建的计算机硬件、软件等不符合固定资产、无形资产确认标准的，不在此科目核算。

50707 其他资本性支出：核算工会其他上述科目中未包括的资本性支出。

三、资本性支出的主要账务处理如下：

（一）购置、有偿调入固定资产、无形资产等时，按照实际支出的金额，借记本科目，贷记“银行存款”“零余额账户用款额度”“政府补助收入”等科目；同时，按照确定的资产成本，借记“固定资产”“无形资产”科目，贷记“资产基金”科目。

（二）自行建造房屋建筑物等固定资产、对固定资产进行大型修缮等时，按照自行建造过程中发生的实际支出，借记本科目，贷记“银行存款”“零余额账户用款额度”“政府补助收入”等科目；同时，借记“在建工程”科目，贷记“资产基金——在建工程”科目。

（三）发生长期待摊费用时，按照实际支出的金额，借记本科目，贷记“银行存款”“零余额账户用款额度”“政府补助收入”等科目；同时，借记“长期待摊费用”科目，贷记“资产基金——长期待摊费用”科目。

（四）期末结转时，将本科目本期发生额中的财政拨款支出转入财政拨款结转，借记“财政拨款结转——本年收支结转”科目，贷记本科目；将本科目本期发生额中的工会资金专项资金支出转入工会资金结转，借记“工会资金结转——本年收支结转”科目，贷记本科目；将本科目本期发生额中的工会资金非专项资金支出转入工会资金结余，借记“工会资金结余——本年收支结转”科目，贷记本科目。

四、本科目期末结转后无余额。

第 508 号科目 补助下级支出

一、本科目核算县级以上工会为解决下级工会经费不足或根据有关规定给予下级工会的各类补助款项。

二、本科目应当设置以下明细科目：

50801 一般性转移支付补助：核算工会按有关规定对下级未指定用途的补助。

50802 专项转移支付补助：核算工会按有关规定对下级指定专门用途的项目补助，包括对下级的帮扶困难职工的补助、用于开展向困难职工和家庭送温暖活动的补助、救灾补助等。

三、补助下级支出的主要账务处理如下：

（一）发生补助下级支出时，按照实际支付的金额，借记本科目，贷记“银行存款”“零余额账户用款额度”等科目。

（二）年末清算时，存在应付未付下级补助款项的，借记本科目，贷记“应付下级经费——应付下级补助”科目。

（三）期末结转时，将本科目本期发生额中的财政拨款支出转入财政拨款结转，借记“财政拨款结转——本年收支结转”科目，贷记本科目；将本科目本期发生额中的工会资金专项资金支出转入工会资金结转，借记“工会资金结转——本年收支结转”科目，贷记本科目；将本科目本期发生额中的工会资金非专项资金支出转入工会资金结余，借记“工会资金结余——本年收支结转”科目，贷记本科目。

四、本科目期末结转后无余额。

第 509 号科目 对附属单位的支出

一、本科目核算工会按规定对所属企事业单位的补助。

二、本科目应当按照单位设置明细科目。

三、对附属单位的支出的主要账务处理如下：

（一）发生相关支出时，按照实际支付的金额，借记本科目，贷记“银行存款”“零余额账户用款额度”等科目。

（二）期末结转时，将本科目本期发生额中的财政拨款支出转入财政拨款结转，借记“财政拨款结转——本年收支结转”科目，贷记本科目；将本科目本期发生额中的工会资金专项资金支出转入工会资金结转，借记“工会资金结转——本年收支结转”科目，贷记本科目；将本科目本期发生额中的工会资金非专项资金支出转入工会资金结余，借记“工会资金结余——本年收支结转”科目，贷记本科目。

四、本科目期末结转后无余额。

第 510 号科目 其他支出

一、本科目核算工会除上述支出以外的各项支出，如资产盘亏、资产处置净损失、捐赠支出、汇兑损溢以及按规定计提有关专用基金等。

二、其他支出的主要账务处理如下：

（一）每日现金账款核对中如发现现金短缺，属于无法查明原因的部分，报经批准后，借记本科目，贷记“待处理财产损溢”科目。

（二）核销预计无法收回的其他应收款时，报经批准后，借记本科目，贷记“待处理财产损溢”科目。

（三）接受捐赠、无偿调入或对外捐赠、无偿调出实物资产、无形资产时，发生应由本级工会承担的相关税费、运输费等的，借记本科目，贷记“银行存款”“零余额账户用款额度”等科目。

（四）报废、毁损的实物资产，处理收支结清时，如果处理收入小于相关费用的，按照相关费用减去处理收入后的净支出，借记本科目，贷记“待处理财产损溢”科目。

（五）对外捐赠支出，借记本科目，贷记“库存现金”“银行存款”等科目。

（六）提取权益保障金以外的专用基金时，借记本科目，贷记“专用基金”科目。

（七）期末确认外币汇兑损溢时，借记或贷记本科目，贷记或借记“银行存款”等科目。

（八）期末结转时，将本科目本期发生额中的财政拨款支出转入财政拨款结转，借记“财政拨款结转——本年收支结转”科目，贷记本科目；将本科目本期发生额中的工会资金专项资金支出转入工会资金结转，借记“工会资金结转——本年收支结转”科目，贷记本科目；将本科目本期发生额中的工会资金非专项资金支出转入工会资金结余，借记“工会资金结余——本年收支结转”科目，贷记本科目。

三、本科目期末结转后无余额。

第 521 号科目　安排预算稳定调节基金

一、本科目核算县级以上工会按照工会预算管理规定使用超收的拨缴经费收入安排的预算稳定调节基金。

二、安排预算稳定调节基金的主要账务处理如下：

（一）按规定安排预算稳定调节基金时，按照计提的金额，借记本科目，贷记“预算稳定调节基金”科目。

（二）期末，将本科目本期发生额转入工会资金结余科目，借记“工会资金结余——本年收支结转”科目，贷记本科目。

三、本科目期末结转后无余额。

第四部分　会计报表格式

编 号	会计报表名称	编制期	编制主体
工会 01 表	资产负债表	月度、年度	各级工会
工会 02 表	收入支出表	月度、年度	各级工会
工会附 01 表	财政拨款收入支出表	年度	县级以上工会
工会附 02 表	国有资产情况表	年度	县级以上工会
工会附 03 表	成本费用表	月度、年度	县级以上工会

资产负债表

工会 01 表

编制单位：　　　　____年__月__日　　　　单位：元

资 产	年初余额	期末余额	负债与净资产	年初余额	期末余额
一、资 产			**二、负 债**		
流动资产：			应付职工薪酬		
货币资金			应付上级经费		
零余额账户用款额度 *			应付下级经费		
财政应返还额度			其他应付款		
应收上级经费			代管经费		
应收下级经费			**负债合计**		
其他应收款					
库存物品			**三、净资产**		
流动资产合计			资产基金		
投 资			专用基金		
在建工程			工会资金结转		
固定资产原值			工会资金结余		
减：累计折旧			财政拨款结转		

续 表

资 产	年初余额	期末余额	负债与净资产	年初余额	期末余额
固定资产净值			财政拨款结余		
无形资产原值			预算稳定调节基金		
减：累计摊销			**净资产合计**		
无形资产净值					
长期待摊费用					
待处理财产损溢					
资产总计			**负债与净资产总计**		

注：“*”标识项目为中期报表项目，年报中不需列示。

收入支出表

工会 02 表

编制单位：　　　　____年__月　　　　单位：元

项 目	本月数	本年累计数
一、年初资金结转结余		
（一）年初资金结转		
（二）年初资金结余		
二、资金结转结余调整及变动		
三、收入合计		
（一）会费收入		
（二）拨缴经费收入		
（三）上级补助收入		
（四）政府补助收入		
（五）行政补助收入		
（六）附属单位上缴收入		
（七）投资收益		
（八）其他收入		
（九）动用预算稳定调节基金		
四、支出合计		
（一）职工活动支出		
（二）职工活动组织支出		

续 表

项 目	本月数	本年累计数
（三）职工服务支出		
（四）维权支出		
（五）业务支出		
（六）行政支出		
（七）资本性支出		
（八）补助下级支出		
（九）对附属单位的支出		
（十）其他支出		
（十一）安排预算稳定调节基金		
五、本期收支差额		
六、年末资金结转结余		
（一）年末资金结转		
（二）年末资金结余		

财政拨款收入支出表

工会附 01 表

编制单位： ____年 单位：元

项 目	年初财政拨款结转结余		调整年初财政拨款结转结余	本年归集上缴	单位内部调剂		本年财政拨款收入	本年财政拨款支出	年末财政拨款结转结余	
	结转	结余			结转	结余			结转	结余
基本支出：										
1. 人员经费										
2. 公用经费										
项目支出：										
1.×× 项目										
2.×× 项目										
……										
总计										

国有资产情况表

工会附02表

编制单位：　　　　　　　　　　　　　____年　　　　　　　　　　　　　单位：元

项目	年初余额	年末余额
流动资产：		
货币资金		
财政应返还额度		
库存物品		
流动资产合计		
非流动资产：		
在建工程		
固定资产原值		
减：累计折旧		
固定资产净值		
无形资产原值		
减：累计摊销		
无形资产净值		
长期待摊费用		
非流动资产合计		
资产总计		

成本费用表

工会附03表

编制单位：　　　　　　　　　　　　____年__月　　　　　　　　　　　　单位：元

项目	本月数	本年累计数
职工活动组织费用		
职工服务费用		
维权费用		
业务费用		
行政费用		
补助下级费用		
对附属单位的费用		
折旧及摊销费用		
其他费用		
调整事项		
费用总计		

第五部分 会计报表编制说明

一、资产负债表编制说明

（一）本表反映工会某一特定日期全部资产、负债和净资产的情况。工会至少应当编制月度、年度资产负债表，可以根据需要编制季度、半年度资产负债表。

（二）编制年度资产负债表时，将“期末余额”栏改为“年末余额”栏。

（三）本表“年初余额”栏内各项目，应当根据上年度资产负债表“年末余额”栏内各对应项目数字填列。

（四）本表“期末余额”栏各项目的内容和填列方法。

1. 资产类项目。

（1）“货币资金”项目，反映工会期末库存现金、银行存款的合计数。本项目应当根据“库存现金”“银行存款”科目的期末余额的合计数填列。

（2）“零余额账户用款额度”项目，反映县级以上工会期末尚未支用的零余额账户用款额度金额。本项目仅在中期报表中列示，年度报表中不列示。本项目应当根据“零余额账户用款额度”科目的期末余额填列。

（3）“财政应返还额度”项目，反映县级以上工会期末财政应返还额度的金额。本项目应当根据“财政应返还额度”科目的期末余额填列。

（4）“应收上级经费”项目，反映工会期末应收未收的上级工会应转拨（或拨付）的工会拨缴经费及补助金额。本项目应当根据“应收上级经费”科目的期末余额填列。

（5）“应收下级经费”项目，反映县级以上工会期末应收未收的下级工会应上缴的工会拨缴经费金额。本项目应当根据“应收下级经费”科目的期末余额填列。

（6）“其他应收款”项目，反映工会期末尚未收回的其他应收款金额。本项目应当根据“其他应收款”科目的期末余额填列。

（7）“库存物品”项目，反映工会期末存储的库存物品的实际成本。本项目应当根据“库存物品”科目的期末余额填列。

（8）“流动资产合计”项目，反映工会期末流动资产的合计数。本项目应当根据本表中“货币资金”“零余额账户用款额度”[中期报表]、“财政应返还额度”“应收上级经费”“应收下级经费”“其他应收款”和“库存物品”项目金额的合计数填列。

（9）“投资”项目，反映工会期末持有的投资账面余额。本项目应当根据“投资”科目的期末余额填列。

（10）“在建工程”项目，反映工会期末所有的建设项目工程的实际成本。本项目应当根据“在建工程”科目的期末余额填列。

（11）“固定资产原值”项目，反映工会期末固定资产的原值。本项目应当根据“固定资产”科目的期末余额填列。

“累计折旧”项目，反映工会期末固定资产已计提的累计折旧金额。本项目应当根据“累计折旧”科目的期末余额填列。

“固定资产净值”项目，反映工会期末固定资产的账面价值。本项目应当根据“固定资产”科目期末余额减去“累计折旧”科目期末余额后的金额填列。

（12）“无形资产原值”项目，反映工会期末无形资产的原值。本项目应当根据“无形资产”科目的期末余额填列。

“累计摊销”项目，反映工会期末无形资产已计提的累计摊销金额。本项目应当根据“累计摊销”科目的期末余额填列。

“无形资产净值”项目，反映工会期末无形资产的账面价值。本项目应当根据“无形资产”科目期末余额减去“累计摊销”科目期末余额后的金额填列。

（13）“长期待摊费用”项目，反映工会期末已经支出，但应由本期和以后各期负担的分摊期限在1年以上（不含1年）的各项支出金额。本项目应当根据“长期待摊费用”科目的期末余额填列。

（14）“待处理财产损溢”项目，反映工会期末尚未处理完毕的各种资产的净损失或净溢余。本项目应当根据“待处理财产损溢”科目的期末借方余额填列；如“待处理财产损溢”科目期末为贷方余额，以“-”号填列。

（15）“资产总计”项目，反映工会期末资产的合计数。本项目应当根据本表中“流动资产合计”“投资”“在建工程”“固定资产净值”“无形资产净值”“长期待摊费用”和“待处理财产损溢”项目金额的合计数填列。

2. 负债类项目。

（1）“应付职工薪酬”项目，反映县级以上工会期末按有关规定应付给职工及为职工支付的各种薪酬金额。本项目应当根据“应付职工薪酬”科目的期末余额填列。

（2）“应付上级经费”项目，反映工会期末应缴未缴上级的工会拨缴经费金额。本项目应当根据“应付上级经费”科目的期末余额填列。

（3）“应付下级经费”项目，反映县级以上工会期末应付未付下级的转拨（或拨付）工会拨缴经费及补助金额。本项目应当根据“应付下级经费”科目的期末余额填列。

（4）“其他应付款”项目，反映工会期末尚未支付的其他应付及暂收款项金额。本项目应当根据“其他应付款”科目的期末余额填列。

（5）“代管经费”项目，反映工会期末受托代管的其他组织的资金金额。本项目应当根据“代管经费”科目的期末余额填列。

（6）“负债合计”项目，反映工会期末负债的合计数。本项目应当根据本表中“应付职工薪酬”“应付上级经费”“应付下级经费”“其他应付款”和“代管经费”项目金额的合计数填列。

3. 净资产类项目。

（1）“资产基金”项目，反映工会期末库存物品、投资、在建工程、固定资产、无形资产、长期待摊费用等非货币性资产在净资产中占用的金额。本项目应当根据“资产基金”科目的期末余额填列。

（2）“专用基金”项目，反映县级以上工会期末累计提取但尚未使用的专用基金余额。本项目应当根据“专用基金”科目的期末余额填列。

（3）“工会资金结转”项目，反映工会累计滚存的除财政拨款外的工会经费结转金额。本项目应当根据“工会资金结转”科目的期末余额填列。

（4）“工会资金结余”项目，反映工会累计滚存的除财政拨款外的工会经费结余金额。本项目应当根据“工会资金结余”科目的期末余额填列。

（5）“财政拨款结转”项目，反映县级以上工会累计滚存的财政拨款结转金额。本项目应当根据“财政拨款结转”科目的期末余额填列。

（6）“财政拨款结余”项目，反映县级以上工会累计滚存的财政拨款结余金额。本项目应当根据“财政拨款结余”科目的期末余额填列。

（7）“预算稳定调节基金”项目，反映县级以上工会累计滚存的预算稳定调节基金金额。本项目应当根据“预算稳定调节基金”科目的期末余额填列。

（8）“净资产合计”项目，反映工会期末净资产合计数。本项目应当根据本表中“资产基金”“专用基金”“工会资金结转”“工会资金结余”“财政拨款结转”“财政拨款结余”和“预算稳定调节基金”项目金额的合计数填列。

（9）“负债与净资产总计”项目，应当根据本表中“负债合计”和“净资产合计”项目金额的合计数填列。

二、收入支出表编制说明

（一）本表反映工会某一会计期间全部收入、支出和结转结余的情况。工会至少应当编制月度、年度收入支出表，可以根据需要编制季度、半年度收入支出表。

（二）编制年度收入支出表时，将“本月数”栏改为“本年数”栏，将“本年累计数”栏改为“上年数”栏。

（三）本表“本月数”栏内各项目，根据本月各项目的实际发生额填列。年度收入支出表“本年数”栏内各项目，根据本年度各项目的实际发生额填列。

本表“本年累计数”栏内各项目，根据自年初至本期期末各项目的累计实际发生额填列，也可以根据上月收入支出表“本年累计数”加上本月收入支出表“本月数”后的金额填列。

年度收入支出表“上年数”栏内各项目，根据上年度收入支出表“本年数”栏内各对应项目数字填列。

（四）本表“本月数”栏各项目的内容和填列方法。

1.“年初资金结转结余”项目及其所属各明细项目，反映工会本年初所有资金结转结余的金额。本项目及其所属各明细项目，仅在编制年度收入支出表时填列。

“年初资金结转结余”项目根据各明细项目的合计数填列。“年初资金结转”项目根据“工会资金结转”“财政拨款结转”科目年初余额的合计数填列。“年初资金结余”项目根据“工会资金结余”“财政拨款结余”科目年初余额的合计数填列。

本项目及其所属各明细项目的数额，应当与上年年度收入支出表中“年末资金结转结余”中各项目的金额相等。

2.“资金结转结余调整及变动”项目，反映工会因发生需要调整以前年度各项资金结转结余的事项导致各项资金结转结余发生变动的金额。本项目根据“工会资金结转”“工会资金结余”“财政拨款结转”“财政拨款结余”科目下“年初余额调整”“归集上缴”科目本期发生额的合计数填列。若为负数，以“-”号填列。

3. 收入类项目。

（1）“收入合计”项目，反映工会本期收入总额。本项目应当根据本表中“会费收入”“拨缴经费收入”“上级补助收入”“政府补助收入”“行政补助收入”“附属单位上缴收入”“投资收益”“其他收入”和“动用预算稳定调节基金”项目金额的合计数填列。

（2）“会费收入”项目，反映基层工会收到的工会会员会费的金额。本项目应当根据“会费收入”科目的本期发生额填列。

（3）“拨缴经费收入”项目，反映工会收到的基层单位行政拨缴、下级工会按规定上缴及上级工会按规定转拨的工会拨缴经费中归属于本级工会的经费金额。本项目应当根据“拨缴经费收入”科目的本期发生额填列。

（4）“上级补助收入”项目，反映工会收到的上级工会给予的补助金额。本项目应当根据“上级补助收入”科目的本期发生额填列。

（5）“政府补助收入”项目，反映县级以上工会收到的各级人民政府按照工会法和国家的有关规定给予工会的补助金额。本项目应当根据“政府补助收入”科目的本期发生额填列。

（6）“行政补助收入”项目，反映基层工会收到的所在单位行政方面按照工会法和国家的有关规定给予工会的补助金额。本项目应当根据“行政补助收入”科目的本期发生额填列。

（7）“附属单位上缴收入”项目，反映工会收到的所属企事业单位按规定上缴的金额。本项目应当根据“附属单位上缴收入”科目的本期发生额填列。

（8）“投资收益”项目，反映工会收到的对外投资发生的损溢金额。本项目应当根据“投资收益”科目的本期发生额填列；如为投资净损失，以“-”号填列。

（9）“其他收入”项目，反映工会收到的各类其他收入的金额。本项目应当根据“其他收入”科目的本期发生额填列。

（10）“动用预算稳定调节基金”项目，反映县级以上工会按照工会预算管理规定动用的预算稳定调节基金金额。本项目应当根据“动用预算稳定调节基金”科目的本期发生额填列。

4. 支出类项目。

（1）“支出合计”项目，反映工会本期支出总额。本项目应当根据本表中“职工活动支出”“职工活动组织支出”“职工服务支出”“维权支出”“业务支出”“行政支出”“资本性支出”“补助下级支出”“对附属单位的支出”“其他支出”和“安排预算稳定调节基金”项目金额的合计数填列。

（2）“职工活动支出”项目，反映基层工会开展职工教育活动、文体活动、宣传活动、劳模疗休养活动、会员活动等发生的支出金额。本项目应当根据“职工活动支出”科目的本期发生额填列。

（3）“职工活动组织支出”项目，反映县级以上工会组织开展职工教育活动、文体活动、宣传活动、劳模疗休养活动等发生的支出金额。本项目应当根据“职工活动组织支出”科目的本期发生额填列。

（4）“职工服务支出”项目，反映工会开展职工劳动和技能竞赛活动、职工创新活动、建家活动、职工书屋、职工互助保障、心理咨询等工作发生的支出金额。本项目应当根据“职工服务支出”科目的本期发生额填列。

（5）“维权支出”项目，反映工会用于维护职工权益的支出金额。本项目应当根据“维权支出”科目的本期发生额填列。

（6）“业务支出”项目，反映工会培训工会干部、加强自身建设及开展业务工作发生的支出金额。本项目应当根据“业务支出”科目的本期发生额填列。

（7）“行政支出”项目，反映县级以上工会为行政管理、后勤保障等发生的各项日常支出金额。本项目应当根据“行政支出”科目的本期发生额填列。

（8）“资本性支出”项目，反映工会从事建设工程、设备工具购置、大型修缮和信息网络购建而发生的实际支出金额。本项目应当根据“资本性支出”科目的本期发生额填列。

（9）“补助下级支出”项目，反映县级以上工会为解决下级工会经费不足或根据有关规定给予下级工会的各类补助金额。本项目应当根据“补助下级支出”科目的本期发生额填列。

（10）“对附属单位的支出”项目，反映工会按规定对所属企事业单位的补助金额。本项目应当根据“对附属单位的支出”科目的本期发生额填列。

（11）“其他支出”项目，反映工会发生的各项其他支出的金额。本项目应当根据“其他支出”科目的本期发生额填列；如为贷方发生额，以“-”号填列。

（12）“安排预算稳定调节基金”项目，反映县级以上工会按照有关规定使用超收的拨缴经费收入安排的预算稳定调节基金金额。本项目应当根据“安排预算稳定调节基金”科目的本期发生额填列。

5.“本期收支差额”项目，反映工会本期发生的各项资金收入和支出相抵后的余额。本项目应当根据本表中“收入合计”项目金额减去“支出合计”项目金额后的余额填列。如为负数，以“-”号填列。

6.“年末资金结转结余”项目及其所属各明细项目，反映工会本年各项资金结转结余的年末余额。本项目及其所属各明细项目，仅在编制年度收入支出表时填列。

“年末资金结转结余”项目根据各明细项目的合计数填列。“年末资金结转”项目根据“工会资金结转”“财政拨款结转”科目年末余额的合计数填列。“年末资金结余”项目根据“工会资金结余”“财政拨款结余”科目年末余额的合计数填列。

三、财政拨款收入支出表编制说明

（一）本表反映县级以上工会本年财政拨款的收入、支出和结转结余的情况。县级以上工会应当按年度编制财政拨款收入支出表。

不从同级政府财政部门取得财政拨款的县级以上工会，不填列本表。

（二）本表“项目”栏内各项目，应当根据县级以上工会取得的财政拨款分项设置。其中“项目支出”项目下，根据每个项目设置。

（三）本表各栏及其对应项目的内容和填列方法。

1.“年初财政拨款结转结余”栏中各项目，反映县级以上工会年初各项财政拨款结转结余的金额。各项目应当根据“财政拨款结转”“财政拨款结余”科目及其明细科目的年初余额填列。本栏中各项目的数额应当与上年度财政拨款收入支出表中“年末财政拨款结转结余”栏中各项目的数额相等。

2.“调整年初财政拨款结转结余”栏中各项目，反映县级以上工会对年初财政拨款结转结余的调整金额。各项目应当根据“财政拨款结转”“财政拨款结余”科目下“年初余额调整”明细科目及其所属明细科目的本年发生额填列；如调整减少年初财政拨款结转结余，以“-”号填列。

3.“本年归集上缴”栏中各项目，反映县级以上工会本年按规定实际上缴的财政拨款结余资金金额。各项目应当根据“财政拨款结余”科目下“归集上缴”科目及其所属明细科目的本年发生额，以“-”号填列。

4.“单位内部调剂”栏中各项目，反映县级以上工会本年财政拨款结转结余资金在工会内部不同项目等之间的调剂金额。各项目应当根据“财政拨款结转”和“财政拨款结余”科目下的“单位内部调剂”明细科目及其所属明细科目的本年发生额填列；对工会内部调剂减少的财政拨款结余金额，以“-”号填列。

5.“本年财政拨款收入”栏中各项目，反映县级以上工会本年从同级政府部门取得的财政预算拨款金额。各项目应当根据“政府补助收入”科目下“财政拨款收入”明细科目及其所属明细科目的本年发生额填列。

6.“本年财政拨款支出”栏中各项目，反映县级以上工会本年发生的财政拨款支出金额。各项目应当根据除“安排预算稳定调节基金”科目以外的各支出类科目下“财政拨款”明细科目及其所属明细科目的本年发生额填列。

7.“年末财政拨款结转结余”栏中各项目，反映县级以上工会年末财政拨款结转结余的金额。各项目应当根据“财政拨款结转”“财政拨款结余”科目及其所属明细科目的年末余额填列。

四、国有资产情况表编制说明

（一）本表反映县级以上工会年末持有的国有资产情况。县级以上工会应当按年度编制国有资产情况表。

（二）本表“年初余额”栏各项目金额，应当根据上年度国有资产情况表“年末余额”栏内各对应项目数字填列。

（三）本表“年末余额”栏各项目的内容和填列方法。

1.“货币资金”项目，反映县级以上工会年末库存现金及银行存款中财政拨款的合计数。本项目应当根据“库存现金”“银行存款”科目下“国有资产”明细科目年末余额的合计数填列。

2.“财政应返还额度”项目，反映县级以上工会年末财政应返还额度的金额。本项目应当根据“财政应返还额度”科目的年末余额填列。

3.“库存物品”项目，反映县级以上工会年末存储的财政拨款形成的库存物品的实际成本。本项目应当根据“库存物品”科目下“国有资产”明细科目的年末余额填列。

4.“流动资产合计”项目，反映工会期末流动资产中国有资产的合计数。本项目应当根据本表中“货币资金”“财政应返还额度”“库存物品”项目金额的合计数填列。

5.“在建工程”项目，反映县级以上工会年末所有的建设项目工程中国有资产部分的实际成本。本项目应当根据“在建工程”科目下“国有资产”明细科目的年末余额填列。

6.“固定资产原值”项目，反映县级以上工会年末固定资产中国有资产部分的原值。本项目应当根据“固定资产”科目下“国有资产”明细科目的年末余额填列。

“累计折旧”项目，反映县级以上工会年末固定资产中国有资产部分已计提的累计折旧金额。本项目应当根据“累计折旧”科目下“国有资产”明细科目的年末余额填列。

“固定资产净值”项目，反映县级以上工会年末固定资产中国有资产部分的账面价值。本项目应当根据“固定资产原值”项目减去“累计折旧”项目后的金额填列。

7.“无形资产原值”项目，反映县级以上工会年末无形资产中国有资产部分的原值。本项目应当根据“无形资产”科目下“国有资产”明细科目的年末余额填列。

“累计摊销”项目，反映县级以上工会年末无形资产中国有资产部分已计提的累计摊销金额。本项目应当根据“累计摊销”科目下“国有资产”明细科目的年末余额填列。

“无形资产净值”项目，反映县级以上工会年末无形资产中国有资产部分的账面价值。本项目应当根据“无形资产原值”项目减去“累计摊销”项目后的金额填列。

8.“长期待摊费用”项目，反映县级以上工会年末已经支出的，应由本期和以后各期负担的分摊期限在1年以上（不含1年）的财政拨款支出。本项目应当根据“长期待摊费用”科目下“国有资产”明细科目的年末余额填列。

9.“非流动资产合计”项目，反映县级以上工会年末非流动资产中国有资产的合计数。本项目应当根据本表中“在建工程”“固定资产净值”“无形资产净值”“长期待摊费用”项目金额的合计数填列。

10.“资产总计”项目，反映县级以上工会年末国有资产的合计数。本项目应当根据“流动资产合计”项目与“非流动资产合计”项目金额的合计数填列。

五、成本费用表编制说明

（一）本表反映县级以上工会某一会计期间内的成本费用情况。县级以上工会至少应当编制月度、年度成本费用表，可以根据需要编制季度、半年度成本费用表。

（二）编制年度成本费用表时，将“本月数”栏改为“本年数”栏，将“本年累计数”栏改为“上年数”栏。

（三）本表“本月数”栏内各项目，根据本月各项目的实际发生额填列。年度成本费用表“本年数”栏内各项目，根据本年度各项目的实际发生额填列。

本表“本年累计数”栏内各项目，根据自年初至本期期末各项目的累计实际发生额填列，也可以根据上月成本费用表“本年累计数”加上本月成本费用表“本月数”后的金额填列。

年度成本费用表“上年数”栏内各项目，根据上年度成本费用表“本年数”栏内各对应项目数字填列。

（四）本表“本月数”栏各项目的内容和填列方法。

1.“职工活动组织费用”项目，反映县级以上工会组织开展职工教育活动、文体活动、宣传活动、劳模疗休养活动等所发生的费用。本项目根据“职工活动组织支出”科目的本期发生额填列。

2.“职工服务费用”项目，反映县级以上工会开展职工劳动和技能竞赛活动、职工创新活动、建家活动、职工书屋、职工互助保障、心理咨询等工作发生的费用。本项目根据“职工服务支出”科目的本期发生额填列。

3.“维权费用”项目，反映县级以上工会用于维护职工权益的费用。本项目根据“维权支出”科目的本期发生额填列。

4.“业务费用”项目，反映县级以上工会培训工会干部、加强自身建设及开展业务工作发生的费用。本项目根据“业务支出”科目的本期发生额填列。

5.“行政费用”项目，反映县级以上工会为行政管理、后勤保障等发生的各项费用。本项目根据“行政支出”科目的本期发生额填列。

6.“补助下级费用”项目，反映县级以上工会补助下级发生的费用。本项目根据“补助下级支出”科目的本期发生额填列。

7.“对附属单位的费用”项目，反映县级以上工会按规定对附属企事业单位补助发生的费用。本项目根据“对附属单位的支出”科目的本期发生额填列。

8.“折旧及摊销费用”项目，反映县级以上工会应承担的折旧、摊销及待摊费用。本项目根据“累计折旧”“累计摊销”“长期待摊费用”科目本期贷方发生额的合计数填列。

9.“其他费用”项目，反映县级以上工会发生的除以上费用项目外的其他费用。本项目根据“其他支出”科目的本期发生额填列。

10.“调整事项”项目，反映由于会计核算基础差异导致的费用调整金额。本项目根据本期调整事项的实际发生额填列，若为调减事项，以“–”号填列。

11.“费用总计”项目，反映县级以上工会发生的成本费用合计数。本项目根据本表中“职工活动组织费用”“职工服务费用”“维权费用”“业务费用”“行政费用”“补助下级费用”“对附属单位的费用”“折旧及摊销费用”“其他费用”和“调整事项”项目金额的合计数填列。

（五）调整事项。

1. 调整库存物品对当期费用的影响。

当期购入库存物品的支出，不作为当期费用；当期领用、发出库存物品对应的支出，作为当期费用。县级以上工会应当将“库存物品”科目期初余额减去期末余额后的差额，作为当期费用的调增金额。

2. 调整在建工程对当期费用的影响。

建设项目竣工验收并交付使用时，县级以上工会应当将在建工程中“待核销基建支出”明细科目的本期发生额计入当期费用，作为当期费用的调增金额。

3. 调整其他事项对当期费用的影响。

存在其他事项因核算基础不同导致当期费用与支出存在差异的，比照上述原则进行处理。

第六部分　会计报表附注

一、工会的年度会计报表附注至少应当披露下列内容：

（一）遵循《工会会计制度》的声明；

（二）整体财务状况、预算执行情况的说明；

（三）重要会计政策、会计估计及其变更情况的说明；

（四）会计报表重要项目的进一步说明，包括其主要构成、增减变动情况等；

（五）重要资产处置、资产重大损失情况的说明；

（六）以名义金额计量的资产名称、数量等情况，以及以名义金额计量理由的说明；

（七）以前年度结转结余调整情况的说明；

（八）有助于理解和分析会计报表需要说明的其他事项。

二、法律、行政法规和国家统一的会计制度另有规定的，从其规定。

附录 2

工会固定资产折旧年限表

<table>
<tr><th>固定资产类别</th><th colspan="2">内容</th><th>折旧年限（年）</th></tr>
<tr><td rowspan="7">房屋及构筑物</td><td rowspan="4">业务及管理用房</td><td>钢结构</td><td>不低于 50</td></tr>
<tr><td>钢筋混凝土结构</td><td>不低于 50</td></tr>
<tr><td>砖混结构</td><td>不低于 30</td></tr>
<tr><td>砖木结构</td><td>不低于 30</td></tr>
<tr><td colspan="2">简易房</td><td>不低于 8</td></tr>
<tr><td colspan="2">房屋附属设施</td><td>不低于 8</td></tr>
<tr><td colspan="2">构筑物</td><td>不低于 8</td></tr>
<tr><td rowspan="8">通用设备</td><td colspan="2">计算机设备</td><td>不低于 6</td></tr>
<tr><td colspan="2">办公设备</td><td>不低于 6</td></tr>
<tr><td colspan="2">车辆</td><td>不低于 8</td></tr>
<tr><td colspan="2">图书档案设备</td><td>不低于 5</td></tr>
<tr><td colspan="2">机械设备</td><td>不低于 10</td></tr>
<tr><td colspan="2">电气设备</td><td>不低于 5</td></tr>
<tr><td colspan="2">雷达、无线电和卫星导航设备</td><td>不低于 10</td></tr>
</table>

续 表

固定资产类别	内容	折旧年限（年）
通用设备	通信设备	不低于 5
	广播、电视、电影设备	不低于 5
	仪器仪表	不低于 5
	电子和通信测量设备	不低于 5
	计量标准器具及量具、衡器	不低于 5
专用设备	食品加工专用设备	10—15
	纺织设备	10—15
	缝纫、服饰、制革和毛皮加工设备	10—15
	医疗设备	5—10
	安全生产设备	10—20
	环境污染防治设备	10—20
	文艺设备	5—15
	体育设备	5—15
	娱乐设备	5—15
家具、用具及装具	家具	不低于 15
	用具、装具	不低于 5

中国工会审计条例

1. 2023 年 3 月 10 日
2. 总工发〔2023〕6 号

第一章 总 则

第一条 为加强党对工会审计工作的领导，规范工会审计行为，提高工会经费使用效益，维护工会资产安全，根据《中华人民共和国工会法》、《中华人民共和国审计法》和《中国工会章程》，制定本条例。

第二条 工会坚持经费独立原则，依法建立对工会经费收支、资产管理等全部经济活动的审计监督制度。

第三条 工会审计是指各级工会经费审查委员会（以下简称经审会）在同级工会党组织领导下，依照法律法规和《中国工会章程》规定的职责、权限和程序，对工会财务收支、资产管理、内部控制、风险管理等全部经济活动实施独立、客观的监督、评价和建议的活动。

同级工会未建立党组织的，其经审会接受所在单位隶属的党组织领导，向所在单位隶属的党组织报告审计工作。

第四条 工会审计实行统一领导、分级管理、分级负责、下审一级的工作体制。工会审计的制度和办法由中华全国总工会统一制定。

第五条 工会审计遵循依法审计、服务大局、突出重点、注重实效的工作方针。

第六条 经审会依照法律法规和《中国工会章程》独立履行审计监督职责，被审计单位及其有关人员不得拒绝和阻碍工会审计人员履行职责，不得打击报复工会审计人员。

第七条 工会审计人员在办理审计事项中，应当恪守国家审计准则规定的严格依法、正直坦诚、客观公正、勤勉尽责、保守秘密等基本审计职业道德和审计纪律。

第八条 经审会的审计结果作为同级工会、上级工会及其有关部门评选先进和工作考核的重要依据。

第九条 工会审计应当接受国家审计机关的业务指导和监督。

第二章 工会审计机构和人员

第十条 经审会应当与同级工会委员会同时考察、同时报批、同时选举产生。

第十一条 经审会向同级工会会员大会或者会员代表大会负责并报告工作；大会闭会期间，向同级工会委员会负责并报告工作。上级经审会对下级经审会进行业务指导和监督考核。

经审会定期向同级工会党组织报告审计工作。

第十二条 经审会委员由政治素质高、业务能力强、具有相关专业知识的工会干部和会员担任并经民主选举产生。县级以上工会经审会委员人数不少于同级工会委员会委员人数的20%，最低不少于5人；基层工会经审会委员人数一般3至11人。经审会委员中具有审计、财会专业知识的人员不少于三分之二。

第十三条 工会主席、分管财务和资产的副主席、工会财务人员和资产管理人员，不得担任同级工会经审会委员。

第十四条 全国总工会和省、自治区、直辖市总工会以及独立管理经费的全国产业工会经审会，应当设置常务委员会。

第十五条 全国总工会经审会委员实行替补制。各级地方总工会、独立管理经费的产业工会和机关工会联合会经审会委员也可以实行替补制。

第十六条 全国总工会、各级地方总工会、独立管理经费的产业工会和机关工会联合会的经费审查委员会办公室（以下简称经审办），作为经审会的日常工作机构，承担工会经费审查审计监督工作。

第十七条 工会应当建设信念坚定、为民服务、业务精通、作风务实、敢于担当、清正廉洁的高素质专业化审计队伍。

经审会应当加强对审计人员遵守法律法规和履行职责情况的监督，督促审计人员依法履职尽责。

第十八条 工会审计人员应当具备与其从事审计业务相适应的专业知识和职业能力。

第十九条 经审会根据工作需要，可以委托具有相应资质的社会中介机构对有关事项进行审计；可以聘请具有审计、财会等专业资格和职业能力的人员参与审计工作。

经审会应当加强对外聘社会中介机构和人员的指导检查、监督评价和质量控制，对审计方案、审计工作底稿、审计报告等进行审核，根据审计工作完成情况，建立考评和退出机制。

第二十条 工会审计人员不得从事可能影响独立、客观履行审计职责的工作，不得参与、干预、插手被审计单位及其相关单位的经济管理活动；在办理审计事项中，与被审计单位或者审计事项有利害关系的应当回避；对在履行职责中知悉的国家秘密、工作秘密、商业秘密、个人隐私和个人信息，应当予以保密，不得泄露或者向他人非法提供。

第三章 工会审计职责

第二十一条 经审会对本级工会及其所属企事业单位和下一级工会的下列事项进行审计：

（一）贯彻落实党和国家相关重大经济社会政策措施以及全国总工会决策部署情况；

（二）与经济活动有关的发展规划、战略决策、重大措施以及年度业务计划执行情况；

（三）经费预算编制和调整、预算执行、决算草案以及其他财务收支情况；

（四）经费计提和拨缴情况；

（五）专项资金物资的筹措、拨付、管理和使用情况；

（六）资产的管理、使用和处置情况；

（七）本级工会及其所属企事业单位建设项目情况；

（八）本级工会及其所属企事业单位对外投资情况；

（九）内部控制及风险管理情况；

（十）经费使用效益和资产经营效益情况；

（十一）撤并时的财务清算情况；

（十二）工会管理和委托其他单位管理的社会捐赠资金、各类基金的收支情况；

（十三）其他需要审计的有关事项。

以上事项，必要时可以进行延伸审计。

第二十二条 经审会对本级工会预算执行情况要每年审计，对下一级工会预算执行情况的审计至少在本届任期内全覆盖。

经审会对涉及本地区本产业本系统全局的重大项目，有权统一组织开展跨层级、跨区域审计或者专项审计。

第二十三条 经审会接受本级工会干部管理部门的书面委托，对本级工会内部管理的领导人员履行经济责任情况进行审计。

经审会实施经济责任审计时，参照执行国家有关经济责任审计的规定。

第二十四条 经审会可以对被审计单位依法依规应当接受审计的事项进行全面审计，也可以对其中的特定事项进行专项审计或者专项审计调查。

第二十五条 上级经审会对其审计职责范围内的审计事项，可以授权下级经审会进行审计。

下级经审会应当配合协助上级经审会开展各项审计工作。

第四章 工会审计权限

第二十六条 经审会有权要求被审计单位提供财务、会计资料以及与财务收支有关的业务、管理等资料，包括电子数据和有关文档。被审计单位不得拒绝、拖延、谎报。

被审计单位负责人应当对本单位提供资料的及时性、真实性和完整性负责，并作出书面承诺。

经审会对取得的资料进行综合分析，需要向被审计单位核实有关情况的，被审计单位应当予以配合。

第二十七条 经审会进行审计时，有权检查被审计单位的财务、会计资料以及与财务收支有关的业务、管理等资料和资产，有权检查被审计单位信息系统的安全性、可靠性、经济性，被审计单位不得拒绝。

第二十八条 经审会进行审计时，有权就审计事项的有关问题向有关单位、部门和个人进行调查和询问，并取得有关证明材料。有关单位、部门和个人应当配合、协助经审会工作，如实向经审会反映情况，提供有关证明材料。

第二十九条 经审会进行审计时，经经审会主要负责人批准，有权对可能被转移、隐匿、篡改、毁弃的财务、会计资料以及与财务收支有关的业务、管理等资料，采取暂时封存的措施。

第三十条 经审会进行审计时，有权对正在进行的严重违法违规、严重损失浪费行为及时向单位主要负责人报告，经同意作出临时制止决定。

经审会有权提出纠正、处理违法违规行为的意见和改进管理、提高绩效的建议。

第三十一条 经审会有权对审计结果以适当方式进行通报。

经审会有权对违法违规和造成损失浪费的被审计单位和人员，给予通报批评或者提出追究责任的建议。

经审会对严格遵守财经法规、经济效益显著、贡献突出的被审计单位和个人，可以向单位党组织、主要负责人提出表彰建议。

第三十二条 经审会对审计中发现的严重违法违规、严重损失浪费等问题，以及被审计单位经济运行中存在的重大风险隐患，有权向同级工会党组织、工会委员会和上一级经审会报告。

第五章 工会审计程序

第三十三条 经审会根据同级工会委员会的工作部署和上级经审会的要求，制订年度审计工作计划。

第三十四条 经审会根据年度审计工作计划，确定审计项目，成立审计组，制订审计实施方案。

审计组审计人员不得少于 2 人，实行审计组组长负责制。

第三十五条 经审会应当在实施审计 3 日前，向被审计单位送达审计通知书。遇有特殊情况，报经审会主要负责人批准后，可以直接持审计通知书实施审计。

第三十六条 审计人员通过审查财务、会计资料，查阅与审计事项有关的文件、资料，检查现金、实物、有价证券和信息系统，向有关单位和个人调查等方式进行审计，取得审计证据，做好审计记录，编制审计工作底稿。

向有关单位和个人进行调查时，审计人员应当不少于 2 人。

第三十七条 审计组对审计事项实施审计后，依据相关法律法规和内部控制制度作出审计评价，对需要整改的事项提出审计意见和建议，形成审计组的审计报告，并征求被审计单位的意见。

第三十八条 被审计单位自接到审计组的审计报告之日起 10 日内，应当向审计组回复书面意见，逾期不回复的，视同无异议。

第三十九条 经审会审核审计组的审计报告、研究被审计单位的书面意见后，出具经审会的审计报告，对违反财经法律法规的行为在职权范围内作出审计决定，并将经审会的审计报告或者审计决定送达被审计单位。审计决定自送达之日起生效。

第四十条 被审计单位自收到经审会的审计报告或者审计决定之日起 30 日内，将整改落实情况书面报告给出具审计报告或者审计决定的经审会。

第四十一条 被审计单位或者相关责任人员对经审会作出的审计决定不服的，自收到审计决定之日起 60 日内，可以向出具审计决定的上一级经审会书面申请复审。上一级经审会自收到书面复审申请之日起 60 日内，应当作出复审决定。复审期间执行原审计决定。

第四十二条 经审会发现下一级经审会作出的审计决定违反国家有关规定或者有重大错误的，应当责成下一级经审会予以变更或者撤销，必要时可以直接作出变更或者撤销决定。

第四十三条 经审会应当建立健全审计整改监督检查机制，对被审计单位进行审计回访，督促其落实整改意见，执行审计决定。

审计组在审计实施过程中，应当及时督促被审计单位整改审计发现的问题。

经审会在出具审计报告、作出审计决定后，应当在规定的时间内检查或者了解被审计单位和其他有关单位的整改情况。对于定期审计项目，经审会可以结合下一次审计，检查或者了解被审计单位的整改情况。

第四十四条 经审会应当每年向同级工会党组织和工会委员会报告审计结果和整改落实情况。

第四十五条 经审会对办理的审计项目、专项审计调查、审计复审、审计整改监督检查等，按照工会审计业务公文处理规定和审计档案管理规定建立档案。

第六章　工作保障

第四十六条 各级工会领导班子应当自觉接受审计监督，支持经审会和工会审计人员依法独立履行职责。

第四十七条 各级工会党组织应当建立健全党领导工会经审工作机制，各级工会党组织、领导班子应当定期听取经审会的审计工作汇报，加强对经审工作规划、年度审计计划、审计质量控制、问题整改和队伍建设等重要事项的管理。

第四十八条 被审计单位主要负责人是整改第一责任人。各级工会应当建立健全审计发现问题整改机制，对审计发现的问题和提出的建议，被审计单位应当及时整改，并将整改结果书面报告经审会。

第四十九条 各级工会对经审会审计发现的典型性、普遍性、倾向性问题，应当及时分析研究，制定和完善相关管理制度，建立健全内部控制措施。

第五十条 经审会应当建立审计事项移交制度，依法依规移交应当由其他有关部门（单位）处理、纠正或者追究有关单位、人员责任的事项，有关部门（单位）应当依法依规及时作出决定，并将结果书面反馈经审会。

经审会应当加强与内部纪检监察、巡视巡察、组织人事等其他内部监督力量的协作配合。

各级工会应当将审计结果及整改情况作为考核、任免、奖惩工会干部和相关决策的重要依据。

第五十一条 各级工会对经审会审计发现的重大违纪违法问题线索，应当按照管辖权限依法依规及时移送纪检监察机关、司法机关。

第五十二条 经审会主任应当参加工会党组会议、主席办公会议、常委会议和研究工会重大经济活动的会议；经审办主任应当参加涉及工会经费、资产和相关经济活动的会议。

第五十三条 各级工会应当为经审会开展审计工作，提供必要的人力、物力、财力保障和工作条件，履行审计职责所需经费，应当纳入本级工会年度经费预算。

第五十四条 各级工会应当加强工会审计人员队伍建设，落实经审会主任任期培训制度和工会审计人员培训规划，做好工会审计人员的配备、使用、考核和管理工作。

第五十五条 各级工会应当支持经审会加强审计工作规范化建设，健全审计工作运行机制，完善审计质量评价体系。

各级工会应当根据工会审计工作特点，完善工会审计人员考核评价制度，保障工会审计人员享有相应的晋升、交流、任职、薪酬及相关待遇。

第五十六条 上级经审会应当加强对下级经审会的业务指导和工作支持，对在工会审计工作中做出突出成绩的单位和个人给予表彰和奖励。

对连续多年在工会审计工作中作出突出成绩的单位和个人，上级经审会可以向下级工会党组织、领导班子提出嘉奖、记功的建议。

第七章　相关责任

第五十七条 被审计单位有下列情形之一的，由单位党组织、领导班子责令改正，并对直接负责的主管人员和其他直接责任人员进行处理：

（一）拒绝接受或者不配合工会审计工作的；

（二）拒绝、拖延提供与审计事项有关的资料，或者提供资料不真实、不完整的；

（三）拒不纠正审计发现问题的；

（四）整改不力、屡审屡犯的；

（五）违反国家规定或者工会内部规定的其他情形。

第五十八条 经审会和审计人员有下列情形之一的，由同级工会党组织、领导班子对直接负责的主管人员和其他直接责任人员进行处理；涉嫌犯罪的，移送有关机关依法追究刑事责任：

（一）徇私舞弊、玩忽职守，给国家和工会造成重大损失的；

（二）隐瞒审计查出的问题或者提供虚假审计报告的；

（三）泄露国家秘密或者商业秘密的；

（四）利用职权谋取私利的；

（五）违反国家规定或者工会内部规定的其他情形。

第五十九条 工会审计人员因履行职责受到打击、报复、陷害的，工会党组织、领导班子应当及时采取保护措施，并对相关责任人员进行处理；涉嫌犯罪的，移送有关机关依法追究刑事责任。

第八章 附 则

第六十条 各级工会可以根据本条例制定具体实施办法。

第六十一条 上级经审会应当指导和督促下级经审会执行本条例，对下级经审会执行本条例的情况进行检查。

第六十二条 本条例由中华全国总工会负责解释。

第六十三条 本条例自发布之日起施行。中华全国总工会于2011年4月8日发布的《中国工会审计条例》（总工发〔2011〕27号）同时废止。

中华全国总工会关于推动工会资产实现高质量发展的指导意见

1. 2019年10月30日
2. 总工办发〔2019〕18号

为深入学习贯彻习近平新时代中国特色社会主义思想和党的十九大精神，认真落实全国总工会深化改革创新的部署要求，推动工会资产实现高质量发展，突出工会资产公益性服务性，充分发挥服务职工群众的重要作用，现提出如下指导意见。

一、总体要求

（一）基本原则。

——坚持突出公益性服务性。始终以保持和增强工会组织和工会工作的政治性、先进性、群众性为根本标尺，牢牢把握工会资产公益性服务性这一根本要求，坚持工会资产以广大职工为服务对象，坚持工会资产服务职工的主责主业，努力为广大职工办好事、做实事、解难事，不断促进工会服务职工体系健全完善。

——坚持问题导向。着力解决工会资产公益性服务性政策不落实、有效供给不足、监管体制不健全、基础管理工作薄弱等突出问题，建立健全社会效益和经济效益相统一的工会资产运营管理体制机制，不断提高管理质量和服务水平。

——坚持加强顶层设计。坚持系统思维，做好整体谋划，研究制定推动高质量发展的指标体系、政策体系、标准体系、统计体系、考核体系，做到让考核为刚性、向管理要效益、靠制度保落实、用改革增活力、以发展树形象，把高质量发展要求贯穿于工会资产工作全过程。

——坚持分类施策。在全面发展各级各类工会资产的同时，坚持以职工文体教育、职工疗休养、职工互助保障三大服务领域资产为发展重点，分类施策，破解资产管理体制和运营机制难题，提高资产运营效益和服务职工的能力。

——坚持创新发展。围绕实现工会资产高质量发展，结合本地区、本行业、本单位实际，明确发展路径和具体措施，突出特色，发挥优势。把创新作为引领发展的第一动力，支持改革，鼓励创新，以创新驱动发展。

——坚持稳中求进。立足于“稳”，着眼于“进”，依法依规推进工会资产的监督管理和工会企事业改革发展，做到以稳求进、以进固稳，努力实现工会资产的健康发展、可持续发展，提高发展质量效益。

（二）发展目标。

工会资产高质量发展包括工会资产监督管理工作高质量发展和工会企事业高质量发展两个方面。总目标是实现工会资产产权清晰、特色鲜明、管理规范、效益良好，做优做强工会资产。做优，就是要实现优质服务、优良业绩、优美环境、优秀队伍；做强，就是要实现主业突出、制度完善、运行高效、管理科学。

工会资产监督管理工作高质量发展的主要目标，是工会资产实现科学配置、规范使用、有效运营、全面监督。在全国范围内，实现工会资产不动产权登记率逐步提高。工会资产监管体制更加完善，管理制度更加健全，监管效能不断提高。

工会企事业高质量发展的主要目标，是通过宏观上加强顶层设计和政策指导，推动工会企事业聚焦主业、深化改革、加强管理、加快发展，不断提升工会企事业服务职工的能力和水平。在全国范围内，实现工会企事业资产总额和总收入逐步提高。科学规范的现代管理制度基本建立，灵活高效的资产运营机制得到健全，服务能力和整体竞争力明显增强，形成一批覆盖面广、影响力大的工会资产服务品牌。

二、完善指标体系

（三）社会效益指标。坚持把社会效益放在首位，实现社会效益和经济效益的有机统一。社会效益指标主要体现在：当地党和政府把公益性工会事业资产纳入公共服务体系；主管工会把工会资产工作纳入本级工会中心工作；构建联系基层、服务基层的平台和机制；政府主管部门行业评价较高；获得上级奖励或表彰，品牌示范作用发挥较好；聚焦主责主业，主营业务收入占比较高；服务活动覆盖面较广，职工普惠受益；基层工会和职工满意度评价较高等。

（四）经济效益指标。主要体现在：行政性资产、公益一类事业单位、纳入财政或工会经费全额预算管理的事业单位资产安全完整；公益二类事业单位收支基本平衡，资产保值增值，具有自我发展能力；企业经营类单位在人均劳动生产率、成本费用率、净资产报酬率、市场占有率等方面基本达到市场同类企业的平均水平。

三、明确政策体系

（五）落实党和国家公益性服务性法律法规和政策。加大源头参与和法律政策协调力度，加强与文化和旅游部、国家卫生健康委员会、国家医疗保障局等有关部门的协调对接，把工会资产工作纳入党和国家工作大局，形成推动工会资产高质量发展的合力。充分利用向党委汇报工作、工会与政府联席会议、公共文化服务体系协调小组等机制和平台，推动落实《公共文化服务保障法》等法律和政策规定。积极争取同级政府把工人文化宫、工人疗休养院、职工互助保障组织纳入当地公共文化、卫生健康、保障服务体系，推动把工人文化宫、工人疗休养院等工会事业单位分类改革政策落实到位。

（六）完善工会资产资金保障机制。推动构建财政资金支持与工会经费合理保障相结合的多渠道资金保障机制。在政府给予补助的同时，根据单位性质、运营模式、建筑规模、财政保障政策等情况，把工会公益性事业单位的人员经费、日常运营费用、公益活动费用列入本级工会年度预算，保障其充分履行公益服务职能，实现公益性支出稳步提升。采取以事定费、购买服务、专项补助或以奖代补等方式，支持工会资产服务阵地承办职工文化体育、教育培训、疗休养、互助保障、法律援助等公益性活动，加快工会资产服务阵地基础设施设备更新、改造和升级，加大对下级工会所属的工会资产服务阵地扶持力度。鼓励工会企事业单位积极争取社会资金以赞助、捐赠、冠名等形式参与公益活动。

（七）完善工会资产监督管理体制。落实工会资产“统一所有、分级监管、单位使用”监管体制要求，坚持一级管一级，压实各级工会监管主体责任，强化工会资产监管组织体系、工作体系、制度体系和责任体系，管住管严管好工会资产。健全工会资产监管机构，明确监管责任部门，落实监管职责。省级工会、省会城市工会以及工会企事业资产规模较大的城市工会，要健全完善工会资产监督管理机构，其他市、县级工会要结合本地区实际，明确资产监督管理责任部门和工作人员。坚持把统一监管和分类监管相结合，实行工会经营性资产集中统一监管，条件成熟的可探索集中运营、集团化的管理模式，实现从管资产向管资本转变。完善工会资产监管制度体系，落实工会行政事业性资产和企业资产管理有关制度。建立健全工会资产监管工作责任制，重点抓好本级和下一级工会资产监督管理工作，发挥示范引领作用。加强与财政、自然资源、住房和城乡建设、审计等政府部门的协作配合，提高工会资产监督管理科学化水平。

（八）创新工会资产运营机制。健全工会企事业单位法人治理结构，建立权责对等、运转协调、有效制衡的工会资产决策执行监督机制，推动工会企事业单位成为权责明晰、运转高效的法人主体。坚持和完善公益导向与社会化、市场化运作相结合的运营机制，充分发挥工会经营性资产和非经营性资产各自的作用和价值。以推进工会事业单位分类改革为契机，积极稳妥推进工会生产经营类事业单位转企改制工作。推进工会企业改革，在生产经营、劳动用工、人事管理、收入分配等方面给与工会企业充分的自主权，使其真正成为市场主体。

（九）构建工会资产高质量供给体系。按照“巩固、增强、提升、畅通”要求，推进工会资产供给侧结构性改革，增加有效供给和优质服务，提高工会资产服务能力和水平。深入挖掘工人文化宫、职工书屋、工人疗休养院、职工互助保障组织、职工学校、海员俱乐部、职工之家等工会资产特有名称的品牌价值，打造一批服务品质优良、广大职工认可、社会影响广泛的工会资产特色服务品牌和服务阵地集群。

四、构建标准体系

（十）遵循国家标准。严格遵循国家法律法规和政府行业主管部门制定的强制性标准，推进各领域工会资产实现手续完备、证照齐全、服务达标、管理规范。细化实化各级工会主管责任和工会企事业单位主体责任，严格遵守安全生产、食品安全、消防安全、环境保护、产品质量等各项标准。

（十一）明确行业标准和业务规范。构建具有工会特点、内容科学、结构合理、衔接有序的工会资产行业标准体系和业务规范，实现标准统一、有效供给。加强工人文化宫、工人疗休养院、职工互助保障组织等工会资产服务阵地的行业标准和业务规范建设工作。

五、推进信息系统建设体系

（十二）加快信息系统建设。按照“全面、准确、细化、动态”的要求，加快推进工会资产监管信息系统建设，建立工会资产基础数据库，实现资产管理工作信息化。积极探索工会资产管理信息系统与工会财务系统、经审系统、预算系统的相互对接，实现资产管理数据共享。把信息化建设与资产统计、资产清查等基础工作结合起来，创新统计方法，完善统计规范，实现统计动态监测。

（十三）完善工会资产统计制度。落实工会资产统计制度，合理设置统计指标，健全反映工会资产重点领域、重点环节高质量发展的统计指标体系，完善不同地区和不同行业的统计分类标准。把握统计数据上报、审核和分析的重点环节，强化源头数据质量管控，督促调查对象依法建立健全原始记录、统计台账，做到数据真实、准确、完整。

（十四）强化资产管理数据分析和应用。加强工会资产管理信息分析利用工作，为管理决策和编制部门预算等提供参考依据。坚持问题导向，重点做好专题分析研究，及时发现问题、提出对策建议，为促进工会资产高质量发展提供有力数据支撑和咨询服务，推进资产管理数据由“数库”向“智库”转变。

六、强化考核体系

（十五）建立工会资产监管工作指导评价机制。建立健全县以上工会每年向上一级工会报告工会资产工作情况的制度，规范报告内容和程序，强化报告成果运用，充分发挥报告的对下指导评价作用。围绕实现工会资产高质量发展目标，把监管机构建设、资产运营、公益性政策落实、制度制定和执行、重大事项报批等情况纳入报告内容，重点体现工会资产产权登记率、工会企事业资产保值增值率、收入增长率、社会效益和经济效益指标实现情况等。

（十六）强化工会资产运营绩效和经营业绩考核机制。建立健全工会资产运营绩效和经营业绩考核指标体系、责任体系和评价体系，突出分类考核和差异化考核。根据工会企事业单位的不同功能和类别，合理设置考核权重，科学确定差异化考核标准，提高考核的科学性、针对性和导向性。根据工会企事业发展情况，逐步将激励考核、高质量发展考核、经济增加值考核等纳入配套考核。完善考核奖惩机制，强化考核刚性约束，逐步把考核结果与工会企事业单位领导班子薪酬挂钩，并作为干部职务任免的重要依据。

七、加强组织领导

（十七）加强党的领导。把坚持党的领导、加强党的建设和全面从严治党贯穿于工会资产高质量发展工作全过程。县级以上工会党组要切实履行领导责任，把推动工会资产高质量发展纳入重要议事日程，形成一级抓一级、一级对一级负责的责任体系。要把党建工作列入工会资产工作考核指标，促进党的建设和工会资产工作深度融合。坚持科学决策、民主决策、依法决策，坚持“三重一大”事项提交党组会议研究。认真落实党风廉政建设主体责任和监督责任，加强对重点领域、关键环节和重要岗位的监督，坚持靠制度管人、管事、管资产，严格落实中央八项规定及实施细则精神，确保廉洁从政、廉洁从业。

（十八）加强领导班子和人才队伍建设。选好配强工会企事业单位领导班子特别是一把手，严把政治标准，把政治强、敢担当、善管理、业务精的人才选拔到领导岗位上来。加强工会资产人才队伍梯队建设，合理设置岗位，逐步提高工会企事业单位专业人才比例，加大高层次专业技术人才配备力度，完善人才培养、吸引和使用机制，鼓励通过挂职、兼职、选调、合作、共建等方式汇聚和使用人才。加强工会资产监管工作队伍建设，实现监管机构人员数量、结构、素质与工会资产工作任务相适应。积极实施工会资产工作干部培训计划，加大工会资产监管干部和工会企事业负责人培训力度。畅通工会资产人才队伍流动通道，采取引进、上挂、下派、外派等多种方式，为工会资产工作各类人才提供干事创业的环境和平台。

（十九）加强统筹协调。坚持“谁主管、谁负责”的原则，明确各级工会及企事业单位主体责任。各级工会组织主要领导亲自抓，分管领导负责抓，资产监督管理部门负责牵头协调、组织实施和督促检查。组织、财务、经审及有关业务部门按照各自职责分工做好有关工作，形成推动高质量发展工作合力。健全县以上工会资产监督管理部门向同级工会经费审查委员会报告工会资产工作制度，充分发挥对工会资产的审计监督作用。

各省级工会要结合本地区实际研究制定具体实施办法，认真抓好落实。各地工会对本意见贯彻落实情况及时报全国总工会。

关于坚持公益性服务性方向 推进职工服务阵地社会化市场化运作的意见

1. 2022 年 3 月 11 日
2. 总工办发〔2022〕3 号

为深入学习贯彻落实习近平总书记关于工人阶级和工会工作的重要论述，推动职工服务阵地改革创新和高质量发展，更好服务职工群众，按照《工会法》、《中国工会章程》规定，现就坚持公益性服务性方向、推进职工服务阵地社会化市场化运作提出以下意见。

一、充分认识坚持公益性服务性方向、推进职工服务阵地社会化市场化运作的重要意义

各级工会所属的职工服务阵地是工会管理、使用的各级各类直接为职工服务的场所，是工会发挥党联系职工群众的桥梁和纽带作用的重要载体，是工会履行维权服务基本职责的物质保障。各级工会要站在服务党和国家工作大局和工会工作全局的高度，充分认识职工服务阵地坚持公益性服务性方向、推进社会化市场化运作的重要意义，进一步提高政治站位，切实履行建好、用好、管好、发展好职工服务阵地的政治责任。

（一）坚持公益性服务性方向、推进职工服务阵地社会化市场化运作，是保持和增强工会组织和工会工作政治性先进性群众性的必然要求。党的十八大以来，各级工会认真学习贯彻习近平总书记关于工人阶级和工会工作的重要论述，坚持“突出公益、聚焦主业、自主经营、依法监管”工作要求，深入推进工人文化宫、工人疗休养院清理整改，聚焦发展工会资产三大服务领域，充分发挥职工服务阵地服务大局、服务职工的重要作用，各项工作取得明显成效。坚持公益性服务性方向，加强职工服务阵地建设与管理，是加强职工思想政治引领、巩固党的阶级基础和群众基础的内在需要，是工会组织维护职工合法权益、构建服务职工长效机制的重要举措，是保持和增强工会组织和工会工作政治性先进性群众性的必然要求。

（二）坚持公益性服务性方向、推进职工服务阵地社会化市场化运作，是探索公益性服务性实现形式、更好服务职工群众的有效途径。面对职工群众日益增长的美好生活需要，一些工会所属的职工服务阵地存在聚焦主业不明显、功能布局相对滞后、服务供给不够丰富、资产使用效率不高甚至资产闲置等问题，迫切需要发展公益性服务性的有效实现形式，推动职工服务阵地向高品质和多样化升级。职工服务阵地的社会化，主要是以自有资源撬动社会力量参与职工服务阵地建设、管理、使用和发展，为职工提供高品质的服务。职工服务阵地的市场化，主要是运用市场机制深化内部体制机制改革，搞好搞活职工服务阵地。实践证明，社会化市场化运作是公益性服务性的重要实现形式，充分运用社会资源力量和市场运营机制参与职工服务阵地建设和管理，有利于巩固工人文化宫、工人疗休养院清理整改成果，有利于坚持公益性服务

性、更好服务职工群众。

（三）坚持公益性服务性方向、推进职工服务阵地社会化市场化运作，是推动工会资产实现高质量发展的有力举措。党和国家出台《公共文化服务保障法》、《基本医疗卫生与健康促进法》、《关于提高技术工人待遇的意见》、《关于加强和改进新时代产业工人队伍思想政治工作的意见》等法律和政策，为职工服务阵地发挥作用创造了良好制度环境。《工会法》、《中国工会章程》对突出工会企事业公益性服务性、加强工会资产监督管理提出明确要求。《中国工运事业和工会工作“十四五”发展规划》、《中华全国总工会关于推动工会资产实现高质量发展的指导意见》强调要加强阵地建设，推进职工服务阵地实现高质量发展。各级工会积极探索开展职工服务阵地社会化市场化运作试点，较好地盘活了阵地资源，激发了内生动力，解决了发展难题。社会化市场化运作是职工服务阵地运营机制和管理方式的改革创新，是推动职工服务阵地提升发展质量效益、实现社会效益和经济效益有机统一的有力举措。

二、坚持以职工为中心的工作导向，准确把握推进职工服务阵地社会化市场化运作的总体要求

各级工会要坚持公益性服务性方向，准确把握社会化市场化运作总体要求，努力走出一条推动工会资产实现高质量发展的新路子，为推动构建联系广泛、服务职工的工会工作体系作出积极贡献。

——坚持党对职工服务阵地建设管理工作的领导。认真学习贯彻习近平总书记关于工人阶级和工会工作的重要论述，贯彻落实全总党组、书记处关于加强和改进工会资产工作的决策部署，始终坚持党对工会资产工作的领导，坚持稳字当头、稳中求进，坚持围绕中心、服务大局，牢牢把握职工服务阵地社会化市场化运作正确的政治方向。

——坚持工会资产公益性服务性方向这一根本要求。始终以保持和增强工会组织和工会工作的政治性先进性群众性为根本标尺，牢牢把握工会资产公益性服务性这一根本要求，把服务职工群众、服务工会工作作为社会化市场化运作的出发点和落脚点，始终坚持职工服务阵地的经营非营利性、主业限定性、管理自主性和服务普惠性，在实践中不断丰富完善公益性服务性的实现形式，推动构建共建共享共赢发展格局。

——坚持以问题为导向推进职工服务阵地创新发展。牢牢把握深化工会工作改革创新的要求，推动有效解决职工服务阵地在改革发展中存在的突出问题，推动构建把社会效益放在首位、社会效益和经济效益相统一的体制机制，实现职工服务阵地质量变革、效率变革、动力变革。坚持试点先行，认真总结经验，加强工作指导，定期评估社会化市场化运作情况和实施效果，不断创新职工服务阵地发展的方式方法。

——坚持依法依规规范社会化市场化运行。坚持法治思维，严格遵守党和国家法律法规和政策，建立健全职工服务阵地社会化市场化运作机制，完善工作制度，确保工会资产安全完整、保值增值和有效利用。立足实际、分类施策，根据公益一类、公益二类事业单位、企业、社团组织等不同性质，实行分类改革、分类发展、分类监管、分类定责、分类考核，避免社会化市场化运作执行中的简单化和“一刀切”。

——坚持以推动工会资产实现高质量发展为目标。完整准确全面贯彻新发展理念，以社会化市场化运作促进职工服务阵地改善服务条件，优化服务环境，提升服务能力，加强人才队伍建设，健全工会资产高质量发展的工作体系。推动目前尚处于闲置状态、发展质量效益不高以及已完成清理整改工作的工人文化宫、工人疗休养院等职工服务阵地，优先探索社会化市场化运作方式，持续做优做强工会资产。

——坚持对社会化市场化运作实行有效的监督管理。坚持把全面从严治党方针贯穿到职工服务阵地社会化市场化运作全过程。压紧压实主管工会监管职工服务阵地的主体责任，坚持工会资产统一归口监管和职能部门齐抓共管相统一，依靠制度管住、管严、管好职工服务阵地，有效防范风险，确保社会化市场化运作性质不走样、原则不动摇、方向不偏离、程序不打折。

三、坚持从实际出发，积极探索和规范职工服务阵地社会化市场化运作的实现途径

各级工会要坚持从职工服务阵地建设和管理工作的实际出发，探索和规范符合职工服务阵地性质特点、推动实现高质量发展的运营管理方式。要准确把握社会化市场化运作的内涵，全面把握“突出公益、聚焦主业、自主经营、依法监管”的工作要求，积极探索和规范职工服务阵地社会化市场化运作的实现途径。

（一）落实公益保障政策，优化发展格局。加大源

头参与和法律政策协调力度，用好向党委汇报工作、工会与政府联席会议、公共文化服务体系协调小组等机制和平台，推动落实党和国家有关法律和政策规定，把职工服务阵地建设纳入各地经济社会发展大局。积极争取同级政府把工人文化宫、工人疗休养院、职工互助保障组织等职工服务阵地纳入当地公共文化、卫生健康、保障服务体系，推动其人员经费、活动经费、基本运行经费保障政策与当地同类公益性单位同等待遇，并享受水、电、气等公用服务价格优惠政策和税收优惠政策。鼓励职工服务阵地积极承接政府购买的公共文化、卫生、医疗、教育、养老等服务，促进地方公共服务体系建设。加强与地方党委、政府、群团组织等所属公共服务机构的互联互通，推动建立公益联盟，实现阵地联建、活动联推、项目联合、人才联动，构建党政重视、工会运作、多方支持的社会化发展格局。

（二）加强对外合作，拓宽发展路径。在充分利用自有阵地、人才、技术等资源开展工作的前提下，职工服务阵地要积极整合利用自有资源以外的力量，为职工提供高品质高标准的服务产品。一是加强职工服务阵地之间的合作。支持工会所属的各级各类职工服务阵地之间进行服务资源整合。鼓励成立协会、联合会等行业自治组织，加强行业交流、业务协同和自律管理。推动工人文化宫、职工学校、工人疗休养院、职工互助保障组织、职工服务中心、职工书屋、学习强会等职工服务阵地之间加强资源共享、信息共通、平台共建，积极承担工会的公益服务业务。二是加强职工服务阵地与工会外部的合作。支持工会所属的职工服务阵地与工会外部的社会组织、专业机构、企业之间进行合作，鼓励社会力量参与活动项目打造、产品和服务提供、服务资源配送等。合作项目内容应有利于强化职工服务阵地主责主业，有利于服务职工、服务基层。鼓励工人文化宫、工人疗休养院、职工互助保障组织等职工服务阵地整合社会志愿服务资源，培育社会专业服务团队。确需提供停车场、便利店、平价餐饮、文体健康用品等少量配套性质的准商业服务的，应规范合作方式，严格限制经营内容、使用面积，遵循紧密配套、便利职工、相对低价的原则。三是接受捐赠、赞助等。鼓励和支持慈善公益组织、社会力量通过捐赠资金或捐助设施设备、资助项目、赞助活动等方式，参与职工服务阵地建设和发展。

（三）深化体制机制改革，增强发展活力。贯彻落实党和国家关于事业单位改革和国有企业改革的方针政策和决策部署，在坚持公益性服务性的前提下，深化工会企事业体制机制改革，积极推动工会企事业按照市场经济规律办事，激发发展动力和活力，充分发挥工会公益性资产和经营性资产各自的作用和价值。工会公益类事业单位要按照国家关于事业单位改革的要求和《工会行政事业性资产管理办法》，深化劳动、人事和分配制度改革，强化激励约束机制，进一步完善功能布局，优化资源配置，提升运行效率，提高服务质量。积极稳妥推进工会经营类事业单位转企改制工作。工会企业要按照国家关于完善现代企业制度的要求和《工会企业资产管理办法》，遵循市场经济规律和企业发展规律，进一步健全法人治理结构，完善现代企业制度，成为依法自主经营、自负盈亏、自担风险、自我约束、自我发展的市场主体，成为自觉履行政治责任和社会责任的表率。工会企事业单位可根据实际需要，采用市场化手段引进专业团队和人才，提高专业化水平。工会所属企业可探索聘用职业经理人参与经营管理。

四、严格按制度办事，健全完善职工服务阵地社会化市场化运作机制

各级工会在推进社会化市场化运作过程中，要严格执行国家法律法规以及全国总工会关于工会资产工作的制度规定，建立健全社会化市场化运作机制。

（一）建立健全决策工作机制。社会化市场化总体运作方案应经主管工会集体审议决定，具体运作方案决策权限由各级工会根据实际研究确定。完善决策程序，社会化市场化运作一般应履行前期论证、集体决策、审批备案、协商签约等基本程序。在前期论证阶段，应对合作对象的资质、诚信记录、技术管理水平和综合实力等情况进行考察评估，选择政治可靠、实力过硬、专业能力强、信用度高的机构或团队开展合作。与工会外部的社会组织、专业机构、企业开展合作的，合作对象原则上应采取择优方式确定。强化风险防控意识，建立健全合作项目法律风险和经济风险前置审核机制。充分发挥职代会在职工民主决策、民主管理、民主监督中的重要作用。

（二）建立健全运行工作机制。要积极落实主管工会对社会化市场化运作的主导权、控制权。具体运营管理由双方共同负责，合作内容应服从服务于工会职责和职工服务阵地主责主业。合作项目应纳入职工服

务阵地统一管理，明确服务内容、数量和质量，向社会公布服务项目、开放时间、服务价格和服务流程，接受职工群众的监督，对劳动模范、技术工人、工会会员要有明确的免费或优惠措施。充分发挥社会力量专业优势，制定专业服务标准，提高服务质量，促进服务水平不断提升。适应数字化和智能化发展趋势，推动在社会化市场化运作中建立引进来和送出去相结合、线上和线下相结合的服务方式。职工服务阵地应以实现收支平衡、略有结余、持续发展为基本运营目标。社会化市场化运作的收入和支出应纳入工会预算管理体系。职工服务阵地提供服务可合理收取服务费用和场地运行费用，各级工会要严格规范职工服务阵地的收费标准和程序，收取费用应用于职工服务阵地的维护、管理和事业发展。

（三）建立健全试点工作机制。按照试点先行、逐步推开的原则，由省级总工会研究制定推进职工服务阵地社会化市场化运作的实施细则和配套规定，并选取部分职工服务阵地开展试点，逐步稳妥有序推广。要加强对试点工作的政策指导，深入实际、深入基层，及时总结提炼各级各类职工服务阵地社会化市场化运作经验，发挥试点示范引领作用，形成不同类型的可复制可推广的运作模式，确保社会化市场化运作健康发展。

（四）建立健全绩效考核评价机制。要始终把绩效考核评价作为检验社会化市场化运作成效的重要抓手。考核评价应以服务质量和效率、职工满意度为核心指标，考核评价不合格的，要及时整改；经整改无效的，要终止合作。坚持把社会化市场化运作的绩效考核评价与工会资产经营业绩考核工作结合起来，积极推进实施工会企事业经营业绩考核工作专项行动，逐步实现各级工会对本级工会所属职工服务阵地考核评价全覆盖。建立健全县级以上工会向上一级工会定期报告职工服务阵地运营情况制度，认真总结分析自主经营情况和社会化市场化运作情况。上一级工会要加强对下级工会所属服务阵地社会化市场化运作工作的指导评价。鼓励引进社会第三方对社会化市场化运作项目开展考核评价。

（五）建立健全监督管理机制。要贯彻落实全面从严治党方针，坚持和完善“统一所有、分级监管、单位使用”的工会资产监管体制，落实职工服务阵地开展社会化市场化运作的监督管理责任。坚持授权与监管相结合，放活与管好相统一，立足自身实际，依法依规探索和规范职工服务阵地社会化市场化运作的实现途径。建立职工服务阵地社会化市场化运作负面清单制度。推进社会化市场化运作的所有职工服务阵地，应坚持机构名称不变、产权关系不变、隶属关系不变、服务功能不变、主责主业不变。坚持和完善重大事项报告制度，把社会化市场化运作监管融入工会资产日常监督管理之中，强化全过程监管。工会资产监督管理部门牵头负责，工会纪检、组织、财务、经费审查等部门按照职责分工，对职工服务阵地社会化市场化运作加强监管，防控运作风险。

五、加强组织领导，充分发挥职工服务阵地在工会全局工作中的重要作用

各级工会要落实“谁主管、谁负责”原则，高度重视职工服务阵地的建设、管理和发展工作，始终坚持公益性服务性方向，积极稳妥推进职工服务阵地社会化市场化运作。

要将职工服务阵地建设和管理重大问题纳入“三重一大”集体决策范围，定期听取职工服务阵地建设和管理工作汇报，结合实际研究制定职工服务阵地发展规划。要进一步理顺职工服务阵地管理体制，充分发挥组织、宣教、权益保障、财务、经费审查、资产监督管理等相关职能部门的业务指导作用，健全工作协调、沟通和合作机制，形成推动职工服务阵地高质量发展的工作合力。

要加强职工服务阵地的领导班子和人才队伍建设，推动党中央关于新时代人才工作各项决策部署在职工服务阵地落地生效。要选好配强工会企事业单位领导班子特别是一把手，严把政治标准，把政治强、敢担当、善管理、业务精的人才选拔到领导岗位上来。要强化专业管理，把职工服务阵地社会化市场运作作为培养锻炼人才、提高管理水平、拓宽发展路径的平台，努力打造德才兼备、忠诚干净担当的高素质专业化干部队伍，为职工服务阵地高质量发展提供智力保障和人才支撑。

要充分发挥职工服务阵地专业性技术性优势，工会开展的职工疗休养、健康管理、职工旅行、宣传教育、技能提升、文体活动等优先在职工服务阵地举办，并根据预算体制给予经费支持。在积极争取地方政府政策和资金支持的前提下，把列入公益类事业单位序列的职工服务阵地的建设、维修、管理资金补助纳入工会年度预算，支持其充分发挥阵地作用。

最高人民法院关于产业工会、基层工会是否具备社团法人资格和工会经费集中户可否冻结划拨问题的批复

1. 2020 年 12 月 29 日
2. 法释〔2020〕21 号

各省、自治区、直辖市高级人民法院，解放军军事法院：

山东等省高级人民法院就审判工作中如何认定产业工会、基层工会的社团法人资格和对工会财产、经费查封、扣押、冻结、划拨的问题，向我院请示。经研究，批复如下：

一、根据《中华人民共和国工会法》（以下简称工会法）的规定，产业工会社团法人资格的取得是由工会法直接规定的，依法不需要办理法人登记。基层工会只要符合《中华人民共和国民法通则》（以下简称民法通则）、工会法和《中国工会章程》规定的条件，报上一级工会批准成立，即具有社团法人资格。人民法院在审理案件中，应当严格按照法律规定的社团法人条件，审查基层工会社团法人的法律地位。产业工会、具有社团法人资格的基层工会与建立工会的企业法人是各自独立的法人主体。企业或企业工会对外发生的经济纠纷，各自承担民事责任。上级工会对基层工会是否具备法律规定的社团法人的条件审查不严或不实，应当承担与其过错相应的民事责任。

二、确定产业工会或者基层工会兴办企业的法人资格，原则上以工商登记为准；其上级工会依据有关规定进行审批是必经程序，人民法院不应以此为由冻结、划拨上级工会的经费并替欠债企业清偿债务。产业工会或基层工会投资兴办的具备法人资格的企业，如果投资不足或者抽逃资金的，应当补足投资或者在注册资金不实的范围内承担责任；如果投资全部到位，又无抽逃资金的行为，当企业负债时，应当以企业所有的或者经营管理的财产承担有限责任。

三、根据工会法的规定，工会经费包括工会会员缴纳的会费，建立工会组织的企业事业单位、机关按每月全部职工工资总额的百分之二的比例向工会拨交的经费，以及工会所属的企业、事业单位上缴的收入和人民政府的补助等。工会经费要按比例逐月向地方各级总工会和全国总工会拨交。工会的经费一经拨交，所有权随之转移。在银行独立开列的“工会经费集中户”，与企业经营资金无关，专门用于工会经费的集中与分配，不能在此账户开支费用或挪用、转移资金。因此，人民法院在审理案件中，不应将工会经费视为所在企业的财产，在企业欠债的情况下，不应冻结、划拨工会经费及“工会经费集中户”的款项。

此复

四、劳动权益

中华人民共和国劳动法

1. 1994年7月5日第八届全国人民代表大会常务委员会第八次会议通过

2. 根据2009年8月27日第十一届全国人民代表大会常务委员会第十次会议《关于修改部分法律的决定》第一次修正

3. 根据2018年12月29日第十三届全国人民代表大会常务委员会第七次会议《关于修改〈中华人民共和国劳动法〉等七部法律的决定》第二次修正

目　录

第一章　总　则

第一条　为了保护劳动者的合法权益，调整劳动关系，建立和维护适应社会主义市场经济的劳动制度，促进经济发展和社会进步，根据宪法，制定本法。

第二条　在中华人民共和国境内的企业、个体经济组织（以下统称用人单位）和与之形成劳动关系的劳动者，适用本法。

国家机关、事业组织、社会团体和与之建立劳动合同关系的劳动者，依照本法执行。

第三条　劳动者享有平等就业和选择职业的权利、取得劳动报酬的权利、休息休假的权利、获得劳动安全卫生保护的权利、接受职业技能培训的权利、享受社会保险和福利的权利、提请劳动争议处理的权利以及法律规定的其他劳动权利。

劳动者应当完成劳动任务，提高职业技能，执行劳动安全卫生规程，遵守劳动纪律和职业道德。

第四条　用人单位应当依法建立和完善规章制度，保障劳动者享有劳动权利和履行劳动义务。

第五条　国家采取各种措施，促进劳动就业，发展职业教育，制定劳动标准，调节社会收入，完善社会保险，协调劳动关系，逐步提高劳动者的生活水平。

第六条　国家提倡劳动者参加社会义务劳动，开展劳动竞赛和合理化建议活动，鼓励和保护劳动者进行科学研究、技术革新和发明创造，表彰和奖励劳动模范和先进工作者。

第七条　劳动者有权依法参加和组织工会。

工会代表和维护劳动者的合法权益，依法独立自主地开展活动。

第八条　劳动者依照法律规定，通过职工大会、职工代表大会或者其他形式，参与民主管理或者就保护劳动者合法权益与用人单位进行平等协商。

第九条　国务院劳动行政部门主管全国劳动工作。

县级以上地方人民政府劳动行政部门主管本行政区域内的劳动工作。

第二章　促进就业

第十条　国家通过促进经济和社会发展，创造就业条件，扩大就业机会。

国家鼓励企业、事业组织、社会团体在法律、行政法规规定的范围内兴办产业或者拓展经营，增加就业。

国家支持劳动者自愿组织起来就业和从事个体经营实现就业。

第十一条　地方各级人民政府应当采取措施，发展多种类型的职业介绍机构，提供就业服务。

第十二条　劳动者就业，不因民族、种族、性别、宗教信仰不同而受歧视。

第十三条　妇女享有与男子平等的就业权利。在录用职工时，除国家规定的不适合妇女的工种或者岗位外，不得以性别为由拒绝录用妇女或者提高对妇女的录用标准。

第十四条 残疾人、少数民族人员、退出现役的军人的就业，法律、法规有特别规定的，从其规定。

第十五条 禁止用人单位招用未满十六周岁的未成年人。

文艺、体育和特种工艺单位招用未满十六周岁的未成年人，必须遵守国家有关规定，并保障其接受义务教育的权利。

第三章 劳动合同和集体合同

第十六条 劳动合同是劳动者与用人单位确立劳动关系、明确双方权利和义务的协议。

建立劳动关系应当订立劳动合同。

第十七条 订立和变更劳动合同，应当遵循平等自愿、协商一致的原则，不得违反法律、行政法规的规定。

劳动合同依法订立即具有法律约束力，当事人必须履行劳动合同规定的义务。

第十八条 下列劳动合同无效：

（一）违反法律、行政法规的劳动合同；

（二）采取欺诈、威胁等手段订立的劳动合同。

无效的劳动合同，从订立的时候起，就没有法律约束力。确认劳动合同部分无效的，如果不影响其余部分的效力，其余部分仍然有效。

劳动合同的无效，由劳动争议仲裁委员会或者人民法院确认。

第十九条 劳动合同应当以书面形式订立，并具备以下条款：

（一）劳动合同期限；

（二）工作内容；

（三）劳动保护和劳动条件；

（四）劳动报酬；

（五）劳动纪律；

（六）劳动合同终止的条件；

（七）违反劳动合同的责任。

劳动合同除前款规定的必备条款外，当事人可以协商约定其他内容。

第二十条 劳动合同的期限分为有固定期限、无固定期限和以完成一定的工作为期限。

劳动者在同一用人单位连续工作满十年以上，当事人双方同意续延劳动合同的，如果劳动者提出订立无固定期限的劳动合同，应当订立无固定期限的劳动合同。

第二十一条 劳动合同可以约定试用期。试用期最长不得超过六个月。

第二十二条 劳动合同当事人可以在劳动合同中约定保守用人单位商业秘密的有关事项。

第二十三条 劳动合同期满或者当事人约定的劳动合同终止条件出现，劳动合同即行终止。

第二十四条 经劳动合同当事人协商一致，劳动合同可以解除。

第二十五条 劳动者有下列情形之一的，用人单位可以解除劳动合同：

（一）在试用期间被证明不符合录用条件的；

（二）严重违反劳动纪律或者用人单位规章制度的；

（三）严重失职，营私舞弊，对用人单位利益造成重大损害的；

（四）被依法追究刑事责任的。

第二十六条 有下列情形之一的，用人单位可以解除劳动合同，但是应当提前三十日以书面形式通知劳动者本人：

（一）劳动者患病或者非因工负伤，医疗期满后，不能从事原工作也不能从事由用人单位另行安排的工作的；

（二）劳动者不能胜任工作，经过培训或者调整工作岗位，仍不能胜任工作的；

（三）劳动合同订立时所依据的客观情况发生重大变化，致使原劳动合同无法履行，经当事人协商不能就变更劳动合同达成协议的。

第二十七条 用人单位濒临破产进行法定整顿期间或者生产经营状况发生严重困难，确需裁减人员的，应当提前三十日向工会或者全体职工说明情况，听取工会或者职工的意见，经向劳动行政部门报告后，可以裁减人员。

用人单位依据本条规定裁减人员，在六个月内录用人员的，应当优先录用被裁减的人员。

第二十八条 用人单位依据本法第二十四条、第二十六条、第二十七条的规定解除劳动合同的，应当依照国家有关规定给予经济补偿。

第二十九条 劳动者有下列情形之一的，用人单位不得依据本法第二十六条、第二十七条的规定解除劳动合同：

（一）患职业病或者因工负伤并被确认丧失或者部

分丧失劳动能力的；

（二）患病或者负伤，在规定的医疗期内的；

（三）女职工在孕期、产期、哺乳期内的；

（四）法律、行政法规规定的其他情形。

第三十条 用人单位解除劳动合同，工会认为不适当的，有权提出意见。如果用人单位违反法律、法规或者劳动合同，工会有权要求重新处理；劳动者申请仲裁或者提起诉讼的，工会应当依法给予支持和帮助。

第三十一条 劳动者解除劳动合同，应当提前三十日以书面形式通知用人单位。

第三十二条 有下列情形之一的，劳动者可以随时通知用人单位解除劳动合同：

（一）在试用期内的；

（二）用人单位以暴力、威胁或者非法限制人身自由的手段强迫劳动的；

（三）用人单位未按照劳动合同约定支付劳动报酬或者提供劳动条件的。

第三十三条 企业职工一方与企业可以就劳动报酬、工作时间、休息休假、劳动安全卫生、保险福利等事项，签订集体合同。集体合同草案应当提交职工代表大会或者全体职工讨论通过。

集体合同由工会代表职工与企业签订；没有建立工会的企业，由职工推举的代表与企业签订。

第三十四条 集体合同签订后应当报送劳动行政部门；劳动行政部门自收到集体合同文本之日起十五日内未提出异议的，集体合同即行生效。

第三十五条 依法签订的集体合同对企业和企业全体职工具有约束力。职工个人与企业订立的劳动合同中劳动条件和劳动报酬等标准不得低于集体合同的规定。

第四章 工作时间和休息休假

第三十六条 国家实行劳动者每日工作时间不超过八小时、平均每周工作时间不超过四十四小时的工时制度。

第三十七条 对实行计件工作的劳动者，用人单位应当根据本法第三十六条规定的工时制度合理确定其劳动定额和计件报酬标准。

第三十八条 用人单位应当保证劳动者每周至少休息一日。

第三十九条 企业因生产特点不能实行本法第三十六条、第三十八条规定的，经劳动行政部门批准，可以实行其他工作和休息办法。

第四十条 用人单位在下列节日期间应当依法安排劳动者休假：

（一）元旦；

（二）春节；

（三）国际劳动节；

（四）国庆节；

（五）法律、法规规定的其他休假节日。

第四十一条 用人单位由于生产经营需要，经与工会和劳动者协商后可以延长工作时间，一般每日不得超过一小时；因特殊原因需要延长工作时间的，在保障劳动者身体健康的条件下延长工作时间每日不得超过三小时，但是每月不得超过三十六小时。

第四十二条 有下列情形之一的，延长工作时间不受本法第四十一条规定的限制：

（一）发生自然灾害、事故或者因其他原因，威胁劳动者生命健康和财产安全，需要紧急处理的；

（二）生产设备、交通运输线路、公共设施发生故障，影响生产和公众利益，必须及时抢修的；

（三）法律、行政法规规定的其他情形。

第四十三条 用人单位不得违反本法规定延长劳动者的工作时间。

第四十四条 有下列情形之一的，用人单位应当按照下列标准支付高于劳动者正常工作时间工资的工资报酬：

（一）安排劳动者延长工作时间的，支付不低于工资的百分之一百五十的工资报酬；

（二）休息日安排劳动者工作又不能安排补休的，支付不低于工资的百分之二百的工资报酬；

（三）法定休假日安排劳动者工作的，支付不低于工资的百分之三百的工资报酬。

第四十五条 国家实行带薪年休假制度。

劳动者连续工作一年以上的，享受带薪年休假。具体办法由国务院规定。

第五章 工 资

第四十六条 工资分配应当遵循按劳分配原则，实行同工同酬。

工资水平在经济发展的基础上逐步提高。国家对工资总量实行宏观调控。

第四十七条 用人单位根据本单位的生产经营特点和经济效益，依法自主确定本单位的工资分配方式和工资水平。

第四十八条 国家实行最低工资保障制度。最低工资的具体标准由省、自治区、直辖市人民政府规定，报国务院备案。

用人单位支付劳动者的工资不得低于当地最低工资标准。

第四十九条 确定和调整最低工资标准应当综合参考下列因素：

（一）劳动者本人及平均赡养人口的最低生活费用；

（二）社会平均工资水平；

（三）劳动生产率；

（四）就业状况；

（五）地区之间经济发展水平的差异。

第五十条 工资应当以货币形式按月支付给劳动者本人。不得克扣或者无故拖欠劳动者的工资。

第五十一条 劳动者在法定休假日和婚丧假期间以及依法参加社会活动期间，用人单位应当依法支付工资。

第六章 劳动安全卫生

第五十二条 用人单位必须建立、健全劳动安全卫生制度，严格执行国家劳动安全卫生规程和标准，对劳动者进行劳动安全卫生教育，防止劳动过程中的事故，减少职业危害。

第五十三条 劳动安全卫生设施必须符合国家规定的标准。

新建、改建、扩建工程的劳动安全卫生设施必须与主体工程同时设计、同时施工、同时投入生产和使用。

第五十四条 用人单位必须为劳动者提供符合国家规定的劳动安全卫生条件和必要的劳动防护用品，对从事有职业危害作业的劳动者应当定期进行健康检查。

第五十五条 从事特种作业的劳动者必须经过专门培训并取得特种作业资格。

第五十六条 劳动者在劳动过程中必须严格遵守安全操作规程。

劳动者对用人单位管理人员违章指挥、强令冒险作业，有权拒绝执行；对危害生命安全和身体健康的行为，有权提出批评、检举和控告。

第五十七条 国家建立伤亡事故和职业病统计报告和处理制度。县级以上各级人民政府劳动行政部门、有关部门和用人单位应当依法对劳动者在劳动过程中发生的伤亡事故和劳动者的职业病状况，进行统计、报告和处理。

第七章 女职工和未成年工特殊保护

第五十八条 国家对女职工和未成年工实行特殊劳动保护。

未成年工是指年满十六周岁未满十八周岁的劳动者。

第五十九条 禁止安排女职工从事矿山井下、国家规定的第四级体力劳动强度的劳动和其他禁忌从事的劳动。

第六十条 不得安排女职工在经期从事高处、低温、冷水作业和国家规定的第三级体力劳动强度的劳动。

第六十一条 不得安排女职工在怀孕期间从事国家规定的第三级体力劳动强度的劳动和孕期禁忌从事的劳动。对怀孕七个月以上的女职工，不得安排其延长工作时间和夜班劳动。

第六十二条 女职工生育享受不少于九十天的产假。

第六十三条 不得安排女职工在哺乳未满一周岁的婴儿期间从事国家规定的第三级体力劳动强度的劳动和哺乳期禁忌从事的其他劳动，不得安排其延长工作时间和夜班劳动。

第六十四条 不得安排未成年工从事矿山井下、有毒有害、国家规定的第四级体力劳动强度的劳动和其他禁忌从事的劳动。

第六十五条 用人单位应当对未成年工定期进行健康检查。

第八章 职业培训

第六十六条 国家通过各种途径，采取各种措施，发展职业培训事业，开发劳动者的职业技能，提高劳动者素质，增强劳动者的就业能力和工作能力。

第六十七条 各级人民政府应当把发展职业培训纳入社会经济发展的规划，鼓励和支持有条件的企业、事业组织、社会团体和个人进行各种形式的职业培训。

第六十八条 用人单位应当建立职业培训制度，按照国家规定提取和使用职业培训经费，根据本单位实际，有计划地对劳动者进行职业培训。

从事技术工种的劳动者，上岗前必须经过培训。

第六十九条 国家确定职业分类，对规定的职业制定职业技能标准，实行职业资格证书制度，由经备案的考核鉴定机构负责对劳动者实施职业技能考核鉴定。

第九章 社会保险和福利

第七十条 国家发展社会保险事业，建立社会保险制度，设立社会保险基金，使劳动者在年老、患病、工伤、失业、生育等情况下获得帮助和补偿。

第七十一条 社会保险水平应当与社会经济发展水平和社会承受能力相适应。

第七十二条 社会保险基金按照保险类型确定资金来源，逐步实行社会统筹。用人单位和劳动者必须依法参加社会保险，缴纳社会保险费。

第七十三条 劳动者在下列情形下，依法享受社会保险待遇：

（一）退休；

（二）患病、负伤；

（三）因工伤残或者患职业病；

（四）失业；

（五）生育。

劳动者死亡后，其遗属依法享受遗属津贴。

劳动者享受社会保险待遇的条件和标准由法律、法规规定。

劳动者享受的社会保险金必须按时足额支付。

第七十四条 社会保险基金经办机构依照法律规定收支、管理和运营社会保险基金，并负有使社会保险基金保值增值的责任。

社会保险基金监督机构依照法律规定，对社会保险基金的收支、管理和运营实施监督。

社会保险基金经办机构和社会保险基金监督机构的设立和职能由法律规定。

任何组织和个人不得挪用社会保险基金。

第七十五条 国家鼓励用人单位根据本单位实际情况为劳动者建立补充保险。

国家提倡劳动者个人进行储蓄性保险。

第七十六条 国家发展社会福利事业，兴建公共福利设施，为劳动者休息、休养和疗养提供条件。

用人单位应当创造条件，改善集体福利，提高劳动者的福利待遇。

第十章 劳动争议

第七十七条 用人单位与劳动者发生劳动争议，当事人可以依法申请调解、仲裁、提起诉讼，也可以协商解决。

调解原则适用于仲裁和诉讼程序。

第七十八条 解决劳动争议，应当根据合法、公正、及时处理的原则，依法维护劳动争议当事人的合法权益。

第七十九条 劳动争议发生后，当事人可以向本单位劳动争议调解委员会申请调解；调解不成，当事人一方要求仲裁的，可以向劳动争议仲裁委员会申请仲裁。当事人一方也可以直接向劳动争议仲裁委员会申请仲裁。对仲裁裁决不服的，可以向人民法院提起诉讼。

第八十条 在用人单位内，可以设立劳动争议调解委员会。劳动争议调解委员会由职工代表、用人单位代表和工会代表组成。劳动争议调解委员会主任由工会代表担任。

劳动争议经调解达成协议的，当事人应当履行。

第八十一条 劳动争议仲裁委员会由劳动行政部门代表、同级工会代表、用人单位方面的代表组成。劳动争议仲裁委员会主任由劳动行政部门代表担任。

第八十二条 提出仲裁要求的一方应当自劳动争议发生之日起六十日内向劳动争议仲裁委员会提出书面申请。仲裁裁决一般应在收到仲裁申请的六十日内作出。对仲裁裁决无异议的，当事人必须履行。

第八十三条 劳动争议当事人对仲裁裁决不服的，可以自收到仲裁裁决书之日起十五日内向人民法院提起诉讼。一方当事人在法定期限内不起诉又不履行仲裁裁决的，另一方当事人可以申请人民法院强制执行。

第八十四条 因签订集体合同发生争议，当事人协商解决不成的，当地人民政府劳动行政部门可以组织有关各方协调处理。

因履行集体合同发生争议，当事人协商解决不成的，可以向劳动争议仲裁委员会申请仲裁；对仲裁裁决不服的，可以自收到仲裁裁决书之日起十五日内向人民法院提起诉讼。

第十一章 监督检查

第八十五条 县级以上各级人民政府劳动行政部门依法对用人单位遵守劳动法律、法规的情况进行监督检查，对违反劳动法律、法规的行为有权制止，并责令改正。

第八十六条 县级以上各级人民政府劳动行政部门监督检查人员执行公务，有权进入用人单位了解执行劳动法律、法规的情况，查阅必要的资料，并对劳动场所进行检查。

县级以上各级人民政府劳动行政部门监督检查人员执行公务，必须出示证件，秉公执法并遵守有关规定。

第八十七条 县级以上各级人民政府有关部门在各自职责范围内，对用人单位遵守劳动法律、法规的情况进行监督。

第八十八条 各级工会依法维护劳动者的合法权益，对用人单位遵守劳动法律、法规的情况进行监督。

任何组织和个人对于违反劳动法律、法规的行为有权检举和控告。

第十二章 法律责任

第八十九条 用人单位制定的劳动规章制度违反法律、法规规定的，由劳动行政部门给予警告，责令改正；对劳动者造成损害的，应当承担赔偿责任。

第九十条 用人单位违反本法规定，延长劳动者工作时间的，由劳动行政部门给予警告，责令改正，并可以处以罚款。

第九十一条 用人单位有下列侵害劳动者合法权益情形之一的，由劳动行政部门责令支付劳动者的工资报酬、经济补偿，并可以责令支付赔偿金：

（一）克扣或者无故拖欠劳动者工资的；

（二）拒不支付劳动者延长工作时间工资报酬的；

（三）低于当地最低工资标准支付劳动者工资的；

（四）解除劳动合同后，未依照本法规定给予劳动者经济补偿的。

第九十二条 用人单位的劳动安全设施和劳动卫生条件不符合国家规定或者未向劳动者提供必要的劳动防护用品和劳动保护设施的，由劳动行政部门或者有关部门责令改正，可以处以罚款；情节严重的，提请县级以上人民政府决定责令停产整顿；对事故隐患不采取措施，致使发生重大事故，造成劳动者生命和财产损失的，对责任人员依照刑法有关规定追究刑事责任。

第九十三条 用人单位强令劳动者违章冒险作业，发生重大伤亡事故，造成严重后果的，对责任人员依法追究刑事责任。

第九十四条 用人单位非法招用未满十六周岁的未成年人的，由劳动行政部门责令改正，处以罚款；情节严重的，由市场监督管理部门吊销营业执照。

第九十五条 用人单位违反本法对女职工和未成年工的保护规定，侵害其合法权益的，由劳动行政部门责令改正，处以罚款；对女职工或者未成年工造成损害的，应当承担赔偿责任。

第九十六条 用人单位有下列行为之一，由公安机关对责任人员处以十五日以下拘留、罚款或者警告；构成犯罪的，对责任人员依法追究刑事责任：

（一）以暴力、威胁或者非法限制人身自由的手段强迫劳动的；

（二）侮辱、体罚、殴打、非法搜查和拘禁劳动者的。

第九十七条 由于用人单位的原因订立的无效合同，对劳动者造成损害的，应当承担赔偿责任。

第九十八条 用人单位违反本法规定的条件解除劳动合同或者故意拖延不订立劳动合同的，由劳动行政部门责令改正；对劳动者造成损害的，应当承担赔偿责任。

第九十九条 用人单位招用尚未解除劳动合同的劳动者，对原用人单位造成经济损失的，该用人单位应当依法承担连带赔偿责任。

第一百条 用人单位无故不缴纳社会保险费的，由劳动行政部门责令其限期缴纳；逾期不缴的，可以加收滞纳金。

第一百零一条 用人单位无理阻挠劳动行政部门、有关部门及其工作人员行使监督检查权，打击报复举报人员的，由劳动行政部门或者有关部门处以罚款；构成犯罪的，对责任人员依法追究刑事责任。

第一百零二条 劳动者违反本法规定的条件解除劳动合同或者违反劳动合同中约定的保密事项，对用人单位造成经济损失的，应当依法承担赔偿责任。

第一百零三条　劳动行政部门或者有关部门的工作人员滥用职权、玩忽职守、徇私舞弊，构成犯罪的，依法追究刑事责任；不构成犯罪的，给予行政处分。

第一百零四条　国家工作人员和社会保险基金经办机构的工作人员挪用社会保险基金，构成犯罪的，依法追究刑事责任。

第一百零五条　违反本法规定侵害劳动者合法权益，其他法律、行政法规已规定处罚的，依照该法律、行政法规的规定处罚。

第十三章　附　则

第一百零六条　省、自治区、直辖市人民政府根据本法和本地区的实际情况，规定劳动合同制度的实施步骤，报国务院备案。

第一百零七条　本法自1995年1月1日起施行。

中华人民共和国劳动合同法

1. 2007年6月29日第十届全国人民代表大会常务委员会第二十八次会议通过

2. 根据2012年12月28日第十一届全国人民代表大会常务委员会第三十次会议《关于修改〈中华人民共和国劳动合同法〉的决定》修正

目　录

第一章　总　则

第一条　为了完善劳动合同制度，明确劳动合同双方当事人的权利和义务，保护劳动者的合法权益，构建和发展和谐稳定的劳动关系，制定本法。

第二条　中华人民共和国境内的企业、个体经济组织、民办非企业单位等组织（以下称用人单位）与劳动者建立劳动关系，订立、履行、变更、解除或者终止劳动合同，适用本法。

国家机关、事业单位、社会团体和与其建立劳动关系的劳动者，订立、履行、变更、解除或者终止劳动合同，依照本法执行。

第三条　订立劳动合同，应当遵循合法、公平、平等自愿、协商一致、诚实信用的原则。

依法订立的劳动合同具有约束力，用人单位与劳动者应当履行劳动合同约定的义务。

第四条　用人单位应当依法建立和完善劳动规章制度，保障劳动者享有劳动权利、履行劳动义务。

用人单位在制定、修改或者决定有关劳动报酬、工作时间、休息休假、劳动安全卫生、保险福利、职工培训、劳动纪律以及劳动定额管理等直接涉及劳动者切身利益的规章制度或者重大事项时，应当经职工代表大会或者全体职工讨论，提出方案和意见，与工会或者职工代表平等协商确定。

在规章制度和重大事项决定实施过程中，工会或者职工认为不适当的，有权向用人单位提出，通过协商予以修改完善。

用人单位应当将直接涉及劳动者切身利益的规章制度和重大事项决定公示，或者告知劳动者。

第五条　县级以上人民政府劳动行政部门会同工会和企业方面代表，建立健全协调劳动关系三方机制，共同研究解决有关劳动关系的重大问题。

第六条　工会应当帮助、指导劳动者与用人单位依法订立和履行劳动合同，并与用人单位建立集体协商机制，维护劳动者的合法权益。

第二章　劳动合同的订立

第七条　用人单位自用工之日起即与劳动者建立劳动关系。用人单位应当建立职工名册备查。

第八条　用人单位招用劳动者时，应当如实告知劳动者工作内容、工作条件、工作地点、职业危害、安全生产状况、劳动报酬，以及劳动者要求了解的其他情况；用人单位有权了解劳动者与劳动合同直接相关的基本情况，劳动者应当如实说明。

第九条 用人单位招用劳动者，不得扣押劳动者的居民身份证和其他证件，不得要求劳动者提供担保或者以其他名义向劳动者收取财物。

第十条 建立劳动关系，应当订立书面劳动合同。

已建立劳动关系，未同时订立书面劳动合同的，应当自用工之日起一个月内订立书面劳动合同。

用人单位与劳动者在用工前订立劳动合同的，劳动关系自用工之日起建立。

第十一条 用人单位未在用工的同时订立书面劳动合同，与劳动者约定的劳动报酬不明确的，新招用的劳动者的劳动报酬按照集体合同规定的标准执行；没有集体合同或者集体合同未规定的，实行同工同酬。

第十二条 劳动合同分为固定期限劳动合同、无固定期限劳动合同和以完成一定工作任务为期限的劳动合同。

第十三条 固定期限劳动合同，是指用人单位与劳动者约定合同终止时间的劳动合同。

用人单位与劳动者协商一致，可以订立固定期限劳动合同。

第十四条 无固定期限劳动合同，是指用人单位与劳动者约定无确定终止时间的劳动合同。

用人单位与劳动者协商一致，可以订立无固定期限劳动合同。有下列情形之一，劳动者提出或者同意续订、订立劳动合同的，除劳动者提出订立固定期限劳动合同外，应当订立无固定期限劳动合同：

（一）劳动者在该用人单位连续工作满十年的；

（二）用人单位初次实行劳动合同制度或者国有企业改制重新订立劳动合同时，劳动者在该用人单位连续工作满十年且距法定退休年龄不足十年的；

（三）连续订立二次固定期限劳动合同，且劳动者没有本法第三十九条和第四十条第一项、第二项规定的情形，续订劳动合同的。

用人单位自用工之日起满一年不与劳动者订立书面劳动合同的，视为用人单位与劳动者已订立无固定期限劳动合同。

第十五条 以完成一定工作任务为期限的劳动合同，是指用人单位与劳动者约定以某项工作的完成为合同期限的劳动合同。

用人单位与劳动者协商一致，可以订立以完成一定工作任务为期限的劳动合同。

第十六条 劳动合同由用人单位与劳动者协商一致，并经用人单位与劳动者在劳动合同文本上签字或者盖章生效。

劳动合同文本由用人单位和劳动者各执一份。

第十七条 劳动合同应当具备以下条款：

（一）用人单位的名称、住所和法定代表人或者主要负责人；

（二）劳动者的姓名、住址和居民身份证或者其他有效身份证件号码；

（三）劳动合同期限；

（四）工作内容和工作地点；

（五）工作时间和休息休假；

（六）劳动报酬；

（七）社会保险；

（八）劳动保护、劳动条件和职业危害防护；

（九）法律、法规规定应当纳入劳动合同的其他事项。

劳动合同除前款规定的必备条款外，用人单位与劳动者可以约定试用期、培训、保守秘密、补充保险和福利待遇等其他事项。

第十八条 劳动合同对劳动报酬和劳动条件等标准约定不明确，引发争议的，用人单位与劳动者可以重新协商；协商不成的，适用集体合同规定；没有集体合同或者集体合同未规定劳动报酬的，实行同工同酬；没有集体合同或者集体合同未规定劳动条件等标准的，适用国家有关规定。

第十九条 劳动合同期限三个月以上不满一年的，试用期不得超过一个月；劳动合同期限一年以上不满三年的，试用期不得超过二个月；三年以上固定期限和无固定期限的劳动合同，试用期不得超过六个月。

同一用人单位与同一劳动者只能约定一次试用期。

以完成一定工作任务为期限的劳动合同或者劳动合同期限不满三个月的，不得约定试用期。

试用期包含在劳动合同期限内。劳动合同仅约定试用期的，试用期不成立，该期限为劳动合同期限。

第二十条 劳动者在试用期的工资不得低于本单位相同岗位最低档工资或者劳动合同约定工资的百分之八十，并不得低于用人单位所在地的最低工资标准。

第二十一条 在试用期中，除劳动者有本法第三十九条和第四十条第一项、第二项规定的情形外，用人单位不得解除劳动合同。用人单位在试用期解除劳动合同的，应当向劳动者说明理由。

第二十二条 用人单位为劳动者提供专项培训费用，对其进行专业技术培训的，可以与该劳动者订立协议，约定服务期。

劳动者违反服务期约定的，应当按照约定向用人单位支付违约金。违约金的数额不得超过用人单位提供的培训费用。用人单位要求劳动者支付的违约金不得超过服务期尚未履行部分所应分摊的培训费用。

用人单位与劳动者约定服务期的，不影响按照正常的工资调整机制提高劳动者在服务期期间的劳动报酬。

第二十三条 用人单位与劳动者可以在劳动合同中约定保守用人单位的商业秘密和与知识产权相关的保密事项。

对负有保密义务的劳动者，用人单位可以在劳动合同或者保密协议中与劳动者约定竞业限制条款，并约定在解除或者终止劳动合同后，在竞业限制期限内按月给予劳动者经济补偿。劳动者违反竞业限制约定的，应当按照约定向用人单位支付违约金。

第二十四条 竞业限制的人员限于用人单位的高级管理人员、高级技术人员和其他负有保密义务的人员。竞业限制的范围、地域、期限由用人单位与劳动者约定，竞业限制的约定不得违反法律、法规的规定。

在解除或者终止劳动合同后，前款规定的人员到与本单位生产或者经营同类产品、从事同类业务的有竞争关系的其他用人单位，或者自己开业生产或者经营同类产品、从事同类业务的竞业限制期限，不得超过二年。

第二十五条 除本法第二十二条和第二十三条规定的情形外，用人单位不得与劳动者约定由劳动者承担违约金。

第二十六条 下列劳动合同无效或者部分无效：

（一）以欺诈、胁迫的手段或者乘人之危，使对方在违背真实意思的情况下订立或者变更劳动合同的；

（二）用人单位免除自己的法定责任、排除劳动者权利的；

（三）违反法律、行政法规强制性规定的。

对劳动合同的无效或者部分无效有争议的，由劳动争议仲裁机构或者人民法院确认。

第二十七条 劳动合同部分无效，不影响其他部分效力的，其他部分仍然有效。

第二十八条 劳动合同被确认无效，劳动者已付出劳动的，用人单位应当向劳动者支付劳动报酬。劳动报酬的数额，参照本单位相同或者相近岗位劳动者的劳动报酬确定。

第三章 劳动合同的履行和变更

第二十九条 用人单位与劳动者应当按照劳动合同的约定，全面履行各自的义务。

第三十条 用人单位应当按照劳动合同约定和国家规定，向劳动者及时足额支付劳动报酬。

用人单位拖欠或者未足额支付劳动报酬的，劳动者可以依法向当地人民法院申请支付令，人民法院应当依法发出支付令。

第三十一条 用人单位应当严格执行劳动定额标准，不得强迫或者变相强迫劳动者加班。用人单位安排加班的，应当按照国家有关规定向劳动者支付加班费。

第三十二条 劳动者拒绝用人单位管理人员违章指挥、强令冒险作业的，不视为违反劳动合同。

劳动者对危害生命安全和身体健康的劳动条件，有权对用人单位提出批评、检举和控告。

第三十三条 用人单位变更名称、法定代表人、主要负责人或者投资人等事项，不影响劳动合同的履行。

第三十四条 用人单位发生合并或者分立等情况，原劳动合同继续有效，劳动合同由承继其权利和义务的用人单位继续履行。

第三十五条 用人单位与劳动者协商一致，可以变更劳动合同约定的内容。变更劳动合同，应当采用书面形式。

变更后的劳动合同文本由用人单位和劳动者各执一份。

第四章 劳动合同的解除和终止

第三十六条 用人单位与劳动者协商一致，可以解除劳动合同。

第三十七条 劳动者提前三十日以书面形式通知用人单位，可以解除劳动合同。劳动者在试用期内提前三日通知用人单位，可以解除劳动合同。

第三十八条 用人单位有下列情形之一的，劳动者可以解除劳动合同：

（一）未按照劳动合同约定提供劳动保护或者劳动条件的；

（二）未及时足额支付劳动报酬的；

（三）未依法为劳动者缴纳社会保险费的；

（四）用人单位的规章制度违反法律、法规的规定，损害劳动者权益的；

（五）因本法第二十六条第一款规定的情形致使劳动合同无效的；

（六）法律、行政法规规定劳动者可以解除劳动合同的其他情形。

用人单位以暴力、威胁或者非法限制人身自由的手段强迫劳动者劳动的，或者用人单位违章指挥、强令冒险作业危及劳动者人身安全的，劳动者可以立即解除劳动合同，不需事先告知用人单位。

第三十九条 劳动者有下列情形之一的，用人单位可以解除劳动合同：

（一）在试用期间被证明不符合录用条件的；

（二）严重违反用人单位的规章制度的；

（三）严重失职，营私舞弊，给用人单位造成重大损害的；

（四）劳动者同时与其他用人单位建立劳动关系，对完成本单位的工作任务造成严重影响，或者经用人单位提出，拒不改正的；

（五）因本法第二十六条第一款第一项规定的情形致使劳动合同无效的；

（六）被依法追究刑事责任的。

第四十条 有下列情形之一的，用人单位提前三十日以书面形式通知劳动者本人或者额外支付劳动者一个月工资后，可以解除劳动合同：

（一）劳动者患病或者非因工负伤，在规定的医疗期满后不能从事原工作，也不能从事由用人单位另行安排的工作的；

（二）劳动者不能胜任工作，经过培训或者调整工作岗位，仍不能胜任工作的；

（三）劳动合同订立时所依据的客观情况发生重大变化，致使劳动合同无法履行，经用人单位与劳动者协商，未能就变更劳动合同内容达成协议的。

第四十一条 有下列情形之一，需要裁减人员二十人以上或者裁减不足二十人但占企业职工总数百分之十以上的，用人单位提前三十日向工会或者全体职工说明情况，听取工会或者职工的意见后，裁减人员方案经向劳动行政部门报告，可以裁减人员：

（一）依照企业破产法规定进行重整的；

（二）生产经营发生严重困难的；

（三）企业转产、重大技术革新或者经营方式调整，经变更劳动合同后，仍需裁减人员的；

（四）其他因劳动合同订立时所依据的客观经济情况发生重大变化，致使劳动合同无法履行的。

裁减人员时，应当优先留用下列人员：

（一）与本单位订立较长期限的固定期限劳动合同的；

（二）与本单位订立无固定期限劳动合同的；

（三）家庭无其他就业人员，有需要扶养的老人或者未成年人的。

用人单位依照本条第一款规定裁减人员，在六个月内重新招用人员的，应当通知被裁减的人员，并在同等条件下优先招用被裁减的人员。

第四十二条 劳动者有下列情形之一的，用人单位不得依照本法第四十条、第四十一条的规定解除劳动合同：

（一）从事接触职业病危害作业的劳动者未进行离岗前职业健康检查，或者疑似职业病病人在诊断或者医学观察期间的；

（二）在本单位患职业病或者因工负伤并被确认丧失或者部分丧失劳动能力的；

（三）患病或者非因工负伤，在规定的医疗期内的；

（四）女职工在孕期、产期、哺乳期的；

（五）在本单位连续工作满十五年，且距法定退休年龄不足五年的；

（六）法律、行政法规规定的其他情形。

第四十三条 用人单位单方解除劳动合同，应当事先将理由通知工会。用人单位违反法律、行政法规规定或者劳动合同约定的，工会有权要求用人单位纠正。用人单位应当研究工会的意见，并将处理结果书面通知工会。

第四十四条 有下列情形之一的，劳动合同终止：

（一）劳动合同期满的；

（二）劳动者开始依法享受基本养老保险待遇的；

（三）劳动者死亡，或者被人民法院宣告死亡或者宣告失踪的；

（四）用人单位被依法宣告破产的；

（五）用人单位被吊销营业执照、责令关闭、撤销或者用人单位决定提前解散的；

（六）法律、行政法规规定的其他情形。

第四十五条 劳动合同期满，有本法第四十二条规定情形之一的，劳动合同应当续延至相应的情形消失时终止。但是，本法第四十二条第二项规定丧失或者部分丧失劳动能力劳动者的劳动合同的终止，按照国家有关工伤保险的规定执行。

第四十六条 有下列情形之一的，用人单位应当向劳动者支付经济补偿：

（一）劳动者依照本法第三十八条规定解除劳动合同的；

（二）用人单位依照本法第三十六条规定向劳动者提出解除劳动合同并与劳动者协商一致解除劳动合同的；

（三）用人单位依照本法第四十条规定解除劳动合同的；

（四）用人单位依照本法第四十一条第一款规定解除劳动合同的；

（五）除用人单位维持或者提高劳动合同约定条件续订劳动合同，劳动者不同意续订的情形外，依照本法第四十四条第一项规定终止固定期限劳动合同的；

（六）依照本法第四十四条第四项、第五项规定终止劳动合同的；

（七）法律、行政法规规定的其他情形。

第四十七条 经济补偿按劳动者在本单位工作的年限，每满一年支付一个月工资的标准向劳动者支付。六个月以上不满一年的，按一年计算；不满六个月的，向劳动者支付半个月工资的经济补偿。

劳动者月工资高于用人单位所在直辖市、设区的市级人民政府公布的本地区上年度职工月平均工资三倍的，向其支付经济补偿的标准按职工月平均工资三倍的数额支付，向其支付经济补偿的年限最高不超过十二年。

本条所称月工资是指劳动者在劳动合同解除或者终止前十二个月的平均工资。

第四十八条 用人单位违反本法规定解除或者终止劳动合同，劳动者要求继续履行劳动合同的，用人单位应当继续履行；劳动者不要求继续履行劳动合同或者劳动合同已经不能继续履行的，用人单位应当依照本法第八十七条规定支付赔偿金。

第四十九条 国家采取措施，建立健全劳动者社会保险关系跨地区转移接续制度。

第五十条 用人单位应当在解除或者终止劳动合同时出具解除或者终止劳动合同的证明，并在十五日内为劳动者办理档案和社会保险关系转移手续。

劳动者应当按照双方约定，办理工作交接。用人单位依照本法有关规定应当向劳动者支付经济补偿的，在办结工作交接时支付。

用人单位对已经解除或者终止的劳动合同的文本，至少保存二年备查。

第五章 特别规定

第一节 集体合同

第五十一条 企业职工一方与用人单位通过平等协商，可以就劳动报酬、工作时间、休息休假、劳动安全卫生、保险福利等事项订立集体合同。集体合同草案应当提交职工代表大会或者全体职工讨论通过。

集体合同由工会代表企业职工一方与用人单位订立；尚未建立工会的用人单位，由上级工会指导劳动者推举的代表与用人单位订立。

第五十二条 企业职工一方与用人单位可以订立劳动安全卫生、女职工权益保护、工资调整机制等专项集体合同。

第五十三条 在县级以下区域内，建筑业、采矿业、餐饮服务业等行业可以由工会与企业方面代表订立行业性集体合同，或者订立区域性集体合同。

第五十四条 集体合同订立后，应当报送劳动行政部门；劳动行政部门自收到集体合同文本之日起十五日内未提出异议的，集体合同即行生效。

依法订立的集体合同对用人单位和劳动者具有约束力。行业性、区域性集体合同对当地本行业、本区域的用人单位和劳动者具有约束力。

第五十五条 集体合同中劳动报酬和劳动条件等标准不得低于当地人民政府规定的最低标准；用人单位与劳动者订立的劳动合同中劳动报酬和劳动条件等标准不得低于集体合同规定的标准。

第五十六条 用人单位违反集体合同，侵犯职工劳动权益的，工会可以依法要求用人单位承担责任；因履行集体合同发生争议，经协商解决不成的，工会可以依法申请仲裁、提起诉讼。

第二节 劳务派遣

第五十七条 经营劳务派遣业务应当具备下列条件：

（一）注册资本不得少于人民币二百万元；

（二）有与开展业务相适应的固定的经营场所和设施；

（三）有符合法律、行政法规规定的劳务派遣管理制度；

（四）法律、行政法规规定的其他条件。

经营劳务派遣业务，应当向劳动行政部门依法申请行政许可；经许可的，依法办理相应的公司登记。未经许可，任何单位和个人不得经营劳务派遣业务。

第五十八条 劳务派遣单位是本法所称用人单位，应当履行用人单位对劳动者的义务。劳务派遣单位与被派遣劳动者订立的劳动合同，除应当载明本法第十七条规定的事项外，还应当载明被派遣劳动者的用工单位以及派遣期限、工作岗位等情况。

劳务派遣单位应当与被派遣劳动者订立二年以上的固定期限劳动合同，按月支付劳动报酬；被派遣劳动者在无工作期间，劳务派遣单位应当按照所在地人民政府规定的最低工资标准，向其按月支付报酬。

第五十九条 劳务派遣单位派遣劳动者应当与接受以劳务派遣形式用工的单位（以下称用工单位）订立劳务派遣协议。劳务派遣协议应当约定派遣岗位和人员数量、派遣期限、劳动报酬和社会保险费的数额与支付方式以及违反协议的责任。

用工单位应当根据工作岗位的实际需要与劳务派遣单位确定派遣期限，不得将连续用工期限分割订立数个短期劳务派遣协议。

第六十条 劳务派遣单位应当将劳务派遣协议的内容告知被派遣劳动者。

劳务派遣单位不得克扣用工单位按照劳务派遣协议支付给被派遣劳动者的劳动报酬。

劳务派遣单位和用工单位不得向被派遣劳动者收取费用。

第六十一条 劳务派遣单位跨地区派遣劳动者的，被派遣劳动者享有的劳动报酬和劳动条件，按照用工单位所在地的标准执行。

第六十二条 用工单位应当履行下列义务：

（一）执行国家劳动标准，提供相应的劳动条件和劳动保护；

（二）告知被派遣劳动者的工作要求和劳动报酬；

（三）支付加班费、绩效奖金，提供与工作岗位相关的福利待遇；

（四）对在岗被派遣劳动者进行工作岗位所必需的培训；

（五）连续用工的，实行正常的工资调整机制。

用工单位不得将被派遣劳动者再派遣到其他用人单位。

第六十三条 被派遣劳动者享有与用工单位的劳动者同工同酬的权利。用工单位应当按照同工同酬原则，对被派遣劳动者与本单位同类岗位的劳动者实行相同的劳动报酬分配办法。用工单位无同类岗位劳动者的，参照用工单位所在地相同或者相近岗位劳动者的劳动报酬确定。

劳务派遣单位与被派遣劳动者订立的劳动合同和与用工单位订立的劳务派遣协议，载明或者约定的向被派遣劳动者支付的劳动报酬应当符合前款规定。

第六十四条 被派遣劳动者有权在劳务派遣单位或者用工单位依法参加或者组织工会，维护自身的合法权益。

第六十五条 被派遣劳动者可以依照本法第三十六条、第三十八条的规定与劳务派遣单位解除劳动合同。

被派遣劳动者有本法第三十九条和第四十条第一项、第二项规定情形的，用工单位可以将劳动者退回劳务派遣单位，劳务派遣单位依照本法有关规定，可以与劳动者解除劳动合同。

第六十六条 劳动合同用工是我国的企业基本用工形式。劳务派遣用工是补充形式，只能在临时性、辅助性或者替代性的工作岗位上实施。

前款规定的临时性工作岗位是指存续时间不超过六个月的岗位；辅助性工作岗位是指为主营业务岗位提供服务的非主营业务岗位；替代性工作岗位是指用工单位的劳动者因脱产学习、休假等原因无法工作的一定期间内，可以由其他劳动者替代工作的岗位。

用工单位应当严格控制劳务派遣用工数量，不得超过其用工总量的一定比例，具体比例由国务院劳动行政部门规定。

第六十七条 用人单位不得设立劳务派遣单位向本单位或者所属单位派遣劳动者。

第三节 非全日制用工

第六十八条 非全日制用工，是指以小时计酬为主，劳动者在同一用人单位一般平均每日工作时间不超过四小时，每周工作时间累计不超过二十四小时的用工形式。

第六十九条　非全日制用工双方当事人可以订立口头协议。

从事非全日制用工的劳动者可以与一个或者一个以上用人单位订立劳动合同；但是，后订立的劳动合同不得影响先订立的劳动合同的履行。

第七十条　非全日制用工双方当事人不得约定试用期。

第七十一条　非全日制用工双方当事人任何一方都可以随时通知对方终止用工。终止用工，用人单位不向劳动者支付经济补偿。

第七十二条　非全日制用工小时计酬标准不得低于用人单位所在地人民政府规定的最低小时工资标准。

非全日制用工劳动报酬结算支付周期最长不得超过十五日。

第六章　监督检查

第七十三条　国务院劳动行政部门负责全国劳动合同制度实施的监督管理。

县级以上地方人民政府劳动行政部门负责本行政区域内劳动合同制度实施的监督管理。

县级以上各级人民政府劳动行政部门在劳动合同制度实施的监督管理工作中，应当听取工会、企业方面代表以及有关行业主管部门的意见。

第七十四条　县级以上地方人民政府劳动行政部门依法对下列实施劳动合同制度的情况进行监督检查：

（一）用人单位制定直接涉及劳动者切身利益的规章制度及其执行的情况；

（二）用人单位与劳动者订立和解除劳动合同的情况；

（三）劳务派遣单位和用工单位遵守劳务派遣有关规定的情况；

（四）用人单位遵守国家关于劳动者工作时间和休息休假规定的情况；

（五）用人单位支付劳动合同约定的劳动报酬和执行最低工资标准的情况；

（六）用人单位参加各项社会保险和缴纳社会保险费的情况；

（七）法律、法规规定的其他劳动监察事项。

第七十五条　县级以上地方人民政府劳动行政部门实施监督检查时，有权查阅与劳动合同、集体合同有关的材料，有权对劳动场所进行实地检查，用人单位和劳动者都应当如实提供有关情况和材料。

劳动行政部门的工作人员进行监督检查，应当出示证件，依法行使职权，文明执法。

第七十六条　县级以上人民政府建设、卫生、安全生产监督管理等有关主管部门在各自职责范围内，对用人单位执行劳动合同制度的情况进行监督管理。

第七十七条　劳动者合法权益受到侵害的，有权要求有关部门依法处理，或者依法申请仲裁、提起诉讼。

第七十八条　工会依法维护劳动者的合法权益，对用人单位履行劳动合同、集体合同的情况进行监督。用人单位违反劳动法律、法规和劳动合同、集体合同的，工会有权提出意见或者要求纠正；劳动者申请仲裁、提起诉讼的，工会依法给予支持和帮助。

第七十九条　任何组织或者个人对违反本法的行为都有权举报，县级以上人民政府劳动行政部门应当及时核实、处理，并对举报有功人员给予奖励。

第七章　法律责任

第八十条　用人单位直接涉及劳动者切身利益的规章制度违反法律、法规规定的，由劳动行政部门责令改正，给予警告；给劳动者造成损害的，应当承担赔偿责任。

第八十一条　用人单位提供的劳动合同文本未载明本法规定的劳动合同必备条款或者用人单位未将劳动合同文本交付劳动者的，由劳动行政部门责令改正；给劳动者造成损害的，应当承担赔偿责任。

第八十二条　用人单位自用工之日起超过一个月不满一年未与劳动者订立书面劳动合同的，应当向劳动者每月支付二倍的工资。

用人单位违反本法规定不与劳动者订立无固定期限劳动合同的，自应当订立无固定期限劳动合同之日起向劳动者每月支付二倍的工资。

第八十三条　用人单位违反本法规定与劳动者约定试用期的，由劳动行政部门责令改正；违法约定的试用期已经履行的，由用人单位以劳动者试用期满月工资为标准，按已经履行的超过法定试用期的期间向劳动者支付赔偿金。

第八十四条　用人单位违反本法规定，扣押劳动者居民身份证等证件的，由劳动行政部门责令限期退还劳动者本人，并依照有关法律规定给予处罚。

用人单位违反本法规定，以担保或者其他名义向劳动者收取财物的，由劳动行政部门责令限期退还劳动者本人，并以每人五百元以上二千元以下的标准处以罚款；给劳动者造成损害的，应当承担赔偿责任。

劳动者依法解除或者终止劳动合同，用人单位扣押劳动者档案或者其他物品的，依照前款规定处罚。

第八十五条 用人单位有下列情形之一的，由劳动行政部门责令限期支付劳动报酬、加班费或者经济补偿；劳动报酬低于当地最低工资标准的，应当支付其差额部分；逾期不支付的，责令用人单位按应付金额百分之五十以上百分之一百以下的标准向劳动者加付赔偿金：

（一）未按照劳动合同的约定或者国家规定及时足额支付劳动者劳动报酬的；

（二）低于当地最低工资标准支付劳动者工资的；

（三）安排加班不支付加班费的；

（四）解除或者终止劳动合同，未依照本法规定向劳动者支付经济补偿的。

第八十六条 劳动合同依照本法第二十六条规定被确认无效，给对方造成损害的，有过错的一方应当承担赔偿责任。

第八十七条 用人单位违反本法规定解除或者终止劳动合同的，应当依照本法第四十七条规定的经济补偿标准的二倍向劳动者支付赔偿金。

第八十八条 用人单位有下列情形之一的，依法给予行政处罚；构成犯罪的，依法追究刑事责任；给劳动者造成损害的，应当承担赔偿责任：

（一）以暴力、威胁或者非法限制人身自由的手段强迫劳动的；

（二）违章指挥或者强令冒险作业危及劳动者人身安全的；

（三）侮辱、体罚、殴打、非法搜查或者拘禁劳动者的；

（四）劳动条件恶劣、环境污染严重，给劳动者身心健康造成严重损害的。

第八十九条 用人单位违反本法规定未向劳动者出具解除或者终止劳动合同的书面证明，由劳动行政部门责令改正；给劳动者造成损害的，应当承担赔偿责任。

第九十条 劳动者违反本法规定解除劳动合同，或者违反劳动合同中约定的保密义务或者竞业限制，给用人单位造成损失的，应当承担赔偿责任。

第九十一条 用人单位招用与其他用人单位尚未解除或者终止劳动合同的劳动者，给其他用人单位造成损失的，应当承担连带赔偿责任。

第九十二条 违反本法规定，未经许可，擅自经营劳务派遣业务的，由劳动行政部门责令停止违法行为，没收违法所得，并处违法所得一倍以上五倍以下的罚款；没有违法所得的，可以处五万元以下的罚款。

劳务派遣单位、用工单位违反本法有关劳务派遣规定的，由劳动行政部门责令限期改正；逾期不改正的，以每人五千元以上一万元以下的标准处以罚款，对劳务派遣单位，吊销其劳务派遣业务经营许可证。用工单位给被派遣劳动者造成损害的，劳务派遣单位与用工单位承担连带赔偿责任。

第九十三条 对不具备合法经营资格的用人单位的违法犯罪行为，依法追究法律责任；劳动者已经付出劳动的，该单位或者其出资人应当依照本法有关规定向劳动者支付劳动报酬、经济补偿、赔偿金；给劳动者造成损害的，应当承担赔偿责任。

第九十四条 个人承包经营违反本法规定招用劳动者，给劳动者造成损害的，发包的组织与个人承包经营者承担连带赔偿责任。

第九十五条 劳动行政部门和其他有关主管部门及其工作人员玩忽职守、不履行法定职责，或者违法行使职权，给劳动者或者用人单位造成损害的，应当承担赔偿责任；对直接负责的主管人员和其他直接责任人员，依法给予行政处分；构成犯罪的，依法追究刑事责任。

第八章 附 则

第九十六条 事业单位与实行聘用制的工作人员订立、履行、变更、解除或者终止劳动合同，法律、行政法规或者国务院另有规定的，依照其规定；未作规定的，依照本法有关规定执行。

第九十七条 本法施行前已依法订立且在本法施行之日存续的劳动合同，继续履行；本法第十四条第二款第三项规定连续订立固定期限劳动合同的次数，自本法施行后续订固定期限劳动合同时开始计算。

本法施行前已建立劳动关系，尚未订立书面劳动合同的，应当自本法施行之日起一个月内订立。

本法施行之日存续的劳动合同在本法施行后解除或者终止，依照本法第四十六条规定应当支付经济补偿的，经济补偿年限自本法施行之日起计算；本法施行前按照当时有关规定，用人单位应当向劳动者支付经济补偿的，按照当时有关规定执行。

第九十八条 本法自2008年1月1日起施行。

中华人民共和国劳动合同法实施条例

1. 2008年9月18日国务院令第535号公布
2. 自2008年9月18日施行

第一章 总 则

第一条 为了贯彻实施《中华人民共和国劳动合同法》(以下简称劳动合同法)，制定本条例。

第二条 各级人民政府和县级以上人民政府劳动行政等有关部门以及工会等组织，应当采取措施，推动劳动合同法的贯彻实施，促进劳动关系的和谐。

第三条 依法成立的会计师事务所、律师事务所等合伙组织和基金会，属于劳动合同法规定的用人单位。

第二章 劳动合同的订立

第四条 劳动合同法规定的用人单位设立的分支机构，依法取得营业执照或者登记证书的，可以作为用人单位与劳动者订立劳动合同；未依法取得营业执照或者登记证书的，受用人单位委托可以与劳动者订立劳动合同。

第五条 自用工之日起一个月内，经用人单位书面通知后，劳动者不与用人单位订立书面劳动合同的，用人单位应当书面通知劳动者终止劳动关系，无需向劳动者支付经济补偿，但是应当依法向劳动者支付其实际工作时间的劳动报酬。

第六条 用人单位自用工之日起超过一个月不满一年未与劳动者订立书面劳动合同的，应当依照劳动合同法第八十二条的规定向劳动者每月支付两倍的工资，并与劳动者补订书面劳动合同；劳动者不与用人单位订立书面劳动合同的，用人单位应当书面通知劳动者终止劳动关系，并依照劳动合同法第四十七条的规定支付经济补偿。

前款规定的用人单位向劳动者每月支付两倍工资的起算时间为用工之日起满一个月的次日，截止时间为补订书面劳动合同的前一日。

第七条 用人单位自用工之日起满一年未与劳动者订立书面劳动合同的，自用工之日起满一个月的次日至满一年的前一日应当依照劳动合同法第八十二条的规定向劳动者每月支付两倍的工资，并视为自用工之日起满一年的当日已经与劳动者订立无固定期限劳动合同，应当立即与劳动者补订书面劳动合同。

第八条 劳动合同法第七条规定的职工名册，应当包括劳动者姓名、性别、公民身份号码、户籍地址及现住址、联系方式、用工形式、用工起始时间、劳动合同期限等内容。

第九条 劳动合同法第十四条第二款规定的连续工作满10年的起始时间，应当自用人单位用工之日起计算，包括劳动合同法施行前的工作年限。

第十条 劳动者非因本人原因从原用人单位被安排到新用人单位工作的，劳动者在原用人单位的工作年限合并计算为新用人单位的工作年限。原用人单位已经向劳动者支付经济补偿的，新用人单位在依法解除、终止劳动合同计算支付经济补偿的工作年限时，不再计算劳动者在原用人单位的工作年限。

第十一条 除劳动者与用人单位协商一致的情形外，劳动者依照劳动合同法第十四条第二款的规定，提出订立无固定期限劳动合同的，用人单位应当与其订立无固定期限劳动合同。对劳动合同的内容，双方应当按照合法、公平、平等自愿、协商一致、诚实信用的原则协商确定；对协商不一致的内容，依照劳动合同法第十八条的规定执行。

第十二条 地方各级人民政府及县级以上地方人民政府有关部门为安置就业困难人员提供的给予岗位补贴和社会保险补贴的公益性岗位，其劳动合同不适用劳动合同法有关无固定期限劳动合同的规定以及支付经济补偿的规定。

第十三条 用人单位与劳动者不得在劳动合同法第四十四条规定的劳动合同终止情形之外约定其他的劳动合同终止条件。

第十四条 劳动合同履行地与用人单位注册地不一致的，有关劳动者的最低工资标准、劳动保护、劳动条件、职业危害防护和本地区上年度职工月平均工资标准等事项，按照劳动合同履行地的有关规定执行；

用人单位注册地的有关标准高于劳动合同履行地的有关标准，且用人单位与劳动者约定按照用人单位注册地的有关规定执行的，从其约定。

第十五条 劳动者在试用期的工资不得低于本单位相同岗位最低档工资的80%或者不得低于劳动合同约定工资的80%，并不得低于用人单位所在地的最低工资标准。

第十六条 劳动合同法第二十二条第二款规定的培训费用，包括用人单位为了对劳动者进行专业技术培训而支付的有凭证的培训费用、培训期间的差旅费用以及因培训产生的用于该劳动者的其他直接费用。

第十七条 劳动合同期满，但是用人单位与劳动者依照劳动合同法第二十二条的规定约定的服务期尚未到期的，劳动合同应当续延至服务期满；双方另有约定的，从其约定。

第三章 劳动合同的解除和终止

第十八条 有下列情形之一的，依照劳动合同法规定的条件、程序，劳动者可以与用人单位解除固定期限劳动合同、无固定期限劳动合同或者以完成一定工作任务为期限的劳动合同：

（一）劳动者与用人单位协商一致的；

（二）劳动者提前30日以书面形式通知用人单位的；

（三）劳动者在试用期内提前3日通知用人单位的；

（四）用人单位未按照劳动合同约定提供劳动保护或者劳动条件的；

（五）用人单位未及时足额支付劳动报酬的；

（六）用人单位未依法为劳动者缴纳社会保险费的；

（七）用人单位的规章制度违反法律、法规的规定，损害劳动者权益的；

（八）用人单位以欺诈、胁迫的手段或者乘人之危，使劳动者在违背真实意思的情况下订立或者变更劳动合同的；

（九）用人单位在劳动合同中免除自己的法定责任、排除劳动者权利的；

（十）用人单位违反法律、行政法规强制性规定的；

（十一）用人单位以暴力、威胁或者非法限制人身自由的手段强迫劳动者劳动的；

（十二）用人单位违章指挥、强令冒险作业危及劳动者人身安全的；

（十三）法律、行政法规规定劳动者可以解除劳动合同的其他情形。

第十九条 有下列情形之一的，依照劳动合同法规定的条件、程序，用人单位可以与劳动者解除固定期限劳动合同、无固定期限劳动合同或者以完成一定工作任务为期限的劳动合同：

（一）用人单位与劳动者协商一致的；

（二）劳动者在试用期间被证明不符合录用条件的；

（三）劳动者严重违反用人单位的规章制度的；

（四）劳动者严重失职，营私舞弊，给用人单位造成重大损害的；

（五）劳动者同时与其他用人单位建立劳动关系，对完成本单位的工作任务造成严重影响，或者经用人单位提出，拒不改正的；

（六）劳动者以欺诈、胁迫的手段或者乘人之危，使用人单位在违背真实意思的情况下订立或者变更劳动合同的；

（七）劳动者被依法追究刑事责任的；

（八）劳动者患病或者非因工负伤，在规定的医疗期满后不能从事原工作，也不能从事由用人单位另行安排的工作的；

（九）劳动者不能胜任工作，经过培训或者调整工作岗位，仍不能胜任工作的；

（十）劳动合同订立时所依据的客观情况发生重大变化，致使劳动合同无法履行，经用人单位与劳动者协商，未能就变更劳动合同内容达成协议的；

（十一）用人单位依照企业破产法规定进行重整的；

（十二）用人单位生产经营发生严重困难的；

（十三）企业转产、重大技术革新或者经营方式调整，经变更劳动合同后，仍需裁减人员的；

（十四）其他因劳动合同订立时所依据的客观经济情况发生重大变化，致使劳动合同无法履行的。

第二十条 用人单位依照劳动合同法第四十条的规定，选择额外支付劳动者一个月工资解除劳动合同的，其额外支付的工资应当按照该劳动者上一个月的工资标准确定。

第二十一条 劳动者达到法定退休年龄的，劳动合同终止。

第二十二条 以完成一定工作任务为期限的劳动合同因任务完成而终止的，用人单位应当依照劳动合同法第四十七条的规定向劳动者支付经济补偿。

第二十三条 用人单位依法终止工伤职工的劳动合同的，除依照劳动合同法第四十七条的规定支付经济补偿外，还应当依照国家有关工伤保险的规定支付一次性工伤医疗补助金和伤残就业补助金。

第二十四条 用人单位出具的解除、终止劳动合同的证明，应当写明劳动合同期限、解除或者终止劳动合同的日期、工作岗位、在本单位的工作年限。

第二十五条 用人单位违反劳动合同法的规定解除或者终止劳动合同，依照劳动合同法第八十七条的规定支付了赔偿金的，不再支付经济补偿。赔偿金的计算年限自用工之日起计算。

第二十六条 用人单位与劳动者约定了服务期，劳动者依照劳动合同法第三十八条的规定解除劳动合同的，不属于违反服务期的约定，用人单位不得要求劳动者支付违约金。

有下列情形之一，用人单位与劳动者解除约定服务期的劳动合同的，劳动者应当按照劳动合同的约定向用人单位支付违约金：

（一）劳动者严重违反用人单位的规章制度的；

（二）劳动者严重失职，营私舞弊，给用人单位造成重大损害的；

（三）劳动者同时与其他用人单位建立劳动关系，对完成本单位的工作任务造成严重影响，或者经用人单位提出，拒不改正的；

（四）劳动者以欺诈、胁迫的手段或者乘人之危，使用人单位在违背真实意思的情况下订立或者变更劳动合同的；

（五）劳动者被依法追究刑事责任的。

第二十七条 劳动合同法第四十七条规定的经济补偿的月工资按照劳动者应得工资计算，包括计时工资或者计件工资以及奖金、津贴和补贴等货币性收入。劳动者在劳动合同解除或者终止前 12 个月的平均工资低于当地最低工资标准的，按照当地最低工资标准计算。劳动者工作不满 12 个月的，按照实际工作的月数计算平均工资。

第四章 劳务派遣特别规定

第二十八条 用人单位或者其所属单位出资或者合伙设立的劳务派遣单位，向本单位或者所属单位派遣劳动者的，属于劳动合同法第六十七条规定的不得设立的劳务派遣单位。

第二十九条 用工单位应当履行劳动合同法第六十二条规定的义务，维护被派遣劳动者的合法权益。

第三十条 劳务派遣单位不得以非全日制用工形式招用被派遣劳动者。

第三十一条 劳务派遣单位或者被派遣劳动者依法解除、终止劳动合同的经济补偿，依照劳动合同法第四十六条、第四十七条的规定执行。

第三十二条 劳务派遣单位违法解除或者终止被派遣劳动者的劳动合同的，依照劳动合同法第四十八条的规定执行。

第五章 法律责任

第三十三条 用人单位违反劳动合同法有关建立职工名册规定的，由劳动行政部门责令限期改正；逾期不改正的，由劳动行政部门处 2000 元以上 2 万元以下的罚款。

第三十四条 用人单位依照劳动合同法的规定应当向劳动者每月支付两倍的工资或者应当向劳动者支付赔偿金而未支付的，劳动行政部门应当责令用人单位支付。

第三十五条 用工单位违反劳动合同法和本条例有关劳务派遣规定的，由劳动行政部门和其他有关主管部门责令改正；情节严重的，以每位被派遣劳动者 1000 元以上 5000 元以下的标准处以罚款；给被派遣劳动者造成损害的，劳务派遣单位和用工单位承担连带赔偿责任。

第六章 附 则

第三十六条 对违反劳动合同法和本条例的行为的投诉、举报，县级以上地方人民政府劳动行政部门依照《劳动保障监察条例》的规定处理。

第三十七条 劳动者与用人单位因订立、履行、变更、解除或者终止劳动合同发生争议的，依照《中华人民共和国劳动争议调解仲裁法》的规定处理。

第三十八条 本条例自公布之日起施行。

中华人民共和国安全生产法

1. 2002年6月29日第九届全国人民代表大会常务委员会第二十八次会议通过

2. 根据2009年8月27日第十一届全国人民代表大会常务委员会第十次会议《关于修改部分法律的决定》第一次修正

3. 根据2014年8月31日第十二届全国人民代表大会常务委员会第十次会议《关于修改〈中华人民共和国安全生产法〉的决定》第二次修正

4. 根据2021年6月10日第十三届全国人民代表大会常务委员会第二十九次会议《关于修改〈中华人民共和国安全生产法〉的决定》第三次修正

目　录

第一章　总　则

第一条　为了加强安全生产工作，防止和减少生产安全事故，保障人民群众生命和财产安全，促进经济社会持续健康发展，制定本法。

第二条　在中华人民共和国领域内从事生产经营活动的单位（以下统称生产经营单位）的安全生产，适用本法；有关法律、行政法规对消防安全和道路交通安全、铁路交通安全、水上交通安全、民用航空安全以及核与辐射安全、特种设备安全另有规定的，适用其规定。

第三条　安全生产工作坚持中国共产党的领导。

安全生产工作应当以人为本，坚持人民至上、生命至上，把保护人民生命安全摆在首位，树牢安全发展理念，坚持安全第一、预防为主、综合治理的方针，从源头上防范化解重大安全风险。

安全生产工作实行管行业必须管安全、管业务必须管安全、管生产经营必须管安全，强化和落实生产经营单位主体责任与政府监管责任，建立生产经营单位负责、职工参与、政府监管、行业自律和社会监督的机制。

第四条　生产经营单位必须遵守本法和其他有关安全生产的法律、法规，加强安全生产管理，建立健全全员安全生产责任制和安全生产规章制度，加大对安全生产资金、物资、技术、人员的投入保障力度，改善安全生产条件，加强安全生产标准化、信息化建设，构建安全风险分级管控和隐患排查治理双重预防机制，健全风险防范化解机制，提高安全生产水平，确保安全生产。

平台经济等新兴行业、领域的生产经营单位应当根据本行业、领域的特点，建立健全并落实全员安全生产责任制，加强从业人员安全生产教育和培训，履行本法和其他法律、法规规定的有关安全生产义务。

第五条　生产经营单位的主要负责人是本单位安全生产第一责任人，对本单位的安全生产工作全面负责。其他负责人对职责范围内的安全生产工作负责。

第六条　生产经营单位的从业人员有依法获得安全生产保障的权利，并应当依法履行安全生产方面的义务。

第七条　工会依法对安全生产工作进行监督。

生产经营单位的工会依法组织职工参加本单位安全生产工作的民主管理和民主监督，维护职工在安全生产方面的合法权益。生产经营单位制定或者修改有关安全生产的规章制度，应当听取工会的意见。

第八条　国务院和县级以上地方各级人民政府应当根据国民经济和社会发展规划制定安全生产规划，并组织实施。安全生产规划应当与国土空间规划等相关规划相衔接。

各级人民政府应当加强安全生产基础设施建设和安全生产监管能力建设，所需经费列入本级预算。

县级以上地方各级人民政府应当组织有关部门建立完善安全风险评估与论证机制，按照安全风险管控要求，进行产业规划和空间布局，并对位置相邻、行业相近、业态相似的生产经营单位实施重大安全风险联防联控。

第九条　国务院和县级以上地方各级人民政府应

当加强对安全生产工作的领导，建立健全安全生产工作协调机制，支持、督促各有关部门依法履行安全生产监督管理职责，及时协调、解决安全生产监督管理中存在的重大问题。

乡镇人民政府和街道办事处，以及开发区、工业园区、港区、风景区等应当明确负责安全生产监督管理的有关工作机构及其职责，加强安全生产监管力量建设，按照职责对本行政区域或者管理区域内生产经营单位安全生产状况进行监督检查，协助人民政府有关部门或者按照授权依法履行安全生产监督管理职责。

第十条 国务院应急管理部门依照本法，对全国安全生产工作实施综合监督管理；县级以上地方各级人民政府应急管理部门依照本法，对本行政区域内安全生产工作实施综合监督管理。

国务院交通运输、住房和城乡建设、水利、民航等有关部门依照本法和其他有关法律、行政法规的规定，在各自的职责范围内对有关行业、领域的安全生产工作实施监督管理；县级以上地方各级人民政府有关部门依照本法和其他有关法律、法规的规定，在各自的职责范围内对有关行业、领域的安全生产工作实施监督管理。对新兴行业、领域的安全生产监督管理职责不明确的，由县级以上地方各级人民政府按照业务相近的原则确定监督管理部门。

应急管理部门和对有关行业、领域的安全生产工作实施监督管理的部门，统称负有安全生产监督管理职责的部门。负有安全生产监督管理职责的部门应当相互配合、齐抓共管、信息共享、资源共用，依法加强安全生产监督管理工作。

第十一条 国务院有关部门应当按照保障安全生产的要求，依法及时制定有关的国家标准或者行业标准，并根据科技进步和经济发展适时修订。

生产经营单位必须执行依法制定的保障安全生产的国家标准或者行业标准。

第十二条 国务院有关部门按照职责分工负责安全生产强制性国家标准的项目提出、组织起草、征求意见、技术审查。国务院应急管理部门统筹提出安全生产强制性国家标准的立项计划。国务院标准化行政主管部门负责安全生产强制性国家标准的立项、编号、对外通报和授权批准发布工作。国务院标准化行政主管部门、有关部门依据法定职责对安全生产强制性国家标准的实施进行监督检查。

第十三条 各级人民政府及其有关部门应当采取多种形式，加强对有关安全生产的法律、法规和安全生产知识的宣传，增强全社会的安全生产意识。

第十四条 有关协会组织依照法律、行政法规和章程，为生产经营单位提供安全生产方面的信息、培训等服务，发挥自律作用，促进生产经营单位加强安全生产管理。

第十五条 依法设立的为安全生产提供技术、管理服务的机构，依照法律、行政法规和执业准则，接受生产经营单位的委托为其安全生产工作提供技术、管理服务。

生产经营单位委托前款规定的机构提供安全生产技术、管理服务的，保证安全生产的责任仍由本单位负责。

第十六条 国家实行生产安全事故责任追究制度，依照本法和有关法律、法规的规定，追究生产安全事故责任单位和责任人员的法律责任。

第十七条 县级以上各级人民政府应当组织负有安全生产监督管理职责的部门依法编制安全生产权利和责任清单，公开并接受社会监督。

第十八条 国家鼓励和支持安全生产科学技术研究和安全生产先进技术的推广应用，提高安全生产水平。

第十九条 国家对在改善安全生产条件、防止生产安全事故、参加抢险救护等方面取得显著成绩的单位和个人，给予奖励。

第二章　生产经营单位的安全生产保障

第二十条 生产经营单位应当具备本法和有关法律、行政法规和国家标准或者行业标准规定的安全生产条件；不具备安全生产条件的，不得从事生产经营活动。

第二十一条 生产经营单位的主要负责人对本单位安全生产工作负有下列职责：

（一）建立健全并落实本单位全员安全生产责任制，加强安全生产标准化建设；

（二）组织制定并实施本单位安全生产规章制度和操作规程；

（三）组织制订并实施本单位安全生产教育和培训计划；

（四）保证本单位安全生产投入的有效实施；

（五）组织建立并落实安全风险分级管控和隐患排查治理双重预防工作机制，督促、检查本单位的安全生产工作，及时消除生产安全事故隐患；

（六）组织制定并实施本单位的生产安全事故应急救援预案；

（七）及时、如实报告生产安全事故。

第二十二条 生产经营单位的全员安全生产责任制应当明确各岗位的责任人员、责任范围和考核标准等内容。

生产经营单位应当建立相应的机制，加强对全员安全生产责任制落实情况的监督考核，保证全员安全生产责任制的落实。

第二十三条 生产经营单位应当具备的安全生产条件所必需的资金投入，由生产经营单位的决策机构、主要负责人或者个人经营的投资人予以保证，并对由于安全生产所必需的资金投入不足导致的后果承担责任。

有关生产经营单位应当按照规定提取和使用安全生产费用，专门用于改善安全生产条件。安全生产费用在成本中据实列支。安全生产费用提取、使用和监督管理的具体办法由国务院财政部门会同国务院应急管理部门征求国务院有关部门意见后制定。

第二十四条 矿山、金属冶炼、建筑施工、运输单位和危险物品的生产、经营、储存、装卸单位，应当设置安全生产管理机构或者配备专职安全生产管理人员。

前款规定以外的其他生产经营单位，从业人员超过一百人的，应当设置安全生产管理机构或者配备专职安全生产管理人员；从业人员在一百人以下的，应当配备专职或者兼职的安全生产管理人员。

第二十五条 生产经营单位的安全生产管理机构以及安全生产管理人员履行下列职责：

（一）组织或者参与拟订本单位安全生产规章制度、操作规程和生产安全事故应急救援预案；

（二）组织或者参与本单位安全生产教育和培训，如实记录安全生产教育和培训情况；

（三）组织开展危险源辨识和评估，督促落实本单位重大危险源的安全管理措施；

（四）组织或者参与本单位应急救援演练；

（五）检查本单位的安全生产状况，及时排查生产安全事故隐患，提出改进安全生产管理的建议；

（六）制止和纠正违章指挥、强令冒险作业、违反操作规程的行为；

（七）督促落实本单位安全生产整改措施。

生产经营单位可以设置专职安全生产分管负责人，协助本单位主要负责人履行安全生产管理职责。

第二十六条 生产经营单位的安全生产管理机构以及安全生产管理人员应当恪尽职守，依法履行职责。

生产经营单位作出涉及安全生产的经营决策，应当听取安全生产管理机构以及安全生产管理人员的意见。

生产经营单位不得因安全生产管理人员依法履行职责而降低其工资、福利等待遇或者解除与其订立的劳动合同。

危险物品的生产、储存单位以及矿山、金属冶炼单位的安全生产管理人员的任免，应当告知主管的负有安全生产监督管理职责的部门。

第二十七条 生产经营单位的主要负责人和安全生产管理人员必须具备与本单位所从事的生产经营活动相应的安全生产知识和管理能力。

危险物品的生产、经营、储存、装卸单位以及矿山、金属冶炼、建筑施工、运输单位的主要负责人和安全生产管理人员，应当由主管的负有安全生产监督管理职责的部门对其安全生产知识和管理能力考核合格。考核不得收费。

危险物品的生产、储存、装卸单位以及矿山、金属冶炼单位应当有注册安全工程师从事安全生产管理工作。鼓励其他生产经营单位聘用注册安全工程师从事安全生产管理工作。注册安全工程师按专业分类管理，具体办法由国务院人力资源和社会保障部门、国务院应急管理部门会同国务院有关部门制定。

第二十八条 生产经营单位应当对从业人员进行安全生产教育和培训，保证从业人员具备必要的安全生产知识，熟悉有关的安全生产规章制度和安全操作规程，掌握本岗位的安全操作技能，了解事故应急处理措施，知悉自身在安全生产方面的权利和义务。未经安全生产教育和培训合格的从业人员，不得上岗作业。

生产经营单位使用被派遣劳动者的，应当将被派遣劳动者纳入本单位从业人员统一管理，对被派遣劳动者进行岗位安全操作规程和安全操作技能的教育和培训。劳务派遣单位应当对被派遣劳动者进行必要的安全生产教育和培训。

生产经营单位接收中等职业学校、高等学校学生实习的，应当对实习学生进行相应的安全生产教育和培训，提供必要的劳动防护用品。学校应当协助生产经营单位对实习学生进行安全生产教育和培训。

生产经营单位应当建立安全生产教育和培训档案，如实记录安全生产教育和培训的时间、内容、参加人员以及考核结果等情况。

第二十九条 生产经营单位采用新工艺、新技术、新材料或者使用新设备，必须了解、掌握其安全技术特性，采取有效的安全防护措施，并对从业人员进行专门的安全生产教育和培训。

第三十条 生产经营单位的特种作业人员必须按照国家有关规定经专门的安全作业培训，取得相应资格，方可上岗作业。

特种作业人员的范围由国务院应急管理部门会同国务院有关部门确定。

第三十一条 生产经营单位新建、改建、扩建工程项目（以下统称建设项目）的安全设施，必须与主体工程同时设计、同时施工、同时投入生产和使用。安全设施投资应当纳入建设项目概算。

第三十二条 矿山、金属冶炼建设项目和用于生产、储存、装卸危险物品的建设项目，应当按照国家有关规定进行安全评价。

第三十三条 建设项目安全设施的设计人、设计单位应当对安全设施设计负责。

矿山、金属冶炼建设项目和用于生产、储存、装卸危险物品的建设项目的安全设施设计应当按照国家有关规定报经有关部门审查，审查部门及其负责审查的人员对审查结果负责。

第三十四条 矿山、金属冶炼建设项目和用于生产、储存、装卸危险物品的建设项目的施工单位必须按照批准的安全设施设计施工，并对安全设施的工程质量负责。

矿山、金属冶炼建设项目和用于生产、储存、装卸危险物品的建设项目竣工投入生产或者使用前，应当由建设单位负责组织对安全设施进行验收；验收合格后，方可投入生产和使用。负有安全生产监督管理职责的部门应当加强对建设单位验收活动和验收结果的监督核查。

第三十五条 生产经营单位应当在有较大危险因素的生产经营场所和有关设施、设备上，设置明显的安全警示标志。

第三十六条 安全设备的设计、制造、安装、使用、检测、维修、改造和报废，应当符合国家标准或者行业标准。

生产经营单位必须对安全设备进行经常性维护、保养，并定期检测，保证正常运转。维护、保养、检测应当作好记录，并由有关人员签字。

生产经营单位不得关闭、破坏直接关系生产安全的监控、报警、防护、救生设备、设施，或者篡改、隐瞒、销毁其相关数据、信息。

餐饮等行业的生产经营单位使用燃气的，应当安装可燃气体报警装置，并保障其正常使用。

第三十七条 生产经营单位使用的危险物品的容器、运输工具，以及涉及人身安全、危险性较大的海洋石油开采特种设备和矿山井下特种设备，必须按照国家有关规定，由专业生产单位生产，并经具有专业资质的检测、检验机构检测、检验合格，取得安全使用证或者安全标志，方可投入使用。检测、检验机构对检测、检验结果负责。

第三十八条 国家对严重危及生产安全的工艺、设备实行淘汰制度，具体目录由国务院应急管理部门会同国务院有关部门制定并公布。法律、行政法规对目录的制定另有规定的，适用其规定。

省、自治区、直辖市人民政府可以根据本地区实际情况制定并公布具体目录，对前款规定以外的危及生产安全的工艺、设备予以淘汰。

生产经营单位不得使用应当淘汰的危及生产安全的工艺、设备。

第三十九条 生产、经营、运输、储存、使用危险物品或者处置废弃危险物品的，由有关主管部门依照有关法律、法规的规定和国家标准或者行业标准审批并实施监督管理。

生产经营单位生产、经营、运输、储存、使用危险物品或者处置废弃危险物品，必须执行有关法律、法规和国家标准或者行业标准，建立专门的安全管理制度，采取可靠的安全措施，接受有关主管部门依法实施的监督管理。

第四十条 生产经营单位对重大危险源应当登记建档，进行定期检测、评估、监控，并制定应急预案，告知从业人员和相关人员在紧急情况下应当采取的应急措施。

生产经营单位应当按照国家有关规定将本单位重大危险源及有关安全措施、应急措施报有关地方人民政府应急管理部门和有关部门备案。有关地方人民政府应急管理部门和有关部门应当通过相关信息系统实现信息共享。

第四十一条 生产经营单位应当建立安全风险分级管控制度，按照安全风险分级采取相应的管控措施。

生产经营单位应当建立健全并落实生产安全事故隐患排查治理制度，采取技术、管理措施，及时发现并消除事故隐患。事故隐患排查治理情况应当如实记录，并通过职工大会或者职工代表大会、信息公示栏等方式向从业人员通报。其中，重大事故隐患排查治理情况应当及时向负有安全生产监督管理职责的部门和职工大会或者职工代表大会报告。

县级以上地方各级人民政府负有安全生产监督管理职责的部门应当将重大事故隐患纳入相关信息系统，建立健全重大事故隐患治理督办制度，督促生产经营单位消除重大事故隐患。

第四十二条 生产、经营、储存、使用危险物品的车间、商店、仓库不得与员工宿舍在同一座建筑物内，并应当与员工宿舍保持安全距离。

生产经营场所和员工宿舍应当设有符合紧急疏散要求、标志明显、保持畅通的出口、疏散通道。禁止占用、锁闭、封堵生产经营场所或者员工宿舍的出口、疏散通道。

第四十三条 生产经营单位进行爆破、吊装、动火、临时用电以及国务院应急管理部门会同国务院有关部门规定的其他危险作业，应当安排专门人员进行现场安全管理，确保操作规程的遵守和安全措施的落实。

第四十四条 生产经营单位应当教育和督促从业人员严格执行本单位的安全生产规章制度和安全操作规程；并向从业人员如实告知作业场所和工作岗位存在的危险因素、防范措施以及事故应急措施。

生产经营单位应当关注从业人员的身体、心理状况和行为习惯，加强对从业人员的心理疏导、精神慰藉，严格落实岗位安全生产责任，防范从业人员行为异常导致事故发生。

第四十五条 生产经营单位必须为从业人员提供符合国家标准或者行业标准的劳动防护用品，并监督、教育从业人员按照使用规则佩戴、使用。

第四十六条 生产经营单位的安全生产管理人员应当根据本单位的生产经营特点，对安全生产状况进行经常性检查；对检查中发现的安全问题，应当立即处理；不能处理的，应当及时报告本单位有关负责人，有关负责人应当及时处理。检查及处理情况应当如实记录在案。

生产经营单位的安全生产管理人员在检查中发现重大事故隐患，依照前款规定向本单位有关负责人报告，有关负责人不及时处理的，安全生产管理人员可以向主管的负有安全生产监督管理职责的部门报告，接到报告的部门应当依法及时处理。

第四十七条 生产经营单位应当安排用于配备劳动防护用品、进行安全生产培训的经费。

第四十八条 两个以上生产经营单位在同一作业区域内进行生产经营活动，可能危及对方生产安全的，应当签订安全生产管理协议，明确各自的安全生产管理职责和应当采取的安全措施，并指定专职安全生产管理人员进行安全检查与协调。

第四十九条 生产经营单位不得将生产经营项目、场所、设备发包或者出租给不具备安全生产条件或者相应资质的单位或者个人。

生产经营项目、场所发包或者出租给其他单位的，生产经营单位应当与承包单位、承租单位签订专门的安全生产管理协议，或者在承包合同、租赁合同中约定各自的安全生产管理职责；生产经营单位对承包单位、承租单位的安全生产工作统一协调、管理，定期进行安全检查，发现安全问题的，应当及时督促整改。

矿山、金属冶炼建设项目和用于生产、储存、装卸危险物品的建设项目的施工单位应当加强对施工项目的安全管理，不得倒卖、出租、出借、挂靠或者以其他形式非法转让施工资质，不得将其承包的全部建设工程转包给第三人或者将其承包的全部建设工程支解以后以分包的名义分别转包给第三人，不得将工程分包给不具备相应资质条件的单位。

第五十条 生产经营单位发生生产安全事故时，单位的主要负责人应当立即组织抢救，并不得在事故调查处理期间擅离职守。

第五十一条 生产经营单位必须依法参加工伤保险，为从业人员缴纳保险费。

国家鼓励生产经营单位投保安全生产责任保险；属于国家规定的高危行业、领域的生产经营单位，应当投保安全生产责任保险。具体范围和实施办法由国务院应急管理部门会同国务院财政部门、国务院保险监督管理机构和相关行业主管部门制定。

第三章 从业人员的安全生产权利义务

第五十二条 生产经营单位与从业人员订立的劳动合同，应当载明有关保障从业人员劳动安全、防止职业危害的事项，以及依法为从业人员办理工伤保险的事项。

生产经营单位不得以任何形式与从业人员订立协议，免除或者减轻其对从业人员因生产安全事故伤亡依法应承担的责任。

第五十三条 生产经营单位的从业人员有权了解其作业场所和工作岗位存在的危险因素、防范措施及事故应急措施，有权对本单位的安全生产工作提出建议。

第五十四条 从业人员有权对本单位安全生产工作中存在的问题提出批评、检举、控告；有权拒绝违章指挥和强令冒险作业。

生产经营单位不得因从业人员对本单位安全生产工作提出批评、检举、控告或者拒绝违章指挥、强令冒险作业而降低其工资、福利等待遇或者解除与其订立的劳动合同。

第五十五条 从业人员发现直接危及人身安全的紧急情况时，有权停止作业或者在采取可能的应急措施后撤离作业场所。

生产经营单位不得因从业人员在前款紧急情况下停止作业或者采取紧急撤离措施而降低其工资、福利等待遇或者解除与其订立的劳动合同。

第五十六条 生产经营单位发生生产安全事故后，应当及时采取措施救治有关人员。

因生产安全事故受到损害的从业人员，除依法享有工伤保险外，依照有关民事法律尚有获得赔偿的权利的，有权提出赔偿要求。

第五十七条 从业人员在作业过程中，应当严格落实岗位安全责任，遵守本单位的安全生产规章制度和操作规程，服从管理，正确佩戴和使用劳动防护用品。

第五十八条 从业人员应当接受安全生产教育和培训，掌握本职工作所需的安全生产知识，提高安全生产技能，增强事故预防和应急处理能力。

第五十九条 从业人员发现事故隐患或者其他不安全因素，应当立即向现场安全生产管理人员或者本单位负责人报告；接到报告的人员应当及时予以处理。

第六十条 工会有权对建设项目的安全设施与主体工程同时设计、同时施工、同时投入生产和使用进行监督，提出意见。

工会对生产经营单位违反安全生产法律、法规，侵犯从业人员合法权益的行为，有权要求纠正；发现生产经营单位违章指挥、强令冒险作业或者发现事故隐患时，有权提出解决的建议，生产经营单位应当及时研究答复；发现危及从业人员生命安全的情况时，有权向生产经营单位建议组织从业人员撤离危险场所，生产经营单位必须立即作出处理。

工会有权依法参加事故调查，向有关部门提出处理意见，并要求追究有关人员的责任。

第六十一条 生产经营单位使用被派遣劳动者的，被派遣劳动者享有本法规定的从业人员的权利，并应当履行本法规定的从业人员的义务。

第四章 安全生产的监督管理

第六十二条 县级以上地方各级人民政府应当根据本行政区域内的安全生产状况，组织有关部门按照职责分工，对本行政区域内容易发生重大生产安全事故的生产经营单位进行严格检查。

应急管理部门应当按照分类分级监督管理的要求，制定安全生产年度监督检查计划，并按照年度监督检查计划进行监督检查，发现事故隐患，应当及时处理。

第六十三条 负有安全生产监督管理职责的部门依照有关法律、法规的规定，对涉及安全生产的事项需要审查批准（包括批准、核准、许可、注册、认证、颁发证照等，下同）或者验收的，必须严格依照有关法律、法规和国家标准或者行业标准规定的安全生产条件和程序进行审查；不符合有关法律、法规和国家标准或者行业标准规定的安全生产条件的，不得批准或者验收通过。对未依法取得批准或者验收合格的单位擅自从事有关活动的，负责行政审批的部门发现或者接到举报后应当立即予以取缔，并依法予以处理。对已经依法取得批准的单位，负责行政审批的部门发现其不再具备安全生产条件的，应当撤销原批准。

第六十四条 负有安全生产监督管理职责的部门对涉及安全生产的事项进行审查、验收，不得收取费用；不得要求接受审查、验收的单位购买其指定品牌或者指定生产、销售单位的安全设备、器材或者其他产品。

第六十五条 应急管理部门和其他负有安全生产

监督管理职责的部门依法开展安全生产行政执法工作，对生产经营单位执行有关安全生产的法律、法规和国家标准或者行业标准的情况进行监督检查，行使以下职权：

（一）进入生产经营单位进行检查，调阅有关资料，向有关单位和人员了解情况；

（二）对检查中发现的安全生产违法行为，当场予以纠正或者要求限期改正；对依法应当给予行政处罚的行为，依照本法和其他有关法律、行政法规的规定作出行政处罚决定；

（三）对检查中发现的事故隐患，应当责令立即排除；重大事故隐患排除前或者排除过程中无法保证安全的，应当责令从危险区域内撤出作业人员，责令暂时停产停业或者停止使用相关设施、设备；重大事故隐患排除后，经审查同意，方可恢复生产经营和使用；

（四）对有根据认为不符合保障安全生产的国家标准或者行业标准的设施、设备、器材以及违法生产、储存、使用、经营、运输的危险物品予以查封或者扣押，对违法生产、储存、使用、经营危险物品的作业场所予以查封，并依法作出处理决定。

监督检查不得影响被检查单位的正常生产经营活动。

第六十六条 生产经营单位对负有安全生产监督管理职责的部门的监督检查人员（以下统称安全生产监督检查人员）依法履行监督检查职责，应当予以配合，不得拒绝、阻挠。

第六十七条 安全生产监督检查人员应当忠于职守，坚持原则，秉公执法。

安全生产监督检查人员执行监督检查任务时，必须出示有效的行政执法证件；对涉及被检查单位的技术秘密和业务秘密，应当为其保密。

第六十八条 安全生产监督检查人员应当将检查的时间、地点、内容、发现的问题及其处理情况，做出书面记录，并由检查人员和被检查单位的负责人签字；被检查单位的负责人拒绝签字的，检查人员应当将情况记录在案，并向负有安全生产监督管理职责的部门报告。

第六十九条 负有安全生产监督管理职责的部门在监督检查中，应当互相配合，实行联合检查；确需分别进行检查的，应当互通情况，发现存在的安全问题应当由其他有关部门进行处理的，应当及时移送其他有关部门并形成记录备查，接受移送的部门应当及时进行处理。

第七十条 负有安全生产监督管理职责的部门依法对存在重大事故隐患的生产经营单位作出停产停业、停止施工、停止使用相关设施或者设备的决定，生产经营单位应当依法执行，及时消除事故隐患。生产经营单位拒不执行，有发生生产安全事故的现实危险的，在保证安全的前提下，经本部门主要负责人批准，负有安全生产监督管理职责的部门可以采取通知有关单位停止供电、停止供应民用爆炸物品等措施，强制生产经营单位履行决定。通知应当采用书面形式，有关单位应当予以配合。

负有安全生产监督管理职责的部门依照前款规定采取停止供电措施，除有危及生产安全的紧急情形外，应当提前二十四小时通知生产经营单位。生产经营单位依法履行行政决定、采取相应措施消除事故隐患的，负有安全生产监督管理职责的部门应当及时解除前款规定的措施。

第七十一条 监察机关依照监察法的规定，对负有安全生产监督管理职责的部门及其工作人员履行安全生产监督管理职责实施监察。

第七十二条 承担安全评价、认证、检测、检验职责的机构应当具备国家规定的资质条件，并对其作出的安全评价、认证、检测、检验结果的合法性、真实性负责。资质条件由国务院应急管理部门会同国务院有关部门制定。

承担安全评价、认证、检测、检验职责的机构应当建立并实施服务公开和报告公开制度，不得租借资质、挂靠、出具虚假报告。

第七十三条 负有安全生产监督管理职责的部门应当建立举报制度，公开举报电话、信箱或者电子邮件地址等网络举报平台，受理有关安全生产的举报；受理的举报事项经调查核实后，应当形成书面材料；需要落实整改措施的，报经有关负责人签字并督促落实。对不属于本部门职责，需要由其他有关部门进行调查处理的，转交其他有关部门处理。

涉及人员死亡的举报事项，应当由县级以上人民政府组织核查处理。

第七十四条 任何单位或者个人对事故隐患或者安全生产违法行为，均有权向负有安全生产监督管理职责的部门报告或者举报。

因安全生产违法行为造成重大事故隐患或者导致重大事故，致使国家利益或者社会公共利益受到侵害的，人民检察院可以根据民事诉讼法、行政诉讼法的相关规定提起公益诉讼。

第七十五条 居民委员会、村民委员会发现其所在区域内的生产经营单位存在事故隐患或者安全生产违法行为时，应当向当地人民政府或者有关部门报告。

第七十六条 县级以上各级人民政府及其有关部门对报告重大事故隐患或者举报安全生产违法行为的有功人员，给予奖励。具体奖励办法由国务院应急管理部门会同国务院财政部门制定。

第七十七条 新闻、出版、广播、电影、电视等单位有进行安全生产公益宣传教育的义务，有对违反安全生产法律、法规的行为进行舆论监督的权利。

第七十八条 负有安全生产监督管理职责的部门应当建立安全生产违法行为信息库，如实记录生产经营单位及其有关从业人员的安全生产违法行为信息；对违法行为情节严重的生产经营单位及其有关从业人员，应当及时向社会公告，并通报行业主管部门、投资主管部门、自然资源主管部门、生态环境主管部门、证券监督管理机构以及有关金融机构。有关部门和机构应当对存在失信行为的生产经营单位及其有关从业人员采取加大执法检查频次、暂停项目审批、上调有关保险费率、行业或者职业禁入等联合惩戒措施，并向社会公示。

负有安全生产监督管理职责的部门应当加强对生产经营单位行政处罚信息的及时归集、共享、应用和公开，对生产经营单位作出处罚决定后七个工作日内在监督管理部门公示系统予以公开曝光，强化对违法失信生产经营单位及其有关从业人员的社会监督，提高全社会安全生产诚信水平。

第五章 生产安全事故的应急救援与调查处理

第七十九条 国家加强生产安全事故应急能力建设，在重点行业、领域建立应急救援基地和应急救援队伍，并由国家安全生产应急救援机构统一协调指挥；鼓励生产经营单位和其他社会力量建立应急救援队伍，配备相应的应急救援装备和物资，提高应急救援的专业化水平。

国务院应急管理部门牵头建立全国统一的生产安全事故应急救援信息系统，国务院交通运输、住房和城乡建设、水利、民航等有关部门和县级以上地方人民政府建立健全相关行业、领域、地区的生产安全事故应急救援信息系统，实现互联互通、信息共享，通过推行网上安全信息采集、安全监管和监测预警，提升监管的精准化、智能化水平。

第八十条 县级以上地方各级人民政府应当组织有关部门制定本行政区域内生产安全事故应急救援预案，建立应急救援体系。

乡镇人民政府和街道办事处，以及开发区、工业园区、港区、风景区等应当制定相应的生产安全事故应急救援预案，协助人民政府有关部门或者按照授权依法履行生产安全事故应急救援工作职责。

第八十一条 生产经营单位应当制定本单位生产安全事故应急救援预案，与所在地县级以上地方人民政府组织制定的生产安全事故应急救援预案相衔接，并定期组织演练。

第八十二条 危险物品的生产、经营、储存单位以及矿山、金属冶炼、城市轨道交通运营、建筑施工单位应当建立应急救援组织；生产经营规模较小的，可以不建立应急救援组织，但应当指定兼职的应急救援人员。

危险物品的生产、经营、储存、运输单位以及矿山、金属冶炼、城市轨道交通运营、建筑施工单位应当配备必要的应急救援器材、设备和物资，并进行经常性维护、保养，保证正常运转。

第八十三条 生产经营单位发生生产安全事故后，事故现场有关人员应当立即报告本单位负责人。

单位负责人接到事故报告后，应当迅速采取有效措施，组织抢救，防止事故扩大，减少人员伤亡和财产损失，并按照国家有关规定立即如实报告当地负有安全生产监督管理职责的部门，不得隐瞒不报、谎报或者迟报，不得故意破坏事故现场、毁灭有关证据。

第八十四条 负有安全生产监督管理职责的部门接到事故报告后，应当立即按照国家有关规定上报事故情况。负有安全生产监督管理职责的部门和有关地方人民政府对事故情况不得隐瞒不报、谎报或者迟报。

第八十五条 有关地方人民政府和负有安全生产监督管理职责的部门的负责人接到生产安全事故报告后，应当按照生产安全事故应急救援预案的要求立即赶到事故现场，组织事故抢救。

参与事故抢救的部门和单位应当服从统一指挥，加强协同联动，采取有效的应急救援措施，并根据事故救援的需要采取警戒、疏散等措施，防止事故扩大和次生灾害的发生，减少人员伤亡和财产损失。

事故抢救过程中应当采取必要措施，避免或者减少对环境造成的危害。

任何单位和个人都应当支持、配合事故抢救，并提供一切便利条件。

第八十六条 事故调查处理应当按照科学严谨、依法依规、实事求是、注重实效的原则，及时、准确地查清事故原因，查明事故性质和责任，评估应急处置工作，总结事故教训，提出整改措施，并对事故责任单位和人员提出处理建议。事故调查报告应当依法及时向社会公布。事故调查和处理的具体办法由国务院制定。

事故发生单位应当及时全面落实整改措施，负有安全生产监督管理职责的部门应当加强监督检查。

负责事故调查处理的国务院有关部门和地方人民政府应当在批复事故调查报告后一年内，组织有关部门对事故整改和防范措施落实情况进行评估，并及时向社会公开评估结果；对不履行职责导致事故整改和防范措施没有落实的有关单位和人员，应当按照有关规定追究责任。

第八十七条 生产经营单位发生生产安全事故，经调查确定为责任事故的，除了应当查明事故单位的责任并依法予以追究，还应当查明对安全生产的有关事项负有审查批准和监督职责的行政部门的责任，对有失职、渎职行为的，依照本法第九十条的规定追究法律责任。

第八十八条 任何单位和个人不得阻挠和干涉对事故的依法调查处理。

第八十九条 县级以上地方各级人民政府应急管理部门应当定期统计分析本行政区域内发生生产安全事故的情况，并定期向社会公布。

第六章 法律责任

第九十条 负有安全生产监督管理职责的部门的工作人员，有下列行为之一的，给予降级或者撤职的处分；构成犯罪的，依照刑法有关规定追究刑事责任：

（一）对不符合法定安全生产条件的涉及安全生产的事项予以批准或者验收通过的；

（二）发现未依法取得批准、验收的单位擅自从事有关活动或者接到举报后不予取缔或者不依法予以处理的；

（三）对已经依法取得批准的单位不履行监督管理职责，发现其不再具备安全生产条件而不撤销原批准或者发现安全生产违法行为不予查处的；

（四）在监督检查中发现重大事故隐患，不依法及时处理的。

负有安全生产监督管理职责的部门的工作人员有前款规定以外的滥用职权、玩忽职守、徇私舞弊行为的，依法给予处分；构成犯罪的，依照刑法有关规定追究刑事责任。

第九十一条 负有安全生产监督管理职责的部门，要求被审查、验收的单位购买其指定的安全设备、器材或者其他产品的，在对安全生产事项的审查、验收中收取费用的，由其上级机关或者监察机关责令改正，责令退还收取的费用；情节严重的，对直接负责的主管人员和其他直接责任人员依法给予处分。

第九十二条 承担安全评价、认证、检测、检验职责的机构出具失实报告的，责令停业整顿，并处三万元以上十万元以下的罚款；给他人造成损害的，依法承担赔偿责任。

承担安全评价、认证、检测、检验职责的机构租借资质、挂靠、出具虚假报告的，没收违法所得；违法所得在十万元以上的，并处违法所得二倍以上五倍以下的罚款，没有违法所得或者违法所得不足十万元的，单处或者并处十万元以上二十万元以下的罚款；对其直接负责的主管人员和其他直接责任人员处五万元以上十万元以下的罚款；给他人造成损害的，与生产经营单位承担连带赔偿责任；构成犯罪的，依照刑法有关规定追究刑事责任。

对有前款违法行为的机构及其直接责任人员，吊销其相应资质和资格，五年内不得从事安全评价、认证、检测、检验等工作；情节严重的，实行终身行业和职业禁入。

第九十三条 生产经营单位的决策机构、主要负责人或者个人经营的投资人不依照本法规定保证安全生产所必需的资金投入，致使生产经营单位不具备安全生产条件的，责令限期改正，提供必需的资金；逾期未改正的，责令生产经营单位停产停业整顿。

有前款违法行为，导致发生生产安全事故的，对生产经营单位的主要负责人给予撤职处分，对个人经营的投资人处二万元以上二十万元以下的罚款；构成犯罪的，依照刑法有关规定追究刑事责任。

第九十四条 生产经营单位的主要负责人未履行本法规定的安全生产管理职责的，责令限期改正，处二万元以上五万元以下的罚款；逾期未改正的，处五万元以上十万元以下的罚款，责令生产经营单位停产停业整顿。

生产经营单位的主要负责人有前款违法行为，导致发生生产安全事故的，给予撤职处分；构成犯罪的，依照刑法有关规定追究刑事责任。

生产经营单位的主要负责人依照前款规定受刑事处罚或者撤职处分的，自刑罚执行完毕或者受处分之日起，五年内不得担任任何生产经营单位的主要负责人；对重大、特别重大生产安全事故负有责任的，终身不得担任本行业生产经营单位的主要负责人。

第九十五条　生产经营单位的主要负责人未履行本法规定的安全生产管理职责，导致发生生产安全事故的，由应急管理部门依照下列规定处以罚款：

（一）发生一般事故的，处上一年年收入百分之四十的罚款；

（二）发生较大事故的，处上一年年收入百分之六十的罚款；

（三）发生重大事故的，处上一年年收入百分之八十的罚款；

（四）发生特别重大事故的，处上一年年收入百分之一百的罚款。

第九十六条　生产经营单位的其他负责人和安全生产管理人员未履行本法规定的安全生产管理职责的，责令限期改正，处一万元以上三万元以下的罚款；导致发生生产安全事故的，暂停或者吊销其与安全生产有关的资格，并处上一年年收入百分之二十以上百分之五十以下的罚款；构成犯罪的，依照刑法有关规定追究刑事责任。

第九十七条　生产经营单位有下列行为之一的，责令限期改正，处十万元以下的罚款；逾期未改正的，责令停产停业整顿，并处十万元以上二十万元以下的罚款，对其直接负责的主管人员和其他直接责任人员处二万元以上五万元以下的罚款：

（一）未按照规定设置安全生产管理机构或者配备安全生产管理人员、注册安全工程师的；

（二）危险物品的生产、经营、储存、装卸单位以及矿山、金属冶炼、建筑施工、运输单位的主要负责人和安全生产管理人员未按照规定经考核合格的；

（三）未按照规定对从业人员、被派遣劳动者、实习学生进行安全生产教育和培训，或者未按照规定如实告知有关的安全生产事项的；

（四）未如实记录安全生产教育和培训情况的；

（五）未将事故隐患排查治理情况如实记录或者未向从业人员通报的；

（六）未按照规定制定生产安全事故应急救援预案或者未定期组织演练的；

（七）特种作业人员未按照规定经专门的安全作业培训并取得相应资格，上岗作业的。

第九十八条　生产经营单位有下列行为之一的，责令停止建设或者停产停业整顿，限期改正，并处十万元以上五十万元以下的罚款，对其直接负责的主管人员和其他直接责任人员处二万元以上五万元以下的罚款；逾期未改正的，处五十万元以上一百万元以下的罚款，对其直接负责的主管人员和其他直接责任人员处五万元以上十万元以下的罚款；构成犯罪的，依照刑法有关规定追究刑事责任：

（一）未按照规定对矿山、金属冶炼建设项目或者用于生产、储存、装卸危险物品的建设项目进行安全评价的；

（二）矿山、金属冶炼建设项目或者用于生产、储存、装卸危险物品的建设项目没有安全设施设计或者安全设施设计未按照规定报经有关部门审查同意的；

（三）矿山、金属冶炼建设项目或者用于生产、储存、装卸危险物品的建设项目的施工单位未按照批准的安全设施设计施工的；

（四）矿山、金属冶炼建设项目或者用于生产、储存、装卸危险物品的建设项目竣工投入生产或者使用前，安全设施未经验收合格的。

第九十九条　生产经营单位有下列行为之一的，责令限期改正，处五万元以下的罚款；逾期未改正的，处五万元以上二十万元以下的罚款，对其直接负责的主管人员和其他直接责任人员处一万元以上二万元以下的罚款；情节严重的，责令停产停业整顿；构成犯罪的，依照刑法有关规定追究刑事责任：

（一）未在有较大危险因素的生产经营场所和有关设施、设备上设置明显的安全警示标志的；

（二）安全设备的安装、使用、检测、改造和报废不符合国家标准或者行业标准的；

（三）未对安全设备进行经常性维护、保养和定期检测的；

（四）关闭、破坏直接关系生产安全的监控、报警、防护、救生设备、设施，或者篡改、隐瞒、销毁其相关数据、信息的；

（五）未为从业人员提供符合国家标准或者行业标准的劳动防护用品的；

（六）危险物品的容器、运输工具，以及涉及人身安全、危险性较大的海洋石油开采特种设备和矿山井下特种设备未经具有专业资质的机构检测、检验合格，取得安全使用证或者安全标志，投入使用的；

（七）使用应当淘汰的危及生产安全的工艺、设备的；

（八）餐饮等行业的生产经营单位使用燃气未安装可燃气体报警装置的。

第一百条 未经依法批准，擅自生产、经营、运输、储存、使用危险物品或者处置废弃危险物品的，依照有关危险物品安全管理的法律、行政法规的规定予以处罚；构成犯罪的，依照刑法有关规定追究刑事责任。

第一百零一条 生产经营单位有下列行为之一的，责令限期改正，处十万元以下的罚款；逾期未改正的，责令停产停业整顿，并处十万元以上二十万元以下的罚款，对其直接负责的主管人员和其他直接责任人员处二万元以上五万元以下的罚款；构成犯罪的，依照刑法有关规定追究刑事责任：

（一）生产、经营、运输、储存、使用危险物品或者处置废弃危险物品，未建立专门安全管理制度、未采取可靠的安全措施的；

（二）对重大危险源未登记建档，未进行定期检测、评估、监控，未制定应急预案，或者未告知应急措施的；

（三）进行爆破、吊装、动火、临时用电以及国务院应急管理部门会同国务院有关部门规定的其他危险作业，未安排专门人员进行现场安全管理的；

（四）未建立安全风险分级管控制度或者未按照安全风险分级采取相应管控措施的；

（五）未建立事故隐患排查治理制度，或者重大事故隐患排查治理情况未按照规定报告的。

第一百零二条 生产经营单位未采取措施消除事故隐患的，责令立即消除或者限期消除，处五万元以下的罚款；生产经营单位拒不执行的，责令停产停业整顿，对其直接负责的主管人员和其他直接责任人员处五万元以上十万元以下的罚款；构成犯罪的，依照刑法有关规定追究刑事责任。

第一百零三条 生产经营单位将生产经营项目、场所、设备发包或者出租给不具备安全生产条件或者相应资质的单位或者个人的，责令限期改正，没收违法所得；违法所得十万元以上的，并处违法所得二倍以上五倍以下的罚款；没有违法所得或者违法所得不足十万元的，单处或者并处十万元以上二十万元以下的罚款；对其直接负责的主管人员和其他直接责任人员处一万元以上二万元以下的罚款；导致发生生产安全事故给他人造成损害的，与承包方、承租方承担连带赔偿责任。

生产经营单位未与承包单位、承租单位签订专门的安全生产管理协议或者未在承包合同、租赁合同中明确各自的安全生产管理职责，或者未对承包单位、承租单位的安全生产统一协调、管理的，责令限期改正，处五万元以下的罚款，对其直接负责的主管人员和其他直接责任人员处一万元以下的罚款；逾期未改正的，责令停产停业整顿。

矿山、金属冶炼建设项目和用于生产、储存、装卸危险物品的建设项目的施工单位未按照规定对施工项目进行安全管理的，责令限期改正，处十万元以下的罚款，对其直接负责的主管人员和其他直接责任人员处二万元以下的罚款；逾期未改正的，责令停产停业整顿。以上施工单位倒卖、出租、出借、挂靠或者以其他形式非法转让施工资质的，责令停产停业整顿，吊销资质证书，没收违法所得；违法所得十万元以上的，并处违法所得二倍以上五倍以下的罚款，没有违法所得或者违法所得不足十万元的，单处或者并处十万元以上二十万元以下的罚款；对其直接负责的主管人员和其他直接责任人员处五万元以上十万元以下的罚款；构成犯罪的，依照刑法有关规定追究刑事责任。

第一百零四条 两个以上生产经营单位在同一作业区域内进行可能危及对方安全生产的生产经营活动，未签订安全生产管理协议或者未指定专职安全生产管理人员进行安全检查与协调的，责令限期改正，处五万元以下的罚款，对其直接负责的主管人员和其他直接责任人员处一万元以下的罚款；逾期未改正的，责令停产停业。

第一百零五条 生产经营单位有下列行为之一的，责令限期改正，处五万元以下的罚款，对其直接负责的主管人员和其他直接责任人员处一万元以下的罚款；逾期未改正的，责令停产停业整顿；构成犯罪的，依照刑法有关规定追究刑事责任：

（一）生产、经营、储存、使用危险物品的车间、商店、仓库与员工宿舍在同一座建筑内，或者与员工宿舍的距离不符合安全要求的；

（二）生产经营场所和员工宿舍未设有符合紧急疏散需要、标志明显、保持畅通的出口、疏散通道，或者占用、锁闭、封堵生产经营场所或者员工宿舍出口、疏散通道的。

第一百零六条 生产经营单位与从业人员订立协议，免除或者减轻其对从业人员因生产安全事故伤亡依法应承担的责任的，该协议无效；对生产经营单位的主要负责人、个人经营的投资人处二万元以上十万元以下的罚款。

第一百零七条 生产经营单位的从业人员不落实岗位安全责任，不服从管理，违反安全生产规章制度或者操作规程的，由生产经营单位给予批评教育，依照有关规章制度给予处分；构成犯罪的，依照刑法有关规定追究刑事责任。

第一百零八条 违反本法规定，生产经营单位拒绝、阻碍负有安全生产监督管理职责的部门依法实施监督检查的，责令改正；拒不改正的，处二万元以上二十万元以下的罚款；对其直接负责的主管人员和其他直接责任人员处一万元以上二万元以下的罚款；构成犯罪的，依照刑法有关规定追究刑事责任。

第一百零九条 高危行业、领域的生产经营单位未按照国家规定投保安全生产责任保险的，责令限期改正，处五万元以上十万元以下的罚款；逾期未改正的，处十万元以上二十万元以下的罚款。

第一百一十条 生产经营单位的主要负责人在本单位发生生产安全事故时，不立即组织抢救或者在事故调查处理期间擅离职守或者逃匿的，给予降级、撤职的处分，并由应急管理部门处上一年年收入百分之六十至百分之一百的罚款；对逃匿的处十五日以下拘留；构成犯罪的，依照刑法有关规定追究刑事责任。

生产经营单位的主要负责人对生产安全事故隐瞒不报、谎报或者迟报的，依照前款规定处罚。

第一百一十一条 有关地方人民政府、负有安全生产监督管理职责的部门，对生产安全事故隐瞒不报、谎报或者迟报的，对直接负责的主管人员和其他直接责任人员依法给予处分；构成犯罪的，依照刑法有关规定追究刑事责任。

第一百一十二条 生产经营单位违反本法规定，被责令改正且受到罚款处罚，拒不改正的，负有安全生产监督管理职责的部门可以自作出责令改正之日的次日起，按照原处罚数额按日连续处罚。

第一百一十三条 生产经营单位存在下列情形之一的，负有安全生产监督管理职责的部门应当提请地方人民政府予以关闭，有关部门应当依法吊销其有关证照。生产经营单位主要负责人五年内不得担任任何生产经营单位的主要负责人；情节严重的，终身不得担任本行业生产经营单位的主要负责人：

（一）存在重大事故隐患，一百八十日内三次或者一年内四次受到本法规定的行政处罚的；

（二）经停产停业整顿，仍不具备法律、行政法规和国家标准或者行业标准规定的安全生产条件的；

（三）不具备法律、行政法规和国家标准或者行业标准规定的安全生产条件，导致发生重大、特别重大生产安全事故的；

（四）拒不执行负有安全生产监督管理职责的部门作出的停产停业整顿决定的。

第一百一十四条 发生生产安全事故，对负有责任的生产经营单位除要求其依法承担相应的赔偿等责任外，由应急管理部门依照下列规定处以罚款：

（一）发生一般事故的，处三十万元以上一百万元以下的罚款；

（二）发生较大事故的，处一百万元以上二百万元以下的罚款；

（三）发生重大事故的，处二百万元以上一千万元以下的罚款；

（四）发生特别重大事故的，处一千万元以上二千万元以下的罚款。

发生生产安全事故，情节特别严重、影响特别恶劣的，应急管理部门可以按照前款罚款数额的二倍以上五倍以下对负有责任的生产经营单位处以罚款。

第一百一十五条 本法规定的行政处罚，由应急管理部门和其他负有安全生产监督管理职责的部门按照职责分工决定；其中，根据本法第九十五条、第一百一十条、第一百一十四条的规定应当给予民航、铁路、电力行业的生产经营单位及其主要负责人行政处罚的，也可以由主管的负有安全生产监督管理职责的部门进行处罚。予以关闭的行政处罚，由负有安全生产监督管理职责的部门报请县级以上人民政府按照国务院规定的权限决定；给予拘留的行政处罚，由公安机关依照治安管理处罚的规定决定。

第一百一十六条 生产经营单位发生生产安全事故造成人员伤亡、他人财产损失的，应当依法承担赔偿责任；拒不承担或者其负责人逃匿的，由人民法院依法强制执行。

生产安全事故的责任人未依法承担赔偿责任，经人民法院依法采取执行措施后，仍不能对受害人给予足额赔偿的，应当继续履行赔偿义务；受害人发现责任人有其他财产的，可以随时请求人民法院执行。

第七章 附 则

第一百一十七条 本法下列用语的含义：

危险物品，是指易燃易爆物品、危险化学品、放射性物品等能够危及人身安全和财产安全的物品。

重大危险源，是指长期地或者临时地生产、搬运、使用或者储存危险物品，且危险物品的数量等于或者超过临界量的单元（包括场所和设施）。

第一百一十八条 本法规定的生产安全一般事故、较大事故、重大事故、特别重大事故的划分标准由国务院规定。

国务院应急管理部门和其他负有安全生产监督管理职责的部门应当根据各自的职责分工，制定相关行业、领域重大危险源的辨识标准和重大事故隐患的判定标准。

第一百一十九条 本法自2002年11月1日起施行。

中华人民共和国职业病防治法

1. 2001年10月27日第九届全国人民代表大会常务委员会第二十四次会议通过

2. 根据2011年12月31日第十一届全国人民代表大会常务委员会第二十四次会议《关于修改〈中华人民共和国职业病防治法〉的决定》第一次修正

3. 根据2016年7月2日第十二届全国人民代表大会常务委员会第二十一次会议《关于修改〈中华人民共和国节约能源法〉等六部法律的决定》第二次修正

4. 根据2017年11月4日第十二届全国人民代表大会常务委员会第三十次会议《关于修改〈中华人民共和国会计法〉等十一部法律的决定》第三次修正

5. 根据2018年12月29日第十三届全国人民代表大会常务委员会第七次会议《关于修改〈中华人民共和国劳动法〉等七部法律的决定》第四次修正

目 录

第一章 总 则

第一条 为了预防、控制和消除职业病危害，防治职业病，保护劳动者健康及其相关权益，促进经济社会发展，根据宪法，制定本法。

第二条 本法适用于中华人民共和国领域内的职业病防治活动。

本法所称职业病，是指企业、事业单位和个体经济组织等用人单位的劳动者在职业活动中，因接触粉尘、放射性物质和其他有毒、有害因素而引起的疾病。

职业病的分类和目录由国务院卫生行政部门会同国务院劳动保障行政部门制定、调整并公布。

第三条 职业病防治工作坚持预防为主、防治结合的方针，建立用人单位负责、行政机关监管、行业自律、职工参与和社会监督的机制，实行分类管理、综合治理。

第四条 劳动者依法享有职业卫生保护的权利。

用人单位应当为劳动者创造符合国家职业卫生标准和卫生要求的工作环境和条件，并采取措施保障劳动者获得职业卫生保护。

工会组织依法对职业病防治工作进行监督，维护劳动者的合法权益。用人单位制定或者修改有关职业病防治的规章制度，应当听取工会组织的意见。

第五条 用人单位应当建立、健全职业病防治责任制，加强对职业病防治的管理，提高职业病防治水平，对本单位产生的职业病危害承担责任。

第六条 用人单位的主要负责人对本单位的职业病防治工作全面负责。

第七条 用人单位必须依法参加工伤保险。

国务院和县级以上地方人民政府劳动保障行政部门应当加强对工伤保险的监督管理，确保劳动者依法享受工伤保险待遇。

第八条 国家鼓励和支持研制、开发、推广、应用有利于职业病防治和保护劳动者健康的新技术、新工艺、新设备、新材料，加强对职业病的机理和发生规律的基础研究，提高职业病防治科学技术水平；积极采用有效的职业病防治技术、工艺、设备、材料；限制使用或者淘汰职业病危害严重的技术、工艺、设备、材料。

国家鼓励和支持职业病医疗康复机构的建设。

第九条 国家实行职业卫生监督制度。

国务院卫生行政部门、劳动保障行政部门依照本法和国务院确定的职责，负责全国职业病防治的监督管理工作。国务院有关部门在各自的职责范围内负责职业病防治的有关监督管理工作。

县级以上地方人民政府卫生行政部门、劳动保障行政部门依据各自职责，负责本行政区域内职业病防治的监督管理工作。县级以上地方人民政府有关部门在各自的职责范围内负责职业病防治的有关监督管理工作。

县级以上人民政府卫生行政部门、劳动保障行政部门（以下统称职业卫生监督管理部门）应当加强沟通，密切配合，按照各自职责分工，依法行使职权，承担责任。

第十条 国务院和县级以上地方人民政府应当制定职业病防治规划，将其纳入国民经济和社会发展计划，并组织实施。

县级以上地方人民政府统一负责、领导、组织、协调本行政区域的职业病防治工作，建立健全职业病防治工作体制、机制，统一领导、指挥职业卫生突发事件应对工作；加强职业病防治能力建设和服务体系建设，完善、落实职业病防治工作责任制。

乡、民族乡、镇的人民政府应当认真执行本法，支持职业卫生监督管理部门依法履行职责。

第十一条 县级以上人民政府职业卫生监督管理部门应当加强对职业病防治的宣传教育，普及职业病防治的知识，增强用人单位的职业病防治观念，提高劳动者的职业健康意识、自我保护意识和行使职业卫生保护权利的能力。

第十二条 有关防治职业病的国家职业卫生标准，由国务院卫生行政部门组织制定并公布。

国务院卫生行政部门应当组织开展重点职业病监测和专项调查，对职业健康风险进行评估，为制定职业卫生标准和职业病防治政策提供科学依据。

县级以上地方人民政府卫生行政部门应当定期对本行政区域的职业病防治情况进行统计和调查分析。

第十三条 任何单位和个人有权对违反本法的行为进行检举和控告。有关部门收到相关的检举和控告后，应当及时处理。

对防治职业病成绩显著的单位和个人，给予奖励。

第二章 前期预防

第十四条 用人单位应当依照法律、法规要求，严格遵守国家职业卫生标准，落实职业病预防措施，从源头上控制和消除职业病危害。

第十五条 产生职业病危害的用人单位的设立除应当符合法律、行政法规规定的设立条件外，其工作场所还应当符合下列职业卫生要求：

（一）职业病危害因素的强度或者浓度符合国家职业卫生标准；

（二）有与职业病危害防护相适应的设施；

（三）生产布局合理，符合有害与无害作业分开的原则；

（四）有配套的更衣间、洗浴间、孕妇休息间等卫生设施；

（五）设备、工具、用具等设施符合保护劳动者生理、心理健康的要求；

（六）法律、行政法规和国务院卫生行政部门关于保护劳动者健康的其他要求。

第十六条 国家建立职业病危害项目申报制度。

用人单位工作场所存在职业病目录所列职业病的危害因素的，应当及时、如实向所在地卫生行政部门申报危害项目，接受监督。

职业病危害因素分类目录由国务院卫生行政部门制定、调整并公布。职业病危害项目申报的具体办法由国务院卫生行政部门制定。

第十七条 新建、扩建、改建建设项目和技术改造、技术引进项目（以下统称建设项目）可能产生职业病危害的，建设单位在可行性论证阶段应当进行职业病危害预评价。

医疗机构建设项目可能产生放射性职业病危害的，建设单位应当向卫生行政部门提交放射性职业病危害预评价报告。卫生行政部门应当自收到预评价报告之日起三十日内，作出审核决定并书面通知建设单位。未提交预评价报告或者预评价报告未经卫生行政部门审核同意的，不得开工建设。

职业病危害预评价报告应当对建设项目可能产生的职业病危害因素及其对工作场所和劳动者健康的影响作出评价，确定危害类别和职业病防护措施。

建设项目职业病危害分类管理办法由国务院卫生行政部门制定。

第十八条 建设项目的职业病防护设施所需费用应当纳入建设项目工程预算，并与主体工程同时设计，同时施工，同时投入生产和使用。

建设项目的职业病防护设施设计应当符合国家职业卫生标准和卫生要求；其中，医疗机构放射性职业病危害严重的建设项目的防护设施设计，应当经卫生行政部门审查同意后，方可施工。

建设项目在竣工验收前，建设单位应当进行职业病危害控制效果评价。

医疗机构可能产生放射性职业病危害的建设项目竣工验收时，其放射性职业病防护设施经卫生行政部门验收合格后，方可投入使用；其他建设项目的职业病防护设施应当由建设单位负责依法组织验收，验收合格后，方可投入生产和使用。卫生行政部门应当加强对建设单位组织的验收活动和验收结果的监督核查。

第十九条 国家对从事放射性、高毒、高危粉尘等作业实行特殊管理。具体管理办法由国务院制定。

第三章 劳动过程中的防护与管理

第二十条 用人单位应当采取下列职业病防治管理措施：

（一）设置或者指定职业卫生管理机构或者组织，配备专职或者兼职的职业卫生管理人员，负责本单位的职业病防治工作；

（二）制订职业病防治计划和实施方案；

（三）建立、健全职业卫生管理制度和操作规程；

（四）建立、健全职业卫生档案和劳动者健康监护档案；

（五）建立、健全工作场所职业病危害因素监测及评价制度；

（六）建立、健全职业病危害事故应急救援预案。

第二十一条 用人单位应当保障职业病防治所需的资金投入，不得挤占、挪用，并对因资金投入不足导致的后果承担责任。

第二十二条 用人单位必须采用有效的职业病防护设施，并为劳动者提供个人使用的职业病防护用品。

用人单位为劳动者个人提供的职业病防护用品必须符合防治职业病的要求；不符合要求的，不得使用。

第二十三条 用人单位应当优先采用有利于防治职业病和保护劳动者健康的新技术、新工艺、新设备、新材料，逐步替代职业病危害严重的技术、工艺、设备、材料。

第二十四条 产生职业病危害的用人单位，应当在醒目位置设置公告栏，公布有关职业病防治的规章制度、操作规程、职业病危害事故应急救援措施和工作场所职业病危害因素检测结果。

对产生严重职业病危害的作业岗位，应当在其醒目位置，设置警示标识和中文警示说明。警示说明应当载明产生职业病危害的种类、后果、预防以及应急救治措施等内容。

第二十五条 对可能发生急性职业损伤的有毒、有害工作场所，用人单位应当设置报警装置，配置现场急救用品、冲洗设备、应急撤离通道和必要的泄险区。

对放射工作场所和放射性同位素的运输、贮存，用人单位必须配置防护设备和报警装置，保证接触放射线的工作人员佩戴个人剂量计。

对职业病防护设备、应急救援设施和个人使用的职业病防护用品，用人单位应当进行经常性的维护、检修，定期检测其性能和效果，确保其处于正常状态，不得擅自拆除或者停止使用。

第二十六条 用人单位应当实施由专人负责的职业病危害因素日常监测，并确保监测系统处于正常运行状态。

用人单位应当按照国务院卫生行政部门的规定，定期对工作场所进行职业病危害因素检测、评价。检测、评价结果存入用人单位职业卫生档案，定期向所在地卫生行政部门报告并向劳动者公布。

职业病危害因素检测、评价由依法设立的取得国务院卫生行政部门或者设区的市级以上地方人民政府卫生行政部门按照职责分工给予资质认可的职业卫生技术服务机构进行。职业卫生技术服务机构所做检测、评价应当客观、真实。

发现工作场所职业病危害因素不符合国家职业卫

生标准和卫生要求时，用人单位应当立即采取相应治理措施，仍然达不到国家职业卫生标准和卫生要求的，必须停止存在职业病危害因素的作业；职业病危害因素经治理后，符合国家职业卫生标准和卫生要求的，方可重新作业。

第二十七条 职业卫生技术服务机构依法从事职业病危害因素检测、评价工作，接受卫生行政部门的监督检查。卫生行政部门应当依法履行监督职责。

第二十八条 向用人单位提供可能产生职业病危害的设备的，应当提供中文说明书，并在设备的醒目位置设置警示标识和中文警示说明。警示说明应当载明设备性能、可能产生的职业病危害、安全操作和维护注意事项、职业病防护以及应急救治措施等内容。

第二十九条 向用人单位提供可能产生职业病危害的化学品、放射性同位素和含有放射性物质的材料的，应当提供中文说明书。说明书应当载明产品特性、主要成分、存在的有害因素、可能产生的危害后果、安全使用注意事项、职业病防护以及应急救治措施等内容。产品包装应当有醒目的警示标识和中文警示说明。贮存上述材料的场所应当在规定的部位设置危险物品标识或者放射性警示标识。

国内首次使用或者首次进口与职业病危害有关的化学材料，使用单位或者进口单位按照国家规定经国务院有关部门批准后，应当向国务院卫生行政部门报送该化学材料的毒性鉴定以及经有关部门登记注册或者批准进口的文件等资料。

进口放射性同位素、射线装置和含有放射性物质的物品的，按照国家有关规定办理。

第三十条 任何单位和个人不得生产、经营、进口和使用国家明令禁止使用的可能产生职业病危害的设备或者材料。

第三十一条 任何单位和个人不得将产生职业病危害的作业转移给不具备职业病防护条件的单位和个人。不具备职业病防护条件的单位和个人不得接受产生职业病危害的作业。

第三十二条 用人单位对采用的技术、工艺、设备、材料，应当知悉其产生的职业病危害，对有职业病危害的技术、工艺、设备、材料隐瞒其危害而采用的，对所造成的职业病危害后果承担责任。

第三十三条 用人单位与劳动者订立劳动合同（含聘用合同，下同）时，应当将工作过程中可能产生的职业病危害及其后果、职业病防护措施和待遇等如实告知劳动者，并在劳动合同中写明，不得隐瞒或者欺骗。

劳动者在已订立劳动合同期间因工作岗位或者工作内容变更，从事与所订立劳动合同中未告知的存在职业病危害的作业时，用人单位应当依照前款规定，向劳动者履行如实告知的义务，并协商变更原劳动合同相关条款。

用人单位违反前两款规定的，劳动者有权拒绝从事存在职业病危害的作业，用人单位不得因此解除与劳动者所订立的劳动合同。

第三十四条 用人单位的主要负责人和职业卫生管理人员应当接受职业卫生培训，遵守职业病防治法律、法规，依法组织本单位的职业病防治工作。

用人单位应当对劳动者进行上岗前的职业卫生培训和在岗期间的定期职业卫生培训，普及职业卫生知识，督促劳动者遵守职业病防治法律、法规、规章和操作规程，指导劳动者正确使用职业病防护设备和个人使用的职业病防护用品。

劳动者应当学习和掌握相关的职业卫生知识，增强职业病防范意识，遵守职业病防治法律、法规、规章和操作规程，正确使用、维护职业病防护设备和个人使用的职业病防护用品，发现职业病危害事故隐患应当及时报告。

劳动者不履行前款规定义务的，用人单位应当对其进行教育。

第三十五条 对从事接触职业病危害的作业的劳动者，用人单位应当按照国务院卫生行政部门的规定组织上岗前、在岗期间和离岗时的职业健康检查，并将检查结果书面告知劳动者。职业健康检查费用由用人单位承担。

用人单位不得安排未经上岗前职业健康检查的劳动者从事接触职业病危害的作业；不得安排有职业禁忌的劳动者从事其所禁忌的作业；对在职业健康检查中发现有与所从事的职业相关的健康损害的劳动者，应当调离原工作岗位，并妥善安置；对未进行离岗前职业健康检查的劳动者不得解除或者终止与其订立的劳动合同。

职业健康检查应当由取得《医疗机构执业许可证》的医疗卫生机构承担。卫生行政部门应当加强对职业健康检查工作的规范管理，具体管理办法由国务院卫生行政部门制定。

第三十六条 用人单位应当为劳动者建立职业健

康监护档案，并按照规定的期限妥善保存。

职业健康监护档案应当包括劳动者的职业史、职业病危害接触史、职业健康检查结果和职业病诊疗等有关个人健康资料。

劳动者离开用人单位时，有权索取本人职业健康监护档案复印件，用人单位应当如实、无偿提供，并在所提供的复印件上签章。

第三十七条 发生或者可能发生急性职业病危害事故时，用人单位应当立即采取应急救援和控制措施，并及时报告所在地卫生行政部门和有关部门。卫生行政部门接到报告后，应当及时会同有关部门组织调查处理；必要时，可以采取临时控制措施。卫生行政部门应当组织做好医疗救治工作。

对遭受或者可能遭受急性职业病危害的劳动者，用人单位应当及时组织救治、进行健康检查和医学观察，所需费用由用人单位承担。

第三十八条 用人单位不得安排未成年工从事接触职业病危害的作业；不得安排孕期、哺乳期的女职工从事对本人和胎儿、婴儿有危害的作业。

第三十九条 劳动者享有下列职业卫生保护权利：

（一）获得职业卫生教育、培训；

（二）获得职业健康检查、职业病诊疗、康复等职业病防治服务；

（三）了解工作场所产生或者可能产生的职业病危害因素、危害后果和应当采取的职业病防护措施；

（四）要求用人单位提供符合防治职业病要求的职业病防护设施和个人使用的职业病防护用品，改善工作条件；

（五）对违反职业病防治法律、法规以及危及生命健康的行为提出批评、检举和控告；

（六）拒绝违章指挥和强令进行没有职业病防护措施的作业；

（七）参与用人单位职业卫生工作的民主管理，对职业病防治工作提出意见和建议。

用人单位应当保障劳动者行使前款所列权利。因劳动者依法行使正当权利而降低其工资、福利等待遇或者解除、终止与其订立的劳动合同的，其行为无效。

第四十条 工会组织应当督促并协助用人单位开展职业卫生宣传教育和培训，有权对用人单位的职业病防治工作提出意见和建议，依法代表劳动者与用人单位签订劳动安全卫生专项集体合同，与用人单位就劳动者反映的有关职业病防治的问题进行协调并督促解决。

工会组织对用人单位违反职业病防治法律、法规，侵犯劳动者合法权益的行为，有权要求纠正；产生严重职业病危害时，有权要求采取防护措施，或者向政府有关部门建议采取强制性措施；发生职业病危害事故时，有权参与事故调查处理；发现危及劳动者生命健康的情形时，有权向用人单位建议组织劳动者撤离危险现场，用人单位应当立即作出处理。

第四十一条 用人单位按照职业病防治要求，用于预防和治理职业病危害、工作场所卫生检测、健康监护和职业卫生培训等费用，按照国家有关规定，在生产成本中据实列支。

第四十二条 职业卫生监督管理部门应当按照职责分工，加强对用人单位落实职业病防护管理措施情况的监督检查，依法行使职权，承担责任。

第四章 职业病诊断与职业病病人保障

第四十三条 职业病诊断应当由取得《医疗机构执业许可证》的医疗卫生机构承担。卫生行政部门应当加强对职业病诊断工作的规范管理，具体管理办法由国务院卫生行政部门制定。

承担职业病诊断的医疗卫生机构还应当具备下列条件：

（一）具有与开展职业病诊断相适应的医疗卫生技术人员；

（二）具有与开展职业病诊断相适应的仪器、设备；

（三）具有健全的职业病诊断质量管理制度。

承担职业病诊断的医疗卫生机构不得拒绝劳动者进行职业病诊断的要求。

第四十四条 劳动者可以在用人单位所在地、本人户籍所在地或者经常居住地依法承担职业病诊断的医疗卫生机构进行职业病诊断。

第四十五条 职业病诊断标准和职业病诊断、鉴定办法由国务院卫生行政部门制定。职业病伤残等级的鉴定办法由国务院劳动保障行政部门会同国务院卫生行政部门制定。

第四十六条 职业病诊断，应当综合分析下列因素：

（一）病人的职业史；

（二）职业病危害接触史和工作场所职业病危害因素情况；

（三）临床表现以及辅助检查结果等。

没有证据否定职业病危害因素与病人临床表现之间的必然联系的，应当诊断为职业病。

职业病诊断证明书应当由参与诊断的取得职业病诊断资格的执业医师签署，并经承担职业病诊断的医疗卫生机构审核盖章。

第四十七条 用人单位应当如实提供职业病诊断、鉴定所需的劳动者职业史和职业病危害接触史、工作场所职业病危害因素检测结果等资料；卫生行政部门应当监督检查和督促用人单位提供上述资料；劳动者和有关机构也应当提供与职业病诊断、鉴定有关的资料。

职业病诊断、鉴定机构需要了解工作场所职业病危害因素情况时，可以对工作场所进行现场调查，也可以向卫生行政部门提出，卫生行政部门应当在十日内组织现场调查。用人单位不得拒绝、阻挠。

第四十八条 职业病诊断、鉴定过程中，用人单位不提供工作场所职业病危害因素检测结果等资料的，诊断、鉴定机构应当结合劳动者的临床表现、辅助检查结果和劳动者的职业史、职业病危害接触史，并参考劳动者的自述、卫生行政部门提供的日常监督检查信息等，作出职业病诊断、鉴定结论。

劳动者对用人单位提供的工作场所职业病危害因素检测结果等资料有异议，或者因劳动者的用人单位解散、破产，无用人单位提供上述资料的，诊断、鉴定机构应当提请卫生行政部门进行调查，卫生行政部门应当自接到申请之日起三十日内对存在异议的资料或者工作场所职业病危害因素情况作出判定；有关部门应当配合。

第四十九条 职业病诊断、鉴定过程中，在确认劳动者职业史、职业病危害接触史时，当事人对劳动关系、工种、工作岗位或者在岗时间有争议的，可以向当地的劳动人事争议仲裁委员会申请仲裁；接到申请的劳动人事争议仲裁委员会应当受理，并在三十日内作出裁决。

当事人在仲裁过程中对自己提出的主张，有责任提供证据。劳动者无法提供由用人单位掌握管理的与仲裁主张有关的证据的，仲裁庭应当要求用人单位在指定期限内提供；用人单位在指定期限内不提供的，应当承担不利后果。

劳动者对仲裁裁决不服的，可以依法向人民法院提起诉讼。

用人单位对仲裁裁决不服的，可以在职业病诊断、鉴定程序结束之日起十五日内依法向人民法院提起诉讼；诉讼期间，劳动者的治疗费用按照职业病待遇规定的途径支付。

第五十条 用人单位和医疗卫生机构发现职业病病人或者疑似职业病病人时，应当及时向所在地卫生行政部门报告。确诊为职业病的，用人单位还应当向所在地劳动保障行政部门报告。接到报告的部门应当依法作出处理。

第五十一条 县级以上地方人民政府卫生行政部门负责本行政区域内的职业病统计报告的管理工作，并按照规定上报。

第五十二条 当事人对职业病诊断有异议的，可以向作出诊断的医疗卫生机构所在地地方人民政府卫生行政部门申请鉴定。

职业病诊断争议由设区的市级以上地方人民政府卫生行政部门根据当事人的申请，组织职业病诊断鉴定委员会进行鉴定。

当事人对设区的市级职业病诊断鉴定委员会的鉴定结论不服的，可以向省、自治区、直辖市人民政府卫生行政部门申请再鉴定。

第五十三条 职业病诊断鉴定委员会由相关专业的专家组成。

省、自治区、直辖市人民政府卫生行政部门应当设立相关的专家库，需要对职业病争议作出诊断鉴定时，由当事人或者当事人委托有关卫生行政部门从专家库中以随机抽取的方式确定参加诊断鉴定委员会的专家。

职业病诊断鉴定委员会应当按照国务院卫生行政部门颁布的职业病诊断标准和职业病诊断、鉴定办法进行职业病诊断鉴定，向当事人出具职业病诊断鉴定书。职业病诊断、鉴定费用由用人单位承担。

第五十四条 职业病诊断鉴定委员会组成人员应当遵守职业道德，客观、公正地进行诊断鉴定，并承担相应的责任。职业病诊断鉴定委员会组成人员不得私下接触当事人，不得收受当事人的财物或者其他好处，与当事人有利害关系的，应当回避。

人民法院受理有关案件需要进行职业病鉴定时，应当从省、自治区、直辖市人民政府卫生行政部门依法设立的相关的专家库中选取参加鉴定的专家。

第五十五条 医疗卫生机构发现疑似职业病病人时，应当告知劳动者本人并及时通知用人单位。

用人单位应当及时安排对疑似职业病病人进行诊

断；在疑似职业病病人诊断或者医学观察期间，不得解除或者终止与其订立的劳动合同。

疑似职业病病人在诊断、医学观察期间的费用，由用人单位承担。

第五十六条 用人单位应当保障职业病病人依法享受国家规定的职业病待遇。

用人单位应当按照国家有关规定，安排职业病病人进行治疗、康复和定期检查。

用人单位对不适宜继续从事原工作的职业病病人，应当调离原岗位，并妥善安置。

用人单位对从事接触职业病危害的作业的劳动者，应当给予适当岗位津贴。

第五十七条 职业病病人的诊疗、康复费用，伤残以及丧失劳动能力的职业病病人的社会保障，按照国家有关工伤保险的规定执行。

第五十八条 职业病病人除依法享有工伤保险外，依照有关民事法律，尚有获得赔偿权利的，有权向用人单位提出赔偿要求。

第五十九条 劳动者被诊断患有职业病，但用人单位没有依法参加工伤保险的，其医疗和生活保障由该用人单位承担。

第六十条 职业病病人变动工作单位，其依法享有的待遇不变。

用人单位在发生分立、合并、解散、破产等情形时，应当对从事接触职业病危害的作业的劳动者进行健康检查，并按照国家有关规定妥善安置职业病病人。

第六十一条 用人单位已经不存在或者无法确认劳动关系的职业病病人，可以向地方人民政府医疗保障、民政部门申请医疗救助和生活等方面的救助。

地方各级人民政府应当根据本地区的实际情况，采取其他措施，使前款规定的职业病病人获得医疗救治。

第五章 监督检查

第六十二条 县级以上人民政府职业卫生监督管理部门依照职业病防治法律、法规、国家职业卫生标准和卫生要求，依据职责划分，对职业病防治工作进行监督检查。

第六十三条 卫生行政部门履行监督检查职责时，有权采取下列措施：

（一）进入被检查单位和职业病危害现场，了解情况，调查取证；

（二）查阅或者复制与违反职业病防治法律、法规的行为有关的资料和采集样品；

（三）责令违反职业病防治法律、法规的单位和个人停止违法行为。

第六十四条 发生职业病危害事故或者有证据证明危害状态可能导致职业病危害事故发生时，卫生行政部门可以采取下列临时控制措施：

（一）责令暂停导致职业病危害事故的作业；

（二）封存造成职业病危害事故或者可能导致职业病危害事故发生的材料和设备；

（三）组织控制职业病危害事故现场。

在职业病危害事故或者危害状态得到有效控制后，卫生行政部门应当及时解除控制措施。

第六十五条 职业卫生监督执法人员依法执行职务时，应当出示监督执法证件。

职业卫生监督执法人员应当忠于职守，秉公执法，严格遵守执法规范；涉及用人单位的秘密的，应当为其保密。

第六十六条 职业卫生监督执法人员依法执行职务时，被检查单位应当接受检查并予以支持配合，不得拒绝和阻碍。

第六十七条 卫生行政部门及其职业卫生监督执法人员履行职责时，不得有下列行为：

（一）对不符合法定条件的，发给建设项目有关证明文件、资质证明文件或者予以批准；

（二）对已经取得有关证明文件的，不履行监督检查职责；

（三）发现用人单位存在职业病危害的，可能造成职业病危害事故，不及时依法采取控制措施；

（四）其他违反本法的行为。

第六十八条 职业卫生监督执法人员应当依法经过资格认定。

职业卫生监督管理部门应当加强队伍建设，提高职业卫生监督执法人员的政治、业务素质，依照本法和其他有关法律、法规的规定，建立、健全内部监督制度，对其工作人员执行法律、法规和遵守纪律的情况，进行监督检查。

第六章 法律责任

第六十九条 建设单位违反本法规定，有下列行为之一的，由卫生行政部门给予警告，责令限期改正；

逾期不改正的，处十万元以上五十万元以下的罚款；情节严重的，责令停止产生职业病危害的作业，或者提请有关人民政府按照国务院规定的权限责令停建、关闭：

（一）未按照规定进行职业病危害预评价的；

（二）医疗机构可能产生放射性职业病危害的建设项目未按照规定提交放射性职业病危害预评价报告，或者放射性职业病危害预评价报告未经卫生行政部门审核同意、开工建设的；

（三）建设项目的职业病防护设施未按照规定与主体工程同时设计、同时施工、同时投入生产和使用的；

（四）建设项目的职业病防护设施设计不符合国家职业卫生标准和卫生要求，或者医疗机构放射性职业病危害严重的建设项目的防护设施设计未经卫生行政部门审查同意擅自施工的；

（五）未按照规定对职业病防护设施进行职业病危害控制效果评价的；

（六）建设项目竣工投入生产和使用前，职业病防护设施未按照规定验收合格的。

第七十条 违反本法规定，有下列行为之一的，由卫生行政部门给予警告，责令限期改正；逾期不改正的，处十万元以下的罚款：

（一）工作场所职业病危害因素检测、评价结果没有存档、上报、公布的；

（二）未采取本法第二十条规定的职业病防治管理措施的；

（三）未按照规定公布有关职业病防治的规章制度、操作规程、职业病危害事故应急救援措施的；

（四）未按照规定组织劳动者进行职业卫生培训，或者未对劳动者个人职业病防护采取指导、督促措施的；

（五）国内首次使用或者首次进口与职业病危害有关的化学材料，未按照规定报送毒性鉴定资料以及经有关部门登记注册或者批准进口的文件的。

第七十一条 用人单位违反本法规定，有下列行为之一的，由卫生行政部门责令限期改正，给予警告，可以并处五万元以上十万元以下的罚款：

（一）未按照规定及时、如实向卫生行政部门申报产生职业病危害的项目的；

（二）未实施由专人负责的职业病危害因素日常监测，或者监测系统不能正常监测的；

（三）订立或者变更劳动合同时，未告知劳动者职业病危害真实情况的；

（四）未按照规定组织职业健康检查、建立职业健康监护档案或者未将检查结果书面告知劳动者的；

（五）未依照本法规定在劳动者离开用人单位时提供职业健康监护档案复印件的。

第七十二条 用人单位违反本法规定，有下列行为之一的，由卫生行政部门给予警告，责令限期改正，逾期不改正的，处五万元以上二十万元以下的罚款；情节严重的，责令停止产生职业病危害的作业，或者提请有关人民政府按照国务院规定的权限责令关闭：

（一）工作场所职业病危害因素的强度或者浓度超过国家职业卫生标准的；

（二）未提供职业病防护设施和个人使用的职业病防护用品，或者提供的职业病防护设施和个人使用的职业病防护用品不符合国家职业卫生标准和卫生要求的；

（三）对职业病防护设备、应急救援设施和个人使用的职业病防护用品未按照规定进行维护、检修、检测，或者不能保持正常运行、使用状态的；

（四）未按照规定对工作场所职业病危害因素进行检测、评价的；

（五）工作场所职业病危害因素经治理仍然达不到国家职业卫生标准和卫生要求时，未停止存在职业病危害因素的作业的；

（六）未按照规定安排职业病病人、疑似职业病病人进行诊治的；

（七）发生或者可能发生急性职业病危害事故时，未立即采取应急救援和控制措施或者未按照规定及时报告的；

（八）未按照规定在产生严重职业病危害的作业岗位醒目位置设置警示标识和中文警示说明的；

（九）拒绝职业卫生监督管理部门监督检查的；

（十）隐瞒、伪造、篡改、毁损职业健康监护档案、工作场所职业病危害因素检测评价结果等相关资料，或者拒不提供职业病诊断、鉴定所需资料的；

（十一）未按照规定承担职业病诊断、鉴定费用和职业病病人的医疗、生活保障费用的。

第七十三条 向用人单位提供可能产生职业病危害的设备、材料，未按照规定提供中文说明书或者设置警示标识和中文警示说明的，由卫生行政部门责令限期改正，给予警告，并处五万元以上二十万元以下的罚款。

第七十四条 用人单位和医疗卫生机构未按照规定报告职业病、疑似职业病的，由有关主管部门依据职责分工责令限期改正，给予警告，可以并处一万元以下的罚款；弄虚作假的，并处二万元以上五万元以下的罚款；对直接负责的主管人员和其他直接责任人员，可以依法给予降级或者撤职的处分。

第七十五条 违反本法规定，有下列情形之一的，由卫生行政部门责令限期治理，并处五万元以上三十万元以下的罚款；情节严重的，责令停止产生职业病危害的作业，或者提请有关人民政府按照国务院规定的权限责令关闭：

（一）隐瞒技术、工艺、设备、材料所产生的职业病危害而采用的；

（二）隐瞒本单位职业卫生真实情况的；

（三）可能发生急性职业损伤的有毒、有害工作场所、放射工作场所或者放射性同位素的运输、贮存不符合本法第二十五条规定的；

（四）使用国家明令禁止使用的可能产生职业病危害的设备或者材料的；

（五）将产生职业病危害的作业转移给没有职业病防护条件的单位和个人，或者没有职业病防护条件的单位和个人接受产生职业病危害的作业的；

（六）擅自拆除、停止使用职业病防护设备或者应急救援设施的；

（七）安排未经职业健康检查的劳动者、有职业禁忌的劳动者、未成年工或者孕期、哺乳期女职工从事接触职业病危害的作业或者禁忌作业的；

（八）违章指挥和强令劳动者进行没有职业病防护措施的作业的。

第七十六条 生产、经营或者进口国家明令禁止使用的可能产生职业病危害的设备或者材料的，依照有关法律、行政法规的规定给予处罚。

第七十七条 用人单位违反本法规定，已经对劳动者生命健康造成严重损害的，由卫生行政部门责令停止产生职业病危害的作业，或者提请有关人民政府按照国务院规定的权限责令关闭，并处十万元以上五十万元以下的罚款。

第七十八条 用人单位违反本法规定，造成重大职业病危害事故或者其他严重后果，构成犯罪的，对直接负责的主管人员和其他直接责任人员，依法追究刑事责任。

第七十九条 未取得职业卫生技术服务资质认可擅自从事职业卫生技术服务的，由卫生行政部门责令立即停止违法行为，没收违法所得；违法所得五千元以上的，并处违法所得二倍以上十倍以下的罚款；没有违法所得或者违法所得不足五千元的，并处五千元以上五万元以下的罚款；情节严重的，对直接负责的主管人员和其他直接责任人员，依法给予降级、撤职或者开除的处分。

第八十条 从事职业卫生技术服务的机构和承担职业病诊断的医疗卫生机构违反本法规定，有下列行为之一的，由卫生行政部门责令立即停止违法行为，给予警告，没收违法所得；违法所得五千元以上的，并处违法所得二倍以上五倍以下的罚款；没有违法所得或者违法所得不足五千元的，并处五千元以上二万元以下的罚款；情节严重的，由原认可或者登记机关取消其相应的资格；对直接负责的主管人员和其他直接责任人员，依法给予降级、撤职或者开除的处分；构成犯罪的，依法追究刑事责任：

（一）超出资质认可或者诊疗项目登记范围从事职业卫生技术服务或者职业病诊断的；

（二）不按照本法规定履行法定职责的；

（三）出具虚假证明文件的。

第八十一条 职业病诊断鉴定委员会组成人员收受职业病诊断争议当事人的财物或者其他好处的，给予警告，没收收受的财物，可以并处三千元以上五万元以下的罚款，取消其担任职业病诊断鉴定委员会组成人员的资格，并从省、自治区、直辖市人民政府卫生行政部门设立的专家库中予以除名。

第八十二条 卫生行政部门不按照规定报告职业病和职业病危害事故的，由上一级行政部门责令改正，通报批评，给予警告；虚报、瞒报的，对单位负责人、直接负责的主管人员和其他直接责任人员依法给予降级、撤职或者开除的处分。

第八十三条 县级以上地方人民政府在职业病防治工作中未依照本法履行职责，本行政区域出现重大职业病危害事故、造成严重社会影响的，依法对直接负责的主管人员和其他直接责任人员给予记大过直至开除的处分。

县级以上人民政府职业卫生监督管理部门不履行本法规定的职责，滥用职权、玩忽职守、徇私舞弊，依法对直接负责的主管人员和其他直接责任人员给予记大过或者降级的处分；造成职业病危害事故或者其他严重后果的，依法给予撤职或者开除的处分。

第八十四条 违反本法规定，构成犯罪的，依法追究刑事责任。

第七章 附 则

第八十五条 本法下列用语的含义：

职业病危害，是指对从事职业活动的劳动者可能导致职业病的各种危害。职业病危害因素包括：职业活动中存在的各种有害的化学、物理、生物因素以及在作业过程中产生的其他职业有害因素。

职业禁忌，是指劳动者从事特定职业或者接触特定职业病危害因素时，比一般职业人群更易于遭受职业病危害和罹患职业病或者可能导致原有自身疾病病情加重，或者在从事作业过程中诱发可能导致对他人生命健康构成危险的疾病的个人特殊生理或者病理状态。

第八十六条 本法第二条规定的用人单位以外的单位，产生职业病危害的，其职业病防治活动可以参照本法执行。

劳务派遣用工单位应当履行本法规定的用人单位的义务。

中国人民解放军参照执行本法的办法，由国务院、中央军事委员会制定。

第八十七条 对医疗机构放射性职业病危害控制的监督管理，由卫生行政部门依照本法的规定实施。

第八十八条 本法自 2002 年 5 月 1 日起施行。

劳动保障监察条例

1. 2004 年 11 月 1 日国务院令第 423 号公布
2. 自 2004 年 12 月 1 日施行

第一章 总 则

第一条 为了贯彻实施劳动和社会保障（以下称劳动保障）法律、法规和规章，规范劳动保障监察工作，维护劳动者的合法权益，根据劳动法和有关法律，制定本条例。

第二条 对企业和个体工商户（以下称用人单位）进行劳动保障监察，适用本条例。

对职业介绍机构、职业技能培训机构和职业技能考核鉴定机构进行劳动保障监察，依照本条例执行。

第三条 国务院劳动保障行政部门主管全国的劳动保障监察工作。县级以上地方各级人民政府劳动保障行政部门主管本行政区域内的劳动保障监察工作。

县级以上各级人民政府有关部门根据各自职责，支持、协助劳动保障行政部门的劳动保障监察工作。

第四条 县级、设区的市级人民政府劳动保障行政部门可以委托符合监察执法条件的组织实施劳动保障监察。

劳动保障行政部门和受委托实施劳动保障监察的组织中的劳动保障监察员应当经过相应的考核或者考试录用。

劳动保障监察证件由国务院劳动保障行政部门监制。

第五条 县级以上地方各级人民政府应当加强劳动保障监察工作。劳动保障监察所需经费列入本级财政预算。

第六条 用人单位应当遵守劳动保障法律、法规和规章，接受并配合劳动保障监察。

第七条 各级工会依法维护劳动者的合法权益，对用人单位遵守劳动保障法律、法规和规章的情况进行监督。

劳动保障行政部门在劳动保障监察工作中应当注意听取工会组织的意见和建议。

第八条 劳动保障监察遵循公正、公开、高效、便民的原则。

实施劳动保障监察，坚持教育与处罚相结合，接受社会监督。

第九条 任何组织或者个人对违反劳动保障法律、法规或者规章的行为，有权向劳动保障行政部门举报。

劳动者认为用人单位侵犯其劳动保障合法权益的，有权向劳动保障行政部门投诉。

劳动保障行政部门应当为举报人保密；对举报属实，为查处重大违反劳动保障法律、法规或者规章的行为提供主要线索和证据的举报人，给予奖励。

第二章 劳动保障监察职责

第十条 劳动保障行政部门实施劳动保障监察，履行下列职责：

（一）宣传劳动保障法律、法规和规章，督促用人单位贯彻执行；

（二）检查用人单位遵守劳动保障法律、法规和规章的情况；

（三）受理对违反劳动保障法律、法规或者规章的行为的举报、投诉；

（四）依法纠正和查处违反劳动保障法律、法规或者规章的行为。

第十一条 劳动保障行政部门对下列事项实施劳动保障监察：

（一）用人单位制定内部劳动保障规章制度的情况；

（二）用人单位与劳动者订立劳动合同的情况；

（三）用人单位遵守禁止使用童工规定的情况；

（四）用人单位遵守女职工和未成年工特殊劳动保护规定的情况；

（五）用人单位遵守工作时间和休息休假规定的情况；

（六）用人单位支付劳动者工资和执行最低工资标准的情况；

（七）用人单位参加各项社会保险和缴纳社会保险费的情况；

（八）职业介绍机构、职业技能培训机构和职业技能考核鉴定机构遵守国家有关职业介绍、职业技能培训和职业技能考核鉴定的规定的情况；

（九）法律、法规规定的其他劳动保障监察事项。

第十二条 劳动保障监察员依法履行劳动保障监察职责，受法律保护。

劳动保障监察员应当忠于职守，秉公执法，勤政廉洁，保守秘密。

任何组织或者个人对劳动保障监察员的违法违纪行为，有权向劳动保障行政部门或者有关机关检举、控告。

第三章 劳动保障监察的实施

第十三条 对用人单位的劳动保障监察，由用人单位用工所在地的县级或者设区的市级劳动保障行政部门管辖。

上级劳动保障行政部门根据工作需要，可以调查处理下级劳动保障行政部门管辖的案件。劳动保障行政部门对劳动保障监察管辖发生争议的，报请共同的上一级劳动保障行政部门指定管辖。

省、自治区、直辖市人民政府可以对劳动保障监察的管辖制定具体办法。

第十四条 劳动保障监察以日常巡视检查、审查用人单位按照要求报送的书面材料以及接受举报投诉等形式进行。

劳动保障行政部门认为用人单位有违反劳动保障法律、法规或者规章的行为，需要进行调查处理的，应当及时立案。

劳动保障行政部门或者受委托实施劳动保障监察的组织应当设立举报、投诉信箱和电话。

对因违反劳动保障法律、法规或者规章的行为引起的群体性事件，劳动保障行政部门应当根据应急预案，迅速会同有关部门处理。

第十五条 劳动保障行政部门实施劳动保障监察，有权采取下列调查、检查措施：

（一）进入用人单位的劳动场所进行检查；

（二）就调查、检查事项询问有关人员；

（三）要求用人单位提供与调查、检查事项相关的文件资料，并作出解释和说明，必要时可以发出调查询问书；

（四）采取记录、录音、录像、照像或者复制等方式收集有关情况和资料；

（五）委托会计师事务所对用人单位工资支付、缴纳社会保险费的情况进行审计；

（六）法律、法规规定可以由劳动保障行政部门采取的其他调查、检查措施。

劳动保障行政部门对事实清楚、证据确凿、可以当场处理的违反劳动保障法律、法规或者规章的行为有权当场予以纠正。

第十六条 劳动保障监察员进行调查、检查，不得少于 2 人，并应当佩戴劳动保障监察标志、出示劳动保障监察证件。

劳动保障监察员办理的劳动保障监察事项与本人或者其近亲属有直接利害关系的，应当回避。

第十七条 劳动保障行政部门对违反劳动保障法律、法规或者规章的行为的调查，应当自立案之日起 60 个工作日内完成；对情况复杂的，经劳动保障行政部门负责人批准，可以延长 30 个工作日。

第十八条 劳动保障行政部门对违反劳动保障法律、法规或者规章的行为，根据调查、检查的结果，作出以下处理：

（一）对依法应当受到行政处罚的，依法作出行政处罚决定；

（二）对应当改正未改正的，依法责令改正或者作出相应的行政处理决定；

（三）对情节轻微且已改正的，撤销立案。

发现违法案件不属于劳动保障监察事项的，应当及时移送有关部门处理；涉嫌犯罪的，应当依法移送司法机关。

第十九条 劳动保障行政部门对违反劳动保障法律、法规或者规章的行为作出行政处罚或者行政处理决定前，应当听取用人单位的陈述、申辩；作出行政处罚或者行政处理决定，应当告知用人单位依法享有申请行政复议或者提起行政诉讼的权利。

第二十条 违反劳动保障法律、法规或者规章的行为在 2 年内未被劳动保障行政部门发现，也未被举报、投诉的，劳动保障行政部门不再查处。

前款规定的期限，自违反劳动保障法律、法规或者规章的行为发生之日起计算；违反劳动保障法律、法规或者规章的行为有连续或者继续状态的，自行为终了之日起计算。

第二十一条 用人单位违反劳动保障法律、法规或者规章，对劳动者造成损害的，依法承担赔偿责任。劳动者与用人单位就赔偿发生争议的，依照国家有关劳动争议处理的规定处理。

对应当通过劳动争议处理程序解决的事项或者已经按照劳动争议处理程序申请调解、仲裁或者已经提起诉讼的事项，劳动保障行政部门应当告知投诉人依照劳动争议处理或者诉讼的程序办理。

第二十二条 劳动保障行政部门应当建立用人单位劳动保障守法诚信档案。用人单位有重大违反劳动保障法律、法规或者规章的行为的，由有关的劳动保障行政部门向社会公布。

第四章 法律责任

第二十三条 用人单位有下列行为之一的，由劳动保障行政部门责令改正，按照受侵害的劳动者每人 1000 元以上 5000 元以下的标准计算，处以罚款：

（一）安排女职工从事矿山井下劳动、国家规定的第四级体力劳动强度的劳动或者其他禁忌从事的劳动的；

（二）安排女职工在经期从事高处、低温、冷水作业或者国家规定的第三级体力劳动强度的劳动的；

（三）安排女职工在怀孕期间从事国家规定的第三级体力劳动强度的劳动或者孕期禁忌从事的劳动的；

（四）安排怀孕 7 个月以上的女职工夜班劳动或者延长其工作时间的；

（五）女职工生育享受产假少于 90 天的；

（六）安排女职工在哺乳未满 1 周岁的婴儿期间从事国家规定的第三级体力劳动强度的劳动或者哺乳期禁忌从事的其他劳动，以及延长其工作时间或者安排其夜班劳动的；

（七）安排未成年工从事矿山井下、有毒有害、国家规定的第四级体力劳动强度的劳动或者其他禁忌从事的劳动的；

（八）未对未成年工定期进行健康检查的。

第二十四条 用人单位与劳动者建立劳动关系不依法订立劳动合同的，由劳动保障行政部门责令改正。

第二十五条 用人单位违反劳动保障法律、法规或者规章延长劳动者工作时间的，由劳动保障行政部门给予警告，责令限期改正，并可以按照受侵害的劳动者每人 100 元以上 500 元以下的标准计算，处以罚款。

第二十六条 用人单位有下列行为之一的，由劳动保障行政部门分别责令限期支付劳动者的工资报酬、劳动者工资低于当地最低工资标准的差额或者解除劳动合同的经济补偿；逾期不支付的，责令用人单位按照应付金额 50% 以上 1 倍以下的标准计算，向劳动者加付赔偿金：

（一）克扣或者无故拖欠劳动者工资报酬的；

（二）支付劳动者的工资低于当地最低工资标准的；

（三）解除劳动合同未依法给予劳动者经济补偿的。

第二十七条 用人单位向社会保险经办机构申报应缴纳的社会保险费数额时，瞒报工资总额或者职工人数的，由劳动保障行政部门责令改正，并处瞒报工资数额 1 倍以上 3 倍以下的罚款。

骗取社会保险待遇或者骗取社会保险基金支出的，由劳动保障行政部门责令退还，并处骗取金额 1 倍以上 3 倍以下的罚款；构成犯罪的，依法追究刑事责任。

第二十八条 职业介绍机构、职业技能培训机构或者职业技能考核鉴定机构违反国家有关职业介绍、职业技能培训或者职业技能考核鉴定的规定的，由劳动保障行政部门责令改正，没收违法所得，并处 1 万元以上5万元以下的罚款；情节严重的，吊销许可证。

未经劳动保障行政部门许可，从事职业介绍、职业技能培训或者职业技能考核鉴定的组织或者个人，由劳动保障行政部门、工商行政管理部门依照国家有关无照经营查处取缔的规定查处取缔。

第二十九条 用人单位违反《中华人民共和国工会法》，有下列行为之一的，由劳动保障行政部门责令改正：

（一）阻挠劳动者依法参加和组织工会，或者阻挠上级工会帮助、指导劳动者筹建工会的；

（二）无正当理由调动依法履行职责的工会工作人员的工作岗位，进行打击报复的；

（三）劳动者因参加工会活动而被解除劳动合同的；

（四）工会工作人员因依法履行职责被解除劳动合同的。

第三十条 有下列行为之一的，由劳动保障行政部门责令改正；对有第（一）项、第（二）项或者第（三）项规定的行为的，处2000元以上2万元以下的罚款：

（一）无理抗拒、阻挠劳动保障行政部门依照本条例的规定实施劳动保障监察的；

（二）不按照劳动保障行政部门的要求报送书面材料，隐瞒事实真相，出具伪证或者隐匿、毁灭证据的；

（三）经劳动保障行政部门责令改正拒不改正，或者拒不履行劳动保障行政部门的行政处理决定的；

（四）打击报复举报人、投诉人的。

违反前款规定，构成违反治安管理行为的，由公安机关依法给予治安管理处罚；构成犯罪的，依法追究刑事责任。

第三十一条 劳动保障监察员滥用职权、玩忽职守、徇私舞弊或者泄露在履行职责过程中知悉的商业秘密的，依法给予行政处分；构成犯罪的，依法追究刑事责任。

劳动保障行政部门和劳动保障监察员违法行使职权，侵犯用人单位或者劳动者的合法权益的，依法承担赔偿责任。

第三十二条 属于本条例规定的劳动保障监察事项，法律、其他行政法规对处罚另有规定的，从其规定。

第五章 附 则

第三十三条 对无营业执照或者已被依法吊销营业执照，有劳动用工行为的，由劳动保障行政部门依照本条例实施劳动保障监察，并及时通报工商行政管理部门予以查处取缔。

第三十四条 国家机关、事业单位、社会团体执行劳动保障法律、法规和规章的情况，由劳动保障行政部门根据其职责，依照本条例实施劳动保障监察。

第三十五条 劳动安全卫生的监督检查，由卫生部门、安全生产监督管理部门、特种设备安全监督管理部门等有关部门依照有关法律、行政法规的规定执行。

第三十六条 本条例自2004年12月1日起施行。

关于实施《劳动保障监察条例》若干规定

1. 2004年12月31日劳动保障部令第25号公布

2. 根据2022年1月7日《人力资源社会保障部关于修改部分规章的决定》第一次修订

第一章 总 则

第一条 为了实施《劳动保障监察条例》，规范劳动保障监察行为，制定本规定。

第二条 劳动保障行政部门及所属劳动保障监察机构对企业和个体工商户（以下称用人单位）遵守劳动保障法律、法规和规章（以下简称劳动保障法律）的情况进行监察，适用本规定；对职业介绍机构、职业技能培训机构和职业技能考核鉴定机构进行劳动保障监察，依照本规定执行；对国家机关、事业单位、社会团体执行劳动保障法律情况进行劳动保障监察，根据劳动保障行政部门的职责，依照本规定执行。

第三条 劳动保障监察遵循公正、公开、高效、便民的原则。

实施劳动保障行政处罚坚持以事实为依据，以法律为准绳，坚持教育与处罚相结合，接受社会监督。

第四条 劳动保障监察实行回避制度。

第五条 县级以上劳动保障行政部门设立的劳动保障监察行政机构和劳动保障行政部门依法委托实施劳动保障监察的组织（以下统称劳动保障监察机构）具体负责劳动保障监察管理工作。

第二章 一般规定

第六条 劳动保障行政部门对用人单位及其劳动场所的日常巡视检查，应当制定年度计划和中长期规划，确定重点检查范围，并按照现场检查的规定进行。

第七条 劳动保障行政部门对用人单位按照要求报送的有关遵守劳动保障法律情况的书面材料应进行审查，并对审查中发现的问题及时予以纠正和查处。

第八条 劳动保障行政部门可以针对劳动保障法律实施中存在的重点问题集中组织专项检查活动，必要时，可以联合有关部门或组织共同进行。

第九条 劳动保障行政部门应当设立举报、投诉信箱，公开举报、投诉电话，依法查处举报和投诉反映的违反劳动保障法律的行为。

第三章 受理与立案

第十条 任何组织或个人对违反劳动保障法律的行为，有权向劳动保障行政部门举报。

第十一条 劳动保障行政部门对举报人反映的违反劳动保障法律的行为应当依法予以查处，并为举报人保密；对举报属实，为查处重大违反劳动保障法律的行为提供主要线索和证据的举报人，给予奖励。

第十二条 劳动者对用人单位违反劳动保障法律、侵犯其合法权益的行为，有权向劳动保障行政部门投诉。对因同一事由引起的集体投诉，投诉人可推荐代表投诉。

第十三条 投诉应当由投诉人向劳动保障行政部门递交投诉文书。书写投诉文书确有困难的，可以口头投诉，由劳动保障监察机构进行笔录，并由投诉人签字。

第十四条 投诉文书应当载明下列事项：

（一）投诉人的姓名、性别、年龄、职业、工作单位、住所和联系方式，被投诉用人单位的名称、住所、法定代表人或者主要负责人的姓名、职务；

（二）劳动保障合法权益受到侵害的事实和投诉请求事项。

第十五条 有下列情形之一的投诉，劳动保障行政部门应当告知投诉人依照劳动争议处理或者诉讼程序办理：

（一）应当通过劳动争议处理程序解决的；

（二）已经按照劳动争议处理程序申请调解、仲裁的；

（三）已经提起劳动争议诉讼的。

第十六条 下列因用人单位违反劳动保障法律行为对劳动者造成损害，劳动者与用人单位就赔偿发生争议的，依照国家有关劳动争议处理的规定处理：

（一）因用人单位制定的劳动规章制度违反法律、法规规定，对劳动者造成损害的；

（二）因用人单位违反对女职工和未成年工的保护规定，对女职工和未成年工造成损害的；

（三）因用人单位原因订立无效合同，对劳动者造成损害的；

（四）因用人单位违法解除劳动合同或者故意拖延不订立劳动合同，对劳动者造成损害的；

（五）法律、法规和规章规定的其他因用人单位违反劳动保障法律的行为，对劳动者造成损害的。

第十七条 劳动者或者用人单位与社会保险经办机构发生的社会保险行政争议，按照《社会保险行政争议处理办法》处理。

第十八条 对符合下列条件的投诉，劳动保障行政部门应当在接到投诉之日起5个工作日内依法受理，并于受理之日立案查处：

（一）违反劳动保障法律的行为发生在两年内的；

（二）有明确的被投诉用人单位，且投诉人的合法权益受到侵害是被投诉用人单位违反劳动保障法律的行为所造成的；

（三）属于劳动保障监察职权范围并由受理投诉的劳动保障行政部门管辖。

对不符合第一款第（一）项规定的投诉，劳动保障行政部门应当在接到投诉之日起5个工作日内决定不予受理，并书面通知投诉人。

对不符合第一款第（二）项规定的投诉，劳动保障监察机构应当告知投诉人补正投诉材料。

对不符合第一款第（三）项规定的投诉，即对不属于劳动保障监察职权范围的投诉，劳动保障监察机构应当告诉投诉人；对属于劳动保障监察职权范围但不属于受理投诉的劳动保障行政部门管辖的投诉，应当告知投诉人向有关劳动保障行政部门提出。

第十九条 劳动保障行政部门通过日常巡视检查、书面审查、举报等发现用人单位有违反劳动保障法律的行为，需要进行调查处理的，应当及时立案查处。

立案应当填写立案审批表，报劳动保障监察机构负责人审查批准。劳动保障监察机构负责人批准之日即为立案之日。

第四章 调查与检查

第二十条 劳动保障监察员进行调查、检查不得少于两人。

劳动保障监察机构应指定其中 1 名为主办劳动保障监察员。

第二十一条 劳动保障监察员对用人单位遵守劳动保障法律情况进行监察时，应当遵循以下规定：

（一）进入用人单位时，应佩戴劳动保障监察执法标志，出示劳动保障监察证件，并说明身份；

（二）就调查事项制作笔录，应由劳动保障监察员和被调查人（或其委托代理人）签名或盖章。被调查人拒不签名、盖章的，应注明拒签情况。

第二十二条 劳动保障监察员进行调查、检查时，承担下列义务：

（一）依法履行职责，秉公执法；

（二）保守在履行职责过程中获知的商业秘密；

（三）为举报人保密。

第二十三条 劳动保障监察员在实施劳动保障监察时，有下列情形之一的，应当回避：

（一）本人是用人单位法定代表人或主要负责人的近亲属的；

（二）本人或其近亲属与承办查处的案件事项有直接利害关系的；

（三）因其他原因可能影响案件公正处理的。

第二十四条 当事人认为劳动保障监察员符合本规定第二十三条规定应当回避的，有权向劳动保障行政部门申请，要求其回避。当事人申请劳动保障监察员回避，应当采用书面形式。

第二十五条 劳动保障行政部门应当在收到回避申请之日起 3 个工作日内依法审查，并由劳动保障行政部门负责人作出回避决定。决定作出前，不停止实施劳动保障监察。回避决定应当告知申请人。

第二十六条 劳动保障行政部门实施劳动保障监察，有权采取下列措施：

（一）进入用人单位的劳动场所进行检查；

（二）就调查、检查事项询问有关人员；

（三）要求用人单位提供与调查、检查事项相关的文件资料，必要时可以发出调查询问书；

（四）采取记录、录音、录像、照像和复制等方式收集有关的情况和资料；

（五）对事实确凿、可以当场处理的违反劳动保障法律、法规或规章的行为当场予以纠正；

（六）可以委托注册会计师事务所对用人单位工资支付、缴纳社会保险费的情况进行审计；

（七）法律、法规规定可以由劳动保障行政部门采取的其他调查、检查措施。

第二十七条 劳动保障行政部门调查、检查时，有下列情形之一的可以采取证据登记保存措施：

（一）当事人可能对证据采取伪造、变造、毁灭行为的；

（二）当事人采取措施不当可能导致证据灭失的；

（三）不采取证据登记保存措施以后难以取得的；

（四）其他可能导致证据灭失的情形的。

第二十八条 采取证据登记保存措施应当按照下列程序进行：

（一）劳动保障监察机构根据本规定第二十七条的规定，提出证据登记保存申请，报劳动保障行政部门负责人批准；

（二）劳动保障监察员将证据登记保存通知书及证据登记清单交付当事人，由当事人签收。当事人拒不签名或者盖章的，由劳动保障监察员注明情况；

（三）采取证据登记保存措施后，劳动保障行政部门应当在 7 日内及时作出处理决定，期限届满后应当解除证据登记保存措施。

在证据登记保存期内，当事人或者有关人员不得销毁或者转移证据；劳动保障监察机构及劳动保障监察员可以随时调取证据。

第二十九条 劳动保障行政部门在实施劳动保障监察中涉及异地调查取证的，可以委托当地劳动保障行政部门协助调查。受委托方的协助调查应在双方商定的时间内完成。

第三十条 劳动保障行政部门对违反劳动保障法律的行为的调查，应当自立案之日起 60 个工作日内完成；情况复杂的，经劳动保障行政部门负责人批准，可以延长 30 个工作日。

第五章 案件处理

第三十一条 对用人单位存在的违反劳动保障法律的行为事实确凿并有法定处罚（处理）依据的，可以当场作出限期整改指令或依法当场作出行政处罚决定。

当场作出限期整改指令或行政处罚决定的，劳动保障监察员应当填写预定格式、编有号码的限期整改指令书或行政处罚决定书，当场交付当事人。

第三十二条 当场处以警告或罚款处罚的，应当按照下列程序进行：

（一）口头告知当事人违法行为的基本事实、拟作出的行政处罚、依据及其依法享有的权利；

（二）听取当事人的陈述和申辩；

（三）填写预定格式的处罚决定书；

（四）当场处罚决定书应当由劳动保障监察员签名或者盖章；

（五）将处罚决定书当场交付当事人，由当事人签收。

劳动保障监察员应当在两日内将当场限期整改指令和行政处罚决定书存档联交所属劳动保障行政部门存档。

第三十三条 对不能当场作出处理的违法案件，劳动保障监察员经调查取证，应当提出初步处理建议，并填写案件处理报批表。

案件处理报批表应写明被处理单位名称、案由、违反劳动保障法律行为事实、被处理单位的陈述、处理依据、建议处理意见。

第三十四条 对违反劳动保障法律的行为作出行政处罚或者行政处理决定前，应当告知用人单位，听取其陈述和申辩；法律、法规规定应当依法听证的，应当告知用人单位有权依法要求举行听证；用人单位要求听证的，劳动保障行政部门应当组织听证。

第三十五条 劳动保障行政部门对违反劳动保障法律的行为，根据调查、检查的结果，作出以下处理：

（一）对依法应当受到行政处罚的，依法作出行政处罚决定；

（二）对应当改正未改正的，依法责令改正或者作出相应的行政处理决定；

（三）对情节轻微，且已改正的，撤销立案。

经调查、检查，劳动保障行政部门认定违法事实不能成立的，也应当撤销立案。

发现违法案件不属于劳动保障监察事项的，应当及时移送有部门处理；涉嫌犯罪的，应当依法移送司法机关。

第三十六条 劳动保障监察行政处罚（处理）决定书应载明下列事项：

（一）被处罚（处理）单位名称、法定代表人、单位地址；

（二）劳动保障行政部门认定的违法事实和主要证据；

（三）劳动保障行政处罚（处理）的种类和依据；

（四）处罚（处理）决定的履行方式和期限；

（五）不服行政处罚（处理）决定，申请行政复议或者提起行政诉讼的途径和期限；

（六）作出处罚（处理）决定的行政机关名称和作出处罚（处理）决定的日期。

劳动保障行政处罚（处理）决定书应当加盖劳动保障行政部门印章。

第三十七条 劳动保障行政部门立案调查完成，应在15个工作日内作出行政处罚（行政处理或者责令改正）或者撤销立案决定；特殊情况，经劳动保障行政部门负责人批准可以延长。

第三十八条 劳动保障监察限期整改指令书、劳动保障行政处理决定书、劳动保障行政处罚决定书应当在宣告后当场交付当事人；当事人不在场的，劳动保障行政部门应当在7日内依照《中华人民共和国民事诉讼法》的有关规定，将劳动保障监察限期整改指令书、劳动保障行政处理决定书、劳动保障行政处罚决定书送达当事人。

第三十九条 作出行政处罚、行政处理决定的劳动保障行政部门发现决定不适当的，应当予以纠正并及时告知当事人。

第四十条 劳动保障监察案件结案后应建立档案。档案资料应当至少保存三年。

第四十一条 劳动保障行政处理或处罚决定依法作出后，当事人应当在决定规定的期限内予以履行。

第四十二条 当事人对劳动保障行政处理或行政处罚决定不服申请行政复议或者提起行政诉讼的，行政处理或行政处罚决定不停止执行。法律另有规定的除外。

第四十三条 当事人确有经济困难，需要延期或者分期缴纳罚款的，经当事人申请和劳动保障行政部门批准，可以暂缓或者分期缴纳。

第四十四条 当事人对劳动保障行政部门作出的行政处罚决定、责令支付劳动者工资报酬、赔偿金或者征缴社会保险费等行政处理决定逾期不履行的，劳动保障行政部门可以申请人民法院强制执行，或者依法强制执行。

第四十五条 除依法当场收缴的罚款外，作出罚款决定的劳动保障行政部门及其劳动保障监察员不得自行收缴罚款。当事人应当自收到行政处罚决定书之日起 15 日内，到指定银行缴纳罚款。

第四十六条 地方各级劳动保障行政部门应当按照劳动保障部有关规定对承办的案件进行统计并填表上报。

地方各级劳动保障行政部门制作的行政处罚决定书，应当在 10 个工作日内报送上一级劳动保障行政部门备案。

第六章 附 则

第四十七条 对无营业执照或者已被依法吊销营业执照，有劳动用工行为的，由劳动保障行政部门依照本规定实施劳动保障监察。

第四十八条 本规定自 2005 年 2 月 1 日起施行。原《劳动监察规定》（劳部发〔1993〕167 号）、《劳动监察程序规定》（劳部发〔1995〕457 号）、《处理举报劳动违法行为规定》（劳动部令第 5 号，1996 年 12 月 17 日）同时废止。

劳动监察员管理办法

1. 1994 年 11 月 14 日
2. 劳部发〔1994〕448 号

第一条 为加强劳动监察员管理工作，规范劳动监察行为，提高劳动监察工作质量，保障劳动法律、法规的贯彻实施，根据《中华人民共和国劳动法》有关监督检查人员的规定，制定本办法。

第二条 县级以上各级人民政府劳动行政部门应按照本办法规定对劳动监察员进行管理和监督。

劳动安全卫生监察员管理工作，按照现行规定执行。

第三条 劳动监察员是县级以上各级人民政府劳动行政部门执行劳动监督检查公务的人员。

第四条 劳动监察员必须坚持严肃执法、文明执法原则，做到有法必依、执法必严、违法必究。

第五条 县级以上各级人民政府劳动行政部门根据工作需要配备专职劳动监察员和兼职劳动监察员。专职劳动监察员是劳动行政部门专门从事劳动监察工作的人员，兼职劳动监察员是劳动行政部门非专门从事劳动监察工作的人员。

兼职监察员，主要负责与其业务有关的单项监察，须对用人单位处罚时，应会同专职监察员进行。

第六条 劳动监察人员执行公务，有权进入用人单位了解遵守劳动法律、法规的情况，查阅必要的资料，并对劳动场所进行检查。

劳动监察人员执行公务，必须出示中华人民共和国劳动监察证件，秉公执法，并遵守有关规定。

第七条 劳动监察员应当具备以下任职条件：

（一）认真贯彻执行国家法律、法规和政策；

（二）熟悉劳动业务，熟练掌握和运用劳动法律、法规知识；

（三）坚持原则，作风正派，勤政廉洁；

（四）在劳动行政部门从事劳动行政业务工作三年以上，并经国务院劳动行政部门或省级劳动行政部门劳动监察专业培训合格。

第八条 劳动监察员培训工作应纳入劳动行政部门公务员培训计划，按照有关公务员培训规定办理。

第九条 劳动监察员的任命程序：

劳动行政部门专职劳动监察员的任命，由劳动监察机构负责提出任命建议并填写中华人民共和国劳动监察员审批表，经同级人事管理机构审核，报劳动行政部门领导批准；兼职劳动监察员的任命，由有关业务工作机构按规定推荐人选，并填写中华人民共和国劳动监察员审批表，经同级劳动监察机构和人事管理机构进行审核，报劳动行政部门领导批准。经批准任命的劳动监察员由劳动监察机构办理颁发中华人民共和国劳动监察证件手续。

劳动监察员任命后，地方各级劳动行政部门按照规定填写《中华人民共和国劳动监察证件统计表》，逐级上报省级劳动行政部门，由省级劳动行政部门汇总并报国务院劳动行政部门备案。

第十条 中华人民共和国劳动监察证件由国务院

劳动行政部门统一监制。

第十一条 劳动监察员遗失劳动监察证件应立即向发证单位报告。发证单位应在报上登载启事声明作废。对遗失证件者，经发证机关审核后，予以补发。

劳动监察员调离原工作岗位，或不再直接承担劳动监察任务时，由任命机关免去任职，监察机构负责收回其监察证件，并交回发证机关注销。

第十二条 劳动监察员实行每三年进行一次考核验证制度。对经考核合格的换发新证，并按本办法第九条第二款规定填写报送《中华人民共和国劳动监察证件统计表》。

持证人未按规定考核验证或经考核不能胜任劳动监察工作的，注销其中华人民共和国劳动监察证件。

第十三条 各级劳动行政部门应建立劳动监察员培训制度，制定培训计划，按岗位技能要求，组织进行职业技能、专业理论知识等方面的培训，不断提高监察人员的政治素质和业务素质。

第十四条 劳动行政部门对模范执法、成绩优异的劳动监察员应当按照《中华人民共和国公务员法》给予奖励。

第十五条 应加强对劳动监察员的监督。对越权或非公务场合使用劳动监察证件，或利用职权谋取私利、违法乱纪的劳动监察人员，应给予批评教育，情节严重的，由任命机关撤销任命、收缴其劳动监察证件，并给予处分，触犯刑律的，由司法机关依法追究刑事责任。

第十六条 本办法自1995年1月1日起实行。

工资支付暂行规定

1. 1994年12月6日
2. 劳部发〔1994〕489号

第一条 为维护劳动者通过劳动获得劳动报酬的权利，规范用人单位的工资支付行为，根据《中华人民共和国劳动法》有关规定，制定本规定。

第二条 本规定适用于在中华人民共和国境内的企业、个体经济组织（以下统称用人单位）和与之形成劳动关系的劳动者。

国家机关、事业组织、社会团体和与之建立劳动合同关系的劳动者，依照本规定执行。

第三条 本规定所称工资是指用人单位依据劳动合同的规定，以各种形式支付给劳动者的工资报酬。

第四条 工资支付主要包括：工资支付项目、工资支付水平、工资支付形式、工资支付对象、工资支付时间以及特殊情况下的工资支付。

第五条 工资应当以法定货币支付。不得以实物及有价证券替代货币支付。

第六条 用人单位应将工资支付给劳动者本人。劳动者本人因故不能领取工资时，可由其亲属或委托他人代领。

用人单位可委托银行代发工资。

用人单位必须书面记录支付劳动者工资的数额、时间、领取者的姓名以及签字，并保存两年以上备查。用人单位在支付工资时应向劳动者提供一份其个人的工资清单。

第七条 工资必须在用人单位与劳动者约定的日期支付。如遇节假日或休息日，则应提前在最近的工作日支付。工资至少每月支付一次，实行周、日、小时工资制的可按周、日、小时支付工资。

第八条 对完成一次性临时劳动或某项具体工作的劳动者，用人单位应按有关协议或合同规定在其完成劳动任务后即支付工资。

第九条 劳动关系双方依法解除或终止劳动合同时，用人单位应在解除或终止劳动合同时一次付清劳动者工资。

第十条 劳动者在法定工作时间内依法参加社会活动期间，用人单位应视同其提供了正常劳动而支付工资。社会活动包括：依法行使选举权或被选举权；当选代表出席乡（镇）、区以上政府、党派、工会、青年团、妇女联合会等组织召开的会议；出任人民法庭证明人；出席劳动模范、先进工作者大会；《工会法》规定的不脱产工会基层委员会委员因工会活动占用的生产或工作时间；其它依法参加的社会活动。

第十一条 劳动者依法享受年休假、探亲假、婚假、丧假期间，用人单位应按劳动合同规定的标准支付劳动者工资。

第十二条 非因劳动者原因造成单位停工、停产在一个工资支付周期内的，用人单位应按劳动合同规定的标准支付劳动者工资。超过一个工资支付周期的，若劳动者提供了正常劳动，则支付给劳动者的劳动报酬不得低于当地的最低工资标准；若劳动者没有提供正常劳动，应按国家有关规定办理。

第十三条 用人单位在劳动者完成劳动定额或规定的工作任务后，根据实际需要安排劳动者在法定标准工作时间以外工作的，应按以下标准支付工资：

（一）用人单位依法安排劳动者在日法定标准工作时间以外延长工作时间的，按照不低于劳动合同规定的劳动者本人小时工资标准的150%支付劳动者工资；

（二）用人单位依法安排劳动者在休息日工作，而又不能安排补休的，按照不低于劳动合同规定的劳动者本人日或小时工资标准的200%支付劳动者工资；

（三）用人单位依法安排劳动者在法定休假节日工作的，按照不低于劳动合同规定的劳动者本人日或小时工资标准的300%支付劳动者工资。

实行计件工资的劳动者，在完成计件定额任务后，由用人单位安排延长工作时间的，应根据上述规定的原则，分别按照不低于其本人法定工作时间计件单价的150%、200%、300%支付其工资。

经劳动行政部门批准实行综合计算工时工作制的，其综合计算工作时间超过法定标准工作时间的部分，应视为延长工作时间，并应按本规定支付劳动者延长工作时间的工资。

实行不定时工时制度的劳动者，不执行上述规定。

第十四条 用人单位依法破产时，劳动者有权获得其工资。在破产清偿中用人单位应按《中华人民共和国企业破产法》规定的清偿顺序，首先支付欠付本单位劳动者的工资。

第十五条 用人单位不得克扣劳动者工资。有下列情况之一的，用人单位可以代扣劳动者工资：

（1）用人单位代扣代缴的个人所得税；

（2）用人单位代扣代缴的应由劳动者个人负担的各项社会保险费用；

（3）法院判决、裁定中要求代扣的抚养费、赡养费；

（4）法律、法规规定可以从劳动者工资中扣除的其他费用。

第十六条 因劳动者本人原因给用人单位造成经济损失的，用人单位可按照劳动合同的约定要求其赔偿经济损失。经济损失的赔偿，可从劳动者本人的工资中扣除。但每月扣除的部分不得超过劳动者当月工资的20%。若扣除后的剩余工资部分低于当地月最低工资标准，则按最低工资标准支付。

第十七条 用人单位应根据本规定，通过与职工大会、职工代表大会或者其他形式协商制定内部的工资支付制度，并告知本单位全体劳动者，同时抄报当地劳动行政部门备案。

第十八条 各级劳动行政部门有权监察用人单位工资支付的情况。用人单位有下列侵害劳动者合法权益行为的，由劳动行政部门责令其支付劳动者工资和经济补偿，并可责令其支付赔偿金：

（一）克扣或者无故拖欠劳动者工资的；

（二）拒不支付劳动者延长工作时间工资的；

（三）低于当地最低工资标准支付劳动者工资的。

经济补偿和赔偿金的标准，按国家有关规定执行。

第十九条 劳动者与用人单位因工资支付发生劳动争议的，当事人可依法向劳动争议仲裁机关申请仲裁。对仲裁裁决不服的，可以向人民法院提起诉讼。

第二十条 本规定自一九九五年一月一日起施行。

对《工资支付暂行规定》有关问题的补充规定

1. 1995年5月12日

2. 劳部发〔1995〕226号

根据《工资支付暂行规定》（劳部发〔1994〕489号，以下简称《规定》）确定的原则，现就有关问题作出如下补充规定：

一、《规定》第十一条、第十二条、第十三条所称“按劳动合同规定的标准”，系指劳动合同规定的劳动者本人所在的岗位（职位）相对应的工资标准。

因劳动合同制度尚处于推进的过程中，按上述条款规定执行确有困难的，地方或行业劳动行政部门可在不违反《规定》所确定的总的原则基础上，制定过渡措施。

二、关于加班加点的工资支付问题

1.《规定》第十三条第（一）、（二）、（三）款规定的在符合法定标准工作时间的制度工时以外延长工作时间及安排休息日和法定休假节日工作应支付的工资，是根据加班加点的多少，以劳动合同确定的正常工作时间工资标准的一定倍数所支付的劳动报酬，即凡是安排劳动者在法定工作日延长工作时间或安排在休息日工作而又不能补休的，均应支付给劳动者不低于劳动合同规定的劳动者本人小时或日工资标准150%、200%的工资；安排在法定休假节日工作的，应另外支付给劳动者不低于劳动合同规定的劳动者本人小时或日工资标准300%的工资。

2. 关于劳动者日工资的折算。由于劳动定额等劳动标准都与制度工时相联系，因此，劳动者日工资可统一按劳动者本人的月工资标准除以每月制度工作天数进行折算。

根据国家关于职工每日工作8小时，每周工作时间40小时的规定，每月制度工时天数为21.5天。考虑到国家允许施行每周40小时工时制度有困难的企业最迟可以延期到1997年5月1日施行，因此，在过渡期内，实行每周44小时工时制度的企业，其日工资折算可仍按每月制度工作天数23.5天执行。

三、《规定》第十五条中所称“克扣”系指用人单位无正当理由扣减劳动者应得工资（即在劳动者已提供正常劳动的前提下用人单位按劳动合同规定的标准应当支付给劳动者的全部劳动报酬）。不包括以下减发工资的情况：（1）国家的法律、法规中有明确规定的；（2）依法签订的劳动合同中有明确规定的；（3）用人单位依法制定并经职代会批准的厂规、厂纪中有明确规定的；（4）企业工资总额与经济效益相联系，经济效益下浮时，工资必须下浮的（但支付给劳动者工资不得低于当地最低工资标准）；（5）因劳动者请事假等相应减发工资等。

四、《规定》第十八条所称“无故拖欠”系指用人单位无正当理由超过规定付薪时间未支付劳动者工资。不包括：（1）用人单位遇到非人力所能抗拒的自然灾害、战争等原因、无法按时支付工资；（2）用人单位确因生产经营困难、资金周转受到影响，在征得本单位工会同意后，可暂时延期支付劳动者工资，延期时间的最长限制可由各省、自治区、直辖市劳动行政部门根据各地情况确定。其他情况下拖欠工资均属无故拖欠。

五、关于特殊人员的工资支付问题

1. 劳动者受处分后的工资支付：（1）劳动者受行政处分后仍在原单位工作（如留用察看、降级等）或受刑事处分后重新就业的，应主要由用人单位根据具体情况自主确定其工资报酬；（2）劳动者受刑事处分期间，如收容审查、拘留（羁押）、缓刑、监外执行或劳动教养期间，其待遇按国家有关规定执行。

2. 学徒工、熟练工、大中专毕业生在学徒期、熟练期、见习期、试用期及转正定级后的工资待遇由用人单位自主确定。

3. 新就业复员军人的工资待遇由用人单位自主确定；分配到企业的军队转业干部的工资待遇，按国家有关规定执行。

最低工资规定

1. 2004年1月20日劳动保障部令第21号公布
2. 自2004年3月1日施行

第一条 为了维护劳动者取得劳动报酬的合法权益，保障劳动者个人及其家庭成员的基本生活，根据劳动法和国务院有关规定，制定本规定。

第二条 本规定适用于在中华人民共和国境内的企业、民办非企业单位、有雇工的个体工商户（以下统称用人单位）和与之形成劳动关系的劳动者。

国家机关、事业单位、社会团体和与之建立劳动合同关系的劳动者，依照本规定执行。

第三条 本规定所称最低工资标准，是指劳动者在法定工作时间或依法签订的劳动合同约定的工作时间内提供了正常劳动的前提下，用人单位依法应支付的最低劳动报酬。

本规定所称正常劳动，是指劳动者按依法签订的劳动合同约定，在法定工作时间或劳动合同约定的工作时间内从事的劳动。劳动者依法享受带薪年休假、探亲假、婚丧假、生育（产）假、节育手术假等国家规定的假期间，以及法定工作时间内依法参加社会活动期间，视为提供了正常劳动。

第四条 县级以上地方人民政府劳动保障行政部门负责对本行政区域内用人单位执行本规定情况进行监督检查。

各级工会组织依法对本规定执行情况进行监督，发现用人单位支付劳动者工资违反本规定的，有权要求当地劳动保障行政部门处理。

第五条 最低工资标准一般采取月最低工资标准和小时最低工资标准的形式。月最低工资标准适用于全日制就业劳动者，小时最低工资标准适用于非全日制就业劳动者。

第六条 确定和调整月最低工资标准，应参考当地就业者及其赡养人口的最低生活费用、城镇居民消费价格指数、职工个人缴纳的社会保险费和住房公积金、职工平均工资、经济发展水平、就业状况等因素。

确定和调整小时最低工资标准，应在颁布的月最低工资标准的基础上，考虑单位应缴纳的基本养老保险费和基本医疗保险费因素，同时还应适当考虑非全日制劳动者在工作稳定性、劳动条件和劳动强度、福利等方面与全日制就业人员之间的差异。

月最低工资标准和小时最低工资标准具体测算方法见附件。

第七条 省、自治区、直辖市范围内的不同行政区域可以有不同的最低工资标准。

第八条 最低工资标准的确定和调整方案，由省、自治区、直辖市人民政府劳动保障行政部门会同同级工会、企业联合会/企业家协会研究拟订，并将拟订的方案报送劳动保障部。方案内容包括最低工资确定和调整的依据、适用范围、拟订标准和说明。劳动保障部在收到拟订方案后，应征求全国总工会、中国企业联合会/企业家协会的意见。

劳动保障部对方案可以提出修订意见，若在方案收到后14日内未提出修订意见的，视为同意。

第九条 省、自治区、直辖市劳动保障行政部门应将本地区最低工资标准方案报省、自治区、直辖市人民政府批准，并在批准后7日内在当地政府公报上和至少一种全地区性报纸上发布。省、自治区、直辖市劳动保障行政部门应在发布后10日内将最低工资标准报劳动保障部。

第十条 最低工资标准发布实施后，如本规定第六条所规定的相关因素发生变化，应当适时调整。最低工资标准每两年至少调整一次。

第十一条 用人单位应在最低工资标准发布后10日内将该标准向本单位全体劳动者公示。

第十二条 在劳动者提供正常劳动的情况下，用人单位应支付给劳动者的工资在剔除下列各项以后，不得低于当地最低工资标准：

（一）延长工作时间工资；

（二）中班、夜班、高温、低温、井下、有毒有害等特殊工作环境、条件下的津贴；

（三）法律、法规和国家规定的劳动者福利待遇等。

实行计件工资或提成工资等工资形式的用人单位，在科学合理的劳动定额基础上，其支付劳动者的工资不得低于相应的最低工资标准。

劳动者由于本人原因造成在法定工作时间内或依法签订的劳动合同约定的工作时间内未提供正常劳动的，不适用于本条规定。

第十三条 用人单位违反本规定第十一条规定的，由劳动保障行政部门责令其限期改正；违反本规定第十二条规定的，由劳动保障行政部门责令其限期补发所欠劳动者工资，并可责令其按所欠工资的1至5倍支付劳动者赔偿金。

第十四条 劳动者与用人单位之间就执行最低工资标准发生争议，按劳动争议处理有关规定处理。

第十五条 本规定自2004年3月1日起实施。1993年11月24日原劳动部发布的《企业最低工资规定》同时废止。

附件：

最低工资标准测算方法

一、确定最低工资标准应考虑的因素

确定最低工资标准一般考虑城镇居民生活费用支出、职工个人缴纳社会保险费、住房公积金、职工平均工资、失业率、经济发展水平等因素。可用公式表示为：

M=f（C、S、A、U、E、a）

M 最低工资标准；

C 城镇居民人均生活费用；

S 职工个人缴纳社会保险费、住房公积金；

A 职工平均工资；

U 失业率；

E 经济发展水平；

a 调整因素。

二、确定最低工资标准的通用方法

1. 比重法即根据城镇居民家计调查资料，确定一定比例的最低人均收入户为贫困户，统计出贫困户的人均生活费用支出水平，乘以每一就业者的赡养系数，再加上一个调整数。

2. 恩格尔系数法即根据国家营养学会提供的年度标准食物谱及标准食物摄取量，结合标准食物的市场价格，计算出最低食物支出标准，除以恩格尔系数，得出最低生活费用标准，再乘以每一就业者的赡养系数，再加上一个调整数。

以上方法计算出月最低工资标准后，再考虑职工个人缴纳社会保险费、住房公积金、职工平均工资水平、社会救济金和失业保险金标准、就业状况、经济发展水平等进行必要的修正。

举例：某地区最低收入组人均每月生活费支出为210元，每一就业者赡养系数为1.87，最低食物费用为127元，恩格尔系数为0.604，平均工资为900元。

1. 按比重法计算得出该地区月最低工资标准为：

月最低工资标准 =210 × 1.87+a=393+a（元）（1）

2. 按恩格尔系数法计算得出该地区月最低工资标准为：

月最低工资标准 =127 ÷ 0.604 × 1.87+a=393+a（元）（2）

公式（1）与（2）中a的调整因素主要考虑当地个人缴纳养老、失业、医疗保险费和住房公积金等费用。

另，按照国际上一般月最低工资标准相当于月平均工资的40~60%，则该地区月最低工资标准范围应在360元~540元之间。

小时最低工资标准 =［（月最低工资标准 ÷ 20.92 ÷ 8）×（1+ 单位应当缴纳的基本养老保险费、基本医疗保险费比例之和）］×（1+ 浮动系数）

浮动系数的确定主要考虑非全日制就业劳动者工作稳定性、劳动条件和劳动强度、福利等方面与全日制就业人员之间的差异。

各地可参照以上测算办法，根据当地实际情况合理确定月、小时最低工资标准。

工资集体协商试行办法

1. 2000年11月8日劳动保障部令第9号公布
2. 自2000年11月8日施行

第一章 总 则

第一条 为规范工资集体协商和签订工资集体协议（以下简称工资协议）的行为，保障劳动关系双方的合法权益，促进劳动关系的和谐稳定，依据《中华人民共和国劳动法》和国家有关规定，制定本办法。

第二条 中华人民共和国境内的企业依法开展工资集体协商，签订工资协议，适用本办法。

第三条 本办法所称工资集体协商，是指职工代表与企业代表依法就企业内部工资分配制度、工资分配形式、工资收入水平等事项进行平等协商，在协商一致的基础上签订工资协议的行为。

本办法所称工资协议，是指专门就工资事项签订的专项集体合同。已订立集体合同的，工资协议作为集体合同的附件，并与集体合同具有同等效力。

第四条 依法订立的工资协议对企业和职工双方具有同等约束力。双方必须全面履行工资协议规定的义务，任何一方不得擅自变更或解除工资协议。

第五条 职工个人与企业订立的劳动合同中关于工资报酬的标准，不得低于工资协议规定的最低标准。

第六条 县级以上劳动保障行政部门依法对工资协议进行审查，对协议的履行情况进行监督检查。

第二章 工资集体协商内容

第七条 工资集体协商一般包括以下内容：

（一）工资协议的期限；

（二）工资分配制度、工资标准和工资分配形式；

（三）职工年度平均工资水平及其调整幅度；

（四）奖金、津贴、补贴等分配办法；

（五）工资支付办法；

（六）变更、解除工资协议的程序；

（七）工资协议的终止条件；

（八）工资协议的违约责任；

（九）双方认为应当协商约定的其他事项。

第八条 协商确定职工年度工资水平应符合国家有关工资分配的宏观调控政策，并综合参考下列因素：

（一）地区、行业、企业的人工成本水平；

（二）地区、行业的职工平均工资水平；

（三）当地政府发布的工资指导线、劳动力市场工资指导价位；

（四）本地区城镇居民消费价格指数；

（五）企业劳动生产率和经济效益；

（六）国有资产保值增值；

（七）上年度企业职工工资总额和职工平均工资

水平；

（八）其他与工资集体协商有关的情况。

第三章 工资集体协商代表

第九条 工资集体协商代表应依照法定程序产生。职工一方由工会代表，未建工会的企业由职工民主推举代表，并得到半数以上职工的同意。企业代表由法定代表人和法定代表人指定的其他人员担任。

第十条 协商双方各确定一名首席代表。职工首席代表应当由工会主席担任，工会主席可以书面委托其他人员作为自己的代理人；未成立工会的，由职工集体协商代表推举。企业首席代表应当由法定代表人担任，法定代表人可以书面委托其他管理人员作为自己的代理人。

第十一条 协商双方的首席代表在工资集体协商期间轮流担任协商会议执行主席。协商会议执行主席的主要职责是负责工资集体协商有关组织协调工作，并对协商过程中发生的问题提出处理建议。

第十二条 协商双方可书面委托本企业以外的专业人士作为本方协商代表。委托人数不得超过本方代表的三分之一。

第十三条 协商双方享有平等的建议权、否决权和陈述权。

第十四条 由企业内部产生的协商代表参加工资集体协商的活动应视为提供正常劳动，享受的工资、奖金、津贴、补贴、保险福利待遇不变。其中，职工协商代表的合法权益受法律保护。企业不得对职工协商代表采取歧视性行为，不得违法解除或变更其劳动合同。

第十五条 协商代表应遵守双方确定的协商规则，履行代表职责，并负有保守企业商业秘密的责任。协商代表任何一方不得采取过激、威胁、收买、欺骗等行为。

第十六条 协商代表应了解和掌握工资分配的有关情况，广泛征求各方面的意见，接受本方人员对工资集体协商有关问题的质询。

第四章 工资集体协商程序

第十七条 职工和企业任何一方均可提出进行工资集体协商的要求。工资集体协商的提出方应向另一方提出书面的协商意向书，明确协商的时间、地点、内容等。另一方接到协商意向书后，应于20日内予以书面答复，并与提出方共同进行工资集体协商。

第十八条 在不违反有关法律、法规的前提下，协商双方有义务按照对方要求，在协商开始前5日内，提供与工资集体协商有关的真实情况和资料。

第十九条 工资协议草案应提交职工代表大会或职工大会讨论审议。

第二十条 工资集体协商双方达成一致意见后，由企业行政方制作工资协议文本。工资协议经双方首席代表签字盖章后成立。

第五章 工资协议审查

第二十一条 工资协议签订后，应于7日内由企业将工资协议一式三份及说明，报送劳动保障行政部门审查。

第二十二条 劳动保障行政部门应在收到工资协议15日内，对工资集体协商双方代表资格、工资协议的条款内容和签订程序等进行审查。

劳动保障行政部门经审查对工资协议无异议，应及时向协商双方送达《工资协议审查意见书》，工资协议即行生效。

劳动保障行政部门对工资协议有修改意见，应将修改意见在《工资协议审查意见书》中通知协商双方。双方应就修改意见及时协商，修改工资协议，并重新报送劳动保障行政部门。

工资协议向劳动保障行政部门报送经过15日后，协议双方未收到劳动保障行政部门的《工资协议审查意见书》，视为已经劳动保障行政部门同意，该工资协议即行生效。

第二十三条 协商双方应于5日内将已经生效的工资协议以适当形式向本方全体人员公布。

第二十四条 工资集体协商一般情况下一年进行一次。职工和企业双方均可在原工资协议期满前60日内，向对方书面提出协商意向书，进行下一轮的工资集体协商，做好新旧工资协议的相互衔接。

第六章 附 则

第二十五条 本办法对工资集体协商和工资协议的有关内容未做规定的，按《集体合同规定》的有关规定执行。

第二十六条 本办法自发布之日起施行。

集体合同规定

1. 2004年1月20日劳动保障部令第22号公布
2. 自2004年5月1日施行

第一章 总 则

第一条 为规范集体协商和签订集体合同行为，依法维护劳动者和用人单位的合法权益，根据《中华人民共和国劳动法》和《中华人民共和国工会法》，制定本规定。

第二条 中华人民共和国境内的企业和实行企业化管理的事业单位（以下统称用人单位）与本单位职工之间进行集体协商，签订集体合同，适用本规定。

第三条 本规定所称集体合同，是指用人单位与本单位职工根据法律、法规、规章的规定，就劳动报酬、工作时间、休息休假、劳动安全卫生、职业培训、保险福利等事项，通过集体协商签订的书面协议；所称专项集体合同，是指用人单位与本单位职工根据法律、法规、规章的规定，就集体协商的某项内容签订的专项书面协议。

第四条 用人单位与本单位职工签订集体合同或专项集体合同，以及确定相关事宜，应当采取集体协商的方式。集体协商主要采取协商会议的形式。

第五条 进行集体协商，签订集体合同或专项集体合同，应当遵循下列原则：

（一）遵守法律、法规、规章及国家有关规定；

（二）相互尊重，平等协商；

（三）诚实守信，公平合作；

（四）兼顾双方合法权益；

（五）不得采取过激行为。

第六条 符合本规定的集体合同或专项集体合同，对用人单位和本单位的全体职工具有法律约束力。

用人单位与职工个人签订的劳动合同约定的劳动条件和劳动报酬等标准，不得低于集体合同或专项集体合同的规定。

第七条 县级以上劳动保障行政部门对本行政区域内用人单位与本单位职工开展集体协商、签订、履行集体合同的情况进行监督，并负责审查集体合同或专项集体合同。

第二章 集体协商内容

第八条 集体协商双方可以就下列多项或某项内容进行集体协商，签订集体合同或专项集体合同：

（一）劳动报酬；

（二）工作时间；

（三）休息休假；

（四）劳动安全与卫生；

（五）补充保险和福利；

（六）女职工和未成年工特殊保护；

（七）职业技能培训；

（八）劳动合同管理；

（九）奖惩；

（十）裁员；

（十一）集体合同期限；

（十二）变更、解除集体合同的程序；

（十三）履行集体合同发生争议时的协商处理办法；

（十四）违反集体合同的责任；

（十五）双方认为应当协商的其他内容。

第九条 劳动报酬主要包括：

（一）用人单位工资水平、工资分配制度、工资标准和工资分配形式；

（二）工资支付办法；

（三）加班、加点工资及津贴、补贴标准和奖金分配办法；

（四）工资调整办法；

（五）试用期及病、事假等期间的工资待遇；

（六）特殊情况下职工工资（生活费）支付办法；

（七）其他劳动报酬分配办法。

第十条 工作时间主要包括：

（一）工时制度；

（二）加班加点办法；

（三）特殊工种的工作时间；

（四）劳动定额标准。

第十一条 休息休假主要包括：

（一）日休息时间、周休息日安排、年休假办法；
（二）不能实行标准工时职工的休息休假；
（三）其他假期。

第十二条 劳动安全卫生主要包括：
（一）劳动安全卫生责任制；
（二）劳动条件和安全技术措施；
（三）安全操作规程；
（四）劳保用品发放标准；
（五）定期健康检查和职业健康体检。

第十三条 补充保险和福利主要包括：
（一）补充保险的种类、范围；
（二）基本福利制度和福利设施；
（三）医疗期延长及其待遇；
（四）职工亲属福利制度。

第十四条 女职工和未成年工的特殊保护主要包括：
（一）女职工和未成年工禁忌从事的劳动；
（二）女职工的经期、孕期、产期和哺乳期的劳动保护；
（三）女职工、未成年工定期健康检查；
（四）未成年工的使用和登记制度。

第十五条 职业技能培训主要包括：
（一）职业技能培训项目规划及年度计划；
（二）职业技能培训费用的提取和使用；
（三）保障和改善职业技能培训的措施。

第十六条 劳动合同管理主要包括：
（一）劳动合同签订时间；
（二）确定劳动合同期限的条件；
（三）劳动合同变更、解除、续订的一般原则及无固定期限劳动合同的终止条件；
（四）试用期的条件和期限。

第十七条 奖惩主要包括：
（一）劳动纪律；
（二）考核奖惩制度；
（三）奖惩程序。

第十八条 裁员主要包括：
（一）裁员的方案；
（二）裁员的程序；
（三）裁员的实施办法和补偿标准。

第三章 集体协商代表

第十九条 本规定所称集体协商代表（以下统称协商代表），是指按照法定程序产生并有权代表本方利益进行集体协商的人员。

集体协商双方的代表人数应当对等，每方至少3人，并各确定1名首席代表。

第二十条 职工一方的协商代表由本单位工会选派。未建立工会的，由本单位职工民主推荐，并经本单位半数以上职工同意。

职工一方的首席代表由本单位工会主席担任。工会主席可以书面委托其他协商代表代理首席代表。工会主席空缺的，首席代表由工会主要负责人担任。未建立工会的，职工一方的首席代表从协商代表中民主推举产生。

第二十一条 用人单位一方的协商代表，由用人单位法定代表人指派，首席代表由单位法定代表人担任或由其书面委托的其他管理人员担任。

第二十二条 协商代表履行职责的期限由被代表方确定。

第二十三条 集体协商双方首席代表可以书面委托本单位以外的专业人员作为本方协商代表。委托人数不得超过本方代表的三分之一。

首席代表不得由非本单位人员代理。

第二十四条 用人单位协商代表与职工协商代表不得相互兼任。

第二十五条 协商代表应履行下列职责：
（一）参加集体协商；
（二）接受本方人员质询，及时向本方人员公布协商情况并征求意见；
（三）提供与集体协商有关的情况和资料；
（四）代表本方参加集体协商争议的处理；
（五）监督集体合同或专项集体合同的履行；
（六）法律、法规和规章规定的其他职责。

第二十六条 协商代表应当维护本单位正常的生产、工作秩序，不得采取威胁、收买、欺骗等行为。

协商代表应当保守在集体协商过程中知悉的用人单位的商业秘密。

第二十七条 企业内部的协商代表参加集体协商视为提供了正常劳动。

第二十八条 职工一方协商代表在其履行协商代表职责期间劳动合同期满的，劳动合同期限自动延长至完成履行协商代表职责之时，除出现下列情形之一的，用人单位不得与其解除劳动合同：

（一）严重违反劳动纪律或用人单位依法制定的规章制度的；

（二）严重失职、营私舞弊，对用人单位利益造成重大损害的；

（三）被依法追究刑事责任的。

职工一方协商代表履行协商代表职责期间，用人单位无正当理由不得调整其工作岗位。

第二十九条 职工一方协商代表就本规定第二十七条、第二十八条的规定与用人单位发生争议的，可以向当地劳动争议仲裁委员会申请仲裁。

第三十条 工会可以更换职工一方协商代表；未建立工会的，经本单位半数以上职工同意可以更换职工一方协商代表。

用人单位法定代表人可以更换用人单位一方协商代表。

第三十一条 协商代表因更换、辞任或遇有不可抗力等情形造成空缺的，应在空缺之日起15日内按照本规定产生新的代表。

第四章 集体协商程序

第三十二条 集体协商任何一方均可就签订集体合同或专项集体合同以及相关事宜，以书面形式向对方提出进行集体协商的要求。

一方提出进行集体协商要求的，另一方应当在收到集体协商要求之日起20日内以书面形式给以回应，无正当理由不得拒绝进行集体协商。

第三十三条 协商代表在协商前应进行下列准备工作：

（一）熟悉与集体协商内容有关的法律、法规、规章和制度；

（二）了解与集体协商内容有关的情况和资料，收集用人单位和职工对协商意向所持的意见；

（三）拟定集体协商议题，集体协商议题可由提出协商一方起草，也可由双方指派代表共同起草；

（四）确定集体协商的时间、地点等事项；

（五）共同确定一名非协商代表担任集体协商记录员。记录员应保持中立、公正，并为集体协商双方保密。

第三十四条 集体协商会议由双方首席代表轮流主持，并按下列程序进行：

（一）宣布议程和会议纪律；

（二）一方首席代表提出协商的具体内容和要求，另一方首席代表就对方的要求作出回应；

（三）协商双方就商谈事项发表各自意见，开展充分讨论；

（四）双方首席代表归纳意见。达成一致的，应当形成集体合同草案或专项集体合同草案，由双方首席代表签字。

第三十五条 集体协商未达成一致意见或出现事先未预料的问题时，经双方协商，可以中止协商。中止期限及下次协商时间、地点、内容由双方商定。

第五章 集体合同的订立、变更、解除和终止

第三十六条 经双方协商代表协商一致的集体合同草案或专项集体合同草案应当提交职工代表大会或者全体职工讨论。

职工代表大会或者全体职工讨论集体合同草案或专项集体合同草案，应当有三分之二以上职工代表或者职工出席，且须经全体职工代表半数以上或者全体职工半数以上同意，集体合同草案或专项集体合同草案方获通过。

第三十七条 集体合同草案或专项集体合同草案经职工代表大会或者职工大会通过后，由集体协商双方首席代表签字。

第三十八条 集体合同或专项集体合同期限一般为1至3年，期满或双方约定的终止条件出现，即行终止。

集体合同或专项集体合同期满前3个月内，任何一方均可向对方提出重新签订或续订的要求。

第三十九条 双方协商代表协商一致，可以变更或解除集体合同或专项集体合同。

第四十条 有下列情形之一的，可以变更或解除集体合同或专项集体合同：

（一）用人单位因被兼并、解散、破产等原因，致使集体合同或专项集体合同无法履行的；

（二）因不可抗力等原因致使集体合同或专项集体合同无法履行或部分无法履行的；

（三）集体合同或专项集体合同约定的变更或解除条件出现的；

（四）法律、法规、规章规定的其他情形。

第四十一条 变更或解除集体合同或专项集体合

同适用本规定的集体协商程序。

第六章 集体合同审查

第四十二条 集体合同或专项集体合同签订或变更后，应当自双方首席代表签字之日起 10 日内，由用人单位一方将文本一式三份报送劳动保障行政部门审查。

劳动保障行政部门对报送的集体合同或专项集体合同应当办理登记手续。

第四十三条 集体合同或专项集体合同审查实行属地管辖，具体管辖范围由省级劳动保障行政部门规定。

中央管辖的企业以及跨省、自治区、直辖市的用人单位的集体合同应当报送劳动保障部或劳动保障部指定的省级劳动保障行政部门。

第四十四条 劳动保障行政部门应当对报送的集体合同或专项集体合同的下列事项进行合法性审查：

（一）集体协商双方的主体资格是否符合法律、法规和规章规定；

（二）集体协商程序是否违反法律、法规、规章规定；

（三）集体合同或专项集体合同内容是否与国家规定相抵触。

第四十五条 劳动保障行政部门对集体合同或专项集体合同有异议的，应当自收到文本之日起 15 日内将《审查意见书》送达双方协商代表。《审查意见书》应当载明以下内容：

（一）集体合同或专项集体合同当事人双方的名称、地址；

（二）劳动保障行政部门收到集体合同或专项集体合同的时间；

（三）审查意见；

（四）作出审查意见的时间。

《审查意见书》应当加盖劳动保障行政部门印章。

第四十六条 用人单位与本单位职工就劳动保障行政部门提出异议的事项经集体协商重新签订集体合同或专项集体合同的，用人单位一方应当根据本规定第四十二条的规定将文本报送劳动保障行政部门审查。

第四十七条 劳动保障行政部门自收到文本之日起 15 日内未提出异议的，集体合同或专项集体合同即行生效。

第四十八条 生效的集体合同或专项集体合同，应当自其生效之日起由协商代表及时以适当的形式向本方全体人员公布。

第七章 集体协商争议的协调处理

第四十九条 集体协商过程中发生争议，双方当事人不能协商解决的，当事人一方或双方可以书面向劳动保障行政部门提出协调处理申请；未提出申请的，劳动保障行政部门认为必要时也可以进行协调处理。

第五十条 劳动保障行政部门应当组织同级工会和企业组织等三方面的人员，共同协调处理集体协商争议。

第五十一条 集体协商争议处理实行属地管辖，具体管辖范围由省级劳动保障行政部门规定。

中央管辖的企业以及跨省、自治区、直辖市用人单位因集体协商发生的争议，由劳动保障部指定的省级劳动保障行政部门组织同级工会和企业组织等三方面的人员协调处理，必要时，劳动保障部也可以组织有关方面协调处理。

第五十二条 协调处理集体协商争议，应当自受理协调处理申请之日起 30 日内结束协调处理工作。期满未结束的，可以适当延长协调期限，但延长期限不得超过 15 日。

第五十三条 协调处理集体协商争议应当按照以下程序进行：

（一）受理协调处理申请；

（二）调查了解争议的情况；

（三）研究制定协调处理争议的方案；

（四）对争议进行协调处理；

（五）制作《协调处理协议书》。

第五十四条 《协调处理协议书》应当载明协调处理申请、争议的事实和协调结果，双方当事人就某些协商事项不能达成一致的，应将继续协商的有关事项予以载明。《协调处理协议书》由集体协商争议协调处理人员和争议双方首席代表签字盖章后生效。争议双方均应遵守生效后的《协调处理协议书》。

第八章 附 则

第五十五条 因履行集体合同发生的争议，当事人协商解决不成的，可以依法向劳动争议仲裁委员会申请仲裁。

第五十六条 用人单位无正当理由拒绝工会或职工代表提出的集体协商要求的，按照《工会法》及有关法律、法规的规定处理。

第五十七条 本规定于2004年5月1日起实施。原劳动部1994年12月5日颁布的《集体合同规定》同时废止。

劳务派遣暂行规定

1. 2014年1月24日人力资源社会保障部令第22号公布

2. 自2014年3月1日施行

第一章 总 则

第一条 为规范劳务派遣，维护劳动者的合法权益，促进劳动关系和谐稳定，依据《中华人民共和国劳动合同法》（以下简称劳动合同法）和《中华人民共和国劳动合同法实施条例》（以下简称劳动合同法实施条例）等法律、行政法规，制定本规定。

第二条 劳务派遣单位经营劳务派遣业务，企业（以下称用工单位）使用被派遣劳动者，适用本规定。

依法成立的会计师事务所、律师事务所等合伙组织和基金会以及民办非企业单位等组织使用被派遣劳动者，依照本规定执行。

第二章 用工范围和用工比例

第三条 用工单位只能在临时性、辅助性或者替代性的工作岗位上使用被派遣劳动者。

前款规定的临时性工作岗位是指存续时间不超过6个月的岗位；辅助性工作岗位是指为主营业务岗位提供服务的非主营业务岗位；替代性工作岗位是指用工单位的劳动者因脱产学习、休假等原因无法工作的一定期间内，可以由其他劳动者替代工作的岗位。

用工单位决定使用被派遣劳动者的辅助性岗位，应当经职工代表大会或者全体职工讨论，提出方案和意见，与工会或者职工代表平等协商确定，并在用工单位内公示。

第四条 用工单位应当严格控制劳务派遣用工数量，使用的被派遣劳动者数量不得超过其用工总量的10%。

前款所称用工总量，是指用工单位订立劳动合同人数与使用的被派遣劳动者人数之和。

计算劳务派遣用工比例的用工单位是指依照劳动合同法和劳动合同法实施条例可以与劳动者订立劳动合同的用人单位。

第三章 劳动合同、劳务派遣协议的订立和履行

第五条 劳务派遣单位应当依法与被派遣劳动者订立2年以上的固定期限书面劳动合同。

第六条 劳务派遣单位可以依法与被派遣劳动者约定试用期。劳务派遣单位与同一被派遣劳动者只能约定一次试用期。

第七条 劳务派遣协议应当载明下列内容：

（一）派遣的工作岗位名称和岗位性质；

（二）工作地点；

（三）派遣人员数量和派遣期限；

（四）按照同工同酬原则确定的劳动报酬数额和支付方式；

（五）社会保险费的数额和支付方式；

（六）工作时间和休息休假事项；

（七）被派遣劳动者工伤、生育或者患病期间的相关待遇；

（八）劳动安全卫生以及培训事项；

（九）经济补偿等费用；

（十）劳务派遣协议期限；

（十一）劳务派遣服务费的支付方式和标准；

（十二）违反劳务派遣协议的责任；

（十三）法律、法规、规章规定应当纳入劳务派遣协议的其他事项。

第八条 劳务派遣单位应当对被派遣劳动者履行下列义务：

（一）如实告知被派遣劳动者劳动合同法第八条规定的事项、应遵守的规章制度以及劳务派遣协议的内容；

（二）建立培训制度，对被派遣劳动者进行上岗知识、安全教育培训；

（三）按照国家规定和劳务派遣协议约定，依法支

付被派遣劳动者的劳动报酬和相关待遇；

（四）按照国家规定和劳务派遣协议约定，依法为被派遣劳动者缴纳社会保险费，并办理社会保险相关手续；

（五）督促用工单位依法为被派遣劳动者提供劳动保护和劳动安全卫生条件；

（六）依法出具解除或者终止劳动合同的证明；

（七）协助处理被派遣劳动者与用工单位的纠纷；

（八）法律、法规和规章规定的其他事项。

第九条 用工单位应当按照劳动合同法第六十二条规定，向被派遣劳动者提供与工作岗位相关的福利待遇，不得歧视被派遣劳动者。

第十条 被派遣劳动者在用工单位因工作遭受事故伤害的，劳务派遣单位应当依法申请工伤认定，用工单位应当协助工伤认定的调查核实工作。劳务派遣单位承担工伤保险责任，但可以与用工单位约定补偿办法。

被派遣劳动者在申请进行职业病诊断、鉴定时，用工单位应当负责处理职业病诊断、鉴定事宜，并如实提供职业病诊断、鉴定所需的劳动者职业史和职业危害接触史、工作场所职业病危害因素检测结果等资料，劳务派遣单位应当提供被派遣劳动者职业病诊断、鉴定所需的其他材料。

第十一条 劳务派遣单位行政许可有效期未延续或者《劳务派遣经营许可证》被撤销、吊销的，已经与被派遣劳动者依法订立的劳动合同应当履行至期限届满。双方经协商一致，可以解除劳动合同。

第十二条 有下列情形之一的，用工单位可以将被派遣劳动者退回劳务派遣单位：

（一）用工单位有劳动合同法第四十条第三项、第四十一条规定情形的；

（二）用工单位被依法宣告破产、吊销营业执照、责令关闭、撤销、决定提前解散或者经营期限届满不再继续经营的；

（三）劳务派遣协议期满终止的。

被派遣劳动者退回后在无工作期间，劳务派遣单位应当按照不低于所在地人民政府规定的最低工资标准，向其按月支付报酬。

第十三条 被派遣劳动者有劳动合同法第四十二条规定情形的，在派遣期限届满前，用工单位不得依据本规定第十二条第一款第一项规定将被派遣劳动者退回劳务派遣单位；派遣期限届满的，应当延续至相应情形消失时方可退回。

第四章 劳动合同的解除和终止

第十四条 被派遣劳动者提前30日以书面形式通知劳务派遣单位，可以解除劳动合同。被派遣劳动者在试用期内提前3日通知劳务派遣单位，可以解除劳动合同。劳务派遣单位应当将被派遣劳动者通知解除劳动合同的情况及时告知用工单位。

第十五条 被派遣劳动者因本规定第十二条规定被用工单位退回，劳务派遣单位重新派遣时维持或者提高劳动合同约定条件，被派遣劳动者不同意的，劳务派遣单位可以解除劳动合同。

被派遣劳动者因本规定第十二条规定被用工单位退回，劳务派遣单位重新派遣时降低劳动合同约定条件，被派遣劳动者不同意的，劳务派遣单位不得解除劳动合同。但被派遣劳动者提出解除劳动合同的除外。

第十六条 劳务派遣单位被依法宣告破产、吊销营业执照、责令关闭、撤销、决定提前解散或者经营期限届满不再继续经营的，劳动合同终止。用工单位应当与劳务派遣单位协商妥善安置被派遣劳动者。

第十七条 劳务派遣单位因劳动合同法第四十六条或者本规定第十五条、第十六条规定的情形，与被派遣劳动者解除或者终止劳动合同的，应当依法向被派遣劳动者支付经济补偿。

第五章 跨地区劳务派遣的社会保险

第十八条 劳务派遣单位跨地区派遣劳动者的，应当在用工单位所在地为被派遣劳动者参加社会保险，按照用工单位所在地的规定缴纳社会保险费，被派遣劳动者按照国家规定享受社会保险待遇。

第十九条 劳务派遣单位在用工单位所在地设立分支机构的，由分支机构为被派遣劳动者办理参保手续，缴纳社会保险费。

劳务派遣单位未在用工单位所在地设立分支机构的，由用工单位代劳务派遣单位为被派遣劳动者办理参保手续，缴纳社会保险费。

第六章 法律责任

第二十条 劳务派遣单位、用工单位违反劳动合同法和劳动合同法实施条例有关劳务派遣规定的，按照劳动合同法第九十二条规定执行。

第二十一条 劳务派遣单位违反本规定解除或者终止被派遣劳动者劳动合同的，按照劳动合同法第四十八条、第八十七条规定执行。

第二十二条 用工单位违反本规定第三条第三款规定的，由人力资源社会保障行政部门责令改正，给予警告；给被派遣劳动者造成损害的，依法承担赔偿责任。

第二十三条 劳务派遣单位违反本规定第六条规定的，按照劳动合同法第八十三条规定执行。

第二十四条 用工单位违反本规定退回被派遣劳动者的，按照劳动合同法第九十二条第二款规定执行。

第七章 附 则

第二十五条 外国企业常驻代表机构和外国金融机构驻华代表机构等使用被派遣劳动者的，以及船员用人单位以劳务派遣形式使用国际远洋海员的，不受临时性、辅助性、替代性岗位和劳务派遣用工比例的限制。

第二十六条 用人单位将本单位劳动者派往境外工作或者派往家庭、自然人处提供劳动的，不属于本规定所称劳务派遣。

第二十七条 用人单位以承揽、外包等名义，按劳务派遣用工形式使用劳动者的，按照本规定处理。

第二十八条 用工单位在本规定施行前使用被派遣劳动者数量超过其用工总量10%的，应当制定调整用工方案，于本规定施行之日起2年内降至规定比例。但是，《全国人民代表大会常务委员会关于修改〈中华人民共和国劳动合同法〉的决定》公布前已依法订立的劳动合同和劳务派遣协议期限届满日期在本规定施行之日起2年后的，可以依法继续履行至期限届满。

用工单位应当将制定的调整用工方案报当地人力资源社会保障行政部门备案。

用工单位未将本规定施行前使用的被派遣劳动者数量降至符合规定比例之前，不得新用被派遣劳动者。

第二十九条 本规定自2014年3月1日起施行。

关于确立劳动关系有关事项的通知

1. 2005年5月25日
2. 劳社部发〔2005〕12号

各省、自治区、直辖市劳动和社会保障厅（局）：

近一个时期，一些地方反映部分用人单位招用劳动者不签订劳动合同，发生劳动争议时因双方劳动关系难以确定，致使劳动者合法权益难以维护，对劳动关系的和谐稳定带来不利影响。为规范用人单位用工行为，保护劳动者合法权益，促进社会稳定，现就用人单位与劳动者确立劳动关系的有关事项通知如下：

一、用人单位招用劳动者未订立书面劳动合同，但同时具备下列情形的，劳动关系成立。

（一）用人单位和劳动者符合法律、法规规定的主体资格；

（二）用人单位依法制定的各项劳动规章制度适用于劳动者，劳动者受用人单位的劳动管理，从事用人单位安排的有报酬的劳动；

（三）劳动者提供的劳动是用人单位业务的组成部分。

二、用人单位未与劳动者签订劳动合同，认定双方存在劳动关系时可参照下列凭证：

（一）工资支付凭证或记录（职工工资发放花名册）、缴纳各项社会保险费的记录；

（二）用人单位向劳动者发放的“工作证”、“服务证”等能够证明身份的证件；

（三）劳动者填写的用人单位招工招聘“登记表”、“报名表”等招用记录；

（四）考勤记录；

（五）其他劳动者的证言等。

其中，（一）、（三）、（四）项的有关凭证由用人单位负举证责任。

三、用人单位招用劳动者符合第一条规定的情形的，用人单位应当与劳动者补签劳动合同，劳动合同期限由双方协商确定。协商不一致的，任何一方均可提出终止劳动关系，但对符合签订无固定期限劳动合同条件的劳动者，如果劳动者提出订立无固定期限劳动合同，用人单位应当订立。

用人单位提出终止劳动关系的，应当按照劳动者在本单位工作年限每满一年支付一个月工资的经济补偿金。

四、建筑施工、矿山企业等用人单位将工程（业务）或经营权发包给不具备用工主体资格的组织或自然人，对该组织或自然人招用的劳动者，由具备用工主体资格的发包方承担用工主体责任。

五、劳动者与用人单位就是否存在劳动关系引发争议的，可以向有管辖权的劳动争议仲裁委员会申请仲裁。

五、企事业民主管理

中华人民共和国公司法（摘录）

1. 1993 年 12 月 29 日第八届全国人民代表大会常务委员会第五次会议通过

2. 根据 1999 年 12 月 25 日第九届全国人民代表大会常务委员会第十三次会议《关于修改〈中华人民共和国公司法〉的决定》第一次修正

3. 根据 2004 年 8 月 28 日第十届全国人民代表大会常务委员会第十一次会议《关于修改〈中华人民共和国公司法〉的决定》第二次修正

4. 2005 年 10 月 27 日第十届全国人民代表大会常务委员会第十八次会议第一次修订

5. 根据 2013 年 12 月 28 日第十二届全国人民代表大会常务委员会第六次会议《关于修改〈中华人民共和国海洋环境保护法〉等七部法律的决定》第三次修正

6. 根据 2018 年 10 月 26 日第十三届全国人民代表大会常务委员会第六次会议《关于修改〈中华人民共和国公司法〉的决定》第四次修正

7. 2023 年 12 月 29 日第十四届全国人民代表大会常务委员会第七次会议第二次修订

……

第十七条 公司职工依照《中华人民共和国工会法》组织工会，开展工会活动，维护职工合法权益。公司应当为本公司工会提供必要的活动条件。公司工会代表职工就职工的劳动报酬、工作时间、休息休假、劳动安全卫生和保险福利等事项依法与公司签订集体合同。

公司依照宪法和有关法律的规定，建立健全以职工代表大会为基本形式的民主管理制度，通过职工代表大会或者其他形式，实行民主管理。

公司研究决定改制、解散、申请破产以及经营方面的重大问题、制定重要的规章制度时，应当听取公司工会的意见，并通过职工代表大会或者其他形式听取职工的意见和建议。

第十八条 在公司中，根据中国共产党章程的规定，设立中国共产党的组织，开展党的活动。公司应当为党组织的活动提供必要条件。

……

第一百四十六条 发行类别股的公司，有本法第一百一十六条第三款规定的事项等可能影响类别股股东权利的，除应当依照第一百一十六条第三款的规定经股东会决议外，还应当经出席类别股股东会议的股东所持表决权的三分之二以上通过。

公司章程可以对需经类别股股东会议决议的其他事项作出规定。

第一百四十七条 公司的股份采取股票的形式。股票是公司签发的证明股东所持股份的凭证。

公司发行的股票，应当为记名股票。

第一百四十八条 面额股股票的发行价格可以按票面金额，也可以超过票面金额，但不得低于票面金额。

第一百四十九条 股票采用纸面形式或者国务院证券监督管理机构规定的其他形式。

股票采用纸面形式的，应当载明下列主要事项：

（一）公司名称；

（二）公司成立日期或者股票发行的时间；

（三）股票种类、票面金额及代表的股份数，发行无面额股的，股票代表的股份数。

股票采用纸面形式的，还应当载明股票的编号，由法定代表人签名，公司盖章。

发起人股票采用纸面形式的，应当标明发起人股票字样。

第一百五十条 股份有限公司成立后，即向股东正式交付股票。公司成立前不得向股东交付股票。

第一百五十一条 公司发行新股，股东会应当对下列事项作出决议：

（一）新股种类及数额；

（二）新股发行价格；

（三）新股发行的起止日期；

（四）向原有股东发行新股的种类及数额；

（五）发行无面额股的，新股发行所得股款计入注册资本的金额。

公司发行新股，可以根据公司经营情况和财务状况，确定其作价方案。

第一百五十二条 公司章程或者股东会可以授权董事会在三年内决定发行不超过已发行股份百分之五十的股份。但以非货币财产作价出资的应当经股东会决议。

董事会依照前款规定决定发行股份导致公司注册

资本、已发行股份数发生变化的，对公司章程该项记载事项的修改不需再由股东会表决。

……

全民所有制工业企业职工代表大会条例

1. 1986年9月15日中共中央、国务院发布
2. 自1986年10月1日施行

第一章 总 则

第一条 为保障全民所有制工业企业职工的民主管理权力，充分发挥职工的积极性、智慧和创造力，办好全民所有制工业企业，发展社会主义经济，特制定本条例。

第二条 企业在实行厂长负责制的同时，必须建立和健全职工代表大会（或职工大会，下同）制度和其他民主管理制度，保障与发挥工会组织和职工代表在审议企业重大决策、督行政领导、维护职工合法权益等方面的权力和作用。

第三条 职工代表大会是企业实行民主管理的基本形式，是职工行使民主管理权力的机构。

企业工会委员会是职工代表大会的工作机构，负责职工代表大会的日常工作。

第四条 职工代表大会接受企业党的基层委员会（含不设基层委员会的党总支部委员会、支部委员会，以下简称党委）的思想政治领导，贯彻执行党和国家的方针、政策，正确处理国家、企业和职工三者利益关系，在法律规定的范围内行使职权。

第五条 职工代表大会应当积极支持厂长行使经营管理决策和统一指挥生产活动的职权。

第六条 职工代表大会实行民主集中制。

第二章 职 权

第七条 职工代表大会行使下列职权：

一、定期听取厂长的工作报告，审议企业的经营方针、长远和年度计划、重大技术改造和技术引进计划、职工培训计划、财务预决算、自有资金分配和使用方案，提出意见和建议，并就上述方案的实施作出决议；

二、审议通过厂长提出的企业的经济责任制方案、工资调整计划、奖金分配方案、劳动保护措施方案、奖惩办法及其他重要的规章制度；

三、审议决定职工福利基金使用方案、职工住宅分配方案和其他有关职工生活福利的重大事项；

四、评议、监督企业各级领导干部，并提出奖惩和任免的建议。

对工作卓有成绩的干部，可以建议给予奖励，包括晋级、提职。对不称职的干部，可以建议免职或降职。

对工作不负责任或者以权谋私，造成严重后果的干部，可以建议给予处分，直至撤职。

五、主管机关任命或者免除企业行政领导人员的职务时，必须充分考虑职工代表大会的意见。职工代表大会根据主管机关的部署，可以民主推荐厂长人选，也可以民主选举厂长，报主管机关审批。

第八条 职工代表大会对厂长在其职权范围内决定的问题有不同意见时，可以向厂长提出建议，也可以报告上级工会。

第九条 在职工代表大会上，可以由厂长代表行政、工会主席代表职工签订集体合同或共同协议，为企业发展的共同目标，互相承担义务，保证贯彻执行。

第三章 职工代表

第十条 按照法律规定享有政治权利的企业职工，均可当选为职工代表。

第十一条 职工代表的产生，应当以班组或者工段为单位，由职工直接选举。大型企业的职工代表，也可以由分厂或者车间的职工代表相互推选产生。

第十二条 职工代表中应当有工人、技术人员、管理人员、领导干部和其他方面的职工。其中企业和车间、科室行政领导干部一般为职工代表总数的五分之一。青年职工和女职工应当占适当比例。

为了吸收有经验的技术人员、经营管理人员参加职工代表大会，可以在企业或者车间范围内，经过民主协商，推选一部分代表。

职工代表按分厂、车间、科室（或若干科室）组成代表团（组），推选团（组）长。

第十三条 职工代表实行常任制，每两年改选一次，可以连选连任。

职工代表对选举单位的职工负责。选举单位的职工有权监督或者撤换本单位的职工代表。

第十四条 职工代表的权利：

一、在职工代表大会上，有选举权、被选举权和表决权；

二、有权参加职工代表大会及其工作机构对企业执行职工代表大会决议和提案落实情况的检查，有权参加对企业行政领导人员的质询；

三、因参加职工代表大会组织的各项活动而占用生产或者工作时间，有权按照正常出勤享受应得的待遇。

对职工代表行使民主权力，任何组织和个人不得压制、阻挠和打击报复。

第十五条 职工代表的义务：

一、努力学习党和国家的方针、政策、法律、法规，不断提高政治觉悟、技术业务水平和参加管理的能力；

二、密切联系群众，代表职工合法利益，如实反映职工群众的意见和要求，认真执行职工代表大会的决议，做好职工代表大会交给的各项工作；

三、模范遵守国家的法律、法规和企业的规章制度、劳动纪律，做好本职工作。

第四章 组织制度

第十六条 职工代表大会选举主席团主持会议。主席团成员应有工人、技术人员、管理人员和企业的领导干部。其中工人、技术人员、管理人员应超过半数。

第十七条 参加企业管理委员会的职工代表，由职工代表大会推选产生。

参加企业管理委员会的职工代表要向职工代表大会汇报工作，接受职工代表大会监督。职工代表大会有权撤换参加管理委员会的职工代表。

第十八条 职工代表大会至少每半年召开一次。每次会议必须有三分之二以上的职工代表出席。

遇有重大事项，经厂长、企业工会或三分之一以上职工代表的提议，可召开临时会议。

职工代表大会进行选举和作出决议，必须经全体职工代表过半数通过。

第十九条 职工代表大会应当围绕增强企业活力、促进技术进步、提高经济效益，针对企业经营管理、分配制度和职工生活等方面的重要问题确定议题。

第二十条 职工代表大会在其职权范围内决定的事项，非经职工代表大会同意不得修改。

第二十一条 职工代表大会可根据需要，设立若干精干的临时的或经常性的专门小组（或专门委员会，下同），完成职工代表大会交办的有关事项。其主要工作是：审议提交职工代表大会的有关议案；在职工代表大会闭会期间，根据职工代表大会的授权，审定属本专门小组分工范围内需要临时决定的问题，并向职工代表大会报告予以确认；检查、督促有关部门贯彻执行职工代表大会决议和职工提案的处理；办理职工代表大会交办的其他事项。

专门小组进行活动需要占用生产或者工作时间，有权按照正常出勤享受应得的待遇，但需经厂长同意。各专门小组的人选，一般在职工代表中提名；也可以聘请非职工代表，但必须经职工代表大会通过。

各专门小组对职工代表大会负责。

第二十二条 职工代表大会闭会期间，需要临时解决的重要问题，由企业工会委员会召集职工代表团（组）长和专门小组负责人联席会议，协商处理，并向下一次职工代表大会报告予以确认。

联席会议可以根据会议内容邀请企业党政负责人或其他有关人员参加。

第五章 职工代表大会与工会

第二十三条 企业工会委员会作为职工代表大会的工作机构承担下列工作：

一、组织职工选举职工代表；

二、提出职工代表大会议题的建议，主持职工代表大会的筹备工作和会议的组织工作；

三、主持职工代表团（组）长、专门小组负责人联席会议；

四、组织专门小组进行调查研究，向职工代表大会提出建议，检查督促大会决议的执行情况，发动职工落实职工代表大会决议；

五、向职工进行民主管理的宣传教育，组织职工代表学习政策、业务和管理知识，提高职工代表素质；

六、接受和处理职工代表的申诉和建议，维护职工代表的合法权益；

七、组织企业民主管理的其他工作。

第二十四条 上级工会有指导、支持和维护职工代表大会正确行使职权的责任。

第六章 车间、班组的民主管理

第二十五条 车间（分厂）可以根据具体情况，采取职工大会或职工代表大会、职工代表组等形式，对本单位权限范围内的事务行使民主管理的权力。

车间（分厂）民主管理的日常工作，由车间（分厂）工会委员会主持。

第二十六条 班组的民主管理，由职工直接参加，在本班组的工会组长和职工代表的主持下开展活动，也可以根据需要推选若干民主管理员，负责班组的日常民主管理。

第七章 附 则

第二十七条 本条例原则上适用于全民所有制交通运输、邮电、地质、建筑施工、农林、水利等企业。

第二十八条 本条例由中华全国总工会负责解释。

第二十九条 本条例自一九八六年十月一日起施行。

企业民主管理规定

1. 2012年2月13日
2. 总工发〔2012〕12号

第一章 总 则

第一条 为完善以职工代表大会为基本形式的企业民主管理制度，推进厂务公开，支持职工参与企业管理，维护职工合法权益，构建和谐劳动关系，促进企业持续健康发展，加强基层民主政治建设，依据宪法和相关法律制定本规定。

第二条 企业民主管理工作应当坚持党的领导，以邓小平理论和“三个代表”重要思想为指导，深入贯彻落实科学发展观，坚定不移地贯彻落实党的全心全意依靠工人阶级的根本指导方针。

企业党组织应当加强对民主管理工作的领导和支持。

第三条 职工代表大会（或职工大会，下同）是职工行使民主管理权力的机构，是企业民主管理的基本形式。

企业应当按照合法、有序、公开、公正的原则，建立以职工代表大会为基本形式的民主管理制度，实行厂务公开，推行民主管理。公司制企业（以下简称公司）应当依法建立职工董事、职工监事制度。

企业应当尊重和保障职工依法享有的知情权、参与权、表达权和监督权等民主权利，支持职工参加企业管理活动。

第四条 企业职工应当尊重和支持企业依法行使管理职权，积极参与企业管理。

第五条 企业工会应当组织职工依法开展企业民主管理，维护职工合法权益。

上级工会应当指导和帮助企业工会和职工依法开展企业民主管理活动，对企业实行民主管理的情况进行监督。

第六条 企业代表组织应当推动企业实行民主管理，促进企业健康发展。

第七条 各级党委纪检部门、组织部门，各级人民政府国有资产监督管理机构和监察机关等有关部门应当依照各自职责，对企业民主管理工作进行指导、检查和监督。

第二章 职工代表大会制度

第一节 职工代表大会组织制度和职权

第八条 企业可以根据职工人数确定召开职工代表大会或者职工大会。

企业召开职工代表大会的，职工代表人数按照不少于全体职工人数的百分之五确定，最少不少于三十人。职工代表人数超过一百人的，超出的代表人数可以由企业与工会协商确定。

第九条 职工代表大会的代表由工人、技术人员、管理人员、企业领导人员和其他方面的职工组成。其中，企业中层以上管理人员和领导人员一般不得超过职工代表总人数的百分之二十。有女职工和劳务派遣职工的企业，职工代表中应当有适当比例的女职工和劳务派遣职工代表。

第十条 职工代表大会每届任期为三年至五年。

具体任期由职工代表大会根据本单位的实际情况确定。

职工代表大会因故需要提前或者延期换届的，应当由职工代表大会或者其授权的机构决定。

第十一条 职工代表大会根据需要，可以设立若干专门委员会（小组），负责办理职工代表大会交办的事项。专门委员会（小组）成员人选必须经职工代表大会审议通过。

第十二条 职工代表按照基层选举单位组成代表团（组），并推选团（组）长。可以设立职工代表大会团（组）长和专门委员会（小组）负责人联席会议，根据职工代表大会授权，在职工代表大会闭会期间负责处理临时需要解决的重要问题，并提请下一次职工代表大会确认。

联席会议由企业工会负责召集，联席会议可以根据会议内容邀请企业领导人员或其他有关人员参加。

第十三条 职工代表大会行使下列职权：

（一）听取企业主要负责人关于企业发展规划、年度生产经营管理情况，企业改革和制定重要规章制度情况，企业用工、劳动合同和集体合同签订履行情况，企业安全生产情况，企业缴纳社会保险费和住房公积金情况等报告，提出意见和建议；

审议企业制定、修改或者决定的有关劳动报酬、工作时间、休息休假、劳动安全卫生、保险福利、职工培训、劳动纪律以及劳动定额管理等直接涉及劳动者切身利益的规章制度或者重大事项方案，提出意见和建议；

（二）审议通过集体合同草案，按照国家有关规定提取的职工福利基金使用方案、住房公积金和社会保险费缴纳比例和时间的调整方案，劳动模范的推荐人选等重大事项；

（三）选举或者罢免职工董事、职工监事，选举依法进入破产程序企业的债权人会议和债权人委员会中的职工代表，根据授权推荐或者选举企业经营管理人员；

（四）审查监督企业执行劳动法律法规和劳动规章制度情况，民主评议企业领导人员，并提出奖惩建议；

（五）法律法规规定的其他职权。

第十四条 国有企业和国有控股企业职工代表大会除按第十三条规定行使职权外，行使下列职权：

（一）听取和审议企业经营管理主要负责人关于企业投资和重大技术改造、财务预决算、企业业务招待费使用等情况的报告，专业技术职称的评聘、企业公积金的使用、企业的改制等方案，并提出意见和建议；

（二）审议通过企业合并、分立、改制、解散、破产实施方案中职工的裁减、分流和安置方案；

（三）依照法律、行政法规、行政规章规定的其他职权。

第十五条 县级以下一定区域内或者性质相近的行业内的若干尚不具备单独建立职工代表大会制度条件的中小企业，可以通过选举代表联合建立区域（行业）职工代表大会制度，开展企业民主管理活动。

工会负责组织建立区域（行业）职工代表大会制度。区域（行业）工会作为区域（行业）职工代表大会的工作机构承担日常工作。

第十六条 集团企业的总部机关和各分公司、分厂、车间以及其他分支机构可以按照一定比例选举产生职工代表，召开集团企业职工代表大会，实行企业民主管理。

集团企业的总部机关和各分公司、分厂、车间以及其他分支机构，按照本规定建立职工代表大会制度，在各自的职权范围内分别开展民主管理活动。

第二节 职工代表大会工作制度

第十七条 职工代表大会每年至少召开一次。职工代表大会全体会议必须有三分之二以上的职工代表出席。

第十八条 职工代表大会议题和议案应当由企业工会听取职工意见后与企业协商确定，并在会议召开七日前以书面形式送达职工代表。

第十九条 职工代表大会可以设主席团主持会议。主席团成员由企业工会与职工代表大会各团（组）协商提出候选人名单，经职工代表大会预备会议表决通过。其中，工人、技术人员、管理人员不少于百分之五十。

第二十条 职工代表大会选举和表决相关事项，必须按照少数服从多数的原则，经全体职工代表的过半数通过。对重要事项的表决，应当采用无记名投票的方式分项表决。

第二十一条 职工代表大会在其职权范围内依法审议通过的决议和事项具有约束力，非经职工代表大会同意不得变更或撤销。

企业应当提请职工代表大会审议、通过、决定的事项，未按照法定程序审议、通过或者决定的无效。

第二十二条 企业工会委员会是职工代表大会的

工作机构，负责职工代表大会的日常工作，履行下列职责：

（一）提出职工代表大会代表选举方案，组织职工选举职工代表和代表团（组）长；

（二）征集职工代表提案，提出职工代表大会议题的建议；

（三）负责职工代表大会会议的筹备和组织工作，提出职工代表大会的议程建议；

（四）提出职工代表大会主席团组成方案和组成人员建议名单；提出专门委员会（小组）的设立方案和组成人员建议名单；

（五）向职工代表大会报告职工代表大会决议的执行情况和职工代表大会提案的办理情况、厂务公开的实行情况等；

（六）在职工代表大会闭会期间，负责组织专门委员会（小组）和职工代表就企业职工代表大会决议的执行情况和职工代表大会提案的办理情况、厂务公开的实行情况等，开展巡视、检查、质询等监督活动；

（七）受理职工代表的申诉和建议，维护职工代表的合法权益；

（八）向职工进行民主管理的宣传教育，组织职工代表开展学习和培训，提高职工代表素质；

（九）建立和管理职工代表大会工作档案。

第三节 职工代表的产生和权利义务

第二十三条 与企业签订劳动合同建立劳动关系以及与企业存在事实劳动关系的职工，有选举和被选举为职工代表大会代表的权利。

依法终止或者解除劳动关系的职工代表，其代表资格自行终止。

第二十四条 职工代表应当以班组、工段、车间、科室等为基本选举单位由职工直接选举产生。规模较大、管理层次较多的企业的职工代表，可以由下一级职工代表大会代表选举产生。

第二十五条 选举、罢免职工代表，应当召开选举单位全体职工会议，会议应有三分之二以上职工参加。选举、罢免职工代表的决定，应经全体职工的过半数通过方为有效。

第二十六条 职工代表实行常任制，职工代表任期与职工代表大会届期一致，可以连选连任。

职工代表出现缺额时，原选举单位应按规定的条件和程序及时补选。

第二十七条 职工代表向选举单位的职工负责并报告工作，接受选举单位职工的监督。

第二十八条 职工代表享有下列权利：

（一）选举权、被选举权和表决权；

（二）参加职工代表大会及其工作机构组织的民主管理活动；

（三）对企业领导人员进行评议和质询；

（四）在职工代表大会闭会期间对企业执行职工代表大会决议情况进行监督、检查。

第二十九条 职工代表应当履行下列义务：

（一）遵守法律法规、企业规章制度，提高自身素质，积极参与企业民主管理；

（二）依法履行职工代表职责，听取职工对企业生产经营管理等方面的意见和建议，以及涉及职工切身利益问题的意见和要求，并客观真实地向企业反映；

（三）参加企业职工代表大会组织的各项活动，执行职工代表大会通过的决议，完成职工代表大会交办的工作；

（四）向选举单位的职工报告参加职工代表大会活动和履行职责情况，接受职工的评议和监督；

（五）保守企业的商业秘密和与知识产权相关的保密事项。

第三十条 职工代表履行职责受法律保护，任何组织和个人不得阻挠和打击报复。

职工代表在法定工作时间内依法参加职工代表大会及其组织的各项活动，企业应当正常支付劳动报酬，不得降低其工资和其他福利待遇。

第三章 厂务公开制度

第三十一条 企业应当建立和实行厂务公开制度，通过职工代表大会和其他形式，将企业生产经营管理的重大事项、涉及职工切身利益的规章制度和经营管理人员廉洁从业相关情况，按照一定程序向职工公开，听取职工意见，接受职工监督。

第三十二条 企业主要负责人是实行厂务公开的责任人。企业应当建立相应机构或者确定专人负责厂务公开工作。

第三十三条 企业实行厂务公开应当遵循合法、及时、真实、有利于职工权益维护和企业发展的原则。

实行厂务公开应当保守企业商业秘密以及与知识产权相关的保密事项。

第三十四条　企业应当向职工公开下列事项：

（一）经营管理的基本情况；

（二）招用职工及签订劳动合同的情况；

（三）集体合同文本和劳动规章制度的内容；

（四）奖励处罚职工、单方解除劳动合同的情况以及裁员的方案和结果，评选劳动模范和优秀职工的条件、名额和结果；

（五）劳动安全卫生标准、安全事故发生情况及处理结果；

（六）社会保险以及企业年金的缴费情况；

（七）职工教育经费提取、使用和职工培训计划及执行的情况；

（八）劳动争议及处理结果情况；

（九）法律法规规定的其他事项。

第三十五条　国有企业、集体企业及其控股企业除公开第十三条、第十四条和第三十四条规定的相关事项外，还应当公开下列事项：

（一）投资和生产经营管理重大决策方案等重大事项，企业中长期发展规划；

（二）年度生产经营目标及完成情况，企业担保，大额资金使用、大额资产处置情况，工程建设项目的招投标，大宗物资采购供应，产品销售和盈亏情况，承包租赁合同履行情况，内部经济责任制落实情况，重要规章制度制定等重大事项；

（三）职工提薪晋级、工资奖金收入分配情况；专业技术职称的评聘情况；

（四）中层领导人员、重要岗位人员的选聘和任用情况，企业领导人员薪酬、职务消费和兼职情况，以及出国出境费用支出等廉洁自律规定执行情况，职工代表大会民主评议企业领导人员的结果；

（五）依照国家有关规定应当公开的其他事项。

第四章　职工董事和职工监事制度

第三十六条　公司制企业应当依法建立职工董事和职工监事制度，支持职工代表大会选举产生的职工代表作为董事会、监事会成员参与公司决策、管理和监督，代表和维护职工合法权益，促进企业健康发展。

第三十七条　公司应当依法在公司章程中明确规定职工董事、职工监事的具体比例和人数。

第三十八条　职工董事、职工监事候选人由公司工会根据自荐、推荐情况，在充分听取职工意见的基础上提名，经职工代表大会全体代表的过半数通过方可当选，并报上一级工会组织备案。

工会主席、副主席应当作为职工董事、职工监事候选人人选。

第三十九条　公司高级管理人员和监事不得兼任职工董事；公司高级管理人员和董事不得兼任职工监事。

第四十条　职工董事、职工监事的任期与公司其他董事、监事的任期相同，可以连选连任。

第四十一条　职工董事、职工监事不履行职责或者有严重过错的，经三分之一以上的职工代表联名提议，职工代表大会全体代表的过半数通过可以罢免。

职工董事、职工监事出现空缺时，由公司工会依照本规定第三十七条的规定提出替补人选，提请职工代表大会民主选举产生。

第四十二条　职工董事依法行使下列权利：

（一）参加董事会会议，行使董事的发言权和表决权；

（二）就涉及职工切身利益的规章制度或者重大事项，提请召开董事会会议，反映职工的合理要求，维护职工合法权益；

（三）列席与其职责相关的公司行政办公会议和有关生产经营工作的重要会议；

（四）要求公司工会、公司有关部门和机构通报有关情况并提供相关资料；

（五）法律法规和公司章程规定的其他权利。

第四十三条　职工监事依法行使下列权利：

（一）参加监事会会议，行使监事的发言权和表决权；

（二）就涉及职工切身利益的规章制度或者重大事项，提议召开监事会会议；

（三）监督公司的财务情况和公司董事、高级管理人员执行公司职务的行为；监督检查公司对涉及职工切身利益的法律法规、公司规章制度贯彻执行情况；劳动合同和集体合同的履行情况；

（四）列席董事会会议，并对董事会决议事项提出质询或者建议；列席与其职责相关的公司行政办公会议和有关生产经营工作的重要会议；

（五）要求公司工会、公司有关部门和机构通报有关情况并提供相关资料；

（六）法律法规和公司章程规定的其他权利。

第四十四条　职工董事、职工监事应当履行下列义务：

（一）遵守法律法规，遵守公司章程及各项规章制度，保守公司秘密，认真履行职责；

（二）定期听取职工的意见和建议，在董事会、监事会上真实、准确、全面地反映职工的意见和建议；

（三）定期向职工代表大会述职和报告工作，执行职工代表大会的有关决议，在董事会、监事会会议上，对职工代表大会作出决议的事项，应当按照职工代表大会的相关决议发表意见，行使表决权；

（四）法律法规和公司章程规定的其他义务。

第四十五条 公司应当保障职工董事、职工监事依照法律法规和公司章程开展工作，为职工董事、职工监事履行职责提供必要的工作条件。

第四十六条 职工董事、职工监事在任职期间，除法定情形外，公司不得与其解除劳动合同。

第四十七条 职工董事、职工监事与公司的其他董事、监事享有同等的权利，承担相应的义务。

第五章 附 则

第四十八条 各地区、各有关部门和各企业根据本规定制定实施办法，推进企业民主管理工作。

第四十九条 集体企业依照《城镇集体所有制企业条例》等有关法律法规规定实行民主管理。

第五十条 本规定自发布之日起施行。

学校教职工代表大会规定

1. 2011年12月8日教育部令第32号公布
2. 自2012年1月1日施行

第一章 总 则

第一条 为依法保障教职工参与学校民主管理和监督，完善现代学校制度，促进学校依法治校，依据教育法、教师法、工会法等法律，制定本规定。

第二条 本规定适用于中国境内公办的幼儿园和各级各类学校（以下统称学校）。

民办学校、中外合作办学机构参照本规定执行。

第三条 学校教职工代表大会（以下简称教职工代表大会）是教职工依法参与学校民主管理和监督的基本形式。

学校应当建立和完善教职工代表大会制度。

第四条 教职工代表大会应当高举中国特色社会主义伟大旗帜，以马克思列宁主义、毛泽东思想、邓小平理论和“三个代表”重要思想为指导，深入贯彻落实科学发展观，全面贯彻执行党的基本路线和教育方针，认真参与学校民主管理和监督。

第五条 教职工代表大会和教职工代表大会代表应当遵守国家法律法规，遵守学校规章制度，正确处理国家、学校、集体和教职工的利益关系。

第六条 教职工代表大会在中国共产党学校基层组织的领导下开展工作。教职工代表大会的组织原则是民主集中制。

第二章 职 权

第七条 教职工代表大会的职权是：

（一）听取学校章程草案的制定和修订情况报告，提出修改意见和建议；

（二）听取学校发展规划、教职工队伍建设、教育教学改革、校园建设以及其他重大改革和重大问题解决方案的报告，提出意见和建议；

（三）听取学校年度工作、财务工作、工会工作报告以及其他专项工作报告，提出意见和建议；

（四）讨论通过学校提出的与教职工利益直接相关的福利、校内分配实施方案以及相应的教职工聘任、考核、奖惩办法；

（五）审议学校上一届（次）教职工代表大会提案的办理情况报告；

（六）按照有关工作规定和安排评议学校领导干部；

（七）通过多种方式对学校工作提出意见和建议，监督学校章程、规章制度和决策的落实，提出整改意见和建议；

（八）讨论法律法规规章规定的以及学校与学校工会商定的其他事项。

教职工代表大会的意见和建议，以会议决议的方式做出。

第八条 学校应当建立健全沟通机制，全面听取教职工代表大会提出的意见和建议，并合理吸收采纳；

不能吸收采纳的，应当做出说明。

第三章　教职工代表大会代表

第九条　凡与学校签订聘任聘用合同、具有聘任聘用关系的教职工，均可当选为教职工代表大会代表。

教职工代表大会代表占全体教职工的比例，由地方省级教育等部门确定；地方省级教育等部门没有确定的，由学校自主确定。

第十条　教职工代表大会代表以学院、系（所、年级）、室（组）等为单位，由教职工直接选举产生。

教职工代表大会代表可以按照选举单位组成代表团（组），并推选出团（组）长。

第十一条　教职工代表大会代表以教师为主体，教师代表不得低于代表总数的60%，并应当根据学校实际，保证一定比例的青年教师和女教师代表。民族地区的学校和民族学校，少数民族代表应当占有一定比例。

教职工代表大会代表接受选举单位教职工的监督。

第十二条　教职工代表大会代表实行任期制，任期3年或5年，可以连选连任。

选举、更换和撤换教职工代表大会代表的程序，由学校根据相关规定，并结合本校实际予以明确规定。

第十三条　教职工代表大会代表享有以下权利：

（一）在教职工代表大会上享有选举权、被选举权和表决权；

（二）在教职工代表大会上充分发表意见和建议；

（三）提出提案并对提案办理情况进行询问和监督；

（四）就学校工作向学校领导和学校有关机构反映教职工的意见和要求；

（五）因履行职责受到压制、阻挠或者打击报复时，向有关部门提出申诉和控告。

第十四条　教职工代表大会代表应当履行以下义务：

（一）努力学习并认真执行党的路线方针政策、国家的法律法规、党和国家关于教育改革发展的方针政策，不断提高思想政治素质和参与民主管理的能力；

（二）积极参加教职工代表大会的活动，认真宣传、贯彻教职工代表大会决议，完成教职工代表大会交给的任务；

（三）办事公正，为人正派，密切联系教职工群众，如实反映群众的意见和要求；

（四）及时向本部门教职工通报参加教职工代表大会活动和履行职责的情况，接受评议监督；

（五）自觉遵守学校的规章制度和职业道德，提高业务水平，做好本职工作。

第四章　组织规则

第十五条　有教职工80人以上的学校，应当建立教职工代表大会制度；不足80人的学校，建立由全体教职工直接参加的教职工大会制度。

学校根据实际情况，可在其内部单位建立教职工代表大会制度或者教职工大会制度，在该范围内行使相应的职权。

教职工大会制度的性质、领导关系、组织制度、运行规则等，与教职工代表大会制度相同。

第十六条　学校应当遵守教职工代表大会的组织规则，定期召开教职工代表大会，支持教职工代表大会的活动。

第十七条　教职工代表大会每学年至少召开一次。

遇有重大事项，经学校、学校工会或1/3以上教职工代表大会代表提议，可以临时召开教职工代表大会。

第十八条　教职工代表大会每3年或5年为一届。期满应当进行换届选举。

第十九条　教职工代表大会须有2/3以上教职工代表大会代表出席。

教职工代表大会根据需要可以邀请离退休教职工等非教职工代表大会代表，作为特邀或列席代表参加会议。特邀或列席代表在教职工代表大会上不具有选举权、被选举权和表决权。

第二十条　教职工代表大会的议题，应当根据学校的中心工作、教职工的普遍要求，由学校工会提交学校研究确定，并提请教职工代表大会表决通过。

第二十一条　教职工代表大会的选举和表决，须经教职工代表大会代表总数半数以上通过方为有效。

第二十二条　教职工代表大会在教职工代表大会代表中推选人员，组成主席团主持会议。

主席团应当由学校各方面人员组成，其中包括学校、学校工会主要领导，教师代表应占多数。

第二十三条　教职工代表大会可根据实际情况和需要设立若干专门委员会（工作小组），完成教职工代表大会交办的有关任务。专门委员会（工作小组）对教职工代表大会负责。

第二十四条 教职工代表大会根据实际情况和需要，可以在教职工代表大会代表中选举产生执行委员会。执行委员会中，教师代表应占多数。

教职工代表大会闭会期间，遇有急需解决的重要问题，可由执行委员会联系有关专门委员会（工作小组）与学校有关机构协商处理。其结果向下一次教职工代表大会报告。

第五章 工作机构

第二十五条 学校工会为教职工代表大会的工作机构。

第二十六条 学校工会承担以下与教职工代表大会相关的工作职责：

（一）做好教职工代表大会的筹备工作和会务工作，组织选举教职工代表大会代表，征集和整理提案，提出会议议题、方案和主席团建议人选；

（二）教职工代表大会闭会期间，组织传达贯彻教职工代表大会精神，督促检查教职工代表大会决议的落实，组织各代表团（组）及专门委员会（工作小组）的活动，主持召开教职工代表团（组）长、专门委员会（工作小组）负责人联席会议；

（三）组织教职工代表大会代表的培训，接受和处理教职工代表大会代表的建议和申诉；

（四）就学校民主管理工作向学校党组织汇报，与学校沟通；

（五）完成教职工代表大会委托的其他任务。

选举产生执行委员会的学校，其执行委员会根据教职工代表大会的授权，可承担前款有关职责。

第二十七条 学校应当为学校工会承担教职工代表大会工作机构的职责提供必要的工作条件和经费保障。

第六章 附 则

第二十八条 学校可以在其下属单位建立教职工代表大会制度，在该单位范围内实行民主管理和监督。

第二十九条 省、自治区、直辖市人民政府教育行政部门，可以与本地区有关组织联合制定本行政区域内学校教职工代表大会的相关规定。

有关学校根据本规定和所在地区的相关规定，可以制定相应的教职工代表大会或者教职工大会的实施办法。

第三十条 本规定自2012年1月1日起施行。1985年1月28日教育部、原中国教育工会印发的《高等学校教职工代表大会暂行条例》同时废止。

中共中央办公厅、国务院办公厅关于在国有企业、集体企业及其控股企业深入实行厂务公开制度的通知

1. 2002年6月3日
2. 中办发〔2002〕13号

各省、自治区、直辖市党委和人民政府，中央和国家机关各部委，军委总政治部，各人民团体：

党的十五大以来，不少地方和企业在推行厂务公开方面积极实践，取得了明显成效和成功经验。为了更好地扩大基层民主、保证人民群众直接行使民主权利，实践江泽民同志“三个代表”重要思想，落实全心全意依靠工人阶级的指导方针，巩固、深化和规范厂务公开工作，促进企业的改革、发展和稳定，经党中央、国务院领导同志同意，现就在全国国有企业、集体企业及其控股企业深入实行厂务公开制度的有关问题通知如下：

一、厂务公开的重要意义、指导原则和总体要求

广大职工依照有关法律和规定参与企业的民主决策、民主管理、民主监督，是我国企业管理的重要特色和优势。党的十五大特别是十五届四中全会以来，一批企业通过实行厂务公开，加强了企业的管理和改革，完善了职工代表大会制度，促进了基层民主政治建设，提高了企业经济效益。实践证明，实行厂务公开是实践“三个代表”重要思想的具体体现，是进一步落实党的全心全意依靠工人阶级指导方针的有效途径；是加强企业管理，建立现代企业制度，依靠职工办好企业的内在要求；是搞好群众监督，促进党风廉政建设，加强企业党组织建设、领导班子建设的有力手段。实行厂务公开，对于推进基层民主政治建设，

保障和落实职工当家作主的民主权利；维护职工合法权益，建立企业稳定协调的劳动关系；密切党与企业职工群众的关系，巩固党的阶级基础和执政地位；保护、调动和发挥广大职工的主人翁积极性，增强其责任感，促进企业的改革、发展和稳定，具有重要的意义和作用。

实行厂务公开的指导原则是：

——必须坚持以邓小平理论为指导，按照“三个代表”的要求，认真贯彻党的十五大和十五届四中、五中、六中全会精神，坚定不移地贯彻落实党的全心全意依靠工人阶级的指导方针。

——必须遵循国家法律、法规和党的方针政策，实事求是、注重实效、有利于改革发展稳定和保护商业秘密。

——必须坚持党委统一领导，党政共同负责，有关方面齐抓共管，动员职工广泛参与。

——必须与企业党的建设、领导班子建设、职工队伍建设结合起来，与建立现代企业制度结合起来。

实行厂务公开的总体要求是：

1. 国有企业、集体企业及其控股的企业都要实行厂务公开。目前还没有实行的单位应尽快实行；已经实行的，要进一步深化，逐步使其内容、程序、形式规范化、制度化。特别是生产经营困难的企业更应当实行厂务公开，动员和依靠职工群众与经营者共同把企业搞好。

2. 在厂务公开工作中，要切实做好企业领导人员和职工的思想工作。企业领导人员要提高认识，自觉地把厂务公开摆到重要工作位置，纳入现代企业管理的体制、机制和制度之中。要鼓励职工积极参与厂务公开活动，支持和监督企业经营者依法行使职权，认真行使当家作主的民主权利。要加强对职工代表的培训，不断提高他们参与民主决策、民主管理和民主监督的意识和能力。

3. 在厂务公开工作中，必须坚决防止和克服形式主义，保证公开的真实性，务求工作实效。要切实做到企业重大决策必须通过厂务公开听取职工意见，并提交职代会审议，未经职代会审议的不应实施；涉及职工切身利益的重大事项，更应向职工公开，职代会按照法律法规规定具有决定权和否决权，既未公开又未经职代会通过的有关决定视为无效；在国有和国有控股企业，经职代会民主评议和民主测评，大多数职工不拥护的企业领导人员，其上级管理部门应采取相应的组织措施；企业领导人员违反职代会决议和厂务公开的有关规定，导致矛盾激化，影响企业和社会稳定的，要实行责任追究。

二、厂务公开的主要内容

1. 企业重大决策问题。主要包括企业中长期发展规划，投资和生产经营重大决策方案，企业改革、改制方案，兼并、破产方案，重大技术改造方案，职工裁员、分流、安置方案等重大事项。

2. 企业生产经营管理方面的重要问题。主要包括年度生产经营目标及完成情况，财务预决算，企业担保，大额资金使用，工程建设项目的招投标，大宗物资采购供应，产品销售和盈亏情况，承包租赁合同执行情况，企业内部经济责任制落实情况，重要规章制度的制定等。

3. 涉及职工切身利益方面的问题。主要包括劳动法律法规的执行情况，集体合同、劳动合同的签订和履行，职工提薪晋级、工资奖金分配、奖罚与福利，职工养老、医疗、工伤、失业、生育等社会保障基金缴纳情况，职工招聘，专业技术职称的评聘，评优选先的条件、数量和结果，职工购房、售房的政策和住房公积金管理以及企业公积金和公益金的使用方案，安全生产和劳动保护措施，职工培训计划等。

4. 与企业领导班子建设和党风廉政建设密切相关的问题。主要包括民主评议企业领导人员情况，企业中层领导人员、重要岗位人员的选聘和任用情况，干部廉洁自律规定执行情况，企业业务招待费使用情况，企业领导人员工资（年薪）、奖金、兼职、补贴、住房、用车、通讯工具使用情况，以及出国出境费用支出情况等。

厂务公开的内容应根据企业的实际情况有所侧重。既要公开有关政策依据和本单位的有关规定，又要公开具体内容、标准和承办部门；既要公开办事结果，又要公开办事程序；既要公开职工的意见和建议，又要公开职工意见和建议的处理情况，使厂务公开始终在职工的广泛参与和监督下进行。要密切结合企业改革和发展的实际，及时引导厂务公开不断向企业生产经营管理的深度和广度延伸，推动企业不断健全和完善管理制度、党风廉政建设制度和职工民主管理制度。

三、厂务公开的实现形式

厂务公开的主要载体是职工代表大会。要按照有关规定，认真落实职代会的各项职权。要通过实行厂务公开，进一步完善职代会民主评议企业领导人员制度，坚持集体合同草案提交职代会讨论通过，企业业务招待费使用情况、企业领导人员廉洁自律情况、集体合同履行情况等企业重要事项向职代会报告制度，国有及国有控股的公司制企业由职代会选举职工董事、职工监事制度等，不断充实和丰富职代会的内容，提高职代会的质量和实效，落实好职工群众的知情权、审议权、通过权、决定权和评议监督权，建立符合现代企业制度要求的民主管理制度。

在职代会闭会期间，要发挥职工代表团（组）长联席会议的作用。车间、班组的内部事务也要实行公开。应依照厂务公开的规定，制定车间、班组内部事务公开的实施办法。

厂务公开的日常形式还应包括厂务公开栏、厂情发布会、党政工联席会和企业内部信息网络、广播、电视、厂报、墙报等，并可根据实际情况不断创新。同时，在公开后应注意通过意见箱、接待日、职工座谈会、举报电话等形式，了解职工的反映，不断改进工作。

四、厂务公开的组织领导

各级党委、政府及有关部门和工会组织，要充分认识实行厂务公开的重要意义，切实把这项工作摆上重要议事日程，明确目标，落实责任，有组织、有计划、有步骤地推动厂务公开工作深入健康发展。各级纪检监察机关要加强对推行厂务公开工作的监督检查，对在厂务公开中暴露出来的违法违纪问题要严肃查处。各级党委组织部门要把推行厂务公开作为企业党建工作的重要内容，将实施情况作为考核企业领导班子和领导人员的重要依据，并与奖惩任免挂钩。各级经贸委要把推行厂务公开与加强企业管理和建立现代企业制度有机结合起来，切实加以推进。各级地方工会要积极主动地承担起推行厂务公开的日常工作，并以此促进企业民主管理和工会工作。

企业实行厂务公开要在企业党委领导下进行。企业行政是实行厂务公开的主体。企业要建立由党委、行政、纪委、工会负责人组成的厂务公开领导小组，负责制定厂务公开的实施意见，审定重大公开事项，指导协调有关部门研究解决实施中的问题，做好督导考核工作，建立责任制和责任追究制度。企业工会是厂务公开领导小组的工作机构，负责日常工作。

企业应成立由纪检、工会有关人员和职工代表组成的监督小组，负责监督检查厂务公开内容是否真实、全面，公开是否及时，程序是否符合规定，职工反映的意见是否得到落实，并组织职工对厂务公开工作进行评议和监督。要制定厂务公开的监督检查办法，形成制约和激励机制。

国有、集体及其控股企业以外的其他企业，可依照法律规定，采取与本单位相适应的形式实行厂务公开，推进民主管理工作。

本通知原则上适用于教育、科技、文化、卫生、体育等事业单位。

各地区、各单位要根据本通知的要求，结合各自的实际情况，制定具体的实施意见和办法。

中共中央办公厅、国务院办公厅印发关于进一步推进国有企业贯彻落实“三重一大”决策制度的意见

1. 2010 年 6 月 5 日
2. 中办发〔2010〕17 号

为全面贯彻党的十七大和十七届四中全会精神，切实加强国有企业反腐倡廉建设，进一步促进国有企业领导人员廉洁从业，规范决策行为，提高决策水平，防范决策风险，保证国有企业科学发展，按照中央关于凡属重大决策、重要人事任免、重大项目安排和大额度资金运作（简称“三重一大”）事项必须由领导班子集体作出决定的要求，现就进一步推进国有企业贯彻落实“三重一大”决策制度提出如下意见。

一、指导思想和基本原则

（一）高举中国特色社会主义伟大旗帜，以邓小平理论和“三个代表”重要思想为指导，深入贯彻落实科学发展观，根据《建立健全惩治和预防腐败体系2008—2012 年工作规划》部署，落实《国有企业领导人员廉洁从业若干规定》要求，以明确决策范围、规

范决策程序、强化监督检查和责任追究为重点，进一步推进国有企业“三重一大”决策制度的贯彻落实。

（二）“三重一大”事项坚持集体决策原则。国有企业应当健全议事规则，明确“三重一大”事项的决策规则和程序，完善群众参与、专家咨询和集体决策相结合的决策机制。国有企业党委（党组）、董事会、未设董事会的经理班子等决策机构要依据各自的职责、权限和议事规则，集体讨论决定“三重一大”事项，防止个人或少数人专断。要坚持务实高效，保证决策的科学性；充分发扬民主，广泛听取意见，保证决策的民主性；遵守国家法律法规、党内法规和有关政策，保证决策合法合规。

二、“三重一大”事项的主要范围

（三）重大决策事项，是指依照《中华人民共和国公司法》、《中华人民共和国全民所有制工业企业法》、《中华人民共和国企业国有资产法》、《中华人民共和国商业银行法》、《中华人民共和国证券法》、《中华人民共和国保险法》以及其他有关法律法规和党内法规规定的应当由股东大会（股东会）、董事会、未设董事会的经理班子、职工代表大会和党委（党组）决定的事项。主要包括企业贯彻执行党和国家的路线方针政策、法律法规和上级重要决定的重大措施，企业发展战略、破产、改制、兼并重组、资产调整、产权转让、对外投资、利益调配、机构调整等方面的重大决策，企业党的建设和安全稳定的重大决策，以及其他重大决策事项。

（四）重要人事任免事项，是指企业直接管理的领导人员以及其他经营管理人员的职务调整事项。主要包括企业中层以上经营管理人员和下属企业、单位领导班子成员的任免、聘用、解除聘用和后备人选的确定，向控股和参股企业委派股东代表，推荐董事会、监事会成员和经理、财务负责人，以及其他重要人事任免事项。

（五）重大项目安排事项，是指对企业资产规模、资本结构、盈利能力以及生产装备、技术状况等产生重要影响的项目的设立和安排。主要包括年度投资计划，融资、担保项目，期权、期货等金融衍生业务，重要设备和技术引进，采购大宗物资和购买服务，重大工程建设项目，以及其他重大项目安排事项。

（六）大额度资金运作事项，是指超过由企业或者履行国有资产出资人职责的机构所规定的企业领导人员有权调动、使用的资金限额的资金调动和使用。主要包括年度预算内大额度资金调动和使用，超预算的资金调动和使用，对外大额捐赠、赞助，以及其他大额度资金运作事项。

三、“三重一大”事项决策的基本程序

（七）“三重一大”事项提交会议集体决策前应当认真调查研究，经过必要的研究论证程序，充分吸收各方面意见。重大投资和工程建设项目，应当事先充分听取有关专家的意见。重要人事任免，应当事先征求国有企业和履行国有资产出资人职责机构的纪检监察机构的意见。研究决定企业改制以及经营管理方面的重大问题、涉及职工切身利益的重大事项、制定重要的规章制度，应当听取企业工会的意见，并通过职工代表大会或者其他形式听取职工群众的意见和建议。

（八）决策事项应当提前告知所有参与决策人员，并为所有参与决策人员提供相关材料。必要时，可事先听取反馈意见。

（九）党委（党组）、董事会、未设董事会的经理班子应当以会议的形式，对职责权限内的“三重一大”事项作出集体决策。不得以个别征求意见等方式作出决策。紧急情况下由个人或少数人临时决定的，应在事后及时向党委（党组）、董事会或未设董事会的经理班子报告；临时决定人应当对决策情况负责，党委（党组）、董事会或未设董事会的经理班子应当在事后按程序予以追认。经董事会授权，经理班子决策“三重一大”事项的，按照本意见执行。

（十）决策会议符合规定人数方可召开。与会人员要充分讨论并分别发表意见，主要负责人应当最后发表结论性意见。会议决定多个事项时，应逐项研究决定。若存在严重分歧，一般应当推迟作出决定。

（十一）会议决定的事项、过程、参与人及其意见、结论等内容，应当完整、详细记录并存档备查。

（十二）决策作出后，企业应当及时向履行国有资产出资人职责的机构报告有关决策情况；企业负责人应当按照分工组织实施，并明确落实部门和责任人。参与决策的个人对集体决策有不同意见，可以保留或者向上级反映，但在没有作出新的决策前，不得擅自变更或者拒绝执行。如遇特殊情况需对决策内容作重大调整，应当重新按规定履行决策程序。

（十三）董事会、未设董事会的经理班子研究“三重一大”事项时，应事先与党委（党组）沟通，听取

党委（党组）的意见。进入董事会、未设董事会的经理班子的党委（党组）成员，应当贯彻党组织的意见或决定。企业党组织要团结带领全体党员和广大职工群众，推动决策的实施，并对实施中发现的与党和国家方针政策、法律法规不符或脱离实际的情况及时提出意见，如得不到纠正，应当向上级反映。

（十四）建立“三重一大”事项决策的回避制度；建立对决策的考核评价和后评估制度，逐步健全决策失误纠错改正机制和责任追究制度。

四、组织实施和监督检查

（十五）国有企业党委（党组）书记、董事长、未设董事会的总经理（总裁）为本企业实施本意见的主要责任人。

（十六）国有企业应当依据本意见制定具体的实施办法，报履行国有资产出资人职责的机构审查批准。履行国有资产出资人职责的机构，在制定或审批国有企业章程时，应当根据本意见明确相关要求。

（十七）履行国有资产出资人职责的机构应当对国有企业制定的“三重一大”事项范围是否全面科学、决策程序是否严密、责任追究措施是否有效进行严格审查，予以批准的，应当在批准后监督其实施。

（十八）纪检监察机关应当督促指导履行国有资产出资人职责机构的纪检监察机构，切实加强对所管辖的国有企业贯彻落实“三重一大”决策制度情况的监督检查。

（十九）国有企业的纪检监察机构在依照《国有企业领导人员廉洁从业若干规定》的规定，结合年度考核进行监督检查，作出评估，并向企业党组织和上级纪检监察机构报告时，应当将国有企业领导人员执行“三重一大”决策制度的情况作为重点内容。

（二十）“三重一大”决策制度的执行情况，应当作为巡视、党风廉政建设责任制考核的重要内容和企业领导人员经济责任审计的重点事项；作为民主生活会、企业领导人员述职述廉的重要内容；作为厂务公开的重要内容，除按照国家法律法规和有关政策应当保密的事项外，在适当范围内公开。

（二十一）组织人事部门、履行国有资产出资人职责的机构和审计机关，应当将“三重一大”决策制度的执行情况，作为对企业领导人员考察、考核的重要内容和任免以及经济责任履行情况审计评价的重要依据。

（二十二）国有企业领导人员违反“三重一大”决策制度的，应当依照《国有企业领导人员廉洁从业若干规定》和相关法律法规给予相应的处理，违反规定获取的不正当经济利益，应当责令清退；给国有企业造成经济损失的，应当承担经济赔偿责任。

（二十三）本意见适用于国有和国有控股企业（含国有和国有控股金融机构）。

中共中央纪委、中共中央组织部等六部门关于进一步做好职工代表大会民主评议国有企业领导人员工作的意见

1. 2011 年 1 月 30 日
2. 总工发〔2011〕7 号

为了深入贯彻落实党的十七大和十七届四中、五中全会精神以及中央办公厅、国务院办公厅印发的《关于进一步推进国有企业贯彻落实“三重一大”决策制度的意见》（以下简称《意见》）、《国有企业领导人员廉洁从业若干规定》（以下简称《若干规定》）、《中央企业领导人员管理暂行规定》（以下简称《暂行规定》）等文件要求，充分发挥以职工代表大会为基本形式的企业民主管理制度在推进国有企业改革发展、完善现代企业制度中的积极作用，现就进一步做好职工代表大会民主评议国有企业领导人员工作提出如下意见。

一、充分认识新形势下进一步做好职工代表大会民主评议国有企业领导人员工作的重要意义

国有企业是我国国民经济的重要支柱，是发展中国特色社会主义的重要力量，在推动科学发展、加快转变经济发展方式和调整经济结构中发挥着主导作用。职工群众是深化国有企业改革、推进国有企业改制重组、建立现代企业制度的主力军。推进国有企业改革发展，必须充分发挥职工群众的民主决策、民主参与、民主管理、民主监督作用，全心全意依靠广大职工群众办企业。职工代表大会民主评议国有企业领导人员，有利于加强企业党风建设和领导班子建设，建立规范

有效的内部监督和约束机制，防止国有企业领导人员行为失范、权力失控、决策失误；有利于维护职工合法权益，构建和谐稳定的劳动关系，维护好、实现好、发展好职工群众的劳动经济权益和民主政治权利，让职工群众共享企业改革发展成果；有利于坚持党的群众路线，密切党群关系和干群关系，保护好、调动好职工群众投身企业改革发展的积极性和创造力；有利于建立和完善中国特色的现代企业制度，规范企业决策行为，提高决策水平，防范决策风险，促进企业科学健康发展。

各地区、各有关部门、各企业要站在贯彻落实科学发展观、构建社会主义和谐社会的高度，充分认识进一步做好职工代表大会民主评议国有企业领导人员工作的重要性和紧迫性，按照中央关于推进国有企业改革发展的部署和《意见》、《若干规定》、《暂行规定》等文件要求，紧密结合企业实际，不断开拓创新，进一步做好职工代表大会民主评议工作。

二、职工代表大会民主评议的对象和内容

职工代表大会民主评议的对象主要是国有独资企业、国有控股企业（含国有独资金融企业和国有控股金融企业）及其分支机构的领导班子及成员。职工代表大会民主评议的具体人员，由各地区、各有关部门、各企业根据企业实际情况确定。

职工代表大会民主评议国有企业领导班子及成员要根据其承担的工作职责和目标任务进行，主要内容包括：政治素质、职业操守情况；履职能力和工作实绩情况；勤奋敬业、尽职尽责维护国家和企业利益情况；依靠职工办企业、维护职工合法权益情况；廉洁从业情况等。

职工代表大会民主评议国有企业领导班子及成员，既要坚持实事求是，注重工作实绩，又要适应新形势新任务新要求，根据不同时期、不同企业特点，确定民主评议的重点，不断深化民主评议内容。当前，要将贯彻中央关于企业重大决策、重要人事任免、重大项目安排和大额度资金运作“三重一大”事项决策制度的执行情况，企业领导人员廉洁从业情况，涉及职工切身利益重大事项的决策及执行情况，重要规章制度的制定及执行情况，实行厂务公开情况等，作为职工代表大会民主评议的重要内容，使职工代表大会制度在促进国有企业党的建设、推动科学发展、构建和谐企业中充分发挥作用。

三、职工代表大会民主评议国有企业领导人员的组织实施

职工代表大会民主评议国有企业领导人员工作要在企业党委（党组）领导下，由职工代表大会主席团主持进行，职工代表大会应建立民主评议专门委员会（或专门小组），负责职工代表大会交办的民主评议事项及监督检查民主评议结果落实等情况。上级组织人事部门要对职工代表大会民主评议国有企业领导人员工作进行指导和监督。

职工代表大会民主评议国有企业领导人员工作应每年进行一次。民主评议前，被评议人应当在职工代表大会上作述职、述廉报告，接受职工代表的质询；民主评议应当采用职工代表无记名投票方式进行测评；民主评议的结果应根据干部管理权限，报上级组织人事部门或董事会，同时抄报（派驻）本企业监事会。

企业党委（党组）书记、董事长、总经理是本企业职工代表大会民主评议国有企业领导人员工作的主要责任人，要重视和支持职工代表大会开展民主评议工作。企业工会作为职工代表大会的工作机构，要协同企业组织人事和纪委等相关部门做好职工代表大会民主评议的具体组织工作。企业要根据有关文件要求，制定或修订本企业职工代表大会民主评议国有企业领导人员的实施办法或操作规程，明确评议内容，规范评议程序，建立规范有效的工作机制，不断提高民主评议工作质量和水平。

四、加强对职工代表大会民主评议国有企业领导人员工作的指导

各地区、各有关部门要高度重视职工代表大会民主评议国有企业领导人员工作，加强组织协调和工作指导，共同做好此项工作。纪检监察部门要把民主评议作为建立健全惩治和预防腐败体系建设的重要工作内容，将群众监督和效能监察有效结合起来，完善拒腐防变长效机制，提高反腐倡廉成效；党委组织部门、国有资产监督管理部门要把民主评议作为综合考核评价企业领导人员的重要形式和有效监管国有资产的重要手段，将民主评议结果作为奖惩、任免干部的重要依据；工会组织要把民主评议作为维护职工合法权益的制度平台，促进劳动关系和谐稳定；工商联组织要指导非公有制企业结合实际，积极探索适合非公有制

企业特点的职工代表大会民主评议内容和方式，稳步推进此项工作。

各地区、各有关部门要加强组织领导，适应新形势新任务的要求，不断研究新情况，总结新经验，提出新举措，强化制度建设，狠抓落实和督促检查，扎实做好职工代表大会民主评议国有企业领导人员工作。既要调动好职工群众民主参与和民主监督的积极性，又要保护好企业领导人员依法经营和科学管理的责任感，进一步提高企业的民主决策和科学决策水平，增强企业决策的公信力和执行力，共同推动企业科学管理、健康发展，努力为加快转变经济发展方式、实现经济社会全面协调可持续发展贡献力量。

科技、教育、文化、卫生等事业单位职工代表大会民主评议工作参照本意见精神执行。

中华全国总工会关于推行企业集团职工代表大会制度的意见

1. 2020 年 12 月 28 日
2. 总工办发〔2020〕27 号

为深入学习贯彻习近平新时代中国特色社会主义思想，全面贯彻落实党的十九大和十九届二中、三中、四中、五中全会精神，进一步健全以职工代表大会（以下简称职代会）为基本形式的企业民主管理制度，充分发挥企业集团职工代表大会（以下简称集团职代会）在公司法人治理结构中的作用，依据《中华人民共和国公司法》《企业民主管理规定》等，现就推行集团职代会制度提出如下意见。

本意见所指集团职代会是指企业集团总部和所属基层单位按照一定比例选举产生职工代表，对涉及企业集团改革发展和职工权益有关事项履行民主程序、行使相应职权的职代会。

一、推行集团职代会制度的重要意义

（一）推行集团职代会制度是新形势下健全充满活力的基层群众自治制度的必然要求。党的十九届四中全会通过的《中共中央关于坚持和完善中国特色社会主义制度、推进国家治理体系和治理能力现代化若干重大问题的决定》明确要求，健全充满活力的基层群众自治制度，全心全意依靠工人阶级，健全以职工代表大会为基本形式的企业民主管理制度。当前，我国企业规模日益壮大，企业产权结构、管控模式、管理层级发生了深刻变化，出现了许多大型企业集团，这对推进企业民主管理提出了新要求。推行集团职代会制度，有利于完善企业集团职工参与管理的有效方式，保证职工在整个企业集团层面参与管理，把制度优势转化为企业集团职工参与经济社会事务管理的实际效能，使人民当家作主权利落到实处。

（二）推行集团职代会制度是加快完善中国特色现代企业制度的内在需要。职代会制度是中国特色现代企业制度的题中应有之义，是公司法人治理结构的主体之一。随着国企改革三年行动方案加快实施，混合所有制改革积极稳妥推进，将进一步推动形成更加成熟更加定型的中国特色现代企业制度。与以往国有企业“脱困式的改革”明显不同，本轮国有企业改革更加侧重战略重组和产业结构重新布局，改革路径自上而下，涉及企业集团和基层单位多个层面，对不同层面的企业民主管理制度有序运行带来了新挑战。推行集团职代会制度，有利于更好地将民主管理制度与企业管理制度相衔接，与企业管控模式相匹配，与公司法人治理结构相融合，促进企业集团决策更加科学民主，推动企业管理与改革创新良性互动，实现企业高质量发展。

（三）推行集团职代会制度是企业集团构建和谐劳动关系的有效途径。我国正在加快构建以国内大循环为主体、国内国际双循环相互促进的新发展格局，企业劳动关系和谐稳定是构建新发展格局的重要基础。受新冠肺炎疫情的冲击，众多企业生产经营困难增多、职工权益保障面临诸多新情况新问题。企业集团用工方式多元，职工人数众多，劳动关系更为复杂，受到的影响更大。推行集团职代会制度能够有效规范企业集团及所属基层单位劳动关系，为企业集团制定涉及全体职工切身利益的重大事项和重要制度提供程序保障，为所属基层单位民主管理制度的运行提供指导遵循，及时回应和解决职工利益诉求，化解劳动关系双方的矛盾，促进经济社会平稳发展。

二、推行集团职代会制度的基本原则

——坚持加强党的领导。要坚持以习近平新时代中国特色社会主义思想为指导，认真贯彻落实党的基本理论、基本路线、基本方略，坚持党委统一领导，坚持重大问题事前请示，坚持全心全意依靠职工办企业，在党组织的统筹协调下推进企业集团和所属基层单位职代会制度建设，确保集团职代会制度建设沿着正确的方向发展。

——坚持依法有序推进。要依照相关法律法规，推动对所属基层单位在重大决策、经营管理、干部任免、薪酬福利、人力资源等方面拥有管控权限的企业集团建立职代会制度，保证职工通过企业集团和所属基层单位等多层级职代会行使民主管理权力。不能以企业集团总部职代会替代集团职代会。在此基础上积极推进制度化规范化建设，使集团职代会制度更加健全、运行程序更加规范、作用发挥更加有效。

——坚持融入公司治理。要推动企业集团在制定公司章程时，落实职代会在公司治理结构中的地位，明确其主体权责，并与其他公司治理主体有效衔接。要以集团职代会为牵引，建立与企业管控模式相适应、上下配套、层次清晰、各司其职、独立运行的企业集团内部多层级职代会制度体系，把民主管理制度融入到企业生产经营管理活动之中，推动加快完善中国特色现代企业制度。

——坚持协同联动推进。集团职代会的内容要更加侧重涉及企业集团改革发展的全局性、根本性、指导性的重大事项，以及涉及职工切身利益带有普遍性、倾向性的重大问题。所属基层单位要在遵循集团职代会基本原则基础上，从本单位实际出发，细化和完善本单位职代会制度。要准确把握和处理上下级职代会之间的关系，充分发挥企业集团内各层级职代会的职能作用。

三、推行集团职代会制度的工作要求

（一）集团职代会职工代表构成比例和产生方式。集团职代会职工代表的名额数量应以企业集团职工人数为基数，依据《企业民主管理规定》第八条有关规定确定。其中，集团中层以上管理人员和领导人员，原则上不超过职工代表总数的20%，所属单位多、分布广的集团中层以上管理人员和领导人员一般不超过代表总数的35%。职工代表中应有适当比例的劳模先进、高技能领军人才、女职工、青年职工、农民工的代表。

参加集团职代会的职工代表可以在企业集团总部和各所属基层单位职代会的职工代表中选举产生，也可以在企业集团全体职工中直接选举产生。

（二）集团职代会的届期和会议召开。集团职代会每届届期为三年至五年，具体届期由职代会根据实际情况确定，每年应至少召开一次。在条件允许的情况下，要合理规划职代会会期、内容，与董事会、年度工作会议等有机衔接。职工人数众多、地域分布广的企业，在集团职代会召开形式上可探索线上和线下相结合的方式，但在涉及重要事项表决时，应集中现场开会，以保障职工真实意愿的表达。

（三）集团职代会闭会期间的工作制度。企业集团工会是集团职代会的工作机构，负责集团职代会的日常工作。闭会期间，遇有确需经集团职代会审议或审议通过的重大事项，按规定召开临时集团职代会；有需要临时解决涉及职工切身利益的重要问题可由企业集团工会组织召集职工代表团（组）长和专门委员会（小组）负责人联席会议协商处理。联席会议必须有各代表团（组）长参加；协商讨论解决属于集团职代会职权范围内的事项必须由集团职代会授权，并提请下一次集团职代会确认；企业集团改革改制方案必须经集团职代会审议，国有及其控股企业集团职工安置方案必须经集团职代会审议通过，不可由联席会议替代集团职代会行使职权。

四、认真履行集团职代会的职权

要根据国家相关法律法规，从企业集团决策管理权限出发，围绕企业集团发展规划、经营决策、重要规章制度、涉及职工切身利益的重大问题，确定集团职代会的各项职权内容。

（一）审议建议权。集团职代会应听取企业集团工作报告，审议企业集团经营方针、中长期发展规划、年度计划、财务预决算、安全生产等重要事项的报告；审议企业集团改制方案和重大改革措施；审议企业集团员工持股方案；审议企业集团制定、修改或者决定的有关劳动报酬、工作时间、休息休假、劳动安全卫生、保险福利、职工培训、劳动纪律以及劳动定额管理等直接涉及职工切身利益的规章制度或者重大事项方案，提出意见和建议。

（二）审议通过权。集团职代会应审议企业集团民主管理制度实施办法；审议企业集团集体合同草案、专项合同草案、企业年金方案、住房制度改革方案；审议职工奖惩办法、劳动模范推荐人选等重大事项。在审议的基础上，进行投票表决，形成通过或不通过的决议。国有及其控股企业集团产权转让、合并、分立、改制、解散、破产实施方案中职工的裁减、分流和安置方案也应当经集团职代会审议通过。

（三）监督评议权。集团职代会应监督企业集团及所属基层单位建立和健全完善职代会和厂务公开等民主管理制度情况；监督企业集团职代会决议贯彻执行情况和提案落实情况；审查监督企业集团及所属基层单位执行劳动法律法规和劳动规章制度的情况；审查监督企业集团及所属基层单位履行集体合同的情况；民主评议集团职工董事、职工监事。国有及其控股企业集团应当通过集团职代会民主评议集团领导人员。

（四）民主选举权。集团职代会应依法选举或罢免企业集团职工董事、职工监事；选举集团职代会专门委员会（小组）成员；选举依法进入破产程序企业集团的债权人会议和债权人委员会中的职工代表；选举法律法规规定或者企业集团党委、行政与工会协商确定应当由集团职代会选举产生的其他人员。

（五）法律法规赋予职代会的其他权利。

在推进企业集团改革改制过程中，特别是在国有企业集团推进混合所有制改革过程中，要重点规范改革调整重大事项的集团职代会审议建议程序。涉及企业集团改革调整的重大事项，应当通过集团职代会履行审议建议权的民主程序，提出意见建议。所属基层单位在此基础上细化方案，提交本级职代会审议并履行相应的民主程序。要重点规范涉及企业集团职工切身利益重要事项的集团职代会审议通过程序。涉及企业集团职工安置等职工切身利益的重要事项，应当通过集团职代会严格履行审议通过权的民主程序，根据所属基层单位实际，提出统一要求与分类指导相结合的原则，表决通过后实施。所属基层单位按照集团职代会决议细化方案，提交本级职代会审议通过后实施。

五、扎实推进集团职代会制度建设

（一）加强组织领导。各级工会要提高思想认识、主动担当作为，突出问题导向，把推行集团职代会制度摆上重要位置，善于借助厂务公开协调领导机构、劳动关系三方协调机制等平台，营造协同推进的良好氛围，积极稳妥地推动集团职代会制度建立健全。

（二）强化分类指导。各级工会要紧密结合实际，根据不同企业集团在产权结构、管控模式、组织规模方面的差异，推动符合建制条件但尚未建立职代会的企业集团抓紧建立集团职代会制度，认真落实职代会职权；推动已经建立职代会的企业集团继续完善制度、理顺关系、规范运行、彰显效能。

（三）统筹谋划落实。各级工会要加强制度设计，按照本意见要求，结合自身实际，制定完善配套政策或实施措施，注重加强对典型经验的总结推广，形成整体推进的工作态势，为推行集团职代会制度营造良好舆论环境和社会氛围。

本意见也适用于由多个子公司、分公司组成，多层级管理的集团性质企业。

职工代表大会操作指引

1. 2022 年 3 月 17 日
2. 国厂开组办发〔2022〕2 号

为规范职工代表大会操作流程，完善职工代表大会运作机制，充分发挥职工代表大会积极作用，推动企业民主管理工作高质量发展，依照相关法律法规和政策文件规定，制定本指引。

本指引中所指“企业”，主要是指国有、集体及其控股企业、私营、港澳台投资、外商投资等企业。事业单位、民办非企业组织等其他单位可参照执行。

一、建章立制

（一）建立制度。

企业应当按照合法、有序、公开、公正的原则，建立以职工代表大会为基本形式的民主管理制度，实行厂务公开，推行民主管理。

企业行政管理方与企业工会委员会应根据法律法规政策的规定，结合实际，制定职工代表大会的实施办法（细则），明确其组织制度、职权内容和工作制度等，提交职工代表大会审议通过，并将其纳入本单位管理制度体系，同时报同级党组织，并报上一级工会备案。

（二）确定组织形式。

职工大会和职工代表大会是职工代表大会制度的两种形式，二者在性质、任务、职权等方面没有区别，职工代表大会在具体工作制度方面增加了职工代表大会代表的选举、罢免等内容。

企业行政管理方与企业工会委员会可以根据企业的职工人数，实际需要和客观条件协商选择召开职工大会或职工代表大会。根据规定，企业职工人数在五十人以下的，应当召开职工大会。

（三）确定职工代表大会届期。

职工代表大会每届任期为三年至五年，具体任期由职工代表大会根据本单位实际情况确定。职工代表大会应当按期换届，遇到需要提前或延期换届的情况，应当经企业行政管理方与企业工会委员会协商一致，并将提前或延期换届理由向上一级工会书面报告，同时将具体情况通过公开渠道让全体职工知晓。

（四）开展筹备工作。

企业首次召开职工代表大会或换届前，应当成立由企业党组织、企业行政管理方、企业工会委员会等方面人员组成的筹备机构。筹备机构主要任务是：起草本单位职工代表大会实施办法（细则）；组织选举职工代表；起草职工代表大会筹备工作情况报告；研究确定本次职工代表大会主要议题和议程；听取职工的意见和建议等等。非首次召开职工代表大会或换届，由企业工会委员会牵头完成各项大会筹备工作。

二、会前筹备

（一）组织选举职工代表。

1. 确定职工代表人数。企业工会委员会按照不少于全体职工人数的百分之五的比例确定职工代表人数，同时确保职工代表的人数不少于三十人；如果按此比例计算出的职工代表人数超过一百人，超出部分的代表人数可以由企业行政管理方与企业工会委员会协商确定。

职工代表在一届任期内实行常任制，职工代表大会换届时，职工代表经过民主选举可以连选连任，不受任期次数的限制。

2. 确定职工代表构成和比例。职工代表大会的代表要具有广泛性、代表性，其中，企业中层以上管理人员和领导人员一般不得超过职工代表总人数的百分之二十。所属单位多、分布广的企业集团，中层以上管理人员和领导人员一般不超过代表总数的百分之三十五。促进女职工代表比例与企业女职工比例相适应，有被派遣劳动者的企业，职工代表中应有被派遣劳动者代表。

3. 确定选区分配名额。职工代表应以分公司（厂）、部门、班组、车间、科室等为基本选举单位，企业工会委员会综合考虑职工代表人数总额、各选区职工人数、职工代表构成和比例要求等，确定各选区的职工代表名额。

4. 开展选举工作。企业工会委员会组织开展选举工作，企业行政管理方应予以支持配合。选举、罢免职工代表，应当召开选举单位全体职工会议，会议应有三分之二以上职工参加。选举、罢免职工代表的决定，应经全体职工的过半数通过方为有效。

参加集团职工代表大会的职工代表可以在企业集团总部和各所属基层单位职工代表大会的职工代表中选举产生，也可以在企业集团全体职工中直接选举产生。

选区一般应当场公布选举结果，企业工会委员会及时汇总选举结果，提交职工代表资格审查委员会（小组）审查，审查无误后，及时将职工代表名单通过厂务公开栏等形式向全体职工公布。

5. 职工代表的罢免、补选。职工代表因岗位变动、离职退休、解除或终止劳动合同等原因无法履行代表职责，代表资格自行终止。对无故不履行代表职责，或严重失职失去选区职工信任、严重违反本单位规章制度或因违法犯罪受到刑事处罚等原因难以胜任职工代表的，应当予以罢免。

企业工会委员会应及时掌握职工代表动态信息，发现需要罢免的情况，及时调查核实，并组织原选区履行罢免程序，一般为：

（1）组织原选区对需要被罢免的职工代表的情况进行讨论，视情况需要，被罢免的职工代表可参加会议并进行申辩；

（2）经原选区全体职工半数以上同意，可以作出罢免决定；

（3）原选区将罢免职工代表的决定报告企业工会委员会。

职工代表因罢免、岗位变动、离职退休、解除或终止劳动合同等原因出现缺额时，企业工会委员会依照规定的民主程序，组织原选区，按原比例结构补选职工代表，补选的民主程序与选举的民主程序相同。

6. 成立职工代表资格审查委员会（小组）。职工代表资格审查委员会（小组）成员一般由工会、干部管理部门或人力资源部门、纪委监察等相关部门人员组成。

审查的主要事项包括：

（1）职工代表结构比例是否符合相应规定；

（2）职工代表是否具备当选资格和条件；

（3）职工代表的产生是否履行规范民主程序；

（4）选举时是否存在作弊、贿选等不正当行为等。

7. 确认职工代表资格。与企业建立劳动关系的职工及被派遣劳动者，有选举和被选举为职工代表大会代表的权利。

8. 组成代表团（组）并选出代表团（组）长。企业工会委员会根据企业职工人数、分布情况和实际需要来确定是否组成职工代表团（组）并选举代表团（组）长。如有需要，则将职工代表按照所属基层选举单位组成代表团（组）并推举团（组）长。

9. 邀请列席代表。企业工会委员会可以根据实际情况和职工代表大会会议内容的需要，邀请一些未当选职工代表的企业领导人员、有关部门负责人和相关人员等参会。列席代表可以在职工代表大会或代表团（组）会议发言，提出意见建议，但没有选举权和表决权。

（二）设立职工代表大会专门机构。

企业工会委员会主要根据企业职工人数、分布情况和实际需要来确定是否设立职工代表大会专门机构，即专门委员会（小组）。如有需要，可结合职工代表大会的职权内容和实际需要设立职工代表大会专门机构，负责办理职工代表大会交办的事项。

一般可以设立职工代表提案、集体合同、劳动法律监督、劳动保护、薪酬福利、评议监督等常设的专门委员会（小组）。规模较小的企业可以设立一个综合性的民主管理专门委员会（小组）。企业还可以根据工作需要，设立一些临时性的专门委员会（小组），待承担的特定工作结束后予以撤销。

专门委员会（小组）负责人一般在职工代表中提名，成员可以聘请熟悉相关业务的非职工代表，但必须经职工代表大会审议通过。实践中，企业的相关职能部门负责人不担任对口专门委员会（小组）的负责人，以确保专门委员会（小组）的监督作用落到实处。

一般设立专门委员会（小组）的流程包括：

（1）企业工会委员会拟定组建专门委员会（小组）及确定其组成人员的具体方案；

（2）由职工代表团（组）提出具体候选人（名单）；

（3）经职工代表大会主席团审议后，正式提出各专门委员会（小组）候选人名单，提请职工代表大会审议通过。

（三）征集职工代表提案，确定职工代表大会议题。

1. 职工代表提案的征集和处理。企业工会委员会发出征集职工代表提案的通知，职工代表在征集选区职工意见，充分调研的基础上提出提案。提案专门委员会（小组）对提案进行审核、筛选、分类、整理、合并、汇总，予以立案的提案提交企业行政管理方讨论审批，确定相关承办和协办部门，由相关承办和协办部门进行处理和书面答复提案人；已经落实或暂时解决不了的提案，由相关职能部门书面答复提案人；不符合条件的提案退还提案人并进行解释说明。提案专门委员会（小组）汇总提案审理及落实情况，向职工代表大会报告，并对提案落实情况进行整理、登记和归档。

2. 确定职工代表大会议题。一般程序包括：

（1）通知征集。企业工会委员会通过各种途径广泛征求、充分听取职工群众的意见和建议。

（2）提出草案。企业工会委员会依据职工代表大会职权，与企业行政管理方协商，初步形成议题和议案的草案。

（3）形成正式意见。企业工会委员会将议题和议案的草案补充修改后形成正式意见，书面报同级党组织同意。

（4）提前送达职工代表，征集意见建议。职工代表大会议题和议案应当在会议召开七日前以书面形式送达职工代表。职工代表在收到材料后，应及时征求所在选区职工的意见和建议，在审议讨论过程中将这些意见和建议反映出来，认真参与团（组）讨论。企业工会委员会要做好职工代表讨论审议意见的收集、整理并反馈相关职能部门。对分歧较大的事项，企业行政管理方和企业工会委员会应当根据职工代表意见进行协商修改后，交由职工代表重新组织讨论。

（5）职工代表大会预备会议审议通过。由企业工会委员会向职工代表大会预备会议提出议题和议案建议稿，经预备会议审议通过后作为职工代表大会正式议题和议案。

（四）确定大会议程。

根据职工代表大会讨论的事项和对该事项行使的职权设置职工代表大会的议程。一般包括：

（1）会议主持人报告职工代表出席情况（含应到人数、实到人数），确定会议召开的合法性；

（2）听取需要职工代表大会审议、审查事项的报告；

（3）组织职工代表充分讨论和审议；

（4）召开主席团会议；

（5）组织职工代表对需要职工代表大会审议通过的事项进行投票表决；

（6）组织职工代表对有关人员进行民主选举；

（7）组织职工代表对有关人员进行民主评议；

（8）形成决议，大会总结。

（五）向同级党组织、上一级工会报告。

企业召开职工代表大会前，须由职工代表大会筹备机构或企业工会委员会就会议筹备情况向同级党组织报告，并向上一级工会报备。

三、会前审议

（一）预备会议。

1. 预备会议职责。职工代表大会预备会议一般由企业工会委员会主持召开，全体职工代表参加，对召开本次职工代表大会需要确认的事项履行民主程序，确保正式会议合法、有效。

具体职责主要包括：

（1）选举产生大会主席团；

（2）听取本届（次）职工代表大会的筹备情况汇报，提出大会议题和议程的建议；

（3）通过职工代表资格审查委员会（小组）作的职工代表资格审查情况的报告；

（4）通过本届（次）职工代表大会的议题和议程；

（5）决定大会其他准备事项。

2. 设立主席团。职工代表大会根据实际情况确定是否设立主席团。规模较大、管理层级较多、职工人数较多的企业召开职工代表大会可以选举大会主席团主持会议。

主席团成员产生的程序是：

（1）企业工会委员会与职工代表大会的各代表团（组）协商，提出主席团成员候选人名单，其中，工人、技术人员、普通管理人员不少于百分之五十；

（2）职工代表大会预备会议审议主席团成员候选人名单，表决通过后主席团正式成立。没有设立职工代表大会主席团的，应当由企业工会委员会与企业行政管理方协商，在职工代表中推举职工代表大会的会议主持人，负责主持会议，一般由企业工会主要负责人担任。

（二）主席团会议。

主席团会议表决通过大会日程和议程、大会执行主席等。

四、正式会议

（一）宣布开会。

大会执行主席或者主持人核实出席大会的职工代表人数。到会职工代表必须超过全体职工代表总数的三分之二，会议方为有效。

宣布开会后，主持人应简要讲明本次大会的中心议题和主要任务，宣布大会议程。

（二）向职工代表大会作各项报告。

1. 企业主要负责人作企业工作报告。工作报告已经在会前发给职工代表进行充分讨论的，可针对职工代表提出的意见作出说明。

2. 行政有关负责人作专题议案情况报告，就提交职工代表大会审查或审议的专题议案，说明专题议案制定的依据、目的和具体实施办法；针对职工代表提出的意见作出具体说明。

审议建议的议案可包括：企业改革改制方案、发展规划、年度生产经营管理情况，企业用工、劳动合同和集体合同签订履行情况，企业安全生产情况，企业缴纳社会保险费和住房公积金情况，企业制定、修改或者决定有关劳动报酬、工作时间、休息休假、劳动安全卫生、保险福利、职工培训、劳动纪律以及劳动定额管理等直接涉及职工切身利益的规章制度或者重大事项情况等的报告或方案。审议并提出意见和建议。

审议通过的议案可包括：集体合同草案，按照国家有关规定提取职工福利基金使用方案、住房公积金和社会保险费缴纳比例和时间的调整方案，劳动模范推荐人选等重大事项。审议并进行表决，形成同意或不同意的决议。国有及其控股企业中职工的裁减、分流和安置方案也应当经职工代表大会审议通过。

地方法规有相关规定，从其规定。

3. 企业工会主席、职工代表大会专门委员会（小组）负责人就上届（次）职工代表大会决议落实情况、职工代表提案处理情况、集体合同执行情况等作报告。

4. 企业工会主席就职工代表大会闭会期间，职工代表团（组）长和专门委员会（小组）负责人联席会议处理的重大事项向大会作出说明，提请大会确认。

5. 其他相关草案或情况说明。

（三）民主评议。

民主评议一般程序为：

1. 被评议人员在职工代表大会上作述职述廉报告，

接受职工代表质询；

2. 组织职工代表进行无记名测评；

3. 汇总测评结果和评议意见；

4. 向职工代表和被评议人员反馈测评结果；

5. 按照干部管理权限将民主测评结果报送人事主管部门。

民主评议对象包括：职工董事、职工监事，国有、集体及其控股企业领导班子成员，法律法规规定或企业行政管理方与企业工会委员会协商确定应当接受职工代表大会民主评议的其他人员。

国有、集体及其控股企业可根据实际情况，制定切实可行的实施方案或办法，与干部人事制度、企业领导班子考核紧密结合，用好民主评议结果，将其按一定权重纳入干部考核体系。

（四）分组讨论并发言。

以职工代表团（组）为单位，就以上报告、议案、草案进行分组讨论，同时对大会的各项决议草案和需要经过大会选举的候选人进行酝酿。大会主席团成员分别参加本代表团（组）的讨论。

各代表团（组）应指定专人认真记录职工代表的讨论发言，整理归纳后将讨论意见向主席团汇报。

（五）主席团会议。

职工代表大会主席团会议听取各代表团（组）讨论情况，研究需要审议决定的相关事项，草拟大会决议。

（六）选举和表决。

1. 选举。职工代表大会依据职权，选举或者罢免职工董事、职工监事，选举依法进入破产程序企业的债权人会议和债权人委员会中的职工代表，根据授权推荐或者选举企业经营管理人员。

2. 表决。一般包括：

（1）职工代表根据大会主席团的提名，表决通过职工代表大会专门委员会（小组）的人选；

（2）表决通过其他需要经过职工代表大会选举的人员；

（3）表决大会决议、决定和有关议案的草案。

选举、表决需要最大限度保证职工代表真实意愿的表达。对于程序性的问题，可采用举手表决或鼓掌通过等方式；对涉及职工切身利益的重大事项必须采用无记名投票的方式分项表决。其中要注意：一是表决事项须获得全体职工代表过半数赞成方为通过；二是如果对多个事项进行表决，应当分项表决，以确保职工代表对每一事项都能准确行使民主权力。

（七）致闭幕词，宣布大会结束。

大会执行主席或者主持人宣布大会结束。

五、会后工作

（一）公示审议通过事项和决议。

企业工会委员会应当在闭会后将审议通过的事项和决议向全体职工公布。

注意：公布的范围应覆盖全体职工；公布的时间要有时效性，一般要求在闭会后七日内公布；公布形式可以多样，保证信息的完整和真实。

（二）报告同级党组织、上一级工会。

闭会后七日内，企业工会委员会将会议有关情况向同级党组织、上一级工会报告。

（三）职工代表大会质量评估。

企业工会委员会设计职工代表大会工作质量评估表，在职工代表大会结束后，组织职工代表填写，汇总数据；召开职工代表座谈会，了解掌握情况；召开党政工专题会议，研究提出整改意见和措施；向下一次职工代表大会报告测评结果及实施整改措施情况，接受职工代表审议，并将有关档案整理归档。

（四）整理归档会议材料。

企业工会委员会应及时梳理、妥善保存会议筹备和召开的相关材料，包括职工代表选举的相关文件，企业主要负责人、工会主席等所作的会议报告，职工代表讨论和发言的记录，选举和表决的程序文件等。

（五）临时职工代表大会。

职工代表大会每年至少召开一次，闭会期间，有职工代表大会职权范畴内的重大事项，企业行政管理方、企业工会委员会或三分之一以上职工代表联名提议，可召开职工代表大会临时会议。临时会议具体时间和议题由双方协商确定，程序等要求与正常召开职工代表大会的规定一致。

（六）职工代表团（组）长和专门委员会（小组）负责人联席会议。

职工代表大会闭会期间，有需要临时解决涉及企业改革发展、职工切身利益的重要问题时，可由企业工会委员会组织召集职工代表团（组）长和专门委员会（小组）负责人联席会议协商处理。联席会议可由职工代表团（组）长、专门委员会（小组）负责人、主席团成员、企业工会委员会委员参加。根据会议内容，还可以邀请党组织领导、相关经营管理人员、有关职能部门负责人等参加，便于联席会议更加妥当并顺利地对相关事项进行协商处理。协商讨论解决属于职工代表大会职权范围内的事项必须由职工代表大会授权，联席会议对有关事项的处理结果应当提请下一次职工代表大会确认。

（七）职工代表巡视检查。

企业工会委员会可建立职工代表巡视检查制度，充分发挥职工代表在职工代表大会闭会期间的参政议政作用，保证职工代表大会决议、决定的落实。根据企业实际情况，定期组织职工代表对职工代表大会决议、决定贯彻落实情况，提案办理情况，企业安全生产、经营管理及为群众办实事情况，集体合同履行情况，职工群众关心的其他热点问题等进行巡视检查。职工代表就检查中发现的问题，及时提出意见建议，督促被检查单位或部门整改，跟踪整改情况。企业工会委员会汇总巡视检查情况，形成年度巡视检查总结报告报企业行政管理方，并在下一次职工代表大会民主管理工作报告中提报，接受职工代表审议监督。

职工董事、职工监事工作指引

1. 2024 年 12 月 19 日

2. 国厂开组办发〔2024〕5 号

第一章　总　则

第一条　为健全职工董事、职工监事制度，推动完善公司法人治理结构，维护职工合法权益，依据《中华人民共和国工会法》《中华人民共和国公司法》等法律法规和政策规定制定本指引。

第二条　本指引所称职工董事、职工监事，是指由公司职工代表大会（或职工大会，下同）民主选举产生，分别进入董事会、监事会，代表职工参与公司决策、管理和监督的人员。

第三条　公司依法建立健全职工董事、职工监事制度，并制定工作细则。

第四条　公司董事会成员中可以有职工董事。国有独资公司董事会成员中应当有职工董事。职工人数三百人以上的公司，除依法设监事会并有职工监事的外，其董事会成员中应当有职工董事。

职工董事可以进入董事会的审计委员会等专门委员会。国有独资公司进入审计委员会的职工董事，一般应熟悉财务会计、审计、风险管控等业务或具有相关专业背景。

公司监事会中，职工监事比例不得低于三分之一。

第二章　选举、罢免和补选

第五条　职工董事、职工监事候选人应具备以下基本条件：

（一）熟悉公司生产经营管理或具有相关工作经验，掌握劳动法律法规政策；

（二）有较强的沟通协调能力，能够代表和反映职工合理诉求、维护职工和公司合法权益；

（三）遵纪守法，廉洁自律；

（四）法律法规规定的其他条件。

第六条　职工董事、职工监事候选人可以由公司工会根据自荐、推荐情况，听取职工意见后提名，也可以由三分之一以上的职工代表或十分之一以上的职工共同推举提名，或由职工代表大会联席会议提名。

公司工会主席、副主席一般应作为职工董事、职工监事候选人人选。

未兼任工会主席的高级管理人员不得作为职工董事候选人，高级管理人员不得作为职工监事候选人。

第七条　职工董事、职工监事候选人名单，由公司工会与公司经理层协商一致，报同级党组织（未成立党组织的可以报告上一级工会），并经不少于五个工作日的公示无异议后确定。

第八条　职工董事、职工监事由职工代表大会以无记名投票方式差额或等额选举产生，获得全体职工代表（或者全体职工，下同）过半数赞成票方可当选。

职工董事、职工监事当选后，应当报上一级工会和有关部门（机构）备案，履行相关手续，并进行任前公告。

第九条　职工董事、职工监事因患病、岗位变动、解除劳动合同等原因不能履行职责，或主动请辞的，由职工代表大会审议，终止其任职资格。

职工董事、职工监事劳动合同依法终止，或被依法留置、追究刑事责任的，其任职资格自动终止。

第十条　职工董事、职工监事有下列情形之一，应罢免：

（一）不如实反映职工代表大会决议、决定，不代表职工利益行使权利，损害职工合法权益的；

（二）未就公司劳动关系重大问题及时向董事会、监事会、职工代表大会反映，直接造成职工队伍不稳定、劳动关系不和谐的；

（三）职工代表大会民主评议结果为不称职，或其他因履职不力造成严重后果、失去职工信任的；

（四）法律法规中明确的其他情形。

第十一条 职工董事、职工监事罢免程序如下：

（一）三分之一以上职工代表或十分之一以上职工联名提出罢免议案；

（二）召开职工代表大会审议并听取申辩意见；

（三）职工代表大会以无记名投票方式进行表决，全体职工代表赞成票过半数通过罢免议案。

第十二条 职工董事、职工监事出现空缺，一般应于三个月内召开职工代表大会进行补选。

第三章 特别职责

第十三条 职工董事、职工监事依法享有与其他董事、监事同等权利，承担相应义务，并依法依规履行代表职工利益、反映职工合理诉求、维护职工和公司合法权益的特别职责。

公司应在章程或董事会、监事会议事规则中明确职工董事、职工监事的特别职责。

第十四条 职工董事特别职责主要包括：

（一）董事会审议、研究涉及职工切身利益的规章制度或重大事项时，代表职工在会上充分发表意见；

（二）董事会研究公司高级管理人员的续约、解聘、薪酬等情况时，反映职工代表大会民主评议情况并发表意见；

（三）每年至少一次在董事会会议上提请审议公司劳动关系议案，或就劳动关系和职工利益事项进行专题报告；

（四）审议董事会议案时，发现可能损害职工利益的内容，或与职工代表大会决议、决定和集体协商协议规定相悖的情况，应提出暂缓审议的建议，听取工会和职工代表意见后提出修改建议；

（五）列席与职责相关会议时，就公司劳动关系和职工切身利益事项发表意见。

第十五条 职工监事特别职责主要包括：

（一）监督检查公司贯彻执行涉及职工切身利益的法律法规、规章制度情况及劳动关系协调制度运行情况，通过监事会向董事会提出整改建议，或督促经理层整改；

（二）董事会续约、解聘公司高级管理人员时，发现与职工代表大会民主评议结果差异较大的，及时通过监事会提出质询；

（三）审议监事会议案时，发现可能损害职工利益的内容，或与职工代表大会决议、决定和集体协商协议规定相悖的情况，应提出暂缓审议的建议，听取工会和职工代表意见后提出修改建议。

职工监事在监事会预估上市公司依法披露信息影响时，应着重监督检查可能对劳动关系和职工切身利益造成重大影响的情况。

第十六条 职工董事、职工监事对公司负有忠实义务，应保守公司秘密，不得利用职权牟取不正当利益。在研究决定涉及职工切身利益重大事项时，充分考虑和尊重出资人及公司整体利益。

职工董事、职工监事执行职务时违反法律、行政法规或者公司章程的规定，给公司造成损失的，应当承担赔偿责任。

第四章 履职评议和保障

第十七条 职工董事、职工监事每年至少一次向职工代表大会作述职报告，接受履职评议。

第十八条 职工董事、职工监事述职事项主要包括：

（一）出席董事会、监事会会议及发表意见和参与表决情况；

（二）调查研究公司劳动关系问题和职工利益事项，反映职工代表大会意见和职工诉求情况；

（三）与董事会、监事会其他成员及经理层交流磋商情况；

（四）参加培训情况。

第十九条 履职评议程序如下：

（一）职工董事、职工监事在职工代表大会召开前提交书面述职报告；

（二）向大会述职并接受审议和质询；

（三）职工代表大会以无记名投票方式进行民主测评，公布评议结果。

第二十条 职工董事、职工监事履职评议结果可以纳入董事会、监事会评价体系，按照干部管理权限作为国有企业干部考核的重要参考。

第二十一条　公司应为职工董事、职工监事依法履职提供必要保障，主要包括：

（一）建立健全履职工作机制；

（二）加强沟通交流，及时提供生产经营管理等信息资料；

（三）在研究决定涉及劳动关系调整和职工切身利益的制度和事项时，邀请列席会议；

（四）承担履职费用，包括因履职聘请专业人员和咨询意见所需费用；

（五）保证任期内至少参加一次履职培训。

第二十二条　职工董事、职工监事对董事会、监事会决议、决定承担相应责任，但经证明在审议表决时曾表明异议或反映职工代表大会意见的，可以免除责任。

第二十三条　在职工董事、职工监事任期内，除法定情形外，公司不得单方解除劳动合同。在职工董事、职工监事任期内和任期届满后，公司无正当理由不得免职、降职、减薪、调整工作岗位，或者以其他形式进行打击报复。

第二十四条　公司工会是职工代表大会的工作机构，负责组织实施选举、罢免和评议职工董事、职工监事具体事宜，为职工董事、职工监事开展调研等工作提供服务，做好职工董事、职工监事履职记录。

第五章　附　则

第二十五条　尚未建立职工代表大会的公司，职工董事、职工监事可以由工会组织职工选举产生，相关工作参照本指引执行。

第二十六条　本指引由全国厂务公开协调小组办公室负责解释。

六、劳动争议处理

中华人民共和国劳动争议调解仲裁法

1. 2007年12月29日第十届全国人民代表大会常务委员会第三十一次会议通过

2. 自2008年5月1日施行

目 录

第一章 总 则

第一条 【立法目的】为了公正及时解决劳动争议，保护当事人合法权益，促进劳动关系和谐稳定，制定本法。

第二条 【适用范围】中华人民共和国境内的用人单位与劳动者发生的下列劳动争议，适用本法：

（一）因确认劳动关系发生的争议；

（二）因订立、履行、变更、解除和终止劳动合同发生的争议；

（三）因除名、辞退和辞职、离职发生的争议；

（四）因工作时间、休息休假、社会保险、福利、培训以及劳动保护发生的争议；

（五）因劳动报酬、工伤医疗费、经济补偿或者赔偿金等发生的争议；

（六）法律、法规规定的其他劳动争议。

第三条 【劳动争议处理的原则】解决劳动争议，应当根据事实，遵循合法、公正、及时、着重调解的原则，依法保护当事人的合法权益。

第四条 【劳动争议当事人的协商和解】发生劳动争议，劳动者可以与用人单位协商，也可以请工会或者第三方共同与用人单位协商，达成和解协议。

第五条 【劳动争议处理的基本程序】发生劳动争议，当事人不愿协商、协商不成或者达成和解协议后不履行的，可以向调解组织申请调解；不愿调解、调解不成或者达成调解协议后不履行的，可以向劳动争议仲裁委员会申请仲裁；对仲裁裁决不服的，除本法另有规定的外，可以向人民法院提起诉讼。

第六条 【举证责任】发生劳动争议，当事人对自己提出的主张，有责任提供证据。与争议事项有关的证据属于用人单位掌握管理的，用人单位应当提供；用人单位不提供的，应当承担不利后果。

第七条 【劳动争议处理的代表人制度】发生劳动争议的劳动者一方在十人以上，并有共同请求的，可以推举代表参加调解、仲裁或者诉讼活动。

第八条 【劳动争议处理的协调劳动关系三方机制】县级以上人民政府劳动行政部门会同工会和企业方面代表建立协调劳动关系三方机制，共同研究解决劳动争议的重大问题。

第九条 【劳动监察】用人单位违反国家规定，拖欠或者未足额支付劳动报酬，或者拖欠工伤医疗费、经济补偿或者赔偿金的，劳动者可以向劳动行政部门投诉，劳动行政部门应当依法处理。

第二章 调 解

第十条 【调解组织】发生劳动争议，当事人可以到下列调解组织申请调解：

（一）企业劳动争议调解委员会；

（二）依法设立的基层人民调解组织；

（三）在乡镇、街道设立的具有劳动争议调解职能的组织。

企业劳动争议调解委员会由职工代表和企业代表组成。职工代表由工会成员担任或者由全体职工推举产生，企业代表由企业负责人指定。企业劳动争议调解委员会主任由工会成员或者双方推举的人员担任。

第十一条 【担任调解员的条件】劳动争议调解组织的调解员应当由公道正派、联系群众、热心调解工作，并具有一定法律知识、政策水平和文化水平的成年公民担任。

第十二条 【调解申请】当事人申请劳动争议调解可以书面申请，也可以口头申请。口头申请的，调解组织应当当场记录申请人基本情况、申请调解的争议事项、理由和时间。

第十三条 【调解方式】调解劳动争议，应当充分听取双方当事人对事实和理由的陈述，耐心疏导，帮助其达成协议。

第十四条 【调解协议】经调解达成协议的，应当制作调解协议书。

调解协议书由双方当事人签名或者盖章，经调解员签名并加盖调解组织印章后生效，对双方当事人具有约束力，当事人应当履行。

自劳动争议调解组织收到调解申请之日起十五日内未达成调解协议的，当事人可以依法申请仲裁。

第十五条 【申请仲裁】达成调解协议后，一方当事人在协议约定期限内不履行调解协议的，另一方当事人可以依法申请仲裁。

第十六条 【支付令】因支付拖欠劳动报酬、工伤医疗费、经济补偿或者赔偿金事项达成调解协议，用人单位在协议约定期限内不履行的，劳动者可以持调解协议书依法向人民法院申请支付令。人民法院应当依法发出支付令。

第三章　仲　裁

第一节　一般规定

第十七条 【劳动争议仲裁委员会设立】劳动争议仲裁委员会按照统筹规划、合理布局和适应实际需要的原则设立。省、自治区人民政府可以决定在市、县设立；直辖市人民政府可以决定在区、县设立。直辖市、设区的市也可以设立一个或者若干个劳动争议仲裁委员会。劳动争议仲裁委员会不按行政区划层层设立。

第十八条 【制定仲裁规则及指导劳动争议仲裁工作】国务院劳动行政部门依照本法有关规定制定仲裁规则。省、自治区、直辖市人民政府劳动行政部门对本行政区域的劳动争议仲裁工作进行指导。

第十九条 【劳动争议仲裁委员会组成及职责】劳动争议仲裁委员会由劳动行政部门代表、工会代表和企业方面代表组成。劳动争议仲裁委员会组成人员应当是单数。

劳动争议仲裁委员会依法履行下列职责：

（一）聘任、解聘专职或者兼职仲裁员；

（二）受理劳动争议案件；

（三）讨论重大或者疑难的劳动争议案件；

（四）对仲裁活动进行监督。

劳动争议仲裁委员会下设办事机构，负责办理劳动争议仲裁委员会的日常工作。

第二十条 【仲裁员资格条件】劳动争议仲裁委员会应当设仲裁员名册。

仲裁员应当公道正派并符合下列条件之一：

（一）曾任审判员的；

（二）从事法律研究、教学工作并具有中级以上职称的；

（三）具有法律知识、从事人力资源管理或者工会等专业工作满五年的；

（四）律师执业满三年的。

第二十一条 【仲裁管辖】劳动争议仲裁委员会负责管辖本区域内发生的劳动争议。

劳动争议由劳动合同履行地或者用人单位所在地的劳动争议仲裁委员会管辖。双方当事人分别向劳动合同履行地和用人单位所在地的劳动争议仲裁委员会申请仲裁的，由劳动合同履行地的劳动争议仲裁委员会管辖。

第二十二条 【仲裁案件当事人】发生劳动争议的劳动者和用人单位为劳动争议仲裁案件的双方当事人。

劳务派遣单位或者用工单位与劳动者发生劳动争议的，劳务派遣单位和用工单位为共同当事人。

第二十三条 【仲裁案件第三人】与劳动争议案件的处理结果有利害关系的第三人，可以申请参加仲裁活动或者由劳动争议仲裁委员会通知其参加仲裁活动。

第二十四条 【委托代理】当事人可以委托代理人参加仲裁活动。委托他人参加仲裁活动，应当向劳动争议仲裁委员会提交有委托人签名或者盖章的委托书，委托书应当载明委托事项和权限。

第二十五条 【法定代理和指定代理】丧失或者部分丧失民事行为能力的劳动者，由其法定代理人代为参加仲裁活动；无法定代理人的，由劳动争议仲裁委员会为其指定代理人。劳动者死亡的，由其近亲属或者代理人参加仲裁活动。

第二十六条 【仲裁公开】劳动争议仲裁公开进行，但当事人协议不公开进行或者涉及国家秘密、商业秘密和个人隐私的除外。

第二节　申请和受理

第二十七条 【仲裁时效】劳动争议申请仲裁的时效期间为一年。仲裁时效期间从当事人知道或者应当知道其权利被侵害之日起计算。

前款规定的仲裁时效，因当事人一方向对方当事人主张权利，或者向有关部门请求权利救济，或者对方当事人同意履行义务而中断。从中断时起，仲裁时效期间重新计算。

因不可抗力或者有其他正当理由，当事人不能在本条第一款规定的仲裁时效期间申请仲裁的，仲裁时效中止。从中止时效的原因消除之日起，仲裁时效期间继续计算。

劳动关系存续期间因拖欠劳动报酬发生争议的，劳动者申请仲裁不受本条第一款规定的仲裁时效期间的限制；但是，劳动关系终止的，应当自劳动关系终止之日起一年内提出。

第二十八条 【仲裁申请】申请人申请仲裁应当提交书面仲裁申请，并按照被申请人人数提交副本。

仲裁申请书应当载明下列事项：

（一）劳动者的姓名、性别、年龄、职业、工作单位和住所，用人单位的名称、住所和法定代表人或者主要负责人的姓名、职务；

（二）仲裁请求和所根据的事实、理由；

（三）证据和证据来源、证人姓名和住所。

书写仲裁申请确有困难的，可以口头申请，由劳动争议仲裁委员会记入笔录，并告知对方当事人。

第二十九条 【仲裁申请的受理和不予受理】劳动争议仲裁委员会收到仲裁申请之日起五日内，认为符合受理条件的，应当受理，并通知申请人；认为不符合受理条件的，应当书面通知申请人不予受理，并说明理由。对劳动争议仲裁委员会不予受理或者逾期未作出决定的，申请人可以就该劳动争议事项向人民法院提起诉讼。

第三十条 【仲裁申请送达与仲裁答辩书的提供】劳动争议仲裁委员会受理仲裁申请后，应当在五日内将仲裁申请书副本送达被申请人。

被申请人收到仲裁申请书副本后，应当在十日内向劳动争议仲裁委员会提交答辩书。劳动争议仲裁委员会收到答辩书后，应当在五日内将答辩书副本送达申请人。被申请人未提交答辩书的，不影响仲裁程序的进行。

第三节 开庭和裁决

第三十一条 【仲裁庭组成】劳动争议仲裁委员会裁决劳动争议案件实行仲裁庭制。仲裁庭由三名仲裁员组成，设首席仲裁员。简单劳动争议案件可以由一名仲裁员独任仲裁。

第三十二条 【书面通知仲裁庭组成情况】劳动争议仲裁委员会应当在受理仲裁申请之日起五日内将仲裁庭的组成情况书面通知当事人。

第三十三条 【仲裁员回避】仲裁员有下列情形之一，应当回避，当事人也有权以口头或者书面方式提出回避申请：

（一）是本案当事人或者当事人、代理人的近亲属的；

（二）与本案有利害关系的；

（三）与本案当事人、代理人有其他关系，可能影响公正裁决的；

（四）私自会见当事人、代理人，或者接受当事人、代理人的请客送礼的。

劳动争议仲裁委员会对回避申请应当及时作出决定，并以口头或者书面方式通知当事人。

第三十四条 【仲裁员的法律责任】仲裁员有本法第三十三条第四项规定情形，或者有索贿受贿、徇私舞弊、枉法裁决行为的，应当依法承担法律责任。劳动争议仲裁委员会应当将其解聘。

第三十五条 【开庭通知与延期开庭】仲裁庭应当在开庭五日前，将开庭日期、地点书面通知双方当事人。当事人有正当理由的，可以在开庭三日前请求延期开庭。是否延期，由劳动争议仲裁委员会决定。

第三十六条 【视为撤回仲裁裁决和缺席裁决】申请人收到书面通知，无正当理由拒不到庭或者未经仲裁庭同意中途退庭的，可以视为撤回仲裁申请。

被申请人收到书面通知，无正当理由拒不到庭或者未经仲裁庭同意中途退庭的，可以缺席裁决。

第三十七条 【鉴定】仲裁庭对专门性问题认为需要鉴定的，可以交由当事人约定的鉴定机构鉴定；当事人没有约定或者无法达成约定的，由仲裁庭指定的鉴定机构鉴定。

根据当事人的请求或者仲裁庭的要求，鉴定机构应当派鉴定人参加开庭。当事人经仲裁庭许可，可以向鉴定人提问。

第三十八条 【质证、辩论、陈述最后意见】当事人在仲裁过程中有权进行质证和辩论。质证和辩论终结时，首席仲裁员或者独任仲裁员应当征询当事人的最后意见。

第三十九条 【证据及举证责任】当事人提供的证据经查证属实的，仲裁庭应当将其作为认定事实的根据。

劳动者无法提供由用人单位掌握管理的与仲裁请求有关的证据，仲裁庭可以要求用人单位在指定期限内提供。用人单位在指定期限内不提供的，应当承担不利后果。

第四十条 【仲裁庭审笔录】仲裁庭应当将开庭情况记入笔录。当事人和其他仲裁参加人认为对自己陈述的记录有遗漏或者差错的，有权申请补正。如果不予补正，应当记录该申请。

笔录由仲裁员、记录人员、当事人和其他仲裁参加人签名或者盖章。

第四十一条 【当事人自行和解】当事人申请劳动争议仲裁后，可以自行和解。达成和解协议的，可以撤回仲裁申请。

第四十二条 【仲裁庭调解】仲裁庭在作出裁决前，应当先行调解。

调解达成协议的，仲裁庭应当制作调解书。

调解书应当写明仲裁请求和当事人协议的结果。调解书由仲裁员签名，加盖劳动争议仲裁委员会印章，送达双方当事人。调解书经双方当事人签收后，发生法律效力。

调解不成或者调解书送达前，一方当事人反悔的，仲裁庭应当及时作出裁决。

第四十三条 【仲裁审理时限及先行裁决】仲裁庭裁决劳动争议案件，应当自劳动争议仲裁委员会受理仲裁申请之日起四十五日内结束。案情复杂需要延期的，经劳动争议仲裁委员会主任批准，可以延期并书面通知当事人，但是延长期限不得超过十五日。逾期未作出仲裁裁决的，当事人可以就该劳动争议事项向人民法院提起诉讼。

仲裁庭裁决劳动争议案件时，其中一部分事实已经清楚，可以就该部分先行裁决。

第四十四条 【先予执行】仲裁庭对追索劳动报酬、工伤医疗费、经济补偿或者赔偿金的案件，根据当事人的申请，可以裁决先予执行，移送人民法院执行。

仲裁庭裁决先予执行的，应当符合下列条件：

（一）当事人之间权利义务关系明确；

（二）不先予执行将严重影响申请人的生活。

劳动者申请先予执行的，可以不提供担保。

第四十五条 【作出裁决】裁决应当按照多数仲裁员的意见作出，少数仲裁员的不同意见应当记入笔录。仲裁庭不能形成多数意见时，裁决应当按照首席仲裁员的意见作出。

第四十六条 【裁决书】裁决书应当载明仲裁请求、争议事实、裁决理由、裁决结果和裁决日期。裁决书由仲裁员签名，加盖劳动争议仲裁委员会印章。对裁决持不同意见的仲裁员，可以签名，也可以不签名。

第四十七条 【终局裁决】下列劳动争议，除本法另有规定的外，仲裁裁决为终局裁决，裁决书自作出之日起发生法律效力：

（一）追索劳动报酬、工伤医疗费、经济补偿或者赔偿金，不超过当地月最低工资标准十二个月金额的争议；

（二）因执行国家的劳动标准在工作时间、休息休假、社会保险等方面发生的争议。

第四十八条 【劳动者提起诉讼】劳动者对本法第四十七条规定的仲裁裁决不服的，可以自收到仲裁裁决书之日起十五日内向人民法院提起诉讼。

第四十九条 【用人单位申请撤销终局裁决】用人单位有证据证明本法第四十七条规定的仲裁裁决有下列情形之一，可以自收到仲裁裁决书之日起三十日内向劳动争议仲裁委员会所在地的中级人民法院申请撤销裁决：

（一）适用法律、法规确有错误的；

（二）劳动争议仲裁委员会无管辖权的；

（三）违反法定程序的；

（四）裁决所根据的证据是伪造的；

（五）对方当事人隐瞒了足以影响公正裁决的证据的；

（六）仲裁员在仲裁该案时有索贿受贿、徇私舞弊、枉法裁决行为的。

人民法院经组成合议庭审查核实裁决有前款规定情形之一的，应当裁定撤销。

仲裁裁决被人民法院裁定撤销的，当事人可以自收到裁定书之日起十五日内就该劳动争议事项向人民法院提起诉讼。

第五十条 【不服仲裁裁决提起诉讼】当事人对本法第四十七条规定以外的其他劳动争议案件的仲裁裁决不服的，可以自收到仲裁裁决书之日起十五日内向人民法院提起诉讼；期满不起诉的，裁决书发生法律效力。

第五十一条 【生效调解书、裁决书的执行】当事人对发生法律效力的调解书、裁决书，应当依照规定的期限履行。一方当事人逾期不履行的，另一方当事人可以依照民事诉讼法的有关规定向人民法院申请执行。受理申请的人民法院应当依法执行。

第四章　附　则

第五十二条　【事业单位劳动争议的处理】事业单位实行聘用制的工作人员与本单位发生劳动争议的，依照本法执行；法律、行政法规或者国务院另有规定的，依照其规定。

第五十三条　【仲裁不收费】劳动争议仲裁不收费。劳动争议仲裁委员会的经费由财政予以保障。

第五十四条　【本法生效时间】本法自 2008 年 5 月 1 日起施行。

工会参与劳动争议处理办法

1. 2023 年 12 月 28 日
2. 总工发〔2023〕23 号

第一章　总　则

第一条　为深入贯彻习近平法治思想，坚持和发展新时代"枫桥经验"，进一步规范和加强工会参与劳动争议处理工作，更好履行维护职工合法权益、竭诚服务职工群众基本职责，推动构建和谐劳动关系，根据《中华人民共和国工会法》《中华人民共和国劳动法》《中华人民共和国劳动合同法》《中华人民共和国劳动争议调解仲裁法》及《中国工会章程》等有关规定，制定本办法。

第二条　工会参与劳动争议处理，应当坚持中国共产党的领导，坚持以职工为本，坚持立足预防、立足调解、立足法治、立足基层，坚持公平、正义，最大限度将劳动争议矛盾化解在基层，化解在萌芽状态。

第三条　县级以上总工会应当将工会参与劳动争议处理工作纳入服务职工工作体系，健全工会参与劳动争议处理保障机制，促进工会参与劳动争议处理工作高质量发展。

全国总工会法律工作部门负责指导、协调全国工会参与劳动争议处理工作。县级以上地方总工会法律工作部门负责指导、协调并组织实施本地区工会参与劳动争议处理工作。

各级工会加强与同级人力资源社会保障、人民法院、人民检察院、司法行政、公安、工商业联合会、企业联合会／企业家协会、律师协会等部门的沟通，推动建立健全劳动争议处理协作联动机制，协力做好劳动争议处理工作。

第四条　本办法适用于工会参与处理下列劳动争议：

（一）因确认劳动关系发生的争议；

（二）因订立、履行、变更、解除和终止劳动合同发生的争议；

（三）因订立或履行集体合同发生的争议；

（四）因工作时间、休息休假、社会保险、福利、培训以及劳动保护、女职工和未成年工、残疾职工等特殊劳动保护发生的争议；

（五）因劳动报酬、工伤保险待遇、经济补偿或者赔偿金等发生的争议；

（六）法律、法规规定的其他劳动争议。

第五条　工会依法参与劳动争议协商、调解、仲裁、诉讼等工作。县级以上总工会依法为所属工会和职工提供法律援助等法律服务。

职工因用人单位侵犯其劳动权益而申请劳动争议仲裁或者向人民法院起诉的，工会依法给予支持和帮助。

第六条　工会积极参与涉及货车司机、网约车驾驶员、快递员、外卖配送员等新就业形态劳动者劳动争议处理工作，依法维护新就业形态劳动者的劳动保障权益。

第七条　工会工作者参与劳动争议处理工作，应当依照法律和有关规定履行职责，做到遵纪守法、公正廉洁，不得滥用职权、徇私舞弊、收受贿赂，不得泄露国家秘密、商业秘密和个人隐私。

第二章　参与劳动争议协商

第八条　劳动争议协商是指劳动者和用人单位因行使劳动权利、履行劳动义务发生争议后，双方就解决争议、化解矛盾，达成和解协议而共同进行商谈的行为。

第九条 各级工会应当积极推进用人单位建立健全劳动关系协商调处机制，完善内部协商规则。发生劳动争议，职工可以要求用人单位工会参与或者协助其与用人单位进行协商；用人单位尚未建立工会的，职工可以请求用人单位所在地的各级地方工会参与或者协助其与用人单位进行协商，推动达成和解协议。

第十条 工会在参与劳动争议协商过程中，应当依法维护职工合法权益，代表或者协助职工提出切实可行的和解方案。

职工与用人单位就劳动争议协商达成一致的，工会应当主动引导签订书面和解协议并推动和解协议及时履行。

第十一条 劳动争议双方当事人不愿协商、协商不成或者达成和解协议后在约定的期限内不履行的，工会应当主动做好引导申请调解或仲裁等工作。

第三章 参与劳动争议调解

第十二条 工会应当积极参与劳动争议多元化解机制建设，充分发挥工会在调解工作中的职能作用，推动构建党委领导、政府负责、人力资源社会保障部门牵头、工会等有关部门参与、司法保障、科技支撑的劳动争议多元化解工作格局。

第十三条 劳动争议双方当事人经调解达成调解协议的，工会应当引导和督促当事人主动、及时、充分履行调解协议。依照法律规定可以申请仲裁审查或者司法确认的，工会可以引导当事人依法提出申请。

第十四条 企业劳动争议调解委员会依照有关规定由劳动者代表和企业代表组成，人数由双方协商确定，双方人数应当对等。劳动者代表由工会委员会成员担任或者由全体劳动者推举产生，企业代表由企业负责人指定。

企业劳动争议调解委员会主任依照有关规定由工会委员会成员或者双方推举的人员担任。

企业劳动争议调解委员会的办事机构可以依照有关规定设在企业工会委员会。

第十五条 企业劳动争议调解委员会履行下列职责：

（一）宣传劳动保障法律、法规和政策；

（二）对本企业发生的劳动争议进行调解；

（三）监督和推动和解协议、调解协议的履行；

（四）聘任、解聘和管理调解员；

（五）参与协调履行劳动合同、集体合同、执行企业劳动规章制度等方面出现的问题；

（六）参与研究涉及劳动者切身利益的重大方案；

（七）协助企业建立劳动争议预防预警机制；

（八）法律、法规规定的其他事项。

第十六条 工会工作者担任劳动争议调解员主要履行以下职责：

（一）关注用人单位或者行业劳动关系状况，及时向劳动争议调解委员会报告；

（二）接受劳动争议调解委员会指派，调解劳动争议案件；

（三）保障当事人实现自愿调解、申请回避和申请仲裁的权利；

（四）自调解组织收到调解申请之日起 15 日内结束调解，到期未结束的或者当事人明确表示不愿意接受调解的，视为调解不成，告知当事人可以申请仲裁；

（五）监督和解协议、调解协议的履行；

（六）及时做好调解文书及案卷的整理归档工作；

（七）完成调解委员会交办的其他工作。

第十七条 劳动争议调解委员会委员因工作或者职务变动等原因需要调整时，由原推选单位在 30 日内依法推举或者指定人员补齐。劳动争议调解委员会委员需调整人数超过半数的，按有关规定重新组建。

第四章 参加劳动争议仲裁

第十八条 工会依照劳动争议调解仲裁法规定参加同级劳动人事争议仲裁委员会，履行有关职责。

第十九条 工会工作者作为劳动人事争议仲裁委员会组成人员，依法履行下列职责：

（一）参与处理所辖范围内的劳动争议案件；

（二）参加仲裁委员会会议，遇特殊情况不能到会的，应出具委托书，委托本组织其他人员出席会议；

（三）参与研究处理有重大影响和仲裁庭提交的重大疑难案件；

（四）参与对办案程序违法违规、工作人员违法违纪等问题线索的核查处理；

（五）对受理的集体劳动争议及本地区有影响的个人劳动争议案件，及时向本级及上级工会书面报告。

第二十条 工会工作者符合法律规定的仲裁员条件，由劳动人事争议仲裁委员会聘为兼职仲裁员的，依法履行仲裁员职责。

工会兼职仲裁员所在单位对其参加劳动争议仲裁

活动应当给予支持。

第五章　参与劳动争议诉讼

第二十一条　工会在劳动争议诉讼中主要履行以下职责：

（一）支持帮助职工当事人起诉；

（二）接受职工当事人委托，指派或者委派诉讼代理人；

（三）推动生效法律文书的诚信履行；

（四）代表劳动者参加集体合同争议诉讼。

第二十二条　依法设立的工会法律服务机构可以接受职工的委托，指派或者委派诉讼代理人，代理其参加劳动争议诉讼活动。职工应当向人民法院提交由其本人签名或者盖章的授权委托书，指派或者委派的诉讼代理人在授权范围内代理诉讼。

第二十三条　依法设立的工会法律服务机构指派或者委派的诉讼代理人代理职工参与诉讼，主要有以下方式：

（一）为职工当事人提供法律咨询，代写起诉状、上诉状、申诉状等法律文书；

（二）在诉讼过程中为职工当事人代写应诉相关文本；

（三）调查案件有关事实，搜集对职工当事人有利的证据；

（四）代理职工当事人参加法院组织的立案前或者诉讼中调解，提出有利于职工当事人的调解意见和主张，促成双方当事人和解；

（五）代理职工当事人出庭应诉；

（六）为职工当事人实施法律法规规定或者当事人授权的其他代理行为。

第六章　参与处理集体劳动争议

第二十四条　发生集体劳动争议，用人单位工会应当及时向上级工会报告，依法参与处理。需要上级工会支持和帮助的，上级工会应当提供法律帮助。

工会参与处理集体劳动争议，应当积极反映职工的正当要求，维护职工合法权益。

第二十五条　因集体劳动争议导致停工、怠工事件，工会应当代表职工同企业、事业单位、社会组织或者有关方面协商，反映职工的意见和要求并提出解决意见。协商不成的，按集体劳动争议处理程序解决。

第二十六条　因订立集体合同发生争议，当事人双方协商解决不成的，用人单位工会应当提请上级工会协同人力资源社会保障等有关部门协调处理。

第二十七条　因履行集体合同发生争议，经协商解决不成的，用人单位工会可以依法申请仲裁；用人单位尚未建立工会的，由上级工会指导劳动者推举产生的代表依法申请仲裁。仲裁机构不予受理或者对仲裁裁决不服的，工会或者劳动者代表可以依法向人民法院提起诉讼。

第七章　组织保障

第二十八条　工会参与劳动争议处理工作应当积极争取地方政府的支持，通过政府联席（联系）会议、协调劳动关系三方机制等形式，定期与同级政府沟通交流工作情况，研究解决工作中的重大问题。

县级以上总工会应当加强对工会参与劳动争议处理工作的组织领导。下级工会应当定期向上级工会报告参与劳动争议处理工作。

第二十九条　各地工会应当根据工作实际，加强工会参与劳动争议处理工作数字化建设。工会可以依托职工服务线上平台，建立网上劳动争议调解室。

第三十条　具备条件的工会驿站等工会服务站点可以设立流动工会劳动争议调解室，为户外劳动者、新就业形态劳动者等提供便捷式法律服务。

具备条件的地方工会可以在劳动人事争议仲裁院、人民法院设立工会法律服务工作站（点）或者窗口，接受仲裁委员会或者人民法院委派委托，调解劳动争议。

第三十一条　工会应当积极推动用人单位依法建立劳动争议调解委员会，推动工业园区和劳动密集型行业等建立区域性、行业性劳动争议调解组织，实现劳动争议调解组织应建尽建。

工会指导建立基层工会时，同步建立工会劳动法律监督委员会，同步推进企业建立劳动争议调解委员会。

第三十二条　工会应当积极推动平台企业及其关联企业建立劳动争议调解委员会，加快在新就业形态劳动者集中的行业、区域建立劳动争议调解组织。

第三十三条　各级工会应当将参与劳动争议处理工作业务纳入本级工会培训主体班次，定期对工会劳动争议调解员、兼职仲裁员等从事劳动争议处理工作的人员进行培训，提高劳动争议处理工作的能力和水平。

第三十四条 县级以上地方总工会应当将工会参与劳动争议处理工作经费列入本级工会经费预算。

第八章 附 则

第三十五条 各省、自治区、直辖市总工会可以根据本办法，结合本地实际，制定具体实施办法。

第三十六条 本办法由全国总工会法律工作部负责解释。

第三十七条 本办法自印发之日起施行。全国总工会 1995 年 8 月 17 日印发的《工会参与劳动争议处理试行办法》（总工发〔1995〕12 号）同时废止。

人力资源和社会保障部、司法部、中华全国总工会、中国企业联合会/中国企业家协会关于加强劳动人事争议调解工作的意见

1. 2009 年 10 月 30 日
2. 人社部发〔2009〕124 号

各省、自治区、直辖市人力资源社会保障（人事、劳动保障）厅（局）、司法厅（局）、总工会、企业联合会/企业家协会，新疆生产建设兵团人事局、劳动保障局、司法局、工会、企业联合会/企业家协会，国务院有关部委、直属机构人事部门：

为进一步贯彻落实劳动争议调解仲裁法，切实发挥调解在促进劳动人事关系和谐和社会稳定中的重要作用，现就加强劳动人事争议调解工作提出如下意见。

一、充分认识新形势下加强劳动人事争议调解工作的重要性

当前，随着劳动人事制度改革的深化以及劳动者维权意识增强，劳动人事争议案件呈上升态势，集体劳动争议增多，处理难度加大，迫切需要进一步完善劳动人事争议处理工作机制，加大调解工作力度。中央明确提出，要完善矛盾纠纷排查调处机制，建立党和政府主导的维护群众权益机制，更多采用调解方法，把矛盾化解在基层，解决在萌芽状态。劳动争议调解仲裁法针对劳动人事争议处理中的一些突出矛盾和问题，从构建和谐社会的需要出发，将调解作为劳动人事争议处理的基本原则和重要程序，拓展了调解组织的范围，强化了调解在争议处理过程中的地位和作用。因此，要充分认识调解在妥善处理社会矛盾、实现社会公平正义、构建和谐社会中不可替代的作用，充分认识加强劳动人事争议调解工作的重要性和紧迫性，以科学发展观为统领，贯彻“预防为主、基层为主、调解为主”的工作方针，把调解作为促进和谐社会建设的重要基础性工作，摆在争议处理工作更加突出的位置，逐步建立和完善企事业单位调解、乡镇街道调解、行业调解、人民调解、行政调解等多渠道的争议调解体系，推动和促进具有调解职能的其他社会组织及律师、专家学者开展调解工作，形成开放式的社会化调解网络，最大限度地将争议通过调解快捷、平稳化解，维护劳动人事关系和谐和社会稳定。

二、建立完善企业劳动争议调解组织，提高企业自主解决争议的能力

建立健全企业劳动争议调解委员会，是加强劳动争议调解工作的重要基础。要根据劳动争议调解仲裁法的要求，推动企业依法设立劳动争议调解委员会。已成立工会的企业一般应设立调解委员会，尚未成立工会的企业要将工会组建与调解组织建设同步推进。要充分发挥国有企业劳动争议调解委员会的作用，积极探索调解组织制度化建设的有效途径。在大中型企业，要加强集团公司和分公司、子公司调解组织建设，设立办事机构、配备得力人员、保障工作经费、发挥调解作用。在车间、工段、班组设立调解小组，形成企业内部调解工作网络，及时化解劳动争议。尚未建立劳动争议调解委员会的小型企业，可推举企业和职工共同认可的职工代表负责与企业经营者、职工以及乡镇街道劳动争议调解组织的沟通协调，预防和解决劳动争议。企业调解组织要与当地人力资源社会保障行政部门、工会、企业代表组织建立工作联系机制，及时报送调解委员会的组成、工作进展等情况。

企业劳动争议调解委员会要加强争议预防工作，宣传劳动法律法规和企业规章制度，主动参与协调履行劳动合同、集体合同、执行规章制度等方面出现的

矛盾和问题，健全劳动争议预防和预警机制，做到超前防范，提高企业自主解决争议的能力，将争议化解在源头。

三、大力推进乡镇街道调解组织建设，夯实基层化解纠纷的工作基础

劳动争议调解仲裁法规定，在乡镇、街道设立具有劳动争议调解职能的组织，是强化基层调解，就近就地化解劳动争议的重要体现。要在个体经济、私营经济比较集中的地区，在地方党委、政府的统一领导下，大力推动乡镇、街道劳动保障服务所（站）和工会、企业代表组织设立的劳动争议调解组织建设，不断完善工作机制，落实工作经费，将调解职能向企业比较集中的村和社区延伸。没有明确调解职能的劳动保障服务所（站）要尽快加载调解职能，通过各种方式充实调解员，积极开展劳动争议调解工作。乡镇、街道等基层调解组织，要积极探索劳动争议和解建议书试点，引导劳动争议双方当事人在平等自愿基础上，充分协商达成和解，妥善化解劳动争议。

要建立健全由行业（产业）工会和行业协会双方代表组成的行业性劳动争议调解组织，根据行业特点有效开展劳动争议预防和调解工作，当前要在劳动争议多发的出租车、餐饮服务、建筑业等行业建立行业性劳动争议调解组织。

四、充分发挥人民调解委员会调解劳动争议的作用，拓宽劳动争议调解的渠道

人民调解委员会要依法将劳动争议纳入调解范围，发挥人民调解组织遍布城乡、网络健全、贴近群众的优势，积极开展劳动争议调解工作。劳动争议多发的乡镇、街道人民调解委员会可以设立专门的服务窗口，及时受理并调解劳动争议。要充分发挥司法所指导人民调解委员会开展劳动争议调解的职能作用，有针对性地开展法律咨询和法制宣传工作，预防和减少劳动争议。要加强对人民调解员调解劳动争议的业务培训，使人民调解员了解和掌握劳动保障法律法规及政策规定，掌握劳动争议调解的基本方法和技巧，提高调解劳动争议的能力和水平。要认真研究、摸索和总结人民调解组织处理劳动争议的特点、规律，加强人民调解委员会与其他劳动争议调解组织的沟通、协调与配合，加强与劳动争议仲裁、审判程序的有机衔接，及时有效化解劳动争议。

五、推动事业单位人事争议调解工作，为深化事业单位人事制度改革提供保障

加强人事争议调解是规范事业单位人事管理，维护事业单位和工作人员合法权益的重要环节。事业单位要积极建立由人事部门代表、职工代表、工会代表、法律专家等组成的人事争议调解组织。加强主管部门对所属事业单位人事争议调解工作的指导，做到简单争议由事业单位内部调解解决，复杂争议由单位主管部门调解解决。积极创造条件，推动在教育、科技、文化、卫生等事业单位及其主管部门建立人事争议调解组织。切实发挥调解组织预防争议的作用，规范事业单位人事管理，探索有效化解人事争议的长效机制。

六、建立政府主导、各方参与的应急调解协调机制，及时处置重大集体劳动人事争议

人力资源社会保障行政部门要会同工会和企业代表组织，通过协调劳动关系三方机制等形式，共同研究解决劳动争议的重大问题。建立健全人力资源社会保障行政部门主导，工会、企业代表组织及主管部门共同参与的对突发性、集体性劳动人事争议应急调解协调机制，落实重大集体劳动人事争议信息报告制度。明确职责分工，排查争议隐患，深入研究重大集体劳动人事争议特点，发现重大纠纷苗头，及时研究对策，有针对性地制订应急方案，妥善处理争议案件。

七、加强劳动人事争议调解与仲裁的相互衔接，共同做好争议处理工作

调解和仲裁衔接是解决争议的有效工作机制。调解组织和仲裁机构要加强协调配合，共同做好争议处理工作，提高争议处理的质量和效率。对未经调解组织调解，当事人直接申请仲裁的劳动争议案件，仲裁委员会可向当事人发出调解建议书，引导其在乡镇、街道、企业以及人民调解委员会等调解组织进行调解，就近就地解决争议。仲裁委员会认为可以委托调解组织调解的劳动人事争议案件，经当事人同意，可以委托调解组织进行调解。对当事人双方提出的确认调解协议的申请，仲裁委员会应及时受理，对合法的调解协议，可以出具仲裁调解书。

八、加强调解员队伍建设，不断提高调解质量和效能

加强调解员队伍建设是做好劳动人事争议调解工作的重要保障。要拓宽调解员来源，积极吸纳律师、专家学者、法律工作者等参与劳动人事争议调解工作。要通过劳动人事法律知识培训、调解方法和技巧培训、典型案例评析研讨等形式，不断提高调解员的调解能力和法律素养。要加强对调解员的考核和管理，不断健全激励保障措施。努力建设一支公道正派、联系群众、热心调解工作，具有劳动人事法律知识、政策水平和实际工作能力的高素质调解员队伍。

九、明确职责分工，形成推动调解工作合力

人力资源社会保障行政部门、司法行政部门、工会、企业代表组织要加强对劳动人事争议调解工作的指导，充分发挥各自职能优势，落实责任，加大投入，整合资源，形成协调配合、通力合作的劳动人事争议调解工作新格局。

人力资源社会保障行政部门要统筹规划，会同司法行政部门、工会、企业代表组织及有关部门指导推动劳动人事争议调解和预防工作；做好与立法机构制定法律、司法审判机关法律适用等方面的协调；建立人力资源社会保障行政部门牵头，工会、企业代表组织及主管部门共同参与的集体性劳动人事争议应急调解协调机制；推动乡镇街道劳动保障服务所（站）开展劳动争议调解工作。司法行政部门要对人民调解委员会开展劳动争议调解工作进行指导，健全劳动争议法律援助制度，规范律师在劳动争议调解代理中的执业行为。工会、企业代表组织要共同推进企业建立健全劳动争议调解委员会，完善争议预防和调解制度，引导争议双方通过协商解决争议，提高企业自主解决劳动争议的能力。推动乡镇、街道工会和企业代表组织设立的劳动争议调解组织以及行业工会与行业协会设立的行业性劳动争议调解组织建设，有效开展调解工作。

各地区、各有关部门要不断提高认识，改进工作方法，转变工作作风，总结、探索劳动人事争议调解工作的新思路、新机制、新方法，为促进劳动人事关系和谐稳定，构建社会主义和谐社会作出新的贡献。

人力资源社会保障部、中央政法委等九部门关于进一步加强劳动人事争议协商调解工作的意见

1. 2022 年 10 月 13 日
2. 人社部发〔2022〕71 号

各省、自治区、直辖市人力资源社会保障厅（局）、党委政法委、高级人民法院、中小企业主管部门、司法厅（局）、财政厅（局）、总工会、工商联、企业联合会 / 企业家协会，新疆生产建设兵团人力资源社会保障局、党委政法委、新疆维吾尔自治区高级人民法院生产建设兵团分院、工业和信息化局、司法局、财政局、总工会、工商联、企业联合会 / 企业家协会：

劳动人事争议协商调解是社会矛盾纠纷多元预防调处化解综合机制的重要组成部分。通过协商调解等方式柔性化解劳动人事争议，对于防范化解劳动关系风险、维护劳动者合法权益、构建和谐劳动关系、维护社会稳定具有重要意义。为深入贯彻党的二十大精神，落实党中央、国务院关于“防范化解重大风险”“坚持把非诉讼纠纷解决机制挺在前面”的重要决策部署，进一步强化劳动人事争议源头治理，现就加强劳动人事争议协商调解工作，提出如下意见：

一、总体要求

（一）指导思想。以习近平新时代中国特色社会主义思想为指导，深入贯彻习近平法治思想，坚持系统观念、目标导向和问题导向，着力强化风险防控，加强源头治理，健全多元处理机制，提升协商调解能力，促进中国特色和谐劳动关系高质量发展。

（二）基本原则

1. 坚持人民至上，把为民服务理念贯穿协商调解工作全过程，拓展服务领域，优化服务方式，提升服务能力，打造协商调解服务优质品牌。

2. 坚持源头治理，充分发挥协商调解的前端性、基础性作用，做到关口前移、重心下沉，最大限度地把劳动人事争议解决在基层和萌芽状态。

3. 坚持创新发展，尊重基层首创精神，积极探索

新理念、新机制、新举措，促进各类调解联动融合，推动社会协同共治，形成体现中国特色、符合劳动人事争议多元处理规律、满足时代需求的协商调解工作格局。

4. 坚持灵活高效，充分发挥协商调解柔性高效、灵活便捷的优势，运用法治思维和法治方式，推动案结事了人和，促进劳动关系和谐与社会稳定。

（三）目标任务。从 2022 年 10 月开始，持续加强协商调解制度机制和能力建设，力争用 5 年左右时间，基本实现组织机构进一步健全、队伍建设进一步强化、制度建设进一步完善、基础保障进一步夯实，党委领导、政府负责、人力资源社会保障部门牵头和有关部门参与、司法保障、科技支撑的劳动人事争议多元处理机制更加健全，部门联动质效明显提升，协商调解解决的劳动人事争议案件数量在案件总量中的比重显著提高，劳动人事争议诉讼案件稳步下降至合理区间，协商调解工作的规范化、标准化、专业化、智能化水平显著提高。

二、加强源头治理

（四）强化劳动人事争议预防指导。充分发挥用人单位基层党组织在劳动关系治理、协商调解工作中的重要作用，以党建引领劳动关系和谐发展。完善民主管理制度，保障劳动者对用人单位重大决策和重大事项的知情权、参与权、表达权、监督权。推行典型案例发布、工会劳动法律监督提示函和意见书、调解建议书、仲裁建议书、司法建议书、信用承诺书等制度，引导用人单位依法合规用工、劳动者依法理性表达诉求。发挥中小企业服务机构作用，通过培训、咨询等服务，推动中小企业完善劳动管理制度、加强劳动人事争议预防，具备相应资质的服务机构可开展劳动关系事务托管服务。把用人单位建立劳动人事争议调解组织、开展协商调解工作情况作为和谐劳动关系创建等评选表彰示范创建的重要考虑因素。发挥律师、法律顾问职能作用，推进依法治企，强化劳动用工领域合规管理，减少劳动人事争议。

（五）健全劳动人事争议风险监测预警机制。建立健全劳动人事争议风险监测机制，通过税费缴纳、社保欠费、案件受理、投诉举报、信访处理、社会舆情等反映劳动关系运行的重要指标变化情况，准确研判劳动人事争议态势。完善重大劳动人事争议风险预警机制，聚焦重要时间节点，突出农民工和劳务派遣、新就业形态劳动者等重点群体，围绕确认劳动关系、追索劳动报酬、工作时间、解除和终止劳动合同等主要劳动人事争议类型，强化监测预警，建立风险台账，制定应对预案。

（六）加强劳动人事争议隐患排查化解工作。建立重点区域、重点行业、重点企业联系点制度，以工业园区和互联网、建筑施工、劳动密集型加工制造行业以及受客观经济情况发生重大变化、突发事件等影响导致生产经营困难的企业为重点，全面开展排查，及时发现苗头性、倾向性问题，妥善化解因欠薪、不规范用工等引发的风险隐患。加强劳动人事争议隐患协同治理，完善调解仲裁机构与劳动关系、劳动保障监察机构以及工会劳动法律监督组织信息共享、协调联动，共同加强劳动用工指导，履行好“抓前端、治未病”的预防功能。

三、强化协商和解

（七）指导建立内部劳动人事争议协商机制。培育用人单位和劳动者的劳动人事争议协商意识，推动用人单位以设立负责人接待日、召开劳资恳谈会、开通热线电话或者电子邮箱、设立意见箱、组建网络通讯群组等方式，建立健全沟通对话机制，畅通劳动者诉求表达渠道。指导用人单位完善内部申诉、协商回应制度，优化劳动人事争议协商流程，认真研究制定解决方案，及时回应劳动者协商诉求。

（八）协助开展劳动人事争议协商。工会组织统筹劳动法律监督委员会和集体协商指导员、法律援助志愿者队伍等资源力量，推动健全劳动者申诉渠道和争议协商平台，帮助劳动者与用人单位开展劳动人事争议协商，做好咨询解答、释法说理、劝解疏导、促成和解等工作。各级地方工会可设立劳动人事争议协商室，做好劳动人事争议协商工作。企业代表组织指导企业加强协商能力建设，完善企业内部劳动争议协商程序。鼓励、支持社会力量开展劳动人事争议协商咨询、代理服务工作。

（九）强化和解协议履行和效力。劳动者与用人单位就劳动人事争议协商达成一致的，工会组织要主动引导签订和解协议，并推动和解协议履行。劳动者或者用人单位未按期履行和解协议的，工会组织要主动做好引导申请调解等工作。经劳动人事争议仲裁委员会审查，和解协议程序和内容合法有效的，可在仲裁办案中作为证据使用；但劳动者或者用人单位为达成和解目的作出的妥协认可的事实，不得在后续的仲裁、诉讼中作为对其不利的根据，但法律另有规定或者劳动者、用人单位均同意的除外。

四、做实多元调解

（十）推进基层劳动人事争议调解组织建设。人力资源社会保障部门会同司法行政、工会、企业代表组织和企事业单位、社会团体，推动用人单位加大调解组织建设力度。推动大中型企业普遍建立劳动争议调解委员会，建立健全以乡镇（街道）、工会、行业商（协）会、区域性等调解组织为支撑、调解员（信息员）为落点的小微型企业劳动争议协商调解机制。推动事业单位、社会团体加强调解组织建设，规范劳动人事管理和用工行为。

（十一）建设市、县级劳动人事争议仲裁院调解中心和工会法律服务工作站。推动在有条件的市、县级劳动人事争议仲裁院（以下简称仲裁院）内设劳动人事争议调解中心（以下简称调解中心），通过配备工作人员或者购买服务等方式提供劳动人事争议调解服务。调解中心负责办理仲裁院、人民法院委派委托调解的案件，协助人力资源社会保障部门指导辖区内的乡镇（街道）、工会、行业商（协）会、区域性等调解组织做好工作。探索推进工会组织在劳动人事争议案件较多、劳动者诉求反映集中的仲裁院、人民法院设立工会法律服务工作站，具备条件的地方工会可安排专人入驻开展争议协商、调解和法律服务工作，建立常态化调解与仲裁、诉讼对接机制。

（十二）加强调解工作规范化建设。人力资源社会保障部门会同司法行政、工会、企业代表组织等部门，落实调解组织和调解员名册制度，指导各类劳动人事争议调解组织建立健全调解受理登记、调解办理、告知引导、回访反馈、档案管理、统计报告等制度，提升调解工作规范化水平。加大督促调解协议履行力度，加强对当事人履约能力评估，达成调解协议后向当事人发放履行告知书。总结、推广调解组织在实践中形成的成熟经验和特色做法，发挥典型引领作用。

（十三）发挥各类调解组织特色优势。企业劳动争议调解委员会发挥熟悉内部运营规则和劳动者情况的优势，引导当事人优先通过调解方式解决劳动争议。人民调解组织发挥扎根基层、贴近群众、熟悉社情民意的优势，加大劳动人事争议调处工作力度。乡镇（街道）劳动人事争议调解组织发挥专业性优势，积极推进标准化、规范化、智能化建设，帮助辖区内用人单位做好劳动人事争议预防化解工作。行业性、区域性劳动人事争议调解组织发挥具有行业影响力、区域带动力的优势，帮助企业培养调解人员、开展调解工作。商（协）会调解组织发挥贴近企业的优势，积极化解劳动争议、协同社会治理。人力资源社会保障部门、司法行政部门、工会、企业代表组织引导和规范有意向的社会组织及律师、专家学者等社会力量，积极有序参与调解工作，进一步增加调解服务供给。

五、健全联动工作体系

（十四）健全劳动人事争议调解与人民调解、行政调解、司法调解联动工作体系。人力资源社会保障部门在党委政法委的统筹协调下，加强与司法行政、法院、工会、企业代表组织等部门的工作沟通，形成矛盾联调、力量联动、信息联通的工作格局，建立健全重大劳动人事争议应急联合调处机制。有条件的地区，可建立“一窗式”劳动人事争议受理和流转办理机制，通过联通各类网上调解平台、设立实体化联调中心等方式，强化各类调解资源整合。可根据实际情况建立调解员、专家库共享机制，灵活调配人员，提高案件办理专业性。

（十五）参与社会矛盾纠纷调处中心建设。各相关部门主动融入地方党委、政府主导的社会矛盾纠纷多元预防调处化解综合机制，发挥职能优势，向社会矛盾纠纷调处中心派驻调解仲裁工作人员，办理劳动人事争议案件、参与联动化解、提供业务支持，做好人员、经费、场所、设备等保障工作。

（十六）强化调解与仲裁、诉讼衔接。完善调解与仲裁的衔接，建立仲裁员分片联系调解组织制度。双方当事人经调解达成一致的，调解组织引导双方提起仲裁审查申请或者司法确认申请，及时巩固调解成果。仲裁机构通过建议调解、委托调解等方式，积极引导未经调解的当事人到调解组织先行调解。加强调解与诉讼的衔接，对追索劳动报酬、经济补偿等适宜调解的纠纷，先行通过诉前调解等非诉讼方式解决。推进劳动人事争议“总对总”在线诉调对接，开展全流程在线委派委托调解、音视频调解、申请调解协议司法确认等工作。建立省级劳动人事争议调解专家库，并将符合条件的调解组织和人员纳入特邀调解名册，参与调解化解重大疑难复杂劳动人事争议。依法落实支付令制度。

六、提升服务能力

（十七）加强调解员队伍建设。通过政府购买服务等方式提升劳动人事争议协商调解能力。扩大兼职调解员来源渠道，广泛吸纳法学专家、仲裁员、律师、劳动关系协调员（师）、退休法官、退休检察官等专业力量参与调解。加强对调解员的培训指导，开发国家职业技能标准，切实提高调解员职业道德、增强服务意识，提升办案能力。

（十八）加强智慧协商调解建设。推动信息化技术与协商调解深度融合，建立部门间数据信息互通共享机制，整合运用各类大数据开展劳动人事争议情况分析研判。完善网络平台和手机 App、微信小程序、微信公众号等平台的调解功能，推进“网上办”“掌上办”，实现协商调解向智能化不断迈进。

（十九）保障工作经费。人力资源社会保障部门将协商调解纳入政府购买服务指导性目录。地方财政部门结合当地实际和财力可能，合理安排经费，对协商调解工作经费给予必要的支持和保障，加强硬件保障，为调解组织提供必要的办公办案设施设备。

（二十）落实工作责任。构建和谐劳动关系，是增强党的执政基础、巩固党的执政地位的必然要求，是加强和创新社会治理、保障和改善民生的重要内容，是促进经济高质量发展、社会和谐稳定的重要基础。各地要把做好协商调解工作作为构建和谐劳动关系的一项重要任务，切实增强责任感、使命感、紧迫感，积极争取党委、政府支持，将这项工作纳入当地经济社会发展总体规划和政府目标责任考核体系，推动工作扎实有效开展。各级党委政法委要将劳动人事争议多元处理机制建设工作纳入平安建设考核，推动相关部门细化考评标准，完善督导检查、考评推动等工作。人力资源社会保障部门要发挥在劳动人事争议多元处理中的牵头作用，会同有关部门统筹推进调解组织、制度和队伍建设，完善调解成效考核评价机制。人民法院要发挥司法引领、推动和保障作用，加强调解与诉讼有机衔接。司法行政部门要指导调解组织积极开展劳动人事争议调解工作，加强对调解员的劳动法律政策知识培训，鼓励、引导律师参与法律援助和社会化调解。财政部门要保障协商调解工作经费，督促有关部门加强资金管理，发挥资金使用效益。中小企业主管部门要进一步健全服务体系，指导中小企业服务机构帮助企业依法合规用工，降低用工风险，构建和谐劳动关系。工会要积极参与劳动人事争议多元化解，引导劳动者依法理性表达利益诉求，帮助劳动者协商化解劳动人事争议，依法为劳动者提供法律服务，切实维护劳动者合法权益，竭诚服务劳动者。工商联、企业联合会等要发挥代表作用，引导和支持企业守法诚信经营、履行社会责任，建立健全内部劳动人事争议解决机制。

各省级人力资源社会保障部门要会同有关部门，按照本意见精神，制定切实可行的实施方案，明确任务、明确措施、明确责任、明确要求，定期对本意见落实情况进行督促检查，及时向人力资源社会保障部报送工作进展情况。

最高人民法院、中华全国总工会关于在部分地区开展劳动争议多元化解试点工作的意见

1. 2020 年 2 月 20 日
2. 法发〔2020〕55 号

内蒙古、吉林、上海、浙江、江西、山东、湖北、广东、广西、四川、陕西省（自治区、直辖市）高级人民法院、总工会：

为全面贯彻党的十九大和十九届二中、三中、四中全会精神，积极落实完善社会矛盾纠纷多元预防调处化解综合机制新要求，深入推进劳动争议多元化解机制建设，构建和谐劳动关系，促进广大劳动者实现体面劳动、全面发展，根据《中华人民共和国工会法》《中华人民共和国劳动法》《中华人民共和国劳动争议调解仲裁法》，以及中共中央办公厅、国务院办公厅《关于完善矛盾纠纷多元化解机制的意见》（中办发〔2015〕60 号）和最高人民法院《关于人民法院进一步深化多元化纠纷解决机制改革的意见》（法发〔2016〕14 号），最高人民法院和中华全国总工会决定在内蒙古、吉林、上海、江西、山东、湖北、广东、四川等省（自治区、直辖市），以及陕西省西安市、浙江省宁波市和广西壮族自治区北海市开展劳动争议多元化解试点工作。现提出如下意见：

1. 试点工作意义。开展劳动争议多元化解试点工作，是坚持和完善共建共治共享的社会治理制度，充分发挥工会参与劳动争议协商调解职能作用，发挥人民法院在多元化纠纷解决机制改革中的引领、推动、保障作用，切实将非诉讼纠纷解决机制挺在前面的务实举措，有利于依法维护广大职工合法权益，积极预防和妥善化解劳动关系领域重大风险，优化法治营商环境，维护劳动关系和谐与社会稳定。

2. 推进劳动争议多元化解。各级人民法院和总工会要加强工作协同，积极推动建立完善党委领导、政府主导、各部门和组织共同参与的劳动争议预防化解机制。鼓励和引导争议双方当事人通过协商、调解、仲裁等非诉讼方式解决纠纷，加强工会参与劳动争议调解工作与仲裁调解、人民调解、司法调解的联动，逐步实现程序衔接、资源整合、信息共享，推动形成劳动争议多元化解新格局。

3. 加强调解组织建设。各级总工会要依法积极履行维护职工合法权益、竭诚服务职工群众的基本职责，推动完善劳动争议调解组织机构，协调企业与劳动者妥善解决劳动争议。推动企业劳动争议调解组织和行业性、区域性劳动争议调解组织建设。依托工会职工服务平台、地方社会治理综合服务平台建立健全劳动争议调解中心（工作室），鼓励建立以调解员命名的工作室。推动调解组织在人民法院诉讼服务中心设立工作室，派驻调解员。

4. 加强调解员队伍建设。各级总工会要积极推动建立劳动争议调解员名册制度，广泛吸纳法学专家、退休法官检察官、劳动争议调解员仲裁员、劳动关系协调员（师）、人民调解员及其他领域专业人才等社会力量加入名册。建立和完善名册管理制度，加强调解员培训，建立调解员职业道德规范体系，完善调解员惩戒和退出机制，不断提高调解员队伍的专业化、职业化水平，提升劳动争议调解公信力。

5. 规范律师参与。各级总工会要积极从职工维权律师团、职工法律服务团和工会法律顾问中遴选政治立场坚定、业务素质过硬、执业经验丰富的律师参与调解工作。积极通过购买服务方式甄选优质律师事务所选派律师参与劳动争议调解工作。探索建立劳动争议专职调解律师制度。

6. 依法履行审判职能。各级人民法院要健全完善审判机构和工作机制，依法受理劳动争议案件。有条件的人民法院可以推动设立劳动争议专业审判庭、合议庭，在地方总工会和职工服务中心设立劳动争议巡回法庭，积极推荐和确定符合条件的工会法律工作者担任人民陪审员，依法公正高效审理劳动争议案件，不断提升审判质量和效率。

7. 落实特邀调解制度。人民法院要积极吸纳符合条件的劳动争议调解组织和调解员加入特邀调解名册。探索人民法院特邀调解名册与劳动争议调解名册的衔接机制，会同工会加强对名册的管理。人民法院要加强诉前委派、诉中委托调解工作，强化调解业务指导，依法进行司法确认，不断促进劳动争议调解组织提升预防和化解劳动争议的能力。

8. 完善诉调对接工作机制。各级人民法院和总工会要健全劳动争议多元化解工作沟通机制，明确诉调对接工作部门，在名册管理，调解员培训、考核、奖励、惩戒，调审平台建设和程序对接，以及重大风险预防化解等方面加强信息交流反馈，切实提升工作协同水平。

9. 完善调解协议履行机制。纠纷经调解达成协议的，劳动争议调解组织和调解员应当积极引导和督促当事人主动、及时、充分履行调解协议约定的内容。当事人申请人民法院确认调解协议效力的，人民法院应当依法办理。用人单位未按照调解协议约定支付拖欠的劳动报酬、工伤医疗费、经济补偿或者赔偿金的，劳动者可以依法申请先予执行或者支付令，人民法院应当依法办理。

10. 充分应用信息化平台。各级人民法院和总工会要善于将大数据、人工智能等现代科技手段与劳动争议预防化解深度融合，提升工作的信息化、智能化水平。各级总工会要大力推动开展在线调解，建设劳动争议调解信息化平台，推动与人民法院调解平台的对接，调解组织和调解员信息全部线上汇聚，调解过程与诉讼程序的“无缝式”衔接，实现调解员菜单式选择和在线调解、在线司法确认，方便当事人参与纠纷解决。积极运用司法大数据，共同对典型性、苗头性、普遍性劳动争议案件进行分析研判，提前防控化解重大矛盾风险。

11. 完善经费保障。各级人民法院和总工会要紧紧依靠党委领导，主动争取政府支持，协调和推动财政部门将劳动争议调解经费纳入政府财政预算，积极争取将劳动争议调解服务纳入政府购买服务指导目录。地方各级总工会要结合实际情况，将劳动争议诉调对接工作经费纳入专项预算，为开展劳动争议调解提供必要的经费保障，细化完善“以案定补”和各项考核激励机制，健全上下级工会劳动争议调解经费支持机制。

12. 巩固制度保障。各级人民法院和总工会要加强政策沟通，充分听取对方对促进劳动关系和谐和维护职工权益工作的意见建议。及时总结本地区推进诉调对接工作的成熟经验，积极推动有关部门制定或者修订完善相关地方性法规、规章，确保工作依法有序推进。

13. 加强理论研究和宣传引导。各级人民法院和总工会要与高等院校、科研机构加强合作，通过普法宣传、教育培训、课题调研等多种形式，推进劳动争议多元化解理论研究。充分运用各种传媒手段，在遵循调解保密原则的前提下，以发布白皮书、典型案例等多种方式指导企业依法规范用工。积极宣传多元化纠纷解决机制优势，提高劳动争议协商、调解、仲裁等非诉讼纠纷解决方式的社会接受度，把矛盾纠纷化解在萌芽状态。

14. 加强组织领导。省（自治区、直辖市）高级人民法院和省级总工会要共同研究制定试点工作方案，加强对劳动争议多元化解机制建设的组织、指导和监督，特别是加强业务和技术层面的沟通、协调和对接。地方各级人民法院和总工会要认真研究新情况、新问题，及时将工作进展、遇到的问题、意见建议等层报最高人民法院、中华全国总工会。最高人民法院、中华全国总工会将定期总结评估试点工作推进情况。待条件成熟时，视情扩大试点、推广经验，确保改革试点不断深化。

最高人民法院办公厅、中华全国总工会办公厅关于加快推进劳动争议纠纷在线诉调对接工作的通知

1. 2021年6月1日
2. 法办〔2021〕215号

各省、自治区、直辖市高级人民法院、总工会，解放军军事法院，新疆维吾尔自治区高级人民法院生产建设兵团分院，新疆生产建设兵团总工会：

为进一步落实最高人民法院、中华全国总工会2020年2月20日联合印发的《关于在部分地区开展劳动争议多元化解试点工作的意见》（法〔2020〕55号）精神和工作要求，巩固已建立的劳动争议多元化解机制，推进劳动争议诉调对接工作，最高人民法院、中华全国总工会决定建立“总对总”在线诉调对接机制，现将有关事项通知如下。

一、建立“总对总”在线诉调对接机制

最高人民法院与中华全国总工会协调推进在线诉调对接机制建设，畅通线上线下调解与诉讼对接渠道。中华全国总工会指导各级工会同本级人民法院建立协调对接机制，指导各级工会劳动争议调解服务资源入驻人民法院调解平台，开展全流程在线调解、在线申请司法确认或出具调解书等诉调对接工作，全面提升劳动争议调解工作的质量和效率。

二、职责分工

最高人民法院立案庭负责在线诉调对接工作的统筹推进、宣传引导当事人运用调解平台化解劳动争议、调解平台的研发运维等。

中华全国总工会法律工作部负责组织各地工会积极参与劳动争议调解工作，推动完善劳动争议调解机制建设，指导各级工会建立调解组织和调解员名册及相关管理制度，协调指导各级工会充分运用劳动争议调解服务资源开展在线调解和诉调对接工作等。

三、在线诉调对接工作开展范围

现阶段，劳动争议在线诉调对接工作仍主要立足于但不限于《关于在部分地区开展劳动争议多元化解试点工作的意见》所确定的11省（自治区、直辖市）范围内开展，鼓励非试点地区积极应用在线诉调对接平台开展调解工作。试点地区发挥示范引领作用，其他地区参照执行，一体推进。下一阶段，最高人民法院与中华全国总工会将在总结试点地区在线诉调对接工作开展情况的基础上，形成全国推广方案。

四、调解组织和调解员信息的收集和管理

中华全国总工会法律工作部负责定期汇总并更新调解组织和调解员的信息。地方各级工会负责调解组织和调解员的日常管理和信息维护工作。

各级工会应当按照《最高人民法院关于人民法院特邀调解的规定》（法释〔2016〕14号）的要求，将符合条件的调解组织和调解员信息通过调解平台推送到本级人民法院进行确认。人民法院对于符合条件的调解组织和调解员，纳入本院的特邀调解名册中，并在调解平台上予以确认。

五、在线诉调对接业务流程

人民法院收到当事人提交的调解申请后，通过调解平台向入驻的调解组织或调解员委派、委托调解案件；调解组织及调解员登录调解平台接受委派、委托，开展调解工作；调解完成后将调解结果录入调解平台，并将调解信息回传至人民法院。

调解成功的案件，调解员组织双方当事人在线签订调解协议。双方当事人可就达成的调解协议共同申请在线司法确认或出具调解书。人民法院将通过调解平台对调解协议进行在线司法确认或立案后出具调解书。未调解成功的案件由人民法院依据法律规定进行立案或继续审理。

经调解组织线下调解成功的案件，依法能够申请司法确认的，可通过调解平台向人民法院在线申请司法确认。

六、强化在线音视频调解

调解组织和调解员要积极使用调解平台的音视频调解功能开展在线调解工作。各级人民法院要充分利用法院办案系统和法院调解平台内外连通的便利条件，落实在线委派或委托调解、调解协议在线司法确认、电子送达等工作，为在线音视频调解提供支持和保障。

七、落实联席会议制度

落实由最高人民法院立案庭、中华全国总工会法律工作部共同参与的联席会议制度，定期通报在线诉调对接工作的推广应用情况，分析存在的问题，研究下一步工作举措。各地由人民法院立案庭牵头，总工会法律工作部门参与，与相关单位和部门建立工作协调和信息共享机制，落实相关工作。

八、建立健全评估激励体系

最高人民法院和中华全国总工会根据工作实际逐步建立健全试点地区调解组织和调解员绩效评估激励体系，从组织建设情况、矛盾纠纷化解数量、调解成功率等方面科学设定评估内容和评估标准，并定期形成调解工作分析报告。各级人民法院和总工会对参与纠纷化解工作表现突出的调解组织和调解员给予褒奖，引导调解组织和调解员优质高效参与劳动争议多元化解工作。

各地在落实推进劳动争议在线诉调对接工作中的经验做法和遇到的困难问题，请及时层报最高人民法院和中华全国总工会。

七、工会劳动法律监督

中华全国总工会关于颁布工会劳动保护监督检查三个条例的通知

1. 2001 年 12 月 31 日
2. 总工发〔2001〕16 号

各省、自治区直辖市总工会，各全国产业工会，中共中央直属机关工会联合会，中央国家机关工会联合会，全总各部门、各直属单位：

根据实际情况和修改后的《中华人民共和国工会法》的有关规定，全国总工会对《工会劳动保护监督检查员工作条例》、《基层工会劳动保护监督检查委员会工作条例》、《工会小组劳动保护检查员工作条例》作了修改，现予颁布，请认真贯彻执行。

工会劳动保护监督检查员工作条例

第一条 为履行工会劳动保护监督检查的职责，维护职工在劳动过程中的安全与健康，根据《中华人民共和国工会法》、《中华人民共和国劳动法》和国家有关劳动安全卫生法律法规的规定，制定本条例。

第二条 工会组织依法履行劳动保护监督检查职责，建立劳动保护监督检查制度，对安全生产工作实行群众监督，维护职工的合法权益。

第三条 在县（含）以上总工会、产业工会中设立工会劳动保护监督检查员。可聘请有关方面熟悉劳动保护业务的人员担任兼职工会劳动保护监督检查员。

第四条 中华全国总工会，省、自治区、直辖市总工会，全国产业工会，省辖市总工会对工会劳动保护监督检查员有审批权。

省、自治区、直辖市总工会，全国产业工会和中华全国总工会有关部门的工会劳动保护监督检查员由中华全国总工会审批任命。

省辖市总工会、省产业工会的工会劳动保护监督检查员由省、自治区、直辖市总工会、全国产业工会审批任命，报中华全国总工会备案。

县级总工会的劳动保护监督检查员由省辖市总工会审批任命，报省、自治区、直辖市总工会备案。

工会劳动保护监督检查员由其所隶属的工会组织考核、申报。

工会劳动保护监督检查员证件由中华全国总工会统一印制。

第五条 工会劳动保护监督检查员在其所隶属的工会组织领导下工作，代表工会组织依法实施劳动保护监督检查；也可受任命机关委托，代表任命机关执行监督检查任务。

第六条 工会劳动保护监督检查员应具有大专以上文化程度、具有一定的生产实践经验，并从事工会劳动保护工作一年以上，应有较高的政治、业务水平，熟悉和掌握有关劳动安全卫生法律法规和劳动保护业务；科级以上、从事五年以上劳动保护工作的工会干部也可以担任工会劳动保护监督检查员。工会劳动保护监督检查员任命前必须经过劳动保护岗位培训，考核合格。

第七条 工会劳动保护监督检查员代表工会组织行使下列职权：

（一）参与劳动安全卫生法律、法规和重大决策、措施的制定，监督劳动安全卫生法律法规和政策的贯彻执行。

（二）监督检查本地区、行业和企事业的劳动安全卫生工作，对劳动安全卫生状况进行分析，对危害职工劳动安全与健康的问题进行调查，向政府及有关部门、企事业单位反映需要解决的问题，提出整改治理的建议。

（三）制止违章指挥、违章作业。在监督检查时，发现存在事故隐患、职业危害和违反国家劳动安全卫生法律法规的问题，有权要求企事业进行整改，监督企事业采取防范事故和职业危害的措施；发现存在严重事故隐患或职业危害的提请所隶属的工会组织向企事业单位发出书面整改建议，并督促企事业单位解决；对拒不整改的，提请政府有关部门采取强制性措施。

（四）在生产过程中发现明显重大事故隐患和严重职业危害，并危及职工生命安全的紧急情况时，有权向企事业行政或现场指挥人员要求采取紧急措施，包括立即从危险区内撤出作业人员。同时支持或组织职工采取必要的避险措施并立即报告。

（五）依法参加职工伤亡事故的调查和处理，监督企事业单位采取防范措施，对造成伤亡事故和经济损失的责任者，提出处理意见。对触犯刑律的责任者，建议其追究法律责任。

（六）参加新建、扩建和技术改造工程项目劳动安全卫生设施的设计审查和竣工验收，对劳动条件和安全卫生设施存在的问题提出意见和建议。

（七）监督和协助企事业单位严格执行国家劳动安全卫生规程和标准，建立、健全劳动安全卫生制度；监督检查劳动安全卫生设施；监督检查技术措施计划的执行及经费投入、使用的情况；监督检查企事业单位的安全生产状况。

（八）支持基层工会劳动保护监督检查委员会和工会小组劳动保护检查员开展工作，在劳动保护业务上给予指导。

第八条 工会劳动保护监督检查员履行下列义务

（一）严格执行国家法律法规和政策，实事求是，坚持原则，联系群众，依法监督。

（二）宣传国家劳动安全卫生法律法规和政策，教育职工遵守国家有关劳动安全卫生的各项法律法规和企事业单位的规章制度，推广先进的安全管理方法、预防事故和职业危害技术。

（三）与政府有关部门密切合作。

（四）学习相关知识，提高自身素质，适应工会劳动保护监督检查工作的要求。

第九条 工会劳动保护监督检查员执行任务时，应出示《工会劳动保护监督检查员证》。实施监督检查时，企事业单位应予以配合，提供方便。对拒绝或阻挠监督检查员工作的单位和个人，提请有关部门严肃处理。

第十条 工会劳动保护监督检查员应定期向其所隶属的工会汇报工作。受任命机关委托执行监督检查任务时应向任命机关提交专题报告。

第十一条 工会组织对工会劳动保护监督检查员进行管理、业务指导和定期培训。

第十二条 任命机关定期考核工会劳动保护监督检查员的工作。对成绩显著者给予表彰奖励，对失职者取消其监督检查员资格。

第十三条 工会劳动保护监督检查员所隶属的工会组织为其开展工作提供交通、通讯等工作条件和必要的工作经费。工会劳动保护监督检查员按规定享受个人防护用品、保健津贴等待遇。

第十四条 各省、自治区、直辖市总工会和全国产业工会根据本地区、本行业具体情况，制订实施细则。

第十五条 本条例解释权属中华全国总工会。

第十六条 本条例自颁布之日起实施。

基层搞活劳动保护监督检查委员会工作条例

第一条 为发挥基层工会劳动保护监督检查作用，维护职工在劳动过程中的安全与健康，根据《中华人民共和国工会法》、《中华人民共和国劳动法》和国家劳动安全卫生法律法规的有关规定，制定本条例。

第二条 企事业工会及所属分厂、车间工会设立工会劳动保护监督检查委员会（或工会劳动保护监督检查小组，下同）。

乡镇工会、城市街道工会及基层工会联合会也可设立工会劳动保护监督检查委员会。

工会劳动保护监督检查委员会在同级工会领导下开展工作。

第三条 工会劳动保护监督检查委员会委员由同级工会提名，报上级工会备案。

第四条 工会劳动保护监督检查委员会设主任委员1人，副主任委员1~2人，委员若干人，女职工相对集中的单位，应设女职工委员。主任委员应由工会委员会主席或副主席担任。

工会劳动保护监督检查委员会委员由熟悉劳动保护业务、热心劳动保护工作的工会干部和生产一线的职工担任。工会劳动保护监督检查委员会委员也可聘请行政管理人员担任，但不得超过委员会总人数的三分之一。

第五条 根据需要，工会劳动保护监督检查委员会的工作可与职工（代表）大会的专门委员会的工作相结合。

第六条 工会劳动保护监督检查委员会的职责：

（一）监督和协助本单位贯彻执行国家劳动安全卫生法律法规，监督落实安全生产责任制和规章制度，参加涉及职工劳动安全与健康规章制度的制定，参与本单位劳动安全卫生措施、计划和经费投入等方案的制定和实施，对劳动安全卫生的决策、措施提出意见和建议。

（二）定期分析研究劳动安全卫生状况，向企事业单位和有关方面反映职工对劳动安全卫生工作的意见、建议和要求。督促和协助企事业单位解决劳动安全卫生方面存在的问题，改善劳动条件和作业环境。

（三）参与本单位集体合同中关于劳动安全卫生、工作时间、休息休假和工伤保险等条款的协商与制定，维护职工劳动安全卫生的权利、休息休假的权利和享受工伤保险的权利。对集体合同、劳动合同中劳动安全卫生条款的执行情况进行监督检查。

（四）制止违章指挥、违章作业。组织或协同行政进行安全生产检查，组织职工代表对劳动安全卫生工作进行督查。对事故隐患和职业危害作业点建立档案，监督整改和治理，并督促企事业单位防范事故和职业危害。

（五）对违反国家法律法规、不符和劳动安全卫生标准规定的问题，提出整改意见；问题严重的，向企事业行政提出书面整改意见，对决不整改的，要求政府有关部门采取强制性措施。

（六）监督检查新建、扩建和技术改造工程项目的劳动安全卫生设施与主体工程同时设计、同时施工、同时投产使用。

（七）参加职工伤亡事故调查和处理，查清事故原因和责任，提出对事故责任者的处理意见，监督和协助企事业单位采取防范措施。对发生的职工伤亡事故和职业病进行研究、分析，总结教训，提出建议。

（八）在生产过程中发现明显重大事故隐患和严重职业危害，并危及职工生命安全的紧急情况时，要求企事业行政或现场指挥人员采取紧急措施，包括立即从危险区内撤出作业人员。同时支持或组织职工采取必要的避险措施并立即报告。

（九）宣传国家劳动安全卫生法律法规、政策及企事业的规章制度，结合实际情况，组织和发动职工开展安全生产活动，教育职工遵章守纪，提高职工的安全意识和技能。

（十）督促企事业单位按国家有关规定发放劳动安全卫生防护用品、用具，监督企事业单位定期对职工进行健康检查。监督企事业单位履行对职业病人的诊断、治疗和康复的责任，督促落实工伤待遇及职业病损害赔偿。监督和协助企事业单位落实女职工和未成年工特殊保护的有关规定。

第七条 事业单位对工会劳动保护监督检查委员会的工作应给予支持，并提供相应的工作条件。对阻挠监督检查工作的单位和个人，有权要求有关部门严肃处理。

第八条 上级工会组织支持基层工会劳动保护监督检查委员会的工作，对工作成绩显著的劳动保护监督检查委员会给予表彰和奖励。

第九条 本条例解释权属中华全国总工会。

第十条 本条例自颁布之日起实施。

工会小组劳动保护检查员工作条例

第一条 为保障国家劳动安全卫生法律法规及企事业规章制度落实到班组，发挥职工劳动保护监督检查作用，制定本条例。

第二条 在工、交、财贸、基本建设等行业的企事业生产班组中，设立工会小组劳动保护检查员。工会小组劳动保护检查员经民主推选产生，在基层工会劳动保护监督检查委员会领导下工作。

第三条 工会小组劳动保护检查员应具有一定的劳动安全卫生知识，敢于坚持原则，责任心强。

第四条 工会小组劳动保护检查员的职责：

（一）协助班组长落实国家劳动安全卫生法律法规及企规章制度，创建安全生产合格班组。

（二）查询工作场所存在的职业危害和企事业单位相应的防范措施。

（三）监督和协助班组长对本班组人员进行安全教育，提高安全生产意识和技术技能。

（四）制止违章指挥、违章作业。

（五）对生产设备、防护设施、工作环境进行监督检查，发现隐患及时报告，督促解决。

（六）发现明显危及职工生命安全的紧急情况时，应立即报告，并组织职工采取必要的避险措施。

（七）发生伤亡事故，迅速参加抢险、急救工作，协助保护事故现场，并立即上报。

（八）监督企事业单位提供符合国家规定的劳动条件、按规定发放个人防护用品。向企事业单位提出不断改善劳动条件和作业环境的建议。

（九）因进行正常监督检查活动而受到打击报复时，有权上告，要求严肃处理。

第五条 工会组织对工会小组劳动保护检查员的工作应予以支持。对做出贡献的工会小组劳动保护检查员，上级工会组织给予表彰和奖励。

第六条 本条例解释权属中华全国总工会。

第七条 本条例自颁布之日起实施。

工会劳动保护监督检查员管理办法

1. 2011 年 5 月 24 日
2. 总工发〔2011〕46 号

第一章 总 则

第一条 为加强工会劳动保护监督检查员的管理，切实发挥工会劳动保护监督检查员在安全生产、职业病防治工作中的监督作用，根据国家劳动安全卫生法律法规有关规定和中华全国总工会颁发的《工会劳动保护监督检查员工作条例》，制定本办法。

第二条 工会劳动保护监督检查员是指具有较高的政策、业务水平，熟练掌握劳动安全卫生法律法规，经过劳动保护业务培训和考核，经由上级工会任命的从事工会劳动保护工作的人员。

第三条 工会劳动保护监督检查员依照国家劳动安全卫生法律法规和中华全国总工会的有关规定行使监督检查权利，通过各种途径和形式，组织开展群众性劳动安全卫生工作，反映职工群众在劳动安全卫生方面的意愿，履行维护职工生命安全和身体健康权益的基本职责。

第二章 职 责

第四条 学习党和国家的劳动安全卫生方针、政策，掌握劳动安全卫生法律、法规和技术标准、规范，钻研业务知识，研究、分析和掌握本地区、行业、企业的劳动安全卫生情况。

第五条 了解和掌握本地区或本行业内的企业劳动安全卫生技术措施制定、实施以及经费提取、使用情况。掌握重大安全隐患和严重职业危害情况，跟踪监督检查，督促其整改。特别重大隐患问题，应及时写出专题报告，报送本级政府及有关部门，督促落实。

第六条 为企业开展劳动安全卫生工作提供指导和服务。指导企业工会签订劳动安全卫生专项集体合同，并监督落实。

第七条 参加生产性建设工程项目职业安全卫生设施“三同时”的监督审查工作，对发现的问题，依照法律法规和标准规范提出改进意见。对于参加审查验收的工程项目，应整理专项材料归档，并对审查验收项目负责。

第八条 参加职工伤亡事故和其他严重危害职工健康事件的抢险救援和调查处理工作，对抢险救援、善后处理、调查处理等工作全过程进行监督，向有关部门提出处理意见和建议，并要求追究有关人员的责任。监督企事业单位落实防范和整改措施，整理事故调查材料并归档。

遵守伤亡事故调查处理工作纪律，严格执行廉洁自律的规定。

第九条 宣传职工在劳动安全卫生方面享有的权利与义务，教育职工遵章守纪，提高劳动者的职业安全卫生意识和自我保护能力。

第十条 加强对劳动保护工作相关信息、资料的收集和整理，及时向所在工会组织和任命机关报送。

第十一条 执行监督检查任务，应主动出示工会劳动保护监督检查员证件。对阻挠监督检查工作的单位和个人，有权要求有关部门严肃处理。

第三章 组织管理

第十二条 工会劳动保护监督检查员的任职条件和任命程序，按中华全国总工会颁发的《工会劳动保护监督检查员工作条例》执行。

省（区、市）总工会、全国产业工会劳动保护监督检查员由中华全国总工会审批任命。

地（市）总工会、省属产业工会的工会劳动保护监督检查员由省（区、市）总工会审批任命，报中华全国总工会备案。

县（区）总工会、地（市）产业工会的工会劳动保护监督检查员由地（市）总工会审批任命，报省（区、市）总工会备案。

乡镇（街道）工会、县（区）所属产业（系统）工会的工会劳动保护监督检查员，由县（区）总工会审批任命，报地（市）总工会备案。

第十三条 工会劳动保护监督检查员对所在工会组织和任命机关负责。根据工作需要，任命机关可选调工会劳动保护监督检查员代表上级工会参加安全检查、“三同时”审查验收和职工伤亡事故、职业病危害事件的调查处理等工作，其所在工会组织应给予支持。

第十四条 工会劳动保护监督检查员参加职工伤亡事故、职业病危害事件的抢险救援时，所代表的工会组织应为其配备必要的通讯、音像设备，提供及时赶赴现场的交通工具和工作经费。

第十五条 工会劳动保护监督检查员参加有毒有害、矿山井下等危险场所检查，以及企业伤亡事故、职业危害事件抢险救援和调查处理享受特殊津贴。津贴标准参照同级政府有关监管部门或纪检监察办案人员补贴标准执行，津贴由同级工会列支。

第十六条 工会劳动保护监督检查员队伍应保持相对稳定。确因工作需要调离岗位、退休、退职及新增的人员，需在每年 12 月前上报任命机关予以备案。

第十七条 工会劳动保护监督检查员的任命、考核等工作由任命机关负责，日常工作由所在工会组织负责。

任命机关每年对工会劳动保护监督检查员的工作实绩进行年度考核。年度考核表每年 12 月中旬上报任命机关。任命机关将考核结果于次年 1 月上旬反馈所在工会组织，供所在工会组织干部考核参考，记入任命机关管理档案。

对于做出优异成绩的工会劳动保护监督检查员，由任命机关予以通报表扬。

工会劳动保护监督检查员证件由中华全国总工会统一印制。

第十八条 对于不履行监督检查职责或不称职的工会劳动保护监督检查员，由任命机关免去其资格并收回证件。

第十九条 工会劳动保护监督检查员业务培训由任命机关负责。

第二十条 工会劳动保护监督检查员必须取得相应专业资格。专业资格的培训由任命机关或委托有关院校承办。

第二十一条 工会劳动保护监督检查员依照有关法律、法规规定行使监督检查职权受到不公正待遇的，任命机关应维护其合法权益。

第四章 附 则

第二十二条 县（区）以上总工会参照本办法制定本级工会劳动保护监督检查员管理办法实施细则。

第二十三条 本办法自颁发之日起执行，解释权属中华全国总工会。

工会劳动保护监督检查员
考核表

工作单位______________

考核年度______________

填表日期______________

中华全国总工会

<table>
<tr><td colspan="1">姓名</td><td colspan="2"></td><td colspan="2">性别</td><td colspan="1"></td><td colspan="3">出生
年月</td><td colspan="4"></td><td colspan="3">文化
程度</td><td colspan="1"></td></tr>
<tr><td colspan="1">现任
职务</td><td colspan="2"></td><td colspan="2">政治
面貌</td><td colspan="1"></td><td colspan="3">专业
特长</td><td colspan="4"></td><td colspan="3">技术
职称</td><td colspan="1"></td></tr>
<tr><td colspan="3">任工会劳动保护监
督检查员工作时间</td><td colspan="5">年　月　日</td><td colspan="5">监督检
查员证号</td><td colspan="4"></td></tr>
<tr><td colspan="3">参加劳动保护监
督检查员培训次数</td><td colspan="5"></td><td colspan="5">健康
状况</td><td colspan="4"></td></tr>
<tr><td colspan="3">工作单位地址</td><td colspan="9"></td><td colspan="3">邮编</td><td colspan="2"></td></tr>
<tr><td colspan="3">联系方式</td><td colspan="9"></td><td colspan="3">邮箱</td><td colspan="2"></td></tr>
<tr><td colspan="2" rowspan="2">安全检查
情况</td><td colspan="2">检查次数</td><td colspan="3">查出
隐患数</td><td colspan="7">提出意见数</td><td colspan="3">采纳条数</td></tr>
<tr><td colspan="2"></td><td colspan="3"></td><td colspan="7"></td><td colspan="3"></td></tr>
<tr><td colspan="2" rowspan="2">参加伤亡事
故调查处理</td><td colspan="2">参加起数</td><td colspan="3">特别
重大</td><td colspan="4">重大</td><td colspan="3">较大</td><td colspan="2">意见数</td><td colspan="1">采纳数</td></tr>
<tr><td colspan="2"></td><td colspan="3"></td><td colspan="4"></td><td colspan="3"></td><td colspan="2"></td><td colspan="1"></td></tr>
<tr><td colspan="2" rowspan="2">参加“三同
时”审查验收
项目名称</td><td colspan="2">项目数</td><td colspan="3">国家级</td><td colspan="5">省级</td><td colspan="3">意见数</td><td colspan="2">采纳数</td></tr>
<tr><td colspan="2"></td><td colspan="3"></td><td colspan="5"></td><td colspan="3"></td><td colspan="2"></td></tr>
<tr><td colspan="2" rowspan="4">参加法律、条
例、规程和标
准的制订或
修订</td><td colspan="8">法规名称</td><td colspan="5">提出意见
情况</td><td colspan="2">采纳情况</td></tr>
<tr><td colspan="8"></td><td colspan="5"></td><td colspan="2"></td></tr>
<tr><td colspan="8"></td><td colspan="5"></td><td colspan="2"></td></tr>
<tr><td colspan="8"></td><td colspan="5"></td><td colspan="2"></td></tr>
</table>

续 表

<table>
<tr><td rowspan="2">职工举报隐患核查情况</td><td>办结起数</td><td colspan="2">待办起数</td></tr>
<tr><td></td><td colspan="2"></td></tr>
<tr><td rowspan="2">信息上报情况</td><td>全总（条数）</td><td colspan="2">省总（条数）</td></tr>
<tr><td></td><td colspan="2"></td></tr>
<tr><td colspan="3">调查报告、专题报告题目</td><td>报告使用情况</td></tr>
<tr><td colspan="3"></td><td></td></tr>
<tr><td colspan="3"></td><td></td></tr>
<tr><td colspan="3"></td><td></td></tr>
<tr><td colspan="4">对工会劳动保护工作的意见和建议：</td></tr>
<tr><td>省总工会（全国产业工会）考核意见</td><td colspan="3">年 月 日</td></tr>
<tr><td>中华全国总工会考核意见</td><td colspan="3">年 月 日</td></tr>
</table>

填表说明：

1、考核范围为中华全国总工会任命的工会劳动保护监督检查员。

2、本表为年度考核表，表内各项考核内容均填写当年度情况。

3、本表由工会劳动保护监督检查员填写，同级工会劳动保护部门填写考核意见并盖章。

4、如表中填写不下，可另附页。

5、填写本表一律使用钢笔，字迹要工整、清楚。

6、考核意见设四档：优秀、称职、基本称职、不称职。

工会劳动法律监督办法

1. 2024年2月27日
2. 总工办发〔2024〕8号

第一章　总　则

第一条　为保障和规范工会劳动法律监督工作，维护职工合法权益，推动构建和谐劳动关系，根据宪法和《中华人民共和国工会法》、《中华人民共和国劳动法》、《中华人民共和国劳动合同法》及《中国工会章程》等有关规定，制定本办法。

第二条　工会劳动法律监督，是工会依法对劳动法律法规执行情况进行的有组织的群众监督，是我国劳动法律监督体系的重要组成部分。

第三条　工会劳动法律监督工作应当遵循依法规范、客观公正、依靠职工、协调配合的原则。

第四条　中华全国总工会负责全国的工会劳动法律监督工作。

县级以上地方总工会负责本行政区域内的工会劳动法律监督工作。

乡镇（街道）工会、开发区（工业园区）工会、区域性、行业性工会联合会等负责本区域或本行业的工会劳动法律监督工作。

用人单位工会负责本单位的工会劳动法律监督工作。

第五条　上级工会应当加强对下级工会劳动法律监督工作的指导和督促检查。

涉及工会劳动法律监督的重大事项，或者开展工会劳动法律监督工作有困难的，下级工会应当及时向上级工会报告，上级工会应当及时给予指导帮助。对上级工会交办的劳动法律监督事项，下级工会应当及时办理并报告。

必要时，上级工会可以代行下级工会的劳动法律监督职责。

第六条　工会应当积极配合有关部门，对政府部门贯彻实施劳动法律法规的情况进行监督。

第七条　有关劳动安全卫生、社会保险等各类专业监督检查，已有相关规定的，按规定执行。

第二章　监督职责

第八条　工会开展劳动法律监督，依法享有下列权利：

（一）监督用人单位遵守劳动法律法规的情况；

（二）调查侵犯职工合法权益的问题；

（三）提出意见要求依法改正；

（四）提请政府或者有关执法部门依法处理；

（五）支持和帮助职工依法行使劳动法律监督权利；

（六）法律法规规定的其他劳动法律监督权利。

第九条　工会对用人单位的下列情况实施监督：

（一）执行国家有关就业规定的情况；

（二）执行国家有关订立、履行、变更、解除劳动合同规定的情况；

（三）开展集体协商，签订和履行集体合同的情况；

（四）执行国家有关工作时间、休息、休假规定的情况；

（五）执行国家有关工资报酬规定的情况；

（六）执行国家有关各项劳动安全卫生及伤亡事故和职业病处理规定的情况；

（七）执行国家有关女职工和未成年工特殊保护规定的情况；

（八）执行国家有关职业培训和职业技能考核规定的情况；

（九）执行国家有关职工保险、福利待遇规定的情况；

（十）执行国家有关支持劳动者参加和组织工会规定的情况；

（十一）执行企事业单位民主管理有关规定的情况；

（十二）制定、修改劳动规章制度或者决定重大事项的情况；

（十三）法律法规规定的其他劳动法律监督事项。

第十条　工会重点监督用人单位恶意欠薪、违法超时加班、违法裁员、未缴纳或未足额缴纳社会保险费、侮辱体罚、强迫劳动、就业歧视、使用童工、侵犯女职工特殊权益、损害职工健康等行为。对发现的有关问题线索，应当调查核实，督促整改，并及时向上级工会报告；对职工申请仲裁、提起诉讼的，工会应当依法给予支持和帮助。

各级工会应当加强对平台企业和平台用工合作企业、劳务派遣用工的法律监督。

第十一条 工会应当加强法治宣传，引导用人单位依法用工，教育职工依法理性表达合理诉求。

第十二条 工会建立隐患排查、风险研判和预警发布等制度机制，加强劳动关系矛盾预防预警、信息报送和多方沟通协商，把劳动关系矛盾风险隐患化解在基层、化解在萌芽状态。

第十三条 县级以上地方总工会经同级人大、政协同意，可以参加其组织的劳动法律法规执法检查、视察。

第三章 监督组织

第十四条 县级以上总工会设立工会劳动法律监督委员会，在同级工会领导下开展工会劳动法律监督工作。工会劳动法律监督委员会的日常工作由工会有关部门负责。

基层工会设立劳动法律监督委员会或监督小组。工会劳动法律监督委员会受同级工会委员会领导。

工会劳动法律监督委员会任期与本级工会任期相同。

第十五条 县级以上工会劳动法律监督委员会委员由相关业务部门的人员组成，也可以聘请社会有关人士参加。

基层工会劳动法律监督委员会委员或监督小组成员从工会工作者和职工群众中推选产生。

第十六条 工会劳动法律监督委员会可以聘任若干劳动法律监督员。工会劳动法律监督委员会成员同时为本级工会劳动法律监督员。

第十七条 工会劳动法律监督员应当具备以下条件：

（一）具有较高的政治觉悟，热爱工会工作；

（二）熟悉劳动法律法规，具备履职能力；

（三）公道正派，热心为职工群众说话办事；

（四）奉公守法，清正廉洁。

第十八条 工会劳动法律监督员实行先培训合格、后持证上岗制度。工会劳动法律监督员由县级以上总工会负责培训，对考核合格的，颁发《工会劳动法律监督员证书》。证书样式由中华全国总工会统一制定。

第十九条 各级工会应当建立有关制度和信息档案，对工会劳动法律监督员进行实名制管理，具体工作由工会有关部门负责。

第二十条 工会可以聘请人大代表、政协委员、专家学者、社会人士等作为本级工会劳动法律监督委员会顾问，也可以通过聘请律师、购买服务等方式为工会劳动法律监督委员会提供法律服务。

第四章 监督实施

第二十一条 基层工会对本单位遵守劳动法律法规的情况实行监督，对劳动过程中发生的违反劳动法律法规的问题，应当及时向生产管理人员提出改进意见；对于严重损害劳动者合法权益的行为，基层工会在向单位行政提出意见的同时，可以向上级工会和当地政府有关主管部门报告，提出查处建议。

第二十二条 工会建立健全劳动法律监督投诉制度，对实名投诉人个人信息应当予以保密。

第二十三条 上级工会收到对用人单位违反劳动法律法规行为投诉的，应当及时转交所在用人单位工会受理，所在用人单位工会应当开展调查，于三十个工作日内将结果反馈实名投诉人，并报上级工会。对不属于监督范围或者已经由行政机关、仲裁机构、人民法院受理的投诉事项，所在用人单位工会应当告知实名投诉人。

第二十四条 工会在处理投诉或者日常监督工作中发现用人单位存在违反劳动法律法规、侵害职工合法权益行为的，可以进行现场调查，向有关人员了解情况，查阅、复制有关资料，核查事实。

第二十五条 工会劳动法律监督员对用人单位进行调查时，应当不少于2人，必要时上级工会可以派员参与调查。

工会劳动法律监督员执行任务时，应当将调查情况在现场如实记录，经用人单位核阅后，由调查人员和用人单位的有关人员共同签名或盖章。用人单位拒绝签名或盖章的，应当在记录上注明。

工会劳动法律监督员调查中应当尊重和保护个人信息，保守用人单位商业秘密。

第二十六条 工会主动监督中发现违反劳动法律法规、侵害职工合法权益行为的，应当代表职工要求用人单位整改。对于职工的投诉事项，经调查认为用人单位不存在违反劳动法律法规、侵害职工合法权益行为的，应当向职工说明。

第二十七条 用人单位违反劳动法律法规、侵害职工合法权益，经协商沟通解决不成的，由基层工会或工会劳动法律监督组织向用人单位发出《工会劳动法律监督提示函》。

县级以上地方总工会可以就本区域带有普遍性的问题，公开发布《工会劳动法律监督提示函》。

经《工会劳动法律监督提示函》提示或沟通无效的，根据实际情况，由县级以上地方总工会向用人单位发出《工会劳动法律监督意见书》，也可以由基层工会或工会劳动法律监督组织向用人单位发出《工会劳动法律监督意见书》。

用人单位收到《工会劳动法律监督意见书》后，应在三十个工作日内作出书面答复。用人单位未在规定期限内答复，或者无正当理由拒不改正的，由基层工会或工会劳动法律监督组织提请县级以上地方总工会向同级人民政府有关执法部门发出《工会劳动法律监督建议书》，并提供相关材料。

第五章 监督保障

第二十八条 工会开展劳动法律监督活动所需经费纳入本级工会预算。

第二十九条 地方工会可以结合实际，建立非公有制企业工会劳动法律监督员配套补助制度。

第三十条 各级工会应当为工会劳动法律监督员履职提供必要条件。工会劳动法律监督员因依法履职受到打击报复的，有权向本级或上级工会反映，上级工会应当及时给予支持和帮助，依法维护其合法权益。

第六章 附 则

第三十一条 本办法由中华全国总工会负责解释。

第三十二条 本办法自印发之日起施行。

中华全国总工会办公厅关于启用新版工会劳动法律监督员证书的通知

1. 2022 年 8 月 26 日
2. 厅字〔2022〕31 号

各省、自治区、直辖市总工会，各全国产业工会，中央和国家机关工会联合会，全总各部门、各直属单位：

根据《工会劳动法律监督办法》（总工办发〔2021〕9 号）有关规定，全国总工会制定了新版工会劳动法律监督员证书（以下简称监督员证书）样式。为做好启用新版监督员证书工作，加强和规范监督员证书管理，现就有关工作通知如下。

一、高度重视监督员证书颁发管理工作

监督员证书是从事工会劳动法律监督工作的身份证明和资格证件。加强对监督员证书的规范管理，对于强化工会劳动法律监督员的责任意识、保障工会劳动法律监督工作正常开展具有重要意义。各级工会要高度重视，加强对监督员证书颁发管理工作的组织领导。

二、明确监督员证书颁发管理工作职责

（一）工会劳动法律监督员须经县级以上总工会培训，考核合格后颁发由全国总工会统一制定样式的监督员证书。

（二）各省级工会负责制定本省（自治区、直辖市）监督员证书的颁发管理办法，并确定证书编号规则，报全国总工会法律工作部备案，具体由省级工会法律工作部门负责。县级以上总工会负责本级所辖工会的监督员证书的颁发管理工作。

（三）在京的中央企业工会的监督员证书颁发管理工作由全国总工会负责，具体由相关全国产业工会负责。

三、确保监督员证书印制质量

（一）各省级工会根据全总统一制定的监督员证书样式（见附件 1）及有关说明（见附件 2），按照地方有关规定要求，严格履行相应程序后，确定监督员证

书印制厂家。

（二）为确保印刷质量，各省级工会在正式确定承印单位前，须将该单位印制的证书样本报全总法律工作部审核同意后，方可正式印制。

（三）自 2022 年 12 月 1 日起，对考核合格的工会劳动法律监督员颁发以及补发、换发证书的，一律颁发新版监督员证书。

（四）本通知下发前，已经颁发的监督员证书继续有效。各地可根据实际，逐步换发新版监督员证书。2023 年 12 月底前，完成新版监督员证书换发工作，旧版监督员证书同时废止。

四、加强监督员证书管理

（一）监督员证书样式由中华全国总工会统一制定，其他单位和个人不得随意改变。

（二）监督员证书有效期一般为 3—5 年，具体期限由各省级工会确定。

（三）监督员证书只限本人使用，不得转借他人，不得涂改、伪造、变造、毁损。如有遗失，应当立即向本级工会劳动法律监督委员会报告，并按照有关规定申请补发。

（四）持证人不再担任工会劳动法律监督员的，应当将证书交回本级工会劳动法律监督委员会，按程序予以注销。

附件：1. 工会劳动法律监督员证书样式

2. 工会劳动法律监督员证书样式说明

附件 1

工会劳动法律监督员证书样式

（封面）

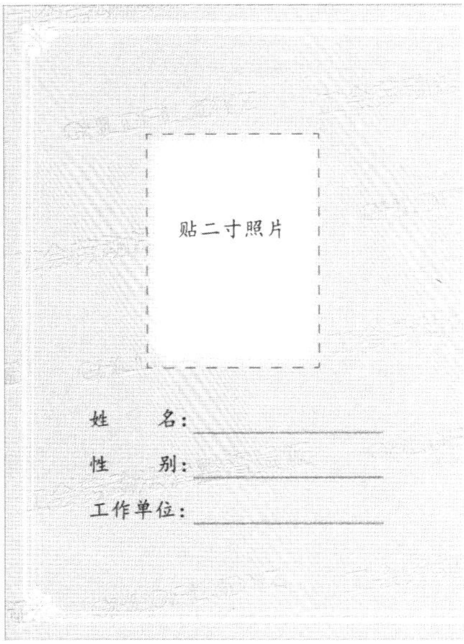

（内页第 1 页）

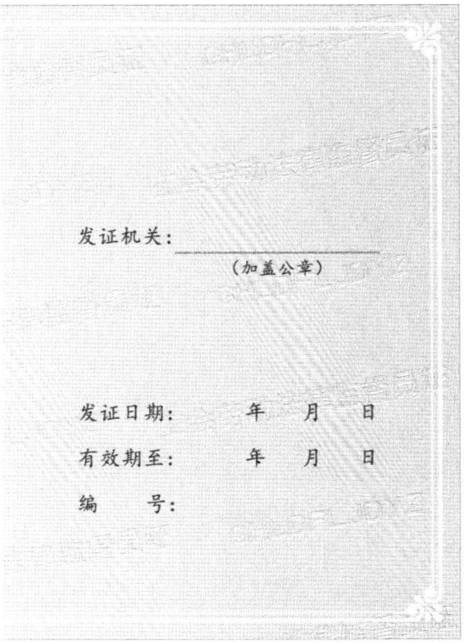

（内页第 2 页）

工会劳动法律监督工作原则

（一）依 法 规 范

（二）客 观 公 正

（三）依 靠 职 工

（四）协 调 配 合

（内页第 3 页）

工会劳动法律监督的权利

（一）监督用人单位遵守劳动法律法规的情况；

（二）参与调查处理；

（三）提出意见要求依法改正；

（四）提请政府有关主管部门依法处理；

（五）支持和帮助职工依法行使劳动法律监督权利；

（六）法律法规规定的其他劳动法律监督权利。

（内页第 4 页）

工会劳动法律监督员的条件

（一）具有较高的政治觉悟，热爱工会工作；

（二）熟悉劳动法律法规，具备履职能力；

（三）公道正派，热心为职工群众说话办事；

（四）奉公守法，清正廉洁。

（内页第 5 页）

使用说明

1. 本证为工会劳动法律监督员履行职责的身份证明和资格证件。

2. 本证只限本人使用，不得转借他人。

3. 请妥善保管，不得涂改、伪造、变造、毁损。如有遗失，应立即向本级工会劳动法律监督委员会报告，并按照有关规定申请补发。

4. 持证人不再担任工会劳动法律监督员的，应将本证交回本级工会劳动法律监督委员会，按程序予以注销。

5. 本证样式由中华全国总工会统一制定，不得随意改变。

（内页第 6 页）

附件2

工会劳动法律监督员证书样式说明

一、证书规格、颜色及材质

1. 尺寸：125mm×88mm。

2. 封皮：深蓝色底色，环保充皮纸。

3. 内页：浅蓝色底纹，100g/㎡“中国工会会徽”图案满版水印防伪纸。

二、证书文字内容

1. 封面上边沿处印有“工会劳动法律监督员证”字样，中间印有“中国工会会徽”(直径35mm)，下边沿处印有“中华全国总工会”字样。

2. 内页第1页为持证人个人信息。

3. 内页第2页为发证机关、发证日期、证书有效期和编号。

4. 内页第3页为工会劳动法律监督工作原则，依据为《工会劳动法律监督办法》第三条。

5. 内页第4页为工会劳动法律监督的权利，依据为《工会劳动法律监督办法》第八条。

6. 内页第5页为工会劳动法律监督员的条件，依据为《工会劳动法律监督办法》第十七条。

7. 内页第6页为使用说明。

最高人民检察院、中华全国总工会关于协同推进运用“一函两书”制度保障劳动者权益工作的通知

1. 2024年2月20日公布

2. 高检发办字〔2024〕27号

各省、自治区、直辖市人民检察院、总工会：

为深入贯彻落实党的二十大精神和习近平总书记在同全国总工会新一届领导班子成员集体谈话时的重要讲话精神，牢牢把握新时代“枫桥经验”的科学内涵和实践要求，充分发挥检察机关与工会在维护劳动者合法权益、构建和谐劳动关系中协同作用，有效预防和化解劳动领域矛盾纠纷，及时纠正用工违法行为，特别是推动根治欠薪、违法安排超时加班等社会关注问题，切实维护好劳动者的合法权益，现就检察机关与工会协同推进运用“一函两书”制度保障劳动者权益等工作通知如下。

一、“一函两书”制度基本内涵

本通知所指“一函两书”制度，是工会及相关单位为提醒用人单位落实好劳动法律法规，或纠正其违法劳动用工行为而适用相关文书的制度简称。“一函”指的是劳动法律监督提示函，“两书”指的是劳动法律监督意见书和劳动法律监督建议书。“一函两书”制度重在源头预防，目的是通过协调协商方式将劳动关系矛盾纠纷化解在基层，化解在萌芽状态。

二、主要目标

发挥检察机关法律监督职能优势和工会在发现、排查劳动领域风险隐患中的第一道防线作用，立足预防、立足调解、立足法治、立足基层，落实“枫桥经验”关于预防在前、调解优先、运用法治、就地解决矛盾纠纷等要求，凝聚工作合力，进一步提高检察机关与工会的协作配合质效，健全工作机制，推动劳动法律法规贯彻执行，保障劳动者合法权益，推动构建和谐劳动关系，促进社会和谐稳定。

三、“一函两书”制度适用范围

(一)用人单位涉及职工利益的内部规章制度的制定、修改、执行情况；工资集体协商和集体合同制度的建立和执行情况；职工代表大会制度的建立和落实情况；

(二)劳动合同的订立、履行、变更、解除和终止情况；劳动报酬分配、调整、支付和社会保险、福利待遇的落实情况；工作时间、休息和休假制度的执行情况；

(三)安全生产、职业病防治等劳动安全卫生的执行情况；女职工、未成年工、残疾职工及老年劳动者特殊权益保护的情况；职工教育培训及其经费提取、使用的情况；

(四)劳务派遣单位和用工单位遵守劳动法律法规、保障被派遣人员合法权益的情况；

(五)用人单位违反《工会法》，阻挠劳动者参加和组织工会，或因工会工作人员依法履职进行打击报复、解除劳动合同等情况；

(六)法律法规规定的其他情况。

四、检察监督与“一函两书”衔接协作

（一）加强事前监督和风险提示

工会劳动法律监督委员会认为用人单位可能违反或者出现违反有关劳动法律法规情况时可以给予口头提示、沟通协商；必要时，发出《工会劳动法律监督提示函》。检察机关可就发现或掌握的劳动用工违法线索与工会及时会商，推动问题解决。工会在“两节”等重要时间节点，聚焦治理欠薪、违法安排超时加班等重点问题，可面向本地区相关用人单位公开发布《工会劳动法律监督提示函》。各级检察机关可结合法律监督职能，就办案中发现的重点问题面向本地区发布相应法律风险提示或合规倡议，提醒、警示企业遵守相关劳动法律法规，推动企业依法合规健康发展。

（二）协同协作保护劳动者权益

按照“一函两书”制度要求，当用人单位存在违反劳动法律法规、侵害职工合法权益行为，与用人单位经提示、协商无效的，由该用人单位所在地县级以上总工会向用人单位发出《工会劳动法律监督意见书》，提出改正意见。涉及新就业形态劳动者和女性、未成年、残疾、老年劳动者等重点群体权益，或者涉及社保欠缴、拖欠农民工工资等群体性纠纷且用人单位不予配合的，县级以上总工会可同时将《工会劳动法律监督意见书》抄送同级检察机关，并移送相关线索材料，由检察机关依法启动法律监督程序，各级工会应当积极配合检察机关开展办案工作，通过个案办理推动类案监督促进综合治理，共同维护劳动者合法权益。检察机关在办理涉及劳动者权益保护的案件时，可以将相关法律文书抄送同级地方总工会，协同协作推进案件办理。

（三）促进依法行政

用人单位无正当理由未在规定期限内答复，或者无正当理由拒不改正的，地方总工会向同级政府执法部门发出《工会劳动法律监督建议书》，可同时抄送同级检察机关，并移送相关线索材料，由检察机关依法开展法律监督，支持工会代表劳动者提出的权益维护诉求。县级以上总工会可商请同级检察机关派员提前介入办理劳动者权益维护相关工作，推动依法解决社保欠缴、农民工工资拖欠等问题，加强对损害国家利益或者社会公共利益、严重损害劳动者合法权益、造成重大社会影响等违法行为的监督。对于某地区一定时期内违法用工案件多发、频发，或者已发生的案件暴露出明显的劳动用工管理监督漏洞，需要督促行业主管部门加强和改进管理监督工作的；或政府执法部门不依法及时履行职责，致使劳动者合法权益受到损害或者存在损害危险，需要及时整改消除等情形，检察机关可以向有关单位和部门提出检察建议。

五、工作要求

（一）加强组织领导。各级检察机关、工会要进一步提高认识，深入贯彻落实习近平法治思想，深刻领会党的二十大精神，以全面推行“一函两书”制度为抓手，立足工作实际，加强协作配合，形成上下联动、层层推进的工作格局，切实维护好劳动者合法权益，推动构建和谐劳动关系，服务经济高质量发展。

（二）落实目标责任。各级检察机关、工会应切实加强领导，主动组织实施，积极开展工作。定期进行分析，认真总结经验，及时发现问题，并将有关情况报各自上级主管单位。必要时，各级检察机关与工会可联合组织开展劳动法律监督专项执法检查行动。最高检与全国总工会每年对“一函两书”实施情况进行总结和通报，联合评选典型案例、优秀文书并宣传推广。各级工会要建立“一函两书”工作台账，工会发出的提示函、意见书、建议书应当一式两份，作好档案管理。

（三）加强沟通协作。各级工会要紧密结合自身职责，主动加强与当地检察机关及政府各相关部门的沟通协作，切实发挥好各方面积极性，形成合力，协调推进。各级检察机关、工会要坚持上下联动，加强上下业务交流，对落实中存在的问题及时研究、协调解决，有计划、有步骤地全面推行“一函两书”制度。按照重心下移、监督力量下沉要求，加强基层检察院和基层工会运用“一函两书”制度规范化建设。有条件的地方工会可先行先试，探索建立“一函两书”数据库，打通数据壁垒，让数据为劳动法律监督工作赋能。

各省级检察机关、总工会可以依据本意见，结合本地区实际制定实施细则。

中华全国总工会、最高人民法院关于协同推进“一函两书”工作的通知

1. 2024年3月26日
2. 总工发〔2024〕7号

各省、自治区、直辖市总工会、高级人民法院，解放军军事法院，新疆维吾尔自治区高级人民法院生产建设兵团分院：

为贯彻落实新时代“枫桥经验”实践要求，落实《最高人民法院 中华全国总工会工作交流会商会会议纪要》有关部署，有效预防和化解劳动领域矛盾纠纷，充分发挥工会与人民法院各自优势，增强“一函两书”落地效能，推动劳动纠纷诉源治理，现就工会与人民法院协同推进“一函两书”工作通知如下。

一、主要目标

以习近平新时代中国特色社会主义思想为指导，全面贯彻落实党的二十大精神，牢牢把握新时代“枫桥经验”的科学内涵和实践要求，通过协同推进“一函两书”工作，发挥工会贴近职工、贴近一线，在发现和掌握劳动领域风险隐患中的重要作用，立足人民法院专业优势，发挥能动司法作用，形成工作合力，进一步提高协作质效，健全工作机制，推动劳动法律法规贯彻执行，服务经济社会高质量发展。

二、基本内容

本通知中“一函两书”是指《工会劳动法律监督提示函》《工会劳动法律监督意见书》和《工会劳动法律监督建议书》。适用范围主要是：用人单位劳动规章制度的制定、修改、执行情况；劳动合同、劳动报酬、工作时间、休息休假等法律制度执行情况；安全生产、职业病防治等法律制度执行情况；劳动者参加和组织工会等权利落实及工会工作人员履职保护等法律制度执行情况。

三、工作举措

（一）建立双向通报和信息共享机制。

围绕元旦、春节等重要时间节点，聚焦欠薪、违法安排超时加班等突出问题，县级以上地方总工会与同级人民法院建立重大/敏感信息预警机制。工会发现劳动用工违法线索、重大敏感信息，向用人单位发出《工会劳动法律监督提示函》《工会劳动法律监督意见书》时，可同步将相关信息通报人民法院。人民法院就案件审理中发现的劳动权益保护类型化问题、重大敏感问题，及时向同级工会通报，加强矛盾纠纷预防化解指导；支持工会发布公开提示函，提醒、警示用人单位遵守劳动法律法规，推动劳动领域存在法律风险的普遍性问题实现诉源治理。

（二）探索建立司法建议与工会监督衔接机制。

人民法院可以根据辖区内类案办理情况，针对劳动用工违法行为等突出问题向有关用人单位发出司法建议书。人民法院可将司法建议书同步抄送用人单位所在地的县级以上地方总工会，县级以上地方总工会可以运用“一函两书”开展监督，并将结果及时反馈人民法院。工会和人民法院要强化工作协同，加强涉及新就业形态劳动者、老年劳动者、女性劳动者、农民工等群体权益的司法保障和劳动法律监督。鼓励和引导当事人通过非诉讼方式解决纠纷，积极预防和妥善化解劳动关系领域重大风险，维护劳动关系和谐与社会稳定。

（三）加强业务指导与培训。

县级以上地方总工会发出《工会劳动法律监督意见书》后，用人单位仍拒不改正违法用工行为的，工会可以积极协调检察机关支持劳动者提出权益维护诉求，人民法院依法公正高效审理劳动争议案件，不断提升审判质量和效率。县级以上地方总工会可以商请人民法院派员开展业务指导，对工会劳动法律监督员队伍开展业务培训，提升工会依法开展劳动法律监督的能力水平。

四、工作要求

地方各级总工会、人民法院要牢牢把握新时代“枫桥经验”的丰富内涵和实践要求，以全面推行“一函两书”为抓手，立足工作实际，加强协作配合，将有关情况定期报各自上级单位，形成上下联动、层层推进的工作格局。全国总工会与最高人民法院每年对“一函两书”实施情况进行总结和通报，联合评选典型案例、优秀文书，进行宣传推广。

各省级总工会、人民法院可以依据本通知，结合本地区实际制定具体工作方案。

劳动和社会保障部与中华全国总工会关于进一步加强劳动法律监督工作联席会议纪要

1. 2001年8月8日
2. 总工办发〔2001〕22号

2001年6月14日，劳动和社会保障部与中华全国总工会，就进一步加强劳动法律监督工作举行联席会议。中共中央政治局常委、中央书记处书记、中华全国总工会主席尉健行同志出席会议并作了重要讲话。劳动和社会保障部领导张左己、王东进及有关部门负责同志，全总领导张俊九、孙宝树、李奇生、纪明波、周玉清、董力和李永海及有关部门负责同志参加了会议。劳动和社会保障部通报了近期贯彻劳动法工作取得的成绩、存在的问题和下一步工作打算。全国总工会通报了参与协调劳动关系过程中遇到的新情况、新问题，并提出了政策建议。

尉健行同志在讲话中指出，党中央、国务院对加强劳动管理、协调劳动关系、维护职工合法权益的工作十分重视。《中华人民共和国劳动法》颁布实施以后，劳动保障部门和工会组织都作了大量工作，处理劳动关系矛盾的一些机制已经大致建立起来，在企业推行平等协商、集体合同制度和职工代表大会制度，吸收广大职工参与企业的民主决策、民主管理、民主监督，通过劳动争议调解和仲裁组织来处理劳动关系矛盾等方面都发挥了积极的作用。但是，当前出现的劳动关系矛盾许多还不能得到及时有效地处理，以致群体性事件时有发生，影响了职工队伍和社会的稳定。这说明我们调整劳动关系矛盾的正常机制，还缺乏一整套健全有效的法规、制度和程序作保证，不能及时有效地把劳动关系矛盾解决在基层，解决在萌芽状态，这就需要我们很好地研究对策。劳动保障部门和工会既要加强自身的工作，又要很好地加强沟通和合作。劳动关系问题涉及面比较广，劳动保障部门和工会首先应就双方关心、当前亟需解决、也有条件解决的重点问题，一起研究，认真解决，比如，企业依据《劳动法》协调劳动关系矛盾的具体标准问题，贯彻执行劳动法律法规和具体劳动标准的监督问题，劳动争议的调解、仲裁和处理问题等。

会议认为，1994年《中华人民共和国劳动法》颁布以来，各级劳动保障部门制定了许多与其相配套的法规、规章和政策，在协调劳动关系、加强监察执法和劳动争议处理等方面做了大量工作，取得了明显的成效。各级工会积极参与立法和协调劳动关系，推动企业坚持和发展职工代表大会制度，建立和完善平等协商、集体合同制度等方面，发挥了应有的作用。

会议指出，当前劳动争议案件持续增多，职工群体性事件不断发生，集中反映了在特定的历史条件下复杂的经济关系和利益矛盾，凸显了法律、政策在执行的工作层面上存在的一些突出问题。当前，需要切实加强执行劳动法律法规的监察监督和劳动争议调处，努力协调好劳动关系，切实有效地维护职工的合法权益，保护、调动和发挥好广大职工投身改革和发展的积极性、创造性，努力维护职工队伍和社会政治的稳定。

双方认为，针对贯彻实施《劳动法》中存在的突出问题，必须进一步做好推动立法和完善政策的工作。要认真做好《社会保险法（草案）》和《工伤保险条例（草案）》的调研论证和起草工作，积极配合国务院法制办修改完善《劳动合同法（草案）》和《基本养老保险条例（草案）》，着手研究起草《劳动争议处理法》和《集体合同法》。按照“三个不变”的要求，努力做好两个“确保”，保障下岗职工基本生活费和离退休人员养老金不发生新的拖欠。进一步做好劳动关系协调工作，巩固劳动合同制度，继续推行平等协商、集体合同制度，职工个人劳动合同的约定内容不得违背集体合同的约定。探索建立多层次的劳动关系三方协调机制，巩固劳动争议仲裁机构、充实仲裁员队伍，完善劳动争议仲裁三方机制，积极推进劳动保障部门劳动保障监察与工会劳动法律监督工作的有机结合。

双方决定，在近期为共同做好协调劳动关系工作，要起草三个文件、建立一个机制和联合召开一个全国性工作会议。尽快下发《关于进一步推行平等协商和集体合同制度的通知》、《关于进一步加强劳动争议处理工作若干问题的通知》、《关于加强劳动保障监察与工会劳动法律监督相互协调配合工作的通知》。尽快建立国家及各级劳动关系三方协调机制，早日启动国家级的三方协调会议制度。争取于八月底与国家经贸委、中国企业联合会联合召开全国协调劳动关系工作会议。

会议确定，劳动和社会保障部与中华全国总工会建立经常性的联席会议制度。有关工作，由劳动和社会保障部副部长王东进同志与全国总工会党组副书记孙宝树同志牵头，负责具体协商和落实。

八、工会法律援助

工会法律援助办法

1. 2008年8月11日
2. 总工发〔2008〕52号

第一章　总　则

第一条　为履行维护职工合法权益基本职责，规范工会法律援助工作，发展和谐劳动关系，根据《中华人民共和国工会法》、《中华人民共和国劳动法》、《法律援助条例》和《中国工会章程》，制定本办法。

第二条　工会建立法律援助制度，为合法权益受到侵害的职工、工会工作者和工会组织提供无偿法律服务。

工会法律援助是政府法律援助的必要补充。

第三条　工会建立法律援助异地协作制度，省际、城际间工会组织及其法律援助机构可以互相委托，协助办理相关法律援助事项。

第四条　全国总工会法律工作部指导、协调全国工会法律援助工作。县级以上地方工会法律工作部门指导、协调本地区工会法律援助工作。

工会法律援助工作接受司法行政机关的业务指导。

第五条　对在工会法律援助工作中作出突出贡献的工会法律援助组织和人员，县级以上总工会和产业工会应在工会系统内部或会同司法行政等部门予以表彰、奖励。

第二章　机构和人员

第六条　县级以上地方工会和具备条件的地方产业工会设立法律援助机构，在同级工会领导下开展工作。

地方工会可以与司法行政部门协作成立工会（职工）法律援助工作站，也可以与律师事务所等机构合作，签订职工法律援助服务协议。

工会设立法律援助机构应当符合有关法律、法规的规定。

第七条　工会法律援助机构可以单独设立也可以与困难职工帮扶中心合署办公，法律援助机构负责人及相关管理人员由同级工会委派或者聘任。

法律援助工作人员可以从下列人员中聘请：

（一）工会公职律师、专兼职劳动争议调解员、劳动保障法律监督员等工会法律工作者。

（二）法律专家、学者、律师等社会法律工作者。

第三章　范围和条件

第八条　工会法律援助的范围：

（一）劳动争议案件；

（二）因劳动权益涉及的职工人身权、民主权、财产权受到侵犯的案件；

（三）工会工作者因履行职责合法权益受到侵犯的案件；

（四）工会组织合法权益受到侵犯的案件；

（五）工会认为需要提供法律援助的其他事项。

第九条　工会法律援助的形式：

（一）普及法律知识；

（二）提供法律咨询；

（三）代写法律文书；

（四）参与协商、调解；

（五）仲裁、诉讼代理；

（六）其他法律援助形式。

第十条　职工符合下列条件之一的，可以向工会法律援助机构申请委托代理法律援助：

（一）为保障自身合法权益需要工会法律援助，且本人及其家庭经济状况符合当地工会提供法律援助的经济困难标准。

（二）未达到工会提供法律援助的经济困难标准，但有证据证明本人合法权益被严重侵害，需要工会提供法律援助的。农民工因请求支付劳动报酬或者工伤赔偿申请法律援助的，不受本办法规定的经济困难条件的限制。

第四章　申请和承办

第十一条　职工申请法律援助应当向劳动合同履行地或者用人单位所在地的工会法律援助机构提出。

工会工作者和工会组织申请工会法律援助应当向侵权行为地或者用人单位所在地的工会法律援助机构提出。

第十二条 职工申请工会法律援助机构代理劳动争议仲裁、诉讼等法律服务，应当以书面形式提出，并提交下列材料：

（一）身份证、工作证或者有关身份证明；

（二）所在单位工会或者地方工会（含乡镇、街道、开发区等工会）出具的申请人经济困难状况的证明；

（三）与法律援助事项相关的材料；

（四）工会法律援助机构认为需要提供的其他材料。

提交书面申请确有困难的，可以口头申请。工会法律援助机构应当当场记录申请人基本情况、申请事项、理由和时间，并经本人签字。

第十三条 工会工作者、工会组织申请工会法律援助机构参与协商、调解，代理仲裁、诉讼等法律服务，应当以书面形式提出，并分别提交下列材料：

（一）工会工作者所在单位工会或者工会组织所在地方工会出具的情况证明或说明；

（二）与法律援助事项相关的材料；

（三）工会法律援助机构认为需要提供的其他材料。

第十四条 工会法律援助机构自收到申请之日起7日内按规定的条件进行审查。对符合条件的，由工会法律援助机构负责人签署意见，作出同意提供法律援助的书面决定，指派法律援助承办人员，并通知申请人。

对申请人提交的证件、证明材料不齐全的，应当要求申请人作出必要的补充或者说明，申请人未按要求作出补充或者说明的，视为撤销申请。

对不符合条件的，作出不予提供法律援助的决定，以口头或者书面形式通知申请人。

第十五条 工会法律援助机构对法律咨询、代写法律文书等法律服务事项，应当即时办理；复杂疑难的可以预约择时办理。

第十六条 法律援助承办人员接受工会法律援助机构的管理和监督，依法承办法律援助机构指定的援助事项，维护受援人合法权益。

第十七条 法律援助承办人员在援助事项结案后，应当向工会法律援助机构提交结案报告。

第十八条 法律援助事项结案后，工会法律援助机构应当按规定向承办人员支付法律援助办案补贴。补贴标准由县级以上地方工会根据本地实际情况确定。

第十九条 法律援助承办人员接受指派后，无正当理由不得拒绝、延迟或者中止、终止办理指定事项。

第二十条 法律援助承办人员未按规定程序批准，不得以工会法律援助机构名义承办案件。

第二十一条 法律援助承办人员应当遵守职业道德和执业纪律，不得收取受援人任何财物。

第五章 资金来源和管理

第二十二条 工会法律援助工作经费主要用于工会法律援助机构的办公、办案经费。县级以上地方工会应当将工会法律援助工作经费列入本级工会经费预算，并依据国家和工会财务制度的有关规定，制定相应管理办法。

第二十三条 对困难职工的法律援助补助资金，从工会困难职工帮扶中心专项资金中列支，管理和使用应当遵守《困难职工帮扶中心专项资金管理办法》的有关规定。

第二十四条 工会法律援助工作经费、对困难职工法律援助的补助资金，接受上级和本级工会财务、经审、法律、保障部门的监督检查。

第六章 附 则

第二十五条 各省、自治区、直辖市总工会可以根据本办法，结合本地实际，制定具体规定。

铁路、金融、民航、新疆生产建设兵团工会可以参照本办法执行。

第二十六条 本办法由全国总工会负责解释。

第二十七条 本办法自发布之日起执行。

司法部、全国总工会关于保障职工合法权益加强职工法律援助工作的通知

1. 2002年11月21日
2. 司发通〔2002〕123号

各省、自治区、直辖市司法厅（局）、总工会：

保障职工合法权益，是我国社会主义法制建设和人权保障的重要组成部分，也是法律援助工作的重要内容。为了充分发挥各级司法行政机关和工会组织的职能作用，进一步加强并规范职工法律援助工作，切

实维护职工合法权益，促进社会稳定，现就有关问题通知如下：

一、各级法律援助机构和工会组织要从认真实践“三个代表”重要思想和执政为民的高度，重视和开展职工法律援助工作。《工会法》明确规定“维护职工合法权益是工会的基本职责”，“县级以上各级总工会可以为所属工会和职工提供法律服务”。困难职工是特殊的困难群体，为困难职工提供法律援助，维护其合法权益，是各级司法行政机关和工会组织的共同任务，是贯彻落实《工会法》的重要内容，也是当前维护稳定大局的迫切需要。各级司法行政机关和工会组织要从讲政治、抓维护、促稳定的高度，充分认识开展职工法律援助工作的重要性与紧迫性，切实加强组织领导，认真研究部署，明确工作重点，采取有效措施，把这项工作落到实处。

二、要认真研究市场经济条件下劳动关系和劳动争议的规律和特点，采取有效措施，使符合条件的困难职工当事人得到优质的法律援助。对重大劳动争议案件，要及时立案援助；对可能影响社会稳定的突出问题，要及时向党委和政府反映，提出解决意见。各级工会组织要以贯彻实施修改后的《工会法》为契机，加强职工法律援助的组织和队伍建设，充分发挥自身优势，加大依法维权力度。要拨出专项经费，设立职工法律援助资金，确保职工法律援助工作的正常发展。

三、各级工会组织要遵循法律援助制度的基本原则，依据修改后的《工会法》和相关法律法规的规定开展职工法律援助工作，不断加强制度化和规范化建设。工会职工法律援助要以协调劳动关系、调处劳动争议为工作重点，以合法权益受到侵犯的困难职工、工会工作者和基层工会组织为主要对象，通过法律咨询、代书、非诉讼调解、仲裁代理和诉讼代理等手段，提供无偿法律服务，维护其合法权益。各级地方工会要加强对职工法律援助工作的组织管理。工会开展职工法律援助工作，应当接受司法行政机关的业务指导，确保规范化运作，不断提高工作水平。

四、各级司法行政机关和工会组织在为困难职工提供法律援助工作中要加强协调，密切配合。工会作为实施法律援助的重要社会力量，在维护困难职工合法权益方面发挥着不可替代的作用，司法行政机关应当给予积极支持。要组织经常性的培训、交流和研讨，不断提高工会法律援助人员的业务素质；要在制度上互相衔接，职能上优势互补，及时总结推广经验，定期评选表彰先进，推动职工法律援助工作深入开展。各级工会组织要加强与司法行政机关的联系，主动通报情况，提供需求信息，提出意见建议，协助制定相关措施和办法，共同促进职工法律援助工作的健康发展。

五、各级司法行政机关和工会组织要紧密结合职工法律援助工作的实际需要，采取多种形式，大力开展《劳动法》、《工会法》以及相关法律法规的宣传教育工作，提高广大职工、工会工作者的法律意识，自觉地运用法律武器维护自身合法权益；提高企业经营者的法律素质，促进他们自觉遵纪守法，保障职工的合法权益，不断优化开展职工法律援助工作的法制环境。

各地开展职工法律援助工作情况请及时报司法部和全国总工会。

附件

工会法律援助工作座谈会纪要

2002年6月26日至27日，司法部法律援助中心与全国总工会法律工作部召开座谈会，双方就近几年工会开展法律援助的基本情况，工会法律援助与政府法律援助的关系，以及拟联合下发的“关于保障职工合法权益、加强职工法律援助工作的通知”中的有关问题进行了充分讨论。

一、工会开展法律援助工作的基本情况

（一）机构建设和人员情况。近年来，各级工会加大依法维护职工权益的力度，相继建立法律援助机构，为职工和工会组织提供必要的法律援助。据不完全统计，全国13个省市（辽宁、青海正在筹建）已建立各级工会法律援助机构475个。其中98%的机构由工会自行设立，名称为××省市工会（职工）法律援助中心；2%作为分支机构挂靠司法行政部门，名称为××省市法律援助中心职工工作部、站（联络站、站），接受相应的指导和监督。部分省市工会法律援助和服务机构“一套人马，两块牌子”。各级工会法律援助和法律服务机构共配备专兼职工作人员2298名（专职368名，兼职1930名）。其中，取得律师资格和法律工作者证书的196人（律师资格138人，法律工作者58人），占总数的8.5%。专职人员主要为外聘律师和法律工作者，兼职人员主要为具有法律专业知识并取得

工会法律工作者证书的工会干部。

（二）资金的筹集和使用管理情况。目前，全国15个省市工会已通过拨出专款、社会募集等形式筹款近300万元，并设立法律援助专项资金，为合法权益受到侵犯的困难职工实现仲裁或诉讼的权利提供物质保障。专项资金主要用于支出律师代理费和办案费、仲裁和诉讼案件受理及处理费、其他人员办案费用及办案补贴等，专款专用，严格管理。

（三）业务开展情况。据不完全统计，近三年来，各级工会法律援助和服务机构免费解答法律咨询17.8万人次，提供代书和非诉讼代理1.4万余件，代理劳动争议仲裁及诉讼等案件4168件，受援案件总数19.6万余件，受援职工达21.8万人次，取得了良好的社会效果。工会法律援助不同于政府法律援助，具有自己的鲜明特色，即以协调劳动关系、调处劳动争议为重点，以合法权益受到侵犯的困难职工、工会工作者和基层工会组织为服务对象，通过法律援助手段维护其合法权益。

（四）规范化、制度化建设情况。全国13个省市工会先后制定了《工会（职工）法律援助办法》等，对工会法律援助机构的职责、人员组成、经费来源以及法律援助的对象、范围、方式、条件和程序等作出明确规定。江苏、四川、福建等省级工会还积极参与地方法律援助条例的制定，使工会职工法律援助工作得到地方立法的确认。

二、工会开展法律援助工作的紧迫性、必要性和法律依据

近年来，随着企业改革不断深化，劳动关系日趋复杂，劳动争议逐年增加，呈历史高发期。因侵犯职工合法权益引发的劳动争议特别是集体劳动争议案件增多，且极易酿成群体性突发事件，直接影响到社会稳定。因此，工会开展法律援助工作，维护困难职工的合法权益，既是工会履行维护职责的重要内容，也是当前维护稳定大局的迫切需要。

2001年10月27日全国人大常委会修改后的《工会法》突出了工会的维护职能，明确规定“维护职工合法权益是工会的基本职责”（《工会法》第六条）；“职工认为企业侵犯其劳动权益而申请劳动争议仲裁或者向人民法院提起诉讼的，工会应当给予支持和帮助”（《工会法》第二十一条）；“县级以上各级总工会可以为所属工会和职工提供法律服务”（《工会法》第二十九条）。尉健行同志在2001年11月20日召开的“全国贯彻实施《劳动法》《工会法》，推进集体合同劳动合同工作经验交流会”上强调：“当前要特别注意抓好劳动争议调解仲裁机制建设，工会作为职工自愿结合的工人阶级群众组织，还要建立健全对职工特别是生活困难职工提供法律援助与服务的机制。努力从源头上、从法律法规和政策上更好地协调劳动关系矛盾，维护职工队伍和社会政治稳定。”根据《工会法》的规定和中央领导的要求，工会开展法律援助，不仅十分必要，而且有明确的法律依据。

三、工会等社会团体法律援助与政府法律援助的关系

工会法律援助是国家法律援助制度的组成部分。各地工会依据《工会法》的规定，遵循“政府主导，全社会参与”的原则，认真开展法律援助，在维护困难职工合法权益，维护社会稳定等方面发挥了积极的作用，产生了良好的社会效果，司法行政机关应当积极支持。工会法律援助接受政府司法行政机关的指导，以保证法律援助制度高效运行，健康发展，并形成政府主管部门与工会组织相互配合、优势互补的良好局面。但目前这方面缺乏相应的法律规范，实际运作困难不少，需要不断探索和完善。

座谈中，双方就拟联合下发“关于保障职工合法权益，加强职工法律援助工作的通知”（讨论稿）中的有关问题进行了讨论。司法部法律援助中心提出，工会开展法律援助应遵循司法部《关于进一步加强法律援助工作的意见》中“社会团体设立法律援助服务组织必须经过司法行政机关审批，业务上接受政府法律援助机构的指导和监督，不得从事有偿法律服务”的原则。全国总工会法律工作部对司法部法律援助中心要求在“通知”中明确“工会设立法律援助机构必须经过司法行政机关审批”提出不同意见，认为“工会法律援助机构接受司法行政机关业务指导”更符合《工会法》的规定。双方讨论后一致认为，鉴于目前法律法规对于工会等社会团体设立法律援助机构尚无明确规定，为使工会法律援助工作能够正常开展，“通知”中可明确工会法律援助是国家法律援助制度的组成部分，司法行政机关积极支持工会开展法律援助工作，工会法律援助工作接受司法行政机关的指导，工会法律援助为无偿性法律服务。其他问题待国务院《法律援助条例》出台后，再依据《条例》作出具体规定。

中华全国总工会办公厅关于学习宣传贯彻《中华人民共和国法律援助法》的通知

1. 2021 年 9 月 15 日
2. 厅字〔2021〕30 号

各省、自治区、直辖市总工会，各全国产业工会，中央和国家机关工会联合会，全总各部门、各直属单位：

《中华人民共和国法律援助法》(以下简称《法律援助法》)已经中华人民共和国第十三届全国人民代表大会常务委员会第三十次会议通过，将于 2022 年 1 月 1 日起施行。为做好工会系统《法律援助法》学习宣传贯彻工作，现就有关事项通知如下。

一、充分认识《法律援助法》颁布实施的重要意义

法律援助是公共法律服务体系的组成部分，是国家建立的为经济困难公民和符合法定条件的其他当事人无偿提供法律咨询、代理、刑事辩护等法律服务的制度，是体现以人民为中心的发展思想、切实维护人民群众合法权益的重要民生工程。《法律援助法》的颁布实施，是完善中国特色社会主义法律援助制度的必然要求，是贯彻落实中央关于推进全面依法治国的重大战略部署，是努力让人民群众感受到公平正义的重要举措，对于维护公民合法权益、保障法律正确实施、促进社会和谐稳定具有十分重要的意义。《法律援助法》作为法律援助制度建设的基础性、综合性法律，围绕经济社会发展大局和人民群众现实需要，全面总结吸收了法律援助实践成果，从国家立法层面构建了党委政府领导、司法行政部门负责、有关部门协作配合、社会力量广泛参与的制度体系，确立了政府职能部门、群团组织、企事业单位、社会组织、个人等在法律援助工作中的定位、职能和作用，为鼓励和引导社会力量参与做好法律援助工作提供了重要遵循和坚强保证。

《法律援助法》的颁布实施，开启了工会开展法律援助工作的新征程，标志着工会法律援助实现了有法可依、有章可循，对于推动工会法律援助全面纳入党和国家工作大局、更好服务和保障职工群众具有重大现实意义。多年来，各级工会充分发挥优势、整合利用资源，结合职工群众法律服务需求，持续广泛开展法律援助工作，取得良好法治效果和社会效果。《法律援助法》确立了工会法律援助工作的新目标、新任务和新要求，各级工会要用足用好法律赋予的职能和手段，立足前期工作基础和成效，切实担负起法定职责，抓住时机、主动谋划，发挥优势、积极作为，在更高层次、更高水平上做好法律援助工作，不断提升职工群众权益保障水平，更好维护职工队伍和社会大局和谐稳定。

二、准确把握《法律援助法》的立法精神和重点内容

《法律援助法》共七章七十一条，全面系统规范了法律援助的概念、原则、主体、对象和实施机制，确立了法律援助在机构职能、服务质效、监督管理、经费保障等方面的具体规则，体现了尊重和保障人权、促进法律正确实施、维护社会公平正义的立法理念。在优化民生领域法律服务、完善便捷服务渠道、扩大群团组织参与等方面，《法律援助法》推出了一系列重大制度创新。一是突出了对劳动者合法权益的专门保护。《法律援助法》将涉及劳动权益保障相关事项作为法律援助重点，明确将劳动争议调解与仲裁代理纳入法律援助形式，将请求给予社会保险待遇、请求确认劳动关系、请求支付劳动报酬、请求工伤事故人身损害赔偿等纳入法律援助范围，进一步扩大了法律援助服务对劳动关系领域的覆盖面。二是完善了对特定劳动者群体的简易服务程序。《法律援助法》简化了特殊困难群体申请援助流程，对于申请支付劳动报酬或者请求工伤事故人身损害赔偿的进城务工人员，免于核查经济困难状况，对于其他因经济困难申请法律援助的劳动者，可以实行信息共享查询或申请人诚信承诺，方便符合条件的劳动者获得及时有效的法律援助服务。三是确认了工会提供法律援助的主体地位。《法律援助法》确立了国家保障与社会参与相结合的原则，在总则中设立专条对群团组织、事业单位、社会组织依法提供法律援助予以确认，在附则中明确了工会等群团组织参照适用法律的相关要求，强化了工会法律援助工作的法律依据，有助于促进工会法律援助融入国家法律援助整体布局。

各级工会要牢固树立法治观念和依法履职意识，

高度重视和深入领会《法律援助法》为工会法律援助工作提供的规范、支撑和保障，准确理解立法精神，熟悉掌握基本内容，在实际工作中严格执行和正确适用，着力健全保障职工合法权益的渠道和方式，更好满足职工群众日益增长的法律服务需求。

三、深入推进《法律援助法》学习宣传和贯彻落实工作

各级工会要站在党和国家工作大局与工会工作全局的高度，切实增强学习宣传贯彻落实《法律援助法》的责任感、使命感、紧迫感，将做好工会法律援助工作全面融入新就业形态劳动者、农民工、困难职工等重点群体的服务保障工作中，推进工会法律援助与工会参与立法、法治宣传教育、劳动法律监督、劳动争议调处等维权服务工作的协调衔接，加强组织领导，统筹工作部署，明确任务分工，抓好责任落实，为《法律援助法》自2022年1月1日起全面贯彻实施奠定工作基础、创造良好条件。

（一）广泛开展学习宣传。各级工会要把学习宣传贯彻落实《法律援助法》作为当前和今后一个时期的重点任务，纳入工会系统“八五”普法规划和实施方案，采取有效措施抓好落实，确保学习宣传取得良好效果。要面向广大职工和工会干部持续深入做好《法律援助法》宣传阐释和教育引导工作，重点解读《法律援助法》的出台背景、重要意义、基本内容和实施要求，广泛宣传工会法律援助的实际举措和工作成效。要增强《法律援助法》宣传引导的广泛性、指向性、创新性，充分运用新技术新媒体开展精准普法，结合采用培训授课、知识竞赛、以案说法、文艺展演等多种形式提升普法实效，不断增进工会干部和职工群众对工会法律援助工作的认识。全总将于近期召开全国工会贯彻实施《法律援助法》工作部署会，传达学习相关法律法规，研究部署贯彻落实工作。

（二）扎实推进法律实施。各级工会要充分利用《法律援助法》正式实施前的过渡时期，认真做好推动法律贯彻实施的各项准备工作，抓紧完善相关配套制度文件，研究制定具体工作方案，明确工作目标、落实举措、责任分工和进度安排，确保法律规定在实际工作中执行到位。要主动加强与司法行政部门沟通协作，争取政策支持、业务指导和工作保障，建立完善工会法律援助与政府法律援助衔接机制。要重点抓好法律援助示范单位建设和作用发挥，总结推广行之有效的经验做法，持续优化特殊困难劳动者群体法律援助机制，推动工作关口前移、重心下沉、渠道延伸，确保职工群众权益保障需求应援尽援、应援优援。

（三）不断提升保障水平。各级工会要以促进法律援助扩面、提质、增效为导向，持续加大人员组织、教育培训、监督管理、激励保障力度，全面推进实体阵地建设和网络平台建设。要调配具备相关专业资质和业务能力的工作人员参与法律援助，配备必要办公场所、办公设备和服务设施，建立健全机构人员备案管理、工作绩效量化考核、援助经费使用管理等制度机制。要把《法律援助法》宣传贯彻情况作为工作调研和业务指导重点事项，定期交流工作进展和研究成果，加强督促检查与考核评价，及时发现和协调解决新情况新问题，适时总结推广有益经验和先进做法。要加强与地方人大、政府等相关方面的沟通协作，推动加大执法检查力度，规范和促进《法律援助法》在工会系统的贯彻落实工作。

各地工会学习宣传贯彻《法律援助法》工作情况，请于2022年3月31日前报送全总法律工作部。

九、重点群体保护

1. 产业工人

中共中央、国务院关于深化产业工人队伍建设改革的意见

2024 年 10 月 12 日

产业工人是工人阶级的主体力量，是创造社会财富的中坚力量，是实施创新驱动发展战略、加快建设制造强国的骨干力量。为推动产业工人队伍建设改革走深走实，现提出如下意见。

一、总体要求

坚持以习近平新时代中国特色社会主义思想为指导，全面贯彻党的二十大和二十届二中、三中全会精神，深入贯彻习近平总书记关于工人阶级和工会工作的重要论述，坚持和加强党的全面领导，坚持全心全意依靠工人阶级的根本方针，深刻领悟“两个确立”的决定性意义，增强“四个意识”、坚定“四个自信”、做到“两个维护”，坚持系统观念、问题导向、守正创新，深化产业工人队伍建设改革，团结引导产业工人在中国式现代化建设中发挥主力军作用。

主要目标是：通过深化产业工人队伍建设改革，思想政治引领更加扎实，产业工人听党话跟党走的信念更加坚定，干事创业的激情动力更加高涨，主人翁地位更加显著，成就感获得感幸福感进一步增强；劳动光荣、技能宝贵、创造伟大的社会氛围更加浓厚；产业工人综合素质明显提升，大国工匠、高技能人才不断涌现，知识型技能型创新型产业工人队伍不断壮大。力争到 2035 年，培养造就 2000 名左右大国工匠、10000 名左右省级工匠、50000 名左右市级工匠，以培养更多大国工匠和各级工匠人才为引领，带动一流产业技术工人队伍建设，为以中国式现代化全面推进强国建设、民族复兴伟业提供有力人才保障和技能支撑。

二、强化思想政治引领，团结引导产业工人坚定不移听党话跟党走

（一）持续强化产业工人队伍思想政治工作。坚持不懈用习近平新时代中国特色社会主义思想凝心铸魂，推动党的创新理论在产业工人中落地生根，结合实际做好网上思想政治引领，持续抓好主题宣传教育，开展普遍轮训。鼓励支持大国工匠、高技能人才参加国情研修，鼓励支持产业工人参加青年马克思主义者培养工程，深化社会主义核心价值观教育，筑牢团结奋斗的共同思想基础。

（二）加强产业工人队伍党建工作。加强企业党组织建设。加强新经济组织、新就业群体党建工作，及时有效扩大党的组织覆盖和工作覆盖。持续解决国有企业党员空白班组问题。加强在产业工人中发展党员，注重把生产经营骨干培养成党员。

（三）大力弘扬劳模精神、劳动精神、工匠精神。做实“中国梦·劳动美”主题宣传教育。在劳动模范、五一劳动奖章、青年五四奖章、三八红旗手等评选工作中，加大对产业工人的宣传力度。深入开展“劳模工匠进校园”行动，把劳模精神、劳动精神、工匠精神纳入大思政课工作体系，支持在大中小学设立劳模工匠兼职辅导员，在职业学校（含技工院校，下同）开设“劳模工匠大讲堂”，在高等学校设立劳模工匠兼职导师。组织开展劳模工匠进企业、进社区、进机关宣传活动。

三、发展全过程人民民主，保障产业工人主人翁地位

（四）落实产业工人参与国家治理的制度。落实保障产业工人主人翁地位的制度安排。组织开展党的代表大会代表和委员会委员、人大代表、政协委员、群团组织代表大会代表和委员会委员中的产业工人教育培训。引导产业工人依法行使民主权利，有序参与国家治理、社会治理、基层治理。

（五）完善企业民主管理制度。健全以职工代表大会为基本形式的企事业单位民主管理制度，涉及产业工人切身利益的重大事项必须依法依章程经职工代表大会审议通过。坚持和完善职工董事、职工监事制度，深化厂务公开，积极利用数字技术为产业工人民主参与提供更为精准便捷的服务。

（六）健全劳动关系协商协调机制。全面落实劳动合同制度，推进集体协商和集体合同制度。建立健全各级协调劳动关系三方委员会，发挥国家协调劳动关系三方机制、地方政府和同级工会联席会议制度作用，把推进产业工人队伍建设改革列入重要议程。完善基层劳动关系治理机制，提升劳动关系公共服务水平，

开展全国基层劳动关系公共服务站点标准化工作。推进区域和谐劳动关系高质量发展改革创新试点。积极推进行业、企业和工业园区构建和谐劳动关系。

（七）加强对产业工人主人翁地位的宣传引导。主流媒体要加大对产业工人主人翁地位的宣传力度，创作出版、制作播出更多反映产业工人风貌的优秀文学艺术、网络视听和影视作品等，营造崇尚劳模、尊重劳动、尊崇工匠的社会氛围。

四、适应新型工业化发展需求，完善产业工人技能形成体系

（八）推动现代职业教育高质量发展。加快构建职普融通、产教融合的职业教育体系。坚持以教促产、以产助教、产教融合、产学合作，培育一批行业领先的产教融合型企业，打造一批核心课程、优质教材、教师团队、实践项目。实施现代职业教育质量提升计划、职业学校教师素质提高计划，支持大国工匠、高技能人才兼任职业学校实习实训教师。提升办学条件和教学能力，创建一批具有较高国际化水平的职业学校。

（九）加大复合型技术技能人才培养力度。健全产业工人终身职业技能培训制度，为发展新质生产力、推动高质量发展培养急需人才。大力实施技能中国行动、职业教育现场工程师专项培养计划、青年技能人才锻造行动，全面推进工学一体化技能人才培养模式。

（十）落实企业培养产业工人的责任。构建以企业为主体、职业学校为基础，政府推动、社会支持、工会参与的技能人才培养体系。鼓励大型企业制定技能人才发展战略，健全产业工人培训制度，积极开展公共职业技能培训。企业按规定足额提取和使用职工教育经费，确保60%以上用于一线职工教育和培训。发挥工会系统、行业协会、社会培训机构作用，帮助中小企业开展技能培训。

（十一）促进产业工人知识更新和学历提升。实施产业工人继续教育项目，鼓励更多高等学校、开放大学开设劳模和工匠人才、高技能人才学历教育班、高级研修班，举办劳模工匠创新培训营，持续深化劳模工匠、高技能人才境外培训和国际交流活动。发挥国家各类职业教育智慧教育平台作用。打造全国产业工人智能化技能学习平台。充分发挥工人文化宫等社会公益阵地作用，向农民工、新就业形态劳动者提供普惠制、普及性技能培训服务。

五、健全职业发展体系，促进产业工人成长成才

（十二）畅通产业工人向上发展通道。建立以创新能力、质量、实效、贡献为导向，注重劳模精神、劳动精神、工匠精神培育和职业道德养成的技能人才评价体系。把大国工匠、高技能人才纳入党管人才总体安排统筹考虑，支持各地将急需紧缺技能人才纳入人才引进目录。深入实施职业技能等级认定提质扩面行动。健全“新八级工”职业技能等级制度。

（十三）贯通产业工人横向发展机制。引导企业建立健全产业工人职业生涯指导计划。推进学历教育学习成果、非学历教育学习成果、职业技能等级学分转换互认。建立职业资格、职业技能等级与相应职称、学历的双向比照认定制度，健全专业技术岗位、经营管理岗位、技能岗位互相贯通的长效机制。

六、维护劳动经济权益，增强产业工人成就感获得感幸福感

（十四）提高产业工人经济收入。坚持多劳者多得、技高者多得、创新者多得，进一步完善收入分配制度，提高劳动报酬在初次分配中的比重。完善产业工人工资决定、合理增长、支付保障机制，健全按要素分配政策制度。多措并举推动企业建立健全基于岗位价值、能力素质、创新创造、业绩贡献的技能人才薪酬分配制度，以提高技能人才薪酬待遇为重点开展工资集体协商，探索对大国工匠、高技能人才实行年薪制、协议工资制和股权激励等。指导有条件的地区发布分职业（工种、岗位）、分技能等级的工资价位信息。

（十五）加强产业工人服务保障。建立以社会保障卡为载体的产业工人电子档案，实现培训信息与就业、社会保障信息联通共享、服务事项一网通办。督促企业与产业工人签订书面劳动合同。严格规范劳务派遣用工，保障劳动者合法权益。坚持和发展新时代“枫桥经验”，完善劳动争议多元处理机制，妥善化解劳动领域矛盾纠纷。强化劳动保障监察执法，加强与劳动人事争议调解仲裁联动，依法纠治劳动领域违法侵权行为。

（十六）有效维护产业工人安全健康权益。压实企业安全生产责任，实施高危行业领域从业人员安全技能提升专项行动，发挥职工代表大会对企业安全生产

工作的监督作用。加强对高危行业建设项目的劳动安全保护。加强职业病防治。督促企业依法落实工时和休息休假制度，健全并落实产业工人疗养休养制度，促进产业工人身心健康。

（十七）做好新就业形态劳动者维权服务工作。研究推动新就业形态领域立法。全面推行工会劳动法律监督“一函两书”，加强对平台企业和平台用工合作企业的监管。积极做好新就业形态劳动者建会入会和维权服务工作，畅通诉求表达渠道，解决急难愁盼问题。健全灵活就业人员、农民工、新就业形态劳动者社保制度，扩大新就业形态劳动者职业伤害保障试点。推动平台企业建立与工会、劳动者代表常态化沟通协商机制。

七、搭建建功立业平台，发挥产业工人主力军作用

（十八）深入开展劳动和技能竞赛。围绕重大战略、重大工程、重大项目、重点产业，广泛开展各层级多形式的竞赛活动。持续办好各级各类职业技能赛事活动。支持企业开展形式多样的劳动竞赛、技能比武，不断激发产业工人投身推动高质量发展的积极性主动性创造性。

（十九）激发产业工人创新创造活力。鼓励产业工人立足工作岗位、解决现场实际问题，广泛开展面向生产全过程的技术革新、技术创新、技术攻关、技术创造和小发明、小创造、小革新、小设计、小建议等群众性创新活动，完善发挥企业班组作用的制度。引导和支持大国工匠、高技能人才参与重大技术革新、科技攻关项目。加强产业工人创新成果知识产权保护，做好产业工人申报国家科技进步奖等工作。

（二十）发挥劳模和工匠人才的示范引领作用。加强劳模工匠创新工作室、技能大师工作室、职工创新工作室、青创先锋工作室等平台建设。推动在专精特新中小企业、专精特新“小巨人”企业中加强创新工作室建设。鼓励发展跨区域、跨行业、跨企业的创新工作室联盟。实施“劳模工匠助企行”，促进专精特新中小企业发展。

八、壮大产业工人队伍，不断巩固党长期执政的阶级基础和群众基础

（二十一）稳定制造业产业工人队伍。支持制造业企业围绕转型升级和产业基础再造工程项目，实施制造业技能根基工程和制造业人才支持计划。统筹推进制造业转型升级和保持产业工人队伍稳定，支持和引导企业加强转岗培训，提高产业工人多岗位适应能力。

（二十二）大力培养大国工匠。实施大国工匠人才培育工程。持续办好大国工匠创新交流大会暨大国工匠论坛。加强巾帼工匠培养，充分发挥作用。广泛深入开展工匠宣传，在全社会大力弘扬工匠精神，讲好工匠故事，按规定开展表彰工作。

（二十三）吸引更多青年加入产业工人队伍。加强政策支持和就业指导、就业服务，搭建校企对接平台。改善工作环境和劳动条件，丰富精神文化生活，增强制造业岗位对青年的吸引力。搭建产业工人成长发展平台，引导更多大学生走技能成才、技能报国之路。

（二十四）把农民工培养成高素质现代产业工人。围绕产业转型升级，加强对农民工的技能培训，广泛实施求学圆梦行动。促进农民工融入城市，进一步放开放宽城市落户政策，促进进城农民工平等享有城镇基本公共服务。加大公益法律服务惠及农民工力度，保障合法权益，促进稳定就业。

九、加强组织领导，合力推进产业工人队伍建设改革

（二十五）强化组织保障。各级党委和政府要加强对产业工人队伍建设改革的组织领导，强化统筹协调，结合实际抓好本意见贯彻落实。各级工会要牵头抓总，各级产业工人队伍建设改革组织推进机构要加强分类指导，推动形成工作合力。推动促进产业工人队伍建设方面的立法。

（二十六）发挥企业作用。强化国有企业政治责任，充分发挥中央企业和地方大型国有企业带动作用。支持民营企业更好履行社会责任。鼓励企业将产业工人队伍建设改革情况纳入企业社会责任报告、可持续发展报告。发布推进产业工人队伍建设改革蓝皮书。对推进产业工人队伍建设改革成效显著的企业，各级党委和政府以及工会等按规定予以表彰和相应政策支持。

（二十七）健全社会支持体系。加大对产业工人队伍建设改革的宣传力度，营造浓厚社会氛围。建立产业工人队伍数据统计、调查、监测体系。加强产业工人队伍建设改革课题研究。

关于建立发挥企业推进产业工人队伍建设改革主体作用机制的意见

1. 2022 年 3 月 15 日
2. 产政字〔2022〕2 号

推进产业工人队伍建设改革协调小组各成员单位及参与单位，各省（区、市）、新疆生产建设兵团推进产业工人队伍建设改革领导机构：

推进产业工人队伍建设改革是一项系统工程，发挥企业主体作用是其中的关键环节。为贯彻落实《新时期产业工人队伍建设改革方案》，激发企业推进改革的内生动力，推动产业工人队伍建设改革政策举措落地落实，打通“最后一公里”，让改革成果更好惠及广大产业工人，现就建立发挥企业推进产业工人队伍建设改革主体作用机制提出如下意见。

一、总体要求

以习近平新时代中国特色社会主义思想为指导，全面贯彻党的十九大和十九届历次全会精神，深入学习贯彻习近平总书记关于产业工人队伍建设改革的重要指示精神，统筹发展和安全，立足新发展阶段，贯彻新发展理念，构建新发展格局，落实《新时期产业工人队伍建设改革方案》要求，按照政治上保证、制度上落实、素质上提高、权益上维护的总体思路，围绕思想引领、建功立业、素质提升、地位提高、队伍壮大等重点任务，强化企业落实改革政策举措的主体责任，造就一支有理想守信念、懂技术会创新、敢担当讲奉献的宏大产业工人队伍，为进一步巩固党的执政基础、实施制造强国战略、实现高质量发展提供强有力的人力支撑。

二、提高站位，充分认识企业在推进产业工人队伍建设改革中的主体作用

产业工人是工人阶级中发挥支撑作用的主体力量，是推动高质量发展、创造社会财富的中坚力量，是创新驱动发展的骨干力量，是实施制造强国战略的有生力量。企业是市场主体，也是用人主体，是产业工人集中就业的主要场所。企业的高质量发展离不开高素质的产业工人队伍。发挥企业的主体作用，是推动产业工人队伍建设改革各项政策举措落地落实的关键所在。要引导企业进一步提高政治站位，充分认识推进产业工人队伍建设改革既是党和国家一项具有战略性、全局性的重大决策部署，又是企业高质量发展的迫切需要，企业是改革的执行者，也是改革的受益者，切实增强推进改革的思想自觉、政治自觉和行动自觉，紧密结合各自实际，把产业工人队伍建设改革抓紧抓实抓好，真正解决改革“最后一公里”问题。

三、聚焦重点，不断推动产业工人队伍建设改革工作向纵深拓展

要围绕推动产业工人队伍建设改革的重点任务，坚持以产业工人为本、注重实效，坚持问题导向、对症下药，坚持以点带面、重点突破，不断把改革引向深入。要在强化产业工人思想引领上下功夫。认真贯彻落实中办、国办印发的《关于加强和改进新时代产业工人队伍思想政治工作的意见》，加强理想信念教育，团结引领广大产业工人坚决拥护以习近平同志为核心的党中央，自觉践行社会主义核心价值观，坚定不移听党话、跟党走。强化职业精神和职业素养教育，大力弘扬劳模精神、劳动精神、工匠精神，培育健康文明、昂扬向上、全员参与的职工文化，引导产业工人爱岗敬业，强化契约精神，支持企业发展，构建与企业利益共同体、事业共同体、命运共同体。加强法治教育，提高产业工人法律素养、安全素养和诚信意识，引导产业工人依法理性有序表达利益诉求，坚决维护产业工人队伍团结统一和社会和谐稳定。要在增强产业工人建功立业实效性上下功夫。紧扣推动企业高质量发展，广泛深入持久开展劳动和技能竞赛，改进竞赛组织、运行、激励体制机制，进一步提高竞赛工作水平。以强化产业工人创新能力为着力点，组织产业工人踊跃参加岗位练兵、技术交流、技能培训、技术革新、技术协作、合理化建议、“五小”（小发明、小创造、小革新、小设计、小建议）等群众性创新活动。开展优秀技术成果交流活动，加大创新成果转化应用力度，有序扩大跨区域、跨行业、跨企业的劳模和工匠人才创新工作室联盟，为产业工人发挥作用搭建平台、提供舞台。要在提升产业工人素质上下功夫。积极引导产业工人树立终身学习的理念，实现学以养德、学以增智、学以致用。强化和落实企业培养产业

工人的主体责任，结合企业生产经营、技术创新和安全生产需要，制定和落实本单位产业工人培训规划和培训制度，并将执行情况作为考核企业特别是国有企业负责人绩效的主要依据。落实产业工人培养、使用、评价、考核机制，引导更多产业工人走技能成才、技能报国之路。要在维护产业工人权益上下功夫。结合企业实际，认真贯彻落实中办、国办印发的《关于提高技术工人待遇的意见》，建立健全符合技能人才特点的薪酬分配制度，实现技高者多得、多劳者多得，切实提高产业工人的经济地位。提高一线产业工人党员比例，坚持和完善职工董事制度、职工监事制度，健全以职工代表大会为基本形式的企事业单位民主管理制度，推动厂务公开、业务公开，加大对产业工人地位作用的宣传力度，进一步提升产业工人的政治地位和社会地位。及时纠正企业侵犯产业工人合法权益的行为，切实帮助产业工人解决最关心最直接最现实的利益问题，让广大产业工人共享改革发展成果。

四、多方发力，全面推进企业产业工人队伍建设改革工作取得实效

推进产业工人队伍建设改革涉及企业的方方面面，必须举企业全部之力加以推进。一是高度重视。企业负责人要从战略和全局的高度深刻认识推进产业工人队伍建设改革的重要性和紧迫性，充分认识企业在推进产业工人队伍建设改革中的职责使命，真正把推进产业工人队伍建设改革工作作为企业“一把手”工程，做到推进产业工人队伍建设改革工作与企业其他业务工作同谋划、同部署、同推进、同考核。二是加强领导。要结合企业生产经营实际和产业工人队伍状况实际，明确推进产业工人队伍建设改革的目标任务，确立“时间表”、“路线图”和责任分工，把改革工作一项一项落到实处、见到实效。三是强化保障。要在人财物等方面为产业工人队伍建设改革工作提供保障，积极创造条件。四是发挥企业工会重要作用。企业工会要在企业党组织统一领导下，积极发挥牵头抓总作用，加强统筹协调，调动企业各方的资源和力量，不断把改革引向深入。

五、分类指导，着力激发企业推进产业工人队伍建设改革的内生动力

各级产业工人队伍建设改革领导机构要深入了解本地区企业在推进产业工人队伍建设改革中的实际状况，充分考虑企业所处的地域、行业、规模、所有制等因素，对不同类型企业推进改革工作进行分类指导，确保改革取得实效。对于国有企业，要强化政治责任，指导其把产业工人队伍建设改革作为国企改革的一项重要内容，充分发挥国有企业政治优势，勇当先锋推进改革落实。推动国有企业特别是中央企业将产业工人队伍建设改革情况纳入党建工作责任制考核，强化中央企业在履行政治责任中走在前、作表率。要充分利用职工代表大会制度、职工董事制度、职工监事制度，鼓励产业工人代表有序参与公司治理，在共建共治共享中推动产业工人队伍建设改革在国有企业真正落实。对于非公有制企业，要强化社会责任，指导其充分认识推进产业工人队伍建设改革不仅惠及产业工人而且也有利于企业自身高质量发展，切实发挥机制灵活等优势，真正把改革抓起来、抓出成效。要坚持激励、约束并举，强化非公有制企业参与改革的动力机制，积极探索将推进改革情况纳入全国五一劳动奖和全国工人先锋号、全国五一巾帼奖、全国和谐劳动关系创建示范企业、全国模范职工之家、全国厂务公开民主管理先进单位、提升职工生活品质试点单位等相关评选和荣誉表彰中，加大劳动保障监察力度，督促企业依法规范用工，积极履行社会责任。

六、强化领导，推动产业工人队伍建设改革政策举措在企业落地落实

能否打通“最后一公里”，让各项改革政策举措真正在企业落地落实，各级产业工人队伍建设改革领导机构的领导和指导十分重要。一要加强组织领导。要把推动产业工人队伍建设改革政策举措在企业落地落实放在突出位置来抓，针对本地区企业改革的实际状况，加强统筹谋划，建立推进企业改革工作责任制，逐级压紧压实责任，确保任务有分工、完成有时限、责任到个人。二要加强精准指导。建立完善各级推进改革协调（领导）小组成员单位联系企业制度，直接联系指导推动企业改革工作。积极推广改革指导员制度，指导企业吃透上级改革精神，把握改革要求，精心组织改革方案实施，通过改革切实增强产业工人的获得感。三要加强调查研究。围绕广大产业工人急难愁盼的问题，加强分析研判，深入企业一线和职工，扎实开展调研，倾听企业呼声和职工诉求，及时掌握企业产业工人队伍建设改革的进展及存在的困难和问题，为制定完善相关政策提供支持和依据，确保改革

举措符合客观规律、契合产业工人利益。四要加强总结宣传。及时总结改革推进过程中的先进典型、经验成效，注重典型引路，发挥试点作用。加大宣传力度，引导各类企业主动投身改革，动员产业工人积极投身改革，在全社会营造关心、支持、推动改革的良好氛围。

关于建立全国产业工会推进产业工人队伍建设改革作用发挥机制的意见

1. 2021 年 6 月 18 日
2. 产改字〔2021〕4 号

各全国产业工会：

《新时期产业工人队伍建设改革方案》印发以来，各全国产业工会高度重视，认真贯彻落实习近平总书记关于产业工人队伍建设改革的重要指示精神，按照全总党组、书记处部署要求，立足实际、凝心聚力、勇于实践，推动产业工人队伍建设改革走深走实，取得积极成效。当前，中国特色社会主义进入了新发展阶段，贯彻新发展理念、构建新发展格局、推动高质量发展对全国产业工会推进产业工人队伍建设改革提出了新的更高要求。为进一步发挥全国产业工会在推进产业工人队伍建设改革中的重要作用，推动改革向纵深发展、向基层延伸，现提出如下意见。

一、提高政治站位，着力强化推进产业工人队伍建设改革的责任担当。

推进产业工人队伍建设改革，是习近平总书记亲自谋划和部署的重大改革，是以习近平同志为核心的党中央着眼巩固党的执政基础、实施制造强国战略、全面提高产业工人素质作出的重大决策部署，是全面深化改革的重要内容。《新时期产业工人队伍建设改革方案》明确提出，要创新面向产业工人的工会工作，认真抓好各项政策措施的落实。这为产业工会工作创新发展提出了新要求、搭建了新舞台、带来了新契机。产业工会离产业工人最近、服务产业工人最直接，在推进产业工人队伍建设改革中具有独特的优势，能够发挥重要作用。要深入学习习近平总书记关于产业工人队伍建设改革的重要论述和党中央重大决策部署，进一步提高政治站位，强化责任担当，把推进产业工人队伍建设改革作为增强“四个意识”、坚定“四个自信”、做到“两个维护”的具体行动，作为新形势下推动产业工会工作创新发展的重要机遇，作为贯彻新发展理念、构建新发展格局、推动高质量发展的重要抓手，不断增强政治判断力、政治领悟力、政治执行力，以踏石留印、抓铁有痕的精神推动改革工作走深走实。

二、加强组织领导，切实形成推进产业工人队伍建设改革的强大合力。

产业工人队伍建设改革是一项系统工程，要注重加强组织领导和统筹协调，不断增强推进改革的工作合力和协同效应。一是把推进改革工作作为“一把手”工程，建立健全全国产业工会推进产业工人队伍建设改革领导机构，全委会主要负责同志负总责，成立推进改革工作专班，明确责任分工，并推动有条件的委员单位成立相应组织机构，构建上下联动、左右协调的组织领导网络。二是坚持系统观念，把推进产业工人队伍建设改革列入全委会和常委会的重要议事日程，对照《新时期产业工人队伍建设改革方案》，立足实际、统筹谋划、聚焦主责主业，认真研究制定本产业落实改革方案的具体意见，将中长期规划与年度工作安排相衔接，明确时间表、路线图，压实工作责任，真正把改革工作抓紧抓实。三是统筹各方力量，进一步健全产业工会联席（联系）会议制度，推动产业协调劳动关系三方机制建设，加强与对口政府部门、科研院校等沟通联系，积极争取地方总工会、地方产业工会、行业协会、企事业单位的支持，建立健全工作联动机制，整合资源手段，形成同频共振、强势推进的合力。

三、聚焦重点任务，不断推动产业工人队伍建设改革向纵深发展。

按照政治上保证、制度上落实、素质上提高、权益上维护的总体思路，聚焦产业工人思想引领、建功立业、素质提升、地位提高、队伍壮大等重点任务，集中力量、统筹兼顾、以点带面，以重点突破带动全局推进。一是在提升产业工人思想引领吸引力上下更大功夫。围绕爱党爱国爱社会主义主题，深入贯彻落实《关于加强和改进新时代产业工人队伍思想政治工作的意见》，开展以劳动创造幸福为主题的宣传教育，大力弘扬劳模精神、劳动精神、工匠精神，把解决思想问题与解决产业工人“急难愁盼”的实际问题结合起来，强化人文关怀，做到“五个坚决”，积极引导广大产业工人听党话、跟党走，让产业工人队伍成为维护工人阶级队伍团结统一和社会大局和谐稳定最坚实、最可信赖的力量。二是在增强产业工人建功立业实效性上展现新作为。以推动高质量发展为目标，广泛深入持久开展“建功‘十四五’、奋进新征程”主题劳动和技能竞赛，围绕国家重大战略、重大工程、重大项目、重点产业深化全国引领性劳动和技能竞赛，广泛开展“五小”等群众性创新活动，强化产业工人创新能力，有序扩大跨区域、跨行业、跨企业的劳模创新工作室联盟，为产业工人更好发挥作用搭建平台、提供舞台，团结动员本产业广大职工担当新使命、建功新时代。三是在攻克产业工人素质提升难点上久久为功。实施职业技能提升行动，推动落实终身职业技能培训制度和产教融合、校企合作、建立培养补偿机制，提升各类主体特别是企业开展岗位技能培训的积极性、主动性、创造性，实现产业、职业、专业与就业创业联动发展，构建线上线下融合的工会大规模组织开展职工职业技能培训的平台载体，畅通产业工人发展通道，培养本产业更多高素质技术技能人才、能工巧匠、大国工匠。四是在推动提高产业工人的政治、经济、社会地位上持续用力。落实《关于提高技术工人待遇的意见》和保证产业工人主人翁地位的制度安排，探索创新产业工人发展制度，完善产业工人劳动经济权益保障机制，推动解决产业工人的利益诉求和热点难点问题，让产业工人的获得感成色更足、幸福感更可持续、安全感更有保障。五是在进一步壮大产业工人队伍上取得新进展。建立高技能人才和高技能领军人才数据库，深化八大群体等新就业形态劳动者入会工作，巩固百人以上企业建会专项行动成果，推动落实农民工融入城市、稳定就业政策，加强“劳动者港湾”、爱心驿站等工会户外劳动者服务站点建设，做实工会“互联网+”普惠性服务，不断增强工会的吸引力、凝聚力和号召力，建设产业工人可信赖可依靠的“职工之家”。

四、坚持多措并举，确保改革取得实效。

全国产业工会要发挥联系广泛、熟悉产业、直通基层的优势，在推动改革政策举措落实上下功夫。一是坚持典型引路、试点先行。要在认真总结近几年来改革工作的基础上，选树一批改革先进典型，发挥“头雁”效应，加强经验交流和成果分享，示范带动本产业改革不断取得新成效。积极推动改革试点工作，着眼新形势下产业工会工作的特点和实际，紧盯推进改革中的矛盾和瓶颈问题，发挥试点先行先试作用，逐步探索形成一批具有本产业特色、针对性操作性强、可复制可推广的经验做法，并推动上升为社会认可、企事业单位欢迎、职工叫好的政策制度。二是着力促进企业落实。充分发挥委员单位特别是常委会委员单位的作用，推动大中型企业特别是国有大中型企业当表率、作示范，并通过供应链传递落实责任，带动全产业不同所有制企业以及未建工会企业合力推进改革。借助普遍建立工会组织、普遍开展工资集体协商的机制，结合实际推广改革指导员制度，协调行业工会联合会，深入企业一线加强指导，进一步扩大覆盖面、落实到基层，打通改革的“最后一公里”。三是积极推动问题解决。坚持问题导向，深入开展调查研究，注意倾听产业工人的呼声，深入了解和掌握产业工人队伍建设中存在的深层次、普遍性问题，并采取切实有效的措施认真加以解决，切实增强产业工人的获得感。一些自身难以解决的问题，积极建言献策来推动问题的解决。四是加强宣传舆论工作。围绕落实习近平总书记关于推进产业工人队伍建设改革的重要指示精神，着力体现产业特色和实际，借助产业工会对口联系的报纸、刊物、电台、电视台、网站等载体及“两微一端”新媒体平台优势，开展丰富多彩、职工喜闻乐见的宣传活动，大力宣传本产业能工巧匠、“大国工匠”“最美职工”等先进典型，弘扬劳模精神、劳动精神、工匠精神，进一步彰显产业工人的经济、政治、文化、社会地位，营造尊重劳动、崇尚技能、鼓励创造的社会氛围，鼓励更多产业工人走技能成才、技能报国之路。

住房和城乡建设部等部门关于加快培育新时代建筑产业工人队伍的指导意见

1. 2020 年 12 月 18 日
2. 建市〔2020〕105 号

各省、自治区、直辖市及计划单列市、新疆生产建设兵团住房和城乡建设厅（委、管委、局）、发展改革委、教育厅（局）、工业和信息化厅（局）、人力资源社会保障厅（局）、交通运输厅（局、委）、水利厅（局）、市场监管局、总工会，北京市规划和自然资源委，国家税务总局各省、自治区、直辖市和计划单列市税务局，各地区铁路监督管理局，民航各地区管理局，中华全国铁路总工会、中国民航工会全国委员会、中国金融工会全国委员会、中央和国家机关工会联合会：

党中央、国务院历来高度重视产业工人队伍建设工作，制定出台了一系列支持产业工人队伍发展的政策措施。建筑产业工人是我国产业工人的重要组成部分，是建筑业发展的基础，为经济发展、城镇化建设作出重大贡献。同时也要看到，当前我国建筑产业工人队伍仍存在无序流动性大、老龄化现象突出、技能素质低、权益保障不到位等问题，制约建筑业持续健康发展。为深入贯彻落实党中央、国务院决策部署，加快培育新时代建筑产业工人（以下简称建筑工人）队伍，提出如下意见。

一、总体思路

以习近平新时代中国特色社会主义思想为指导，全面贯彻党的十九大和十九届二中、三中、四中、五中全会精神，统筹推进“五位一体”总体布局和协调推进“四个全面”战略布局，牢固树立新发展理念，坚持以人民为中心的发展思想，以推进建筑业供给侧结构性改革为主线，以夯实建筑产业基础能力为根本，以构建社会化专业化分工协作的建筑工人队伍为目标，深化“放管服”改革，建立健全符合新时代建筑工人队伍建设要求的体制机制，为建筑业持续健康发展和推进新型城镇化提供更有力的人才支撑。

二、工作目标

到 2025 年，符合建筑行业特点的用工方式基本建立，建筑工人实现公司化、专业化管理，建筑工人权益保障机制基本完善；建筑工人终身职业技能培训、考核评价体系基本健全，中级工以上建筑工人达 1000 万人以上。

到 2035 年，建筑工人就业高效、流动有序，职业技能培训、考核评价体系完善，建筑工人权益得到有效保障，获得感、幸福感、安全感充分增强，形成一支秉承劳模精神、劳动精神、工匠精神的知识型、技能型、创新型建筑工人大军。

三、主要任务

（一）引导现有劳务企业转型发展。改革建筑施工劳务资质，大幅降低准入门槛。鼓励有一定组织、管理能力的劳务企业引进人才、设备等向总承包和专业承包企业转型。鼓励大中型劳务企业充分利用自身优势搭建劳务用工信息服务平台，为小微专业作业企业与施工企业提供信息交流渠道。引导小微型劳务企业向专业作业企业转型发展，进一步做专做精。

（二）大力发展专业作业企业。鼓励和引导现有劳务班组或有一定技能和经验的建筑工人成立以作业为主的企业，自主选择 1—2 个专业作业工种。鼓励有条件的地区建立建筑工人服务园，依托“双创基地”、创业孵化基地，为符合条件的专业作业企业落实创业相关扶持政策，提供创业服务。政府投资开发的孵化基地等创业载体应安排一定比例场地，免费向创业成立专业作业企业的农民工提供。鼓励建筑企业优先选择当地专业作业企业，促进建筑工人就地、就近就业。

（三）鼓励建设建筑工人培育基地。引导和支持大型建筑企业与建筑工人输出地区建立合作关系，建设新时代建筑工人培育基地，建立以建筑工人培育基地为依托的相对稳定的建筑工人队伍。创新培育基地服务模式，为专业作业企业提供配套服务，为建筑工人谋划职业发展路径。

（四）加快自有建筑工人队伍建设。引导建筑企业加强对装配式建筑、机器人建造等新型建造方式和建造科技的探索和应用，提升智能建造水平，通过技术升级推动建筑工人从传统建造方式向新型建造方式转变。鼓励建筑企业通过培育自有建筑工人、吸纳高技能技术工人和职业院校（含技工院校，下同）毕业生等方式，建立相对稳定的核心技术工人队伍。鼓励有条件的企业建立首席技师制度、劳模和工匠人才（职工）创新工作室、技能大师工作室和高技能人才库，切实加强技能人才队伍建设。项目发包时，鼓励发包人在同等条件下优先选择自有建筑工人占比大的企业；评优评先时，同等条件下优先考虑自有建筑工人占比大的项目。

（五）完善职业技能培训体系。完善建筑工人技能培训组织实施体系，制定建筑工人职业技能标准和评价规范，完善职业（工种）类别。强化企业技能培训主体作用，发挥设计、生产、施工等资源优势，大力推行现代学徒制和企业新型学徒制。鼓励企业采取建立培训基地、校企合作、购买社会培训服务等多种形式，解决建筑工人理论与实操脱节的问题，实现技能培训、实操训练、考核评价与现场施工有机结合。推行终身职业技能培训制度，加强建筑工人岗前培训和技能提升培训。鼓励各地加大实训基地建设资金支持力度，在技能劳动者供需缺口较大、产业集中度较高的地区建设公共实训基地，支持企业和院校共建产教融合实训基地。探索开展智能建造相关培训，加大对装配式建筑、建筑信息模型（BIM）等新兴职业（工种）建筑工人培养，增加高技能人才供给。

（六）建立技能导向的激励机制。各地要根据项目施工特点制定施工现场技能工人基本配备标准，明确施工现场各职业（工种）技能工人技能等级的配备比例要求，逐步提高基本配备标准。引导企业不断提高建筑工人技能水平，对使用高技能等级工人多的项目，可适当降低配备比例要求。加强对施工现场作业人员技能水平和配备标准的监督检查，将施工现场技能工人基本配备标准达标情况纳入相关诚信评价体系。建立完善建筑职业（工种）人工价格市场化信息发布机制，为建筑企业合理确定建筑工人薪酬提供信息指引。引导建筑企业将薪酬与建筑工人技能等级挂钩，完善激励措施，实现技高者多得、多劳者多得。

（七）加快推动信息化管理。完善全国建筑工人管理服务信息平台，充分运用物联网、计算机视觉、区块链等现代信息技术，实现建筑工人实名制管理、劳动合同管理、培训记录与考核评价信息管理、数字工地、作业绩效与评价等信息化管理。制定统一数据标准，加强各系统平台间的数据对接互认，实现全国数据互联共享。加强数据分析运用，将建筑工人管理数据与日常监管相结合，建立预警机制。加强信息安全保障工作。

（八）健全保障薪酬支付的长效机制。贯彻落实《保障农民工工资支付条例》，工程建设领域施工总承包单位对农民工工资支付工作负总责，落实工程建设领域农民工工资专用账户管理、实名制管理、工资保证金等制度，推行分包单位农民工工资委托施工总承包单位代发制度。依法依规对列入拖欠农民工工资“黑名单”的失信违法主体实施联合惩戒。加强法律知识普及，加大法律援助力度，引导建筑工人通过合法途径维护自身权益。

（九）规范建筑行业劳动用工制度。用人单位应与招用的建筑工人依法签订劳动合同，严禁用劳务合同代替劳动合同，依法规范劳务派遣用工。施工总承包单位或者分包单位不得安排未订立劳动合同并实名登记的建筑工人进入项目现场施工。制定推广适合建筑业用工特点的简易劳动合同示范文本，加大劳动监察执法力度，全面落实劳动合同制度。

（十）完善社会保险缴费机制。用人单位应依法为建筑工人缴纳社会保险。对不能按用人单位参加工伤保险的建筑工人，由施工总承包企业负责按项目参加工伤保险，确保工伤保险覆盖施工现场所有建筑工人。大力开展工伤保险宣教培训，促进安全生产，依法保障建筑工人职业安全和健康权益。鼓励用人单位为建筑工人建立企业年金。

（十一）持续改善建筑工人生产生活环境。各地要依法依规及时为符合条件的建筑工人办理居住证，用人单位应及时协助提供相关证明材料，保障建筑工人享有城市基本公共服务。全面推行文明施工，保证施工现场整洁、规范、有序，逐步提高环境标准，引导建筑企业开展建筑垃圾分类管理。不断改善劳动安全卫生标准和条件，配备符合行业标准的安全帽、安全带等具有防护功能的工装和劳动保护用品，制定统一的着装规范。施工现场按规定设置避难场所，定期开展安全应急演练。鼓励有条件的企业按照国家规定进行岗前、岗中和离岗时的职业健康检查，并将职工劳动安全防护、劳动条件改善和职业危害防护等纳入平等协商内容。大力改善建筑工人生活区居住环境，根据有关要求及工程实际配置空调、淋浴等设备，保障水电供应、网络通信畅通，达到一定规模的集中生活区要配套食堂、超市、医疗、法律咨询、职工书屋、文体活动室等必要的机构设施，鼓励开展物业化管理。将符合当地住房保障条件的建筑工人纳入住房保障范围。探索适应建筑业特点的公积金缴存方式，推进建筑工人缴存住房公积金。加大政策落实力度，着力解决符合条件的建筑工人子女城市入托入学等问题。

四、保障措施

（一）加强组织领导。各地要充分认识建筑工人队伍建设的重要性和紧迫性，强化部门协作、建立协调机制、细化工作措施，扎实推进建筑工人队伍建设。要强化建筑工人队伍的思想政治引领。加强宣传思想文化阵地建设，深化理想信念教育，培育和践行社会主义核心价值观，坚持不懈用习近平新时代中国特色社会主义思想教育和引导广大建筑工人。要按照《建筑工人施工现场生活环境基本配置指南》《建筑工人施工现场劳动保护基本配置指南》《建筑工人施工现场作业环境基本配置指南》（见附件）要求，结合本地区实际进一步细化落实，加强监督检查，切实改善建筑工人生产生活环境，提高劳动保障水平。

（二）发挥工会组织和社会组织积极作用。充分发挥工会组织作用，着力加强源头（劳务输出地）建会、专业作业企业建会和用工方建会，提升建筑工人入会率。鼓励依托现有行业协会等社会组织，建设建筑工人培育产业协作机制，搭建施工专业作业用工信息服务平台，助力小微专业作业企业发展。

（三）加大政策扶持和财税支持力度。对于符合条件的建筑企业，继续落实在税收、行政事业性收费、政府性基金等方面的相关减税降费政策。落实好职业培训、考核评价补贴等政策，结合实际情况，明确一定比例的建筑安装工程费专项用于施工现场工人技能培训、考核评价。对达到施工现场技能工人配备比例的工程项目，建筑企业可适当减少该项目建筑工人技能培训、考核评价的费用支出。引导建筑企业建立建筑工人培育合作伙伴关系，组建建筑工人培育平台，共同出资培训建筑工人，归集项目培训经费，统筹安排资金使用，提高资金利用效率。指导企业足额提取职工教育经费用于开展职工教育培训，加强监督管理，确保专款专用。对符合条件人员参加建筑业职业培训以及高技能人才培训的，按规定给予培训补贴。

（四）大力弘扬劳模精神、劳动精神和工匠精神。鼓励建筑企业大力开展岗位练兵、技术交流、技能竞赛，扩大参与覆盖面，充分调动建筑企业和建筑工人参与积极性，提高职业技能；加强职业道德规范素养教育，不断提高建筑工人综合素质，大力弘扬和培育工匠精神。坚持正确的舆论导向，宣传解读建筑工人队伍建设改革的重大意义、目标任务和政策举措，及时总结和推广建筑工人队伍建设改革的好经验、好做法。加大建筑工人劳模选树宣传力度，大力宣传建筑工人队伍中的先进典型，营造劳动最光荣、劳动最崇高、劳动最伟大、劳动最美丽的良好氛围。

附件：1. 建筑工人施工现场生活环境基本配置指南

2. 建筑工人施工现场劳动保护基本配置指南

3. 建筑工人施工现场作业环境基本配置指南

附件：

1. 建筑工人施工现场生活环境基本配置指南

总体要求：加强建设工程施工现场生活区域标准化管理，改善从业人员生活环境和居住条件，保障从业人员身体健康和生命安全，生活区域应统筹安排，合理布局，按照标准化、智能化、美观化的原则规划、建设和管理。生活区域场地应合理硬化、绿化，生活区域应实施封闭式管理，人员实行实名制管理。生活区设置和管理由施工总承包单位负责，分包单位应服从管理。施工总承包单位应设置专人对生活区进行管理，建立健全消防保卫、卫生防疫、智能化管理、爱国卫生、生活设施使用等管理制度。生活区域应明确抗风抗震、防汛、安全保卫、消防、卫生防疫等方案和应急预案，并组织相应的应急演练。生活区域设置除应符合本指南的规定外，还应符合《建设工程临建房屋技术标准》（DB11/693）、《建筑设计防火规范》（GB 50016）、《建设工程施工现场消防安全技术规范》（GB 50720）等现行国家和行业标准要求。各地可根据本指南，结合本地区实际情况进一步细化，制定本地区建筑工人施工现场生活环境配置标准、指南或指引。

序号	生活环境	配置	要求
1	现场生活区	专项规划与设计	生活区规划、设计、选址应根据场地情况、入住队伍和人员数量、功能需求、工程所在地气候特点和地方管理要求等各项条件，满足施工生产、安全防护、消防、卫生防疫、环境保护、防范自然灾害和规范化管理等要求。生活区域建筑物、构筑物的外观、色调等应与周边环境协调一致。
		生活区围挡设置	生活区应采用可循环、可拆卸、标准化的专用金属定型材料进行围挡，围挡高度不得低于 1.8 米。
		生活设施设置	生活区应设置门卫室、宿舍、食堂、粮食储藏室、厕所、盥洗设施、淋浴间、洗衣房、开水房（炉）或饮用水保温桶、封闭式垃圾箱、手机充电柜、燃气储藏间等临建房屋和设施。生活区内必须合理硬化、绿化；设置有效的排水措施，雨水、污水排水通畅，场区内不得积水。食堂、锅炉房等应采用单层建筑，应与宿舍保持安全距离。宿舍不得与厨房操作间、锅炉房、变配电间等组合建造。生活区用房应满足抗 10 级风和当地抗震设防烈度的要求，消防要求应按照《建设工程施工现场消防安全技术规范》（GB 50720）执行。
2	居住设施	宿舍	宿舍楼、宿舍房间应统一编号。宿舍室内高度不低于 2.5 米，通道宽度不小于 0.9 米，人均使用面积不小于 2.5 平方米，每间宿舍居住人员不超过 8 人。床铺高度不低于 0.3 米，面积不小于 1.9 米 ×0.9 米，床铺间距不小于 0.3 米，床铺搭设不超过 2 层。每个房间至少有一个行李摆放架。结合所在地区气候特点，冬夏季根据需要应有必要的取暖和防暑降温措施，宜设置空调、清洁能源采暖或集中供暖。不得使用煤炉等明火设备取暖。不具备条件的，可以使用电暖气。具备条件的项目，宿舍区可设置适合家庭成员共同居住的房间。
		安保	生活区实行封闭式管理，出入大门应有专职门卫。生活区应配备专、兼职保卫人员，负责日常保卫、消防工作的实施。建立预警制度。
		消防	生活区要有明显的防火宣传标志，禁止卧床吸烟。必须配备齐全有效的消防器材。生活区内的用电实行统一管理，用电设施必须符合安全、消防规定。生活区内严禁存放易燃、易爆、剧毒、腐蚀性、放射源等危险物品。宿舍内应设置烟感

续 表

序号	生活环境	配置	要求
2	居住设施	消防	报警装置。生活区内建筑物与建筑工程主体之间的防火间距不小于 10 米。生活区内临建房屋之间的防火间距不小于 4 米。应设置应急疏散通道、逃生指示标识和应急照明灯、灭火器、消火栓等消防器材和设施。
3	生活设施	食堂与食品安全	食堂必须具备卫生许可证、炊事人员身体健康证、卫生知识培训考核证等。卫生许可证、身体健康证、卫生知识培训证须悬挂在明显处。就餐区域应设置就餐桌椅。食堂、操作间、库房必须设置有效的防蝇、灭蝇、防鼠措施，在门扇下方应设不低于 0.6 米的防鼠挡板等措施。食堂必须设置单独的制作间、储藏间。制作间地面应做硬化和防滑处理，保持墙面、地面清洁，必须有生熟分开的刀、盆、案板等炊具及存放柜，应配备必要的排风设施和消毒设施。制作间必须设置隔油池，下水管线应与污水管线连接。必须在食堂合适位置设置密闭式泔水桶，每天定时清理。
		卫生间	生活区内应设置水冲式厕所或移动式厕所。厕所墙壁、屋顶应封闭严密，门窗齐全并通风良好。应设置洗手设施，墙面、地面应耐冲洗。应有防蝇、蚊虫等措施。厕位数量应根据生活区人员的数量设置，并应兼顾使用高峰期的需求，厕位之间应设隔板，高度不低于 0.9 米。化粪池应作抗渗处理。厕所应设专人负责清扫、消毒，化粪池应及时清掏。
		盥洗间	盥洗池和水龙头设置的数量应根据生活区人员数量设置，并应兼顾使用高峰时的需求，建议在盥洗台部位设置采光棚。水龙头必须采用节水型，有跑冒滴漏等质量问题的必须立即更换。盥洗设施的下水口应设置过滤网，下水管线应与污水管线连接，必须保证排水通畅。
		淋浴间	淋浴间必须设置冷、热水管和淋浴喷头，应能满足人员数量需求，保证施工人员能够定期洗热水澡；必须设置储衣柜或挂衣架；用电设施必须满足用电安全。照明灯必须采用安全防水型灯具和防水开关。淋浴间内的下水口应设置过滤网，下水管线应与污水管线连接。
		洗衣房	生活区应设置集中洗衣房。洗衣房应按照人员数量需求配备一定量的洗衣机。洗衣房应设置智能化使用、交费管理系统，建立洗衣机使用管理制度。宜在靠近洗衣房部位设置集中晾衣区，晾衣区应满足安全要求并具备防雨等功能。
		开水房	生活区应设置热水器等设施，保证 24 小时饮用开水供应。热水器等烧水设施应采取顶盖上锁或做防护笼等有效防护措施，应确保用电安全。开水房地面不得有积水，墙面悬挂必要的管理要求。
		锅炉房（视情况设置）	对于生活区采用锅炉供暖时必须编制专项管理方案，从锅炉房的选址、建造、锅炉质量保证、管线敷设、打压试水、燃料管理、废气、废渣排放消纳、日常检查维护保养等各个环节明确具体要求、管理标准和责任人。锅炉房必须建造独立房屋，并与宿舍等人员密集型场所保持安全距离，房屋建造材料满足消防要求，房屋必须有有效防排烟措施，锅炉使用期间，必须确保 24 小时有专人值班，交接班时必须有相应记录。锅炉使用的燃料管理必须满足安全、节能的要求，废气、废渣排放消纳必须满足环保管理规定。

续 表

序号	生活环境	配置	要求
3	生活设施	吸烟、休息点、饮水	在工地食堂、浴室旁边应设置吸烟及休息点，配置可饮水设备。施工区域禁止吸烟，应根据工程实际设置固定的敞开式吸烟处，吸烟处配备足够消防器材。
4	卫生防疫	卫生防疫制度	生活区应制定法定传染病、食物中毒、急性职业中毒等突发疾病应急预案。必须严格执行国家、行业、地方政府有关卫生、防疫管理文件规定。
		医务室	配备药箱及一般常用药品以及绷带、止血带、颈托、担架等急救器材。应培训有一定急救知识的人员，并定期开展卫生防病宣传教育。
5	学习与娱乐设施	农民工业余学校	设置农民工接受培训、学习的场所，配备一定数量的桌椅、黑板等设施。配备电视机、光盘播放机、书报、杂志等必要的文体活动用品。
		文体活动室	应配备电视机、多媒体播放设施，并设书报、杂志等必要的文体活动用品。文体活动室不小于35平方米。

注：生活区面积不足或周边设施健全的，可适当调整相应配置；施工现场不能设置生活区，异地设置的也应满足本指南要求。

2. 建筑工人施工现场劳动保护基本配置指南

总体要求：施工企业要树立“安全第一、预防为主”的思想，加强建筑工人施工现场劳动保护，保障从业人员身体健康和生命安全，提升施工安全和劳动保护水平，减少和消除事故伤害和职业病危害。施工企业及劳务企业（专业作业企业）要为本企业建筑工人配备统一劳动着装和劳动技术装备，严禁工人自备劳动保护用品。建筑工人施工现场劳动保护除应符合本指南的规定外，还应符合《建筑施工人员个人劳动保护用品使用管理暂行规定》（建质〔2007〕255号）、《建筑施工作业劳动防护用品配备及使用标准》（JGJ184）等现行国家和行业标准要求。各地可根据本指南，结合本地区实际情况进一步细化，制定本地区建筑工人施工现场劳动保护配置指南、指引或导则。

序号	劳动保护	配置	要求
1	常规劳保用品	头部防护用品	安全帽。
		面部防护用品	头戴式电焊面罩、防酸有机类面罩、防高温面罩。
		眼睛防护用品	防尘眼镜，防飞溅眼镜，防紫外线眼镜。
		呼吸道防护用品	防尘口罩，防毒口罩，防毒面具。
		听力防护用品	防噪音耳塞，护耳罩。
		手部防护用品	绝缘手套，耐酸碱手套，耐高温手套，防割手套等。
		脚部防护用品	绝缘靴，耐酸碱鞋，安全皮鞋，防砸皮鞋。
		身躯防护用品	反光背心，工作服，耐酸围裙，防尘围裙，雨衣。

续 表

序号	劳动保护	配置	要求
1	常规劳保用品	高空安全防护用品	高空悬挂安全带、电工安全带、安全绳。在 2 米及以上的无可靠安全防护设施的高处、悬崖和陡坡作业时，必须系挂安全带。
		从事机械作业的女工及长发者防护用品	应配备工作帽等个人防护用品。
		冬期施工期间或作业环境温度较低防护用品	应为作业人员配备防寒类防护用品。
		雨期施工期间防护用品	应为室外作业人员配备雨衣、雨鞋等个人防护用品。
2	工种防护用品	架子工、塔式起重机操作工、起重吊装工、信号指挥工、维修电工、电焊工、气割工、锅炉及压力容器安装工、管道安装工、油漆工、混凝土工、瓦工、砌筑工、抹灰工、磨石工、石工木工、钢筋工	各工种应按照作业性质和等级，按照有关规定配备相应的专用工作服装、劳动保护鞋及工作手套等个人防护用品。涉电工种要配备相应绝缘服装、绝缘鞋及绝缘手套等。涉粉尘工种要配备防尘口罩、灵便紧口的工作服、防滑鞋和工作手套。在强光环境条件作业时，应配备防护眼镜。在湿环境作业时，应配备防滑鞋和防滑手套。从事酸碱等腐蚀性作业时，应配备防腐蚀性工作服、耐酸碱鞋，耐酸碱手套、防护口罩和防护眼镜。在从事涂刷、喷漆作业时，应配备防静电工作服、防静电鞋、防静电手套、防毒口罩和防护眼镜。瓦工、砌筑工、钢筋工等应配备保护足趾安全鞋。

注：除安全帽、反光背心、工作服、安全皮鞋外，其余配置要求，根据工种和作业内容，并参照有关标准规范要求进行配置。

3. 建筑工人施工现场作业环境基本配置指南

总体要求：施工企业要加强施工现场作业环境管理，推进安全生产标准化，完善作业环境安全、设施等设置，确保符合安全生产条件。建筑工人施工现场作业环境除应符合本指南的规定外，还应符合《工作场所职业病危害警示标识》（GBZ158）、《建设工程施工现场消防安全技术规范》（GB 50720）、《建筑施工安全检查标准》（JGJ 59）等现行国家和行业标准要求。各地可根据本指南，结合本地区实际情况进一步细化，制定本地区建筑工人施工现场作业环境配置指南、指引或导则。

序号	作业环境	配置	要求
1	安全生产标志	安全生产宣传标语和标牌	施工现场应合理设置安全生产宣传标语和标牌。标牌设置应牢固可靠，在主要施工部位、作业层面和危险区域以及主要通道口均应设置醒目的安全警示标志。
2	工间休息设施	施工现场设置临时休息点	施工现场应在安全位置设置临时休息点。施工区域禁止吸烟，应根据工程实际设置固定的敞开式吸烟处，吸烟处配备足够消防器材。

续 表

序号	作业环境	配置	要求
2	工间休息设施	施工现场设置临时开水点	施工现场应按照工人数量比例设置热水器等设施，保证施工期间饮用开水供应。高层建筑施工现场超过 8 层后，每隔 4 层宜设置临时开水点。
		施工现场设置临时厕所	施工现场应设置水冲式或移动式厕所。高层建筑施工现场超过 8 层后，每隔 4 层宜设置临时厕所。
3	临边安全防护	基坑临边防护	深度超过 2 米的基坑、沟、槽周边应设置不低于 1.2 米的临边防护栏杆，并设置夜间警示灯。
		楼层四周、阳台临边防护	建筑物楼层邻边四周、阳台，未砌筑、安装维护结构时的安全防护现场所有楼层临边防护均为不低于 1.2 米的固定防护栏杆并满挂密目安全网。
		楼梯临边防护	楼梯踏步及休息平台处搭设两道牢固的 1.2 米高的防护栏杆并用密目安全网封闭。回转式楼梯间楼梯踏步应搭设两道牢固的 1.2 米高的防护栏杆，中间洞口处挂设安全平网防护。
		垂直运输卸料平台临边防护	出料平台必须有专项设计方案并报批后方可使用，平台上的脚手板必须铺严绑牢，平台周围须设置不低于 1.5 米高防护围栏，围栏里侧用密目安全网封严。卸料平台上的脚手板必须铺严绑牢，两侧设 1.2 米防护栏杆，18 厘米高的挡脚板，并用密目安全网封闭。
4	深基坑作业安全防护	专人监测	基础施工时设专人观察边坡及护壁，如有裂缝及时发现，尽早处理，以免造成边坡坍塌。深坑作业时，严禁向坑内抛物体，上下操作时防止坠物伤人。
5	洞口安全防护	电梯井口安全防护	设高度不低于 1.2 米的金属防护门。电梯井内首层和首层以上每隔四层设一道水平安全网，安全网封闭严密。
		管道井安全防护	采取有效防护措施，防止人员、物体坠落。墙面等处的竖向洞口设置固定式防护门或设置两道防护栏杆。
		预留孔洞安全防护	1.5 米 ×1.5 米以下的孔洞，用坚实盖板盖住，有防止挪动、位移的措施。1.5 米 ×1.5 米以上的孔洞，四周设两道护身栏杆，中间支挂水平安全网。结构施工中伸缩缝和后浇带处加固定盖板防护。
6	水平作业通道安全防护	搭设防护板棚	在施工期间，在出入口处必须搭设防护板棚，棚的长度为 5 米，宽度大于出入口，材料用钢管搭设，侧面用密目安全网全封闭，顶面用架板满铺一层。
7	交叉作业安全防护	设警戒区	支模、粉刷、砌墙等各工种进行上下立体交叉作业时，不得在同一垂直方向上操作，下层作业的位置，必须处于依上层高度确定的可能坠落范围半径之外。模板、脚手架等拆除时，下方不得有其他操作人员，并设警戒区。模板部件拆除后，临时堆放处离楼层边不小于 1 米，堆放高度不超过 1 米。

续 表

序号	作业环境	配置	要求
8	高处作业安全防护	设置专用防护棚	冬季施工时，按规定做好防寒保暖工作，设置挡风防寒或临时取暖措施。在夏季施工时采取降温措施。高处施工立体交叉作业时，不得在同一垂直方向上下操作。上下同时工作时，应设专用的防护棚或隔离措施。遇有冰雪及大风暴雨后，及时清除冰雪和加设防滑条等措施。在2米以上的高度从事支模、绑扎钢筋等施工作业时具有可靠的施工作业面，并设置安全稳固的爬梯。高处作业使用的铁凳、木凳应牢固，两凳间需搭设脚手板的，间距不大于2米。
9	脚手架安全防护	专项施工方案	具有足够的强度、刚度和稳定性。具有良好的结构整体性和稳定性，不发生晃动、倾斜、变形。应设置防止操作者高空坠落和零散材料掉落的防护措施。
10	塔吊安全防护	专项技术方案和管理制度	塔吊司机身心健康，持有特种作业操作证。及时检查塔吊地脚螺栓、标准节螺栓的紧固情况，检查塔吊附墙螺栓是否紧固。恶劣天气停止作业。
11	施工电梯安全防护	专项管理制度	施工电梯司机应取得岗位合格证书。严格按施工电梯额定载荷和最大定员运载。非运行状态时，施工电梯停靠在一层，并将开关、门限位上锁，切断电源。

住房城乡建设部办公厅关于印发培育新时代建筑产业工人复制经验做法清单（第一批）的通知

1. 2024 年 1 月 3 日
2. 建办市函〔2024〕10 号

各省、自治区住房城乡建设厅，直辖市住房城乡建设（管）委，新疆生产建设兵团住房城乡建设局：

按照《住房和城乡建设部等部门关于加快培育新时代建筑产业工人队伍的指导意见》（建市〔2020〕105 号）要求，各地围绕推进农民工向新时代建筑产业工人转型、完善建筑工人实名制管理、提升建筑工人技能水平、加强统筹协作和政策支持、保障建筑工人合法权益等方面，积极探索、大力推进新时代建筑产业工人队伍建设，取得了积极成效。现将有关经验做法印发给你们，请结合实际学习借鉴。

附件：培育新时代建筑产业工人复制经验做法清单（第一批）

培育新时代建筑产业工人可复制经验做法清单（第一批）

序号	工作任务	主要举措	经验做法
一	推进农民工向新时代建筑产业工人转型	（一）培育自有产业工人	1. **重庆市**鼓励建筑企业培育“自有工人”。一是壮队伍，印发培育新时代建筑企业自有工人试点工作方案，解决如何培育自有工人的问题。二是打通道，创新自有工人培训考核体系，解决建筑农民工身份转变的问题。三是给激励，出台激励政策并调增职工教育经费、安全文明施工费，解决企业积极性不高的问题。四是强培训，构建多元培训体系和搭建免费培训平台，解决从业人员技能提升的问题。五是抓从业，强化施工现场从业人员管理，解决人员到岗履职的问题。六是压责任，加强特种作业人员管理和在危大工程中全面推行自有工人施工，解决持证上岗的问题。七是打好组合拳，加强住房城乡建设、发展改革、人力资源社会保障、总工会等部门联动，在技能培训、权益保障、组织管理等方面齐抓共管，解决工作合力的问题。 2. **陕西省**鼓励大型建筑企业组建自有建筑劳务公司。推动大型建筑企业探索以自有技能工人为主、社会劳务资源为辅的模式，组建自有建筑劳务公司，整合企业劳务资源，把经验丰富、技术精湛的农民工吸纳到专业作业企业，建立稳定的劳动关系，形成稳定的核心技术工人队伍。同时，鼓励建筑企业组建班组长和产业工人库，采取职业经理人、项目合伙人等多种模式，做实做细项目劳务管理，多措并举培育产业工人。
		（二）引导劳务企业转型发展	1. **河南省固始县**大力发展专业作业企业。鼓励有能力的班组长和技能水平高的建筑工人，以亲情、乡邻为纽带，以长期合作信任为基础，牵头组建与职业技能相对应的专业作业企业，将从事工程项目、企业自有工人等信息上传至河南省建筑市场监管公共服务平台予以展示，为专业作业企业直接对接总承包企业承揽业务提供便利。截至 2023 年底，固始县已有 56 个项目试点推行了专业作业企业与总承包企业直接签订分包合同，提高工作效率，提升管理效能。 2. **陕西省**积极培育“技能型”“品牌型”建筑劳务企业。鼓励和支持有条件的地区，依托创业孵化基地落实扶持政策，在“建筑强县”评选活动中设立专项奖励资金，激励发展县域建筑劳务产业，“旬阳建工”建筑劳务队伍被评为全国就业劳动类劳务品牌。根据企业特点，一方面引导有能力的建筑劳务企业采取引进人才、设备等多种方式向专业承包或总承包企业转型，另一方面引导小微型建筑劳务企业做专做精，向技能型专业作业企业发展。
		（三）加强高素质高技能产业工人培养	1. **广东省广州市**针对新型建造技术的施工特点加强技能工人培养。采取订单式课程、职业训练等方式，提升建筑工人的新型建造实操技能和综合素养。组织专家团队针对重点项目开展技能下工地活动，根据项目施工作业的需要进行技术指导，有效提高了建筑工人的新型建造技术水平，推动提升施工效率，更好服务项目建设。立足粤港澳大湾区建设需要，通过校企合作、产教融合等方式开展技能人才的培养应用试点，探索建立了立足本地需求、辐射粤港澳大湾区的智能建造人才培养方式。 2. **浙江省温州市**积极推行“智能建造 + 产业工人”培养模式试点工作。建立项目库、班组库、设备库和核心产业工人的“三库一核心”模式，与四川阿坝、叙永等劳务输出地区开展战略合作，签订定向定点合作协议，培育熟悉智

续 表

序号	工作任务	主要举措	经验做法
一	推进农民工向新时代建筑产业工人转型	（三）加强高素质高技能产业工人培养	能建造技术和操作的产业工人，为温州市工程建设服务。截至2023年底，已有喷涂机器人、测量机器人等10余项“智能建造机器人+产业工人”模式在温州市多个项目试点实施，已培育3515名智能建造产业工人，助力温州市推进智能建造产业工人培育试点工作。 **3. 四川省叙永县**加强培养高素质高技能产业工人队伍。成立县建设劳务开发服务中心，建立县、乡镇、村、社（组）四级联动工作机制，与中建八局、四川建筑职业技术学院建立双向沟通机制，在“家门初训”“学校集训”“工地实训”“网络复训”的建筑产业工人培育模式基础上，开发钢筋工、砌筑工、测量工、试验工等9个工种57个建筑职业技能培训视频，制作93项VR安全体验和质量样板课件，利用“工匠宝”软件实时掌握学员培训和就业情况，对建筑工人进行精细化管理。截至2023年底，叙永县建筑产业工人达到6.75万人，常年建筑务工工人5.12万人，人均年收入9.8万元。
		（四）增强建筑工人归属感	**1. 广东省广州市**建立关爱建筑工人长效机制。举办“匠人匠心匠艺座谈会暨工匠与用人单位交流活动”“建筑工人子女夏令营”“中秋、国庆、春节慰问”“免费体检”等活动，为长期在工程建设一线的建筑工匠、建筑工人提供贴心服务，营造尊重技能、重视人才、全心留人的良好用工环境。 **2. 浙江省宁波市**建立建筑劳务产业园工会联合会。结合基层党建与产业发展特点，先后成立9家项目工地工会，常态化开展微党校、关怀慰问、政策咨询、公益法律援助、技能比武等活动，2022年园区举办各类活动50余场，惠及人数超5000人次。开展“惠民工·小候鸟行动”，举办针对建筑工人子女的夏令营，让来自于湖北、湖南、四川、贵州、河南等地区的建筑工人子女享受丰富多彩的暑假。
二	完善建筑工人实名制管理	（一）拓展实名制管理系统功能	**1. 云南省**推进实名制管理全流程线上闭环监管。开发“云建宝”平台，以“用工有实据、干活有数据、发薪有依据”为目标，推动实现实名制与工资联动监管，实现了对在建工程建筑工人实名制管理、日常考勤、劳动合同签订、月度工资支付的全流程线上闭环监管，数据真实可回溯。增加平台施工现场专业人员考勤功能，强化施工现场专业人员到岗履职，全面落实建筑从业人员实名制管理。增加施工总承包单位开设的农民工工资专用账户管理功能，完善与银行平台数据对接，细化全省住房城乡建设领域工资专用账户信息化监管要求。 **2. 浙江省**丰富实名制管理应用场景。聚焦建筑工人高频需求和行业治理需要，在实名制管理基础上开发“建筑工人保障在线”平台，构建“从业人员画像”“职业技能培训”“用工市场保障”“浙江鲁班工匠”等数字应用场景，提供从实名认证、权益保障、行为管控、技能提升、就业服务、信用维护的职业闭环管理和服务，解决传统粗放式管理中数据缺失、效率低下、政策制度落地难等问题，实现数字赋能建筑工人精细化管理与服务。 **3. 广西壮族自治区**不断完善实名制管理平台功能。基于平台大数据与集成技术，开发“桂建通”平台，打造集建筑工人培训、招工找活等多功能于一体的综合性平台，着力完善从业人员的合同签订、技能培训、从业履历与招工找活

续 表

序号	工作任务	主要举措	经验做法
二	完善建筑工人实名制管理	（一）拓展实名制管理系统功能	等功能。截至 2023 年底，“桂建通”平台累计发布用工岗位 3.7 万个，招工找活 35.1 万人次，建筑工人累计签订电子合同 36.8 万份。 4. **广东省广州市**积极探索 AI 视频监控自动预警项目试点。利用人脸抓拍、工地实名制信息匹配、出入异常记录、实际在场人数监测等技术，与平台考勤数据进行实时比对和分析，提升监管效能。创新开启“设备直联”新模式，建立全市建筑工人生物数据库，利用人脸识别技术与数据通信处理中心，对人员生物信息进行行政区域、工程项目、企业等标签化管理。
		（二）推动项目、企业、人员全覆盖	1. **福建省**推动实名制管理信息互联共享。推动省实名制管理平台与省公共资源交易电子行政监督平台、工程建设项目审批管理系统实时对接，动态获取工程项目立项信息和施工许可信息，省实名制管理平台同步生成项目信息，实现在建项目实名制监管全覆盖；推动与工程建设注册人员管理系统、工程质量安全监管平台、省社保平台等对接，获取管理人员相关数据信息，实现管理人员实名制动态管理全覆盖。 2. **河南省平顶山市**强化项目管理人员到岗履职监督。通过实名制系统数据筛查，分析项目管理人员考勤信息，对未能到岗履职的管理人员，在系统平台进行提示并发送短信提醒。对项目主要管理人员连续 3 天及以上未考勤、月到岗考勤率低于岗位最低考勤率要求的，组织集中约谈会，开具整改通知单，责令整改。 3. **广东省广州市**建立实名制访客制度。建设单位、总包单位、监理单位等各方人员进入项目现场时均需进行实名登记，在穗好办 App 的“穗建实名”服务完成人脸认证后方能进场，实现项目管理人员、建筑工人实名登记全覆盖，保障建设工程项目施工现场管理和安全。
		（三）推动实名制与日常监管联动管理	1. **江西省**“线上预警 + 线下核查 + 重点督办”多向发力、闭环销号。通过深化建筑工人实名制管理平台信息系统，综合分析企业资质、人员资格、从业信息、到岗履职等信息，设定量化指标，用数字化手段辅助分析研判转包、挂靠等违法违规行为，对判定存在违法违规行为的，进行红灯、黄灯预警提示，有效规范建筑市场行为。 2. **云南省**线上线下相结合开展动态监管。将云南省建设监管公共服务平台、质量安全管理平台的在建项目全部动态纳入实名制管理平台监管，并通过业绩认定、市场现场两场联动、动态核查、信用管理等方式严格落实施工单位责任。2022 年对 7 家、2023 年对 11 家拖欠农民工工资单位进行了联合惩戒。在开展标杆工地创建活动中，对开展实名制管理项目的 52 个优秀项目评优评奖。 3. **江苏省泰州市**细化量化实名制管理。在省级实名制管理平台的基础上拓展功能，开发施工分包合同、建筑工人劳动合同管理模块，以分包单位为基础，分班组、按工种完善相关信息，提高分包合同、管理人员岗位证书和缴纳社保等数据质量，鼓励建筑工人签订电子劳动合同，及时在线上、线下公示工人工作量、单价、工资等信息，通过精细化管理，有效减少劳资纠纷。 4. **浙江省杭州市**开展持证上岗人员线上监管和流动人口临时居住登记管理试

续 表

序号	工作任务	主要举措	经验做法
二	完善建筑工人实名制管理	（三）推动实名制与日常监管联动管理	点。一是对持证上岗人员实行动态监管，以实名制人员信息为数据基础，对接省级建筑市场监管公共服务系统、省级建筑施工特种作业人员管理信息系统，对人员证书异常或证书即将逾期等信息进行预警提醒。二是加强建筑工人临时居住登记管理，将实名认证人员基本信息和考勤数据推送至公安部门，由公安部门对符合办理条件人员线上办理临时居住证，对未及时办理临时居住证的建筑工人设置预警提醒。 **5. 浙江省宁波市**推行实名制管理“一码通行”。构建以“甬建码”为数据基础和信息中枢的人员信息体系，对持码建筑工人的个人从业信息和生物识别信息一码集成，按需共享至全市各项目部和用工单位，让工人无需重复录入或频繁掏出手机亮码。同时将工作轨迹、技能培训、招工用工等各类业务系统数据统一集成到“甬建码”，对工程建设相关人员的监管实现了“有码可依”。
三	提升建筑工人技能水平	（一）推动建设新时代建筑产业工人培育基地	**1. 河南省林州市**不断推动建筑产业工人培育基地建设。通过采取校企合作方式，实施“百千万”人才培训计划，即培养 100 名具有实力的建筑企业家或职业经理人、培养 1000 名优秀项目经理、培养 1 万名施工现场管理人员和 10 万名专业技术产业工人，夯实林州市建筑产业人才建设基础。依托林州市建筑职业技术学院等多个专业培训机构，整合资源、形成合力，为建筑企业提供各层次人才培训服务，提升建筑工人的技能水平和持证率。与高校合作举办适应新时代发展要求的红旗渠新型建筑人才培训，持续开展“红旗渠工匠”培育和评选活动，共有 500 余名建筑工人被评为“红旗渠工匠”。近年来林州市通过建筑产业工人培育基地建设，已有 2000 余家建筑企业和 20 余万建筑工人从业，不断推动林州市建筑业做大做强。 **2. 四川省自贡市**形成“教、学、做”一体化的建筑产业工人培训基地。积极培育推广“富顺建工”特色劳务品牌，促进建筑农民工向技术人才转型并有序输出就业。依托“四川省省级劳务培训基地”“自贡市高技能人才培训基地”，采取专题辅导、实际操作、专业技能讲授与案例分析等理论实践相结合的教学方式进行授课，培育知识型、技能型、创新型建筑产业工人队伍。近年来为 10 万余名建筑产业工人进行培训，提供就业 15 万余人次。 **3. 安徽省和县**大力推动新工种建筑产业工人培养基地建设。以和县职业技术学校为平台，以绿色建材产业园为依托，通过夜校、现场实操、合作办学等方式搭建建筑人才培养基地，开展建筑信息模型（BIM）、装配式建筑等新工种专题培训。近年来，共培训 2.65 万名建筑工人，3200 人次取得了建筑行业职业资格证书。
		（二）制定实施技能工人配备标准	**1. 广东省**实施施工现场技能工人配备动态管理。根据不同地市发展不平衡的工作实际，合理制定动态管理的配备标准要求，设置省级基准比例和地市调整系数，确定达标判断标准，利用实名制管理平台，实现施工现场技能工人配备情况自动计算、自动判断、主动预警、自动报送等功能。 **2. 河南省漯河市**双随机巡查技能工人配备情况。要求各建筑企业按照施工进度落实施工现场技能工人不同工种、技能等级配备比例要求，组织安监、质

续 表

序号	工作任务	主要举措	经验做法
三	提升建筑工人技能水平	（二）制定实施技能工人配备标准	监、稽查、监理等单位对在建工地现场从业人员持证上岗情况进行巡查，发现建筑企业现场从业人员未达到持证上岗率要求或存在无证上岗情况的，责令限期组织相关从业人员参加培训，获得职业技能等级证书后方可上岗。
		（三）以赛代练推动提升产业工人技能水平	1. **陕西省**以竞赛引领行业技能人才建设。举办“陕建杯”建筑行业职业技能竞赛，对获得各工种竞赛前 5 名的选手，经省人社厅核准后，晋升技师职业资格或职业技能等级；对获得各工种竞赛第 1 名并符合推荐条件的选手，推荐授予“陕西省五一劳动奖章”；前 5 名的选手，经省竞赛组委会办公室核准后，授予“陕西省技术能手”称号，激励引导全省建筑工人热爱钻研技能，培养更多高技能人才。 2. **四川省成都市**举办职业技能人才大赛。市住房城乡建设局会同市人社局、市总工会，依托建筑业协会、装饰装修协会等 5 个行业协会，举办首届“成都市建筑职业技能人才大赛”。本次大赛参照世界技能大赛的项目设置、技术标准和组织方式，编制各工种评分标准和赛事规程，共设 7 大类 10 个比赛项目，除传统的钢筋工、砌筑工等工种外，还包括建筑信息建模（BIM）技术人员、装配式建筑施工员等具备现代产业工人特色的新型专业工种。256 名参赛选手获得星级产业工人评定，52 名选手被推荐评选“成都市五一劳动奖章”“成都工匠”“成都市技术能手”等称号，营造争先创优的良好氛围。 3. **四川省内江市**常态化举办职业技能大赛。市住房城乡建设局联合人社局、总工会、建筑业协会每两年举办一次全市“甜城工匠”职业技能大赛，为行业人才搭建展示技能、切磋技艺、提高水平的平台，形成政府支持、行业搭台、校企配合的四方联动模式，推动提升建筑产业工人技能水平。
		（四）推动建筑工人产业园建设	1. **浙江省杭州市**推动建设建筑工人服务园。举办 3 期、2727 人建筑施工特种作业培训和实操考核，引入“吴恒锦电气技能大师工作室”（省级）和“邹新华防水技能大师工作室”（区级）2 个技能大师工作室，开发智慧工地平台、线上劳务交易平台、财税服务平台、线上培训中心等服务平台并试运行。截至 2023 年底，已有 17 家公司入驻建筑工人服务园。 2. **浙江省宁波市**以建筑服务产业园助推建筑劳务集聚发展。围绕“总部高地、生活培训基地、生产工地”的“三地”建设方针，构建“1+2+N”即“一个建筑服务产业园，建筑产业工人基地和宁波市技术工人培育基地、N 个工地”的发展载体，搭建“党建引领、政策扶持、法律援助、工会服务、发展共享”五大平台。2022 年 5 月，宁波建筑服务产业园被命名为“浙江省建筑产业工人培育基地”，为政府、企业、职工三方搭建桥梁、聚集资源，为建筑劳务企业转型提供保障。截至 2023 年底，共有 36 家建筑劳务企业入驻，覆盖建筑工人 8 万余人，培训建筑工人超 10 万人次。 3. **江苏省苏州市**整合市场优质资源打造建筑服务产业园。江苏建筑服务（苏州）产业园以建筑服务产业链为抓手，采用“政府主导、企业主体、市场运营”的模式，聚合建筑服务企业，着力培育装配式、智能机械、人机融合等新时代建筑产业工人队伍，打造建筑工地 + 建筑服务产业园 + 建筑人力资源为

续 表

序号	工作任务	主要举措	经验做法
三	提升建筑工人技能水平	（四）推动建筑工人产业园建设	一体的互联网平台，为建筑行业培育新时代高技能的产业工人队伍。同时，依托产业园，成立苏州市建筑产业工人服务中心，充分发挥其助推工人就业、维权、帮困、心理服务、弘扬劳模工匠精神的一体化作用，更好保障工人合法权益。
四	加强统筹协作和政策支持	（一）建立协同推进机制	1. **河南省**建立多方联动工作机制。印发《河南省住房和城乡建设行业“人人持证、技能河南”工作方案》（豫建人教〔2022〕19 号），成立了河南省住房城乡建设厅“人人持证、技能河南”工作领导小组，建立人社部门牵头、住房城乡建设部门负责实施、财政和税务等部门提供政策支持的协同推进机制，充分利用就业补助、财政补贴和地方人才经费，落实职工教育经费、减免相应税费等资金政策，推动培训就业一体化。截至 2023 年底，全省住房和城乡建设行业共完成职业技能培训 328280 人次，新增技能人才 236657 人，新增高技能人才 23100 人，各项年度计划指标均提前完成。 2. **广东省广州市**建立“横向到边、竖向到底”的建筑产业工人培育工作网络。市住房城乡建设局联合人社、工会等职能部门，构建政府机构、行业协会、企业、职业院校、社会培训机构全链条的建筑产业工人培育工作网络，促进行业资源与建筑工地需求紧密对接，进一步加强资源整合。建立建筑产业工人培育专家库，对经过专业培训并考核合格的 60 余名储备专家实行入库统一管理，丰富产业工人培育的专家资源。 3. **四川省内江市**多部门共同打造“甜都建工”特色劳务品牌。市住房城乡建设局、建筑业协会联合内江职业技术学院合力打造装配式建筑实训基地；市人社、财政等相关部门制定职业技能提升相关办法，确定《内江市职业技能提升行动培训机构和鉴定机构目录清单》《内江紧缺急需职业（工种）目录》，明确培训资金使用范围、补贴标准、申领程序等，强化资金保障力度，持续开展职业技能提升行动。 4. **河南省固始县**一体推进建筑劳务企业培育和建筑工人技能提升。县市场监督管理局为专业作业企业登记建立审批绿色通道；县税务局对纳入县《基地专业作业企业名录》《合格分包企业名册》的纳税企业和个人落实个人所得税年度核算和专项扣除；县人社局、财政局对纳入“全省三年技能提升行动”中参与培训、实训的建筑产业工人给予财政补贴，调动了产业工人“参训”积极性。扶持“固始道桥”品牌做大做强，以黎集镇为主的道桥各类专业班组有 300 多家，涌现出了一大批优秀建筑劳务企业。
		（二）加大职业技能培训政策支持	1. **重庆市**加大职工教育经费投入。积极协调市发改委、市财政局，将建筑企业职工教育经费由原来工资总额的 1.5% 调整到 2.5%—4%，作为非竞争性费用在招标时单列；对于教育经费要求专款专用，按实际支出结算，保障 60% 以上经费用于一线建筑工人的教育培训。 2. **河南省**实行“一试双证”。省住房城乡建设厅、人社厅联合印发《关于进一步健全住房和城乡建设行业培训评价体系的通知》（豫建人教〔2022〕132 号），明确参培人员参加由省住房和城乡建设行业技能人员职业培训机构相关职业（工种）的职业技能培训后，经人社部门审批的职业技能等级评价机构考核评

续 表

序号	工作任务	主要举措	经验做法
四	加强统筹协作和政策支持	（二）加大职业技能培训政策支持	价合格的，取得住房城乡建设行业相关证书的同时，可自愿申请人社部门相关职业（工种）相应等级的职业技能等级证书。 3. **广西壮族自治区**积极探索建筑工人培训经费保障新渠道。创新建筑产业工人技能培训模式，使用建安劳保费结余资金补贴建筑产业工人职业技能培训。2021 年以来，桂南和桂北两个培训片区分别依托广西建设职业技术学院、广西城市建设学校，开展全区建筑工人职业技能培训，有效提升全区建筑产业工人职业能力和技术水平，助力全区建筑业转型升级和建筑企业发展壮大。 4. **江西省赣州市**强化政府财政补贴支持建筑产业工人培训。鼓励采用网络教育、技能提升培训、学徒制等方式培养新时代建筑产业工人。赣州市人民政府印发《赣州市支持建筑业高质量发展若干措施的通知》（赣市府字〔2023〕17 号），提出对建筑企业培训本企业技术工人和管理人员取得住房城乡建设主管部门认可的资格证书的，由企业注册地财政按每培训 1 名建筑高级工补贴 200 元、建筑施工特种作业人员补贴 300 元、现场管理人员补贴 400 元的标准发放，提高企业主动性。
		（三）建立技能导向的激励机制	1. **内蒙古自治区**大力支持高技能人才培训基地建设。紧密结合建筑产业工人队伍人才需求，依托企业和学校培育基地，形成技能人才“孵化场”，规范化系统化培养建筑产业高技能人才，不断推动建筑产业高技能人才培养。2023 年，对设立自治区级高技能人才培训基地的企业给予 100 万元资金支持；对设立国家级高技能人才培训基地的赤峰建筑高级技工学校给予 500 万元资金支持，进一步激发企业等积极性。 2. **广东省深圳市**建立以技能为导向的职业训练体系。训练等级划分为入门级、初级、中级、高级、工匠级，打通产业工人职业技能晋升通道。将建筑企业产业工人训练开展情况列入信用评价体系加分项，参训并获得证书的产业工人数量占企业一线工人总数 80%—90%之间的，得 3 分；占 90%以上的得 4 分，推动建筑企业注重培育产业工人，提升工人技能水平。
五	保障建筑工人合法权益	（一）推动制度建设防范拖欠	1. **福建省**多措并举健全拖欠农民工工资防范机制。将招标条件备案和招标文件备案纳入标准化目录管理，指导各级住房城乡建设主管部门强化建设资金到位情况审查，防范无预算上项目、设置霸王条款、打白条等违法违规行为。出台工程款支付担保管理实施办法，在全省房建市政项目基本实现全覆盖。以厦门市为重点推进地区，组织开展施工过程结算试点工作。与省工信厅建立拖欠工程款联动处理机制，分类化解拖欠民营企业中小企业工程款问题。与省高院建立住房城乡建设领域执法司法联动制度，对涉及转包等违法行为的案件，住房城乡建设部门依法予以查处。建立造价纠纷调解和司法援助机制，发挥行业协会涉工程法律援助指导作用，积极调解工程款纠纷问题。 2. **重庆市**全面推行农民工工资专户管理及银行代发制度。自 2017 年开始在建筑领域全面推行农民工工资专户管理制度及银行代发制度，并将“双制”的落实作为根治欠薪的重要抓手，通过季度通报、责任约谈、实地督导等方式，督促区县、银行及企业严格制度落实，工资专户开户率及代发率稳步提升，欠薪

续 表

序号	工作任务	主要举措	经验做法
五	保障建筑工人合法权益	（一）推动制度建设防范拖欠	投诉总体呈逐年下降态势。2023 年以来，全市在建项目通过专户共代发工资 165.01 亿元，涉及农民工 178.32 万人次，目前工资专户开户率达 97%、代发率达 92%，基本实现全覆盖。 **3. 安徽省芜湖市**全面实行红黄蓝牌“三色”预警机制。通过智能化分析，对在建项目落实《保障农民工工资支付条例》中维权告示牌、工资专用账户、农民工实名制登记、劳动合同签订、工资保证金缴纳、工程款支付担保、专户资金管理、实名制考勤、工资发放等九项保障措施情况实行分级分类预警。截至 2023 年底，系统自动发出蓝牌预警 1025 次、黄牌预警 96 次、红牌预警 1568 次，住房城乡建设、人社部门根据预警信息督促项目责任单位限期整改。“三色”预警机制对各项措施实施全过程动态监管，全市各项目农民工工资支付管理工作逐步规范。
		（二）加强多部门联动合力化解欠薪	**1. 江西省**设立建筑业人民调解委员会。发挥建筑业协会在政府和企业、人民群众之间的桥梁纽带作用以及专业技术和行业人才优势，把拖欠工程款、工伤鉴定等矛盾纠纷纳入受理调解范围，与各级法院、仲裁机构建立“诉调对接”“裁调对接”联动机制，为建筑工人劳务纠纷化解提供专业公正的调解平台。 **2. 广东省佛山市**开展房屋建筑工程领域农民工工资纠纷诉源治理。探索建立“法院 + 行政机关 + 行业协会”的分级解纷机制，由市中院、住房城乡建设局、人社局和市建筑业协会联合设立佛山市房屋建筑工程领域农民工工资纠纷诉源治理工作站，开展定期巡查、线索核查、联合处置、及时调解核实存在欠薪事实的纠纷，推动欠薪隐患化解在基层。

中国建筑业协会关于成立建筑产业工人职业技能等级认定工作指导委员会的通知

1. 2020 年 3 月 9 日
2. 建协〔2020〕5 号

各省、自治区、直辖市建筑业协会（联合会、施工行业协会），有关行业建设协会，国资委管理的有关建筑业企业，有关单位：

根据中共中央办公厅 、国务院办公厅《关于分类推进人才评价机制改革的指导意见》（中办发〔2018〕6 号），人力资源和社会保障部《关于改革完善技能人才评价制度的意见》（人社部发〔2019〕90 号）等文件精神，为培育建筑产业工人队伍，我会将在有关部门的指导下开展建筑产业工人职业技能等级认定工作，并成立建筑产业工人职业技能等级认定工作指导委员会（以下简称“指导委员会”）。指导委员会组成如下：

主任委员：

刘锦章　中国建筑业协会副会长兼秘书长

副主任委员：

赵　峰　中国建筑业协会副秘书长

张　翌　中国建筑股份有限公司助理总经理、市场与项目管理部总经理

委　员：

冯　义　北京市建筑业联合会副会长兼秘书长

张　微　天津市建筑业协会副会长兼秘书长

方永山　河北省建筑业协会副会长兼秘书长

张新民　山西省建筑业协会副会长兼秘书长

杨晓刚　内蒙古自治区建筑业协会副会长兼秘书长

孟宝良　辽宁省建筑业协会副会长兼秘书长

孔永臣　吉林省建筑业协会常务秘书长

孙洪军　黑龙江省建筑业协会常务副会长兼秘书长

康春江　上海市建筑施工行业协会副会长兼秘书长

纪　迅　江苏省建筑行业协会常务副会长

毛　毳　浙江省建筑业行业协会副秘书长

马　丽　安徽省建筑业协会常务副秘书长

张俊华　福建省建筑业协会秘书长

杨　辉　江西省建筑业协会秘书长

林　滨　山东省建筑业协会副会长兼秘书长

李　娟　河南省建筑业协会常务副会长兼秘书长

佟海鸥　湖北省建筑业协会秘书长

段　炼　湖南省建筑业协会副秘书长

张　兵　广东省建筑业协会副秘书长

赵　波　广西建筑业联合会建筑劳务及人力资源分会会长

刘爱循　海南省建筑业协会副会长兼秘书长

祁仁俊　重庆市建筑业协会副会长兼秘书长

陈大友　四川省建筑业协会秘书长

张放明　贵州省建筑业协会会长

吴明燕　云南省建筑业协会会长

向书兰　陕西省建筑业协会副会长兼秘书长

孙志刚　甘肃省建筑业联合会驻会秘书长

邹爱萍　宁夏建筑业联合会副会长

袁银芝　新疆维吾尔自治区建筑业协会秘书长

侯同瑞　中国石油工程建设协会副秘书长

王承玮　中国建筑业协会会员服务与综合管理部主任

周景梅　中国建筑业协会培训中心主任

邢作国　中国建筑业协会建筑供应链与劳务管理分会副会长兼秘书长

指导委员会下设建筑产业工人职业技能等级认定工作办公室，办公室设在中国建筑业协会建筑供应链与劳务管理分会，邢作国兼任办公室主任。

2. 新就业形态劳动者

国务院办公厅关于支持多渠道灵活就业的意见

1. 2020年7月28日
2. 国办发〔2020〕27号

各省、自治区、直辖市人民政府，国务院各部委、各直属机构：

个体经营、非全日制以及新就业形态等灵活多样的就业方式，是劳动者就业增收的重要途径，对拓宽就业新渠道、培育发展新动能具有重要作用。为全面强化稳就业举措，落实保居民就业任务，经国务院同意，现就支持多渠道灵活就业提出以下意见。

一、总体要求

以习近平新时代中国特色社会主义思想为指导，全面贯彻党的十九大和十九届二中、三中、四中全会精神，坚持以人民为中心的发展思想，把支持灵活就业作为稳就业和保居民就业的重要举措，坚持市场引领和政府引导并重、放开搞活和规范有序并举，顺势而为、补齐短板，因地制宜、因城施策，清理取消对灵活就业的不合理限制，强化政策服务供给，创造更多灵活就业机会，激发劳动者创业活力和创新潜能，鼓励自谋职业、自主创业，全力以赴稳定就业大局。

二、拓宽灵活就业发展渠道

（一）鼓励个体经营发展。持续深化商事制度改革，提供便捷高效的咨询、注册服务。引导劳动者以市场为导向，依法自主选择经营范围。鼓励劳动者创办投资小、见效快、易转型、风险小的小规模经济实体。支持发展各类特色小店，完善基础设施，增加商业资源供给。对下岗失业人员、高校毕业生、农民工、就业困难人员等重点群体从事个体经营的，按规定给予创业担保贷款、税收优惠、创业补贴等政策支持。（财政部、人力资源社会保障部、商务部、人民银行、税务总局、市场监管总局等按职责分工负责）

（二）增加非全日制就业机会。落实财政、金融等针对性扶持政策，推动非全日制劳动者较为集中的保洁绿化、批发零售、建筑装修等行业提质扩容。增强养老、托幼、心理疏导和社会工作等社区服务业的吸纳就业能力。加强对非全日制劳动者的政策支持，对就业困难人员、离校2年内未就业高校毕业生从事非全日制等工作的，按规定给予社会保险补贴。（民政部、财政部、人力资源社会保障部、住房城乡建设部、商务部、人民银行等按职责分工负责）

（三）支持发展新就业形态。实施包容审慎监管，促进数字经济、平台经济健康发展，加快推动网络零售、移动出行、线上教育培训、互联网医疗、在线娱乐等行业发展，为劳动者居家就业、远程办公、兼职就业创造条件。合理设定互联网平台经济及其他新业态新模式监管规则，鼓励互联网平台企业、中介服务机构等降低服务费、加盟管理费等费用，创造更多灵活就业岗位，吸纳更多劳动者就业。（国家发展改革委、教育部、工业和信息化部、人力资源社会保障部、交通运输部、商务部、文化和旅游部、国家卫生健康委、市场监管总局等按职责分工负责）

三、优化自主创业环境

（四）加强审批管理服务。开通行业准入办理绿色通道，对需要办理相关行业准入许可的，实行多部门联合办公、一站式审批。在政府指定的场所和时间内销售农副产品、日常生活用品，或者个人利用自己的技能从事依法无须取得许可的便民劳务活动，无须办理营业执照。加大"放管服"改革力度，引导劳动者规范有序经营。（市场监管总局和地方各级人民政府按职责分工负责）

（五）取消部分收费。取消涉及灵活就业的行政事业性收费，对经批准占道经营的免征城市道路占用费。建立公开投诉举报渠道，依法查处违规收费行为。（财政部、住房城乡建设部、市场监管总局和地方各级人民政府按职责分工负责）

（六）提供低成本场地支持。落实阶段性减免国有房产租金政策，鼓励各类业主减免或缓收房租，帮助个体经营者等灵活就业人员减轻房租负担。有条件的地方可将社区综合服务设施闲置空间、非必要办公空间改造为免费经营场地，优先向下岗失业人员、高校毕业生、农民工、就业困难人员提供。（国家发展改革委、民政部、住房城乡建设部和地方各级人民政府按职责分工负责）

四、加大对灵活就业保障支持

（七）推动新职业发布和应用。密切跟踪经济社会发展、互联网技术应用和职业活动新变化，广泛征求社会各方面对新职业的意见建议，动态发布社会需要的新职业、更新职业分类，引导直播销售、网约配送、社群健康等更多新就业形态发展。及时制定新职业标准，推出新职业培训课程。完善统计监测制度，探索建立新就业形态统计监测指标。（人力资源社会保障部、国家统计局等负责。列第一位者为牵头单位，下同）

（八）开展针对性培训。将有创业意愿的灵活就业人员纳入创业培训范围，组织开展开办店铺、市场分析、经营策略等方面的创业培训，促进提升创业能力和创业成功率。支持各类院校、培训机构、互联网平台企业，更多组织开展养老、托幼、家政、餐饮、维修、美容美发等技能培训和新兴产业、先进制造业、现代服务业等领域新职业技能培训，推进线上线下结合，灵活安排培训时间和培训方式，按规定落实职业培训补贴和培训期间生活费补贴，增强劳动者就业能力。（人力资源社会保障部、教育部、财政部等负责）

（九）优化人力资源服务。把灵活就业岗位供求信息纳入公共就业服务范围，开设灵活就业专区专栏，免费发布供求信息，按需组织专场招聘，送岗位进基层进社区，提供职业指导等服务。指导企业规范开展用工余缺调剂，帮助有“共享用工”需求的企业精准、高效匹配人力资源。有条件的城市可选择交通便利、人员求职集中的地点设立劳务市场或零工市场，组织劳务对接洽谈，加强疫情防控、秩序维护和安全管理。鼓励各类人力资源服务机构为灵活就业人员提供规范有序的求职招聘、技能培训、人力资源外包等专业化服务，按规定给予就业创业服务补助。（人力资源社会保障部、财政部等负责）

（十）维护劳动保障权益。研究制定平台就业劳动保障政策，明确互联网平台企业在劳动者权益保护方面的责任，引导互联网平台企业、关联企业与劳动者协商确定劳动报酬、休息休假、职业安全保障等事项，引导产业（行业、地方）工会与行业协会或行业企业代表协商制定行业劳动定额标准、工时标准、奖惩办法等行业规范。依法纠正拖欠劳动报酬等违法违规行为。持续深入推进工程建设领域农民工按项目参加工伤保险，有针对性地做好工伤预防工作。（人力资源社会保障部、应急部、全国总工会等按职责分工负责）

（十一）加大对困难灵活就业人员帮扶力度。2020年缴纳基本养老保险费确有困难的灵活就业人员，可按规定自愿暂缓缴费。对符合条件的灵活就业人员，及时按规定纳入最低生活保障、临时救助范围。（民政部、财政部、人力资源社会保障部、税务总局等按职责分工负责）

五、切实加强组织实施

（十二）强化组织领导。地方各级人民政府特别是市、县级人民政府要切实履行稳就业主体责任，把支持多渠道灵活就业作为就业工作重要内容，结合实际创新工作举措，加强规范引导，完善监督管理，促进灵活就业健康发展。各级人民政府要统筹用好就业补助资金和其他稳就业、保就业的资金，保障灵活就业扶持政策落实。各有关部门要同向发力、分工合作，坚持问题导向，完善政策措施，共同破解工作难题。（各有关部门、单位和地方各级人民政府按职责分工负责）

（十三）加强激励督导。各地区各有关部门要加强督促检查和政策实施情况评估，狠抓政策落实，简化手续，提高效率，确保灵活就业人员便捷享受各项支持政策和就业创业服务。将支持多渠道灵活就业有关工作纳入文明城市创建和测评内容。对灵活就业政策落实好、发展环境优、工作成效显著的城市，优先纳入创业型城市创建范围。（中央文明办、人力资源社会保障部和地方各级人民政府按职责分工负责）

（十四）注重舆论引导。充分利用各种宣传渠道和媒介，大力宣传支持灵活就业的政策措施和典型做法，宣传自主就业创业和灵活就业的典型事迹。建立舆情监测和处置机制，积极主动回应社会关切，营造良好舆论氛围。（各有关部门、单位和地方各级人民政府按职责分工负责）

交通运输部、国家邮政局等七部门关于做好快递员群体合法权益保障工作的意见

1. 2021 年 6 月 23 日
2. 交邮政发〔2021〕59 号

各省、自治区、直辖市人民政府：

快递员群体是指从事快递收寄、分拣、运输、投递和查询等服务工作的广大劳动者。近年来，我国快递员群体规模不断扩大，已经成为新产业新业态新模式就业群体的重要组成部分，是畅通经济循环、推动消费升级、促进创业就业、增进民生福祉、维护社会稳定的重要参与者、实践者和推动者，为我国经济社会发展作出了积极贡献。同时，快递员群体也存在着职业归属感不强、社会保障不足、劳动强度与工资收入不匹配等问题，在改善生产条件、融入城市生活等方面还存在不少困难。为切实保障快递员群体合法权益，促进快递业持续健康发展，经国务院同意，现提出以下意见。

一、总体要求

（一）指导思想。

以习近平新时代中国特色社会主义思想为指导，全面贯彻落实党的十九大和十九届二中、三中、四中、五中全会精神，坚持以人民为中心的发展思想，坚持共同富裕方向，坚持法治化、规范化、市场化工作路径，坚持问题导向、标本兼治，落实企业主责，强化政府责任，凝聚工作合力，切实实现好、维护好、发展好快递员群体的合法权益。

（二）基本原则。

依法保障，注重公平。着力解决好快递员群体最关心、最直接、最现实的合法权益问题，保障在劳动就业、社会保险、医疗卫生、职业培训等方面应享有的法定权利。兼顾效率与公平，统筹处理好促进企业发展和维护快递员合法权益的关系，让快递员群体更广泛地共享改革发展成果。

企业主责，强化治理。落实企业主体责任，调动企业与快递员积极性、主动性，推动双方协商共事、机制共建、效益共创、利益共享。强化政府作用，注重引导、服务与监督并重，督促企业依法依规用工，采取务实举措加强对涉及快递员群体切身利益问题的监督管理。

齐抓共管，综合施策。各部门分工负责、合力推进，地方政府强化管理，维护快递末端稳定运行，发挥协会行业自律功能，动员社会各方积极参与，形成协同共治良好格局。创新制度供给，加强工作衔接，注重统筹推进、部门协同、上下联动，为快递员群体生产与生活提供便利条件和有效保障。

目标导向，循序渐进。既要有针对性地加快解决当前面临的现实问题，又要依靠改革和发展，着力构建从根本上保障快递员群体合法权益的体制机制。各项制度措施要处理好改革、发展、稳定的关系，聚焦重点，精准发力，有序推进。

（三）主要目标。

到“十四五”末，快递员群体合法权益保障的相关制度机制基本健全，快递员群体薪资待遇更趋合理，社保权益得以维护，专业技能有效提高，企业用工更加规范，从业环境更加优化，就业队伍更加稳定，职业的自我认同和社会认同持续增强，快递员群体的获得感、幸福感、安全感持续提升。

二、主要任务

（一）形成合理收益分配机制。制定《快递末端派费核算指引》，督促企业保持合理末端派费水平，保证末端投递基本支出，保障快递员基本劳动所得。引导电商平台和快递企业加强系统对接，满足差异化服务需求，保障用户自主选择权。依法服务和保障快递领域投资行为。加强监督检查，依法查处不正当价格竞争，规范对寄自特定区域的快件实施非正常派费结算等可能损害快递员权益的行为。（国家发展改革委、商务部、市场监管总局、国家邮政局和各地方人民政府按职责分工负责）

（二）保障快递员合理劳动报酬。引导工会组织、快递协会建立行业工资集体协商机制，确定快递员最低劳动报酬标准和年度劳动报酬增长幅度。指导快递协会研究制定《快递员劳动定额标准》。开展快递员工资收入水平监测并定期发布，指导企业科学设定快递员工资水平，引导快递员合理确定工资预期。加强劳动保障监察执法，依法保障快递员按时足额获得工资。

推动企业确定合理劳动定额，落实带薪休假制度，保障快递员休息休假权利。（人力资源社会保障部、国家邮政局、全国总工会和各地方人民政府按职责分工负责）

（三）提升快递员社会保险水平。鼓励快递企业直接用工，提高自有员工比例。督促企业依法与快递员签订劳动合同并缴纳社会保险费，依法规范使用劳务派遣。对用工灵活、流动性大的基层快递网点，可统筹按照地区全口径城镇单位就业人员平均工资水平或营业额比例计算缴纳工伤保险费，优先参加工伤保险。推动企业为快递员购买人身意外保险。探索建立更灵活、更便利的社会保险经办管理服务模式。（人力资源社会保障部、国家邮政局和各地方人民政府按职责分工负责）

（四）优化快递员生产作业环境。督促企业严格执行安全生产相关标准，加大资金投入、配齐劳保用品、升级作业装备、改善工作环境，确保生产作业安全。督促企业加强职业操守、服务规范、安全生产和应急处置等方面教育培训。健全完善对快递末端服务车辆的包容性管理，提供通行停靠便利。引导快递企业和工会组织加大投入，推进基层网点“会、站、家”一体化建设。（国家邮政局、全国总工会和各地方人民政府按职责分工负责）

（五）落实快递企业主体责任。修订《快递市场管理办法》，明确企业总部在网络稳定、快递员权益保障等方面的统一管理责任。结合快递业态发展新趋势新特点，修订《快递服务》国家标准。将落实快递员权益保障情况纳入行业诚信体系建设范畴。指导企业完善考核机制，遏制“以罚代管”，加强对恶意投诉的甄别处置，拓宽快递员困难救济渠道。组织开展快递员权益保障满意度调查并按品牌发布。（交通运输部、国家邮政局和各地方人民政府按职责分工负责）

（六）规范企业加盟和用工管理。末端备案网点损害快递员合法权益的，由该网点的开办企业依法承担责任。快递企业与快递员之间符合建立劳动关系情形的，按照劳动保障法律法规承担相应责任。支持快递协会制定并推广加盟协议推荐文本，明确依法用工和保障快递员合法权益要求。督促企业制定劳动管理规章制度时听取工会、快递员代表意见，充分履行民主决策程序。（国家邮政局、人力资源社会保障部、全国总工会和各地方人民政府按职责分工负责）

（七）加强网络稳定运行监管。对企业重大经营管理事项开展风险评估，加强部门间信息共享和协同治理。快递服务出现快件积压、网络阻断、员工大量离职等严重异常情况，对该区域直接责任主体依法实施应急整改，发布消费提示，并复核该品牌的区域服务能力。支持企业工会建立劳动关系风险评估和化解机制，有效维护末端网点稳定。（国家邮政局、人力资源社会保障部、市场监管总局、全国总工会和各地方人民政府按职责分工负责）

（八）完善职业发展保障体系。推动职业技能等级认定和技能培训，定期组织开展全国邮政行业职业技能竞赛、全国“互联网+”快递业创新创业大赛。支持在快递企业成立工会组织，依法履行维权和服务职责。做好属地法律援助和心理疏导。推荐先进快递员作为各级“两代表一委员”人选，畅通参政议政渠道。按照国家有关规定开展全国邮政行业先进集体、劳动模范和先进工作者评选表彰活动，增强快递员的职业认同感、荣誉感。（人力资源社会保障部、国家邮政局、全国总工会和各地方人民政府按职责分工负责）

三、保障措施

（九）注重部门协同。交通运输部、国家邮政局、国家发展改革委、人力资源社会保障部、商务部、市场监管总局、全国总工会要加强部际联系，强化协同配合和政策衔接，形成齐抓共管的合力。及时总结推广制度成果，协调解决意见实施中遇到的问题，重大情况及时按程序请示报告。（各部门按职责分工负责）

（十）落实地方责任。各地要提高政治站位，进一步增强做好快递员群体合法权益保障工作的责任感和紧迫感，制定实施方案，出台配套政策，细化任务措施，加强统筹协调，完善工作机制，抓好工作落实。将邮政快递纳入各级地方社会稳定管理体系，研究将快递员群体纳入当地住房医疗和子女教育等民生保障体系，健全县级邮政监管机制。（各地方人民政府负责）

（十一）强化宣传引导。持续开展关爱快递员“暖蜂行动”，通过报纸、广播电视、互联网、新媒体等传媒手段，创新宣传方式，增强宣传效果，大力宣传快递员群体先进典型以及权益保障工作有效做法，广泛凝聚社会共识，营造良好社会氛围。（各部门按职责分工负责）

人力资源社会保障部、国家发展改革委等八部门关于维护新就业形态劳动者劳动保障权益的指导意见

1. 2021 年 7 月 16 日
2. 人社部发〔2021〕56 号

各省、自治区、直辖市人民政府、高级人民法院、总工会，新疆生产建设兵团，新疆维吾尔自治区高级人民法院生产建设兵团分院，新疆生产建设兵团总工会：

近年来，平台经济迅速发展，创造了大量就业机会，依托互联网平台就业的网约配送员、网约车驾驶员、货车司机、互联网营销师等新就业形态劳动者数量大幅增加，维护劳动者劳动保障权益面临新情况新问题。为深入贯彻落实党中央、国务院决策部署，支持和规范发展新就业形态，切实维护新就业形态劳动者劳动保障权益，促进平台经济规范健康持续发展，经国务院同意，现提出以下意见：

一、规范用工，明确劳动者权益保障责任

（一）指导和督促企业依法合规用工，积极履行用工责任，稳定劳动者队伍。主动关心关爱劳动者，努力改善劳动条件，拓展职业发展空间，逐步提高劳动者权益保障水平。培育健康向上的企业文化，推动劳动者共享企业发展成果。

（二）符合确立劳动关系情形的，企业应当依法与劳动者订立劳动合同。不完全符合确立劳动关系情形但企业对劳动者进行劳动管理（以下简称不完全符合确立劳动关系情形）的，指导企业与劳动者订立书面协议，合理确定企业与劳动者的权利义务。个人依托平台自主开展经营活动、从事自由职业等，按照民事法律调整双方的权利义务。

（三）平台企业采取劳务派遣等合作用工方式组织劳动者完成平台工作的，应选择具备合法经营资质的企业，并对其保障劳动者权益情况进行监督。平台企业采用劳务派遣方式用工的，依法履行劳务派遣用工单位责任。对采取外包等其他合作用工方式，劳动者权益受到损害的，平台企业依法承担相应责任。

二、健全制度，补齐劳动者权益保障短板

（四）落实公平就业制度，消除就业歧视。企业招用劳动者不得违法设置性别、民族、年龄等歧视性条件，不得以缴纳保证金、押金或者其他名义向劳动者收取财物，不得违法限制劳动者在多平台就业。

（五）健全最低工资和支付保障制度，推动将不完全符合确立劳动关系情形的新就业形态劳动者纳入制度保障范围。督促企业向提供正常劳动的劳动者支付不低于当地最低工资标准的劳动报酬，按时足额支付，不得克扣或者无故拖欠。引导企业建立劳动报酬合理增长机制，逐步提高劳动报酬水平。

（六）完善休息制度，推动行业明确劳动定员定额标准，科学确定劳动者工作量和劳动强度。督促企业按规定合理确定休息办法，在法定节假日支付高于正常工作时间劳动报酬的合理报酬。

（七）健全并落实劳动安全卫生责任制，严格执行国家劳动安全卫生保护标准。企业要牢固树立安全“红线”意识，不得制定损害劳动者安全健康的考核指标。要严格遵守安全生产相关法律法规，落实全员安全生产责任制，建立健全安全生产规章制度和操作规程，配备必要的劳动安全卫生设施和劳动防护用品，及时对劳动工具的安全和合规状态进行检查，加强安全生产和职业卫生教育培训，重视劳动者身心健康，及时开展心理疏导。强化恶劣天气等特殊情形下的劳动保护，最大限度减少安全生产事故和职业病危害。

（八）完善基本养老保险、医疗保险相关政策，各地要放开灵活就业人员在就业地参加基本养老、基本医疗保险的户籍限制，个别超大型城市难以一步实现的，要结合本地实际，积极创造条件逐步放开。组织未参加职工基本养老、职工基本医疗保险的灵活就业人员，按规定参加城乡居民基本养老、城乡居民基本医疗保险，做到应保尽保。督促企业依法参加社会保险。企业要引导和支持不完全符合确立劳动关系情形的新就业形态劳动者根据自身情况参加相应的社会保险。

（九）强化职业伤害保障，以出行、外卖、即时配送、同城货运等行业的平台企业为重点，组织开展平台灵活就业人员职业伤害保障试点，平台企业应当按规定参加。采取政府主导、信息化引领和社会力量承办相结合的方式，建立健全职业伤害保障管理服务规范和运行机制。鼓励平台企业通过购买人身意外、雇

主责任等商业保险，提升平台灵活就业人员保障水平。

（十）督促企业制定修订平台进入退出、订单分配、计件单价、抽成比例、报酬构成及支付、工作时间、奖惩等直接涉及劳动者权益的制度规则和平台算法，充分听取工会或劳动者代表的意见建议，将结果公示并告知劳动者。工会或劳动者代表提出协商要求的，企业应当积极响应，并提供必要的信息和资料。指导企业建立健全劳动者申诉机制，保障劳动者的申诉得到及时回应和客观公正处理。

三、提升效能，优化劳动者权益保障服务

（十一）创新方式方法，积极为各类新就业形态劳动者提供个性化职业介绍、职业指导、创业培训等服务，及时发布职业薪酬和行业人工成本信息等，为企业和劳动者提供便捷化的劳动保障、税收、市场监管等政策咨询服务，便利劳动者求职就业和企业招工用工。

（十二）优化社会保险经办，探索适合新就业形态的社会保险经办服务模式，在参保缴费、权益查询、待遇领取和结算等方面提供更加便捷的服务，做好社会保险关系转移接续工作，提高社会保险经办服务水平，更好保障参保人员公平享受各项社会保险待遇。

（十三）建立适合新就业形态劳动者的职业技能培训模式，保障其平等享有培训的权利。对各类新就业形态劳动者在就业地参加职业技能培训的，优化职业技能培训补贴申领、发放流程，加大培训补贴资金直补企业工作力度，符合条件的按规定给予职业技能培训补贴。健全职业技能等级制度，支持符合条件的企业按规定开展职业技能等级认定。完善职称评审政策，畅通新就业形态劳动者职称申报评价渠道。

（十四）加快城市综合服务网点建设，推动在新就业形态劳动者集中居住区、商业区设置临时休息场所，解决停车、充电、饮水、如厕等难题，为新就业形态劳动者提供工作生活便利。

（十五）保障符合条件的新就业形态劳动者子女在常住地平等接受义务教育的权利。推动公共文体设施向劳动者免费或低收费开放，丰富公共文化产品和服务供给。

四、齐抓共管，完善劳动者权益保障工作机制

（十六）保障新就业形态劳动者权益是稳定就业、改善民生、加强社会治理的重要内容。各地区要加强组织领导，强化责任落实，切实做好新就业形态劳动者权益保障各项工作。人力资源社会保障部、国家发展改革委、交通运输部、应急部、市场监管总局、国家医保局、最高人民法院、全国总工会等部门和单位要认真履行职责，强化工作协同，将保障劳动者权益纳入数字经济协同治理体系，建立平台企业用工情况报告制度，健全劳动者权益保障联合激励惩戒机制，完善相关政策措施和司法解释。

（十七）各级工会组织要加强组织和工作有效覆盖，拓宽维权和服务范围，积极吸纳新就业形态劳动者加入工会。加强对劳动者的思想政治引领，引导劳动者理性合法维权。监督企业履行用工责任，维护好劳动者权益。积极与行业协会、头部企业或企业代表组织开展协商，签订行业集体合同或协议，推动制定行业劳动标准。

（十八）各级法院和劳动争议调解仲裁机构要加强劳动争议办案指导，畅通裁审衔接，根据用工事实认定企业和劳动者的关系，依法依规处理新就业形态劳动者劳动保障权益案件。各类调解组织、法律援助机构及其他专业化社会组织要依法为新就业形态劳动者提供更加便捷、优质高效的纠纷调解、法律咨询、法律援助等服务。

（十九）各级人力资源社会保障行政部门要加大劳动保障监察力度，督促企业落实新就业形态劳动者权益保障责任，加强治理拖欠劳动报酬、违法超时加班等突出问题，依法维护劳动者权益。各级交通运输、应急、市场监管等职能部门和行业主管部门要规范企业经营行为，加大监管力度，及时约谈、警示、查处侵害劳动者权益的企业。

各地区各有关部门要认真落实本意见要求，出台具体实施办法，加强政策宣传，积极引导社会舆论，增强新就业形态劳动者职业荣誉感，努力营造良好环境，确保各项劳动保障权益落到实处。

国家市场监管总局、国家网信办等七部门关于落实网络餐饮平台责任切实维护外卖送餐员权益的指导意见

1. 2021 年 7 月 16 日
2. 国市监网监发〔2021〕38 号

各省、自治区、直辖市和新疆生产建设兵团市场监管局（厅、委）、网信办、发展改革委、公安厅（局）、人力资源社会保障厅、商务厅、总工会：

为促进网络餐饮健康发展，维护外卖送餐员正当权益，现提出十条意见。

一、科学设置报酬规则，保障合理劳动收入

网络餐饮平台要认真完善外卖送餐员劳动报酬规则，建立与工作任务、劳动强度相匹配的收入分配机制。制定科学合理的劳动定额标准和外卖送餐员接单最低报酬，确保外卖送餐员提供正常劳动的实际所得不低于当地最低工资标准。明确劳动报酬发放时间和方式，确保按时足额发放。外卖送餐员在法定节假日、恶劣天气、夜间等情形下工作的，适当给予补贴。

二、完善绩效考核制度，发挥正向激励作用

网络餐饮平台及第三方合作单位要合理设定对外卖送餐员的绩效考核制度。在制定调整考核、奖惩等涉及外卖送餐员切身利益的制度或重大事项时，应提前公示，充分听取外卖送餐员、工会等方面的意见。优化算法规则，不得将“最严算法”作为考核要求，要通过“算法取中”等方式，合理确定订单数量、在线率等考核要素，适当放宽配送时限。

三、优化平台派单机制，切实保障劳动安全

网络餐饮平台要发挥数据技术优势，进一步完善订单分派机制，优化外卖送餐员往返路线，降低劳动强度。科学确定订单饱和度，向外卖送餐员分派并发单量时，要充分考虑安全因素。合理管控在线工作时长，对于连续送单超过 4 小时的，系统发出疲劳提示，20 分钟内不再派单。加强日常交通安全教育，定期开展安全培训，引导督促外卖送餐员严格遵守交通法规，骑行环节全程佩戴安全头盔，使用符合国家安全标准的配送车辆，保障劳动安全。

四、加强外卖服务规范，严守食品安全底线

网络餐饮平台要切实担负食品配送环节安全责任，履行食品安全法律法规规定的义务。制定平台外卖送餐服务管理规范，加强食品安全知识培训，提升外卖送餐员食品安全风险防控、个人卫生等方面知识水平。保障配送容器安全卫生，加快推行外卖餐食封签等措施，确保食品配送过程不受污染，严格落实食品安全要求。

五、综合运用保险工具，着力强化保障力度

网络餐饮平台及第三方合作单位要依法为建立劳动关系的外卖送餐员参加社会保险，鼓励其他外卖送餐员参加社会保险。按照国家规定参加平台灵活就业人员职业伤害保障试点，防范和化解外卖送餐员职业伤害风险。鼓励针对平台就业特点，探索提供多样化商业保险保障方案，确保缴纳费用足额投保，提高多层次保障水平。

六、优化从业环境，改善工作生活条件

鼓励支持新业态发展，营造良好从业环境，积极发挥稳定和扩大就业作用。推动在商业楼宇、居民小区等设置外卖送餐员临时驻留点，公共区域设置电动车充换电设施，提供必要的饮水、休息、充电等条件，不断改善工作环境。加强与物业管理机构沟通，通过推广铺设智能取餐柜等形式，提升外卖送达的便利度。鼓励研发智能头盔等穿戴设备，促进骑行配送安全。对外卖送餐员住宿、子女教育方面给予关心支持。

七、加强组织建设，完善支持保障体系

推动建立适应新就业形态的工会组织，积极吸纳外卖送餐员群体入会，引导帮助外卖送餐员参与工会事务，提高权益保障体系化、机制化水平。支持工会开展工作，参与外卖送餐员报酬规则、绩效考核、派单时间、劳动安全、工作条件等重要事项协商协调，保障外卖送餐员对涉及自身利益事项的知情权，为外卖送餐员提供依法维权咨询、政策宣传解读、技能培训、心理疏导、思想关爱、困难帮扶和送温暖等服务，维护外卖送餐员合法权益。

八、给予更多关心关爱，增强职业社会认同

积极倡导网络餐饮平台加强团队建设，丰富外卖送餐员文化生活。加大宣传力度，营造良好氛围，引导社会对外卖送餐员形成身份尊重和职业认同。推动开展技能、素质、文化等多方位培训，提升外卖送餐员能力水平，提高公共环境融入度，营造外卖送餐员与餐饮商户、消费者之间的和谐关系。制定完善救助预案，对遇到特殊困难的外卖送餐员及时给予帮助，切实提高团体归属感。

九、强化风险防控措施，有效化解处置矛盾

网络餐饮平台及第三方合作单位要建立有效的风险防控和矛盾处置机制。要落实风险防控责任，开展常态化风险评估，充分依托大数据等技术优势，及早发现风险因素，及时预警处置并报告地方政府。要畅通外卖送餐员诉求渠道，明确诉求处置程序、时限，加强民主协商和平等沟通，满足正当诉求。坚持抓早抓小，对于客观因素造成送单超时等常规问题，一般在 24 小时内合理解决，防止矛盾升级，有效处置纠纷。

十、适应灵活就业发展趋势，不断提升权益保障水平

督促网络餐饮平台及第三方合作单位依法保障外卖送餐员合法权益。外卖送餐员的工作任务来源于平台，通过平台获得收入，平台应通过多种方式承担劳动者权益保障方面的责任。平台要加强对第三方合作单位保障外卖送餐员正当权益情况的监督。平台应严格落实国家关于维护灵活就业和新就业形态劳动者权益的法律规定和政策举措，不断提升外卖送餐员权益保障水平。

充分发挥网络监管部际联席会议重要作用，发挥各部门职能优势，强化责任担当，进一步加强政策衔接和协同配合，及时协调解决指导意见实施中遇到的问题。各地要落实属地责任，建立健全外卖送餐员权益保障工作协调机制，加强组织实施，强化风险评估，有效化解矛盾，落实网络餐饮平台主体责任和社会责任，保障外卖送餐员合法权益，坚决维护社会稳定。

交通运输部、中央网信办等十六部门关于加强货车司机权益保障工作的意见

1. 2021 年 10 月 11 日
2. 交运发〔2021〕94 号

为深入贯彻习近平总书记关于维护货车司机等就业群体合法权益的重要指示精神，认真落实党中央、国务院决策部署，切实改善货车司机生产经营环境，保障货车司机合法权益，提出如下意见。

一、总体要求

以习近平新时代中国特色社会主义思想为指导，全面贯彻党的十九大和十九届二中、三中、四中、五中全会精神，牢固树立以人民为中心的发展思想，坚持远近结合、标本兼治、协同联动、综合治理，围绕广大货车司机的关心关切，着力规范行政执法、畅通投诉举报渠道、改善工作休息条件、优化市场营商环境、健全社会保障体系，切实增强广大货车司机的从业获得感和职业归属感，加快建设交通强国，促进经济社会持续健康发展。

二、主要任务

（一）严格规范公正文明执法。严格按照法定职责、法定权限、法定程序行使执法职权，发挥执法工作在规范市场秩序、维护安全发展、促进社会稳定等方面的重要作用。深入开展交通运输执法领域突出问题专项整治，列出整治清单，逐一对账销号，全面纠正乱罚款、乱收费、以罚代管等问题，对发现的执法问题典型案例，深刻剖析并公开曝光。坚决清理涉及广大货车司机的各类不合理处罚规定。加强交通运输法律法规在货车司机群体中的宣传普及，加快完善部门协同联动执法工作机制，坚持行政处罚与教育引导相结合，寓服务于执法之中，切实转变执法观念，优化执法方式，规范执法自由裁量权，严格遵守执法程序，严厉打击各类交通运输违法违规行为，严肃执法监督和执纪问责，使行政执法更有力度、更有温度。

（二）畅通货车司机投诉举报渠道。各地交通运输、公安部门应设立投诉举报电话，主动向社会公开，并加快建立电话受理、快速处置、及时反馈的联动机制，确保电话打得通、接得了，事项办得好。要将交通运输投诉举报电话（含 12345 政府服务便民热线电话、12328 交通运输服务监督电话等）受理的货车司机对管理部门乱收费、乱罚款、违规执法等投诉举报事项，提高到省级交通运输主管部门指导和监督，坚持一事一办理、即报即查、即接即办。强化投诉举报电话大数据分析应用，针对道路货运领域存在的普遍性、规律性、苗头性问题，适时优化完善管理措施。

（三）简化货车司机办事办证手续。严格落实道路普通货运车辆“三检合一”改革，按照国家标准实施车辆检测和技术等级评定，推动货运车辆“一次上线、一次检测、一次收费、结果互认”。加大道路运输电子证照推广力度，持续推进道路运输从业人员政务高频事项“跨省通办”，便利货车司机办理从业资格证诚信考核等级签注和道路运输证年度审验。依法有序开展报废机动车回收拆解企业资质认定，支持符合条件的企业获得资质，健全报废机动车回收利用体系。

（四）优化调整货车禁限行政策。深入开展违规设置妨碍货车通行的道路限高限宽设施和检查卡点整治工作。严格按照《危险货物道路运输安全管理办法》要求，共享危险货物道路运输电子运单信息，合理设置危险货物运输车辆禁限行区域和时段。推进落实城市配送货车通行管理工作的部署要求，巩固全城 24 小时禁止货车通行政策清理成果，合理保障货车在城市道路的基本通行需求。

（五）改善货车司机停车休息条件。加大公路服务区用地保障，适度增加货车停车位数量，优化停车位设置，便利货车停放，将停车服务纳入高速公路服务质量考评。按照需求导向、系统规划、统筹布局、分步推进、创新模式、整合资源的原则，依托物流园区、加油站等现有设施，以及中国石油、中国石化等大型骨干企业网络资源，加快推进“司机之家”建设，为货车司机停车、休息、就餐、洗漱、淋浴、如厕等提供便利。指导道路货运经营者、货主企业及寄递物流企业，依法依规科学确定货车司机工作时间、工作量、劳动强度，合理确定货物送达时限，保障货车司机休息权益。

（六）依法打击车匪路霸。健全多部门协同联动机制，严厉打击车匪路霸，加强高速公路服务区、国省道沿线停车场等区域治理，持续打击黑恶势力收取“保护费”和偷盗车辆燃油、尾气排放后处理装置及货物等违法犯罪行为。规范高速公路货车救援服务行为，向社会公示服务收费及救援电话等信息，不得强制指定救援机构，不得阻止和妨碍当事人委托的救援机构进场服务。

（七）规范网络货运新业态经营行为。健全完善网络货运平台和货运信息交易撮合平台等互联网道路货运平台管理制度，建立网络货运道路运输经营许可相关线上服务能力联合评估工作机制，加强运行监测和动态管理，压实企业主体责任，规范经营行为。探索推进互联网道路货运信息交易撮合平台备案管理制度，建立社会监督机制，督促平台企业充分听取平台从业司机意见，合理确定和调整信息服务费、会员费、计价规则、竞价机制、派单规则等平台规则，并在平台上公示，不得诱导货主不合理压价和货运车辆超载超限运输，不得诱导货车司机恶性低价竞争、超时劳动。依法严肃查处互联网道路货运平台损害货车司机合法权益等行为。

（八）推进货车司机参加社会保险。研究完善货车司机社会保障政策，创新参保方式、优化经办服务，支持同城货运平台企业纳入职业伤害保障试点，切实维护货车司机相关权益。推动各地放开货车司机在经营所在地参加社会保险的户籍限制，完善社会保险经办服务，提高货车司机参保和享受待遇的公平性、便捷性。

（九）合理引导货运市场供给。加强道路货运市场运行监测分析，定期发布公路货运价格指数，引导货车车主和司机市场预期，促进运力投放与货运需求合理匹配。指导相关行业协会定期发布区域性道路货运价格指数，引导货主、物流企业、货车司机合理定价。规范汽车金融产品管理，引导金融机构强化贷前审查，在审慎评估借款人信用状况、还款能力等基础上，合理确定汽车贷款具体发放比例。

三、保障措施

（十）强化党建工作引领。按照属地管理、分类施策、党群结合的工作思路，积极推进道路货运行业党的建设。鼓励各地开展党建共建，指导推动道路货运企业、互联网道路货运平台建立流动党员党支部，运用信息化手段加强对党员司机的教育引导，为货车司机参加党组织活动创造条件。开展党员司机挂牌上岗、岗位示范及优秀党员司机评选等活动，在党员司机中培树一批政策宣传员、安全示范员、行风监督员，充分发挥基层党组织战斗堡垒作用和党员先锋模范作用。

（十一）建立协同联动机制。各地相关部门要推动建立道路货运行业高质量发展协同联动机制。立足各部门工作职责，加强政策衔接和协同配合，及时协调解决货车司机急难愁盼问题，推动形成货车司机权益保障工作合力。

（十二）压实各方工作责任。各地相关部门要高度重视道路货运业持续健康稳定发展工作，将保障货车司机合法权益纳入重要议事日程，因地制宜研究制定配套政策和举措，明确任务分工和时间节点，抓好工作落实。督促货主单位、道路货运企业、互联网道路货运平台、物流园区、高速公路经营管理单位等各类主体，转变经营理念，积极创造条件，优化服务方式，切实把货车司机权益保障各项举措落到实处。

（十三）营造良好舆论氛围。充分利用传统媒体、新媒体等全媒体方式，广泛宣传保障货车司机权益的政策举措，让广大货车司机充分了解政策导向、享受政策红利，积极鼓励和引导律师、基层法律服务工作者等开展和提供优质高效的公益法律服务。组织开展面向货车司机的送温暖活动，联合开展关爱货车司机行动和典型事迹宣传活动，讲好货车司机故事，弘扬行业正能量，营造关心关爱货车司机的良好氛围。

交通运输部、中央宣传部等八部门关于加强交通运输新业态从业人员权益保障工作的意见

1. 2021 年 11 月 17 日
2. 交运发〔2021〕122 号

为深入贯彻落实党中央、国务院决策部署，加强交通运输新业态从业人员权益保障工作，推动交通运输新业态规范健康持续高质量发展，更好服务广大人民群众，提出如下意见。

一、总体要求

以习近平新时代中国特色社会主义思想为指导，全面贯彻党的十九大和十九届二中、三中、四中、五中、六中全会精神，坚持稳中求进工作总基调，立足新发展阶段，完整、准确、全面贯彻新发展理念，服务构建新发展格局，坚持以人民为中心的发展思想，坚持系统观念，统筹发展和安全，紧紧围绕解决交通运输新业态从业人员最关心最直接最现实的权益保障问题，注重标本兼治，完善治理体系，着力规范交通运输新业态企业经营行为，维护公平竞争市场秩序，健全完善从业人员权益保障制度，营造良好从业就业环境，全力维护从业人员合法权益，促进交通运输新业态规范健康持续高质量发展。

二、主要任务

（一）完善平台和从业人员利益分配机制。各地相关部门要督促网络预约出租汽车（以下简称网约车）平台企业向驾驶员和乘客等相关方公告计价规则、收入分配规则，每次订单完成后，在驾驶员端应同时列明订单的乘客支付总金额、驾驶员劳动报酬，并显示乘客支付总金额减去驾驶员劳动报酬后与乘客支付总金额的比例（俗称“抽成”），保障驾驶员知情权和监督权。督促网约车平台企业加强与经营服务所在地工会组织、行业协会的沟通协商，合理设定抽成比例上限并在移动客户端和媒体上公开发布。督促网约车平台企业在确定和调整计价规则、收入分配规则等经营策略前，公开征求从业人员代表及工会组织、行业协会的意见，并提前一个月向社会公布。

（二）支持从业人员参加社会保险。完善社会保险经办服务，提高交通运输新业态从业人员参保和享受待遇的服务便捷性。强化网约车驾驶员职业伤害保障，鼓励网约车平台企业积极参加职业伤害保障试点，为网约车驾驶员在线服务期间劳动安全提供保障。督促网约车平台企业依法为符合劳动关系情形的网约车驾驶员参加社会保险，引导和支持不完全符合确立劳动关系情形的网约车驾驶员参加相应的社会保险。

（三）保障从业人员合理劳动报酬。相关行业主管部门、工会组织、行业协会等要持续关注行业运行情况及网约车驾驶员劳动报酬水平，并适时公开发布，引导驾驶员形成合理收入预期。各级工会组织要根据工作性质、劳动强度、工作任务、当地职工平均工资、市场经营状况等因素，与网约车平台企业、行业协会协商确定驾驶员劳动报酬计算规则和标准并向社会公布。督促网约车平台企业向提供正常劳动的网约车驾

驶员支付不低于当地最低工资标准的劳动报酬。

（四）保障从业人员获得合理休息。各地相关部门要督促网约车平台企业科学确定驾驶员工作时长和劳动强度，保障其有足够休息时间。督促网约车平台企业持续优化派单机制，提高车辆在线服务期间的运营效率，不得以冲单奖励等方式引诱驾驶员超时劳动。

（五）改善从业环境和工作条件。各地相关部门要优化审批流程，为符合准入条件的网约车平台企业、车辆和驾驶员办理许可提供便利。积极推进出租汽车综合服务区建设，在医院、居民集中居住区、重要商业区、综合交通枢纽等场所设置出租汽车临时停靠点，允许巡游出租汽车和网约车临时停靠，破解出租汽车驾驶员“就餐难、停车难、如厕难”等问题。督促网约车平台企业加强对从业人员职业技能、劳动安全、运营服务的教育培训；加强对用工合作单位的管理，不得以高额风险抵押金、保证金转嫁经营风险，不得将驾驶员服务计分与服务时长、派单机制等挂钩，不得变相违法阻碍驾驶员自由选择服务平台。

（六）加强对从业人员的人文关怀。各地相关部门要密切关注交通运输新业态从业人员在工作、生活中遇到的困难和问题，广泛开展多种形式的送温暖等关心关爱驾驶员活动。鼓励交通运输新业态企业加强对从业人员的人文关怀，建立优秀从业人员奖励制度，提升从业人员行业归属感和职业荣誉感。

（七）促进网约车平台企业合规发展。各地交通运输主管部门要督促网约车平台企业严格遵守法规规定，不得接入未获得网约车许可的驾驶员和车辆。督促网约车平台企业在驾驶员和车辆新注册时，应要求提供网约车驾驶员和车辆许可证件，对无法提供的不予注册，并提醒依法依规办理相应许可。严厉打击非法营运行为，鼓励运用信息化手段加强精准执法。

（八）维护公平竞争市场秩序。加强对交通运输新业态企业的事前事中事后全链条监管，强化交通运输新业态运行监测，及时预警垄断风险，加大反垄断、反不正当竞争监管执法力度。防范资本在交通运输新业态领域无序扩张，依法严厉查处低价倾销、“大数据杀熟”、诱导欺诈等违法违规行为。落实交通运输新业态企业主体责任，引导企业自觉开展公平竞争，鼓励企业主动向社会作出公平竞争信用承诺。

（九）畅通投诉举报渠道。充分发挥 12328 交通运输服务监督电话、12315 消费维权电话作用，及时处理从业人员和社会公众对管理部门乱收费、乱罚款、违规执法等投诉举报，并及时向社会公开处理情况，确保件件能解决、事事有回音。督促交通运输新业态企业建立首问负责制，及时受理并妥善处理从业人员和消费者投诉，不得敷衍推诿，切实保障从业人员和消费者合法权益。

（十）强化工会组织保障作用。各地工会组织要将网约车驾驶员作为推动建会入会的重点群体，进一步拓宽入会渠道，最大限度吸收交通运输新业态从业人员加入工会组织，搭建从业人员与新业态企业交流沟通平台，探索建立从业人员与新业态企业平等协商机制。

三、保障措施

（十一）完善协同联动机制。充分发挥交通运输新业态协同监管部际联席会议机制作用，进一步加强政策衔接和协同配合，及时协调解决交通运输新业态从业人员权益保障工作中遇到的各类问题。各地要参照交通运输新业态协同监管部际联席会议机制，于 2021 年底前在省级和地市级层面建立或完善多部门协同监管联席会议机制。

（十二）压实各方责任。各地要切实履行交通运输新业态从业人员权益保障属地管理责任，加强统筹协调，细化任务措施，抓好工作落实。压紧压实交通运输新业态企业在从业人员权益保障方面的主体责任，对交通运输新业态企业直接管理和由用工合作单位组织用工的各类从业人员，由交通运输新业态企业依法依规承担从业人员权益保障主体责任。督促交通运输新业态企业明确告知从业人员有关权利和义务及劳动保障相关法律政策，并为其落实提供便利，符合确立劳动关系情形的，应依法签订劳动合同。

（十三）加强宣传引导。加强政策宣传解读，加大对交通运输新业态企业积极履行社会责任、关心关爱从业人员及从业人员先进事迹等正面信息的宣传力度。组织开展“最美出租汽车司机”宣传活动，讲好典型故事，弘扬行业正能量。

中华全国总工会关于切实维护新就业形态劳动者劳动保障权益的意见

1. 2021 年 7 月 12 日
2. 总工发〔2021〕12 号

为深入贯彻落实党的十九大和十九届二中、三中、四中、五中全会精神，贯彻落实习近平总书记关于新就业形态、平台经济的重要讲话和重要指示精神，现就切实维护新就业形态劳动者劳动保障权益工作，提出以下意见。

一、总体要求

（一）重要意义。党中央高度重视维护好新就业形态劳动者劳动保障权益。习近平总书记多次作出明确指示，要求维护好新就业形态劳动者合法权益。新就业形态劳动者在我国经济社会发展中发挥着不可或缺的重要作用，解决好他们在劳动报酬、社会保障、劳动保护、职业培训、组织建设、民主参与和精神文化需求等方面面临的困难和问题，是落实习近平总书记重要指示和党中央决策部署的必然要求，是促进平台经济长期健康发展的必然要求，是工会履行好维权服务基本职责的必然要求。各级工会要充分认识维护新就业形态劳动者劳动保障权益的重要性紧迫性，强化责任担当，积极开拓创新，做实做细各项工作。

（二）指导思想。坚持以习近平新时代中国特色社会主义思想为指导，深入学习贯彻习近平总书记关于工人阶级和工会工作的重要论述，坚持以党建带工建的工作原则，坚持以职工为中心的工作导向，坚持立足大局、顺势而为、审慎稳妥的工作方针，聚焦解决新就业形态劳动者最关心最直接最现实的急难愁盼问题，推动建立健全新就业形态劳动者权益保障机制，不断增强新就业形态劳动者的获得感、幸福感、安全感，最大限度地把新就业形态劳动者吸引过来、组织起来、稳固下来，进一步夯实党长期执政的阶级基础和群众基础。

二、工作举措

（三）强化思想政治引领。切实履行好工会组织的政治责任，坚持不懈用习近平新时代中国特色社会主义思想教育引导新就业形态劳动者，增强他们对中国特色社会主义和社会主义核心价值观的思想认同、情感认同，更加紧密地团结在以习近平同志为核心的党中央周围。深入新就业形态劳动者群体，广泛宣传党的路线方针政策和保障新就业形态劳动者群体权益的政策举措，将党的关怀和温暖及时送达。深入了解新就业形态劳动者群体的思想状况、工作实际、生活需求，引导他们依法理性表达利益诉求。关心关爱新就业形态劳动者，以多样性服务项目实效打动人心、温暖人心、影响人心、凝聚人心，团结引导他们坚定不移听党话、跟党走。

（四）加快推进建会入会。加强对新就业形态劳动者入会问题的研究，加快制定出台相关指导性文件，对建立平台企业工会组织和新就业形态劳动者入会予以引导和规范。强化分类指导，明确时间节点，集中推动重点行业企业特别是头部企业及其下属企业、关联企业依法普遍建立工会组织，积极探索适应货车司机、网约车司机、快递员、外卖配送员等不同职业特点的建会入会方式，通过单独建会、联合建会、行业建会、区域建会等多种方式扩大工会组织覆盖面，最大限度吸引新就业形态劳动者加入工会。保持高度政治责任感和敏锐性，切实维护工人阶级和工会组织的团结统一。

（五）切实维护合法权益。发挥产业工会作用，积极与行业协会、头部企业或企业代表组织就行业计件单价、订单分配、抽成比例、劳动定额、报酬支付办法、进入退出平台规则、工作时间、休息休假、劳动保护、奖惩制度等开展协商，维护新就业形态劳动者的劳动经济权益。督促平台企业在规章制度制定及算法等重大事项确定中严格遵守法律法规要求，通过职工代表大会、劳资恳谈会等民主管理形式听取劳动者意见诉求，保障好劳动者的知情权、参与权、表达权、监督权等民主政治权利。督促平台企业履行社会责任，促进新就业形态劳动者体面劳动、舒心工作、全面发展。加强工会劳动法律监督，配合政府及其有关部门监察执法，针对重大典型违法行为及时发声，真正做到哪里有职工，哪里就应该有工会组织，哪里的职工合法权益受到侵害，哪里的工会就要站出来说话。

（六）推动健全劳动保障法律制度。积极推动和参与制定修改劳动保障法律法规，充分表达新就业形态劳动者意见诉求，使新就业形态劳动者群体各项权益在法律源头上得以保障。配合政府及其有关部门，加快完善工时制度，推进职业伤害保障试点工作。推动司法机关出台相关司法解释和指导案例。

（七）及时提供优质服务。深入开展“尊法守法·携手筑梦”服务农民工公益法律服务行动和劳动用工“法律体检”活动，广泛宣传相关劳动法律法规及政策规定，督促企业合法用工。推动完善社会矛盾纠纷多元预防调处化解综合机制，重点针对职业伤害、工作时间、休息休假、劳动保护等与平台用工密切相关的问题，为新就业形态劳动者提供法律服务。充分利用工会自有资源和社会资源，加强职工之家建设，推进司机之家等服务阵地建设，规范和做好工会户外劳动者服务站点工作，联合开展货车司机职业发展与保障行动、组织和关爱快递员、外卖送餐员行动等。加大普惠服务工作力度，丰富工会服务新就业形态劳动者的内容和方式。针对新就业形态劳动者特点和需求组织各类文体活动，丰富他们的精神文化生活。

（八）提升网上服务水平。加快推进智慧工会建设，紧扣新就业形态劳动者依托互联网平台开展工作的特点，大力推行网上入会方式，创新服务内容和服务模式，让广大新就业形态劳动者全面了解工会、真心向往工会、主动走进工会。构建“互联网+”服务职工体系，完善网上普惠服务、就业服务、技能竞赛、困难帮扶、法律服务等，形成线上线下有机融合、相互支撑的组织体系，为新就业形态劳动者提供更加及时精准的服务。

（九）加强素质能力建设。针对新就业形态劳动者职业特点和需求，开展职业教育培训、岗位技能培训、职业技能竞赛等活动，推动新就业形态劳动者职业素质整体提升。组织开展贴近新就业形态劳动者群体特点的法治宣传教育，提高劳动者维权意识和维权能力。开展心理健康教育，提升新就业形态劳动者适应城市生活、应对困难压力、缓解精神负担的能力。

三、组织保障

（十）加强组织领导。牢固树立大局观念，将新就业形态劳动者劳动权益保障作为当前和今后一段时期各级工会的重点任务，协助党委政府做好工作。各级工会要落实属地责任，成立主要领导任组长，各相关部门和产业工会共同参加的工作领导小组，制定工作方案，明确目标任务、责任分工、时间安排，配强工作力量，加大经费投入，形成一级抓一级、层层抓落实的工作机制。

（十一）深化调查研究。组织干部职工开展赴基层蹲点活动，深入一线蹲点调研，面对面了解新就业形态劳动者权益保障方面存在的突出问题，准确掌握一手资料，有针对性地研究提出对策建议。加强对平台经济领域劳动用工情况及劳动关系发展形势的分析研判，及时发现和积极解决苗头性、倾向性问题，做到早发现、早预警、早处置。

（十二）密切协作配合。积极推动建立工作协调联动机制，形成党委领导、政府支持、各方协同、工会力推、劳动者参与的工作格局。重要情况要第一时间向党委报告、请示。通过与政府联席会议制度及时报告情况、研究问题。充分发挥各级协调劳动关系三方机制作用，及时就新就业形态劳动者权益保障相关重大问题进行沟通协商，推动出台相关制度文件。加强与相关部门、行业协会和头部企业的沟通联系，推动制定相关标准和工作指引，保障劳动者权益。联系和引导劳动关系领域社会组织服务新就业形态劳动者。工会各部门、产业工会要牢固树立“一盘棋”思想，主动担当、密切配合，齐心协力推进工作。

（十三）注重工作实效。坚持问题导向、目标导向，压实责任，细化措施，狠抓落实。在充分摸清情况、掌握困难和问题的基础上谋划解决办法，把新就业形态劳动者满意不满意作为检验工作成效的标准。切实改进工作作风，敢于啃硬骨头，勇于担当、迎难而上，扎实有序推进各项工作。一边推进一边总结，逐步建立健全务实管用的工作机制，形成一批可复制、可推广的典型经验。

（十四）加大宣传力度。充分运用各地主流媒体、工会宣传阵地以及“两微一端”等线上线下宣传手段，面向平台企业和广大新就业形态劳动者开展形式多样的宣传活动，介绍工会的性质、作用和工会维权服务实效。注重培养、选树新就业形态劳动者和平台企业先进典型，及时表彰宣传，发挥示范作用。通过现代媒体平台扩大舆论影响，广泛凝聚共识，推动形成全社会共同关爱和服务新就业形态劳动者群体的良好氛围。

各地工会要根据本意见，结合当地实际研究制定相应的实施办法，认真抓好落实。

新就业形态劳动者劳动合同和书面协议订立指引（试行）

1. 2023年2月21日
2. 人社厅发〔2023〕6号

第一章 总 则

第一条 为支持和规范发展新就业形态、维护新就业形态劳动者合法权益，引导企业与新就业形态劳动者依法订立劳动合同、书面协议，根据国家有关法律法规和政策，制定本指引。

第二条 本指引供企业与新就业形态劳动者订立劳动合同、书面协议时参考。

第三条 本指引所称新就业形态劳动者，是指线上接受互联网平台根据用户需求发布的配送、出行、运输、家政服务等工作任务，按照平台要求提供平台网约服务，并获取劳动报酬的劳动者。本指引所称企业是指平台企业和平台用工合作企业。

第二章 订立的原则、形式和效力

第四条 企业要根据用工事实和劳动管理程度，综合考虑新就业形态劳动者对工作时间及工作量的自主决定程度、劳动过程受管理控制程度、是否需要遵守有关工作规则和劳动纪律及奖惩办法、工作的持续性、能否决定或者改变交易价格等因素，与符合确立劳动关系情形的新就业形态劳动者订立劳动合同，与不完全符合确立劳动关系情形的新就业形态劳动者订立书面协议。

第五条 企业与新就业形态劳动者订立劳动合同、书面协议，要遵循合法、公平、平等自愿、协商一致、诚实信用的原则。

第六条 企业要如实告知新就业形态劳动者与完成平台网约服务有关的情况，有权了解新就业形态劳动者与订立劳动合同或书面协议直接相关的基本情况，新就业形态劳动者应如实说明。

第七条 劳动合同、书面协议由企业与新就业形态劳动者协商一致，并经双方签字或者盖章后生效。采用纸质形式订立的，由企业和劳动者各执一份。采用电子形式订立的，应当符合法定要件，企业要确保劳动者可以使用常用设备随时查看、下载、打印完整内容。

第八条 依法订立的劳动合同、书面协议具有约束力，各方应当按照约定全面履行各自的义务。变更劳动合同、书面协议以及企业修订与履行劳动合同、书面协议直接相关的制度规则和平台算法，要符合法律法规和有关政策规定。

第三章 劳动合同的订立

第九条 企业应当与符合确立劳动关系情形的新就业形态劳动者依法订立劳动合同，不得以诱导、欺诈、胁迫等方式与新就业形态劳动者订立书面协议等减损劳动者权益。已建立劳动关系，未同时订立劳动合同的，企业应当自用工之日起一个月内与劳动者订立劳动合同。

第十条 劳动合同应当明确用人单位和劳动者的基本信息、劳动合同期限、工作内容和工作地点、工作时间和休息休假、劳动报酬、社会保险、劳动保护等事项，可以约定试用期、培训、福利待遇等其他事项。

第十一条 平台企业采取合作用工方式，由平台用工合作企业招用劳动者并组织其提供平台网约服务的，可与平台用工合作企业就保障劳动者权益签订专项协议或在合作协议中明确各自应承担的责任。平台用工合作企业要向劳动者如实说明与平台企业约定的涉及劳动者切身利益的事项，可将与平台企业订立的保障劳动者权益的专项协议作为订立劳动合同的附件。

第四章 书面协议的订立

第十二条 平台企业与不完全符合确立劳动关系情形的新就业形态劳动者订立书面协议，可以在劳动者注册平台个人账户时订立，也可以在劳动者执行工作任务前订立。

第十三条 书面协议的内容一般包括平台企业和劳动者的基本信息、订单推送与确认、报酬、服务时间与休息、职业保障以及协议的变更、解除和违约责任、争议解决等事项。

第十四条 平台企业委托经营性人力资源服务机构为不完全符合确立劳动关系情形的新就业形态劳动者提供人力资源管理服务的，经营性人力资源服务机构可以作为第三方，与平台企业、新就业形态劳动者协商订立三方书面协议，在协议中明确其受平台企业委托承担的人力资源管理和服务职责。订立三方书面协议，不改变平台企业应当承担的用工主体责任。

第五章 附 则

第十五条 平台企业应当遵守行业管理规定用工，与新就业形态劳动者依法合规订立劳动合同、书面协议。

第十六条 一个人依托互联网平台自主开展经营活动不适用本指引。

附件：

1. 新就业形态劳动者劳动合同参考文本
2. 新就业形态劳动者书面协议参考文本
3. 新就业形态劳动者书面协议参考文本（三方）

附件 1

新就业形态劳动者劳动合同参考文本

甲方（互联网平台企业或平台用工合作企业）：

____

统一社会信用代码：______________________

法定代表人（主要负责人）或委托代理人：________

注 册 地：______________________________

经 营 地：______________________________

联系电话：______________________________

乙方（新就业形态劳动者）：__________________

居民身份证号码：________________________

（或其他有效证件名称_____证件号：____________）

户籍地址：______________________________

经常居住地（通讯地址）：__________________

联系电话：______________________________

根据《中华人民共和国劳动法》《中华人民共和国劳动合同法》《关于维护新就业形态劳动者劳动保障权益的指导意见》等法律法规政策规定，甲乙双方在平等自愿的基础上，一致同意订立本劳动合同，共同遵守本合同所列条款。

一、劳动合同期限

第一条 甲乙双方自用工之日起建立劳动关系，双方约定按下列第____种方式确定劳动合同期限：

1. 固定期限：自____年__月__日起至____年__月__日止，其中，试用期从用工之日起至____年__月__日止。

2. 无固定期限：自____年__月__日起至依法解除、终止劳动合同时止，其中，试用期从用工之日起至____年__月__日止。

二、工作内容（岗位）和工作地点

第二条 乙方工作内容（岗位）是__________。乙方的工作区域（区间）是______________________。

第三条 乙方应服从甲方的调度和管理，按照甲方安排的工作时间和工作量完成工作任务，除非违反法律规定或合同约定的情形，一般不得拒绝甲方合理的工作安排。

第四条 乙方在其他用人单位兼职应提前告知甲方。如果甲方认为乙方兼职会影响本劳动合同履行的，有权要求乙方停止兼职。

三、工作时间和休息休假

第五条 乙方每日累计工作时间不超过 8 小时，每周工作时间不超过 40 小时。

特殊情况下需延长工作时间的，按照《中华人民共和国劳动法》有关规定执行。

第六条 乙方的工作时间按以下第__种方式计算：

1. 按照接单时间计算，包括自劳动者开始执行甲方分配的任务时起至任务结束时止的全部时间。

2. 按照接单时间加上等待订单的合理时间（指______________）计算。

3. 按照在线时间计算。

如果甲方明确要求了劳动者上线时间、在线时长，或者线下报到时间的，则根据前述要求发生的上线时长和线下报到时间计入工作时间。

乙方同一时间完成两个及以上订单任务的，则接单时间不重复计算。

第七条 甲方采取以下第__种措施，保证乙方合理的休息时间：

1.（适用于配送、出行等行业）乙方接单时间连续达到 4 小时的，系统会发出疲劳提示，甲方停止推送订单 20 分钟。

2. ______________________________________。

法律法规和政策另有规定的，按照有关规定执行。

第八条 甲方安排或同意乙方加班的，应依法安排补休或支付加班工资。乙方每日累计工作时间满 8 小时后甲方继续派单的，视为安排乙方加班。

第九条 乙方依法享有法定节假日、带薪年休假、婚丧假、产假等假期。

四、劳动报酬及支付

第十条 乙方的劳动报酬由以下第____项组成：

1. 基本工资：__________元 / 月；

2. 甲方根据乙方订单服务情况支付相应的服务费；

3. 按照相关政策支付相应奖励、补贴；

4. 其他：______________________________。

订单服务费是根据__________________________等多种因素综合计算出来的结果，每单的订单服务费会有所不同。劳动报酬的支付以甲方制定的以下劳动报酬支付规则为依据。请点击链接 / 详见企业规章制度，仔细阅读劳动报酬支付规则相关内容，并确认。

第十一条 甲方应当按时足额支付乙方劳动报酬，每月至少向乙方支付一次劳动报酬。

第十二条 甲方应合理调整乙方的劳动报酬。甲方调整报酬结构、数额、运价和服务费计算标准等对劳动报酬有重大影响的事项，应当依法定程序平等协商确定，并以醒目方式提示乙方阅读确认调整后的标准。

五、社会保险和福利待遇

第十三条 甲乙双方依法参加社会保险，甲方为乙方办理有关社会保险手续，并承担相应社会保险义务，依法应当由乙方缴纳的社会保险费由甲方从乙方的工资中代扣代缴。

第十四条 甲方依法执行国家有关福利待遇的规定。

第十五条 乙方因工负伤或患职业病的待遇按国家有关规定执行。

六、职业培训和劳动保护

第十六条 甲方按照国家规定提取和使用职业培训经费，对乙方进行工作岗位所必需的培训。乙方应按照甲方要求参加相关培训，掌握岗位基本业务知识，不断提高岗位技能。未经安全生产教育和培训合格的不得上岗作业。

第十七条 甲方应当严格执行劳动安全卫生相关法律法规规定，落实国家关于女职工、未成年工的特殊保护规定，建立健全劳动安全卫生制度，保障相关经费，按要求对乙方进行劳动安全卫生教育和操作规程培训，为乙方提供必要且符合国家或者行业标准的安全防护设施和劳动保护用品，努力改善劳动条件，减少职业危害。

第十八条 甲方应采取措施保障乙方人格尊严不受侵害，保护乙方免受职场欺凌和骚扰。请点击链接 / 详见企业规章制度，了解职场欺凌和骚扰的内容及具体情形，以及在遭遇极端天气、生命受到威胁或受到职场欺凌或骚扰时寻求帮助和进行投诉的途径。

乙方在完成服务任务过程中如果遭遇极端天气等威胁身体健康或生命安全的情况或遭到欺凌、骚扰等情形的，有权终止服务任务的履行，并向甲方及时说明情况，保留证据。

第十九条 乙方应严格遵守交通安全规则，按照相关政策要求及时检修服务车辆，确保行车安全。

七、劳动合同的履行、变更、解除、终止

第二十条 甲乙双方协商一致，可以变更劳动合同约定的内容。变更劳动合同，应当采用书面形式。

第二十一条 甲方承诺以显著方式、清晰易懂的语言真实、准确、全面地告知乙方平台进入退出、订单分配、计件单价、抽成比例、报酬构成及支付、工作时间、奖惩规则等直接涉及乙方劳动权益的制度规则和相关平台算法。在制定、修订前述直接涉及乙方劳动权益的制度规则、相关平台算法时，依法提前听取意见建议。前述直接涉及乙方劳动权益的制度规则和平台算法有变更的，甲方应依法公示或告知乙方。

第二十二条 乙方应遵守依法制定的平台服务行为规范和退出规则。乙方存在严重违反规章制度、公序良俗、给甲方造成严重经济损失的行为或者法律规定的其他情形的，甲方有权解除本劳动合同。请点击链接 / 详见企业规章制度，认真阅读平台服务行为规范和平台退出规则，并确认。

第二十三条 出现法定劳动合同解除或终止事由时，甲乙双方可依法解除或终止本合同的履行。

第二十四条 甲方应当在解除或终止本合同时，为乙方出具解除或者终止劳动合同的证明，并在十五日内为乙方办理档案和社会保险关系转移手续。

八、双方约定事项

第二十五条 双方约定的其它事项：____________。

九、劳动争议处理

第二十六条 甲乙双方因本合同发生劳动争议时，

可以按照法律法规的规定，进行协商、申请调解或仲裁。对仲裁裁决不服的，除法律另有规定的外，可以依法向有管辖权的人民法院提起诉讼。

十、其他

第二十七条 本合同中记载的乙方联系电话、通讯地址为劳动合同期内通知相关事项和送达书面文书的联系方式、送达地址。如发生变化，乙方应当及时告知甲方。

第二十八条 双方确认：均已详细阅读并理解本合同内容，清楚各自的权利、义务。本合同未尽事宜，按照有关法律法规和政策规定执行。

第二十九条 本合同一式两份，甲乙双方各执一份，自双方签字（盖章）之日起生效，双方应严格遵照执行。

如以电子形式签订，乙方可随时查看并下载电子文本及其所有链接。

甲方（盖章）　　　　　　　　乙方（签字）

法定代表人（主要负责人）

或委托代理人（签字或盖章）

年　月　日　　　　　　　　年　月　日

劳动合同附件：用工合作协议（平台用工合作企业与新就业形态劳动者订立劳动合同时适用）

用工合作协议参考文本

甲方（互联网平台企业）：________________

统一社会信用代码：________________

法定代表人（主要负责人）或委托代理人：________

注 册 地：________________

经 营 地：________________

联系电话：________________

乙方（平台用工合作企业）：________________

统一社会信用代码：________________

法定代表人（主要负责人）或委托代理人：________

注 册 地：________________

经 营 地：________________

联系电话：________________

根据《中华人民共和国民法典》以及《关于维护新就业形态劳动者劳动保障权益的指导意见》等法律法规政策规定，在平等自愿的基础上，双方一致同意订立本合作协议，共同遵守本协议所列条款。

一、合作内容

第一条 甲乙双方经协商一致就以下事项开展合作：________________。未经甲方同意，乙方不得将甲方委托合作事项另行转包、分包。

二、合作期限

第二条 甲乙双方合作期限自____年__月__日起至____年__月__日止。

三、双方的权利和义务（双方可根据具体合作内容补充完善）

第三条 甲方依据以下标准和结算周期向乙方支付合作费用。

双方服务费的结算依据包括：

1. ________；2. ________；3. ________等。

合作费用每日 / 月 / 季度 / 年结算一次，其中涉及人工费用的部分支付周期不超过 1 个月。

甲方应每日 / 月将乙方员工接单情况、上线时间、接单时间、工作评价、服务费用等信息推送乙方，作为乙方确定乙方员工报酬的重要依据。

第四条 乙方应与乙方员工依法及时订立劳动合同，按时足额向其支付劳动报酬，依法参加社会保险并缴纳社会保险费，履行相关劳动保障责任。甲方有权监督乙方对其员工的工资支付和相关劳动保障法律义务履行情况。

第五条 甲方的软件服务应具备疲劳提醒功能，当依托甲方平台就业的乙方员工（以下简称乙方员工）接单时间连续达到 4 小时的，甲方系统会发出疲劳提示，并告知将停止推送订单 20 分钟。（适用于配送、出行等行业）

乙方员工每日累计接单时间达到 8 小时，会征求乙方及乙方员工本人意见是否继续派单。

第六条 甲方承诺在制定、修订平台进入退出、订单分配、计件单价、奖惩规则等直接涉及乙方员工劳动权益的制度规则和平台算法前，会通知乙方。乙方应听取工会或涉及的新就业形态劳动者的意见建议，并将意见建议及时反馈给甲方。甲方会及时将前述制度规则和平台算法以显著方式、清晰易懂的语言真实、准确、全面地公示并告知乙方员工。

甲方变更前述制度规则和平台算法的，将以显著方式提示阅读，并确认。

第七条 甲方承诺保护乙方员工的个人信息权利。甲方将根据平台个人信息处理规则（请点击链接 / 详见企业规章制度，认真阅读并确认），按照个人信息保护相关法律法规规定，处理乙方员工有关信息。

第八条 甲方承诺坚持算法取中原则，算法规则的制定以保障劳动者安全健康为基本前提，强化恶劣天气等特殊情形下的安全提示。

第九条 甲方为乙方员工提供以下异议申诉渠道：________________________________。

乙方员工如对于报酬计算、服务时长、服务费用扣减等事项有异议的，可通过上述申诉渠道向甲方提出申诉，甲方承诺及时予以回应并公正处理。

乙方应告知其员工可通过甲方提供的申诉渠道对乙方的下述行为进行投诉，甲方承诺及时予以回应并公正处理：

（1）以任何形式、任何名义收取管理费、挂靠费、履约保证金等费用，要求回扣、截留报酬，强迫员工参加活动、强制/诱导员工办理与平台无关业务、进行不合理消费等（合理的车辆租赁、维修服务费用除外）；

（2）未依据合法有效的制度规则对员工进行罚款等处罚；

（3）以任何直接或间接方式强迫员工延长工作时间、扣减报酬、未及时足额支付劳动报酬等；

（4）甲方或乙方的工作人员存在骚扰、欺凌乙方员工等行为；

（5）其他：________________________。

第十条 甲方认为乙方员工的意见建议对于完善平台运营非常重要，乙方应告知员工向甲方提出意见建议的渠道：________________________。

第十一条 甲方与乙方变更或终止本合作协议，对乙方履行与乙方员工的劳动合同产生实质性影响的，甲乙双方应在征求乙方员工本人意愿的基础上，就其后续工作安排和合同订立做出合理安排。

四、违约责任

第十二条 因甲方未及时向乙方支付相关费用导致乙方员工被拖欠工资或给其造成其他经济损失的，甲方应依法承担赔偿责任并向乙方支付违约金。

乙方未及时向其员工支付工资，甲方接到投诉先行垫付后，可向乙方追偿并要求乙方依法支付违约金。

第十三条 因甲方平台算法不合理、道路指引不合规等给乙方员工造成损失的，甲方依法承担相应赔偿责任。

甲方（盖章）	乙方（盖章）
法定代表人	法定代表人
（主要负责人）	（主要负责人）
或委托代理人	或委托代理人
（签字或盖章）	（签字或盖章）
年 月 日	年 月 日

附件 2

新就业形态劳动者书面协议参考文本

甲方（互联网平台企业）：________________________

统一社会信用代码：________________________

法定代表人（主要负责人）或委托代理人：__________

注册地：________________________

经营地：________________________

联系电话：________________________

乙方（新就业形态劳动者）：________________________

居民身份证号码：________________________

（或其他有效证件名称______证件号：______________）

户籍地址：________________________

经常居住地（通讯地址）：________________________

联系电话：________________________

根据《关于维护新就业形态劳动者劳动保障权益的指导意见》等，甲乙双方在平等自愿的基础上，一致同意订立本协议，共同遵守本协议所列条款。

一、主要权利义务

第一条 乙方工作内容为完成______服务任务。乙方的工作区域或工作地点依承接线下服务任务时确认。

第二条 甲方通过以下第__种方式提供管理和服务：

1. 由甲方直接提供日常管理和服务，包括________。

2. 甲方与第三方建立业务合作关系，第三方提供相应属地化服务，包括薪税服务、线上线下指导和培训以及职业伤害保障参保理赔、__________等运营服务，以满足与甲方的业务合同约定。反映乙方要求和意见，为乙方获得当地的公共服务等提供支持和协助等。（请点击链接/详见企业规章制度，认真阅读并确认）

3. 上述两种方式兼有。

甲方已与第三方明确约定不得有以下行为，第三方如有下述行为，乙方可通过平台规则中明确的投诉渠道进行投诉。

（1）以任何形式、任何名义向乙方收取管理费、挂靠费、履约保证金等费用，要求回扣、截留报酬，强迫乙方参加活动、强制 / 诱导乙方办理与平台无关业务、进行不合理消费等（合理的车辆租赁、维修服务费用除外）；

（2）以任何形式、任何名义对乙方进行不合理罚款；

（3）以任何直接或间接方式限制乙方在工作时间、工作时长、接单等方面的自主决定权；

（4）设置不合理工作门槛，例如：存在性别、民族、年龄、户籍等歧视；要求乙方注册为个体工商户或另行签订与本协议不一致的其他协议等；

（5）第三方工作人员存在骚扰、欺凌等行为的；

（6）其他：________________________________。

第三条 甲方不得以各种直接或间接措施限制乙方在多平台就业或客观上会导致限制其多平台就业的后果。乙方在多平台接单的，应按约定及时完成通过甲方平台已接订单。

二、服务订单推送与确认

第四条 甲方通过互联网信息推送的方式向乙方提供服务任务；服务任务推送显示为各类服务订单。服务订单显示必要的服务任务信息（包括但不限于：1. _______；2. _______；3. _______；4. _______等）。

第五条 甲方按照以下规则向乙方推送订单。请点击链接 / 详见企业规章制度，阅读订单推送规则并确认。甲方如变更订单推送规则会在平台页面公示，以显著方式提示乙方阅读并确认。

甲方的订单推送规则遵循公平合理的原则确定，不因乙方的性别、年龄、民族、户籍等有不合理的差别待遇。

第六条 在符合本协议第十二条之约定的前提下，乙方完全自主决定上线时间、在线时长、接单时间和下线时间等，并且不会因此对订单推送或服务费用确定产生直接影响。预约单中设定的预约时间不属于对乙方工作时间的限制。

第七条 乙方完成服务任务过程中应遵守甲方的平台服务规则并接受甲方的监督。（请点击链接 / 详见企业规章制度，阅读平台服务规则并确认）。

三、报酬及支付

第八条 乙方服务报酬构成包括：____________、____________、____________等。

服务报酬的确定主要参考以下因素：1. ________；2. ________；3. ________；4. ________；5. ________等。乙方提供正常劳动情形下，获得的服务报酬不低于当地小时最低工资标准。法定节假日的报酬标准应高于工作日。请点击链接 / 详见企业规章制度，认真阅读报酬支付规则相关内容，并确认。

第九条 甲方按每单 / 每天 / 每 7 天 / 每 15 天 / 每月和乙方结算支付一次报酬。乙方可根据实际情况随时提现。提现可能因银行支付规则等造成延迟。

第十条 甲方在乙方每单服务结束后 24 小时 /72 小时内向其提供服务结算清单，其内容包括：1. 有关服务订单履行情况信息；2. 服务费总额及其构成情况信息；3. 有关扣减项目及数额信息；4. ____；5. ____等。甲方确保乙方在本次订单服务结束后____个月内随时可查询和下载该服务信息清单的相关信息。

第十一条 乙方服务完成情况有可能影响每笔订单的服务报酬。乙方如果存在互联网平台规则中明确规定的一般违规行为，甲方会根据制度规则和平台算法相应扣减该笔订单的服务报酬。甲方平台规则中会明确规定可能导致乙方服务报酬扣减的一般违反服务规范或平台规则的行为，请点击链接 / 详见企业规章制度，仔细阅读报酬支付规则及一般违反服务规范或平台规则行为的范围等相关内容，并确认。甲方不能单纯因客户差评或因不可抗力等非主观因素未按时完成工作任务扣减乙方服务报酬。

一般违规行为，单次违规扣减不超过该次服务报酬总额的_____%，扣减信息在订单服务报酬支付中显示。甲方做出扣减服务报酬决定时，应及时告知乙方扣减理由、金额等信息。乙方对扣减决定有异议的，可通过甲方提供的申诉渠道提出异议。异议成立的，扣减服务报酬在____日内返还乙方。

乙方存在严重违反服务行为规范或严重侵犯客户权益行为的，单次扣减不超过该次服务报酬总额的 100%，甲方做出扣减服务报酬决定时，参照上款流程办理。严重违反服务行为规范或严重侵犯客户权益行为的范围参照本协议第二十二条约定。

四、服务时间与休息

第十二条 甲方实时掌握乙方的工作情况，并且记录其服务时间。甲方采取以下第__种措施，保证乙方身体健康和合理休息：

1.（适用于配送、出行等行业）乙方连续接单时间达到 4 小时的，系统会发出疲劳提示，甲方停止推送订单 20 分钟；乙方每 24 小时累计接单时间超过____小时的，甲方会推送休息提示，建议乙方下线休息____小时 / 甲方会停止推送订单____小时。如乙方当时正在执行订单任务过程中，则从该订单任务完成后开始计时。接单时间是指乙方自执行订单任务时起至完成任务时止的全部时间，如同一时间接两个及以上订单，接单时间不重复计算。

2. ______________________________________。

法律、行政法规或规章另有规定的，按照有关规定执行。

第十三条 乙方在多平台工作的，应合理安排休息时间，避免疲劳工作。

五、职业保障

第十四条 甲方负有保障乙方职业安全卫生和进行相关培训的责任，有权要求乙方遵守职业安全规范并参加相关培训。

甲方为乙方提供职业安全卫生、平台操作、平台规则等培训。乙方应按照要求参加相关培训。

第十五条 甲方为乙方提供必要且符合国家或者行业标准的劳动防护用品及安全防护用品的获取渠道。

第十六条 乙方应遵守各项安全生产法律法规，定期确认有关设备、工具符合安全生产规定，完成任务过程中应遵守道路交通安全及安全生产规章制度和操作规程，正确佩戴、使用劳动防护用品及安全防护用品。

第十七条 甲方会采取必要措施保障乙方人格尊严不受侵害，并向乙方提供紧急情形下请求救助的渠道或联系方式，乙方在完成服务任务过程中如受到侵害，可向甲方请求救助，甲方有义务提供帮助。

第十八条 乙方在完成服务任务过程中如果遭遇极端天气、危险路况或遭到欺凌、骚扰等情形的，有权终止服务任务的履行，并向甲方及时说明情况，保留证据。

请乙方点击链接 / 详见企业规章制度或联系甲方客服，了解在遭遇极端天气遇到危险或在完成服务任务过程中受到欺凌或骚扰时寻求帮助和进行投诉的途径。

第十九条 甲方为乙方提供以下第_______项保障计划：

1. 甲方按国家和所在地有关要求为乙方参加新就业形态就业人员职业伤害保障试点，缴纳职业伤害保障费，承担相应的职业伤害保障责任；

2. 甲方通过________商业保险对乙方受到的职业伤害予以合理赔偿；

3. 其他商业保险计划：____________________。

第二十条 甲方支持并愿意协助乙方作为灵活就业人员参加企业职工基本养老保险、职工基本医疗保险或按规定参加城乡居民基本养老保险、城乡居民基本医疗保险。所在地方或行业有特别规定的，按照有关规定执行。

六、协议的履行、变更、解除和违约责任

第二十一条 甲方承诺以显著方式、清晰易懂的语言真实、准确、全面地告知乙方平台进入退出、订单分配、计件单价、抽成比例、报酬构成及支付、工作时间、奖惩规则、安全要求等直接涉及乙方劳动权益的制度规则和平台算法。

甲方承诺在制定、修订前述直接涉及乙方劳动权益的制度规则和平台算法前，通过__________方式听取工会或乙方所属群体代表的意见建议，将结果公示并告知乙方。

甲方变更前述直接涉及乙方劳动权益的制度规则和平台算法的，将以显著方式提示乙方阅读，并确认。

甲方承诺坚持算法取中原则，算法规则的制定以保障乙方安全健康为基本前提，强化恶劣天气等特殊情形下的算法优化和安全提示。

第二十二条 乙方应遵循诚实信用原则履行本协议约定的任务，因乙方故意、严重过失、严重违反服务行为规范给甲方或客户造成严重损失的，甲方有权注销乙方账号并解除本协议，给甲方造成经济损失的，有权要求乙方给予赔偿；给客户造成损失的，依法承担赔偿责任；涉嫌违法的向公安机关报案，并协助公安机关处理。

严重违反服务行为规范或严重侵犯客户权益行为属于平台规则中的禁止性行为，包括但不限于：_______________________等。（请点击链接 / 详见企业规章制度，认真阅读平台规则中的禁止性行为及其后果的有关规定。）

第二十三条 甲方为乙方提供以下申诉和提出意见建议的渠道：__________________________________。乙方如对于报酬计算、服务时长、服务费用扣减、委托管理方责任、__________等有异议的，可通过上述申诉渠道向甲方提出申诉，甲方承诺及时予以回应并公正处理。

第二十四条 甲方承诺保护乙方的个人信息权利。甲方需根据乙方同意的平台个人信息处理规则（请点

击链接 / 详见企业规章制度，认真阅读并确认），按照个人信息保护相关法律法规规定，处理乙方有关信息。

第二十五条 乙方有权随时注销在甲方平台注册的账号。乙方注销在甲方平台注册的账号的，视为本协议解除。

七、双方约定事项

第二十六条 双方约定的其它事项：____________。

八、争议解决

第二十七条 甲乙双方在履行协议过程中如发生争议，可以按照法律法规的规定，进行协商、申请调解或向合同履行地等有管辖权的人民法院提起诉讼。

九、其他

第二十八条 本协议中记载的乙方联系电话、通讯地址为协议期内通知相关事项和送达书面文书的联系方式、送达地址。如发生变化，乙方应当及时告知甲方。

第二十九条 双方确认：均已详细阅读并理解本协议内容，清楚各自的权利、义务。本协议未尽事宜，按照有关法律法规和政策规定执行。

第三十条 本协议一式两份，甲乙双方各执一份，自双方签字（盖章）之日起生效，双方应严格遵照执行。

如以电子形式签订，乙方可随时查看并下载电子文本及其所有链接。

甲方（盖章）　　　　　　　　　乙方（签字）

法定代表人（主要负责人）

或委托代理人（签字或盖章）

年　月　日　　　　　　　　　　年　月　日

附件 3

新就业形态劳动者书面协议参考文本
（三方）

甲方（互联网平台企业）：____________________

统一社会信用代码：____________________

法定代表人（主要负责人）或委托代理人：________

注 册 地：____________________

经 营 地：____________________

联系电话：____________________

乙方（新就业形态劳动者）：____________________

居民身份证号码：____________________

（或其他有效证件名称_____证件号：______________）

户籍地址：____________________

经常居住地（通讯地址）：____________________

联系电话：____________________

丙方（经营性人力资源服务机构）：____________________

统一社会信用代码：____________________

法定代表人（主要负责人）或委托代理人：________

注 册 地：____________________

经 营 地：____________________

联系电话：____________________

根据《关于维护新就业形态劳动者劳动保障权益的指导意见》等，各方在平等自愿、协商一致的基础上订立本协议，共同遵守本协议所列条款。

一、主要权利义务

第一条 甲方为乙方提供服务任务相关信息，接受客户对于乙方的服务评价，线上监督和指导乙方按照平台确定的规则和要求完成服务任务并承担由此产生的服务费用。

第二条 乙方的主要责任是：<u>完成 XX 服务任务</u>，工作区域或工作地点<u>依承接线下服务任务时确认</u>。

第三条 丙方为受甲方委托，在工作区域进行属地化管理和服务的机构。其核心管理职责包括：

1. 提供报酬支付等薪税服务；
2. 协助参加有关社会保险；
3. 提供有关培训；
4. 处理乙方相关事故和纠纷；
5. ____________________________。

详细内容请点击链接 / 详见企业规章制度，认真阅读并确认。甲方如果变更丙方的，应当提前___日告知乙方（变更 / 重新签订书面协议），否则因甲方未及时告知乙方给乙方造成经济损失的，由甲方承担相应的赔偿责任。

第四条 甲方和丙方均不得以各种直接或间接措施限制乙方在多平台就业或客观上会导致限制其多平台就业的后果。乙方在多平台接单的，应按约定及时完成通过甲方平台已接订单。

二、服务订单推送与确认

第五条 甲方通过互联网信息推送的方式向乙方

提供服务任务；服务任务推送页面显示为各类服务订单。服务订单显示必要的服务任务信息（包括但不限于：1. ______________；2. ______________；3. ___________；4. ______________等）。

第六条　甲方按照以下规则向乙方推送订单。请点击链接阅读订单推送规则并签字确认。甲方变更订单推送规则的，会在平台页面公示，以醒目方式提示乙方阅读并确认。

甲方的订单推送规则遵循公平合理的原则确定，不因乙方的性别、年龄、民族、户籍等有差别待遇。

第七条　在符合本协议第十三条之约定的前提下，乙方完全自主决定上线时间、在线时长、接单时间和下线时间等，并且不会因此对订单推送或服务费用确定产生直接影响。预约单中设定的预约时间不属于对乙方工作时间的限制。

第八条　乙方完成服务任务过程中应遵守甲方的平台服务规则并接受甲方的监督。（请点击链接 / 详见企业规章制度，阅读平台服务规则并确认）。

三、报酬及支付

第九条　乙方服务报酬构成包括：_____________、_____________、_____________等。

服务报酬的确定主要参考以下因素确定：1. _____；2. _____；3. _____；4. _____；5. _____等。乙方提供正常劳动情形下，获得的服务报酬不低于当地小时最低工资标准。法定节假日的报酬标准应高于工作日。请点击链接 / 详见企业规章制度，认真阅读报酬支付规则相关内容，并确认。

乙方服务报酬由甲方 / 丙方支付。

第十条　报酬支付方按每单 / 每天 / 每 7 天 / 每 15 天 / 每月和乙方结算支付一次报酬。乙方可根据实际情况随时提现。提现可能因银行支付规则等造成延迟。

第十一条　甲方在乙方每单服务结束后 24 小时 /72 小时内向其提供服务结算清单，其内容包括：1. 有关服务订单履行情况信息；2. 服务费总额及其构成情况信息；3. 有关扣减项目及数额信息；4. ________；5. ________等。甲方确保乙方在本次订单服务结束后____个月内随时可查询和下载该服务信息清单的相关信息。

第十二条　乙方服务完成情况有可能影响每笔订单的服务报酬。乙方如果存在互联网平台规则中明确规定的一般违规行为，甲方会根据制度规则和平台算法相应扣减该笔订单的服务报酬。甲方平台规则中会明确规定可能导致乙方服务报酬扣减的一般违反服务规范或平台规则的行为，请点击链接 / 详见企业规章制度仔细阅读报酬支付规则及一般违反服务规范或平台规则行为的范围等相关内容，并确认。甲方不能单纯因客户差评或因不可抗力等非主观因素未按时完成工作任务扣减乙方服务报酬。

一般违规行为，单次违规扣减不超过该次服务报酬总额的__%，扣减信息在订单服务报酬支付中显示。甲方做出扣减服务报酬决定时，应及时告知乙方扣减理由、金额等信息。乙方对扣减决定有异议的，可通过甲方或丙方提供的申诉渠道提出异议。异议成立的，扣减服务报酬在____日内返还乙方。丙方有义务协助乙方进行申诉。

乙方存在严重违反服务行为规范或严重侵犯客户权益行为的，单次扣减不超过该次服务报酬总额的100%，甲方做出扣减服务报酬决定时，参照上款流程办理。严重违反服务行为规范或严重侵犯客户权益行为的范围参照本协议第二十三条约定。

四、服务时间与休息

第十三条　甲方实时掌握乙方的工作情况，并且记录其服务时间。甲方采取以下第__种措施，保证乙方身体健康和合理休息：

1.（适用于配送、出行等行业）乙方连续接单时间达到 4 小时的，系统会发出疲劳提示，甲方停止推送订单 20 分钟；乙方每 24 小时累计接单时间超过___小时的，甲方会推送休息提示，建议乙方下线休息___小时 / 甲方会停止推送订单___小时。如乙方当时正在执行订单任务过程中，则从该订单任务完成后开始计时。接单时间是指乙方自执行订单任务时起至完成任务时止的全部时间，如同一时间可接两个及以上订单，接单时间不重复计算。

2. ____________________________________。

法律、行政法规或规章另有规定的，按照有关规定执行。

第十四条　乙方在多平台工作的，应合理安排休息时间，避免疲劳工作。

五、职业保障

第十五条　甲方和丙方共同负有保障乙方职业安全卫生和进行相关培训的责任，均有权要求乙方遵守职业安全规范并参加相关培训。

甲方和 / 或丙方为乙方提供职业安全卫生、平台操作、平台规则等培训，包括线上和线下的培训。乙方应按照要求参加相关培训。

第十六条 甲方提供必要且符合国家或者行业标准的劳动防护用品及安全防护用品的获取渠道；丙方为乙方获得必要的劳动防护用品及安全防护用品提供便利和支持。

第十七条 乙方应遵守各项安全生产法律法规，定期确认有关设备、工具符合安全生产规定，完成任务过程中应遵守道路交通安全及安全生产规章制度和操作规程，正确佩戴、使用劳动防护用品及安全防护用品。

第十八条 甲方和丙方共同采取必要措施保障乙方人格尊严，并向乙方提供紧急情形下请求救助的渠道或联系方式。乙方在完成服务任务过程中如受到侵害，可向甲方和丙方请求救助，甲方和丙方均有义务提供帮助。

第十九条 乙方在完成服务任务过程中如果遭遇极端天气、危险路况或遭到欺凌、骚扰等情形的，有权终止服务任务的履行，并向甲方和丙方及时说明情况，保留证据。乙方向丙方报告的，丙方应及时告知甲方。

请乙方点击链接/详见企业规章制度或联系甲方/丙方，了解在遭遇极端天气、遇到危险或在完成服务任务过程中受到欺凌或骚扰时寻求帮助和进行投诉的途径。

第二十条 甲方和/或丙方为乙方提供以下第____项保障计划：

1. 按国家和所在地要求为乙方参加新就业形态就业人员职业伤害保障试点，缴纳职业伤害保障费，承担相应的职业伤害保障责任；

2. 通过________商业保险对乙方受到的职业伤害予以合理赔偿；

3. 其他商业保险计划：________________________。

第二十一条 甲方和丙方支持并愿意协助乙方作为灵活就业人员参加企业职工基本养老保险、职工基本医疗保险或按规定参加城乡居民基本养老保险、城乡居民基本医疗保险。所在地方或行业有特别规定的，按照有关规定执行。

六、协议的履行、变更、解除和违约责任

第二十二条 甲方是平台运营制度规则和算法的制定者。甲方和丙方承诺以显著方式、清晰易懂的语言真实、准确、完整地告知乙方平台进入退出、订单分配、计件单价、抽成比例、报酬构成及支付、工作时间、奖惩规则、安全要求等直接涉及乙方劳动权益的制度规则和平台算法。

甲方承诺在制定、修订前述直接涉及乙方劳动权益的制度规则和平台算法前，通过__________方式听取工会或乙方所属群体代表的意见建议，将结果公示并告知乙方。丙方协助甲方组织前述活动。

甲方变更前述直接涉及乙方劳动权益的制度规则和平台算法的，将以显著方式提示乙方阅读，并确认。

甲方承诺坚持算法取中原则，算法规则的制定以保障乙方安全健康为基本前提，强化恶劣天气等特殊情形下的算法优化和安全提示。

丙方有权在甲方的授权范围内制定与提供属地化管理和服务相关的制度规则，可就相关平台制度规则和平台算法向乙方进行解释说明。

第二十三条 乙方应遵循诚实信用原则履行本协议约定的任务，因乙方故意、严重过失、严重违反服务行为规范给甲方或客户造成严重损失的，甲方有权告知丙方并注销乙方账号及解除本协议，给甲方造成经济损失的，甲方有权要求乙方给予赔偿；给客户造成损失的，依法承担赔偿责任；涉嫌违法的向公安机关报案，并协助公安机关处理。

严重违反服务行为规范或严重侵犯客户权益行为属于平台规则中的禁止性行为，包括但不限于：________________等。（请点击链接/详见企业规章制度，认真阅读平台规则中的禁止性行为及其后果的有关规定。）

第二十四条 甲方为乙方提供以下申诉和提出意见建议的渠道：____________________________。

丙方为乙方者提供以下申诉和提出意见建议的渠道：________________。

乙方如对于报酬计算、服务时长、服务费用扣减、委托管理方责任________等有异议的，可通过上述申诉渠道向甲方和丙方提出申诉，甲方和丙方承诺及时予以回应并公正处理。

丙方如有下述行为之一的，乙方可通过甲方提供的申诉渠道投诉，甲方承诺及时予以回应并公正处理：

1. 以任何形式、任何名义向乙方收取管理费、挂靠费、履约保证金等费用，要求回扣、截留报酬，强迫乙方参加活动、强制/诱导乙方办理与平台无关业务、进行不合理消费等（合理的车辆租赁、维修服务费用除外）；

2. 以任何形式、任何名义对乙方进行不合理罚款；

3. 以任何直接或间接方式限制乙方在工作时间、工作时长、接单等方面的自主决定权、强迫延长或限制工作时间、扣减报酬等；

4. 丙方工作人员存在骚扰、欺凌等行为的；

5. 设置不合理工作门槛，例如：存在性别、民族、年龄、户籍等歧视；要求乙方注册为个体工商户或另行签订与本协议不一致的其他协议等；

6. 其他：______________________________。

第二十五条 本协议约定的报酬支付方未依照约定按时足额支付乙方服务报酬的，乙方可要求甲方支付，甲方如已经将相关费用支付给丙方的，可向其追偿。

第二十六条 甲方和丙方均有义务保护乙方的个人信息权利。甲方和丙方需根据乙方同意的平台个人信息处理规则（请点击链接/详见企业规章制度，认真阅读并确认），按照个人信息保护相关法律法规规定，处理乙方有关信息。

第二十七条 甲方与丙方之间的合作协议变更、终止或解除不影响本协议中甲方与乙方相关权利义务的履行。

丙方发生变动的，甲方提前___日告知乙方，如乙方未提出异议，本协议中约定的丙方权利义务由其承继企业继续履行；乙方不同意变更的，可以单方解除协议。

第二十八条 乙方有权随时注销在甲方平台注册的账号。乙方注销在甲方平台注册的账号的，视为本协议解除。

七、各方约定事项

第二十九条 乙方对履行本协议而知悉的甲方和丙方的商业秘密承担保密义务，未经甲方和丙方同意，不得泄漏。

第三十条 各方约定的其它事项：____________。

八、争议解决

第三十一条 各方在履行协议过程中如发生争议，可以按照法律法规的规定，进行协商、申请调解或向合同履行地等有管辖权的人民法院提起诉讼。

九、其他

第三十二条 本协议中记载的乙方联系电话、通讯地址为协议期内通知相关事项和送达书面文书的联系方式、送达地址。如发生变化，乙方应当及时告知甲方和丙方。

第三十三条 各方确认：均已详细阅读并理解本协议内容，清楚各自的权利、义务。本协议未尽事宜，按照有关法律法规和政策规定执行。

第三十四条 本协议一式三份，三方各执一份，自三方签字（盖章）之日起生效，各方应严格遵照执行。

如以电子形式签订，乙方可随时查看并下载本协议文本及其所有链接。

甲方（盖章）
法定代表人（主要负责人）
或委托代理人（签字或盖章）
年 月 日

乙方（签字）
年 月 日

丙方（盖章）
法定代表人（主要负责人）
或委托代理人（签字或盖章）
年 月 日

新就业形态劳动者权益协商指引

1. 2024年11月6日
2. 总工办发〔2024〕27号

第一条 为维护新就业形态劳动者劳动权益，促进平台经济规范健康持续发展，根据国家有关法律法规和政策，制定新就业形态劳动者权益协商指引。

第二条 本指引所称新就业形态劳动者（以下简称“劳动者”），主要指线上接受互联网平台发布的配送、出行、运输、家政服务等工作任务，按照平台要求提供平台网约服务，通过劳动获取劳动报酬的劳动者，不包含个人依托平台自主开展经营活动、从事自由职业的劳动者。本指引所称企业包括平台企业和平台用工合作企业。本指引所称协商，包括集体协商、协商协调会、协商恳谈会等多种形式。

第三条 本指引规范企业和工会组织、劳动者代表平等协商涉及劳动者权益事项，既包括制修订涉及劳动者权益的制度规则和算法，也包括建立健全协商机制。

第四条 本指引鼓励企业和工会组织、劳动者代表双方积极开展协商。各级企联、工商联及商协会应引导企业积极响应协商要约。

第五条 协商由协商代表以协商会议形式进行。

第六条 参与协商的代表由劳动者代表和企业代表组成，双方代表原则上人数应相等且不少于五人。双方代表不得互相兼任。

劳动者代表应在上级工会指导下，从本次协商涉及的劳动者中推选产生，并履行推荐公示程序。劳动者协商代表应覆盖本企业各区域的各种用工形式，综合考虑政治品行、岗位、工作年限和性别等因素，并优先从各级工会评选的先进模范、各级“两代表一委员”中推选。首席代表应由相关产业工会或企业工会主要负责人担任，或由上级工会指派人员担任。

企业代表一般由企业法定代表人指派，应包含涉及劳动者权益部门的负责人。企业采用合作用工方式的，企业代表应包含平台用工合作企业负责劳动者权益工作的管理人员。首席代表应由企业法定代表人或者其书面委托的相关人员担任。

劳动者代表参与协商工作期间，企业应提供便利条件，并参照其本人收入水平给予适当补贴。

如需要，工会可更换劳动者代表，企业可更换企业代表。

第七条 协商会议前，双方代表应广泛征集各方诉求，共同确定协商议题。

配送企业协商议题一般包括：派单规则、计件单价、派单数量、配送时限、最长在线时长、休息场所、充电费用、交通安全保障措施、投诉处理、法定节假日和极端天气补贴等。

出行、运输企业协商议题一般包括：服务收费、抽成比例、计价规则、派单规则、最长在线时长、作业安全、运费纠纷、保险保障等。

家政服务企业协商议题一般包括：报酬规则、派单规则、休息安排、劳动安全卫生、保险保障、技能培训、女职工权益保护等。

第八条 协商会议前，各方应提供与协商议题相关的详细信息和资料。其中涉及商业秘密的，企业应予以注明，工会和劳动者代表应依法依规保密。

第九条 协商会议由双方首席代表轮流主持。提出协商议题的一方应当就议题的具体内容作出说明。经双方发表意见、澄清观点、磋商讨论后，由双方首席代表提出总结性意见，并就协商一致的意见以书面方式确认。如有未达成共识的内容，经双方同意可另行安排协商，直至达成一致。如最终未达成一致的，可提请协调劳动关系三方、行业主管部门协调处理。

第十条 协商双方可邀请各级协调劳动关系三方、行业主管部门等参加协商会议，见证协商成果达成。

协商会议达成的集体合同草案、协议、会议纪要、备忘录等成果，应经双方首席代表签字。其中，集体合同草案应提交职代会审议通过。

第十一条 企业应在协商成果生效后10日内以适当方式向所有适用的劳动者公布，并据此共同遵照履行。

第十二条 在履行协商成果中发生争议的，协商双方可提请协调劳动关系三方、行业主管部门等进行协调处理。

第十三条 行业协会等企业代表组织与工会组织、新就业形态劳动者代表开展协商，可参照本指引。

人力资源社会保障部办公厅关于做好高温天气劳动者权益保障工作的通知

1. 2023年7月7日
2. 人社厅函〔2023〕91号

各省、自治区、直辖市及新疆生产建设兵团人力资源社会保障厅（局）：

近期，全国多地出现持续高温天气，部分地区遭遇极端高温。为做好高温天气劳动者权益保障工作，现就有关事项通知如下：

一、高度重视高温天气劳动者权益保障工作

高温天气劳动者权益保障事关劳动者身体健康和生命安全。各地要立即行动起来，以时时放心不下的责任感，加强组织领导，明确责任分工，密切协同配合，压紧压实企业主体责任，抓实抓细工作落实，全力保障劳动者合法权益。

二、指导规范高温天气工作时间规定

指导督促企业做好高温天气期间的生产组织和管理，合理安排劳动者在高温天气下的户外工作时间，尽量避开酷热时段作业，适当增加劳动者休息时间和轮换班次。地市级以上气象主管部门所属气象台发布

日预报气温最高达到40℃以上时，停止安排劳动者进行室外露天作业；日最高气温达到37℃以上、40℃以下时，安排劳动者室外露天作业时间累计不得超过6小时，并尽量缩短室外连续工作时间，不得安排劳动者在当日气温最高时段3小时内室外露天作业；日最高气温达到35℃以上、37℃以下时，要采取换班轮休等方式，缩短室外露天作业劳动者连续工作时间，并不得安排劳动者加班。对不适宜高温天气作业的劳动者及时协商调整工作任务，不得安排怀孕女职工和未成年工在35℃以上的高温天气下从事室外露天作业及在33℃以上的工作场所作业。

三、严格落实高温津贴待遇

根据本地区经济社会发展状况，合理确定并及时调整本地区高温津贴标准，督促企业向符合条件的劳动者发放高温津贴。指导企业合理确定高温天气下劳动者的工作量和劳动强度，不得因高温天气停工、缩短工作时间扣除或降低劳动者工资待遇。严格落实高温津贴制度，高温津贴应以法定货币形式按时足额发放给劳动者，不得以发放清凉饮料、防暑降温用品等实物或各类有价证券代替。引导平台企业对高温天气下接单的户外劳动者给予适当补贴，并可采取延长配送时间等措施，保障网约配送、出行、运输等新就业形态劳动者的生命健康安全。对因高温天气作业引发劳动者发生事故伤害或经职业病诊断机构诊断为职业性中暑的，应按规定依法认定工伤并落实相关保险待遇。

四、加强重点时段执法检查

以室外露天作业的建筑、物流、交通等为重点行业，以快递员、外卖送餐员、环卫工等为重点群体，加大对企业遵守劳动保障法律法规情况的监督检查力度，督促企业落实高温津贴支付主体责任。畅通举报投诉渠道，对未按规定标准发放高温津贴等行为的投诉举报线索及时处置，发现一起坚决查处一起。加强因高温天气作业引发的劳动争议案件调处，畅通受理渠道，实行快立快审快结，及时有效维护劳动者合法权益。加强与应急管理、卫生健康、工会组织等部门单位的信息共享和协调配合，共同分析研判高温天气劳动安全形势，健全极端高温天气应急管理措施，不断完善高温天气劳动防护、安全生产、防暑降温、高温津贴等各项制度，在高温重点时段联合开展监督检查专项行动，督促企业全面落实《防暑降温措施管理办法》，保障劳动者身体健康和生命安全。

人力资源社会保障部办公厅、全国总工会办公厅、中国企业联合会／中国企业家协会办公室、全国工商联办公厅关于印发《工作场所高温和高寒天气劳动者权益保障制度（参考文本）》的通知

1. 2023年8月10日
2. 人社厅发〔2023〕26号

各省、自治区、直辖市及新疆生产建设兵团人力资源社会保障厅（局）、总工会、企业联合会／企业家协会、工商联：

为指导用人单位完善工作场所高温和高寒天气劳动者权益保障制度，维护劳动者合法权益，构建和谐稳定的劳动关系，人力资源社会保障部、全国总工会、中国企业联合会／中国企业家协会、全国工商联根据《中华人民共和国职业病防治法》《中华人民共和国安全生产法》《中华人民共和国劳动法》《防暑降温措施管理办法》等法律法规及有关政策规定，制定了《工作场所高温和高寒天气劳动者权益保障制度（参考文本）》。现印发给你们，供指导用人单位制定完善有关规章制度时参考。

附件：工作场所高温和高寒天气劳动者权益保障制度（参考文本）

附件

工作场所高温和高寒天气劳动者权益保障制度

（参考文本）

用人单位名称：________________

中国劳动和社会保障科学研究院研制

目 录

第一章 总 则

第一条 为加强工作场所高温和高寒天气下作业劳动保护工作，维护劳动者合法权益，构建和谐稳定的劳动关系，根据《中华人民共和国职业病防治法》《中华人民共和国安全生产法》《中华人民共和国劳动法》《防暑降温措施管理办法》等法律法规规定，结合本单位实际情况，制定本制度。

第二条 本制度经第____届职工代表大会第__次会议审议通过。

第三条 本制度适用于本单位全体职工，并向本单位全体职工公示告知。

第二章 范围界定

第四条 本制度所称的高温天气是指地市级以上气象主管部门所属气象台站发布的日最高气温达到35℃以上的天气。高温天气作业是指用人单位在高温天气期间安排职工在高温自然气象环境下进行的作业。

第五条 本制度所称的高寒天气是指地市级以上气象主管部门所属气象台站发布的 -25℃以下的低温天气。高寒天气作业是指用人单位在高寒天气期间安排职工在室外连续作业 4 小时以上的作业。

第三章 工作场所改善

第六条 本单位优先采用有利于控制高温或高寒的新技术、新工艺、新材料、新设备，从源头上降低或者消除高温和高寒危害。

第七条 积极改善作业环境和劳动条件，为高温、高寒天气作业的职工提供符合要求的劳动防护设施设备，使作业环境和劳动条件符合国家职业卫生标准要求。

第八条 在高温、高寒工作环境设立休息场所，配备相应的防暑降温和防寒保暖设施。

第四章 劳动保护措施

第九条 加强教育培训，组织职工进行上岗前职业卫生培训和在岗期间的定期职业卫生培训，普及高温防护、中暑急救以及高寒防护、冻伤急救等职业健康知识培训，增强劳动者的防护意识和防护能力。

第十条 对高温和高寒职业病危害的岗位，实施由专人负责的高温和高寒日常监测，并按照有关规定进行职业病危害因素检测、评价。

第十一条 在高温和高寒天气期间，根据生产特点和具体条件，采取合理安排工作时间、轮换作业、适当增加高温和高寒工作环境下职工的休息时间和减轻劳动强度、减少高温和高寒时段室外作业等措施，降低高温和高寒作业环境对劳动者身体的不利影响。

第十二条 对高温和高寒天气作业的职工进行健康检查，患有心、肺、脑血管性疾病、肺结核、中枢神经系统疾病及其他身体状况不适合高温或高寒作业环境的职工，调整作业岗位。职业健康检查费用由本单位承担。

第十三条 加强对女职工和未成年工高温和高寒天气作业的劳动保护，不安排怀孕女职工和未成年工在 35℃以上的高温天气期间从事室外露天作业及在33℃以上的工作场所作业。不安排女职工和未成年工从事《女职工劳动保护特别规定》和《未成年工特殊保护规定》中的高温和低温相关禁忌劳动。

第十四条 制定高温和高寒天气作业应急预案，

定期进行应急救援的演习，并根据从事高温和高寒天气作业的职工数量及作业条件等情况，配备应急救援人员和足量的急救药品。职工出现中暑或冻伤症状时，立即采取救助措施；病情严重者，及时送医疗卫生机构治疗。

第五章　工作时间安排

第十五条　在高温天气期间，合理调整工作时间：

（一）日最高气温达到40℃以上，停止当日室外露天作业；

（二）日最高气温达到37℃以上、40℃以下时，全天安排职工室外露天作业时间累计不超过6小时，连续作业时间不超过国家规定，且在气温最高时段3小时内不安排室外露天作业；

（三）日最高气温达到35℃以上、37℃以下时，采取换班轮休等方式，缩短职工连续作业时间，并且不安排室外露天作业职工加班。

第十六条　在高寒天气期间，合理调整工作时间：

（一）日最低气温达到-40℃以下，停止当日室外露天作业；

（二）日最低气温达到-25℃以下、-40℃以上时，全天安排劳动者室外露天作业时间累计不超过6小时，连续作业时间不超过国家规定，并且不安排室外露天作业职工加班。

第六章　津贴支付

第十七条　安排职工在35℃以上高温天气从事室外露天作业以及不能采取有效措施将工作场所温度降低到33℃以下，且连续作业时间不超过有关规定，向职工发放高温津贴。高温津贴以法定货币形式按时足额发放给职工，不得以发放清凉饮料、防暑降温用品等实物或各类有价证券代替。高温津贴标准按照当地标准执行。

第十八条　安排职工在室外-25℃以下高寒天气连续作业4小时以上，向职工发放高寒津贴。高寒津贴标准按照当地标准执行。

第十九条　本单位不因高温和高寒天气停止工作、缩短工作时间而扣除或者降低职工工资。高温、高寒津贴在企业成本费用中列支。

第七章　管理监督

第二十条　本单位明确由__________部门负责本制度的组织实施。

第二十一条　本单位建立由工会负责人担任组长的监督检查小组，定期对本制度执行情况开展检查。通过工会劳动法律监督提示函、工会劳动法律监督意见书等，提示相关部门完善预防措施，并向全体职工公布检查监督结果及整改情况。

第二十二条　职工合法权益受到侵害时，可向__________部门或监督检查小组举报投诉。经调查核实后，督促相关部门整改。

受理部门：______________；

投诉电话：______________；

信　　箱：______________；

电子邮箱：______________。

第八章　附　则

第二十三条　本制度未尽事宜，按有关法律法规执行。法律法规未有规定的，双方协商解决。

第二十四条　本制度高温和高寒天气劳动者权益保障的内容可以纳入集体合同、劳动保护专项集体合同中。

第二十五条　本制度自____年____月____日实施。

人力资源社会保障部办公厅关于印发《新就业形态劳动者休息和劳动报酬权益保障指引》《新就业形态劳动者劳动规则公示指引》《新就业形态劳动者权益维护服务指南》的通知

1. 2023年11月8日

2. 人社厅发〔2023〕50号

各省、自治区、直辖市及新疆生产建设兵团人力资源社会保障厅（局）：

为深入贯彻落实党的二十大精神，支持和规范发展新就业形态，加强新就业形态劳动者权益保障，根据劳动法律法规和《关于维护新就业形态劳动者劳动保障权益的指导意见》，我们编制了《新就业形态劳动者休息和劳动报酬权益保障指引》《新就业形态劳动者劳动规则公示指引》《新就业形态劳动者权益维护服务指南》，现印发给你们。

各地要准确理解指引指南内容，做好宣传解读工作，指导企业依法规范用工、新就业形态劳动者依法维权，切实维护好新就业形态劳动者基本权益。

新就业形态劳动者休息和劳动报酬权益保障指引

第一章　总　则

第一条　为支持和规范发展新就业形态，维护新就业形态劳动者休息和劳动报酬权益，根据国家有关法律法规和政策，制定本指引。

第二条　本指引所称新就业形态劳动者，主要指线上接受互联网平台发布的配送、出行、运输、家政服务等工作任务，按照平台要求提供平台网约服务，通过劳动获取劳动报酬的劳动者。本指引所称企业是指平台企业和平台用工合作企业。

第二章　工作时间和休息

第三条　企业要制定完善新就业形态劳动者休息办法，科学确定劳动者工作量和劳动强度，确保劳动者获得必要休息时间，防止劳动者过度劳动，保障劳动者身体健康。

第四条　新就业形态劳动者每日工作时间包括当日累计接单时间和适当考虑劳动者必要的在线等单、服务准备、生理需求等因素确定的宽放时间。企业明确要求新就业形态劳动者在线时间或在指定时间前往指定场所接受常规管理的，企业要求的在线时间和线下接受常规管理时间计入工作时间。

接单时间是指劳动者自执行订单任务时起至完成任务时止的全部时间。劳动者同一时间接两个及以上订单，接单时间不重复计算。劳动者因作业性质和特点，在接单时间内执行订单任务期间可获得连续较长休息时间的，该休息时间可不计入工作时间。

宽放时间由企业与工会或新就业形态劳动者代表结合行业实际，平等协商合理确定。

第五条　企业与工会或新就业形态劳动者代表要根据法律法规精神和行业管理规定，结合行业特点和企业实际，平等协商合理确定新就业形态劳动者连续最长接单时间和每日最长工作时间。劳动者达到连续最长接单时间和每日最长工作时间的，系统应推送休息提示，并停止推送订单一定时间。若劳动者当时正在执行订单任务过程中，从该订单任务完成后开始计算停止推送订单时长。

第六条　企业要建立新就业形态劳动者工作时间、接单时间台账，确保劳动者可通过应用程序自主查询本人工作时间、接单时间等完整记录。

第三章　劳动报酬

第七条　企业与工会或新就业形态劳动者代表结合行业特点和企业实际，平等协商制定新就业形态劳动者劳动报酬规则，明确劳动定额标准、抽成比例、计件单价、劳动报酬支付周期、考核办法等，确保新就业形态劳动者提供劳动获得合理劳动报酬。

第八条　不完全符合确立劳动关系情形但企业对劳动者进行劳动管理的新就业形态劳动者，适用劳动者实际工作地人民政府规定的小时最低工资标准。

第九条　新就业形态劳动者在法定节假日工作的，企业应向劳动者支付高于正常工作时间劳动报酬的合理报酬。

第十条　企业要以货币形式将劳动报酬支付给新就业形态劳动者本人，不得以实物及有价证券替代货币支付。

第十一条　企业应按时足额支付新就业形态劳动者劳动报酬，不得克扣或无故拖欠。企业支付劳动报酬时，应向劳动者提供本人的劳动报酬清单。

第十二条　平台企业要对用工合作企业按时足额发放新就业形态劳动者劳动报酬等情况进行监督。

第四章　附　则

第十三条　符合确立劳动关系情形的新就业形态劳动者，休息和适用最低工资标准等按照《中华人民共和国劳动法》《最低工资规定》等法律法规规章执行。

第十四条　个人依托互联网平台完全自主开展经

营活动的，不适用本指引。

新就业形态劳动者劳动规则公示指引

第一条 为引导平台企业依法合规制定和修订新就业形态劳动者劳动规则，保障新就业形态劳动者知情权和参与权，根据国家有关法律法规和政策，制定本指引。

第二条 本指引所称新就业形态劳动者，主要指线上接受互联网平台发布的配送、出行、运输、家政服务等工作任务，按照平台要求提供平台网约服务，通过劳动获取劳动报酬的劳动者。本指引所称企业是指平台企业和平台用工合作企业。

第三条 本指引所称劳动规则是指平台企业组织新就业形态劳动者提供网约服务，进行工作调度和劳动管理时所依据的规章制度、格式合同条款和算法规则等。

第四条 平台企业制定或修订平台劳动规则要遵循合法规范、公平公正、透明可释、科学合理、诚实信用的原则，依法履行民主程序。

第五条 平台企业要向依托平台就业的新就业形态劳动者公开订单分配、报酬及支付、工作时间和休息、职业健康与安全、服务规范等与劳动者基本权益直接相关的规章制度、格式合同条款、算法规则及其运行机制等。包括并不限于：

（一）新就业形态劳动者进入、退出平台规则；

（二）平台订单分配规则，包括订单分配的基本原则、订单优先分配或差别性分配规则等；

（三）报酬规则，包括计件单价及确定因素，抽成比例及确定因素，报酬构成及支付周期、支付方式等；

（四）工作时间和休息规则，包括任务完成时限要求及其确定依据和主要影响因素等，为防止疲劳对每日（或周/月）累计最长工作时间、停止推送订单休息等限制性规定；

（五）奖惩规则，包括服务要求和规范，考核制度，奖励和惩戒的情形、方式、标准，劳动者的申诉渠道和企业处理申诉的程序、结果反馈方式等；

（六）其他直接涉及劳动者切身利益的规则。

第六条 平台企业制定或修订直接涉及新就业形态劳动者权益的劳动规则，要提前通过应用程序弹窗等显著方式向劳动者公开征求意见，充分听取工会或劳动者代表的意见建议，将采纳情况告知劳动者。确定实施前，至少提前七日向劳动者予以公示。

第七条 平台企业拟调整经营方式或制定、修订劳动规则对新就业形态劳动者权益有重大影响的，了解或应当了解平台用工合作企业涉及新就业形态劳动者权益的重大制度规则调整的，要开展风险评估，并提前七日向服务所在地人力资源社会保障行政部门和相关主管部门报告，听取意见建议。

第八条 平台企业要在应用程序等显著位置，以清晰易懂的语言，真实、准确地持续公示有关内容，确保新就业形态劳动者能够随时方便查看完整内容，并提供反馈有关意见建议的渠道。

新就业形态劳动者权益维护服务指南

第一章　总　则

第一条 为健全新就业形态劳动者权益维护机制，畅通维权渠道，及时、便捷、高质量化解涉新就业形态劳动纠纷，切实维护好新就业形态劳动者权益，促进平台经济持续健康发展，制定本指南。

第二条 政府行政部门、法院、工会、企业代表组织、平台企业等要不断探索创新适合新就业形态特点的劳动者维权服务方式，改进和优化对新就业形态劳动者的维权服务。

第三条 新就业形态劳动者维护自身权益时应当依法合理表达诉求，不得采取违法和过激形式。

第二章　企业内部劳动纠纷化解机制

第四条 平台企业要建立健全与新就业形态劳动者的常态化沟通机制和新就业形态劳动者申诉机制，畅通线上和线下沟通渠道。

第五条 新就业形态劳动者可向平台企业反映对平台劳动规则的意见建议或其他合理诉求，平台企业要认真听取并作出回应。

第六条 新就业形态劳动者认为平台用工合作企业侵犯其合法权益的，可向平台企业投诉。平台企业要积极核查，协调处理。情况属实的，要督促用工合作企业及时整改。

第七条 新就业形态劳动者对报酬计算、服务时长、服务费用扣减、奖惩、平台用工合作企业管理服务等有异议的，或遭遇职场欺凌、骚扰的，可向平台企业反映或申诉，平台企业要在承诺时间内予以回应并公正处理。

第八条 新就业形态劳动者认为自身劳动权益受到侵害时，可优先与企业协商解决，也可请工会或第三方组织共同与企业协商解决。

第九条 鼓励平台企业成立由工会代表、新就业形态劳动者代表和企业代表参加的企业内部劳动纠纷调解委员会，提供涉新就业形态劳动者劳动纠纷调解服务。新就业形态劳动者认为自身劳动权益受到侵害时，可向企业劳动纠纷调解委员会提出。调解委员会应当及时核实情况，协调企业进行整改或者向劳动者做出说明。

第三章 工会权益维护服务

第十条 新就业形态劳动者有权加入工会。工会组织要积极吸收新就业形态劳动者入会。

第十一条 工会组织要及时帮助新就业形态劳动者解决生活和工作中遇到的困难。新就业形态劳动者在生活和工作中遇到困难，可向所在工会组织或当地工会组织予以支持和帮助。

第十二条 工会组织要对平台企业、平台用工合作企业展行用工责任情况进行监督。平台企业、平台用工合作企业违反新就业形态劳动者权益保障相关法律法规政策，工会组织要提出意见或者要求纠正。新就业形态劳动者可向工会组织反映对企业劳动管理的意见建议。工会组织要收集新就业形态劳动者意见，并及时向企业反馈。对工会提出的意见和收集的新就业形态劳动者的意见建议，企业要及时研究，给予答复。

第十三条 工会组织要推动平台企业建立常态化的沟通协商机制，代表或组织新就业形态劳动者就涉及劳动者切身利益的事项与平台企业沟通、协商，订立集体合同或协议。新就业形态劳动者有权参与工会与企业组织的恳谈会、集体协商等活动，平台企业、平台用工合作企业应提供便利条件。

第十四条 新就业形态劳动者认为平台企业、平台用工合作企业侵犯自身劳动权益申请劳动争议仲裁或者向人民法院提起诉讼的，可向工会组织申请法律援助等服务。

第十五条 新就业形态劳动者可就近在工会组织等建立的服务站点申请协调解决权益维护问题。

第四章 相关部门机构权益维护服务

第十六条 新就业形态劳动者与企业发生纠纷，可向人民调解委员会和各级各类专业性劳动争议调解组织申请调解。经调解达成的调解协议，具有法律约束力，当事人应按照约定履行。符合条件的，可向人民法院申请司法确认或向劳动争议仲裁机构申请置换。

第十七条 发生争议后调解不成或当事人不愿调解，符合劳动争议受案范围的，新就业形态劳动者可向实际工作地的劳动争议仲裁机构申请劳动争议仲裁。不符合劳动争议受案范围的，新就业形态劳动者可向人民法院起诉，人民法院应当依法受理。

第十八条 符合劳动保障监察职权范围的事项，新就业形态劳动者可向人力资源社会保障行政部门举报投诉。各地人力资源社会保障行政部门应当畅通举报投诉渠道，及时受理新就业形态劳动者的举报投诉，依法维护劳动者合法权益。

第十九条 新就业形态劳动者可依法向法律援助机构申请法律援助。鼓励法律援助机构在新就业形态劳动者集中工作地或休息地设立法律援助站或者联络点，就近提供法律援助服务，开设新就业形态劳动者法律援助“绿色通道”，提供便捷高效服务。

第二十条 各地要积极构建新就业形态劳动纠纷多元调解机制，加强劳动人事争议调解与人民调解、行政调解、司法调解协调联动。

鼓励有条件的地方探索创新新就业形态劳动纠纷调处机制，联通法院、人力资源社会保障、司法行政、工会、企业代表组织等各类争议处理资源，建立“一站式”的新就业形态争议调处机构。

鼓励新就业形态劳动者比较集中的市、区以及有条件的县和乡镇、街道，联合相关资源力量，组建集咨询疏导、争议调解、劳动仲裁、法律援助、专业审判于一体的新就业形态劳动用工争议多元化解中心。

第二十一条 新就业形态劳动者生活困难需要救助的，可向有关部门申请救助。

第五章 附 则

第二十二条 涉新就业形态商事纠纷不适用本指南。

人力资源社会保障部办公厅、最高人民法院办公厅、司法部办公厅、全国总工会办公厅、全国工商联办公厅、中国企联办公室关于加强新就业形态劳动纠纷一站式调解工作的通知

1. 2024 年 1 月 19 日
2. 人社厅发〔2024〕4 号

各省、自治区、直辖市人力资源社会保障厅（局）、高级人民法院、司法厅（局）、总工会、工商联、企业联合会 / 企业家协会，新疆生产建设兵团人力资源社会保障局、新疆维吾尔自治区高级人民法院生产建设兵团分院、司法局、总工会、工商联、企业联合会 / 企业家协会：

为深入贯彻落实党的二十大报告关于“完善劳动关系协商协调机制，完善劳动者权益保障制度，加强灵活就业和新就业形态劳动者权益保障”部署要求，着力维护新就业形态劳动者劳动保障权益，现就加强新就业形态劳动纠纷一站式调解（以下简称一站式调解）工作通知如下：

一、充分认识做好新就业形态劳动纠纷调解工作的重要性。

近年来，平台经济迅速发展，新就业形态劳动者数量大幅增加，新就业形态劳动纠纷随之增多，新就业形态劳动者维权难、多头跑问题凸显。各地要深入学习贯彻习近平总书记关于“坚持和发展新时代‘枫桥经验’”“坚持把非诉讼纠纷解决机制挺在前面”“抓前端、治未病”等重要指示批示精神，认真践行以人民为中心的发展思想，充分发挥协商调解在矛盾纠纷预防化解和诉源治理中的基础性作用，立足预防、立足调解、立足法治、立足基层，进一步强化多部门协同合作，实现各类调解衔接联动，推动新就业形态劳动纠纷一体化解，服务平台经济规范健康持续发展，维护劳动关系和谐与社会稳定。

二、探索构建一站式调解工作新模式。

平台经济活跃、新就业形态劳动纠纷较多地区的人力资源社会保障部门、人民法院、司法行政部门、工会、工商联、企业联合会等单位应当加强合作，充分发挥劳动争议调解、人民调解、司法调解特点优势，积极探索打造“人社牵头、部门协同、行业参与”的工作格局，构建新就业形态劳动纠纷一站式多元联合调解工作模式，在劳动人事争议仲裁院调解中心或者根据实际在相关调解组织增加联合调解职能，有条件的可设立一站式调解中心，做好各类调解衔接联动工作，合力化解新就业形态劳动纠纷。

三、规范有序开展一站式调解工作。

根据《中华人民共和国劳动争议调解仲裁法》《中华人民共和国民事诉讼法》及《关于维护新就业形态劳动者劳动保障权益的指导意见》（人社部发〔2021〕56 号）等法律政策，受理新就业形态劳动者与平台企业和用工合作企业（以下简称企业）之间因劳动报酬、奖惩、休息、职业伤害等劳动纠纷提出的调解申请，并根据法律法规政策规定及争议事实，遵循平等、自愿、合法、公正、及时原则，注重服务平台经济规范健康持续发展与保护劳动者合法权益并重，帮助当事人在互谅互让的基础上自愿达成调解协议，促进矛盾纠纷实质化解。

四、优化完善一站式调解流程。

接到现场调解申请，应当指导申请人写明基本情况、请求事项和事实理由并签字确认；接到通过网络等渠道发来的调解申请，应当及时审核申请内容、材料是否清晰完整并告知当事人。对属于受理范围且双方当事人同意调解的，应当尽快完成受理。对不属于受理范围或者一方当事人不同意调解的，应当做好记录，并口头或者书面通知申请人。调解应当自受理之日起 15 日内结束，但双方当事人同意延期的可以延长，延长期限最长不超过 15 日。发生涉及人数较多或者疑难复杂、社会影响力大的劳动纠纷，应当及时报告相关部门，安排骨干调解员迅速介入，积极开展协商调解，并配合相关职能部门和行业主管部门做好联合约谈、现场处置等工作，推动重大集体劳动纠纷稳妥化解。

五、促进调解协议履行和调解与仲裁、诉讼衔接。

经调解达成调解协议的，由一站式调解中心或者开展联合调解工作的调解组织制作调解协议书。建立调解协议自动履行激励机制，引导当事人自动履行调解协议。不能立即履行，依照法律规定可以申请仲裁审查或者司法确认的，引导当事人依法提出申请。对不属于联合调解受理范围、一方当事人不同意调解或者未能调解成功的新就业形态劳动纠纷，要依法引导当事人向有管辖权的仲裁机构申请仲裁或者向人民法院提起诉讼。

六、创新推进线上线下融合调解。

充分利用人力资源社会保障部门、人民法院、司法行政部门、工会、工商联、企业联合会等单位在线调解平台，做好劳动纠纷“总对总”在线诉调对接，对符合在线调解条件的劳动纠纷开展全流程在线调解活动，包括提交调解申请、音视频调解、司法确认、法律咨询等，为新就业形态劳动者提供优质、低成本的多元解纷服务。

七、切实加强组织领导。

人力资源社会保障部门、人民法院、司法行政部门、工会、工商联、企业联合会等单位要密切协作，强化组织保障，设立一站式调解中心的，由设立单位安排人员派驻、轮驻，也可吸收其他调解组织调解员、劳动争议仲裁员、劳动保障法律监督员和律师、专家学者等社会力量开展工作。积极争取交通运输、应急管理、市场监管等职能部门和行业主管部门支持，共同建立健全维护新就业形态劳动者合法权益联动工作机制。人力资源社会保障部门发挥牵头作用，做好组织协调、办案指导等工作，提供协助协商、就业帮扶等服务；人民法院根据需要设置人民法院巡回审判点（窗口）等，会同有关部门进一步畅通调解、仲裁与诉讼、执行衔接渠道，积极履行指导调解的法定职能；司法行政部门通过在一站式调解中心派驻人民调解工作室、引导激励律师参与公益法律服务等方式，做好一站式调解工作；工会、工商联和企联组织选派工作人员或者推荐行业领域专业人员积极参与一站式调解工作。相关职能部门、行业主管部门规范企业经营行为，做好综合监督工作。各单位共同加强宣传，及时总结推广经验做法，营造良好社会氛围。

3. 农民工

保障农民工工资支付条例

1. 2019 年 12 月 30 日国务院令第 724 号公布
2. 自 2020 年 5 月 1 日施行

第一章　总　则

第一条　为了规范农民工工资支付行为，保障农民工按时足额获得工资，根据《中华人民共和国劳动法》及有关法律规定，制定本条例。

第二条　保障农民工工资支付，适用本条例。

本条例所称农民工，是指为用人单位提供劳动的农村居民。

本条例所称工资，是指农民工为用人单位提供劳动后应当获得的劳动报酬。

第三条　农民工有按时足额获得工资的权利。任何单位和个人不得拖欠农民工工资。

农民工应当遵守劳动纪律和职业道德，执行劳动安全卫生规程，完成劳动任务。

第四条　县级以上地方人民政府对本行政区域内保障农民工工资支付工作负责，建立保障农民工工资支付工作协调机制，加强监管能力建设，健全保障农民工工资支付工作目标责任制，并纳入对本级人民政府有关部门和下级人民政府进行考核和监督的内容。

乡镇人民政府、街道办事处应当加强对拖欠农民工工资矛盾的排查和调处工作，防范和化解矛盾，及时调解纠纷。

第五条　保障农民工工资支付，应当坚持市场主体负责、政府依法监管、社会协同监督，按照源头治理、预防为主、防治结合、标本兼治的要求，依法根治拖欠农民工工资问题。

第六条　用人单位实行农民工劳动用工实名制管理，与招用的农民工书面约定或者通过依法制定的规章制度规定工资支付标准、支付时间、支付方式等内容。

第七条　人力资源社会保障行政部门负责保障农民工工资支付工作的组织协调、管理指导和农民工工资支付情况的监督检查，查处有关拖欠农民工工资案件。

住房城乡建设、交通运输、水利等相关行业工程建设主管部门按照职责履行行业监管责任，督办因违法发包、转包、违法分包、挂靠、拖欠工程款等导致的拖欠农民工工资案件。

发展改革等部门按照职责负责政府投资项目的审批管理，依法审查政府投资项目的资金来源和筹措方式，按规定及时安排政府投资，加强社会信用体系建设，组织对拖欠农民工工资失信联合惩戒对象依法依规予以限制和惩戒。

财政部门负责政府投资资金的预算管理，根据经批准的预算按规定及时足额拨付政府投资资金。

公安机关负责及时受理、侦办涉嫌拒不支付劳动报酬刑事案件，依法处置因农民工工资拖欠引发的社会治安案件。

司法行政、自然资源、人民银行、审计、国有资产管理、税务、市场监管、金融监管等部门，按照职责做好与保障农民工工资支付相关的工作。

第八条 工会、共产主义青年团、妇女联合会、残疾人联合会等组织按照职责依法维护农民工获得工资的权利。

第九条 新闻媒体应当开展保障农民工工资支付法律法规政策的公益宣传和先进典型的报道，依法加强对拖欠农民工工资违法行为的舆论监督，引导用人单位增强依法用工、按时足额支付工资的法律意识，引导农民工依法维权。

第十条 被拖欠工资的农民工有权依法投诉，或者申请劳动争议调解仲裁和提起诉讼。

任何单位和个人对拖欠农民工工资的行为，有权向人力资源社会保障行政部门或者其他有关部门举报。

人力资源社会保障行政部门和其他有关部门应当公开举报投诉电话、网站等渠道，依法接受对拖欠农民工工资行为的举报、投诉。对于举报、投诉的处理实行首问负责制，属于本部门受理的，应当依法及时处理；不属于本部门受理的，应当及时转送相关部门，相关部门应当依法及时处理，并将处理结果告知举报、投诉人。

第二章 工资支付形式与周期

第十一条 农民工工资应当以货币形式，通过银行转账或者现金支付给农民工本人，不得以实物或者有价证券等其他形式替代。

第十二条 用人单位应当按照与农民工书面约定或者依法制定的规章制度规定的工资支付周期和具体支付日期足额支付工资。

第十三条 实行月、周、日、小时工资制的，按照月、周、日、小时为周期支付工资；实行计件工资制的，工资支付周期由双方依法约定。

第十四条 用人单位与农民工书面约定或者依法制定的规章制度规定的具体支付日期，可以在农民工提供劳动的当期或者次期。具体支付日期遇法定节假日或者休息日的，应当在法定节假日或者休息日前支付。

用人单位因不可抗力未能在支付日期支付工资的，应当在不可抗力消除后及时支付。

第十五条 用人单位应当按照工资支付周期编制书面工资支付台账，并至少保存3年。

书面工资支付台账应当包括用人单位名称，支付周期，支付日期，支付对象姓名、身份证号码、联系方式，工作时间，应发工资项目及数额，代扣、代缴、扣除项目和数额，实发工资数额，银行代发工资凭证或者农民工签字等内容。

用人单位向农民工支付工资时，应当提供农民工本人的工资清单。

第三章 工资清偿

第十六条 用人单位拖欠农民工工资的，应当依法予以清偿。

第十七条 不具备合法经营资格的单位招用农民工，农民工已经付出劳动而未获得工资的，依照有关法律规定执行。

第十八条 用工单位使用个人、不具备合法经营资格的单位或者未依法取得劳务派遣许可证的单位派遣的农民工，拖欠农民工工资的，由用工单位清偿，并可以依法进行追偿。

第十九条 用人单位将工作任务发包给个人或者不具备合法经营资格的单位，导致拖欠所招用农民工工资的，依照有关法律规定执行。

用人单位允许个人、不具备合法经营资格或者未取得相应资质的单位以用人单位的名义对外经营，导致拖欠所招用农民工工资的，由用人单位清偿，并可以依法进行追偿。

第二十条 合伙企业、个人独资企业、个体经济组织等用人单位拖欠农民工工资的，应当依法予以清偿；不清偿的，由出资人依法清偿。

第二十一条 用人单位合并或者分立时，应当在实施合并或者分立前依法清偿拖欠的农民工工资；经与农民工书面协商一致的，可以由合并或者分立后承继其权利和义务的用人单位清偿。

第二十二条 用人单位被依法吊销营业执照或者登记证书、被责令关闭、被撤销或者依法解散的，应当在申请注销登记前依法清偿拖欠的农民工工资。

未依据前款规定清偿农民工工资的用人单位主要出资人，应当在注册新用人单位前清偿拖欠的农民工工资。

第四章 工程建设领域特别规定

第二十三条 建设单位应当有满足施工所需要的资金安排。没有满足施工所需要的资金安排的，工程建设项目不得开工建设；依法需要办理施工许可证的，相关行业工程建设主管部门不予颁发施工许可证。

政府投资项目所需资金，应当按照国家有关规定落实到位，不得由施工单位垫资建设。

第二十四条 建设单位应当向施工单位提供工程款支付担保。

建设单位与施工总承包单位依法订立书面工程施工合同，应当约定工程款计量周期、工程款进度结算办法以及人工费用拨付周期，并按照保障农民工工资按时足额支付的要求约定人工费用。人工费用拨付周期不得超过 1 个月。

建设单位与施工总承包单位应当将工程施工合同保存备查。

第二十五条 施工总承包单位与分包单位依法订立书面分包合同，应当约定工程款计量周期、工程款进度结算办法。

第二十六条 施工总承包单位应当按照有关规定开设农民工工资专用账户，专项用于支付该工程建设项目农民工工资。

开设、使用农民工工资专用账户有关资料应当由施工总承包单位妥善保存备查。

第二十七条 金融机构应当优化农民工工资专用账户开设服务流程，做好农民工工资专用账户的日常管理工作；发现资金未按约定拨付等情况的，及时通知施工总承包单位，由施工总承包单位报告人力资源社会保障行政部门和相关行业工程建设主管部门，并纳入欠薪预警系统。

工程完工且未拖欠农民工工资的，施工总承包单位公示 30 日后，可以申请注销农民工工资专用账户，账户内余额归施工总承包单位所有。

第二十八条 施工总承包单位或者分包单位应当依法与所招用的农民工订立劳动合同并进行用工实名登记，具备条件的行业应当通过相应的管理服务信息平台进行用工实名登记、管理。未与施工总承包单位或者分包单位订立劳动合同并进行用工实名登记的人员，不得进入项目现场施工。

施工总承包单位应当在工程项目部配备劳资专管员，对分包单位劳动用工实施监督管理，掌握施工现场用工、考勤、工资支付等情况，审核分包单位编制的农民工工资支付表，分包单位应当予以配合。

施工总承包单位、分包单位应当建立用工管理台账，并保存至工程完工且工资全部结清后至少 3 年。

第二十九条 建设单位应当按照合同约定及时拨付工程款，并将人工费用及时足额拨付至农民工工资专用账户，加强对施工总承包单位按时足额支付农民工工资的监督。

因建设单位未按照合同约定及时拨付工程款导致农民工工资拖欠的，建设单位应当以未结清的工程款为限先行垫付被拖欠的农民工工资。

建设单位应当以项目为单位建立保障农民工工资支付协调机制和工资拖欠预防机制，督促施工总承包单位加强劳动用工管理，妥善处理与农民工工资支付相关的矛盾纠纷。发生农民工集体讨薪事件的，建设单位应当会同施工总承包单位及时处理，并向项目所在地人力资源社会保障行政部门和相关行业工程建设主管部门报告有关情况。

第三十条 分包单位对所招用农民工的实名制管理和工资支付负直接责任。

施工总承包单位对分包单位劳动用工和工资发放等情况进行监督。

分包单位拖欠农民工工资的，由施工总承包单位先行清偿，再依法进行追偿。

工程建设项目转包，拖欠农民工工资的，由施工总承包单位先行清偿，再依法进行追偿。

第三十一条 工程建设领域推行分包单位农民工

工资委托施工总承包单位代发制度。

分包单位应当按月考核农民工工作量并编制工资支付表，经农民工本人签字确认后，与当月工程进度等情况一并交施工总承包单位。

施工总承包单位根据分包单位编制的工资支付表，通过农民工工资专用账户直接将工资支付到农民工本人的银行账户，并向分包单位提供代发工资凭证。

用于支付农民工工资的银行账户所绑定的农民工本人社会保障卡或者银行卡，用人单位或者其他人员不得以任何理由扣押或者变相扣押。

第三十二条 施工总承包单位应当按照有关规定存储工资保证金，专项用于支付为所承包工程提供劳动的农民工被拖欠的工资。

工资保证金实行差异化存储办法，对一定时期内未发生工资拖欠的单位实行减免措施，对发生工资拖欠的单位适当提高存储比例。工资保证金可以用金融机构保函替代。

工资保证金的存储比例、存储形式、减免措施等具体办法，由国务院人力资源社会保障行政部门会同有关部门制定。

第三十三条 除法律另有规定外，农民工工资专用账户资金和工资保证金不得因支付为本项目提供劳动的农民工工资之外的原因被查封、冻结或者划拨。

第三十四条 施工总承包单位应当在施工现场醒目位置设立维权信息告示牌，明示下列事项：

（一）建设单位、施工总承包单位及所在项目部、分包单位、相关行业工程建设主管部门、劳资专管员等基本信息；

（二）当地最低工资标准、工资支付日期等基本信息；

（三）相关行业工程建设主管部门和劳动保障监察投诉举报电话、劳动争议调解仲裁申请渠道、法律援助申请渠道、公共法律服务热线等信息。

第三十五条 建设单位与施工总承包单位或者承包单位与分包单位因工程数量、质量、造价等产生争议的，建设单位不得因争议不按照本条例第二十四条的规定拨付工程款中的人工费用，施工总承包单位也不得因争议不按照规定代发工资。

第三十六条 建设单位或者施工总承包单位将建设工程发包或者分包给个人或者不具备合法经营资格的单位，导致拖欠农民工工资的，由建设单位或者施工总承包单位清偿。

施工单位允许其他单位和个人以施工单位的名义对外承揽建设工程，导致拖欠农民工工资的，由施工单位清偿。

第三十七条 工程建设项目违反国土空间规划、工程建设等法律法规，导致拖欠农民工工资的，由建设单位清偿。

第五章 监督检查

第三十八条 县级以上地方人民政府应当建立农民工工资支付监控预警平台，实现人力资源社会保障、发展改革、司法行政、财政、住房城乡建设、交通运输、水利等部门的工程项目审批、资金落实、施工许可、劳动用工、工资支付等信息及时共享。

人力资源社会保障行政部门根据水电燃气供应、物业管理、信贷、税收等反映企业生产经营相关指标的变化情况，及时监控和预警工资支付隐患并做好防范工作，市场监管、金融监管、税务等部门应当予以配合。

第三十九条 人力资源社会保障行政部门、相关行业工程建设主管部门和其他有关部门应当按照职责，加强对用人单位与农民工签订劳动合同、工资支付以及工程建设项目实行农民工实名制管理、农民工工资专用账户管理、施工总承包单位代发工资、工资保证金存储、维权信息公示等情况的监督检查，预防和减少拖欠农民工工资行为的发生。

第四十条 人力资源社会保障行政部门在查处拖欠农民工工资案件时，需要依法查询相关单位金融账户和相关当事人拥有房产、车辆等情况的，应当经设区的市级以上地方人民政府人力资源社会保障行政部门负责人批准，有关金融机构和登记部门应当予以配合。

第四十一条 人力资源社会保障行政部门在查处拖欠农民工工资案件时，发生用人单位拒不配合调查、清偿责任主体及相关当事人无法联系等情形的，可以请求公安机关和其他有关部门协助处理。

人力资源社会保障行政部门发现拖欠农民工工资的违法行为涉嫌构成拒不支付劳动报酬罪的，应当按照有关规定及时移送公安机关审查并作出决定。

第四十二条 人力资源社会保障行政部门作出责令支付被拖欠的农民工工资的决定，相关单位不支付的，可以依法申请人民法院强制执行。

第四十三条 相关行业工程建设主管部门应当依法规范本领域建设市场秩序，对违法发包、转包、违法分包、挂靠等行为进行查处，并对导致拖欠农民工工资的违法行为及时予以制止、纠正。

第四十四条 财政部门、审计机关和相关行业工程建设主管部门按照职责，依法对政府投资项目建设单位按照工程施工合同约定向农民工工资专用账户拨付资金情况进行监督。

第四十五条 司法行政部门和法律援助机构应当将农民工列为法律援助的重点对象，并依法为请求支付工资的农民工提供便捷的法律援助。

公共法律服务相关机构应当积极参与相关诉讼、咨询、调解等活动，帮助解决拖欠农民工工资问题。

第四十六条 人力资源社会保障行政部门、相关行业工程建设主管部门和其他有关部门应当按照“谁执法谁普法”普法责任制的要求，通过以案释法等多种形式，加大对保障农民工工资支付相关法律法规的普及宣传。

第四十七条 人力资源社会保障行政部门应当建立用人单位及相关责任人劳动保障守法诚信档案，对用人单位开展守法诚信等级评价。

用人单位有严重拖欠农民工工资违法行为的，由人力资源社会保障行政部门向社会公布，必要时可以通过召开新闻发布会等形式向媒体公开曝光。

第四十八条 用人单位拖欠农民工工资，情节严重或者造成严重不良社会影响的，有关部门应当将该用人单位及其法定代表人或者主要负责人、直接负责的主管人员和其他直接责任人员列入拖欠农民工工资失信联合惩戒对象名单，在政府资金支持、政府采购、招投标、融资贷款、市场准入、税收优惠、评优评先、交通出行等方面依法依规予以限制。

拖欠农民工工资需要列入失信联合惩戒名单的具体情形，由国务院人力资源社会保障行政部门规定。

第四十九条 建设单位未依法提供工程款支付担保或者政府投资项目拖欠工程款，导致拖欠农民工工资的，县级以上地方人民政府应当限制其新建项目，并记入信用记录，纳入国家信用信息系统进行公示。

第五十条 农民工与用人单位就拖欠工资存在争议，用人单位应当提供依法由其保存的劳动合同、职工名册、工资支付台账和清单等材料；不提供的，依法承担不利后果。

第五十一条 工会依法维护农民工工资权益，对用人单位工资支付情况进行监督；发现拖欠农民工工资的，可以要求用人单位改正，拒不改正的，可以请求人力资源社会保障行政部门和其他有关部门依法处理。

第五十二条 单位或者个人编造虚假事实或者采取非法手段讨要农民工工资，或者以拖欠农民工工资为名讨要工程款的，依法予以处理。

第六章 法律责任

第五十三条 违反本条例规定拖欠农民工工资的，依照有关法律规定执行。

第五十四条 有下列情形之一的，由人力资源社会保障行政部门责令限期改正；逾期不改正的，对单位处2万元以上5万元以下的罚款，对法定代表人或者主要负责人、直接负责的主管人员和其他直接责任人员处1万元以上3万元以下的罚款：

（一）以实物、有价证券等形式代替货币支付农民工工资；

（二）未编制工资支付台账并依法保存，或者未向农民工提供工资清单；

（三）扣押或者变相扣押用于支付农民工工资的银行账户所绑定的农民工本人社会保障卡或者银行卡。

第五十五条 有下列情形之一的，由人力资源社会保障行政部门、相关行业工程建设主管部门按照职责责令限期改正；逾期不改正的，责令项目停工，并处5万元以上10万元以下的罚款；情节严重的，给予施工单位限制承接新工程、降低资质等级、吊销资质证书等处罚：

（一）施工总承包单位未按规定开设或者使用农民工工资专用账户；

（二）施工总承包单位未按规定存储工资保证金或者未提供金融机构保函；

（三）施工总承包单位、分包单位未实行劳动用工实名制管理。

第五十六条 有下列情形之一的，由人力资源社会保障行政部门、相关行业工程建设主管部门按照职责责令限期改正；逾期不改正的，处5万元以上10万元以下的罚款：

（一）分包单位未按月考核农民工工作量、编制工资支付表并经农民工本人签字确认；

（二）施工总承包单位未对分包单位劳动用工实施

监督管理；

（三）分包单位未配合施工总承包单位对其劳动用工进行监督管理；

（四）施工总承包单位未实行施工现场维权信息公示制度。

第五十七条 有下列情形之一的，由人力资源社会保障行政部门、相关行业工程建设主管部门按照职责责令限期改正；逾期不改正的，责令项目停工，并处5万元以上10万元以下的罚款：

（一）建设单位未依法提供工程款支付担保；

（二）建设单位未按约定及时足额向农民工工资专用账户拨付工程款中的人工费用；

（三）建设单位或者施工总承包单位拒不提供或者无法提供工程施工合同、农民工工资专用账户有关资料。

第五十八条 不依法配合人力资源社会保障行政部门查询相关单位金融账户的，由金融监管部门责令改正；拒不改正的，处2万元以上5万元以下的罚款。

第五十九条 政府投资项目政府投资资金不到位拖欠农民工工资的，由人力资源社会保障行政部门报本级人民政府批准，责令限期足额拨付所拖欠的资金；逾期不拨付的，由上一级人民政府人力资源社会保障行政部门约谈直接责任部门和相关监管部门负责人，必要时进行通报，约谈地方人民政府负责人。情节严重的，对地方人民政府及其有关部门负责人、直接负责的主管人员和其他直接责任人员依法依规给予处分。

第六十条 政府投资项目建设单位未经批准立项建设、擅自扩大建设规模、擅自增加投资概算、未及时拨付工程款等导致拖欠农民工工资的，除依法承担责任外，由人力资源社会保障行政部门、其他有关部门按照职责约谈建设单位负责人，并作为其业绩考核、薪酬分配、评优评先、职务晋升等的重要依据。

第六十一条 对于建设资金不到位、违法违规开工建设的社会投资工程建设项目拖欠农民工工资的，由人力资源社会保障行政部门、其他有关部门按照职责依法对建设单位进行处罚；对建设单位负责人依法依规给予处分。相关部门工作人员未依法履行职责的，由有关机关依法依规给予处分。

第六十二条 县级以上地方人民政府人力资源社会保障、发展改革、财政、公安等部门和相关行业工程建设主管部门工作人员，在履行农民工工资支付监督管理职责过程中滥用职权、玩忽职守、徇私舞弊的，依法依规给予处分；构成犯罪的，依法追究刑事责任。

第七章 附 则

第六十三条 用人单位一时难以支付拖欠的农民工工资或者拖欠农民工工资逃匿的，县级以上地方人民政府可以动用应急周转金，先行垫付用人单位拖欠的农民工部分工资或者基本生活费。对已经垫付的应急周转金，应当依法向拖欠农民工工资的用人单位进行追偿。

第六十四条 本条例自2020年5月1日起施行。

国务院关于解决农民工问题的若干意见

1. 2006年1月31日
2. 国发〔2006〕5号

各省、自治区、直辖市人民政府，国务院各部委、各直属机构：

农民工是我国改革开放和工业化、城镇化进程中涌现的一支新型劳动大军。他们户籍仍在农村，主要从事非农产业，有的在农闲季节外出务工、亦工亦农，流动性强，有的长期在城市就业，已成为产业工人的重要组成部分。大量农民进城务工或在乡镇企业就业，对我国现代化建设作出了重大贡献。为统筹城乡发展，保障农民工合法权益，改善农民工就业环境，引导农村富余劳动力合理有序转移，推动全面建设小康社会进程，提出如下意见：

一、充分认识解决好农民工问题的重大意义

（一）农民工问题事关我国经济和社会发展全局。农民工分布在国民经济各个行业，在加工制造业、建筑业、采掘业及环卫、家政、餐饮等服务业中已占从业人员半数以上，是推动我国经济社会发展的重要力量。农民外出务工，为城市创造了财富，为农村增加了收入，为城乡发展注入了活力，成为工业带动农业、

城市带动农村、发达地区带动落后地区的有效形式，同时促进了市场导向、自主择业、竞争就业机制的形成，为改变城乡二元结构、解决“三农”问题闯出了一条新路。返乡创业的农民工，带回资金、技术和市场经济观念，直接促进社会主义新农村建设。进一步做好农民工工作，对于改革发展稳定的全局和顺利推进工业化、城镇化、现代化都具有重大意义。

（二）维护农民工权益是需要解决的突出问题。近年来，党中央、国务院高度重视农民工问题，制定了一系列保障农民工权益和改善农民工就业环境的政策措施，各地区、各部门做了大量工作，取得了明显成效。但农民工面临的问题仍然十分突出。主要是：工资偏低，被拖欠现象严重；劳动时间长，安全条件差；缺乏社会保障，职业病和工伤事故多；培训就业、子女上学、生活居住等方面也存在诸多困难，经济、政治、文化权益得不到有效保障。这些问题引发了不少社会矛盾和纠纷。解决好这些问题，直接关系到维护社会公平正义，保持社会和谐稳定。

（三）解决农民工问题是建设中国特色社会主义的战略任务。农业劳动力向非农产业和城镇转移，是世界各国工业化、城镇化的普遍趋势，也是农业现代化的必然要求。我国农村劳动力数量众多，在工业化、城镇化加快发展的阶段，越来越多的富余劳动力将逐渐转移出来，大量农民工在城乡之间流动就业的现象在我国将长期存在。必须从我国国情出发，顺应工业化、城镇化的客观规律，引导农村富余劳动力向非农产业和城镇有序转移。我们要站在建设中国特色社会主义事业全局和战略的高度，充分认识解决好农民工问题的重要性、紧迫性和长期性。

二、做好农民工工作的指导思想和基本原则

（四）指导思想。以邓小平理论和“三个代表”重要思想为指导，按照落实科学发展观和构建社会主义和谐社会的要求，坚持解放思想，实事求是，与时俱进；坚持从我国国情出发，统筹城乡发展；坚持以人为本，认真解决涉及农民工利益的问题。着力完善政策和管理，推进体制改革和制度创新，逐步建立城乡统一的劳动力市场和公平竞争的就业制度，建立保障农民工合法权益的政策体系和执法监督机制，建立惠及农民工的城乡公共服务体制和制度，拓宽农村劳动力转移就业渠道，保护和调动农民工的积极性，促进城乡经济繁荣和社会全面进步，推动社会主义新农村建设和中国特色的工业化、城镇化、现代化健康发展。

（五）基本原则。

——公平对待，一视同仁。尊重和维护农民工的合法权益，消除对农民进城务工的歧视性规定和体制性障碍，使他们和城市职工享有同等的权利和义务。

——强化服务，完善管理。转变政府职能，加强和改善对农民工的公共服务和社会管理，发挥企业、社区和中介组织作用，为农民工生活与劳动创造良好环境和有利条件。

——统筹规划，合理引导。实行农村劳动力异地转移与就地转移相结合。既要积极引导农民进城务工，又要大力发展乡镇企业和县域经济，扩大农村劳动力在当地转移就业。

——因地制宜，分类指导。输出地和输入地都要有针对性地解决农民工面临的各种问题。鼓励各地区从实际出发，探索保护农民工权益、促进农村富余劳动力有序流动的办法。

——立足当前，着眼长远。既要抓紧解决农民工面临的突出问题，又要依靠改革和发展，逐步解决深层次问题，形成从根本上保障农民工权益的体制和制度。

三、抓紧解决农民工工资偏低和拖欠问题

（六）建立农民工工资支付保障制度。严格规范用人单位工资支付行为，确保农民工工资按时足额发放给本人，做到工资发放月清月结或按劳动合同约定执行。建立工资支付监控制度和工资保证金制度，从根本上解决拖欠、克扣农民工工资问题。劳动保障部门要重点监控农民工集中的用人单位工资发放情况。对发生过拖欠工资的用人单位，强制在开户银行按期预存工资保证金，实行专户管理。切实解决政府投资项目拖欠工程款问题。所有建设单位都要按照合同约定及时拨付工程款项，建设资金不落实的，有关部门不得发放施工许可证，不得批准开工报告。对重点监控的建筑施工企业实行工资保证金制度。加大对拖欠农民工工资用人单位的处罚力度，对恶意拖欠、情节严重的，可依法责令停业整顿、降低或取消资质，直至吊销营业执照，并对有关人员依法予以制裁。各地方、各单位都要继续加大工资清欠力度，并确保不发生新的拖欠。

（七）合理确定和提高农民工工资水平。规范农民工工资管理，切实改变农民工工资偏低、同工不同酬

的状况。各地要严格执行最低工资制度，合理确定并适时调整最低工资标准，制定和推行小时最低工资标准。制定相关岗位劳动定额的行业参考标准。用人单位不得以实行计件工资为由拒绝执行最低工资制度，不得利用提高劳动定额变相降低工资水平。严格执行国家关于职工休息休假的规定，延长工时和休息日、法定假日工作的，要依法支付加班工资。农民工和其他职工要实行同工同酬。国务院有关部门要加强对地方制定、调整和执行最低工资标准的指导监督。各地要科学确定工资指导线，建立企业工资集体协商制度，促进农民工工资合理增长。

四、依法规范农民工劳动管理

（八）严格执行劳动合同制度。所有用人单位招用农民工都必须依法订立并履行劳动合同，建立权责明确的劳动关系。严格执行国家关于劳动合同试用期的规定，不得滥用试用期侵犯农民工权益。劳动保障部门要制定和推行规范的劳动合同文本，加强对用人单位订立和履行劳动合同的指导和监督。任何单位都不得违反劳动合同约定损害农民工权益。

（九）依法保障农民工职业安全卫生权益。各地要严格执行国家职业安全和劳动保护规程及标准。企业必须按规定配备安全生产和职业病防护设施。强化用人单位职业安全卫生的主体责任，要向新招用的农民工告知劳动安全、职业危害事项，发放符合要求的劳动防护用品，对从事可能产生职业危害作业的人员定期进行健康检查。加强农民工职业安全、劳动保护教育，增强农民工自我保护能力。从事高危行业和特种作业的农民工要经专门培训、持证上岗。有关部门要切实履行职业安全和劳动保护监管职责。发生重大职业安全事故，除惩处直接责任人和企业负责人外，还要追究政府和有关部门领导的责任。

（十）切实保护女工和未成年工权益，严格禁止使用童工。用人单位要依法保护女工的特殊权益，不得以性别为由拒绝录用女工或提高女工录用标准，不得安排女工从事禁忌劳动范围工作，不得在女工孕期、产期、哺乳期降低其基本工资或单方面解除劳动合同。招用未成年工的用人单位，应当在工种、劳动时间、劳动强度和保护措施等方面严格执行国家有关规定。对介绍和使用童工的违法行为要从严惩处。

五、搞好农民工就业服务和培训

（十一）逐步实行城乡平等的就业制度。统筹城乡就业，改革城乡分割的就业管理体制，建立城乡统一、平等竞争的劳动力市场，逐步形成市场经济条件下促进农村富余劳动力转移就业的机制，为城乡劳动者提供平等的就业机会和服务。各地区、各部门要进一步清理和取消各种针对农民工进城就业的歧视性规定和不合理限制，清理对企业使用农民工的行政审批和行政收费，不得以解决城镇劳动力就业为由清退和排斥农民工。

（十二）进一步做好农民转移就业服务工作。各级人民政府要把促进农村富余劳动力转移就业作为重要任务。要建立健全县乡公共就业服务网络，为农民转移就业提供服务。城市公共职业介绍机构要向农民工开放，免费提供政策咨询、就业信息、就业指导和职业介绍。输出地和输入地要加强协作，开展有组织的就业、创业培训和劳务输出。鼓励发展各类就业服务组织，加强就业服务市场监管。依法规范职业中介、劳务派遣和企业招用工行为。严厉打击以职业介绍或以招工为名坑害农民工的违法犯罪活动。

（十三）加强农民工职业技能培训。各地要适应工业化、城镇化和农村劳动力转移就业的需要，大力开展农民工职业技能培训和引导性培训，提高农民转移就业能力和外出适应能力。扩大农村劳动力转移培训规模，提高培训质量。继续实施好农村劳动力转移培训阳光工程。完善农民工培训补贴办法，对参加培训的农民工给予适当培训费补贴。推广“培训券”等直接补贴的做法。充分利用广播电视和远程教育等现代手段，向农民传授外出就业基本知识。重视抓好贫困地区农村劳动力转移培训工作。支持用人单位建立稳定的劳务培训基地，发展订单式培训。输入地要把提高农民工岗位技能纳入当地职业培训计划。要研究制定鼓励农民工参加职业技能鉴定、获取国家职业资格证书的政策。

（十四）落实农民工培训责任。完善并认真落实全国农民工培训规划。劳动保障、农业、教育、科技、建设、财政、扶贫等部门要按照各自职能，切实做好农民工培训工作。强化用人单位对农民工的岗位培训责任，对不履行培训义务的用人单位，应按国家规定强制提取职工教育培训费，用于政府组织的培训。充分发挥各类教育、培训机构和工青妇组织的作用，多渠道、多层次、多形式开展农民工职业培训。建立由政府、用人单位和个人共同负担的农民工培训投入机制，中央和地方各级财政要加大支持力度。

（十五）大力发展面向农村的职业教育。农村初、高中毕业生是我国产业工人的后备军，要把提高他们的职业技能作为职业教育的重要任务。支持各类职业技术院校扩大农村招生规模，鼓励农村初、高中毕业生接受正规职业技术教育。通过设立助学金、发放助学贷款等方式，帮助家庭困难学生完成学业。加强县级职业教育中心建设。有条件的普通中学可开设职业教育课程。加强农村职业教育师资、教材和实训基地建设。

六、积极稳妥地解决农民工社会保障问题

（十六）高度重视农民工社会保障工作。根据农民工最紧迫的社会保障需求，坚持分类指导、稳步推进，优先解决工伤保险和大病医疗保障问题，逐步解决养老保障问题。农民工的社会保障，要适应流动性大的特点，保险关系和待遇能够转移接续，使农民工在流动就业中的社会保障权益不受损害；要兼顾农民工工资收入偏低的实际情况，实行低标准进入、渐进式过渡，调动用人单位和农民工参保的积极性。

（十七）依法将农民工纳入工伤保险范围。各地要认真贯彻落实《工伤保险条例》。所有用人单位必须及时为农民工办理参加工伤保险手续，并按时足额缴纳工伤保险费。在农民工发生工伤后，要做好工伤认定、劳动能力鉴定和工伤待遇支付工作。未参加工伤保险的农民工发生工伤，由用人单位按照工伤保险规定的标准支付费用。当前，要加快推进农民工较为集中、工伤风险程度较高的建筑行业、煤炭等采掘行业参加工伤保险。建筑施工企业同时应为从事特定高风险作业的职工办理意外伤害保险。

（十八）抓紧解决农民工大病医疗保障问题。各统筹地区要采取建立大病医疗保险统筹基金的办法，重点解决农民工进城务工期间的住院医疗保障问题。根据当地实际合理确定缴费率，主要由用人单位缴费。完善医疗保险结算办法，为患大病后自愿回原籍治疗的参保农民工提供医疗结算服务。有条件的地方，可直接将稳定就业的农民工纳入城镇职工基本医疗保险。农民工也可自愿参加原籍的新型农村合作医疗。

（十九）探索适合农民工特点的养老保险办法。抓紧研究低费率、广覆盖、可转移，并能够与现行的养老保险制度衔接的农民工养老保险办法。有条件的地方，可直接将稳定就业的农民工纳入城镇职工基本养老保险。已经参加城镇职工基本养老保险的农民工，用人单位要继续为其缴费。劳动保障部门要抓紧制定农民工养老保险关系异地转移与接续的办法。

七、切实为农民工提供相关公共服务

（二十）把农民工纳入城市公共服务体系。输入地政府要转变思想观念和管理方式，对农民工实行属地管理。要在编制城市发展规划、制定公共政策、建设公用设施等方面，统筹考虑长期在城市就业、生活和居住的农民工对公共服务的需要，提高城市综合承载能力。要增加公共财政支出，逐步健全覆盖农民工的城市公共服务体系。

（二十一）保障农民工子女平等接受义务教育。输入地政府要承担起农民工同住子女义务教育的责任，将农民工子女义务教育纳入当地教育发展规划，列入教育经费预算，以全日制公办中小学为主接收农民工子女入学，并按照实际在校人数拨付学校公用经费。城市公办学校对农民工子女接受义务教育要与当地学生在收费、管理等方面同等对待，不得违反国家规定向农民工子女加收借读费及其他任何费用。输入地政府对委托承担农民工子女义务教育的民办学校，要在办学经费、师资培训等方面给予支持和指导，提高办学质量。输出地政府要解决好农民工托留在农村子女的教育问题。

（二十二）加强农民工疾病预防控制和适龄儿童免疫工作。输入地要加强农民工疾病预防控制工作，强化对农民工健康教育和聚居地的疾病监测，落实国家关于特定传染病的免费治疗政策。要把农民工子女纳入当地免疫规划，采取有效措施提高国家免疫规划疫苗的接种率。

（二十三）进一步搞好农民工计划生育管理和服务。实行以输入地为主、输出地和输入地协调配合的管理服务体制。输入地政府要把农民工计划生育管理和服务经费纳入地方财政预算，提供国家规定的计划生育、生殖健康等免费服务项目和药具。用人单位要依法履行农民工计划生育相关管理服务责任。输出地要做好农民工计划生育宣传、教育和技术服务工作，免费发放《流动人口婚育证明》，及时向输入地提供农民工婚育信息。加强全国流动人口计划生育信息交换平台建设。

（二十四）多渠道改善农民工居住条件。有关部门要加强监管，保证农民工居住场所符合基本的卫生和安全条件。招用农民工数量较多的企业，在符合规划的前提下，可在依法取得的企业用地范围内建设农民工集体宿舍。农民工集中的开发区和工业园区，可建设统一管理、供企业租用的员工宿舍，集约利用土地。加强对城乡结合部农民工聚居地区的规划、建设和管理，提高公共基础设施保障能力。各地要把长期在城市就业与生活的农民工居住问题，纳入城市住宅建设发展规划。有条件的地方，城镇单位聘用农民工，用人单位和个人可缴存住房公积金，用于农民工购买或租赁自住住房。

八、健全维护农民工权益的保障机制

（二十五）保障农民工依法享有的民主政治权利。招用农民工的单位，职工代表大会要有农民工代表，保障农民工参与企业民主管理权利。农民工户籍所在地的村民委员会，在组织换届选举或决定涉及农民工权益的重大事务时，应及时通知农民工，并通过适当方式行使民主权利。有关部门和单位在评定技术职称、晋升职务、评选劳动模范和先进工作者等方面，要将农民工与城镇职工同等看待。依法保障农民工人身自由和人格尊严，严禁打骂、侮辱农民工的非法行为。

（二十六）深化户籍管理制度改革。逐步地、有条件地解决长期在城市就业和居住农民工的户籍问题。中小城市和小城镇要适当放宽农民工落户条件；大城市要积极稳妥地解决符合条件的农民工户籍问题，对农民工中的劳动模范、先进工作者和高级技工、技师以及其他有突出贡献者，应优先准予落户。具体落户条件，由各地根据城市规划和实际情况自行制定。改进农民工居住登记管理办法。

（二十七）保护农民工土地承包权益。土地不仅是农民的生产资料，也是他们的生活保障。要坚持农村基本经营制度，稳定和完善农村土地承包关系，保障农民工土地承包权益。不得以农民进城务工为由收回承包地，纠正违法收回农民工承包地的行为。农民外出务工期间，所承包土地无力耕种的，可委托代耕或通过转包、出租、转让等形式流转土地经营权，但不能撂荒。农民工土地承包经营权流转，要坚持依法、自愿、有偿的原则，任何组织和个人不得强制或限制，也不得截留、扣缴或以其他方式侵占土地流转收益。

（二十八）加大维护农民工权益的执法力度。强化劳动保障监察执法，加强劳动保障监察队伍建设，完善日常巡视检查制度和责任制度，依法严厉查处用人单位侵犯农民工权益的违法行为。健全农民工维权举报投诉制度，有关部门要认真受理农民工举报投诉并及时调查处理。加强和改进劳动争议调解、仲裁工作。对农民工申诉的劳动争议案件，要简化程序、加快审理，涉及劳动报酬、工伤待遇的要优先审理。起草、制定和完善维护农民工权益的法律法规。

（二十九）做好对农民工的法律服务和法律援助工作。要把农民工列为法律援助的重点对象。对农民工申请法律援助，要简化程序，快速办理。对申请支付劳动报酬和工伤赔偿法律援助的，不再审查其经济困难条件。有关行政机关和行业协会应引导法律服务机构和从业人员积极参与涉及农民工的诉讼活动、非诉讼协调及调解活动。鼓励和支持律师和相关法律从业人员接受农民工委托，并对经济确有困难而又达不到法律援助条件的农民工适当减少或免除律师费。政府要根据实际情况安排一定的法律援助资金，为农民工获得法律援助提供必要的经费支持。

（三十）强化工会维护农民工权益的作用。用人单位要依法保障农民工参加工会的权利。各级工会要以劳动合同、劳动工资、劳动条件和职业安全卫生为重点，督促用人单位履行法律法规规定的义务，维护农民工合法权益。充分发挥工会劳动保护监督检查的作用，完善群众性劳动保护监督检查制度，加强对安全生产的群众监督。同时，充分发挥共青团、妇联组织在农民工维权工作中的作用。

九、促进农村劳动力就地就近转移就业

（三十一）大力发展乡镇企业和县域经济，扩大当地转移就业容量。这是农民转移就业的重要途径。各地要依据国家产业政策，积极发展就业容量大的劳动密集型产业和服务业，发展农村二、三产业和特色经济，发展农业产业化经营和农产品加工业；落实发展乡镇企业和非公有制经济的政策措施，吸纳更多的农村富余劳动力在当地转移就业。有关部门要抓紧研究制定扶持县域经济发展的相关政策，增强县域经济活力。

（三十二）引导相关产业向中西部转移，增加农民在当地就业机会。积极引导东部相关产业向中西部转移，有利于促进农村劳动力就地就近转移就业，也有利于形成东中西良性互动、共同发展的格局。要在

产业政策上鼓励大中城市、沿海发达地区的劳动密集型产业和资源加工型企业向中西部地区转移。中西部地区要在有利于节约资源和保护环境的前提下，主动承接产业转移，为当地农村劳动力转移就业创造良好环境。

（三十三）大力开展农村基础设施建设，促进农民就业和增收。按照建设社会主义新农村的要求，统筹规划城乡公共设施建设。各级人民政府要切实调整投资结构，把对基础设施建设投入的重点转向农村，改善农村生产生活条件，带动农村经济发展和繁荣。加快形成政府支持引导、社会资金参与、农民劳动积累相结合的农村建设投入机制。农村基础设施建设要重视利用当地原材料和劳动力，注重建设能够增加农民就业机会和促进农民直接增收的中小型项目。

（三十四）积极稳妥地发展小城镇，提高产业集聚和人口吸纳能力。按照循序渐进、节约用地、集约发展、合理布局的原则，搞好小城镇规划和建设。加大对小城镇建设的支持力度，完善公共设施。继续实施小城镇经济综合开发示范项目。发展小城镇经济，引导乡镇企业向小城镇集中。采取优惠政策，鼓励、吸引外出务工农民回到小城镇创业和居住。

十、加强和改进对农民工工作的领导

（三十五）切实把解决农民工问题摆在重要位置。解决好涉及农民工利益的问题，是各级人民政府的重要职责。各级人民政府要切实把妥善解决农民工问题作为一项重要任务，把统筹城乡就业和促进农村劳动力转移纳入国民经济和社会发展中长期规划和年度计划。做好农民工工作的主要责任在地方，各地都要制定明确的工作目标、任务和措施，并认真落实。地方各级人民政府要建立农民工管理和服务工作的经费保障机制，将涉及农民工的劳动就业、计划生育、子女教育、治安管理等有关经费，纳入正常的财政预算支出范围。

（三十六）完善农民工工作协调机制。国务院建立农民工工作联席会议制度，统筹协调和指导全国农民工工作。联席会议由国务院有关部门和工会、共青团、妇联等有关群众团体组成，联席会议办公室设在劳动保障部。各有关部门要各司其职、分工负责，检查督促对农民工的各项政策的落实。地方人民政府也应建立相应的协调机制，切实加强对农民工工作的组织领导。输出地和输入地的基层组织要加强协调沟通，共同做好农民工的教育、引导和管理工作。

（三十七）引导农民工全面提高自身素质。农民工是我国产业大军中的一支重要力量。农民工的政治思想、科学文化和生产技能水平，直接关系到我国产业素质、竞争力和现代化水平，必须把全面提高农民工素质放在重要地位。要引导和组织农民工自觉接受就业和创业培训，接受职业技术教育，提高科学技术文化水平，提高就业、创业能力。要在农民工中开展普法宣传教育，引导他们增强法制观念，知法守法，学会利用法律、通过合法渠道维护自身权益。开展职业道德和社会公德教育，引导他们爱岗敬业、诚实守信，遵守职业行为准则和社会公共道德。开展精神文明创建活动，引导农民工遵守交通规则、爱护公共环境、讲究文明礼貌，培养科学文明健康的生活方式。进城就业的农民工要努力适应城市工作、生活的新要求，遵守城市公共秩序和管理规定，履行应尽义务。

（三十八）发挥社区管理服务的重要作用。要建设开放型、多功能的城市社区，构建以社区为依托的农民工服务和管理平台。鼓励农民工参与社区自治，增强作为社区成员的意识，提高自我管理、自我教育和自我服务能力。发挥社区的社会融合功能，促进农民工融入城市生活，与城市居民和谐相处。完善社区公共服务和文化设施，城市公共文化设施要向农民工开放，有条件的企业要设立农民工活动场所，开展多种形式的业余文化活动，丰富农民工的精神生活。

（三十九）加强和改进农民工统计管理工作。充分利用和整合统计、公安、人口计生等部门的资源，推进农民工信息网络建设，实现信息共享，为加强农民工管理和服务提供准确、及时的信息。输入地和输出地要搞好农民工统计信息交流和工作衔接。

（四十）在全社会形成关心农民工的良好氛围。社会各方面都要树立理解、尊重、保护农民工的意识，开展多种形式的关心帮助农民工的公益活动。新闻单位要大力宣传党和国家关于农民工的方针政策，宣传农民工在改革开放和现代化建设中的突出贡献和先进典型，加强对保障农民工权益情况的舆论监督。对优秀农民工要给予表彰奖励。总结、推广各地和用人单位关心、善待农民工的好做法、好经验，提高对农民工的服务和管理水平。

各地区、各部门要认真贯彻国家关于解决农民工问题的各项法律法规和政策规定，按照本文件的要求，结合实际抓紧制定和完善配套措施及具体办法，积极研究解决工作中遇到的新问题，确保涉及农民工的各项政策措施落到实处。

国务院办公厅关于全面治理拖欠农民工工资问题的意见

1. 2016 年 1 月 17 日
2. 国办发〔2016〕1 号

各省、自治区、直辖市人民政府，国务院各部委、各直属机构：

解决拖欠农民工工资问题，事关广大农民工切身利益，事关社会公平正义和社会和谐稳定。党中央、国务院历来高度重视，先后出台了一系列政策措施，各地区、各有关部门加大工作力度，经过多年治理取得了明显成效。但也要看到，这一问题尚未得到根本解决，部分行业特别是工程建设领域拖欠工资问题仍较突出，一些政府投资工程项目不同程度存在拖欠农民工工资问题，严重侵害了农民工合法权益，由此引发的群体性事件时有发生，影响社会稳定。为全面治理拖欠农民工工资问题，经国务院同意，现提出如下意见：

一、总体要求

（一）指导思想。全面贯彻党的十八大和十八届二中、三中、四中、五中全会精神，按照“四个全面”战略布局和党中央、国务院决策部署，牢固树立并切实贯彻创新、协调、绿色、开放、共享的发展理念，紧紧围绕保护农民工劳动所得，坚持标本兼治、综合治理，着力规范工资支付行为、优化市场环境、强化监管责任，健全预防和解决拖欠农民工工资问题的长效机制，切实保障农民工劳动报酬权益，维护社会公平正义，促进社会和谐稳定。

（二）目标任务。以建筑市政、交通、水利等工程建设领域和劳动密集型加工制造、餐饮服务等易发生拖欠工资问题的行业为重点，健全源头预防、动态监管、失信惩戒相结合的制度保障体系，完善市场主体自律、政府依法监管、社会协同监督、司法联动惩处的工作体系。到 2020 年，形成制度完备、责任落实、监管有力的治理格局，使拖欠农民工工资问题得到根本遏制，努力实现基本无拖欠。

二、全面规范企业工资支付行为

（三）明确工资支付各方主体责任。全面落实企业对招用农民工的工资支付责任，督促各类企业严格依法将工资按月足额支付给农民工本人，严禁将工资发放给不具备用工主体资格的组织和个人。在工程建设领域，施工总承包企业（包括直接承包建设单位发包工程的专业承包企业，下同）对所承包工程项目的农民工工资支付负总责，分包企业（包括承包施工总承包企业发包工程的专业企业，下同）对所招用农民工的工资支付负直接责任，不得以工程款未到位等为由克扣或拖欠农民工工资，不得将合同应收工程款等经营风险转嫁给农民工。

（四）严格规范劳动用工管理。督促各类企业依法与招用的农民工签订劳动合同并严格履行，建立职工名册并办理劳动用工备案。在工程建设领域，坚持施工企业与农民工先签订劳动合同后进场施工，全面实行农民工实名制管理制度，建立劳动计酬手册，记录施工现场作业农民工的身份信息、劳动考勤、工资结算等信息，逐步实现信息化实名制管理。施工总承包企业要加强对分包企业劳动用工和工资发放的监督管理，在工程项目部配备劳资专管员，建立施工人员进出场登记制度和考勤计量、工资支付等管理台账，实时掌握施工现场用工及其工资支付情况，不得以包代管。施工总承包企业和分包企业应将经农民工本人签字确认的工资支付书面记录保存两年以上备查。

（五）推行银行代发工资制度。推动各类企业委托银行代发农民工工资。在工程建设领域，鼓励实行分包企业农民工工资委托施工总承包企业直接代发的办法。分包企业负责为招用的农民工申办银行个人工资账户并办理实名制工资支付银行卡，按月考核农民工工作量并编制工资支付表，经农民工本人签字确认后，交施工总承包企业委托银行通过其设立的农民工工资（劳务费）专用账户直接将工资划入农民工个人工资账户。

三、健全工资支付监控和保障制度

（六）完善企业工资支付监控机制。构建企业工资支付监控网络，依托基层劳动保障监察网格化、网络化管理平台的工作人员和基层工会组织设立的劳动法律监督员，对辖区内企业工资支付情况实行日常监管，对发生过拖欠工资的企业实行重点监控并要求其定期申报。企业确因生产经营困难等原因需要延期支付农民工工资的，应及时向当地人力资源社会保障部门、工会组织报告。建立和完善欠薪预警系统，根据工商、税务、银行、水电供应等单位反映的企业生产经营状况相关指标变化情况，定期对重点行业企业进行综合分析研判，发现欠薪隐患要及时预警并做好防范工作。

（七）完善工资保证金制度。在建筑市政、交通、水利等工程建设领域全面实行工资保证金制度，逐步将实施范围扩大到其他易发生拖欠工资的行业。建立工资保证金差异化缴存办法，对一定时期内未发生工资拖欠的企业实行减免措施、发生工资拖欠的企业适当提高缴存比例。严格规范工资保证金动用和退还办法。探索推行业主担保、银行保函等第三方担保制度，积极引入商业保险机制，保障农民工工资支付。

（八）建立健全农民工工资（劳务费）专用账户管理制度。在工程建设领域，实行人工费用与其他工程款分账管理制度，推动农民工工资与工程材料款等相分离。施工总承包企业应分解工程价款中的人工费用，在工程项目所在地银行开设农民工工资（劳务费）专用账户，专项用于支付农民工工资。建设单位应按照工程承包合同约定的比例或施工总承包企业提供的人工费用数额，将应付工程款中的人工费单独拨付到施工总承包企业开设的农民工工资（劳务费）专用账户。农民工工资（劳务费）专用账户应向人力资源社会保障部门和交通、水利等工程建设项目主管部门备案，并委托开户银行负责日常监管，确保专款专用。开户银行发现账户资金不足、被挪用等情况，应及时向人力资源社会保障部门和交通、水利等工程建设项目主管部门报告。

（九）落实清偿欠薪责任。招用农民工的企业承担直接清偿拖欠农民工工资的主体责任。在工程建设领域，建设单位或施工总承包企业未按合同约定及时划拨工程款，致使分包企业拖欠农民工工资的，由建设单位或施工总承包企业以未结清的工程款为限先行垫付农民工工资。建设单位或施工总承包企业将工程违法发包、转包或违法分包致使拖欠农民工工资的，由建设单位或施工总承包企业依法承担清偿责任。

四、推进企业工资支付诚信体系建设

（十）完善企业守法诚信管理制度。将劳动用工、工资支付情况作为企业诚信评价的重要依据，实行分类分级动态监管。建立拖欠工资企业“黑名单”制度，定期向社会公开有关信息。人力资源社会保障部门要建立企业拖欠工资等违法信息的归集、交换和更新机制，将查处的企业拖欠工资情况纳入人民银行企业征信系统、工商部门企业信用信息公示系统、住房城乡建设等行业主管部门诚信信息平台或政府公共信用信息服务平台。推进相关信用信息系统互联互通，实现对企业信用信息互认共享。

（十一）建立健全企业失信联合惩戒机制。加强对企业失信行为的部门协同监管和联合惩戒，对拖欠工资的失信企业，由有关部门在政府资金支持、政府采购、招投标、生产许可、履约担保、资质审核、融资贷款、市场准入、评优评先等方面依法依规予以限制，使失信企业在全国范围内“一处违法、处处受限”，提高企业失信违法成本。

五、依法处置拖欠工资案件

（十二）严厉查处拖欠工资行为。加强工资支付监察执法，扩大日常巡视检查和书面材料审查覆盖范围，推进劳动保障监察举报投诉案件省级联动处理机制建设，加大拖欠农民工工资举报投诉受理和案件查处力度。完善多部门联合治理机制，深入开展农民工工资支付情况专项检查。健全地区执法协作制度，加强跨区域案件执法协作。完善劳动保障监察行政执法与刑事司法衔接机制，健全劳动保障监察机构、公安机关、检察机关、审判机关间信息共享、案情通报、案件移送等制度，推动完善人民检察院立案监督和人民法院及时财产保全等制度。对恶意欠薪涉嫌犯罪的，依法移送司法机关追究刑事责任，切实发挥刑法对打击拒不支付劳动报酬犯罪行为的威慑作用。

（十三）及时处理欠薪争议案件。充分发挥基层劳动争议调解等组织的作用，引导农民工就地就近解决工资争议。劳动人事争议仲裁机构对农民工因拖欠工资申请仲裁的争议案件优先受理、优先开庭、及时裁决、快速结案。对集体欠薪争议或涉及金额较大的欠薪争议案件要挂牌督办。加强裁审衔接与工作协调，提高欠薪争议案件裁决效率。畅通申请渠道，依法及时为农民工讨薪提供法律服务和法律援助。

（十四）完善欠薪突发事件应急处置机制。健全应急预案，及时妥善处置因拖欠农民工工资引发的突发性、群体性事件。完善欠薪应急周转金制度，探索建立欠薪保障金制度，对企业一时难以解决拖欠工资或企业主欠薪逃匿的，及时动用应急周转金、欠薪保障金或通过其他渠道筹措资金，先行垫付部分工资或基本生活费，帮助解决被拖欠工资农民工的临时生活困难。对采取非法手段讨薪或以拖欠工资为名讨要工程款，构成违反治安管理行为的，要依法予以治安处罚；涉嫌犯罪的，依法移送司法机关追究刑事责任。

六、改进建设领域工程款支付管理和用工方式

（十五）加强建设资金监管。在工程建设领域推行工程款支付担保制度，采用经济手段约束建设单位履约行为，预防工程款拖欠。加强对政府投资工程项目的管理，对建设资金来源不落实的政府投资工程项目不予批准。政府投资项目一律不得以施工企业带资承包的方式进行建设，并严禁将带资承包有关内容写入工程承包合同及补充条款。

（十六）规范工程款支付和结算行为。全面推行施工过程结算，建设单位应按合同约定的计量周期或工程进度结算并支付工程款。工程竣工验收后，对建设单位未完成竣工结算或未按合同支付工程款且未明确剩余工程款支付计划的，探索建立建设项目抵押偿付制度，有效解决拖欠工程款问题。对长期拖欠工程款结算或拖欠工程款的建设单位，有关部门不得批准其新项目开工建设。

（十七）改革工程建设领域用工方式。加快培育建筑产业工人队伍，推进农民工组织化进程。鼓励施工企业将一部分技能水平高的农民工招用为自有工人，不断扩大自有工人队伍。引导具备条件的劳务作业班组向专业企业发展。

（十八）实行施工现场维权信息公示制度。施工总承包企业负责在施工现场醒目位置设立维权信息告示牌，明示业主单位、施工总承包企业及所在项目部、分包企业、行业监管部门等基本信息；明示劳动用工相关法律法规、当地最低工资标准、工资支付日期等信息；明示属地行业监管部门投诉举报电话和劳动争议调解仲裁、劳动保障监察投诉举报电话等信息，实现所有施工场地全覆盖。

七、加强组织领导

（十九）落实属地监管责任。按照属地管理、分级负责、谁主管谁负责的原则，完善并落实解决拖欠农民工工资问题省级人民政府负总责，市（地）、县级人民政府具体负责的工作体制。完善目标责任制度，制定实施办法，将保障农民工工资支付纳入政府考核评价指标体系。建立定期督查制度，对拖欠农民工工资问题高发频发、举报投诉量大的地区及重大违法案件进行重点督查。健全问责制度，对监管责任不落实、组织工作不到位的，要严格责任追究。对政府投资工程项目拖欠工程款并引发拖欠农民工工资问题的，要追究项目负责人责任。

（二十）完善部门协调机制。健全解决企业工资拖欠问题部际联席会议制度，联席会议成员单位调整为人力资源社会保障部、发展改革委、公安部、司法部、财政部、住房城乡建设部、交通运输部、水利部、人民银行、国资委、工商总局、全国总工会，形成治理欠薪工作合力。地方各级人民政府要建立健全由政府负责人牵头、相关部门参与的工作协调机制。人力资源社会保障部门要加强组织协调和督促检查，加大劳动保障监察执法力度。住房城乡建设、交通运输、水利等部门要切实履行行业监管责任，规范工程建设市场秩序，督促企业落实劳务用工实名制管理等制度规定，负责督办因挂靠承包、违法分包、转包、拖欠工程款等造成的欠薪案件。发展改革等部门要加强对政府投资项目的审批管理，严格审查资金来源和筹措方式。财政部门要加强对政府投资项目建设全过程的资金监管，按规定及时拨付财政资金。其他相关部门要根据职责分工，积极做好保障农民工工资支付工作。

（二十一）加大普法宣传力度。发挥新闻媒体宣传引导和舆论监督作用，大力宣传劳动保障法律法规，依法公布典型违法案件，引导企业经营者增强依法用工、按时足额支付工资的法律意识，引导农民工依法理性维权。对重点行业企业，定期开展送法上门宣讲、组织法律培训等活动。充分利用互联网、微博、微信等现代传媒手段，不断创新宣传方式，增强宣传效果，营造保障农民工工资支付的良好舆论氛围。

（二十二）加强法治建设。健全保障农民工工资支付的法律制度，在总结相关行业有效做法和各地经验基础上，加快工资支付保障相关立法，为维护农民工劳动报酬权益提供法治保障。

劳动和社会保障部关于贯彻落实《国务院关于解决农民工问题的若干意见》的实施意见

1. 2006 年 5 月 16 日
2. 劳社部发〔2006〕15 号

各省、自治区、直辖市劳动和社会保障厅（局）：

根据《国务院关于解决农民工问题的若干意见》（国发［2006］5 号，以下简称国务院 5 号文件）精神，按照国务院农民工工作联席会议确定的分工方案，结合劳动保障部门的工作职责，制定劳动保障部门的实施意见如下：

一、总体工作部署

（一）建立农民工工资支付保障制度

规范企业工资支付行为，制定完善企业工资支付的法规、政策，对拖欠工资行为明确相应的责任和处罚措施，增加对恶意拖欠工资、造成重大影响的行为进行严肃追究的规定。建立健全企业工资保证金制度，会同有关部门制定工资保证金管理办法，提出开展工作的指导意见，在重点监控的建筑施工企业和曾发生过拖欠工资的企业建立工资保证金。完善工资支付监控制度，结合各地实际情况，在全面监控的基础上，将建筑、加工制造、餐饮服务以及其他行业中曾有拖欠工资行为的企业作为重点监控对象，要求其定期向劳动保障部门报送工资支付情况。进一步完善监控手段，在有条件的地区探索建立企业工资支付信息网络。在建筑行业推行农民工工资按月足额支付的制度。每年“两节”前都要组织全国范围内的农民工工资支付情况检查活动，保证农民工能够按时足额领取工资。

（二）合理确定和逐步提高农民工工资水平

全面落实最低工资标准每两年至少调整一次的规定。在调整最低工资标准时充分考虑经济发展水平、劳动者个人缴纳各项社会保险费、住房公积金等因素，使月最低工资标准逐步达到社会平均工资的 40%左右。进一步建立和完善小时最低工资制度，尚未制定小时最低工资标准的地区都要颁布实施（西藏另定）。制定小时最低工资标准要充分考虑农民工灵活就业的特点，维护其劳动报酬权益。

建立农民工工资正常增长机制。大力推行工资集体协商制度，合理确定农民工工资水平和增长幅度。进一步加强劳动保障部门与工会组织、行业协会或企业联合会的沟通协调，指导企业和农民工参照城镇居民消费价格指数、企业经济效益状况等因素开展工资集体协商。进一步完善工资指导线制度，为农民工与企业开展工资集体协商提供参考。指导行业协会或中介组织与工会组织协商，开展劳动定员定额标准的制订、修订工作，促进企业合理确定劳动定员定额，防止和纠正利用不适当提高劳动定额或降低计件单价的手段变相违反最低工资规定的现象，逐步建立起符合社会主义市场经济体制要求的劳动定员定额管理体系。

（三）严格执行劳动合同制度

指导各地劳动保障部门会同建设等行业主管部门，针对不同行业特点，制定相应的劳动合同范本，并通过网络等各种形式向社会公布，通过各种渠道向农民工免费发放。合同条款必须依照现行有关法律法规和政策确定，明确必备条款和禁止性条款，使农民工对自己的劳动保障权利一目了然。结合全面推进劳动合同制度实施三年行动计划，争取在 3 年之内，基本实现用人单位招用农民工都依法订立书面劳动合同，建立权利义务明确、规范的劳动关系。对各类使用农民工集中的企业，尤其是非公有制企业，进行包括劳动合同内容在内的劳动用工情况大检查。通过多种形式为农民工举报投诉提供便利，依法加大对用人单位违法行为的处罚力度，对有重大违反劳动保障法律、法规或规章行为的用人单位要依法向社会公布，情节严重的，依法追究相应责任。研究建立企业劳动用工登记制度，全面掌握企业与农民工签订劳动合同的情况，以及集体合同的履行情况，使监督检查更加及时和有针对性。

（四）加强劳动保障监察执法，切实保护女工和未成年工权益，严格禁止使用童工

加大劳动保障监察力度，提高监察水平，形成有关部门密切配合、共同维护农民工权益、对违法行为进行综合治理的工作机制。进一步加大日常巡视检查和专项检查力度，畅通投诉举报渠道。与有关部门配合，严厉查处各类企业违反劳动法律法规的行为。

将女职工和未成年人劳动保障权益作为劳动保障执法检查的重要内容。继续开展贯彻《禁止使用童工

规定》的专项检查活动，严厉打击非法介绍和使用童工的行为。制定相关政策文件，厘清学生实习与童工的界线，为执法提供明确的依据。建立举报企业使用童工等违法行为的奖励制度，认真开展群众举报和投诉案件查处工作，充分发挥群众监督和社会监督的作用。

（五）逐步实行城乡平等的就业制度

在充分调研的基础上，研究制定《城乡统筹就业试点工作指导意见》。选择部分具备条件的城市，从改革城乡分割的就业管理体制、建立面向城乡劳动者的公共就业服务体系、完善城乡劳动者职业技能培训制度、规范企业招用工行为、探索建立适合农民工的社会保险办法等方面，开展为期 2 年的城乡统筹就业试点工作，探索建立城乡统筹就业的模式和政策框架。条件成熟后，逐步向全国推广。

（六）进一步做好农民转移就业服务工作

以“春风行动”为品牌，强化公益服务与规范市场服务相结合，推动供求信息的沟通和对接，大力发展适合农民工需要的就业服务。在乡镇机构调整和改革中，加强县乡公共就业服务体系建设，建立健全县乡就业服务网络，重点推动劳务输出任务重的乡镇建立公共就业服务机构，为农民工免费提供政策咨询和相关信息。推广培训、服务、维权“三位一体”的工作模式，做到农民进城求职有门路、上岗有技能、权益有保障。落实职业介绍补贴政策，推动农民工流入地公共就业服务机构普遍向外地农民工开放，免费为其提供政策咨询、就业信息、职业介绍和职业指导等基本服务。同时，指导农民工流入地降低门槛，简化手续，收集适合农民工的岗位信息，开发适合农民工的服务项目，提高服务质量和效率。鼓励有条件的大中城市建立专门的公共就业服务场所或供求直接见面的零工交易场所，集中为农民工提供免费就业服务。修订《劳动力市场管理规定》，加强劳动力市场管理，规范职业中介、劳务派遣和企业用工行为。加强对劳动力市场的监管，与公安、工商、人事等部门联合对中介机构进行清理整顿，形成常规性制度，严厉打击非法职业中介活动。

（七）加强农民工职业技能培训

落实农民工培训补贴政策，实施“农村劳动者技能就业计划”。以农村新生劳动力、农村富余劳动力和已进城务工农村劳动者为主要对象，相应开展劳动预备制、劳务输出和农民工技能提升等三大类培训，使接受培训的农民工掌握就业技能、实现转移和稳定就业，为经济发展培养新的产业工人大军。配合有关部门共同实施农村劳动力转移培训阳光工程，增强农民转产转岗就业能力。与有关部门共同抓好贫困地区劳动力转移培训的“雨露计划”。在试点的基础上，研究制定并组织实施“技能扶贫工程”。研究制定扶持政策，鼓励农民工参加职业技能鉴定，指导各类鉴定机构积极为农民工提供职业技能鉴定服务，选择就业需求量大、简便易学的就业技能开展专项能力认证服务。会同有关部门开展专项调研，制定强化用人单位培训责任和强制提取培训费的政策措施，落实用人单位对农民工的培训工作。

（八）扩大农民工工伤保险覆盖面

贯彻落实《工伤保险条例》，要求用人单位依法及时为与其建立劳动关系的农民工办理参加工伤保险的手续，逐步将有劳动关系的农民工全部纳入工伤保险覆盖范围。探索建立在注册地与生产经营地工伤保险经办机构之间的参保协查机制，进一步落实已有的农民工参保、工伤认定、劳动能力鉴定、工伤待遇支付等方面的有关政策，方便农民工参保和领取待遇，切实保障农民工工伤保险权益。制定和实施农民工“平安计划”，用三年左右时间，将煤矿、建筑等高风险企业的农民工基本覆盖到工伤保险制度之内。2006 年，实现国有大中型煤矿企业农民工全部参加工伤保险；与有关部门共同制定推进建筑企业参加工伤保险的相关政策措施。2007 年，力争合法小煤矿、非煤矿山和建筑企业半数以上的农民工参加工伤保险。2008 年，基本实现全部合法煤矿、非煤矿山企业农民工和大部分建筑企业农民工参加工伤保险。在煤矿等工伤事故高发的行业，督促用人单位普遍进行农民工安全生产知识、工伤预防知识岗前培训。有效运用行业差别费率和企业浮动费率的机制，促进企业重视和加强安全生产，减少工伤事故的发生。

（九）抓紧解决农民工大病医疗保障问题

按照“低费率、保大病”的原则，将农民工纳入医疗保险范围。与城镇用人单位签订规范劳动合同的农民工，随所在单位参加基本医疗保险；以灵活方式就业的，可按照当地灵活就业人员参保办法参加医疗保险；农民工比较集中的地区，可以采取单独建立大病医疗保险统筹基金的办法，重点解决农民工进城务工期间的住院医疗保障问题。根据农民工特点，探索简便灵活的管理方式，进一步完善医疗保险结算办法，为患大病后自愿回原籍治疗的参保农民工提供医疗费用结算服务。研究农民工参加城镇医疗保险和新型农村合作医疗的衔接办法和政策，确保参保农民工享受相应的医疗保险待遇。

（十）探索适合农民工特点的养老保险办法

按照低费率、广覆盖、可转移，并能与现行城乡养老保险制度相衔接的原则，探索适合农民工特点的养老保险办法。研究制定农民工参加养老保险后跨统筹地区和跨城乡流动的转移办法；总结已有经验，进一步开展调研和测算，形成适合农民工特点的养老保险政策文件，指导地方开展农民工养老保险试点。

（十一）把解决农民工问题纳入中长期规划，加强统计

将城乡统筹就业和促进农村劳动力转移纳入国家“十一五”规划，落实国家“十一五”规划中安排的促进农村劳动力转移就业、社会保险服务等相关重大工程项目。抓紧修改完善劳动和社会保障事业发展第十一个五年规划纲要草案，将有关解决农民工问题的政策措施体现到规划中。配合发展改革委研究提出纳入国民经济和社会发展年度计划中涉及解决农民工问题的计划指标和政策措施。各地劳动保障部门应力争将农村劳动力转移工作纳入本地区的经济和社会发展规划、年度计划和政府目标责任体系，并抓好落实。

会同有关部门组织开展农民工统计指标体系的研究，建立满足劳动保障系统需要的农民工统计台账和数据库，并及时更新和完善，探索利用金保工程收集农民工统计数据。配合统计部门研究建立农民工统计分析系统，提出劳动保障工作中的统计分析需求，及时提供劳动保障部门掌握的农民工相关资料。配合有关部门开展一次较大规模的农民工情况抽样调查，全面了解农民工的劳动保障情况。

（十二）搞好法制宣传教育，引导农民工全面提高自身素质

加大劳动保障法制宣传教育工作力度，通过“五五”普法规划的实施，将引导农民工增强劳动保障法制观念作为主要内容，在全国范围内，特别是农民工输出输入的主要地区，选择农民工流动相对集中的时间，采用多种方式组织开展维护农民工劳动保障权益的普法宣传活动。编写通俗易懂的“维权宣传资料”，并免费发放，努力增强用人单位自觉遵守法律法规和农民工依法维权的意识，营造依法维护农民工合法权益的社会氛围。逐步推广农民外出务工行前法律培训试点，使农民工能够运用法律武器来依法维护自身的权益。

组织协调劳动保障系统的报刊、网站开设专栏，宣传国务院5号文件的重大意义、精神实质和主要内容。深入基层采访报导各地贯彻国务院5号文件的好做法，好经验。加强农民工问题舆情收集和分析，及时反映社会各界的反响，反映各方面对解决农民工劳动保障问题的意见和建议，反映农民工的感受和心声。针对不同时期的特点，不断充实宣传内容，增强宣传实效。

二、2006年行动计划

2006年劳动保障部门的农民工工作，要紧扣涉及农民工切身利益的突出问题，加大工作力度，力争取得明显成效。同时注重长效机制建设，打好工作基础，为解决农民工问题开好局，起好步。在全面部署和做好各方面工作的同时，重点采取七个方面的专项行动：

（一）全面清理拖欠农民工工资

强化对用人单位工资支付情况的监督检查，通过多种形式向社会公布举报投诉电话，设立举报投诉信箱和劳动者权益告示牌，为农民工举报投诉提供便利。要做到有诉必查，及时处理各类拖欠工资的案件。在全年清理的基础上，从第四季度至明年初，开展专项检查，集中打击拖欠农民工工资的行为。建立解决拖欠农民工工资的四项长效机制：一是继续完善并推动各地区建立工资支付监控制度；二是全面建立工资保证金制度；三是全面建立并严格实施小时最低工资标准；四是进一步指导和推进企业劳动保障守法诚信制度建设。

（二）继续开展“春风行动”

在农民工集中求职期间，动员全国公共就业服务机构开展“春风行动”，集中为农民工提供综合性服务，使进城务工的农村劳动者外出务工前，在县乡免费得到政策咨询和就业信息服务；进城后，在公共职业介绍机构得到免费职业介绍服务；求职期间，在所有公共职业介绍机构和推荐的民办职业中介机构得到诚信服务。同时，会同公安、工商、人事等部门开展清理整顿非法职业介绍活动。促进农村劳动力合理有序流动，开展城乡统筹就业试点工作，年内指导30个城市启动试点。

（三）启动全面推进劳动合同制度实施的三年行动计划

深入开展劳动合同制度实施情况大检查，重点检查劳动合同签订、工资支付、工时休假执行情况。通过检查摸清底数，按照全面推进劳动合同制度实施的三年行动计划，重点在使用农民工比较集中的行业和企业严格实行劳动合同制度。完善适合农民工特点的劳动合同范本并对企业和农民工免费发放。探索将农民工纳入劳动用工登记制度的办法，大力推动和指导农民工开展集体协商。

（四）制定和实施农民工参加工伤保险的“平安计划”

推动农民工集中、工伤风险高的矿山、建筑企业参加工伤保险。2006年实现国有大中型煤矿企业农民工全部参加工伤保险；会同建设部门制定推进建筑企业参加工伤保险的政策措施。着手建立工伤保险经办机构之间的参保协查机制。在各地广泛开展《工伤保险条例》颁布三周年宣传咨询活动。

（五）实施农民工参加基本医疗保险的专项扩面行动

扩大农民工参加医疗保险覆盖面，以非公有制经济组织和农民工比较集中的大、中城市为重点，确定农民工参保扩面专项指标，进行专项统计，争取2006年底农民工参加医疗保险的人数比去年翻两番，达到2000万人以上。

（六）实施“农村劳动者技能就业计划”

以农村新生劳动力、农村富余劳动力和已进城务工农村劳动者为主要对象，开展劳动预备制、劳务输出和农民工技能提升等三大类培训，2006年培训800万人。

（七）严厉查禁违法使用童工的行为

第三季度集中力量开展贯彻落实《禁止使用童工规定》的专项检查活动，严厉打击非法介绍和使用童工行为。在学校放暑假前，配合教育部门在学校有针对性地开展禁止使用童工的普法宣传。指导各地继续加强日常巡视检查力度，将未成年人劳动保障权益作为重要内容进行检查。

各地劳动保障部门要结合以上七个方面的专项行动和长效机制建设，认真研究制定各项配套法规和政策措施。主要是：积极配合立法部门研究完善《劳动合同法（草案）》，修改并上报《企业工资条例（草案）》，研究起草《全面建立企业劳动用工登记制度的决定》，修订《劳动力市场管理规定》，研究制定《城乡统筹就业试点工作指导意见》，制定《全面推进劳动合同制度实施的三年行动计划》，制定《农民工参加工伤保险的平安计划》，制定《关于建立农民工工资支付保障金制度的指导意见》，会同有关部门制定《关于推进区域性、行业性工资集体协商工作的意见》，协调配合有关部门研究制定投诉举报奖励办法、在校实习管理规定以及文艺、体育单位招用少年儿童管理办法等相关政策文件。

三、工作要求

（一）高度重视，加强领导

做好农民工工作是我国经济社会发展的一项极其紧迫而重要的任务，对于全面落实科学发展观、构建社会主义和谐社会、推进社会主义新农村建设都具有重大的意义。各级劳动保障部门都要充分认识解决农民工问题的重要性、复杂性，以高度的责任心和紧迫感，做到认识到位、组织到位、措施到位和工作到位。主要领导要亲自负责，建立工作机制，明确工作责任，落实具体任务，结合劳动保障各项业务对农民工工作作出全面部署。既要突出抓好当前的重点问题，又要着眼长效机制建设，把解决农民工问题作为劳动保障事业中长期发展的重要组成部分，坚持不懈地抓紧抓好。

（二）协调配合，形成合力

农民工广泛分布在国民经济各领域和各行业，农民工工作涉及政治、经济、社会管理的各个方面，解决农民工问题涉及许多政策规定和政府部门。因此，劳动保障部门在农民工工作中，必须加强协调配合。一是要加强与各有关部门的协调。凡是由劳动保障部门牵头的工作，要主动负责气积极谋划，提出总的工作安排和具体的措施，主动与各有关部门沟通，认真听取意见；属于劳动保障部门配合的工作，也要按照牵头部门的要求，大力协助开展工作。二是要加强劳动保障系统内部的协调配合。农民工工作涉及劳动工资、培训就业、社会保障、监察执法、统计规划等，要对各方面工作进行统筹安排，做到相互支持，形成合力，共同促进农民工工作的开展。

（三）积极稳妥，求真务实

解决农民工问题政策性很强，社会广泛关注。劳动保障部门既要积极主动地把自己负责的工作尽早尽快地抓出实效，让广大农民工切实感受到党中央、国务院对他们的关心，感受到政府部门和社会各界对他们的关爱，又要稳妥谨慎地处理工作中的具体问题。无论是制定工作方案还是出台政策措施，都要把握好度，做到切实可行，具有可操作性。不能急于求成。要注意了解农民工的意愿，收集社会有关方面对农民工工作的反映，认真听取他们的意见和建议，实事求是地完善政策措施。

（四）着眼长远，探索创新

农民工工作虽然已经有了一定的基础，但总体上还处于起步阶段，已有的政策措施和经验积累还远远不能满足解决各种农民工问题的迫切需要。随着工作的不断深入，还会有许多新问题不断产生。劳动保障部门要以科学发展观为统领，结合工作实际需要，每年选择若干个课题，组织涉及农民工问题的研究机构和专家学者，进行广泛的调查统计和深入的对比分析，在理论研究成果的基础上，提出新的工作思路和政策建议。同时，要研究如何改进农民工工作，因地制宜地开展各种形式的工作试点，不断总结经验，探索新形势下劳动保障部门做好农民工工作的新方法，不断推进农民工工作的体制创新和机制创新。

劳动和社会保障部关于农民工参加工伤保险有关问题的通知

1. 2004 年 6 月 1 日
2. 劳社部发〔2004〕18 号

各省、自治区、直辖市劳动和社会保障厅（局）：

为了维护农民工的工伤保险权益，改善农民工的就业环境，根据《工伤保险条例》规定，从农民工的实际情况出发，现就农民工参加工伤保险、依法享受工伤保险待遇有关问题通知如下：

一、各级劳动保障部门要统一思想，提高认识，高度重视农民工工伤保险权益维护工作。要从践行“三个代表”重要思想的高度，坚持以人为本，做好农民工参加工伤保险、依法享受工伤保险待遇的有关工作，把这项工作作为全面贯彻落实《工伤保险条例》，为农民工办实事的重要内容。

二、农民工参加工伤保险、依法享受工伤保险待遇是《工伤保险条例》赋予包括农民工在内的各类用人单位职工的基本权益，各类用人单位招用的农民工均有享受工伤保险待遇的权利。各地要将农民工参加工伤保险，作为今年工伤保险扩面的重要工作，明确任务，抓好落实。凡是与用人单位建立劳动关系的农民工，用人单位必须及时为他们办理参加工伤保险的手续。对用人单位为农民工先行办理工伤保险的，各地经办机构应予办理。今年重点推进建筑、矿山等工伤风险较大、职业危害较重行业的农民工参加工伤保险。

三、用人单位注册地与生产经营地不在同一统筹地区的，原则上在注册地参加工伤保险。未在注册地参加工伤保险的，在生产经营地参加工伤保险。农民工受到事故伤害或患职业病后，在参保地进行工伤认定、劳动能力鉴定，并按参保地的规定依法享受工伤保险待遇。用人单位在注册地和生产经营地均未参加工伤保险的，农民工受到事故伤害或者患职业病后，在生产经营地进行工伤认定、劳动能力鉴定，并按生产经营地的规定依法由用人单位支付工伤保险待遇。

四、对跨省流动的农民工，即户籍不在参加工伤保险统筹地区（生产经营地）所在省（自治区、直辖市）的农民工，1 至 4 级伤残长期待遇的支付，可试行一次性支付和长期支付两种方式，供农民工选择。在农民工选择一次性或长期支付方式时，支付其工伤保险待遇的社会保险经办机构应向其说明情况。一次性享受工伤保险长期待遇的，需由农民工本人提出，与用人单位解除或者终止劳动关系，与统筹地区社会保险经办机构签订协议，终止工伤保险关系。1 至 4 级伤残农民工一次性享受工伤保险长期待遇的具体办法和标准由省（自治区、直辖市）劳动保障行政部门制定，报省（自治区、直辖市）人民政府批准。

五、各级劳动保障部门要加大对农民工参加工伤保险的宣传和督促检查力度，积极为农民工提供咨询服务，促进农民工参加工伤保险。同时要认真做好工伤认定、劳动能力鉴定工作，对侵害农民工工伤保险权益的行为要严肃查处，切实保障农民工的合法权益。

劳动和社会保障部、建设部、全国总工会关于加强建设等行业农民工劳动合同管理的通知

1. 2005 年 4 月 18 日
2. 劳社部发〔2005〕9 号

各省、自治区、直辖市劳动和社会保障厅（局）、建设厅（建委）、总工会：

为贯彻落实《国务院办公厅关于进一步做好改善农民进城就业环境工作的通知》（国办发〔2004〕92 号）精神，加强建设等行业农民工劳动合同管理，维护农民工的合法权益，现就有关问题通知如下：

一、高度重视农民工劳动合同管理工作

通过劳动合同确立用人单位与农民工的劳动关系，是维护农民工合法权益的重要措施。各级劳动保障部门要以使用农民工较集中的建筑、餐饮、加工等行业为重点，明确农民工劳动合同管理工作职责，切实把农民工劳动合同管理工作摆到重要日程。建设等行业行政主管部门和工会组织要协助劳动保障部门采取有力措施推进劳动合同制度的落实，不断完善劳动合同管理政策，推动各类用人单位依法与农民工签订劳动合同，提高劳动合同签订率。要指导和督促用人单位加强内部劳动合同管理，依据国家有关法律法规，建立健全劳动合同管理制度，实现劳动合同动态管理。

二、规范签订劳动合同行为

用人单位使用农民工，应当依法与农民工签订书面劳动合同，并向劳动保障行政部门进行用工备案。签订劳动合同应当遵循平等自愿、协商一致的原则，用人单位不得采取欺骗、威胁等手段与农民工签订劳动合同，不得在签订劳动合同时收取抵押金、风险金。

劳动合同必须由具备用工主体资格的用人单位与农民工本人直接签订，不得由他人代签。建筑领域工程项目部、项目经理、施工作业班组、包工头等不具备用工主体资格，不能作为用工主体与农民工签订劳动合同。

三、完善劳动合同内容

用人单位与农民工签订劳动合同，应当包括以下条款。

（一）劳动合同期限。经双方协商一致，可以采取有固定期限、无固定期限或以完成一定的工作任务为期限三种形式。无固定期限劳动合同要明确劳动合同的终止条件。有固定期限的劳动合同，应当明确起始和终止时间。双方在劳动合同中可以约定试用期。劳动合同期限半年以内的，一般不约定试用期；劳动合同期限半年以上 1 年以内的，试用期不得超过 30 日；劳动合同期限 1 至 2 年的，试用期不得超过 60 日；劳动合同期限 2 年以上的，试用期最多不得超过 6 个月。

（二）工作内容和工作时间。劳动合同中要明确农民工的工种、岗位和所从事工作的内容。工作时间要按照国家规定执行，法定节日应安排农民工休息。如需安排农民工加班或延长工作时间的，必须按规定支付加班工资。建筑业企业根据生产特点，按规定报劳动保障行政部门批准后，可对部分工种岗位实行综合计算工时工作制。

（三）劳动保护和劳动条件。用人单位要按照安全生产有关规定，为农民工提供必要的劳动安全保护及劳动条件。在农民工上岗前要对其进行安全生产教育。施工现场必须按国家建筑施工安全生产的规定，采取必要的安全措施。用人单位为农民工提供的宿舍、食堂、饮用水、洗浴、公厕等基本生活条件应达到安全、卫生要求，其中建筑施工现场要符合《建筑施工现场环境与卫生标准》（JGJ146—2004）。

（四）劳动报酬。在劳动合同中要明确工资以货币形式按月支付，并约定支付的时间、标准和支付方式。用人单位根据行业特点，经过民主程序确定具体工资支付办法的，应在劳动合同中予以明确，但按月支付的工资不得低于当地政府规定的最低工资标准。已建立集体合同制度的单位，工资标准不得低于集体合同规定的工资标准。

（五）劳动纪律。在劳动合同中明确要求农民工遵守的用人单位有关规章制度，应当依法制定。用人单位应当在签订劳动合同前告知农民工。

（六）违反劳动合同的责任。劳动合同中应当约定违约责任，一方违反劳动合同给对方造成经济损失的，要按《劳动法》等有关法律规定承担赔偿责任。

根据不同岗位的特点，用人单位与农民工协商一

致，还可以在劳动合同中约定其他条款。

四、指导用人单位建立健全劳动合同管理制度

各级劳动保障部门要会同建设等行业行政主管部门和工会组织，积极指导用人单位依法建立健全内部劳动合同管理制度。用人单位要对劳动合同签订、续订、变更、终止和解除等各个环节制定具体管理规定，经职代会或职工大会讨论通过后执行。要指定专职或兼职人员负责劳动合同管理工作，建立劳动合同管理台帐，实行动态管理。对履行劳动合同情况，特别是工资支付、保险福利、加班加点等有关情况要有书面记录。对终止解除劳动合同的农民工，用人单位应当结清工资，并出具终止解除劳动合同证明。

五、加大劳动保障监察执法和劳动争议处理工作力度

各级劳动保障部门要加强劳动保障监察执法工作，充实劳动保障监察人员，加大对用人单位招用农民工签订劳动合同情况的监督检查力度。要公布举报投诉电话，及时处理举报投诉案件。对不按规定与农民工签订劳动合同的用人单位，要依法责令其纠正。

要加强劳动争议仲裁机构和仲裁员队伍建设，切实解决用人单位与农民工因履行劳动合同发生的争议。要加强劳动争议调解工作，及时化解纠纷。对申诉到劳动争议仲裁机构的劳动争议，要在条件允许的情况下依法采取简易程序，做到快立案、快审案、快结案。对涉及用人单位拖欠工资、工伤待遇的争议要优先受理、裁决。对生活困难的农民工，减免应由农民工本人负担的仲裁费用，切实解决农民工申诉难的问题。

六、加强对农民工劳动合同管理的组织领导

各级劳动保障部门、建设等行业行政主管部门和工会组织，要认真贯彻落实国办发〔2004〕92号文件精神，各司其职，各负其责，加强配合，建立健全工作目标责任制，完善工作协调机制，共同做好农民工劳动合同签订和管理的组织领导工作。要加强劳动保障法律、法规的宣传，增强用人单位和农民工的劳动合同意识，促进劳动合同制度全面实施。省级劳动保障行政部门要会同建设等行业行政主管部门制订适合不同行业特点的农民工劳动合同范本，指导督促用人单位与农民工签订劳动合同，切实提高劳动合同签订率。各级工会组织要积极指导、帮助农民工与用人单位签订劳动合同，加强对劳动合同履行情况的监督；要推进使用农民工的企业开展平等协商签订集体合同，切实维护广大农民工的合法权益。

劳动和社会保障部办公厅关于农民工适用劳动法律有关问题的复函

1. 2003年3月20日
2. 劳社厅函〔2003〕180号

最高人民法院民事审判第一庭：

你们关于农民轮换工能否适用《劳动法》，发生工伤事故能否适用《企业职工工伤保险试行办法》予以赔偿问题的征求意见函收悉。经研究，我们认为：

凡与用人单位建立劳动关系的农民工（包括农民轮换工），应当适用《劳动法》。发生工伤事故的，应适用《企业职工工伤保险试行办法》（劳部发〔1996〕266号）。

最高人民法院关于超过法定退休年龄的进城务工农民在工作时间内因公伤亡的，能否认定工伤的答复

1. 2012年11月25日
2. 〔2012〕行他字第13号

江苏省高级人民法院：

你院（2012）苏行他字第0902号《关于杨通诉南京市人力资源和社会保障局终止工伤行政确认一案的请示》收悉。经研究，答复如下：

同意你院倾向性意见。相同问题我庭2010年3月17日在给山东省高级人民法院的《关于超过法定退休年龄的进城务工农民因公伤亡的，应否适用〈工伤保险条例〉请示的答复》（〔2010〕行他字第10号）中已经明确。即，用人单位聘用的超过法定退休年龄的务工农民，在工作时间内、因工作原因伤亡的，应当适用

《工伤保险条例》的有关规定进行工伤认定。

此复。

附：

江苏省高级人民法院关于杨通诉南京市人力资源和社会保障局终止工伤行政确认一案的请示

最高人民法院：

原告杨通诉被告南京市人力资源和社会保障局终止工伤行政确认一案，南京市玄武区人民法院于2011年12月10日向南京中院请示。南京中院于2012年3月7日以（2012）宁行他字第1号《关于杨通诉南京市人力资源和社会保障局工伤认定终止一案的请示》向我院书面请示。我院受理后，经审判委员会研究，对超过法定退休年龄的人员因工作遭受事故伤害能否认定工伤存在不同意见。因本案法律适用问题影响面较大，对于今后的案件审理具有指导意义，为保证法律适用的统一，特向贵院请示。

一、当事人的基本情况

原告：杨通

被告：南京市人力资源和社会保障局

第三人：南京鸿镀物业管理有限公司

二、本案被诉具体行政行为

南京市人力资源和社会保障局（以下简称南京市人社局）于2011年5月5日作出《工伤认定终止通知书》，认为原告父亲杨从得在工作中突发疾病经医院抢救无效死亡时，已达到法定退休年龄，依据原江苏省劳动和社会保障厅《关于实施〈工伤保险条例〉若干问题的处理意见》（苏劳社医〔2005〕6号）第七条“离、退休仍在工作的人员，不属于《条例》调整的范围”以及《江苏省实施〈工伤保险条例〉办法》第十六条“劳动保障行政部门受理工伤认定申请后，对不符合受理条件的，应当终止工伤认定”的规定，决定对杨从得的工伤认定申请终止审理。

三、案件基本事实

玄武法院经审理查明：

原告杨通之父杨从得系农民，1947年出生（无养老保险）。2010年7月，第三人南京鸿镀物业公司招用杨从得（未签订书面用工合同）派往华润苏果超市从事保洁岗位工作。2011年2月17日上午，杨从得在从事保洁工作时突发疾病，经医院抢救无效于当日死亡。2011年4月27日，原告向被告递交了工伤认定申请。被告受理后，于2011年5月5日作出《工伤认定终止通知书》，以杨从得在工作中突发疾病经医院抢救无效死亡时，已达到法定退休年龄为由，依据原江苏省劳动和社会保障厅《关于实施〈工伤保险条例〉若干问题的处理意见》（苏劳社医［2005］6号）第七条“离、退休仍在工作的人员，不属于《条例》调整的范围”以及《江苏省实施〈工伤保险条例〉办法》第十六条“劳动保障行政部门受理工伤认定申请后，对不符合受理条件的，应当终止工伤认定”的规定，决定对杨从得的工伤认定申请终止审理。

玄武法院对本案的处理形成了两种意见。多数意见认为，杨从得在工作中突发疾病死亡时其年龄已达64周岁，已超过法定退休年龄。被告终止工伤认定适用法律正确，应判决驳回原告的诉讼请求。少数意见认为，最高人民法院行政审判庭2010年3月17日作出的（2010）行他字第10号《关于超过法定退休年龄的进城务工农民因工伤亡的，应否适用〈工伤保险条例〉请示的答复》认为：“用人单位聘用的超过法定退休年龄的务工农民，在工作时间内、因工作原因伤亡的，应当适用《工伤保险条例》的有关规定进行工伤认定”。应判决撤销被告作出的《工伤认定终止通知书》。

四、南京市中级人民法院请示的主要问题

南京中院请示的问题是：超过法定退休年龄的人员在工作期间突发疾病死亡能否适用《工伤保险条例》认定工伤。

南京中院审判委员会研究后形成了两种意见：

（一）倾向性意见认为原告提出的工伤认定申请符合受理条件，本案应适用《工伤保险条例》进行工伤认定理由有三点：

1. 最高法院行政庭有对该类情况应当认定工伤的明确批复。

2. 该职工与用人单位之间存在劳动关系。法释〔2010〕12号最高人民法院《关于审理劳动争议案件适用法律若干问题的解释（三）》第七条规定：“用人单

位与其招用的已经依法享受养老保险待遇或领取退休金的人员发生用工争议，向人民法院提起诉讼的，人民法院应当按劳务关系处理。”本案中，杨从得未享受养老保险待遇或领取退休金，不应认定其和鸿镀物业公司之间为劳务关系，应当根据（2010）行他字第10号批复精神，认定为劳动关系。

3. 将该类情况纳入工伤保障范围更有利于保护劳动者合法权益。

（二）少数意见认为原告提出的工伤认定申请不符合受理条件，本案不应适用《工伤保险条例》进行工伤认定

理由有三点：

1. 原省人社厅的规范性文件明确规定对此类情况不应进行工伤认定。

2. 最高法院的批复与本案的情形有差异，不宜适用。本案中，杨从得是在工作时间、工作岗位突发疾病于48小时内经医院抢救无效死亡，属于《工伤保险条例》第十五条规定的“视同工伤”情形，和前述批复中“在工作时间内、因工作原因伤亡”的“应当认定为工伤”（《工伤保险条例》第十四条）情形有所区别，故该批复不适用于本案。

3. 此类情况涉及面太广，且认定工伤将会加重企业负担。

五、我院请示的问题及审判委员会意见

我院请示的问题是：超过法定退休年龄的人员在工作期间突发疾病死亡能否适用《工伤保险条例》认定工伤。

审委会多数意见认为：原告提出的工伤认定申请符合受理条件，本案应适用《工伤保险条例》进行工伤认定。理由如下：

1. 应当认定当事人与用人单位之间存在着事实上的劳动关系。工伤保障的本意是保护因工受伤的劳动者的合法权益。鉴于我国目前工伤保障范围在逐步扩大，职工退休年龄有延长的呼声，且农民工进城务工有老龄化的趋势，为了更好地保障依然务工的超过法定退休年龄的人员的合法权益，应当认定超过法定退休年龄的人员与用人单位之间存在着事实劳动关系。

2. 与民事赔偿方式相比，工伤保障更有利于维护受伤职工的合法权益。如果要求申请人走民事赔偿途径，采用的是过错责任，保障范围相对较窄，且申请人举证相当困难，这不利于充分保障申请人的合法权益。而工伤认定采用的是原因责任，在保障范围、举证责任等方面更有利于保护申请人的合法权益。从保护因工遭受伤害的劳动者，维护社会和谐稳定、促进劳动保护的角度出发，也应当将其纳入保障范围。

3. 申请人的工伤认定申请符合受理条件。受伤职工除年龄超过法定退休年龄外，其与用人单位之间的关系与其他职工并无任何差异，仅仅一句其超过法定退休年龄就不予工伤认定缺乏法律依据。从平等保护角度看，也应当认定符合申请条件。

审委会少数意见认为：原告提出的工伤认定申请不符合受理条件，本案不应进行工伤认定。理由如下：

1. 因为当事人与用工单位没有书面劳务合同工；

2. 超过法定年龄的农民工没有缴纳工伤保险。如果对超过法定退休年龄的人员认定工伤，则突破了法律的界限，应当通过民事赔偿的途径救济。

特此请示，望复。

附相关法律条文：

一、江苏省劳动和社会保障厅《关于实施〈工伤保险条例〉若干问题的处理意见》（苏劳社医〔2005〕6号）第七条：“离、退休仍在工作的人员，不属于《工伤保险条例》调整的范围。”

南京市劳动和社会保障局《南京市工伤保险实施细则》（宁劳社工〔2006〕5号）第三条：“职工是指与用人单位存在劳动关系（包括事实劳动关系）的各种用工形式、各种用工期限的劳动者，包括非本市户籍的外来务工人员，不包括已办理离、退休手续或已超过法定退休年龄（按国家规定可以延期的除外）仍在从事劳动并取得劳动报酬的人员、在用人单位实习（包括勤工俭学）的在校学生和家庭（个人）雇佣的人员。”

江苏省人民政府令第29号《江苏省实施〈工伤保险条例〉办法》第十六条：“劳动保障行政部门受理工伤认定申请后，对不符合受理条件的，应当终止工伤认定。终止工伤认定，应当向申请人送达《工伤认定终止通知书》。”

二、法释〔2010〕12号最高人民法院《关于审理劳动争议案件适用法律若干问题的解释（三）》第七条：“用人单位与其招用的已经依法享受养老保险待遇或领取退休金的人员发生用工争议，向人民法院提起诉讼的，人民法院应当按劳务关系处理。”

三、《中华人民共和国劳动合同法实施条例》（2008

年 9 月施行）第二十一条："劳动者达到法定退休年龄的，劳动合同终止。"

4. 女职工和未成年工

中华人民共和国反家庭暴力法（摘录）

1. 2015 年 12 月 27 日第十二届全国人民代表大会常务委员会第十八次会议通过

2. 自 2016 年 3 月 1 日施行

……

第四条 县级以上人民政府负责妇女儿童工作的机构，负责组织、协调、指导、督促有关部门做好反家庭暴力工作。

县级以上人民政府有关部门、司法机关、人民团体、社会组织、居民委员会、村民委员会、企业事业单位，应当依照本法和有关法律规定，做好反家庭暴力工作。

各级人民政府应当对反家庭暴力工作给予必要的经费保障。

第五条 反家庭暴力工作遵循预防为主，教育、矫治与惩处相结合原则。

反家庭暴力工作应当尊重受害人真实意愿，保护当事人隐私。

未成年人、老年人、残疾人、孕期和哺乳期的妇女、重病患者遭受家庭暴力的，应当给予特殊保护。

第二章 家庭暴力的预防

第六条 国家开展家庭美德宣传教育，普及反家庭暴力知识，增强公民反家庭暴力意识。

工会、共产主义青年团、妇女联合会、残疾人联合会应当在各自工作范围内，组织开展家庭美德和反家庭暴力宣传教育。

广播、电视、报刊、网络等应当开展家庭美德和反家庭暴力宣传。

学校、幼儿园应当开展家庭美德和反家庭暴力教育。

第七条 县级以上人民政府有关部门、司法机关、妇女联合会应当将预防和制止家庭暴力纳入业务培训和统计工作。

医疗机构应当做好家庭暴力受害人的诊疗记录。

……

第二十二条 工会、共产主义青年团、妇女联合会、残疾人联合会、居民委员会、村民委员会等应当对实施家庭暴力的加害人进行法治教育，必要时可以对加害人、受害人进行心理辅导。

……

第三十六条 负有反家庭暴力职责的国家工作人员玩忽职守、滥用职权、徇私舞弊的，依法给予处分；构成犯罪的，依法追究刑事责任。

中华人民共和国妇女权益保障法

1. 1992 年 4 月 3 日第七届全国人民代表大会第五次会议通过

2. 根据 2005 年 8 月 28 日第十届全国人民代表大会常务委员会第十七次会议《关于修改〈中华人民共和国妇女权益保障法〉的决定》第一次修正

3. 根据 2018 年 10 月 26 日第十三届全国人民代表大会常务委员会第六次会议《关于修改〈中华人民共和国野生动物保护法〉等十五部法律的决定》第二次修正

4. 2022 年 10 月 30 日第十三届全国人民代表大会常务委员会第三十七次会议修订

目 录

第一章 总 则

第一条 为了保障妇女的合法权益，促进男女平等和妇女全面发展，充分发挥妇女在全面建设社会主义现代化国家中的作用，弘扬社会主义核心价值观，根据宪法，制定本法。

第二条 男女平等是国家的基本国策。妇女在政治的、经济的、文化的、社会的和家庭的生活等各方面享有同男子平等的权利。

国家采取必要措施，促进男女平等，消除对妇女一切形式的歧视，禁止排斥、限制妇女依法享有和行使各项权益。

国家保护妇女依法享有的特殊权益。

第三条 坚持中国共产党对妇女权益保障工作的领导，建立政府主导、各方协同、社会参与的保障妇女权益工作机制。

各级人民政府应当重视和加强妇女权益的保障工作。

县级以上人民政府负责妇女儿童工作的机构，负责组织、协调、指导、督促有关部门做好妇女权益的保障工作。

县级以上人民政府有关部门在各自的职责范围内做好妇女权益的保障工作。

第四条 保障妇女的合法权益是全社会的共同责任。国家机关、社会团体、企业事业单位、基层群众性自治组织以及其他组织和个人，应当依法保障妇女的权益。

国家采取有效措施，为妇女依法行使权利提供必要的条件。

第五条 国务院制定和组织实施中国妇女发展纲要，将其纳入国民经济和社会发展规划，保障和促进妇女在各领域的全面发展。

县级以上地方各级人民政府根据中国妇女发展纲要，制定和组织实施本行政区域的妇女发展规划，将其纳入国民经济和社会发展规划。

县级以上人民政府应当将妇女权益保障所需经费列入本级预算。

第六条 中华全国妇女联合会和地方各级妇女联合会依照法律和中华全国妇女联合会章程，代表和维护各族各界妇女的利益，做好维护妇女权益、促进男女平等和妇女全面发展的工作。

工会、共产主义青年团、残疾人联合会等群团组织应当在各自的工作范围内，做好维护妇女权益的工作。

第七条 国家鼓励妇女自尊、自信、自立、自强，运用法律维护自身合法权益。

妇女应当遵守国家法律，尊重社会公德、职业道德和家庭美德，履行法律所规定的义务。

第八条 有关机关制定或者修改涉及妇女权益的法律、法规、规章和其他规范性文件，应当听取妇女联合会的意见，充分考虑妇女的特殊权益，必要时开展男女平等评估。

第九条 国家建立健全妇女发展状况统计调查制度，完善性别统计监测指标体系，定期开展妇女发展状况和权益保障统计调查和分析，发布有关信息。

第十条 国家将男女平等基本国策纳入国民教育体系，开展宣传教育，增强全社会的男女平等意识，培育尊重和关爱妇女的社会风尚。

第十一条 国家对保障妇女合法权益成绩显著的组织和个人，按照有关规定给予表彰和奖励。

第二章 政治权利

第十二条 国家保障妇女享有与男子平等的政治权利。

第十三条 妇女有权通过各种途径和形式，依法参与管理国家事务、管理经济和文化事业、管理社会事务。

妇女和妇女组织有权向各级国家机关提出妇女权益保障方面的意见和建议。

第十四条 妇女享有与男子平等的选举权和被选举权。

全国人民代表大会和地方各级人民代表大会的代表中，应当保证有适当数量的妇女代表。国家采取措施，逐步提高全国人民代表大会和地方各级人民代表大会的妇女代表的比例。

居民委员会、村民委员会成员中，应当保证有适当数量的妇女成员。

第十五条 国家积极培养和选拔女干部，重视培养和选拔少数民族女干部。

国家机关、群团组织、企业事业单位培养、选拔和任用干部，应当坚持男女平等的原则，并有适当数量的妇女担任领导成员。

妇女联合会及其团体会员，可以向国家机关、群团组织、企业事业单位推荐女干部。

国家采取措施支持女性人才成长。

第十六条 妇女联合会代表妇女积极参与国家和社会事务的民主协商、民主决策、民主管理和民主监督。

第十七条 对于有关妇女权益保障工作的批评或者合理可行的建议，有关部门应当听取和采纳；对于有关侵害妇女权益的申诉、控告和检举，有关部门应当查清事实，负责处理，任何组织和个人不得压制或者打击报复。

第三章 人身和人格权益

第十八条 国家保障妇女享有与男子平等的人身和人格权益。

第十九条 妇女的人身自由不受侵犯。禁止非法拘禁和以其他非法手段剥夺或者限制妇女的人身自由；禁止非法搜查妇女的身体。

第二十条 妇女的人格尊严不受侵犯。禁止用侮辱、诽谤等方式损害妇女的人格尊严。

第二十一条 妇女的生命权、身体权、健康权不受侵犯。禁止虐待、遗弃、残害、买卖以及其他侵害女性生命健康权益的行为。

禁止进行非医学需要的胎儿性别鉴定和选择性别的人工终止妊娠。

医疗机构施行生育手术、特殊检查或者特殊治疗时，应当征得妇女本人同意；在妇女与其家属或者关系人意见不一致时，应当尊重妇女本人意愿。

第二十二条 禁止拐卖、绑架妇女；禁止收买被拐卖、绑架的妇女；禁止阻碍解救被拐卖、绑架的妇女。

各级人民政府和公安、民政、人力资源和社会保障、卫生健康等部门及村民委员会、居民委员会按照各自的职责及时发现报告，并采取措施解救被拐卖、绑架的妇女，做好被解救妇女的安置、救助和关爱等工作。妇女联合会协助和配合做好有关工作。任何组织和个人不得歧视被拐卖、绑架的妇女。

第二十三条 禁止违背妇女意愿，以言语、文字、图像、肢体行为等方式对其实施性骚扰。

受害妇女可以向有关单位和国家机关投诉。接到投诉的有关单位和国家机关应当及时处理，并书面告知处理结果。

受害妇女可以向公安机关报案，也可以向人民法院提起民事诉讼，依法请求行为人承担民事责任。

第二十四条 学校应当根据女学生的年龄阶段，进行生理卫生、心理健康和自我保护教育，在教育、管理、设施等方面采取措施，提高其防范性侵害、性骚扰的自我保护意识和能力，保障女学生的人身安全和身心健康发展。

学校应当建立有效预防和科学处置性侵害、性骚扰的工作制度。对性侵害、性骚扰女学生的违法犯罪行为，学校不得隐瞒，应当及时通知受害未成年女学生的父母或者其他监护人，向公安机关、教育行政部门报告，并配合相关部门依法处理。

对遭受性侵害、性骚扰的女学生，学校、公安机关、教育行政部门等相关单位和人员应当保护其隐私和个人信息，并提供必要的保护措施。

第二十五条 用人单位应当采取下列措施预防和制止对妇女的性骚扰：

（一）制定禁止性骚扰的规章制度；

（二）明确负责机构或者人员；

（三）开展预防和制止性骚扰的教育培训活动；

（四）采取必要的安全保卫措施；

（五）设置投诉电话、信箱等，畅通投诉渠道；

（六）建立和完善调查处置程序，及时处置纠纷并保护当事人隐私和个人信息；

（七）支持、协助受害妇女依法维权，必要时为受害妇女提供心理疏导；

（八）其他合理的预防和制止性骚扰措施。

第二十六条 住宿经营者应当及时准确登记住宿人员信息，健全住宿服务规章制度，加强安全保障措施；发现可能侵害妇女权益的违法犯罪行为，应当及时向公安机关报告。

第二十七条 禁止卖淫、嫖娼；禁止组织、强迫、引诱、容留、介绍妇女卖淫或者对妇女进行猥亵活动；禁止组织、强迫、引诱、容留、介绍妇女在任何场所或者利用网络进行淫秽表演活动。

第二十八条 妇女的姓名权、肖像权、名誉权、荣誉权、隐私权和个人信息等人格权益受法律保护。

媒体报道涉及妇女事件应当客观、适度，不得通过夸大事实、过度渲染等方式侵害妇女的人格权益。

禁止通过大众传播媒介或者其他方式贬低损害妇女人格。未经本人同意，不得通过广告、商标、展览橱窗、报纸、期刊、图书、音像制品、电子出版物、网络等形式使用妇女肖像，但法律另有规定的除外。

第二十九条 禁止以恋爱、交友为由或者在终止恋爱关系、离婚之后，纠缠、骚扰妇女，泄露、传播妇女隐私和个人信息。

妇女遭受上述侵害或者面临上述侵害现实危险的，可以向人民法院申请人身安全保护令。

第三十条 国家建立健全妇女健康服务体系，保障妇女享有基本医疗卫生服务，开展妇女常见病、多发病的预防、筛查和诊疗，提高妇女健康水平。

国家采取必要措施，开展经期、孕期、产期、哺乳期和更年期的健康知识普及、卫生保健和疾病防治，保障妇女特殊生理时期的健康需求，为有需要的妇女提供心理健康服务支持。

第三十一条 县级以上地方人民政府应当设立妇幼保健机构，为妇女提供保健以及常见病防治服务。

国家鼓励和支持社会力量通过依法捐赠、资助或者提供志愿服务等方式，参与妇女卫生健康事业，提供安全的生理健康用品或者服务，满足妇女多样化、差异化的健康需求。

用人单位应当定期为女职工安排妇科疾病、乳腺疾病检查以及妇女特殊需要的其他健康检查。

第三十二条 妇女依法享有生育子女的权利，也有不生育子女的自由。

第三十三条 国家实行婚前、孕前、孕产期和产后保健制度，逐步建立妇女全生育周期系统保健制度。医疗保健机构应当提供安全、有效的医疗保健服务，保障妇女生育安全和健康。

有关部门应当提供安全、有效的避孕药具和技术，保障妇女的健康和安全。

第三十四条 各级人民政府在规划、建设基础设施时，应当考虑妇女的特殊需求，配备满足妇女需要的公共厕所和母婴室等公共设施。

第四章 文化教育权益

第三十五条 国家保障妇女享有与男子平等的文化教育权利。

第三十六条 父母或者其他监护人应当履行保障适龄女性未成年人接受并完成义务教育的义务。

对无正当理由不送适龄女性未成年人入学的父母或者其他监护人，由当地乡镇人民政府或者县级人民政府教育行政部门给予批评教育，依法责令其限期改正。居民委员会、村民委员会应当协助政府做好相关工作。

政府、学校应当采取有效措施，解决适龄女性未成年人就学存在的实际困难，并创造条件，保证适龄女性未成年人完成义务教育。

第三十七条 学校和有关部门应当执行国家有关规定，保障妇女在入学、升学、授予学位、派出留学、就业指导和服务等方面享有与男子平等的权利。

学校在录取学生时，除国家规定的特殊专业外，不得以性别为由拒绝录取女性或者提高对女性的录取标准。

各级人民政府应当采取措施，保障女性平等享有接受中高等教育的权利和机会。

第三十八条 各级人民政府应当依照规定把扫除妇女中的文盲、半文盲工作，纳入扫盲和扫盲后继续教育规划，采取符合妇女特点的组织形式和工作方法，组织、监督有关部门具体实施。

第三十九条 国家健全全民终身学习体系，为妇女终身学习创造条件。

各级人民政府和有关部门应当采取措施，根据城镇和农村妇女的需要，组织妇女接受职业教育和实用技术培训。

第四十条 国家机关、社会团体和企业事业单位应当执行国家有关规定，保障妇女从事科学、技术、文学、艺术和其他文化活动，享有与男子平等的权利。

第五章 劳动和社会保障权益

第四十一条 国家保障妇女享有与男子平等的劳动权利和社会保障权利。

第四十二条 各级人民政府和有关部门应当完善就业保障政策措施，防止和纠正就业性别歧视，为妇女创造公平的就业创业环境，为就业困难的妇女提供必要的扶持和援助。

第四十三条 用人单位在招录（聘）过程中，除国家另有规定外，不得实施下列行为：

（一）限定为男性或者规定男性优先；

（二）除个人基本信息外，进一步询问或者调查女性求职者的婚育情况；

（三）将妊娠测试作为入职体检项目；

（四）将限制结婚、生育或者婚姻、生育状况作为录（聘）用条件；

（五）其他以性别为由拒绝录（聘）用妇女或者差别化地提高对妇女录（聘）用标准的行为。

第四十四条 用人单位在录（聘）用女职工时，应当依法与其签订劳动（聘用）合同或者服务协议，劳动（聘用）合同或者服务协议中应当具备女职工特殊保护条款，并不得规定限制女职工结婚、生育等内容。

职工一方与用人单位订立的集体合同中应当包含男女平等和女职工权益保护相关内容，也可以就相关内容制定专章、附件或者单独订立女职工权益保护专项集体合同。

第四十五条 实行男女同工同酬。妇女在享受福利待遇方面享有与男子平等的权利。

第四十六条 在晋职、晋级、评聘专业技术职称和职务、培训等方面，应当坚持男女平等的原则，不得歧视妇女。

第四十七条 用人单位应当根据妇女的特点，依法保护妇女在工作和劳动时的安全、健康以及休息的权利。

妇女在经期、孕期、产期、哺乳期受特殊保护。

第四十八条 用人单位不得因结婚、怀孕、产假、哺乳等情形，降低女职工的工资和福利待遇，限制女职工晋职、晋级、评聘专业技术职称和职务，辞退女职工，单方解除劳动（聘用）合同或者服务协议。

女职工在怀孕以及依法享受产假期间，劳动（聘用）合同或者服务协议期满的，劳动（聘用）合同或者服务协议期限自动延续至产假结束。但是，用人单位依法解除、终止劳动（聘用）合同、服务协议，或者女职工依法要求解除、终止劳动（聘用）合同、服务协议的除外。

用人单位在执行国家退休制度时，不得以性别为由歧视妇女。

第四十九条 人力资源和社会保障部门应当将招聘、录取、晋职、晋级、评聘专业技术职称和职务、培训、辞退等过程中的性别歧视行为纳入劳动保障监察范围。

第五十条 国家发展社会保障事业，保障妇女享有社会保险、社会救助和社会福利等权益。

国家提倡和鼓励为帮助妇女而开展的社会公益活动。

第五十一条 国家实行生育保险制度，建立健全婴幼儿托育服务等与生育相关的其他保障制度。

国家建立健全职工生育休假制度，保障孕产期女职工依法享有休息休假权益。

地方各级人民政府和有关部门应当按照国家有关规定，为符合条件的困难妇女提供必要的生育救助。

第五十二条 各级人民政府和有关部门应当采取必要措施，加强贫困妇女、老龄妇女、残疾妇女等困难妇女的权益保障，按照有关规定为其提供生活帮扶、就业创业支持等关爱服务。

第六章 财产权益

第五十三条 国家保障妇女享有与男子平等的财产权利。

第五十四条 在夫妻共同财产、家庭共有财产关系中，不得侵害妇女依法享有的权益。

第五十五条 妇女在农村集体经济组织成员身份确认、土地承包经营、集体经济组织收益分配、土地征收补偿安置或者征用补偿以及宅基地使用等方面，享有与男子平等的权利。

申请农村土地承包经营权、宅基地使用权等不动产登记，应当在不动产登记簿和权属证书上将享有权利的妇女等家庭成员全部列明。征收补偿安置或者征用补偿协议应当将享有相关权益的妇女列入，并记载权益内容。

第五十六条 村民自治章程、村规民约，村民会议、村民代表会议的决定以及其他涉及村民利益事项的决定，不得以妇女未婚、结婚、离婚、丧偶、户无男性等为由，侵害妇女在农村集体经济组织中的各项权益。

因结婚男方到女方住所落户的，男方和子女享有与所在地农村集体经济组织成员平等的权益。

第五十七条 国家保护妇女在城镇集体所有财产关系中的权益。妇女依照法律、法规的规定享有相关权益。

第五十八条 妇女享有与男子平等的继承权。妇女依法行使继承权，不受歧视。

丧偶妇女有权依法处分继承的财产，任何组织和个人不得干涉。

第五十九条 丧偶儿媳对公婆尽了主要赡养义务

的，作为第一顺序继承人，其继承权不受子女代位继承的影响。

第七章 婚姻家庭权益

第六十条 国家保障妇女享有与男子平等的婚姻家庭权利。

第六十一条 国家保护妇女的婚姻自主权。禁止干涉妇女的结婚、离婚自由。

第六十二条 国家鼓励男女双方在结婚登记前，共同进行医学检查或者相关健康体检。

第六十三条 婚姻登记机关应当提供婚姻家庭辅导服务，引导当事人建立平等、和睦、文明的婚姻家庭关系。

第六十四条 女方在怀孕期间、分娩后一年内或者终止妊娠后六个月内，男方不得提出离婚；但是，女方提出离婚或者人民法院认为确有必要受理男方离婚请求的除外。

第六十五条 禁止对妇女实施家庭暴力。

县级以上人民政府有关部门、司法机关、社会团体、企业事业单位、基层群众性自治组织以及其他组织，应当在各自的职责范围内预防和制止家庭暴力，依法为受害妇女提供救助。

第六十六条 妇女对夫妻共同财产享有与其配偶平等的占有、使用、收益和处分的权利，不受双方收入状况等情形的影响。

对夫妻共同所有的不动产以及可以联名登记的动产，女方有权要求在权属证书上记载其姓名；认为记载的权利人、标的物、权利比例等事项有错误的，有权依法申请更正登记或者异议登记，有关机构应当按照其申请依法办理相应登记手续。

第六十七条 离婚诉讼期间，夫妻一方申请查询登记在对方名下财产状况且确因客观原因不能自行收集的，人民法院应当进行调查取证，有关部门和单位应当予以协助。

离婚诉讼期间，夫妻双方均有向人民法院申报全部夫妻共同财产的义务。一方隐藏、转移、变卖、损毁、挥霍夫妻共同财产，或者伪造夫妻共同债务企图侵占另一方财产的，在离婚分割夫妻共同财产时，对该方可以少分或者不分财产。

第六十八条 夫妻双方应当共同负担家庭义务，共同照顾家庭生活。

女方因抚育子女、照料老人、协助男方工作等负担较多义务的，有权在离婚时要求男方予以补偿。补偿办法由双方协议确定；协议不成的，可以向人民法院提起诉讼。

第六十九条 离婚时，分割夫妻共有的房屋或者处理夫妻共同租住的房屋，由双方协议解决；协议不成的，可以向人民法院提起诉讼。

第七十条 父母双方对未成年子女享有平等的监护权。

父亲死亡、无监护能力或者有其他情形不能担任未成年子女的监护人的，母亲的监护权任何组织和个人不得干涉。

第七十一条 女方丧失生育能力的，在离婚处理子女抚养问题时，应当在最有利于未成年子女的条件下，优先考虑女方的抚养要求。

第八章 救济措施

第七十二条 对侵害妇女合法权益的行为，任何组织和个人都有权予以劝阻、制止或者向有关部门提出控告或者检举。有关部门接到控告或者检举后，应当依法及时处理，并为控告人、检举人保密。

妇女的合法权益受到侵害的，有权要求有关部门依法处理，或者依法申请调解、仲裁，或者向人民法院起诉。

对符合条件的妇女，当地法律援助机构或者司法机关应当给予帮助，依法为其提供法律援助或者司法救助。

第七十三条 妇女的合法权益受到侵害的，可以向妇女联合会等妇女组织求助。妇女联合会等妇女组织应当维护被侵害妇女的合法权益，有权要求并协助有关部门或者单位查处。有关部门或者单位应当依法查处，并予以答复；不予处理或者处理不当的，县级以上人民政府负责妇女儿童工作的机构、妇女联合会可以向其提出督促处理意见，必要时可以提请同级人民政府开展督查。

受害妇女进行诉讼需要帮助的，妇女联合会应当给予支持和帮助。

第七十四条 用人单位侵害妇女劳动和社会保障权益的，人力资源和社会保障部门可以联合工会、妇女联合会约谈用人单位，依法进行监督并要求其限期纠正。

第七十五条 妇女在农村集体经济组织成员身份确认等方面权益受到侵害的，可以申请乡镇人民政府等进行协调，或者向人民法院起诉。

乡镇人民政府应当对村民自治章程、村规民约，村民会议、村民代表会议的决定以及其他涉及村民利益事项的决定进行指导，对其中违反法律、法规和国家政策规定，侵害妇女合法权益的内容责令改正；受侵害妇女向农村土地承包仲裁机构申请仲裁或者向人民法院起诉的，农村土地承包仲裁机构或者人民法院应当依法受理。

第七十六条 县级以上人民政府应当开通全国统一的妇女权益保护服务热线，及时受理、移送有关侵害妇女合法权益的投诉、举报；有关部门或者单位接到投诉、举报后，应当及时予以处置。

鼓励和支持群团组织、企业事业单位、社会组织和个人参与建设妇女权益保护服务热线，提供妇女权益保护方面的咨询、帮助。

第七十七条 侵害妇女合法权益，导致社会公共利益受损的，检察机关可以发出检察建议；有下列情形之一的，检察机关可以依法提起公益诉讼：

（一）确认农村妇女集体经济组织成员身份时侵害妇女权益或者侵害妇女享有的农村土地承包和集体收益、土地征收征用补偿分配权益和宅基地使用权益；

（二）侵害妇女平等就业权益；

（三）相关单位未采取合理措施预防和制止性骚扰；

（四）通过大众传播媒介或者其他方式贬低损害妇女人格；

（五）其他严重侵害妇女权益的情形。

第七十八条 国家机关、社会团体、企业事业单位对侵害妇女权益的行为，可以支持受侵害的妇女向人民法院起诉。

第九章 法律责任

第七十九条 违反本法第二十二条第二款规定，未履行报告义务的，依法对直接负责的主管人员和其他直接责任人员给予处分。

第八十条 违反本法规定，对妇女实施性骚扰的，由公安机关给予批评教育或者出具告诫书，并由所在单位依法给予处分。

学校、用人单位违反本法规定，未采取必要措施预防和制止性骚扰，造成妇女权益受到侵害或者社会影响恶劣的，由上级机关或者主管部门责令改正；拒不改正或者情节严重的，依法对直接负责的主管人员和其他直接责任人员给予处分。

第八十一条 违反本法第二十六条规定，未履行报告等义务的，依法给予警告、责令停业整顿或者吊销营业执照、吊销相关许可证，并处一万元以上五万元以下罚款。

第八十二条 违反本法规定，通过大众传播媒介或者其他方式贬低损害妇女人格的，由公安、网信、文化旅游、广播电视、新闻出版或者其他有关部门依据各自的职权责令改正，并依法给予行政处罚。

第八十三条 用人单位违反本法第四十三条和第四十八条规定的，由人力资源和社会保障部门责令改正；拒不改正或者情节严重的，处一万元以上五万元以下罚款。

第八十四条 违反本法规定，对侵害妇女权益的申诉、控告、检举，推诿、拖延、压制不予查处，或者对提出申诉、控告、检举的人进行打击报复的，依法责令改正，并对直接负责的主管人员和其他直接责任人员给予处分。

国家机关及其工作人员未依法履行职责，对侵害妇女权益的行为未及时制止或者未给予受害妇女必要帮助，造成严重后果的，依法对直接负责的主管人员和其他直接责任人员给予处分。

违反本法规定，侵害妇女人身和人格权益、文化教育权益、劳动和社会保障权益、财产权益以及婚姻家庭权益的，依法责令改正，直接负责的主管人员和其他直接责任人员属于国家工作人员的，依法给予处分。

第八十五条 违反本法规定，侵害妇女的合法权益，其他法律、法规规定行政处罚的，从其规定；造成财产损失或者人身损害的，依法承担民事责任；构成犯罪的，依法追究刑事责任。

第十章 附 则

第八十六条 本法自2023年1月1日起施行。

中华人民共和国未成年人保护法

1. 1991 年 9 月 4 日第七届全国人民代表大会常务委员会第二十一次会议通过

2. 2006 年 12 月 29 日第十届全国人民代表大会常务委员会第二十五次会议第一次修订

3. 根据 2012 年 10 月 26 日第十一届全国人民代表大会常务委员会第二十九次会议《关于修改〈中华人民共和国未成年人保护法〉的决定》第一次修正

4. 2020 年 10 月 17 日第十三届全国人民代表大会常务委员会第二十二次会议第二次修订

5. 根据 2024 年 4 月 26 日第十四届全国人民代表大会常务委员会第九次会议《关于修改〈中华人民共和国农业技术推广法〉、〈中华人民共和国未成年人保护法〉、〈中华人民共和国生物安全法〉的决定》第二次修正

目　录

第一章　总　则

第一条　为了保护未成年人身心健康，保障未成年人合法权益，促进未成年人德智体美劳全面发展，培养有理想、有道德、有文化、有纪律的社会主义建设者和接班人，培养担当民族复兴大任的时代新人，根据宪法，制定本法。

第二条　本法所称未成年人是指未满十八周岁的公民。

第三条　国家保障未成年人的生存权、发展权、受保护权、参与权等权利。

未成年人依法平等地享有各项权利，不因本人及其父母或者其他监护人的民族、种族、性别、户籍、职业、宗教信仰、教育程度、家庭状况、身心健康状况等受到歧视。

第四条　保护未成年人，应当坚持最有利于未成年人的原则。处理涉及未成年人事项，应当符合下列要求：

（一）给予未成年人特殊、优先保护；

（二）尊重未成年人人格尊严；

（三）保护未成年人隐私权和个人信息；

（四）适应未成年人身心健康发展的规律和特点；

（五）听取未成年人的意见；

（六）保护与教育相结合。

第五条　国家、社会、学校和家庭应当对未成年人进行理想教育、道德教育、科学教育、文化教育、法治教育、国家安全教育、健康教育、劳动教育，加强爱国主义、集体主义和中国特色社会主义的教育，培养爱祖国、爱人民、爱劳动、爱科学、爱社会主义的公德，抵制资本主义、封建主义和其他腐朽思想的侵蚀，引导未成年人树立和践行社会主义核心价值观。

第六条　保护未成年人，是国家机关、武装力量、政党、人民团体、企业事业单位、社会组织、城乡基层群众性自治组织、未成年人的监护人以及其他成年人的共同责任。

国家、社会、学校和家庭应当教育和帮助未成年人维护自身合法权益，增强自我保护的意识和能力。

第七条　未成年人的父母或者其他监护人依法对未成年人承担监护职责。

国家采取措施指导、支持、帮助和监督未成年人的父母或者其他监护人履行监护职责。

第八条　县级以上人民政府应当将未成年人保护工作纳入国民经济和社会发展规划，相关经费纳入本级政府预算。

第九条　各级人民政府应当重视和加强未成年人保护工作。县级以上人民政府负责妇女儿童工作的机构，负责未成年人保护工作的组织、协调、指导、督促，有关部门在各自职责范围内做好相关工作。

第十条　共产主义青年团、妇女联合会、工会、残疾人联合会、关心下一代工作委员会、青年联合会、学生联合会、少年先锋队以及其他人民团体、有关社

会组织，应当协助各级人民政府及其有关部门、人民检察院、人民法院做好未成年人保护工作，维护未成年人合法权益。

第十一条 任何组织或者个人发现不利于未成年人身心健康或者侵犯未成年人合法权益的情形，都有权劝阻、制止或者向公安、民政、教育等有关部门提出检举、控告。

国家机关、居民委员会、村民委员会、密切接触未成年人的单位及其工作人员，在工作中发现未成年人身心健康受到侵害、疑似受到侵害或者面临其他危险情形的，应当立即向公安、民政、教育等有关部门报告。

有关部门接到涉及未成年人的检举、控告或者报告，应当依法及时受理、处置，并以适当方式将处理结果告知相关单位和人员。

第十二条 国家鼓励和支持未成年人保护方面的科学研究，建设相关学科、设置相关专业，加强人才培养。

第十三条 国家建立健全未成年人统计调查制度，开展未成年人健康、受教育等状况的统计、调查和分析，发布未成年人保护的有关信息。

第十四条 国家对保护未成年人有显著成绩的组织和个人给予表彰和奖励。

第二章 家庭保护

第十五条 未成年人的父母或者其他监护人应当学习家庭教育知识，接受家庭教育指导，创造良好、和睦、文明的家庭环境。

共同生活的其他成年家庭成员应当协助未成年人的父母或者其他监护人抚养、教育和保护未成年人。

第十六条 未成年人的父母或者其他监护人应当履行下列监护职责：

（一）为未成年人提供生活、健康、安全等方面的保障；

（二）关注未成年人的生理、心理状况和情感需求；

（三）教育和引导未成年人遵纪守法、勤俭节约，养成良好的思想品德和行为习惯；

（四）对未成年人进行安全教育，提高未成年人的自我保护意识和能力；

（五）尊重未成年人受教育的权利，保障适龄未成年人依法接受并完成义务教育；

（六）保障未成年人休息、娱乐和体育锻炼的时间，引导未成年人进行有益身心健康的活动；

（七）妥善管理和保护未成年人的财产；

（八）依法代理未成年人实施民事法律行为；

（九）预防和制止未成年人的不良行为和违法犯罪行为，并进行合理管教；

（十）其他应当履行的监护职责。

第十七条 未成年人的父母或者其他监护人不得实施下列行为：

（一）虐待、遗弃、非法送养未成年人或者对未成年人实施家庭暴力；

（二）放任、教唆或者利用未成年人实施违法犯罪行为；

（三）放任、唆使未成年人参与邪教、迷信活动或者接受恐怖主义、分裂主义、极端主义等侵害；

（四）放任、唆使未成年人吸烟（含电子烟，下同）、饮酒、赌博、流浪乞讨或者欺凌他人；

（五）放任或者迫使应当接受义务教育的未成年人失学、辍学；

（六）放任未成年人沉迷网络，接触危害或者可能影响其身心健康的图书、报刊、电影、广播电视节目、音像制品、电子出版物和网络信息等；

（七）放任未成年人进入营业性娱乐场所、酒吧、互联网上网服务营业场所等不适宜未成年人活动的场所；

（八）允许或者迫使未成年人从事国家规定以外的劳动；

（九）允许、迫使未成年人结婚或者为未成年人订立婚约；

（十）违法处分、侵吞未成年人的财产或者利用未成年人牟取不正当利益；

（十一）其他侵犯未成年人身心健康、财产权益或者不依法履行未成年人保护义务的行为。

第十八条 未成年人的父母或者其他监护人应当为未成年人提供安全的家庭生活环境，及时排除引发触电、烫伤、跌落等伤害的安全隐患；采取配备儿童安全座椅、教育未成年人遵守交通规则等措施，防止未成年人受到交通事故的伤害；提高户外安全保护意识，避免未成年人发生溺水、动物伤害等事故。

第十九条 未成年人的父母或者其他监护人应当根据未成年人的年龄和智力发展状况，在作出与未成年人权益有关的决定前，听取未成年人的意见，充分考虑其真实意愿。

第二十条 未成年人的父母或者其他监护人发现未成年人身心健康受到侵害、疑似受到侵害或者其他合法权益受到侵犯的，应当及时了解情况并采取保护措施；情况严重的，应当立即向公安、民政、教育等部门报告。

第二十一条 未成年人的父母或者其他监护人不得使未满八周岁或者由于身体、心理原因需要特别照顾的未成年人处于无人看护状态，或者将其交由无民事行为能力、限制民事行为能力、患有严重传染性疾病或者其他不适宜的人员临时照护。

未成年人的父母或者其他监护人不得使未满十六周岁的未成年人脱离监护单独生活。

第二十二条 未成年人的父母或者其他监护人因外出务工等原因在一定期限内不能完全履行监护职责的，应当委托具有照护能力的完全民事行为能力人代为照护；无正当理由的，不得委托他人代为照护。

未成年人的父母或者其他监护人在确定被委托人时，应当综合考虑其道德品质、家庭状况、身心健康状况、与未成年人生活情感上的联系等情况，并听取有表达意愿能力未成年人的意见。

具有下列情形之一的，不得作为被委托人：

（一）曾实施性侵害、虐待、遗弃、拐卖、暴力伤害等违法犯罪行为；

（二）有吸毒、酗酒、赌博等恶习；

（三）曾拒不履行或者长期怠于履行监护、照护职责；

（四）其他不适宜担任被委托人的情形。

第二十三条 未成年人的父母或者其他监护人应当及时将委托照护情况书面告知未成年人所在学校、幼儿园和实际居住地的居民委员会、村民委员会，加强和未成年人所在学校、幼儿园的沟通；与未成年人、被委托人至少每周联系和交流一次，了解未成年人的生活、学习、心理等情况，并给予未成年人亲情关爱。

未成年人的父母或者其他监护人接到被委托人、居民委员会、村民委员会、学校、幼儿园等关于未成年人心理、行为异常的通知后，应当及时采取干预措施。

第二十四条 未成年人的父母离婚时，应当妥善处理未成年子女的抚养、教育、探望、财产等事宜，听取有表达意愿能力未成年人的意见。不得以抢夺、藏匿未成年子女等方式争夺抚养权。

未成年人的父母离婚后，不直接抚养未成年子女的一方应当依照协议、人民法院判决或者调解确定的时间和方式，在不影响未成年人学习、生活的情况下探望未成年子女，直接抚养的一方应当配合，但被人民法院依法中止探望权的除外。

第三章 学校保护

第二十五条 学校应当全面贯彻国家教育方针，坚持立德树人，实施素质教育，提高教育质量，注重培养未成年学生认知能力、合作能力、创新能力和实践能力，促进未成年学生全面发展。

学校应当建立未成年学生保护工作制度，健全学生行为规范，培养未成年学生遵纪守法的良好行为习惯。

第二十六条 幼儿园应当做好保育、教育工作，遵循幼儿身心发展规律，实施启蒙教育，促进幼儿在体质、智力、品德等方面和谐发展。

第二十七条 学校、幼儿园的教职员工应当尊重未成年人人格尊严，不得对未成年人实施体罚、变相体罚或者其他侮辱人格尊严的行为。

第二十八条 学校应当保障未成年学生受教育的权利，不得违反国家规定开除、变相开除未成年学生。

学校应当对尚未完成义务教育的辍学未成年学生进行登记并劝返复学；劝返无效的，应当及时向教育行政部门书面报告。

第二十九条 学校应当关心、爱护未成年学生，不得因家庭、身体、心理、学习能力等情况歧视学生。对家庭困难、身心有障碍的学生，应当提供关爱；对行为异常、学习有困难的学生，应当耐心帮助。

学校应当配合政府有关部门建立留守未成年学生、困境未成年学生的信息档案，开展关爱帮扶工作。

第三十条 学校应当根据未成年学生身心发展特点，进行社会生活指导、心理健康辅导、青春期教育和生命教育。

第三十一条 学校应当组织未成年学生参加与其年龄相适应的日常生活劳动、生产劳动和服务性劳动，帮助未成年学生掌握必要的劳动知识和技能，养成良好的劳动习惯。

第三十二条 学校、幼儿园应当开展勤俭节约、反对浪费、珍惜粮食、文明饮食等宣传教育活动，帮助未成年人树立浪费可耻、节约为荣的意识，养成文明健康、绿色环保的生活习惯。

第三十三条 学校应当与未成年学生的父母或者其他监护人互相配合，合理安排未成年学生的学习时间，保障其休息、娱乐和体育锻炼的时间。

学校不得占用国家法定节假日、休息日及寒暑假期，组织义务教育阶段的未成年学生集体补课，加重其学习负担。

幼儿园、校外培训机构不得对学龄前未成年人进行小学课程教育。

第三十四条 学校、幼儿园应当提供必要的卫生保健条件，协助卫生健康部门做好在校、在园未成年人的卫生保健工作。

第三十五条 学校、幼儿园应当建立安全管理制度，对未成年人进行安全教育，完善安保设施、配备安保人员，保障未成年人在校、在园期间的人身和财产安全。

学校、幼儿园不得在危及未成年人人身安全、身心健康的校舍和其他设施、场所中进行教育教学活动。

学校、幼儿园安排未成年人参加文化娱乐、社会实践等集体活动，应当保护未成年人的身心健康，防止发生人身伤害事故。

第三十六条 使用校车的学校、幼儿园应当建立健全校车安全管理制度，配备安全管理人员，定期对校车进行安全检查，对校车驾驶人进行安全教育，并向未成年人讲解校车安全乘坐知识，培养未成年人校车安全事故应急处理技能。

第三十七条 学校、幼儿园应当根据需要，制定应对自然灾害、事故灾难、公共卫生事件等突发事件和意外伤害的预案，配备相应设施并定期进行必要的演练。

未成年人在校内、园内或者本校、本园组织的校外、园外活动中发生人身伤害事故的，学校、幼儿园应当立即救护，妥善处理，及时通知未成年人的父母或者其他监护人，并向有关部门报告。

第三十八条 学校、幼儿园不得安排未成年人参加商业性活动，不得向未成年人及其父母或者其他监护人推销或者要求其购买指定的商品和服务。

学校、幼儿园不得与校外培训机构合作为未成年人提供有偿课程辅导。

第三十九条 学校应当建立学生欺凌防控工作制度，对教职员工、学生等开展防治学生欺凌的教育和培训。

学校对学生欺凌行为应当立即制止，通知实施欺凌和被欺凌未成年学生的父母或者其他监护人参与欺凌行为的认定和处理；对相关未成年学生及时给予心理辅导、教育和引导；对相关未成年学生的父母或者其他监护人给予必要的家庭教育指导。

对实施欺凌的未成年学生，学校应当根据欺凌行为的性质和程度，依法加强管教。对严重的欺凌行为，学校不得隐瞒，应当及时向公安机关、教育行政部门报告，并配合相关部门依法处理。

第四十条 学校、幼儿园应当建立预防性侵害、性骚扰未成年人工作制度。对性侵害、性骚扰未成年人等违法犯罪行为，学校、幼儿园不得隐瞒，应当及时向公安机关、教育行政部门报告，并配合相关部门依法处理。

学校、幼儿园应当对未成年人开展适合其年龄的性教育，提高未成年人防范性侵害、性骚扰的自我保护意识和能力。对遭受性侵害、性骚扰的未成年人，学校、幼儿园应当及时采取相关的保护措施。

第四十一条 婴幼儿照护服务机构、早期教育服务机构、校外培训机构、校外托管机构等应当参照本章有关规定，根据不同年龄阶段未成年人的成长特点和规律，做好未成年人保护工作。

第四章 社会保护

第四十二条 全社会应当树立关心、爱护未成年人的良好风尚。

国家鼓励、支持和引导人民团体、企业事业单位、社会组织以及其他组织和个人，开展有利于未成年人健康成长的社会活动和服务。

第四十三条 居民委员会、村民委员会应当设置专人专岗负责未成年人保护工作，协助政府有关部门宣传未成年人保护方面的法律法规，指导、帮助和监督未成年人的父母或者其他监护人依法履行监护职责，建立留守未成年人、困境未成年人的信息档案并给予关爱帮扶。

居民委员会、村民委员会应当协助政府有关部门监督未成年人委托照护情况，发现被委托人缺乏照护能力、怠于履行照护职责等情况，应当及时向政府有关部门报告，并告知未成年人的父母或者其他监护人，帮助、督促被委托人履行照护职责。

第四十四条 爱国主义教育基地、图书馆、青少年宫、儿童活动中心、儿童之家应当对未成年人免费开放；博物馆、纪念馆、科技馆、展览馆、美术馆、文化馆、社区公益性互联网上网服务场所以及影剧院、体育场馆、动物园、植物园、公园等场所，应当按照有关规定对未成年人免费或者优惠开放。

国家鼓励爱国主义教育基地、博物馆、科技馆、美术馆等公共场馆开设未成年人专场，为未成年人提供有针对性的服务。

国家鼓励国家机关、企业事业单位、部队等开发自身教育资源，设立未成年人开放日，为未成年人主题教育、社会实践、职业体验等提供支持。

国家鼓励科研机构和科技类社会组织对未成年人开展科学普及活动。

第四十五条 城市公共交通以及公路、铁路、水路、航空客运等应当按照有关规定对未成年人实施免费或者优惠票价。

第四十六条 国家鼓励大型公共场所、公共交通工具、旅游景区景点等设置母婴室、婴儿护理台以及方便幼儿使用的坐便器、洗手台等卫生设施，为未成年人提供便利。

第四十七条 任何组织或者个人不得违反有关规定，限制未成年人应当享有的照顾或者优惠。

第四十八条 国家鼓励创作、出版、制作和传播有利于未成年人健康成长的图书、报刊、电影、广播电视节目、舞台艺术作品、音像制品、电子出版物和网络信息等。

第四十九条 新闻媒体应当加强未成年人保护方面的宣传，对侵犯未成年人合法权益的行为进行舆论监督。新闻媒体采访报道涉及未成年人事件应当客观、审慎和适度，不得侵犯未成年人的名誉、隐私和其他合法权益。

第五十条 禁止制作、复制、出版、发布、传播含有宣扬淫秽、色情、暴力、邪教、迷信、赌博、引诱自杀、恐怖主义、分裂主义、极端主义等危害未成年人身心健康内容的图书、报刊、电影、广播电视节目、舞台艺术作品、音像制品、电子出版物和网络信息等。

第五十一条 任何组织或者个人出版、发布、传播的图书、报刊、电影、广播电视节目、舞台艺术作品、音像制品、电子出版物或者网络信息，包含可能影响未成年人身心健康内容的，应当以显著方式作出提示。

第五十二条 禁止制作、复制、发布、传播或者持有有关未成年人的淫秽色情物品和网络信息。

第五十三条 任何组织或者个人不得刊登、播放、张贴或者散发含有危害未成年人身心健康内容的广告；不得在学校、幼儿园播放、张贴或者散发商业广告；不得利用校服、教材等发布或者变相发布商业广告。

第五十四条 禁止拐卖、绑架、虐待、非法收养未成年人，禁止对未成年人实施性侵害、性骚扰。

禁止胁迫、引诱、教唆未成年人参加黑社会性质组织或者从事违法犯罪活动。

禁止胁迫、诱骗、利用未成年人乞讨。

第五十五条 生产、销售用于未成年人的食品、药品、玩具、用具和游戏游艺设备、游乐设施等，应当符合国家或者行业标准，不得危害未成年人的人身安全和身心健康。上述产品的生产者应当在显著位置标明注意事项，未标明注意事项的不得销售。

第五十六条 未成年人集中活动的公共场所应当符合国家或者行业安全标准，并采取相应安全保护措施。对可能存在安全风险的设施，应当定期进行维护，在显著位置设置安全警示标志并标明适龄范围和注意事项；必要时应当安排专门人员看管。

大型的商场、超市、医院、图书馆、博物馆、科技馆、游乐场、车站、码头、机场、旅游景区景点等场所运营单位应当设置搜寻走失未成年人的安全警报系统。场所运营单位接到求助后，应当立即启动安全警报系统，组织人员进行搜寻并向公安机关报告。

公共场所发生突发事件时，应当优先救护未成年人。

第五十七条 旅馆、宾馆、酒店等住宿经营者接待未成年人入住，或者接待未成年人和成年人共同入住时，应当询问父母或者其他监护人的联系方式、入住人员的身份关系等有关情况；发现有违法犯罪嫌疑的，应当立即向公安机关报告，并及时联系未成年人的父母或者其他监护人。

第五十八条 学校、幼儿园周边不得设置营业性娱乐场所、酒吧、互联网上网服务营业场所等不适宜未成年人活动的场所。营业性歌舞娱乐场所、酒吧、互联网上网服务营业场所等不适宜未成年人活动场所的经营者，不得允许未成年人进入；游艺娱乐场所设置的电子游戏设备，除国家法定节假日外，不得向未成年人提供。经营者应当在显著位置设置未成年人禁入、限入标志；对难以判明是否是未成年人的，应当要求其出示身份证件。

第五十九条 学校、幼儿园周边不得设置烟、酒、彩票销售网点。禁止向未成年人销售烟、酒、彩票或者兑付彩票奖金。烟、酒和彩票经营者应当在显著位置设置不向未成年人销售烟、酒或者彩票的标志；对难以判明是否是未成年人的，应当要求其出示身份证件。

任何人不得在学校、幼儿园和其他未成年人集中活动的公共场所吸烟、饮酒。

第六十条 禁止向未成年人提供、销售管制刀具或者其他可能致人严重伤害的器具等物品。经营者难以判明购买者是否是未成年人的，应当要求其出示身份证件。

第六十一条 任何组织或者个人不得招用未满十六周岁未成年人，国家另有规定的除外。

营业性娱乐场所、酒吧、互联网上网服务营业场所等不适宜未成年人活动的场所不得招用已满十六周岁的未成年人。

招用已满十六周岁未成年人的单位和个人应当执行国家在工种、劳动时间、劳动强度和保护措施等方面的规定，不得安排其从事过重、有毒、有害等危害未成年人身心健康的劳动或者危险作业。

任何组织或者个人不得组织未成年人进行危害其身心健康的表演等活动。经未成年人的父母或者其他监护人同意，未成年人参与演出、节目制作等活动，活动组织方应当根据国家有关规定，保障未成年人合法权益。

第六十二条 密切接触未成年人的单位招聘工作人员时，应当向公安机关、人民检察院查询应聘者是否具有性侵害、虐待、拐卖、暴力伤害等违法犯罪记录；发现其具有前述行为记录的，不得录用。

密切接触未成年人的单位应当每年定期对工作人员是否具有上述违法犯罪记录进行查询。通过查询或者其他方式发现其工作人员具有上述行为的，应当及时解聘。

第六十三条 任何组织或者个人不得隐匿、毁弃、非法删除未成年人的信件、日记、电子邮件或者其他网络通讯内容。

除下列情形外，任何组织或者个人不得开拆、查阅未成年人的信件、日记、电子邮件或者其他网络通讯内容：

（一）无民事行为能力未成年人的父母或者其他监护人代未成年人开拆、查阅；

（二）因国家安全或者追查刑事犯罪依法进行检查；

（三）紧急情况下为了保护未成年人本人的人身安全。

第五章　网络保护

第六十四条 国家、社会、学校和家庭应当加强未成年人网络素养宣传教育，培养和提高未成年人的网络素养，增强未成年人科学、文明、安全、合理使用网络的意识和能力，保障未成年人在网络空间的合法权益。

第六十五条 国家鼓励和支持有利于未成年人健康成长的网络内容的创作与传播，鼓励和支持专门以未成年人为服务对象、适合未成年人身心健康特点的网络技术、产品、服务的研发、生产和使用。

第六十六条 网信部门及其他有关部门应当加强对未成年人网络保护工作的监督检查，依法惩处利用网络从事危害未成年人身心健康的活动，为未成年人提供安全、健康的网络环境。

第六十七条 网信部门会同公安、文化和旅游、新闻出版、电影、广播电视等部门根据保护不同年龄阶段未成年人的需要，确定可能影响未成年人身心健康网络信息的种类、范围和判断标准。

第六十八条 新闻出版、教育、卫生健康、文化和旅游、网信等部门应当定期开展预防未成年人沉迷网络的宣传教育，监督网络产品和服务提供者履行预防未成年人沉迷网络的义务，指导家庭、学校、社会组织互相配合，采取科学、合理的方式对未成年人沉迷网络进行预防和干预。

任何组织或者个人不得以侵害未成年人身心健康的方式对未成年人沉迷网络进行干预。

第六十九条 学校、社区、图书馆、文化馆、青少年宫等场所为未成年人提供的互联网上网服务设施，应当安装未成年人网络保护软件或者采取其他安全保护技术措施。

智能终端产品的制造者、销售者应当在产品上安装未成年人网络保护软件，或者以显著方式告知用户未成年人网络保护软件的安装渠道和方法。

第七十条 学校应当合理使用网络开展教学活动。

未经学校允许，未成年学生不得将手机等智能终端产品带入课堂，带入学校的应当统一管理。

学校发现未成年学生沉迷网络的，应当及时告知其父母或者其他监护人，共同对未成年学生进行教育和引导，帮助其恢复正常的学习生活。

第七十一条 未成年人的父母或者其他监护人应当提高网络素养，规范自身使用网络的行为，加强对未成年人使用网络行为的引导和监督。

未成年人的父母或者其他监护人应当通过在智能终端产品上安装未成年人网络保护软件、选择适合未成年人的服务模式和管理功能等方式，避免未成年人接触危害或者可能影响其身心健康的网络信息，合理安排未成年人使用网络的时间，有效预防未成年人沉迷网络。

第七十二条 信息处理者通过网络处理未成年人个人信息的，应当遵循合法、正当和必要的原则。处理不满十四周岁未成年人个人信息的，应当征得未成年人的父母或者其他监护人同意，但法律、行政法规另有规定的除外。

未成年人、父母或者其他监护人要求信息处理者更正、删除未成年人个人信息的，信息处理者应当及时采取措施予以更正、删除，但法律、行政法规另有规定的除外。

第七十三条 网络服务提供者发现未成年人通过网络发布私密信息的，应当及时提示，并采取必要的保护措施。

第七十四条 网络产品和服务提供者不得向未成年人提供诱导其沉迷的产品和服务。

网络游戏、网络直播、网络音视频、网络社交等网络服务提供者应当针对未成年人使用其服务设置相应的时间管理、权限管理、消费管理等功能。

以未成年人为服务对象的在线教育网络产品和服务，不得插入网络游戏链接，不得推送广告等与教学无关的信息。

第七十五条 网络游戏经依法审批后方可运营。

国家建立统一的未成年人网络游戏电子身份认证系统。网络游戏服务提供者应当要求未成年人以真实身份信息注册并登录网络游戏。

网络游戏服务提供者应当按照国家有关规定和标准，对游戏产品进行分类，作出适龄提示，并采取技术措施，不得让未成年人接触不适宜的游戏或者游戏功能。

网络游戏服务提供者不得在每日二十二时至次日八时向未成年人提供网络游戏服务。

第七十六条 网络直播服务提供者不得为未满十六周岁的未成年人提供网络直播发布者账号注册服务；为年满十六周岁的未成年人提供网络直播发布者账号注册服务时，应当对其身份信息进行认证，并征得其父母或者其他监护人同意。

第七十七条 任何组织或者个人不得通过网络以文字、图片、音视频等形式，对未成年人实施侮辱、诽谤、威胁或者恶意损害形象等网络欺凌行为。

遭受网络欺凌的未成年人及其父母或者其他监护人有权通知网络服务提供者采取删除、屏蔽、断开链接等措施。网络服务提供者接到通知后，应当及时采取必要的措施制止网络欺凌行为，防止信息扩散。

第七十八条 网络产品和服务提供者应当建立便捷、合理、有效的投诉和举报渠道，公开投诉、举报方式等信息，及时受理并处理涉及未成年人的投诉、举报。

第七十九条 任何组织或者个人发现网络产品、服务含有危害未成年人身心健康的信息，有权向网络产品和服务提供者或者网信、公安等部门投诉、举报。

第八十条 网络服务提供者发现用户发布、传播可能影响未成年人身心健康的信息且未作显著提示的，应当作出提示或者通知用户予以提示；未作出提示的，不得传输相关信息。

网络服务提供者发现用户发布、传播含有危害未成年人身心健康内容的信息的，应当立即停止传输相关信息，采取删除、屏蔽、断开链接等处置措施，保存有关记录，并向网信、公安等部门报告。

网络服务提供者发现用户利用其网络服务对未成年人实施违法犯罪行为的，应当立即停止向该用户提供网络服务，保存有关记录，并向公安机关报告。

第六章　政府保护

第八十一条 县级以上人民政府承担未成年人保护协调机制具体工作的职能部门应当明确相关内设机构或者专门人员，负责承担未成年人保护工作。

乡镇人民政府和街道办事处应当设立未成年人保护工作站或者指定专门人员，及时办理未成年人相关事务；支持、指导居民委员会、村民委员会设立专人专岗，做好未成年人保护工作。

第八十二条 各级人民政府应当将家庭教育指导服务纳入城乡公共服务体系，开展家庭教育知识宣传，鼓励和支持有关人民团体、企业事业单位、社会组织开展家庭教育指导服务。

第八十三条 各级人民政府应当保障未成年人受教育的权利，并采取措施保障留守未成年人、困境未成年人、残疾未成年人接受义务教育。

对尚未完成义务教育的辍学未成年学生，教育行政部门应当责令父母或者其他监护人将其送入学校接受义务教育。

第八十四条 各级人民政府应当发展托育、学前教育事业，办好婴幼儿照护服务机构、幼儿园，支持社会力量依法兴办母婴室、婴幼儿照护服务机构、幼儿园。

县级以上地方人民政府及其有关部门应当培养和培训婴幼儿照护服务机构、幼儿园的保教人员，提高其职业道德素质和业务能力。

第八十五条 各级人民政府应当发展职业教育，保障未成年人接受职业教育或者职业技能培训，鼓励和支持人民团体、企业事业单位、社会组织为未成年人提供职业技能培训服务。

第八十六条 各级人民政府应当保障具有接受普通教育能力、能适应校园生活的残疾未成年人就近在普通学校、幼儿园接受教育；保障不具有接受普通教育能力的残疾未成年人在特殊教育学校、幼儿园接受学前教育、义务教育和职业教育。

各级人民政府应当保障特殊教育学校、幼儿园的办学、办园条件，鼓励和支持社会力量举办特殊教育学校、幼儿园。

第八十七条 地方人民政府及其有关部门应当保障校园安全，监督、指导学校、幼儿园等单位落实校园安全责任，建立突发事件的报告、处置和协调机制。

第八十八条 公安机关和其他有关部门应当依法维护校园周边的治安和交通秩序，设置监控设备和交通安全设施，预防和制止侵害未成年人的违法犯罪行为。

第八十九条 地方人民政府应当建立和改善适合未成年人的活动场所和设施，支持公益性未成年人活动场所和设施的建设和运行，鼓励社会力量兴办适合未成年人的活动场所和设施，并加强管理。

地方人民政府应当采取措施，鼓励和支持学校在国家法定节假日、休息日及寒暑假期将文化体育设施对未成年人免费或者优惠开放。

地方人民政府应当采取措施，防止任何组织或者个人侵占、破坏学校、幼儿园、婴幼儿照护服务机构等未成年人活动场所的场地、房屋和设施。

第九十条 各级人民政府及其有关部门应当对未成年人进行卫生保健和营养指导，提供卫生保健服务。

卫生健康部门应当依法对未成年人的疫苗预防接种进行规范，防治未成年人常见病、多发病，加强传染病防治和监督管理，做好伤害预防和干预，指导和监督学校、幼儿园、婴幼儿照护服务机构开展卫生保健工作。

教育行政部门应当加强未成年人的心理健康教育，建立未成年人心理问题的早期发现和及时干预机制。卫生健康部门应当做好未成年人心理治疗、心理危机干预以及精神障碍早期识别和诊断治疗等工作。

第九十一条 各级人民政府及其有关部门对困境未成年人实施分类保障，采取措施满足其生活、教育、安全、医疗康复、住房等方面的基本需要。

第九十二条 具有下列情形之一的，民政部门应当依法对未成年人进行临时监护：

（一）未成年人流浪乞讨或者身份不明，暂时查找不到父母或者其他监护人；

（二）监护人下落不明且无其他人可以担任监护人；

（三）监护人因自身客观原因或者因发生自然灾害、事故灾难、公共卫生事件等突发事件不能履行监护职责，导致未成年人监护缺失；

（四）监护人拒绝或者怠于履行监护职责，导致未成年人处于无人照料的状态；

（五）监护人教唆、利用未成年人实施违法犯罪行为，未成年人需要被带离安置；

（六）未成年人遭受监护人严重伤害或者面临人身安全威胁，需要被紧急安置；

（七）法律规定的其他情形。

第九十三条 对临时监护的未成年人，民政部门可以采取委托亲属抚养、家庭寄养等方式进行安置，也可以交由未成年人救助保护机构或者儿童福利机构进行收留、抚养。

临时监护期间，经民政部门评估，监护人重新具备履行监护职责条件的，民政部门可以将未成年人送回监护人抚养。

第九十四条 具有下列情形之一的，民政部门应当依法对未成年人进行长期监护：

（一）查找不到未成年人的父母或者其他监护人；

（二）监护人死亡或者被宣告死亡且无其他人可以担任监护人；

（三）监护人丧失监护能力且无其他人可以担任监护人；

（四）人民法院判决撤销监护人资格并指定由民政部门担任监护人；

（五）法律规定的其他情形。

第九十五条　民政部门进行收养评估后，可以依法将其长期监护的未成年人交由符合条件的申请人收养。收养关系成立后，民政部门与未成年人的监护关系终止。

第九十六条　民政部门承担临时监护或者长期监护职责的，财政、教育、卫生健康、公安等部门应当根据各自职责予以配合。

县级以上人民政府及其民政部门应当根据需要设立未成年人救助保护机构、儿童福利机构，负责收留、抚养由民政部门监护的未成年人。

第九十七条　县级以上人民政府应当开通全国统一的未成年人保护热线，及时受理、转介侵犯未成年人合法权益的投诉、举报；鼓励和支持人民团体、企业事业单位、社会组织参与建设未成年人保护服务平台、服务热线、服务站点，提供未成年人保护方面的咨询、帮助。

第九十八条　国家建立性侵害、虐待、拐卖、暴力伤害等违法犯罪人员信息查询系统，向密切接触未成年人的单位提供免费查询服务。

第九十九条　地方人民政府应当培育、引导和规范有关社会组织、社会工作者参与未成年人保护工作，开展家庭教育指导服务，为未成年人的心理辅导、康复救助、监护及收养评估等提供专业服务。

第七章　司法保护

第一百条　公安机关、人民检察院、人民法院和司法行政部门应当依法履行职责，保障未成年人合法权益。

第一百零一条　公安机关、人民检察院、人民法院和司法行政部门应当确定专门机构或者指定专门人员，负责办理涉及未成年人案件。办理涉及未成年人案件的人员应当经过专门培训，熟悉未成年人身心特点。专门机构或者专门人员中，应当有女性工作人员。

公安机关、人民检察院、人民法院和司法行政部门应当对上述机构和人员实行与未成年人保护工作相适应的评价考核标准。

第一百零二条　公安机关、人民检察院、人民法院和司法行政部门办理涉及未成年人案件，应当考虑未成年人身心特点和健康成长的需要，使用未成年人能够理解的语言和表达方式，听取未成年人的意见。

第一百零三条　公安机关、人民检察院、人民法院、司法行政部门以及其他组织和个人不得披露有关案件中未成年人的姓名、影像、住所、就读学校以及其他可能识别出其身份的信息，但查找失踪、被拐卖未成年人等情形除外。

第一百零四条　对需要法律援助或者司法救助的未成年人，法律援助机构或者公安机关、人民检察院、人民法院和司法行政部门应当给予帮助，依法为其提供法律援助或者司法救助。

法律援助机构应当指派熟悉未成年人身心特点的律师为未成年人提供法律援助服务。

法律援助机构和律师协会应当对办理未成年人法律援助案件的律师进行指导和培训。

第一百零五条　人民检察院通过行使检察权，对涉及未成年人的诉讼活动等依法进行监督。

第一百零六条　未成年人合法权益受到侵犯，相关组织和个人未代为提起诉讼的，人民检察院可以督促、支持其提起诉讼；涉及公共利益的，人民检察院有权提起公益诉讼。

第一百零七条　人民法院审理继承案件，应当依法保护未成年人的继承权和受遗赠权。

人民法院审理离婚案件，涉及未成年子女抚养问题的，应当尊重已满八周岁未成年子女的真实意愿，根据双方具体情况，按照最有利于未成年子女的原则依法处理。

第一百零八条　未成年人的父母或者其他监护人不依法履行监护职责或者严重侵犯被监护的未成年人合法权益的，人民法院可以根据有关人员或者单位的申请，依法作出人身安全保护令或者撤销监护人资格。

被撤销监护人资格的父母或者其他监护人应当依法继续负担抚养费用。

第一百零九条　人民法院审理离婚、抚养、收养、监护、探望等案件涉及未成年人的，可以自行或者委托社会组织对未成年人的相关情况进行社会调查。

第一百一十条 公安机关、人民检察院、人民法院讯问未成年犯罪嫌疑人、被告人，询问未成年被害人、证人，应当依法通知其法定代理人或者其成年亲属、所在学校的代表等合适成年人到场，并采取适当方式，在适当场所进行，保障未成年人的名誉权、隐私权和其他合法权益。

人民法院开庭审理涉及未成年人案件，未成年被害人、证人一般不出庭作证；必须出庭的，应当采取保护其隐私的技术手段和心理干预等保护措施。

第一百一十一条 公安机关、人民检察院、人民法院应当与其他有关政府部门、人民团体、社会组织互相配合，对遭受性侵害或者暴力伤害的未成年被害人及其家庭实施必要的心理干预、经济救助、法律援助、转学安置等保护措施。

第一百一十二条 公安机关、人民检察院、人民法院办理未成年人遭受性侵害或者暴力伤害案件，在询问未成年被害人、证人时，应当采取同步录音录像等措施，尽量一次完成；未成年被害人、证人是女性的，应当由女性工作人员进行。

第一百一十三条 对违法犯罪的未成年人，实行教育、感化、挽救的方针，坚持教育为主、惩罚为辅的原则。

对违法犯罪的未成年人依法处罚后，在升学、就业等方面不得歧视。

第一百一十四条 公安机关、人民检察院、人民法院和司法行政部门发现有关单位未尽到未成年人教育、管理、救助、看护等保护职责的，应当向该单位提出建议。被建议单位应当在一个月内作出书面回复。

第一百一十五条 公安机关、人民检察院、人民法院和司法行政部门应当结合实际，根据涉及未成年人案件的特点，开展未成年人法治宣传教育工作。

第一百一十六条 国家鼓励和支持社会组织、社会工作者参与涉及未成年人案件中未成年人的心理干预、法律援助、社会调查、社会观护、教育矫治、社区矫正等工作。

第八章 法律责任

第一百一十七条 违反本法第十一条第二款规定，未履行报告义务造成严重后果的，由上级主管部门或者所在单位对直接负责的主管人员和其他直接责任人员依法给予处分。

第一百一十八条 未成年人的父母或者其他监护人不依法履行监护职责或者侵犯未成年人合法权益的，由其居住地的居民委员会、村民委员会予以劝诫、制止；情节严重的，居民委员会、村民委员会应当及时向公安机关报告。

公安机关接到报告或者公安机关、人民检察院、人民法院在办理案件过程中发现未成年人的父母或者其他监护人存在上述情形的，应当予以训诫，并可以责令其接受家庭教育指导。

第一百一十九条 学校、幼儿园、婴幼儿照护服务等机构及其教职员工违反本法第二十七条、第二十八条、第三十九条规定的，由公安、教育、卫生健康、市场监督管理等部门按照职责分工责令改正；拒不改正或者情节严重的，对直接负责的主管人员和其他直接责任人员依法给予处分。

第一百二十条 违反本法第四十四条、第四十五条、第四十七条规定，未给予未成年人免费或者优惠待遇的，由市场监督管理、文化和旅游、交通运输等部门按照职责分工责令限期改正，给予警告；拒不改正的，处一万元以上十万元以下罚款。

第一百二十一条 违反本法第五十条、第五十一条规定的，由新闻出版、广播电视、电影、网信等部门按照职责分工责令限期改正，给予警告，没收违法所得，可以并处十万元以下罚款；拒不改正或者情节严重的，责令暂停相关业务、停产停业或者吊销营业执照、吊销相关许可证，违法所得一百万元以上的，并处违法所得一倍以上十倍以下的罚款，没有违法所得或者违法所得不足一百万元的，并处十万元以上一百万元以下罚款。

第一百二十二条 场所运营单位违反本法第五十六条第二款规定、住宿经营者违反本法第五十七条规定的，由市场监督管理、应急管理、公安等部门按照职责分工责令限期改正，给予警告；拒不改正或者造成严重后果的，责令停业整顿或者吊销营业执照、吊销相关许可证，并处一万元以上十万元以下罚款。

第一百二十三条 相关经营者违反本法第五十八条、第五十九条第一款、第六十条规定的，由文化和旅游、市场监督管理、烟草专卖、公安等部门按照职责分工责令限期改正，给予警告，没收违法所得，可以并处五万元以下罚款；拒不改正或者情节严重的，责令停业整顿或者吊销营业执照、吊销相关许可证，可以并处五万元以上五十万元以下罚款。

第一百二十四条 违反本法第五十九条第二款规定，在学校、幼儿园和其他未成年人集中活动的公共场所吸烟、饮酒的，由卫生健康、教育、市场监督管理等部门按照职责分工责令改正，给予警告，可以并处五百元以下罚款；场所管理者未及时制止的，由卫生健康、教育、市场监督管理等部门按照职责分工给予警告，并处一万元以下罚款。

第一百二十五条 违反本法第六十一条规定的，由文化和旅游、人力资源和社会保障、市场监督管理等部门按照职责分工责令限期改正，给予警告，没收违法所得，可以并处十万元以下罚款；拒不改正或者情节严重的，责令停产停业或者吊销营业执照、吊销相关许可证，并处十万元以上一百万元以下罚款。

第一百二十六条 密切接触未成年人的单位违反本法第六十二条规定，未履行查询义务，或者招用、继续聘用具有相关违法犯罪记录人员的，由教育、人力资源和社会保障、市场监督管理等部门按照职责分工责令限期改正，给予警告，并处五万元以下罚款；拒不改正或者造成严重后果的，责令停业整顿或者吊销营业执照、吊销相关许可证，并处五万元以上五十万元以下罚款，对直接负责的主管人员和其他直接责任人员依法给予处分。

第一百二十七条 信息处理者违反本法第七十二条规定，或者网络产品和服务提供者违反本法第七十三条、第七十四条、第七十五条、第七十六条、第七十七条、第八十条规定的，由公安、网信、电信、新闻出版、广播电视、文化和旅游等有关部门按照职责分工责令改正，给予警告，没收违法所得，违法所得一百万元以上的，并处违法所得一倍以上十倍以下罚款，没有违法所得或者违法所得不足一百万元的，并处十万元以上一百万元以下罚款，对直接负责的主管人员和其他责任人员处一万元以上十万元以下罚款；拒不改正或者情节严重的，并可以责令暂停相关业务、停业整顿、关闭网站、吊销营业执照或者吊销相关许可证。

第一百二十八条 国家机关工作人员玩忽职守、滥用职权、徇私舞弊，损害未成年人合法权益的，依法给予处分。

第一百二十九条 违反本法规定，侵犯未成年人合法权益，造成人身、财产或者其他损害的，依法承担民事责任。

违反本法规定，构成违反治安管理行为的，依法给予治安管理处罚；构成犯罪的，依法追究刑事责任。

第九章 附 则

第一百三十条 本法中下列用语的含义：

（一）密切接触未成年人的单位，是指学校、幼儿园等教育机构；校外培训机构；未成年人救助保护机构、儿童福利机构等未成年人安置、救助机构；婴幼儿照护服务机构、早期教育服务机构；校外托管、临时看护机构；家政服务机构；为未成年人提供医疗服务的医疗机构；其他对未成年人负有教育、培训、监护、救助、看护、医疗等职责的企业事业单位、社会组织等。

（二）学校，是指普通中小学、特殊教育学校、中等职业学校、专门学校。

（三）学生欺凌，是指发生在学生之间，一方蓄意或者恶意通过肢体、语言及网络等手段实施欺压、侮辱，造成另一方人身伤害、财产损失或者精神损害的行为。

第一百三十一条 对中国境内未满十八周岁的外国人、无国籍人，依照本法有关规定予以保护。

第一百三十二条 本法自2021年6月1日起施行。

女职工劳动保护特别规定

1. 2012年4月28日国务院令第619号公布
2. 自2012年4月28日施行

第一条 为了减少和解决女职工在劳动中因生理特点造成的特殊困难，保护女职工健康，制定本规定。

第二条 中华人民共和国境内的国家机关、企业、事业单位、社会团体、个体经济组织以及其他社会组织等用人单位及其女职工，适用本规定。

第三条 用人单位应当加强女职工劳动保护，采取措施改善女职工劳动安全卫生条件，对女职工进行劳动安全卫生知识培训。

第四条 用人单位应当遵守女职工禁忌从事的劳动范围的规定。用人单位应当将本单位属于女职工禁忌从事的劳动范围的岗位书面告知女职工。

女职工禁忌从事的劳动范围由本规定附录列示。

国务院安全生产监督管理部门会同国务院人力资源社会保障行政部门、国务院卫生行政部门根据经济社会发展情况，对女职工禁忌从事的劳动范围进行调整。

第五条 用人单位不得因女职工怀孕、生育、哺乳降低其工资、予以辞退、与其解除劳动或者聘用合同。

第六条 女职工在孕期不能适应原劳动的，用人单位应当根据医疗机构的证明，予以减轻劳动量或者安排其他能够适应的劳动。

对怀孕7个月以上的女职工，用人单位不得延长劳动时间或者安排夜班劳动，并应当在劳动时间内安排一定的休息时间。

怀孕女职工在劳动时间内进行产前检查，所需时间计入劳动时间。

第七条 女职工生育享受98天产假，其中产前可以休假15天；难产的，增加产假15天；生育多胞胎的，每多生育1个婴儿，增加产假15天。

女职工怀孕未满4个月流产的，享受15天产假；怀孕满4个月流产的，享受42天产假。

第八条 女职工产假期间的生育津贴，对已经参加生育保险的，按照用人单位上年度职工月平均工资的标准由生育保险基金支付；对未参加生育保险的，按照女职工产假前工资的标准由用人单位支付。

女职工生育或者流产的医疗费用，按照生育保险规定的项目和标准，对已经参加生育保险的，由生育保险基金支付；对未参加生育保险的，由用人单位支付。

第九条 对哺乳未满1周岁婴儿的女职工，用人单位不得延长劳动时间或者安排夜班劳动。

用人单位应当在每天的劳动时间内为哺乳期女职工安排1小时哺乳时间；女职工生育多胞胎的，每多哺乳1个婴儿每天增加1小时哺乳时间。

第十条 女职工比较多的用人单位应当根据女职工的需要，建立女职工卫生室、孕妇休息室、哺乳室等设施，妥善解决女职工在生理卫生、哺乳方面的困难。

第十一条 在劳动场所，用人单位应当预防和制止对女职工的性骚扰。

第十二条 县级以上人民政府人力资源社会保障行政部门、安全生产监督管理部门按照各自职责负责对用人单位遵守本规定的情况进行监督检查。

工会、妇女组织依法对用人单位遵守本规定的情况进行监督。

第十三条 用人单位违反本规定第六条第二款、第七条、第九条第一款规定的，由县级以上人民政府人力资源社会保障行政部门责令限期改正，按照受侵害女职工每人1000元以上5000元以下的标准计算，处以罚款。

用人单位违反本规定附录第一条、第二条规定的，由县级以上人民政府安全生产监督管理部门责令限期改正，按照受侵害女职工每人1000元以上5000元以下的标准计算，处以罚款。用人单位违反本规定附录第三条、第四条规定的，由县级以上人民政府安全生产监督管理部门责令限期治理，处5万元以上30万元以下的罚款；情节严重的，责令停止有关作业，或者提请有关人民政府按照国务院规定的权限责令关闭。

第十四条 用人单位违反本规定，侵害女职工合法权益的，女职工可以依法投诉、举报、申诉，依法向劳动人事争议调解仲裁机构申请调解仲裁，对仲裁裁决不服的，依法向人民法院提起诉讼。

第十五条 用人单位违反本规定，侵害女职工合法权益，造成女职工损害的，依法给予赔偿；用人单位及其直接负责的主管人员和其他直接责任人员构成犯罪的，依法追究刑事责任。

第十六条 本规定自公布之日起施行。1988年7月21日国务院发布的《女职工劳动保护规定》同时废止。

附录：

女职工禁忌从事的劳动范围

一、女职工禁忌从事的劳动范围：

（一）矿山井下作业；

（二）体力劳动强度分级标准中规定的第四级体力劳动强度的作业；

（三）每小时负重6次以上、每次负重超过20公斤的作业，或者间断负重、每次负重超过25公斤的作业。

二、女职工在经期禁忌从事的劳动范围：

（一）冷水作业分级标准中规定的第二级、第三级、第四级冷水作业；

（二）低温作业分级标准中规定的第二级、第三级、第四级低温作业；

（三）体力劳动强度分级标准中规定的第三级、第四级体力劳动强度的作业；

（四）高处作业分级标准中规定的第三级、第四级高处作业。

三、女职工在孕期禁忌从事的劳动范围：

（一）作业场所空气中铅及其化合物、汞及其化合物、苯、镉、铍、砷、氰化物、氮氧化物、一氧化碳、二硫化碳、氯、己内酰胺、氯丁二烯、氯乙烯、环氧乙烷、苯胺、甲醛等有毒物质浓度超过国家职业卫生标准的作业；

（二）从事抗癌药物、己烯雌酚生产，接触麻醉剂气体等的作业；

（三）非密封源放射性物质的操作，核事故与放射事故的应急处置；

（四）高处作业分级标准中规定的高处作业；

（五）冷水作业分级标准中规定的冷水作业；

（六）低温作业分级标准中规定的低温作业；

（七）高温作业分级标准中规定的第三级、第四级的作业；

（八）噪声作业分级标准中规定的第三级、第四级的作业；

（九）体力劳动强度分级标准中规定的第三级、第四级体力劳动强度的作业；

（十）在密闭空间、高压室作业或者潜水作业，伴有强烈振动的作业，或者需要频繁弯腰、攀高、下蹲的作业。

四、女职工在哺乳期禁忌从事的劳动范围：

（一）孕期禁忌从事的劳动范围的第一项、第三项、第九项；

（二）作业场所空气中锰、氟、溴、甲醇、有机磷化合物、有机氯化合物等有毒物质浓度超过国家职业卫生标准的作业。

未成年工特殊保护规定

1. 1994 年 12 月 9 日
2. 劳部发〔1994〕498 号

第一条 为维护未成年工的合法权益，保护其在生产劳动中的健康，根据《中华人民共和国劳动法》的有关规定，制定本规定。

第二条 未成年工是指年满十六周岁，未满十八周岁的劳动者。

未成年工的特殊保护是针对未成年工处于生长发育期的特点，以及接受义务教育的需要，采取的特殊劳动保护措施。

第三条 用人单位不得安排未成年工从事以下范围的劳动：

（一）《生产性粉尘作业危害程度分级》国家标准中第一级以上的接尘作业；

（二）《有毒作业分级》国家标准中第一级以上的有毒作业；

（三）《高处作业分级》国家标准中第二级以上的高处作业；

（四）《冷水作业分级》国家标准中第二级以上的冷水作业；

（五）《高温作业分级》国家标准中第三级以上的高温作业；

（六）《低温作业分级》国家标准中第三级以上的低温作业；

（七）《体力劳动强度分级》国家标准中第四级体力劳动强度的作业；

（八）矿山井下及矿山地面采石作业；

（九）森林业中的伐木、流放及守林作业；

（十）工作场所接触放射性物质的作业；

（十一）有易燃易爆、化学性烧伤和热烧伤等危险性大的作业；

（十二）地质勘探和资源勘探的野外作业；

（十三）潜水、涵洞、涵道作业和海拔三千米以上的高原作业（不包括世居高原者）；

（十四）连续负重每小时在六次以上并每次超过二十公斤，间断负重每次超过二十五公斤的作业；

（十五）使用凿岩机、捣固机、气镐、气铲、铆钉机、电锤的作业；

（十六）工作中需要长时间保持低头、弯腰、上举、下蹲等强迫体位和动作频率每分钟大于五十次的流水线作业；

（十七）锅炉司炉。

第四条 未成年工患有某种疾病或具有某些生理缺陷（非残疾型）时，用人单位不得安排其从事以下范围的劳动：

（一）《高处作业分级》国家标准中第一级以上的高处作业；

（二）《低温作业分级》国家标准中第二级以上的

低温作业；

（三）《高温作业分级》国家标准中第二级以上的高温作业；

（四）《体力劳动强度分级》国家标准中第三级以上体力劳动强度的作业；

（五）接触铅、苯、汞、甲醛、二硫化碳等易引起过敏反应的作业。

第五条 患有某种疾病或具有某些生理缺陷（非残疾型）的未成年工，是指有以下一种或一种以上情况者：

（一）心血管系统

1. 先天性心脏病；

2. 克山病；

3. 收缩期或舒张期二级以上心脏杂音。

（二）呼吸系统

1. 中度以上气管炎或支气管哮喘；

2. 呼吸音明显减弱；

3. 各类结核病；

4. 体弱儿，呼吸道反复感染者。

（三）消化系统

1. 各类肝炎；

2. 肝、脾肿大；

3. 胃、十二指肠溃疡；

4. 各种消化道疝。

（四）泌尿系统

1. 急、慢性肾炎；

2. 泌尿系感染。

（五）内分泌系统

1. 甲状腺机能亢进；

2. 中度以上糖尿病。

（六）精神神经系统

1. 智力明显低下；

2. 精神忧郁或狂暴。

（七）肌肉、骨骼运动系统

1. 身高和体重低于同龄人标准；

2. 一个及一个以上肢体存在明显功能障碍；

3. 躯干四分之一以上部位活动受限，包括强直或不能旋转。

（八）其它

1. 结核性胸膜炎；

2. 各类重度关节炎；

3. 血吸虫病；

4. 严重贫血，其血色素每升低于九十五克（<9.5g/dL）。

第六条 用人单位应按下列要求对未成年工定期进行健康检查：

（一）安排工作岗位之前；

（二）工作满一年；

（三）年满十八周岁，距前一次的体检时间已超过半年。

第七条 未成年工的健康检查，应按本规定所附《未成年工健康检查表》列出的项目进行。

第八条 用人单位应根据未成年工的健康检查结果安排其从事适合的劳动，对不能胜任原劳动岗位的，应根据医务部门的证明，予以减轻劳动量或安排其他劳动。

第九条 对未成年工的使用和特殊保护实行登记制度。

（一）用人单位招收使用未成年工，除符合一般用工要求外，还须向所在地的县级以上劳动行政部门办理登记。劳动行政部门根据《未成年工健康检查表》、《未成年工登记表》，核发《未成年工登记证》。

（二）各级劳动行政部门须按本规定第三、四、五、七条的有关规定，审核体检情况和拟安排的劳动范围。

（三）未成年工须持《未成年工登记证》上岗。

（四）《未成年工登记证》由国务院劳动行政部门统一印制。

第十条 未成年工上岗前用人单位应对其进行有关的职业安全卫生教育、培训；未成年工体检和登记，由用人单位统一办理和承担费用。

第十一条 县级以上劳动行政部门对用人单位执行本规定的情况进行监督检查，对违犯本规定的行为依照有关法规进行处罚。

各级工会组织对本规定的执行情况进行监督。

第十二条 省、自治区、直辖市劳动行政部门可以根据本规定制定实施办法。

第十三条 本规定自一九九五年一月一日起施行。

女职工保健工作规定

1. 1993年11月26日
2. 卫妇发〔1993〕第11号

第一章　总　则

第一条　为保护女职工的身心健康及其子女的健康发育和成长，提高民族素质，根据《中华人民共和国妇女权益保障法》和《女职工劳动保护规定》，特制定本规定。

第二条　女职工保健工作必须贯彻预防为主的方针，注意女性生理和职业特点，认真执行国家有关保护女职工的各项政策和法规。

第三条　本规定适用于中华人民共和国境内的一切党政机关、人民团体和企业、事业单位。

第二章　组织措施

第四条　本规定由各单位分管女职工保健工作的行政领导负责组织本单位医疗卫生、劳动、人事部门和工会、妇联组织及有关人员共同实施。

第五条　县（含城市区）以上的各级妇幼保健机构，负责对管辖范围内的各单位实施本规定进行业务指导。

第六条　各单位的医疗卫生部门应负责本单位女职工保健工作。女职工人数在1000人以下的厂矿应设兼职妇女保健人员；女职工人数在1000人以上的厂矿，在职工医院的妇产科或妇幼保健站中应有专人负责女职工保健工作。

第三章　保健措施

第七条　月经期保健

1. 宣传普及月经期卫生知识。

2. 女职工在100人以上的单位，应逐步建立女职工卫生室，健全相应的制度并设专人管理，对卫生室管理人员应进行专业培训。女职工每班在100人以下的单位，应设置简易的温水箱及冲洗器。对流动、分散工作单位的女职工应发放单人自用冲洗器。

3. 女职工在月经期间不得从事《女职工禁忌劳动范围的规定》中第四条所规定的作业。

4. 患有重度痛经及月经过多的女职工，经医疗或妇幼保健机构确诊后，月经期间可适当给予1至2天的休假。

第八条　婚前保健

对欲婚女职工必须进行婚前卫生知识的宣传教育及咨询，并进行婚前健康检查及指导。

第九条　孕前保健

1. 已婚待孕女职工禁忌从事铅、汞、苯、镉等作业场所属于《有毒作业分级》标准中第Ⅲ—Ⅳ级的作业。

2. 积极开展优生宣传和咨询。

3. 对女职工应进行妊娠知识的健康教育，使她们在月经超期时主动接受检查。

4. 患有射线病、慢性职业中毒、近期内有过急性中毒史及其它有碍于母体和胎儿健康疾病者，暂时不宜妊娠。

5. 对有过两次以上自然流产史，现又无子女的女职工，应暂时调离有可能直接或间接导致流产的作业岗位。

第十条　孕期保健

1. 自确立妊娠之日起，应建立孕产妇保健卡（册），进行血压、体重、血、尿常规等基础检查。对接触铅、汞的孕妇，应进行尿中铅、汞含量的测定。

2. 定期进行产前检查、孕期保健和营养指导。

3. 推广孕妇家庭自我监护，系统观察胎动、胎心、宫底高度及体重等。

4. 实行高危孕妇专案管理，无诊疗条件的单位应及时转院就诊，并配合上级医疗和保健机构严密观察和监护。

5. 女职工较多的单位应建立孕妇休息室。妊娠满7个月应给予工间休息或适当减轻工作。

6. 妊娠女职工不应加班加点，妊娠7个月以上（含7个月）一般不得上夜班。

7. 女职工妊娠期间不得从事劳动部颁布的《女职工禁忌劳动范围的规定》第六条所规定的作业。

8. 从事立位作业的女职工，妊娠满7个月后，其工作场所应设立工间休息座位。

9. 有关女职工产前、产后、流产的假期及待遇按1988年国务院颁发的《女职工劳动保护规定》（国务院令第9号）和1988年劳动部《关于女职工生育待遇若干问题的通知》（劳险字〔1988〕2号）执行。

第十一条 产后保健

1. 进行产后访视及母乳喂养指导。

2. 产后42天对母子进行健康检查。

3. 产假期满恢复工作时，应允许有1至2周时间逐渐恢复原工作量。

第十二条 哺乳期保健

1. 宣传科学育儿知识，提倡4个月内纯母乳喂养。

2. 对有未满1周岁婴儿的女工，应保证其授乳时间。

3. 婴儿满周岁时，经县（区）以上（含县、区）医疗或保健机构确诊为体弱儿，可适当延长授乳时间，但不得超过6个月。

4. 有未满1周岁婴儿的女职工，一般不得安排上夜班及加班、加点。

5. 有哺乳婴儿5名以上的单位，应逐步建立哺乳室。

6. 不得安排哺乳女职工从事《女职工劳动保护规定》和《女职工禁忌劳动范围的规定》所指出的作业。

第十三条 更年期保健

1. 宣传更年期生理卫生知识，使进入更年期的女职工得到社会广泛的关怀。

2. 经县（区）以上（含县、区）的医疗或妇幼保健机构诊断为更年期综合症者，经治疗效果仍不显著，且不适应原工作的，应暂时安排适宜的工作。

3. 进入更年期的女职工应每1至2年进行一次妇科疾病的查治。

第十四条 对女职工定期进行妇科疾病及乳腺疾病的查治。

第十五条 女职工浴室要淋浴化。厕所要求蹲位。

第十六条 建立健全女职工保健工作统计制度。

第四章 监督管理

第十七条 各级卫生行政部门会同同级劳动、人事部门，工会及妇联组织对本规定的实施情况进行监督。

第十八条 凡违反本规定第七条第3款第（1）、（2）、（3）项、第十条第7、9款、第十二条第2、6款的单位负责人或直接责任者，可依据《女职工劳动保护规定》第十三条规定进行处理。

第十九条 凡违反本规定其它条款的单位或直接责任者，各级卫生行政部门可根据情节给予警告、通报批评、限期改进的处罚。

第二十条 女职工违反国家有关计划生育规定的，其女职工的保健应当按照国家有关计划生育规定办理。

第五章 附 则

第二十一条 本规定中所称企业，系指全民、城镇集体企业，中外合资、合作、独资企业，乡镇企业，农村联户企业、私人企业等。

第二十二条 女职工包括单位固定女职工、合同制女职工、临时女职工。

第二十三条 本规定由中华人民共和国卫生部负责解释。

第二十四条 本规定由颁发之日起实施。

工会女职工委员会工作条例

1. 2019年2月27日中华全国总工会第七届女职工委员会第一次会议通过

2. 自2019年2月27日施行

第一章 总 则

第一条 为加强工会女职工委员会组织建设和工会女职工工作，根据《中华人民共和国工会法》和《中国工会章程》的有关规定，制定本条例。

第二条 工会女职工委员会是在同级工会委员会领导下和上一级工会女职工委员会指导下的女职工组织，根据女职工的特点和意愿开展工作。

第三条 工会女职工委员会以马克思列宁主义、毛泽东思想、邓小平理论、“三个代表”重要思想、科学发展观、习近平新时代中国特色社会主义思想为指导，坚持自觉接受党的领导，保持和增强政治性、先进性、群众性，坚定不移走中国特色社会主义工会发展道路，推动男女平等基本国策的贯彻落实，依法表达和维护女职工的合法权益和特殊利益，竭诚服务女职工。

第二章 基本任务

第四条 加强思想政治引领，组织女职工认真学习习近平新时代中国特色社会主义思想，开展理想信念教育，承担团结引导女职工听党话、跟党走的政治责任。教育女职工践行社会主义核心价值观，树立自尊、自信、自立、自强精神，不断提高思想道德素质、科学文化素质、技术技能素质和身心健康素质，建设有理想、有道德、有文化、有纪律的女职工队伍。

第五条 按照"五位一体"总体布局和"四个全面"战略布局要求，践行新发展理念，把握为实现中华民族伟大复兴的中国梦而奋斗的工人运动时代主题，弘扬劳模精神、劳动精神、工匠精神，动员和组织广大女职工在改革发展稳定第一线建功立业。

第六条 依法维护女职工在政治、经济、文化、社会和家庭等方面的合法权益和特殊利益，同一切歧视、虐待、摧残、迫害女职工的行为作斗争。

第七条 参与有关保护女职工权益的法律、法规、规章、政策的制定和完善，监督、协助有关部门贯彻实施。代表和组织女职工依法依规参加本单位的民主管理和民主监督。参与平等协商、签订集体合同和女职工权益保护等专项集体合同工作，并参与监督执行。指导和帮助女职工与用人单位签订并履行劳动合同。参与涉及女职工特殊利益的劳动关系协调和劳动争议调解，及时反映侵害女职工权益问题，督促和参与侵权案件的调查处理。做好对女职工的关爱服务，加强对困难女职工的帮扶救助。

第八条 开展家庭文明建设工作，围绕尊老爱幼、男女平等、夫妻和睦、勤俭持家、邻里团结等内容，充分发挥女职工在弘扬中华民族家庭美德、树立良好家风方面的独特作用。

第九条 推动营造有利于女职工全面发展的社会环境，发现、培养、宣传和推荐优秀女性人才，组织开展五一巾帼奖等评选表彰。

第十条 会同工会有关部门和社会有关方面共同做好女职工工作。在有关方面研究决定涉及女职工利益问题时，积极提出意见建议。

第十一条 与国际组织开展交流活动，为促进妇女事业发展作出贡献。

第三章 组织制度

第十二条 各级工会建立女职工委员会。女职工委员会与工会委员会同时建立。企业、事业单位、机关和其他社会组织等工会基层委员会有女会员十人以上的建立女职工委员会，不足十人的设女职工委员。基层工会女职工委员会主任、副主任与工会委员会同时报上级工会审批。

第十三条 省、自治区、直辖市、地（市、州）总工会女职工委员会，实行垂直领导的产业工会女职工委员会，大型企业、事业单位、机关和其他社会组织等工会女职工委员会应设立办公室（女职工部），负责女职工委员会的日常工作；县级、乡镇（街道）、村（社区）工会和中、小企事业单位、机关等工会女职工委员会根据工作需要设专职或兼职工作人员，也可以设立办公室（女职工部）。

第十四条 女职工委员会委员由同级工会委员会提名，在充分协商的基础上产生，也可召开女职工大会或女职工代表大会选举产生。注重提高女劳动模范、一线女职工和基层工会女职工工作者在工会女职工委员会委员中的比例。县以上工会女职工委员会根据工作需要可聘请顾问若干人。

第十五条 县以上工会女职工委员会常务委员会由主任一人、副主任若干人、常委若干人组成。

第十六条 在工会代表大会、职工代表大会、教职工代表大会中，女职工代表的比例应与女职工占职工总数的比例相适应。

第十七条 工会女职工委员会是县以上妇联的团体会员，通过县以上地方工会接受妇联的业务指导。

第四章 干 部

第十八条 女职工委员会主任由同级工会女主席或女副主席担任，也可经民主协商，按照相应条件配备，享受同级工会副主席待遇。女职工委员会主任应提名为同级工会委员会或常务委员会委员候选人。

第十九条 女职工 200 人以上的企业、事业单位工会女职工委员会，应配备专职女职工工作干部。

第二十条 女职工委员会委员任期与同级工会委员会委员任期相同。在任期内，由于委员的工作变动等原因需要调整时，由工会女职工委员会提出相应的替补、增补人选，经同级工会委员会审议通过予以替补、增补，并报上级工会女职工委员会备案。

第二十一条 各级工会女职工委员会要按照革命化、年轻化、知识化、专业化的要求和德才兼备、以德为先、任人唯贤的原则，努力建设一支政治坚定、业务扎实、作风过硬、廉洁自律、热爱女职工工作，深受女职工信赖的干部队伍。

第二十二条 各级工会女职工委员会要加强对女干部的培养，重视培训工作，提高女干部队伍的整体素质。

第五章 工作制度

第二十三条 女职工委员会实行民主集中制。凡属重大问题，要广泛听取女职工意见，由委员会或常务委员会进行充分的民主讨论后作出决定。

第二十四条 女职工委员会根据工作需要制定有关制度。每年召开一至二次常务委员会和委员会会议，也可临时召开会议。

第二十五条 工会女职工委员会要定期向同级工会委员会和上级工会女职工委员会报告工作。

第二十六条 县以上各级工会女职工委员会要把工作重心放在基层，增强基层女职工组织的活力，为广大女职工服务。

第六章 经 费

第二十七条 各级工会要为工会女职工委员会开展工作与活动提供必要的经费，所需经费应列入同级工会的经费预算。

第七章 附 则

第二十八条 各地方工会女职工委员会可根据本条例制定实施细则。

第二十九条 本条例由中华全国总工会女职工委员会负责解释。

测试题

（一）单项选择题

1. 中国工会维护工人阶级领导的、以（ ）为基础的人民民主专政的社会主义国家政权，协助人民政府开展工作，依法发挥民主参与和社会监督作用。

A. 工会

B. 用人单位

C. 主管部门

D. 工农联盟

2. 全国人民代表大会常务委员会第三十二次会议《关于修改〈中华人民共和国工会法〉的决定》（第三次修正）自（ ）起施行。

A. 2021 年 1 月 1 日

B. 2021 年 10 月 1 日

C. 2022 年 10 月 1 日

D. 2022 年 1 月 1 日

3. 工会的最高领导机关，是（ ）。工会的地方各级领导机关，是工会的地方各级代表大会和它所产生的总工会委员会。

A. 国务院

B. 工会的全国代表大会和它所产生的中华全国总工会执行委员会

C. 全国人大

D. 国家监察委员会

4.《工会法》是为保障工会在（ ）中的地位，确定工会的权利与义务，发挥工会在社会主义现代化建设事业中的作用。

A. 政治、经济生活

B. 国家政治、社会生活

C. 政治、经济和社会生活

D. 国家政治、经济和社会生活

5.《工会法》确定工会的（ ），发挥工会在（ ）中的作用。

A. 职责；社会主义现代化建设事业

B. 权利与义务；社会主义现代化建设事业

C. 权利与义务；现代化建设事业

D. 职责；社会主义现代化建设事业

6. 工会兴办的企业、事业，坚持（ ），坚持为改革开放和发展社会生产力服务，为职工群众服务，为推进工运事业服务。

A. 改革性

B. 公益性、服务性

C. 盈利性

D. 发展性

7. 违反《工会法》规定，对依法履行职责的工会工作人员（ ），进行打击报复的，由劳动行政部门责令改正、恢复原工作；造成损失的，给予赔偿。

A. 无正当理由解除劳动合同

B. 无正当理由调动工作岗位

C. 因工作需要调动工作岗位

D. 据本人要求调动工作岗位

8. 违反《工会法》规定，以（ ）等手段阻挠职工依法参加和组织工会或者阻挠上级工会帮助、指导职工筹建工会造成严重后果，构成犯罪的，依法追究刑事责任。

A. 欺诈、恐吓

B. 威逼、利诱

C. 威胁、诈骗

D. 暴力、威胁

9. 工会经费主要用于为（ ）。

A. 股东会服务

B. 董事会服务

C. 工会服务

D. 职工服务和工会活动

10. 工会经费使用的具体办法由（ ）制定。

A. 国务院

B. 全国人大

C. 最高人民法院

D. 中华全国总工会

11. 工会工作人员违反《工会法》规定，损害职工或者工会权益的，由（ ）或者上级工会责令改正，或者予以处分；情节严重的，依照（ ）予以罢免；造成损失的，应当承担赔偿责任；构成犯罪的，依法追究刑事责任。

A. 同级工会；《工会法》

B. 同级工会委员会；《工会法》

C. 同级工会；《中国工会章程》

D. 同级工会委员会；《中国工会章程》

12. 工会应当根据（ ），建立预算、决算和经费审查监督制度。

A. 经费浪费原则

B. 经费独立原则

C. 经费充足原则

D. 经费自由原则

13. 各级工会经费收支情况应当由（ ）审查，并且定期向会员大会或者会员代表大会报告，接受监督。

A. 上级工会

B. 同级工会经费审查委员会

C. 同级政府审计部门

D. 会计师事务所

14. 工会会员大会或者会员代表大会（ ）对经费使用情况提出意见。

A. 无权

B. 有权

C. 必须

D. 应该

15. 工会的财产、经费和国家拨给工会使用的不动产，任何组织和个人不得（ ）。

A. 侵占

B. 挪用

C. 任意调拨

D. 以上全对

16. 工会对违反《工会法》规定侵犯其合法权益的，有权提请（ ）予以处理，或者向人民法院提起诉讼。

A. 上级工会

B. 劳动争议仲裁委员会

C. 工商联

D. 人民政府或者有关部门

17. 违反《工会法》规定，阻挠职工依法参加和组织工会或者阻挠上级工会帮助、指导职工筹建工会的，由（ ）责令其改正；拒不改正的，由劳动行政部门提请县级以上人民政府处理。

A. 上级工会

B. 同级工会

C. 同级人民政府

D. 劳动行政部门

18. 对依法履行职责的工会工作人员进行（ ），构成犯罪的，依法追究刑事责任。

A. 侮辱

B. 诽谤

C. 人身伤害

D. 以上全对

19. 违反《工会法》规定，非法撤销、合并工会组织的由（ ）责令改正，依法处理。

A. 人民法院

B. 公安局

C. 人民检察院

D. 县级以上人民政府

20. 县和县以上各级工会组织应当建立（ ），为保护职工和工会组织的合法权益提供服务。

A. 法学院

B. 律师事务所

C. 政法大学

D. 法律服务机构

21. 县和县以上各级地方总工会委员会，根据工作需要可以派出（ ）。

A. 职工代表

B. 代表

C. 委托人

D. 代表机关

22. 下列哪种情况，基层工会专职主席、副主席或者委员自任职之日起，其劳动合同期限不能自动延长？（ ）

A. 任职期间个人严重过失或者达到法定退休年龄

B. 任职期间个人一般过失

C. 任职期间偶尔迟到

D. 上班时候偶尔接听私人电话

23. 依据《工会法》规定，各级人民政府和用人单位（ ）为工会办公和开展活动，（ ）必要的设施和活动场所等物质条件。

A. 应当；供给

B. 必须；提供

C. 可以；供给

D. 应当；提供

24. 违反《工会法》规定，阻挠职工依法（ ）工会或者阻挠上级工会（ ）职工筹建工会的，由劳动行政部门责令其改正；拒不改正的，由劳动行政部门提请县级以上人民政府处理。

A. 参加；帮助、指导

B. 组织；帮助、指导

C. 参加和组织；帮助、指导

D. 参加和组织；协助、指导

25. 违反《工会法》规定，有下列情形之一的，由劳动行政部门责令恢复其工作，并补发被解除劳动合同期间应得的报酬，或者责令给予本人年收入（ ）的赔偿：（一）职工因参加工会活动而被解除劳动合同的；（二）工会工作人员因履行本法规定的职责而被解除劳动合同的。

A. 二倍
B. 一倍
C. 四倍
D. 三倍

26.（ ）应当向劳动法律监督组织成员发放《工会劳动法律监督员证书》。
A. 地方各级总工会
B. 基层工会
C. 劳动行政部门
D. 地方各级人民政府

27. 依据《工会法》规定，在中国境内的企业、事业单位、机关、社会组织统称为（ ）。
A. 用工单位
B. 劳动部门
C. 用人单位
D. 劳动单位

28. 工会工作人员违反《工会法》规定，损害职工或者工会权益情节严重的，依照（ ）予以罢免；造成损失的，应当承担赔偿责任；构成犯罪的，依法追究刑事责任。
A.《工会法》
B.《中国工会章程》
C.《刑法》
D.《行政处罚法》

29. 凡在中国境内的企业、事业单位、机关和其他社会组织中，以（ ）为主要生活来源或者与用人单位建立劳动关系的体力劳动者和脑力劳动者，不分民族、种族、性别、职业、宗教信仰、教育程度，承认工会章程，都可以加入工会为会员。
A. 偶然所得
B. 工资收入
C. 股票收入
D. 投资收入

30. 职工加入工会，（ ），经工会基层委员会批准并发给会员证。
A. 由职工被迫申请
B. 由用人单位强制申请
C. 由家人代为申请
D. 由本人自愿申请

31. 工会会员组织关系随（ ）变动，凭会员证明接转。
A. 年龄关系
B. 住所地
C. 户籍关系
D. 劳动（工作）关系

32. 工会会员没有正当理由连续（ ）不交纳会费、不参加工会组织生活，经教育拒不改正，应当视为自动退会。
A. 三个月
B. 八个月
C. 六个月
D. 九个月

33. 依据《工会法》，女职工人数较多的，可以建立工会（ ），在同级工会领导下开展工作；女职工人数较少的，可以在工会委员会中设（ ）。
A. 女职工委员会；女职工组织
B. 女职工组织；女职工委员会
C. 女职工组织；女职工委员
D. 女职工委员会；女职工委员

34. 依据《工会法》，企业、事业单位、社会组织无正当理由（ ）工会经费，基层工会或者上级工会可以向当地人民法院申请（ ）；拒不执行的，工会可以依法申请人民法院（ ）。
A. 拖延或者拒不拨缴；支付令；强制执行
B. 拖延或者拒不拨缴；强制征缴；强制执行
C. 不缴或者拒不缴纳；支付令；强制划拨
D. 拖延或者拒不缴纳；强制征缴；强制划拨

35. 依据《工会法》规定，（ ）的几个行业，可以根据需要建立全国的或者地方的产业工会。
A. 同一产业
B. 同一行业或者性质相近
C. 性质相近
D. 同一产业或者产业相近

36. 企业、事业单位、社会组织发生停工、怠工事件，工会应当代表职工同企业、事业单位、社会组织或者有关方面协商，反映职工的（ ）并提出解决意见。对于职工的合理要求，企业、事业单位、社会组织（ ）。工会协助企业、事业单位、社会组织做好工作，尽快恢复生产、工作秩序。
A. 意见和要求；必须予以解决
B. 意见和要求；应当予以解决
C. 建议和要求；应当予以解决
D. 建议和要求；可以予以解决

37. 依据《工会法》规定，各级工会委员会由会员大会或者会员代表大会民主选举产生。(　　)的近亲属不得作为本企业基层工会委员会成员的人选。

A. 工会主席

B. 企业上级主管部门

C. 工会专职工作人员

D. 企业主要负责人

38. 工会会员离休、退休和失业，(　　)。

A. 可保留会籍

B. 不可保留会籍

C. 必须保留会籍

D. 强制保留会籍

39. 各级地方总工会委员会和产业工会委员会每届任期(　　)年。

A. 2

B. 3

C. 4

D. 5

40. 工会各级领导机关，加强对下级组织的(　　)，经常向下级组织通报情况，听取下级组织和会员的意见，研究和解决他们提出的问题。

A. 训导

B. 领导和服务

C. 指导

D. 指示

41. 工会各级代表大会的代表和委员会的产生，要充分体现选举人的意志。任何组织和个人，(　　)选举人选举或不选举某个人。

A. 可以以适当方式干涉

B. 不得以任何方式强迫

C. 可以以适当方式强迫

D. 可以以适当方式影响

42. 中国工会会徽，选用汉字(　　)两字，经艺术造型呈圆形重叠组成，并在两字外加一圆线，象征中国工会和中国工人阶级的团结统一。会徽的制作标准，由中华全国总工会规定。

A. “中”、“工”

B. “中”、“会”

C. “工”、“会”

D. “中”、“国”

43. 中国工会全国代表大会的职权是(　　)。

A. 审议和批准中华全国总工会执行委员会的工作报告

B. 修改中国工会章程

C. 选举中华全国总工会执行委员会和经费审查委员会

D. 以上全对

44. 各级工会委员会按照规定编制和审批预算、决算，定期向会员大会或者会员代表大会和上一级工会委员会报告经费收支和资产管理情况，接受(　　)审查监督。

A. 上级工会

B. 上级和同级工会经费审查委员会

C. 同级工会

D. 同级政府

45. 工会资产是社会团体资产，(　　)对各级工会的资产拥有终极所有权。

A. 中华全国总工会

B. 国务院

C. 国资委

D. 财政部

46. 未成立工会的企业、事业单位、机关和其他社会组织，按工资总额的(　　)向上级工会拨缴工会建会筹备金。

A. 百分之三

B. 百分之一

C. 百分之二

D. 百分之四

47. 教育、科研、文化、卫生、体育等事业单位和机关工会，从(　　)比较集中的特点出发开展工作，积极了解和关心职工的思想、工作和生活，推动党的知识分子政策的贯彻落实。

A. 体力劳动者

B. 智力劳动者

C. 脑力劳动者

D. 技术劳动者

48. 基层工会具备法人条件，依法取得(　　)，工会主席为法定代表人。

A. 专利许可证

B. 营业执照

C. 社团法人资格

D. 税务登记证

49. 各级地方总工会委员会选举主席一人、副主席若干人、常务委员若干人，组成常务委员会。工会委员会、常务委员会和主席、副主席以及经费审查委员会的选举结果，报（　）批准。

A. 同级政府

B. 上一级政府

C. 上一级总工会

D. 同级人大

50. 产业工会全国组织的设置，由（　）根据需要确定。

A. 国务院

B. 全国人大

C. 中华全国总工会

D. 全国政协

51. 中华全国总工会执行委员会全体会议由主席团召集，每年至少举行（　）次。

A. 4

B. 2

C. 1

D. 5

52. 中国工会全国代表大会，每五年举行一次，由（　）召集。

A. 中华全国总工会执行委员会

B. 中华全国总工会办公厅

C. 中华全国总工会组织部

D. 中华全国总工会宣传教育部

53. 成立或者撤销工会组织，必须经（　），并报上一级工会批准。

A. 工会会员大会或者会员代表大会通过

B. 同级人民政府同意

C. 用人单位领导同意

D. 用人单位股东会同意

54. 各级工会建立（　），表达和维护女职工的合法权益。

A. 产业协会

B. 职工委员会

C. 维权委员会

D. 女职工委员会

55.《工会法》明确了（　）参加和组织工会的权利。

A. 新就业形态劳动者

B. 个体工商户

C. 已退休工人群体

D. 所有的城市居民

56. 在增选或者补选工会主席或者副主席时，党组织和上一级工会协商一致后推荐的人选是本届工会委员会委员的，可在（　）上选举产生，报（　）审批。

A. 本级工会委员会会议；上一级工会

B. 本级工会委员会全体会议；中华全国总工会

C. 本级工会委员会全体会议；上一级工会

D. 本级工会委员会会议；中华全国总工会

57. 某外商独资企业存在随意延长劳动时间，不支付加班费等问题，该企业工会主席张女士多次就此与老板交涉，老板不满其行为，无正当理由的将张女士的工作岗位由生产部经理调整为后勤部主管，老板的做法符合《工会法》吗？（　）

A. 符合，老板有权调动工会主席的工作岗位

B. 符合，老板有权随意调动工会主席的工作岗位

C. 不符合，老板无权调动工会主席的工作岗位

D. 不符合，老板无权随意调动工会主席的工作岗位

58. 依据《工会法》规定，在社会主义市场经济条件下，工会协调劳动关系，维护职工权益的两个基本机制是（　）。

A. 劳动合同制度和集体合同制度

B. 劳动合同制度和职工代表大会制度

C. 平等协商和集体合同制度

D. 集体合同制度和职工培训制度

59. 职工因工伤亡事故和其他严重危害职工健康问题的调查处理，（　）工会参加。

A. 可以有

B. 不能让

C. 必须有

D. 不用

60. 工会参加职工因工伤亡事故和其他严重危害职工健康问题的调查处理时，（　）向有关部门提出处理意见。

A. 不可以

B. 可以

C. 应当

D. 根据实际情况决定是否

61. 工会参加职工因工伤亡事故和其他严重危害职工健康问题的调查处理时，（　）要求追究直接负责的主管人员和有关责任人员的责任。

A. 无权

B. 应当

C. 有权

D. 必须

62. 依据《工会法》规定，工会发现企业违章指挥、强令工人冒险作业，或者生产过程中发现明显重大事故隐患和职业危害，（ ）提出解决的建议，企业应当（ ）。

A. 可以；及时答复

B. 有权；及时研究答复

C. 必须；研究答复

D. 应当；及时研究

63. 依据《工会法》规定，法律、法规规定（ ）提交职工大会或者职工代表大会审议、通过、决定的事项，企业、事业单位、社会组织（ ）依法办理。

A. 应当；可以

B. 必须；可以

C. 应当；应当

D. 可以；应当

64. 依据《工会法》规定，企业、事业单位、社会组织（ ），工会认为不适当的，（ ）提出意见。

A. 处分职工；必须

B. 处分职工；有权

C. 开除职工；应当

D. 开除职工；有权

65. 依据《工会法》规定，基层工会委员会的每届任期为（ ）

A. 三至五年

B. 三年或者五年

C. 三年以下

D. 五年以上

66. 依据《工会法》规定，用人单位有会员（ ）人以上的，应当建立基层工会委员会；不足（ ）人的可以单独建立基层工会委员会，也可以由两个以上单位的会员联合建立基层工会委员会，也可以选举组织员一人，组织会员开展活动。

A. 200；200

B. 30；30

C. 25；25

D. 10；10

67. 依据《工会法》规定，企业、事业单位、社会组织违反职工代表大会制度和其他民主管理制度工会（ ）要求纠正，保障职工依法行使民主管理的权利。

A. 可以

B. 有权

C. 应当

D. 必须

68. 依据《工会法》规定，职工二百人以上的企业、事业单位、社会组织的工会，（ ）。

A. 应当设专职工会主席

B. 不必设专职工会主席

C. 可以设专职工会主席

D. 应当设兼职工会主席

69. 依据《工会法》规定，因所在用人单位终止或者被撤销，工会组织相应撤销的，其（ ）会员的会籍。

A. 应当继续保留

B. 可以继续保留

C. 不再继续保留

D. 不得继续保留

70. 依据《工会法》规定，各级人民政府劳动行政部门应当会同同级工会和企业方面代表，建立劳动关系（ ），共同研究解决劳动关系方面的重大问题。

A. 三方协商机制

B. 三方协调机制

C. 三方机制

D. 三方处理机制

71. 依据《工会法》规定，（ ）各级工会的离休、退休人员的待遇，与国家机关工作人员（ ）。

A. 县级以上；同等待遇

B. 县级以上；同等对待

C. 所有；同等对待

D. 所有；同等待遇

72. 依据《工会法》规定，企业职工较多的乡镇、城市街道，可以建立（ ）。

A. 地方工会

B. 基层工会

C. 产业工会

D. 基层工会的联合会

73. 依据《工会法》规定，县级以上各级总工会依法为所属工会和职工提供（ ）等法律服务。

A. 法律咨询

B. 法律宣传

C. 法律援助

D. 法律解答

74. 依据《工会法》规定，基层工会委员会召开会议或者组织职工活动，应当在生产或者工作时间（ ）

进行，（ ）占用生产或者工作时间的，应当（ ）征得企业、事业单位、社会组织的同意。

A. 以外；必须；事先

B. 业余；必须；事先

C. 以外；需要；事先

D. 业余；需要；事先

75. 依据《工会法》规定，企业、事业单位、社会组织召开会议讨论有关工资、福利、劳动安全卫生、工作时间、休息休假、女职工保护和社会保险等涉及职工切身利益的问题，（ ）有工会代表参加。

A. 必须

B. 可以

C. 不需要

D. 经协商后，也可以

76. 依据《工会法》规定，非专职主席、副主席或者委员自任职之日起，其尚未履行的劳动合同期限短于任期的，劳动合同期限（ ）至（ ）。但是，任职期间个人严重过失或者达到法定退休年龄的除外。

A. 自动延长；任期期满

B. 自动中止；任职期间

C. 自动延长；任职期间

D. 自动中止；任职期满

77. 依据《工会法》规定，国有企业职工行使民主管理权力的机构是（ ）。

A. 工会委员会

B. 职工代表大会

C. 事会

D. 监事会

78. 依据《工会法》规定，国家保护工会的（ ）不受侵犯。

A. 权益

B. 职责权益

C. 合法权益

D. 合法利益

79. 工会参加职工因工伤亡事故和其他严重危害职工健康问题的调查处理时，有关部门对工会提出的意见，（ ）。

A. 可以不予理睬

B. 可以不予答复

C. 应当及时研究，给予答复

D. 研究，但不回复

80. 公司的董事会、监事会中职工代表的产生，依照（ ）有关规定执行。

A.《民法典》

B.《工会法》

C.《公司法》

D.《劳动法》

（二）多项选择题

81. 实施《工会法》的目的是（ ）。

A. 保障工会在国家政治、经济和社会生活中的地位

B. 确定工会的权利与义务

C. 发挥工会在社会主义现代化建设事业中的作用

D. 加强工会的法治建设

82. 依据《工会法》规定，（ ）具有社会团体法人资格。

A. 基层工会

B. 中华全国总工会

C. 地方总工会

D. 产业工会

83. 依据《工会法》规定，工会推动产业工人队伍建设改革，提高产业工人队伍整体素质，发挥产业工人骨干作用，维护产业工人合法权益，保障产业工人主人翁地位，造就一支（ ）的宏大产业工人队伍。

A. 有道德讲文化

B. 有理想守信念

C. 懂技术会创新

D. 敢担当讲奉献

84. 依据《工会法》规定，工会适应（ ）等方面的发展变化，依法维护劳动者参加和组织工会的权利。

A. 职工队伍结构

B. 劳动关系

C. 就业形态

D. 企业组织形式

85. 各级工会组织按照（ ）的要求，努力建设一支坚持党的基本路线，熟悉本职业务，热爱工会工作，受到职工信赖的干部队伍。

A. 革命化

B. 年轻化

C. 知识化

D. 理想化

86. 依据《工会法》规定，工会的财产、经费和国家拨给工会使用的不动产，任何组织和个人

不得（ ）。

A. 侵占

B. 挪用

C. 贪污

D. 任意调拨

87. 违反《工会法》规定，由县级以上人民政府责令改正，依法处理的是（ ）。

A. 妨碍工会组织职工通过职工代表大会和其他形式依法行使民主权利的

B. 非法撤销、合并工会组织的

C. 阻挠职工依法参加和组织工会的

D. 阻挠上级工会帮助、指导职工筹建工会的

88. 企业、事业单位有下列（ ）侵犯劳动权益的情形且拒不改正的，工会可以请求当地人民政府依法作出处理。

A. 克扣职工工资的

B. 不提供劳动安全卫生条件的

C. 随意延长劳动时间的

D. 侵犯女职工和未成年职工特殊权益的

89. 依据《工会法》规定，集体企业的工会委员会，应当支持和组织职工参加（ ），维护职工选举和罢免管理人员、决定经营管理的重大问题的权力。

A. 民主管理

B. 民主决策

C. 民主选举

D. 民主监督

90.《工会法》中的用人单位包括（ ）。

A. 企业

B. 事业单位

C. 机关

D. 社会组织

91. 依据《工会法》规定，工会会同用人单位可以组织职工开展下列（ ）活动。

A. 劳动和技能竞赛

B. 职业教育

C. 文化体育

D. 宗教信仰

92. 违反《工会法》规定，发生下列（ ）情形的，由劳动行政部门责令恢复其工作，并补发被解除劳动合同期间应得的报酬，或者责令给予本人年收入二倍的赔偿。

A. 职工因参加工会活动而被解除劳动合同的

B. 职工因要求提高福利待遇而被解除劳动合同的

C. 工会工作人员因履行《工会法》规定的职责而被解除劳动合同的

D. 工会工作人员因履行《中国工会章程》规定的职责而被解除劳动合同的

93. 依据《工会法》规定，工会协助用人单位办好职工集体福利事业，做好（ ）工作。

A. 工资

B. 劳动安全卫生

C. 社会保险

D. 女职工保护

94. 依据《工会法》规定，职工因工伤亡事故和其他严重危害职工健康问题的调查处理，必须有工会参加。工会应当向有关部门提出处理意见，并有权要求追究（ ）的责任。

A. 直接负责的主管人员

B. 单位负责人

C. 法定代表人

D. 有关责任人员

95. 依据《工会法》规定，任何组织和个人不得随意（ ）工会组织。

A. 解散

B. 撤销

C. 终止

D. 合并

96. 依据《工会法》规定，工会经费主要用于（ ）。经费使用的具体办法由中华全国总工会制定。

A. 日常花销

B. 职工服务

C. 节日活动

D. 工会活动

97. 依据《工会法》规定，下列选项中属于工会经费来源的是（ ）。

A. 工会会员缴纳的会费

B. 工会会员的劳动收入

C. 工会所属的企业、事业单位上缴的收入

D. 人民政府的补助

98. 依据《工会法》规定，下列哪些说法符合民主集中制原则。（ ）

A. 各级工会委员会向同级会员大会或者会员代表大会负责并报告工作，接受其监督

B. 只有会员代表大会有权撤换或者罢免其所选举

的代表或者工会委员会的组成人员

C. 工会各级组织按照民主集中制原则建立

D. 上级工会组织领导下级工会组织

99.《工会法》规定了哪些法律责任？（ ）

A. 行政责任

B. 刑事责任

C. 民事责任

D. 经济责任

参考答案

（一）单项选择题

1. D	2. D	3. B	4. D
5. B	6. B	7. B	8. D
9. D	10. D	11. C	12. B
13. B	14. B	15. D	16. D
17. D	18. D	19. D	20. D
21. D	22. A	23. D	24. C
25. A	26. A	27. C	28. B
29. B	30. D	31. D	32. C
33. D	34. A	35. B	36. B
37. D	38. A	39. D	40. B
41. B	42. A	43. D	44. B
45. A	46. C	47. C	48. C
49. C	50. C	51. C	52. A
53. A	54. D	55. A	56. C
57. D	58. C	59. C	60. C
61. C	62. B	63. C	64. B
65. B	66. C	67. B	68. C
69. B	70. A	71. B	72. D
73. C	74. C	75. A	76. A
77. B	78. C	79. C	80. C

（二）多项选择题

81. ABC	82. BCD	83. BCD	84. ABCD
85. ABC	86. ABD	87. AB	88. ABCD
89. AD	90. ABCD	91. ABC	92. AC
93. ABC	94. AD	95. BD	96. BD
97. ACD	98. ABCD	99. ABCD	